Torréfiée
Carnée
Fromagère
Terreuse
Moutardée
Sulfurée
Marine
Saumurée & Salée
Verte & Herbacée
Café
Cacahuète
Poulet
Porc
Boudin noir
Foie
Bœuf
Agneau
Fromage de chèvre
Fromage à croûte lavé
Fromage bleu
Fromage à pâte pressée cui
Fromage à pâte molle
Champignon
Aubergine
Cumin
Betterave
Pomme de terre
Céleri
Cresson
Câpre
Raifort
Oignon
Ail
Truffe
Chou
Rutabaga
Chou-fleur
Brocoli
Artichaut
Asperge
Œuf
Fruits de mer
Poisson blanc
Huître
Caviar
Poisson gras
Anchois
Poisson fumé
Lard
Jambon cru
Olive
Safran
Anis
Concombre
Aneth
Persil
Feuilles de coriandre

Le répertoire des *saveurs*

Le répertoire des *saveurs*

Associations, recettes et astuces pour une cuisine créative

NIKI SEGNIT

Traduit et adapté de l'anglais (Royaume-Uni)
par Patrice Salsa

MARABOUT

Je voudrais dédier ce livre à une paire :
ma conseillère culinaire et mère, Marian Stevens,
et mon conseiller en écriture et mari, Nat Segnit.

Sommaire

« ...l'agneau et les abricots constituent une combinaison non pas simplement fondée sur la complémentarité des composants, mais renvoyant par sa nature même au monde supérieur des évidences incontournables, comme si pareil goût ne pouvait exister que dans l'esprit de Dieu. Les combinaisons de ce type ressortissent à une découverte d'une logique imparable : œufs au bacon, riz au soja, foie gras au sauternes, pâtes aux truffes blanches, steak frites, fraises à la crème, agneau à l'ail, pruneaux à l'armagnac, stilton accompagné de porto, soupe de poisson à la rouille, poulet aux champignons ; pour celui qui se consacre à l'étude des sens, goûter pour la première fois un de ces plats, c'est, comme pour l'astronome, découvrir une nouvelle planète. »

John Lanchester, *The Debt to Pleasure* (*Le prix du plaisir*, traduction de Claude Demanuelli, Éditions du Seuil, 1997).

Introduction

Je n'avais pas mesuré l'ampleur de ma dépendance à l'égard des livres de cuisine jusqu'à ce que je remarque que mon exemplaire de *French Provincial Cooking* d'Elizabeth David était rayé par des marques d'ongles au long des recettes. Il faut y voir une preuve absolue de ma timidité, et de mon insistance à suivre les instructions comme une main courante dans l'obscurité, alors qu'avec vingt ans de cuisine derrière moi je pouvais certainement lâcher prise, maîtrisant suffisamment les bases pour faire confiance à mon instinct. Avais-je jamais vraiment appris à cuisiner ? Ou étais-je juste raisonnablement experte à suivre des instructions ? Ma mère, comme sa mère avant elle, est une excellente cuisinière. Pourtant, elle ne possède que deux livres de recettes et un album de coupures de presse et les consulte rarement. J'ai commencé à soupçonner que les dizaines de livres que je possédais étaient à la fois un symptôme et une cause de mon manque de confiance en cuisine.

À la même époque, lors d'un dîner, une amie a servi un plat avec deux ingrédients que je n'aurais jamais eu l'idée d'associer. Comment, me suis-je demandé, savait-elle que *cela* fonctionnerait ? Elle avait opté pour une surprenante correspondance de saveurs, le genre de combinaisons audacieuses lancées par des chefs comme Heston Blumenthal, Ferran Adrià et Grant Achatz – les trois papes de la gastronomie moléculaire et de la cuisine progressive. Le secret de leur approche, autant que j'aie pu voir, repose sur une compréhension profonde des liens entre les saveurs. Étant une cuisinière ordinaire, légèrement obsessionnelle, je n'avais pas l'équipement ni les ressources nécessaires pour me livrer à ces recherches. Ce dont j'avais besoin, c'était d'un manuel, une amorce pour m'aider à comprendre comment une saveur pourrait s'accorder avec une autre, à connaître leurs points communs et leurs différences. Quelque chose comme un répertoire des saveurs. Mais un tel livre n'existait pas, et j'ai pensé, avec ce qui s'est avéré après coup être presque une touchante naïveté, que je pourrais essayer de le compiler moi-même.

*

Ma première tâche a consisté à élaborer la liste des saveurs. S'arrêter à 99 a été, dans une certaine mesure, arbitraire. Néanmoins, un répertoire des saveurs qui présenterait toutes les saveurs uniques serait peu pratique, car difficile à installer sur les genoux. Hormis la pomme de terre, les hydrates de carbone de base ont été omis, de même que la plupart des condiments communs. Il y a, bien sûr, beaucoup de choses intéressantes à dire sur les saveurs du riz, des pâtes, du poivre noir, du vinaigre et du sel, mais leurs affinités de saveurs sont assez larges pour s'exclure d'elles-mêmes en vertu de leur compatibilité absolue. Une autre omission, comme la courgette, peut vous paraître étrange. Tout ce que je peux dire aux amateurs de courgette est : a) désolée, et b) ce livre ne prétend pas avoir le dernier mot sur le sujet. N'importe quel livre sur les saveurs est subjectif, au moins en partie. En choisissant d'écrire sur les appariements que je trouve les plus intéressants – ou que je déguste le plus souvent –, j'en ai inévitablement laissé d'autres de côté. Ce n'est donc finalement qu'une question de goût.

La plupart des saveurs apparaissent dans leur propre rubrique. Dans quelques cas, où cela semblait logique, certains ingrédients de la même saveur partagent une entrée. L'anis, par exemple, recouvre les graines d'anis, le fenouil, l'estragon, la réglisse et le pastis. De même, le lard et le jambon, les choux de Bruxelles et le chou ne peuvent être facilement séparés, de sorte qu'ils ont été casés, un peu inconfortablement, dans les catégories composites. Quand j'ai eu le choix entre le désordre et ennuyer le lecteur avec des répétitions, j'ai choisi le désordre à chaque fois.

Ensuite, j'ai réparti les saveurs dans des catégories. La plupart d'entre nous sont déjà initiés au concept de familles de saveurs, parfois même sans en être conscients. Par exemple, les termes « floral », « agrume », « plante herbacée » sont des descripteurs que vous pourriez rencontrer au dos d'une bouteille de vin, pour vous aider à décrire son goût. Les saveurs étudiées dans ce livre ont été réparties dans des familles similaires. Les saveurs de chaque famille ont des qualités en commun, de même que chaque famille est liée d'une certaine manière à celles qui lui sont adjacentes. En somme, elles constituent une sorte de spectre à 360°, représenté ci-contre comme une « roue des saveurs ».

Prenez la famille « Agrume », par exemple. Elle recouvre les saveurs piquantes et citriques comme l'orange, le citron et la cardamome. La cardamome, à son tour, partage des composés aromatiques avec le romarin, qui est la première saveur de la famille suivante, « Ronce & Haie ». À l'autre extrémité de « Ronce & Haie », la mûre conduit à la première saveur de la famille « Fruitée florale », la framboise. Et ainsi de suite tout autour de la roue, une saveur menant à la suivante, une famille à la prochaine. Dans le développement d'une séquence de relations, vous pouvez entrer au « Citron » et la quitter au « Fromage bleu ».

Je reconnais que cette méthode a ses limites. Certaines saveurs n'ont pas été faciles à catégoriser : les graines de coriandre, par exemple, ont été rangées dans « Fruitée florale », mais pourraient aussi bien trouver leur place dans « Agrume » ou « Épicée ». La façon dont un ingrédient est préparé peut faire toute la différence quant à son caractère. La saveur du chou, par exemple, est « Moutardée » quand il est cru, et « Sulfurée » lorsqu'il est cuit. La roue des saveurs, en un mot, ne prétend pas être un cadre objectif incontestable pour la compréhension des saveurs, mais elle

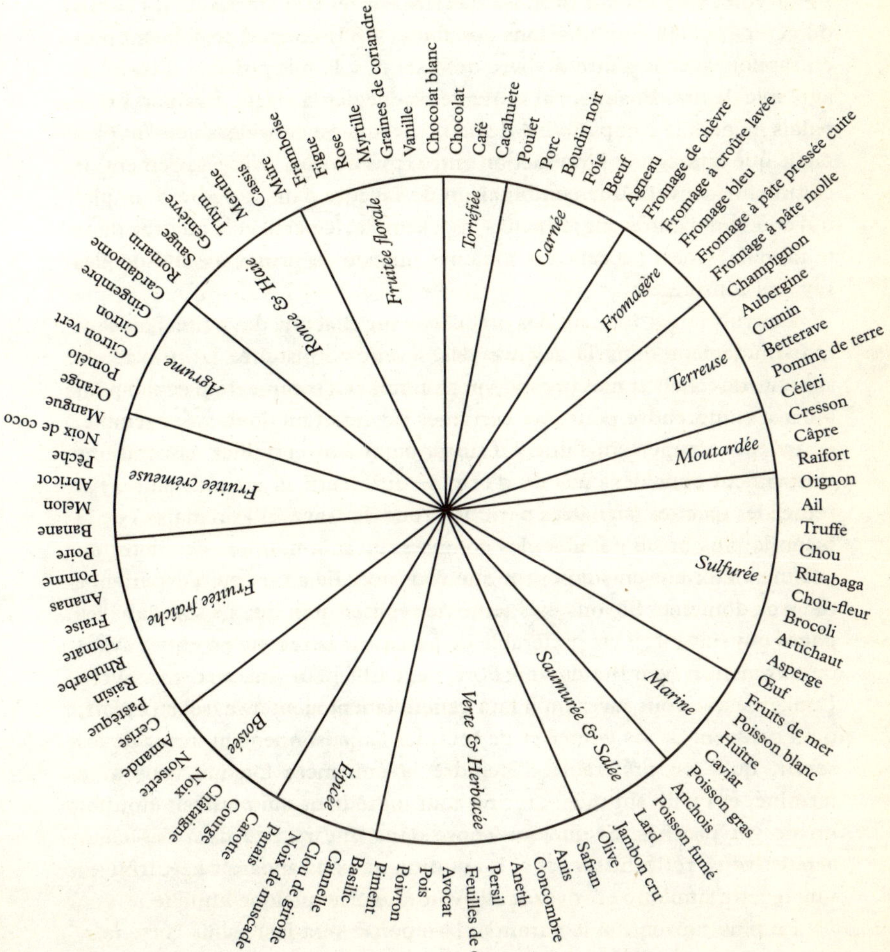

Torréfiée
Carnée
Fromagère
Terreuse
Moutardée
Sulfurée
Marine
Saumurée & Salée
Verte & Herbacée
Épicée
Boisée
Fruitée fraîche
Fruitée crémeuse
Agrume
Ronce & Haie
Fruitée florale
Chocolat
Café
Cacahuète
Poulet
Porc
Boudin noir
Foie
Bœuf
Agneau
Fromage de chèvre
Fromage à croûte lavée
Fromage bleu
Fromage à pâte pressée cuite
Fromage à pâte molle
Champignon
Aubergine
Cumin
Betterave
Pomme de terre
Céleri
Cresson
Câpre
Raifort
Oignon
Ail
Truffe
Chou
Rutabaga
Chou-fleur
Brocoli
Artichaut
Asperge
Œuf
Fruits de mer
Poisson blanc
Huître
Caviar
Poisson gras
Anchois
Poisson fumé
Lard
Jambon cru
Olive
Safran
Anis
Concombre
Aneth
Persil
Feuilles de coriandre
Avocat
Pois
Poivron
Piment
Basilic
Cannelle
Clou de girofle
Noix de muscade
Panais
Carotte
Courge
Châtaigne
Noix
Noisette
Amande
Cerise
Pastèque
Raisin
Rhubarbe
Tomate
Fraise
Ananas
Pomme
Poire
Banane
Melon
Abricot
Pêche
Noix de coco
Mangue
Orange
Pomélo
Citron vert
Citron
Gingembre
Cardamome
Romarin
Sauge
Genièvre
Thym
Menthe
Cassis
Mûre
Framboise
Figue
Rose
Myrtille
Graines de coriandre
Vanille
Chocolat blanc

fournit un étonnant et stimulant moyen de navigation pour trouver votre chemin autour de ce sujet.

Viennent ensuite les paires. De toute évidence, les plats ont souvent plus de deux ingrédients de base, mais plusieurs considérations m'ont conduite à faire de la paire le principe organisateur de mon *Répertoire des saveurs*. Tout d'abord, le bon sens (le mien). Même en me limitant à 99 saveurs, si je m'étais proposé d'écrire sur les *trios* de saveurs, j'aurais dû gérer 156 849 combinaisons possibles ; 4 851 couples semblaient plus en rapport avec le genre de livre qu'il serait à la fois possible d'écrire et agréable de lire. Ensuite, j'ai souhaité privilégier la clarté. Évaluer, sur le palais mental, la compatibilité de deux saveurs est considérablement plus facile que d'imaginer l'interaction entre trois ou plus. Nécessairement, je commente souvent une combinaison de saveurs dans le cadre d'un plat qui contient d'autres ingrédients (par exemple, le persil et la menthe dans le taboulé), mais l'accent est toujours mis sur la principale liaison des saveurs considérées.

Les rubriques donnent des précisions sur chacune des paires, puisant indistinctement dans la science des saveurs, l'histoire, la culture, la sagacité des chefs et mes préjugés personnels ; en somme, tout ce qui peut aider à comprendre pourquoi certaines saveurs fonctionnent ensemble, ce qu'elles s'apportent l'une à l'autre, comment certaines associations s'expriment dans des cuisines d'origine différente, et ainsi de suite. J'ai rédigé les recettes (signalées par une « roue des saveurs » en marge) de la façon la plus brève possible, les compressant à la manière des livres de cuisine victoriens en supposant que vous avez déjà un peu d'expérience dans ce domaine. Si vous êtes tenté de réaliser quoi que ce soit dans les pages qui suivent, il est préférable de parcourir la recette en entier avant de commencer (voir Betterave & Porc, page 109, pour vous en convaincre). J'imagine que vous savez qu'il faut généralement ajouter du sel aux plats, qu'il convient de les goûter et de rectifier l'assaisonnement avant de les servir, qu'il est préférable d'éteindre la cuisinière lorsque vous avez terminé, et qu'il vaut mieux retirer tout ingrédient qui pourrait étouffer un de vos proches. Si quelque chose dans une recette n'est pas clair, arrêtez-vous, réfléchissez, et si la solution ne vous apparaît pas, trouvez une recette similaire et voyez si elle vous apporte quelque lumière.

Le plus souvent, je le garantis, la réponse sera juste sous votre nez. Une des grandes satisfactions d'en apprendre plus au sujet des combinaisons de saveurs, c'est la confiance que cela vous donne sur votre propre jugement. Suivre les instructions d'une recette, c'est comme répéter des phrases issues d'un guide de conversation. Façonner sa propre compréhension de la façon dont les saveurs travaillent ensemble, c'est comme apprendre une langue. Cela permet de s'exprimer librement, d'improviser, de trouver des substitutions pour les ingrédients, de préparer un plat tel que vous l'imaginez. Vous serez surpris de voir qu'il est rare que les choses tournent vraiment mal, bien que l'auteur décline toute responsabilité si un plat finit à la poubelle.

*

Une saveur est, bien sûr, notoirement subjective et difficile à décrire. Pourtant, il y a quelques petites choses à savoir avant d'essayer. Comme tous ceux qui s'intéressent à l'œnologie vous le diront, la saveur n'est pas la même chose que le goût. Le goût est limité à cinq qualités détectables sur la langue et ailleurs dans la bouche : le sucré, le salé, l'acidité, l'amertume et l'« umami » (le sapide, le « savoureux », le contraire d'insipide). Une saveur, d'autre part, est principalement perçue grâce à notre sens de l'odorat, par le bulbe olfactif, et, dans une moindre mesure, par la voie orale. Pincez votre nez et vous pouvez dire si un ingrédient est sucré ou salé, mais pas quelle est sa saveur. Votre sens du goût vous donne le contour schématique général d'un aliment, et la saveur le remplit en précisant les détails. Néanmoins, dans une acception plus large, qui est d'ailleurs la plus courante, le terme « saveur » tend à incorporer le goût. (Le mot « flaveur », calque de l'anglais *flavour*, existe en français depuis 1970 et désigne la sensation provoquée conjointement par le goût et l'odeur d'un aliment, mais son emploi est didactique ou littéraire.) Le concept de saveur inclut aussi la perception des aliments qui sollicite le nerf trijumeau, responsable, entre autres, des sensations de chaleur et de piquant provoquées par le piment, le poivre et la moutarde, mais qui est aussi sensible aux propriétés rafraîchissantes du menthol ou astringentes des tanins du thé et du vin rouge.

Au-delà des éléments de base du goût, les caractéristiques d'une saveur peuvent être tout aussi insaisissables et difficiles à décrire que d'autres sensations du même ordre. Dans la mesure où la saveur d'un ingrédient dépend de ses composés chimiques, nous pouvons, avec un certain degré d'objectivité, observer que deux ingrédients qui ont un composé en commun ont des saveurs similaires. Le basilic sacré *(tulsi)* et le clou de girofle, par exemple, contiennent tous deux un composé appelé eugénol ; aussi le basilic sacré a-t-il un goût de clou de girofle. Mais qu'entendons-nous par un « goût de clou de girofle » ? Pour moi, c'est un peu comme sucer un clou rouillé sucré. Toutefois, une personne ne possède jamais tout à fait les mêmes papilles et le même système olfactif qu'une autre, et nous sommes tous différents quant à nos facultés à convertir en mots des données sensorielles.

Vos origines et vos habitudes alimentaires sont aussi déterminantes dans la façon dont vous ressentez et décrivez les saveurs que dans les associations que vous privilégiez. J'ai utilisé des avis d'experts pour conforter mes propres jugements et les rendre aussi objectifs que possible. Mais il n'existe aucun moyen d'échapper au fait que le répertoire des saveurs diffère selon les personnes, dans une mesure plus ou moins importante. Une saveur est, entre autres, un référentiel de sentiments et une capsule mémorielle. On dit que l'odorat est le sens le plus à même d'évoquer des souvenirs, de sorte que la saveur d'un plat peut nous ramener instantanément à l'époque et au lieu où nous l'avons expérimentée pour la première fois ou de la façon la plus intense. *Le Répertoire des saveurs* peut ressembler à un livre de référence, et parfois même se lire comme tel, mais son contenu factuel est, inéluctablement, subjectif.

*

La rédaction du *Répertoire des saveurs* m'a appris beaucoup de choses, en particulier à adopter une approche plus ouverte sur des combinaisons considérées comme évidentes par d'autres cuisiniers et dans d'autres cultures. Étant une personne de nature désordonnée, je suis toujours à la recherche de motifs, de schémas, de moyens permettant de clarifier une réalité indisciplinée. En partie, je suppose que je m'attendais à ce que ce livre contienne, au fil des lignes, une grande théorie unifiée des saveurs qui permettrait de concilier la science et la poésie, ainsi que les réflexions de ma mère sur la confiture.

Ce n'est pas ce qu'il est, du moins pas entièrement. J'ai intégré quelques principes largement applicables sur les façons d'utiliser une saveur, de la déguiser, de la soutenir, de la tempérer, de l'animer. Je suis également maintenant beaucoup plus consciente de l'importance de l'équilibre entre les goûts – salé, sucré, amer, acide et umami – et du meilleur parti que l'on peut tirer du contraste des textures ou des températures. Finalement, *Le Répertoire des saveurs* est un assemblage de faits, de rapports, d'impressions et de souvenirs, qui vise moins à vous dire exactement ce qu'il faut faire qu'à vous donner l'étincelle pour vos propres recettes et adaptations. Il existe, en somme, pour vous faire saliver.

Niki Segnit
Londres, mars 2010

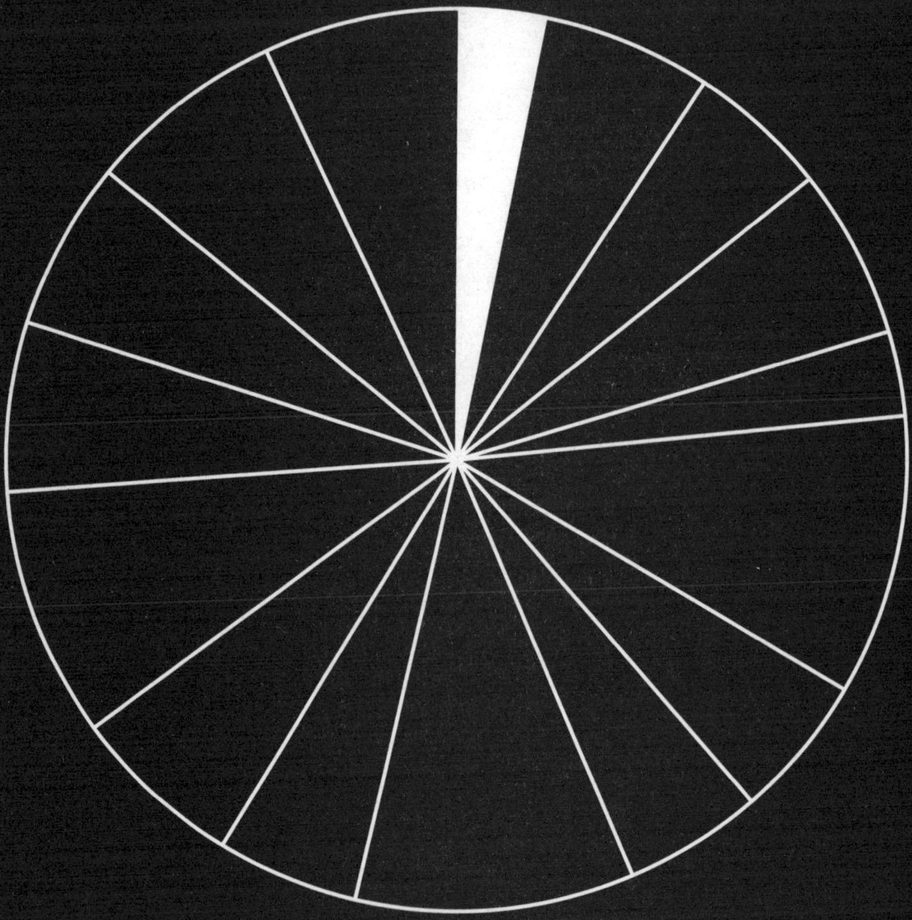

TORRÉFIÉE

Chocolat

Café

Cacahuète

Chocolat

Le traitement complexe subi par la plupart des chocolats explique les grandes variations dans leurs saveurs. Les fèves non traitées sont astringentes, leur fermentation développe des arômes fruités comme dans le vin ou le xérès, et leur torréfaction peut introduire une infinité de notes noisetées, terreuses, boisées, florales ou épicées. La saveur d'un chocolat de qualité s'apprécie le mieux en laissant fondre un morceau posé sur la langue. Plus le chocolat est sucré, plus son goût va ressortir rapidement. À l'inverse, plus le pourcentage en cacao est élevé, plus il faut de temps aux saveurs pour se révéler, tandis que l'amertume et la longueur en bouche augmentent. Goûter un chocolat à 99 ou 100 % de cacao, c'est un peu comme faire courir sa langue sur un rail de la ligne de chemin de fer entre Paris et Lyon. Dans cette section, le terme « chocolat » inclut le chocolat noir de couverture, le chocolat au lait et le cacao. Le chocolat blanc est traité séparément (voir page 437).

Chocolat & Abricot : *voir Abricot & Chocolat, page 353.*

Chocolat & Amande : Quel est le goût de la culpabilité parentale ? Certainement celui de la barre de Toblerone que votre père vous rapportait de son dernier voyage, achetée *in extremis* à l'aéroport à la place de la paire de maracas promise ou de la véritable patte d'ours convoitée. Le secret de son succès doit forcément être lié à la géniale compatibilité entre le chocolat et les amandes. De nombreuses notes au goût de noisette se forment durant la torréfaction des fèves de cacao ; de même, la saveur des amandes est intensifiée lorsqu'elles sont grillées, ce qui leur permet de résister à la force du chocolat. Vous pouvez tester cela dans la soupe de chocolat aux amandes salées de Christopher Tan. Faites fondre à feu moyen-doux 1 cuillerée à soupe de beurre doux dans une poêle et faites-y sauter 45 g d'amandes effilées durant 4 à 5 minutes, le temps qu'elles soient bien dorées. Réservez. Dans une casserole, à feu moyen-doux, fouettez ensemble 250 ml d'eau, 100 ml de crème liquide, 25 g de sucre en poudre et 40 g de cacao en poudre tamisé, jusqu'à ce que le sucre soit dissous. Laissez bouillonner doucement 2 à 3 minutes, puis ajoutez 100 g de copeaux de chocolat noir à 60 % de cacao minimum. Remuez au fouet pour obtenir une consistance lisse, puis versez dans de petits bols (entre 4 et 6). Répartissez les amandes au-dessus, saupoudrez avec quelques grains de fleur de sel et servez immédiatement.

Chocolat & Ananas : *voir Ananas & Chocolat, page 334.*
Chocolat & Anis : *voir Anis & Chocolat, page 230.*
Chocolat & Avocat : *voir Avocat & Chocolat, page 250.*
Chocolat & Banane : *voir Banane & Chocolat, page 349.*
Chocolat & Betterave : *voir Betterave & Chocolat, page 108.*

Chocolat & Boudin noir : *voir Boudin noir & Chocolat, page 47.*

Chocolat & Cacahuète : Selon Alexandre Dumas, les Espagnols appellent les arachides *cacohuette* en raison de leur goût voisin de celui du cacao. Il note également qu'ils ont profité de cette harmonie de saveurs pour mélanger de petites quantités de cacao – cher – à une mixture de cacahuètes pour produire une sorte de chocolat bon marché. Cinquante ans plus tard, le GooGoo Cluster, un mélange de chocolat, d'arachides, de caramel et de guimauve, devient la première barre chocolatée aux États-Unis. À la fin des années 1920, Reese's et Mars lancent respectivement Peanut Butter Cups et Snickers, cette dernière, s'étant ensuite imposée comme la barre chocolatée favorite des Américains, une position qu'elle occupe encore de nos jours. Les arachides non grillées, légumineuses à la saveur végétale, ne s'accordent pas trop au chocolat. Le succès de la plupart des combinaisons de cacahuètes et de chocolat est dû à la formation de pyrazines durant la torréfaction de celles-ci, qui s'harmonisent avec les notes grillées du chocolat. Utilisez cette association pour des desserts dans le style des *diners*, ces restaurants nord-américains servant dans une ambiance décontractée une cuisine traditionnelle avec un large choix, comme un *sundae* à la crème glacée à la vanille garnie d'éclats de cacahuètes grillées et nappée de sauce au chocolat, ou un milk-shake à base de beurre de cacahuètes liquéfié et de glace au chocolat. Le chef Paul Heathcote utilise du chocolat noir au lieu du lait habituel dans sa tarte salée au chocolat, au caramel et aux arachides.

Chocolat & Café : *voir Café & Chocolat, page 24.*
Chocolat & Cannelle : *voir Cannelle & Chocolat, page 274.*

✻ **Chocolat & Cardamome :** Comme la toile de fond en velours noir du marionnettiste, le chocolat est l'arrière-plan parfait permettant à la cardamome d'exposer ses couleurs. Utilisée en quantité suffisante, elle révèle ses arômes énigmatiques d'agrumes, d'eucalyptus chaleureux et de bois floral. Ajouter une pincée de cardamome peut rendre le chocolat noir le plus ordinaire comparable au plus onéreux. La tarte suivante est spectaculairement délicieuse et très rapide à confectionner, mais doit rester quelques heures au froid avant d'être servie. Préparez et faites cuire un fond de tarte de pâte brisée sucrée dans un moule de 23 cm de diamètre. Ouvrez 10 gousses de cardamome et broyez les graines dans un mortier. Ajoutez-les à 300 ml de crème épaisse que vous ferez chauffer dans une casserole. Hors du feu, incorporez 200 g de chocolat noir cassé en morceaux et 25 g de beurre doux. Remuez jusqu'à ce que le mélange soit bien homogène. Faites refroidir sans laisser prendre, versez dans le fond de tarte et placez au réfrigérateur pendant 2 à 3 heures. Quand l'appareil a durci, saupoudrez de poudre de cacao et servez avec une cuillerée de crème fraîche.

Chocolat & Cassis : Sombre et lourd comme de la poésie gothique finlandaise. Mais pas aussi populaire. Quelques marques célèbres (Nestlé avec Matchmakers, United Biscuits avec Jaffa Cakes) ont donné à ce couple un coup de projecteur, l'annonçant en fanfare avant de l'évacuer discrètement par la porte de derrière. L'association fonctionne mieux sous l'influence adoucissante des produits laitiers, c'est-à-dire un *fool* (marmelade de fruits à la crème) ou une mousse au cassis avec une sauce au chocolat, ou encore un gâteau au chocolat à la crème fraîche avec une garniture de cassis.

Chocolat & Cerise : *voir Cerise & Chocolat, page 313.*

Chocolat & Châtaigne : Charles Ranhofer, chef au restaurant Delmonico's à New York au XIXe siècle, habillait des pommes de terre avec de la crème glacée à la châtaigne, les parsemait d'éclats d'amandes avant de les rouler dans du chocolat râpé, si bien qu'elles semblaient sortir de terre. Vous pouvez essayer cette recette en enfouissant les pommes de terre enrobées de crème glacée dans un profond saladier de chocolat finement râpé, et laisser vos invités creuser avec une cuillère pour les extraire. Mais si vous redoutez que vos amis ne pensent que vous avez complètement perdu la tête, un nappage de sauce au chocolat sur de la glace à la châtaigne sera délicieux, même si c'est moins amusant. Si vous êtes fondu de châtaigne, utilisez les blancs des œufs qui ont servi à réaliser la glace pour confectionner un mont-blanc, le dessert incontournable formé d'une meringue surmontée d'une purée sucrée de châtaignes, avec un sommet de crème fouettée et une fine couche de sucre glace.

Chocolat & Chocolat blanc : *voir Chocolat blanc & Chocolat, page 439.*
Chocolat & Chou-fleur : *voir Chou-fleur & Chocolat, page 155.*
Chocolat & Citron : *voir Citron & Chocolat, page 382.*

Chocolat & Citron vert : Les *chocolate limes* sont une confiserie britannique classique. En bouche, le bonbon au citron vert se défait en lamelles piquantes pour révéler un cœur sec et croquant de chocolat. Malheureusement, ce couple n'existe que rarement sous d'autres formes, bien qu'il me soit arrivé une fois de déguster une spectaculaire tarte au chocolat noir avec un piquant sorbet au citron vert dans un des restaurants de Terence Conran.

Chocolat & Figue : *voir Figue & Chocolat, page 425.*

Chocolat & Fraise : Cette alliance réputée est somme toute assez décevante. La couleur et la forme en cœur des fraises les font associer, sans imagination, à ce témoignage d'affection que sont les chocolats. Mais à y regarder de plus près, une fraise trempée dans le chocolat ne ressemble-t-elle pas seulement à un fruit portant une grande culotte ? Ce n'est probablement pas le meilleur argument pour convaincre une fille de monter prendre un dernier verre. Personnellement, je préférerais du chocolat aux noisettes.

Chocolat & Framboise : Associer des framboises au chocolat est presque un réflexe pour les tartes et les puddings. Trop souvent, à mon humble avis, elles sont éparpillées dans l'assiette en guise de décoration. C'est judicieux s'il y a assez de crème pour assurer la transition entre les deux, mais s'il n'y en pas ou si les framboises ne sont pas assez mûres, cela fait le même effet que de recevoir un cuisant pinçon au lieu de la caresse langoureuse qu'on attendait. Les chocolats avec de fortes notes de framboise procurent une sensation plus équilibrée, comme le somptueux Manjari de Valrhona ou Madagascar d'Amano.

Chocolat & Fromage de chèvre : *voir Fromage de chèvre & Chocolat, page 69.*
Chocolat & Gingembre : *voir Gingembre & Chocolat, page 387.*

Chocolat & Lard : La chocolatière Katrina Markoff, fondatrice de Vosges Haut-Chocolat, combine du lard fumé au bois de pommier, du sel fumé et du chocolat au lait avec plus de 40 % de cacao dans la tablette Mo's Bacon. Elle déclare avoir été inspirée par les *pancakes* aux éclats de chocolat consommés avec du sirop d'érable et du bacon quand elle avait six ans. Essayez, et vous verrez comment l'influence de la saveur fumée du bacon rend la classique association sucré-salé un peu plus originale. Poussant la combinaison plus loin, la pâtisserie Tee & Cakes, à Boulder (Colorado), réalise des petits gâteaux au sirop d'érable surmontés d'une ganache au chocolat noir légèrement salé, coiffée d'une pincée de bacon grillé haché.

Chocolat & Menthe : *voir Menthe & Chocolat, page 473.*

Chocolat & Noisette : C'est à la rareté du cacao dans le Piémont à la fin du XIXe siècle que nous devons la popularité de cette combinaison céleste. Le mélange de noisettes moulues et de chocolat a fini par conduire à l'invention du Nutella, mais il a été initialement vendu sous forme de pains solides appelés *pasta gianduja*. Gianduja (Jean de la chope) est un personnage de carnaval et de la commedia dell'arte représentant le Piémontais typique. Le nom demeure encore le terme générique pour désigner une préparation sucrée à base de chocolat et de noisettes. Dans les années 1940, les mères donnaient un morceau de cette pâte entre deux tranches de pain comme goûter à leurs enfants, qui furent assez futés pour jeter le pain et ne manger que le chocolat. Les canards piémontais ont dû être fantastiquement dodus au milieu du siècle dernier. En 1951, une technique fut élaborée pour ramollir le mélange, et le produit, vendu en pot, fut nommé Supercrema Gianduja. Enfin, en 1964, il fut rebaptisé Nutella, plus internationalement prononçable, et se vend aujourd'hui dans le monde entier. Si vous trouvez le Nutella trop sucré, vous pouvez avoir votre dose de *gianduja* grâce à un Ferrero Rocher ou un Baci. Si vous préférez quelque chose de plus inhabituel, essayez le Caraïbe Noisettes de Valrhona ou le chocolat au lait Amedei avec des noisettes du Piémont. Voir aussi Noix de muscade & Noix, page 282.

Chocolat & Noix : C'est un classique dans les brownies. Il est également intéressant de jeter une poignée de noix dans un pudding au chocolat et au beurre, ou d'ajouter du caramel dans du chocolat aux noix pour obtenir ce qu'on appelle parfois la saveur *turtle*. Les Turtles sont des confiseries très populaires au Canada. Leur nom vient de leur forme, un petit tas de noix ou de noix de pécan liées par du caramel et recouvertes d'une coque lisse de chocolat, à travers laquelle émergent certaines des noix, ce qui peut faire penser à la tête et aux pattes d'une tortue. Ajoutez un filet de caramel à la recette donnée dans Chocolat & Amande (voir page 16) et vous pourrez l'appeler soupe à la tortue.

Chocolat & Noix de coco : Tout comme le ministère de la Santé avertit que fumer de la marijuana peut conduire à l'usage de drogues dures, la consommation des bonbons Sweet Tobacco – lanières de noix de coco sucrée saupoudrées de cacao en poudre – a entraîné mon addiction à la cigarette. On peut, avec du papier de riz, confectionner un petit rouleau de brins de noix de coco parfumé au chocolat. « Pourquoi demander la lune ? Nous avons les étoiles... », dirait Bette Davis dans *Une femme cherche son destin* en aspirant crânement la fumée. À partir de là, il n'y a plus que quelques petites quintes de toux à subir – en cachette – avant de passer aux vraies clopes. Mince alors, ai-je pensé en inhalant ma première bouffée, c'est *terrible*. Si, comme j'ai été amenée à le croire, les fabricants de cigarettes sont si ignobles, pourquoi n'ont-ils rien appris des entreprises de confiserie afin de rendre leur production irrésistible ? J'ai vite découvert qu'ils connaissaient le principe, mais que l'application qu'ils en ont faite n'avait rien à voir avec la question du goût. Des années plus tard, je suis revenue aux friandises, mais cette fois sous la forme de chocolat fantaisie avec des notes de tabac et de fumée. Si cela vous intéresse, essayez Tanzanie (tabac, sirop de mélasse, raisins) de Pralus ou leur Vanuatu (fumée, épices, réglisse). Pour un chocolat avec des notes de tabac et de noix de coco, tentez Mangaro Lait, de Cluizel, un chocolat au lait, comme son nom l'indique, avec un colossal 50 % de cacao.

✻ **Chocolat & Noix de muscade :** Peu de recettes font appel au chocolat au lait. Il est plus difficile à travailler que le chocolat noir et n'a pas, le plus souvent, assez le goût du cacao. Si vraiment vous ne supportez pas le chocolat noir, vous pouvez envisager de confectionner une tarte avec du chocolat au lait et de la noix de muscade, qui va renforcer la saveur du chocolat et rafraîchir sa douceur un peu écœurante (elle a le même effet dans la crème anglaise et le lait de poule – voir Œuf & Noix de muscade, page 169). Utilisez du chocolat au lait avec au moins 30 % de cacao et suivez la recette donnée dans Chocolat & Cardamome, page 17, mais réchauffez la crème avec un quart de noix de muscade râpée à la place de la cardamome. Refroidissez le chocolat avant d'y râper un autre quart de noix de muscade. Versez le mélange sur le fond de tarte et laissez reposer au réfrigérateur. Râpez un peu de muscade au-dessus avant de servir.

Chocolat & Orange : *voir Orange & Chocolat, page 370.*
Chocolat & Pastèque : *voir Pastèque & Chocolat, page 315.*

Chocolat & Piment : Un des couples qui, pour être surprenants à la base, n'en ont pas moins fait leur chemin dans le monde entier. Lorsque les piments deviennent rouges, ils développent une saveur sucrée et fruitée qui se combine harmonieusement à l'amertume du chocolat, surtout quand ils ont séché et, s'adoucissant, acquis des notes de raisin sec et de cuir. Néanmoins, faites attention aux piments *mulato* et *ancho*, qui, séchés, sont considérés comme intrinsèquement chocolatés. Outre la compatibilité des saveurs, les graisses du chocolat compensent en partie la force du piment, comme dans le *mole* mexicain. Le terme *mole* signifie simplement « sauce » et il en existe un grand nombre de variantes. La plupart d'entre eux contiennent des piments séchés, mais le chocolat n'est présent que dans les *mole* « rouges » ou « noirs », où sont ajoutés divers fruits secs, du pain, des noix variées, de la tomate, de l'oignon, de l'ail, des graines, des herbes fraîches ou séchées, des épices, de l'huile, du saindoux et du bouillon. Comme vous pouvez l'imaginer, cela donne une sauce douce-piquante complexe, qui requiert pour sa préparation nombre d'opérations d'écrasement, de broyage et de grillage. Cette sauce accompagne les viandes revenues qui terminent leur cuisson dans le *mole* ou cuisent séparément (généralement rôties) et sont servies avec le *mole* versé par-dessus. Les *moles* frais sont essentiellement réservés à des occasions spéciales. Si la fantaisie vous vient de confectionner une des recettes authentiques de *mole*, mais que vous ne disposiez pas de chocolat mexicain (qui est fruste, sombre et souvent mélangé à de la cannelle et à de la vanille), l'auteur de livres de cuisine Rick Bayless suggère de le remplacer par du cacao en poudre non sucré. On peut trouver dans certains magasins d'épices des cacaos mélangés à du *chipotle* (piment séché) et à du paprika, destinés à être ajoutés à un chili con carne, à un ragoût, et même à un cake ou à des brownies. Vous pouvez aussi essayer de saupoudrer quelques pincées de flocons de piment séché sur des grappes de *corn flakes* liés par du chocolat fondu. J'appelle ces gâteaux des mini-Krakatoa. La saveur du maïs s'harmonise très bien avec le piment et le chocolat, et la texture croustillante est plaisante. Un enfant de cinq ans est capable de réaliser cette recette, mais mieux vaut ne pas lui servir le résultat de cette variante.

Chocolat & Poire : Un peu de chocolat mettra en valeur la douceur de la poire, tandis qu'en trop grande quantité il va submerger la saveur du fruit. Les poires Belle-Hélène – poires pochées avec une sauce au chocolat – en sont un exemple fréquent. Trop souvent, une épaisse couche de chocolat domine ce dessert, aussi utilisez-le avec parcimonie et faites pocher les poires dans un sirop de vanille pour créer la connexion entre les deux saveurs. Les noisettes jouent un rôle similaire de transition. Poire et chocolat aiment tous les deux les noisettes, et le trio fait merveille dans les cakes. Vous pouvez aussi suivre l'invention décadente de Nigel Slater, qui consiste à incorporer des florentins brisés à de la crème fouettée pour en fourrer des poires évidées et pochées. Utilisez des florentins achetés en pâtisserie, ou la recette donnée dans Gingembre & Chocolat, page 387.

Chocolat & Romarin : *voir Romarin & Chocolat, page 399.*
Chocolat & Rose : *voir Rose & Chocolat, page 428.*
Chocolat & Thym : *voir Thym & Chocolat, page 408.*

Chocolat & Tomate : Un soupçon de saveur chocolatée dans les recettes à base de tomates épicées, comme le chili con carne, la *caponata*, le ketchup ou les boulettes de viande, est recommandé par l'historienne de l'alimentation américaine Alice Arndt. Les cuisiniers mexicains considèrent le cacao et le chocolat aussi bien comme des ingrédients utilisés pour les confiseries que comme des épices. Pour eux, le chocolat est un arôme qui, employé avec modération, ajoute à la richesse et à la profondeur des plats et arrondit l'acidité de certains aliments comme la tomate.

Chocolat & Vanille : *voir Vanille & Chocolat, page 435.*

Café

Comme le chocolat, le café passe par plusieurs étapes avant d'atteindre votre tasse, ce qui explique sa complexité. Plus de 800 composés aromatiques ont été identifiés dans le grain torréfié. Crue, la graine verte est relativement peu parfumée. La torréfaction la dilate de 50 à 100 %, la fait virer au brun et libère ses saveurs. En règle générale, les grains brun clair (grillés de 9 à 11 minutes) révèlent le mieux leurs origines, c'est-à-dire la variété du café et ses conditions de croissance. Quand le grain est plus sombre (torréfié de 12 à 13 minutes) et huileux en surface, les saveurs grillées commencent à dominer, et il sera plus épicé et plus chocolaté. Le café peut contenir des notes de cassis, de coriandre, de clou de girofle, de vanille, de chocolat et de noix en tout genre, et toutes forment des combinaisons harmonieuses. Ces arômes sont donc utilisés pour

parfumer les sirops au café. Tia Maria et Kahlua sont deux liqueurs aromatisées au café qui possèdent des caractères très différents.

Café & Amande : Une fois torréfié, le café est l'une des saveurs les plus complexes. Parmi ses caractéristiques aromatiques les plus recherchées, on retrouve celle des fruits à coque (noisette, amande, cajou, pécan...), ce qui expliquerait pourquoi il leur est si souvent apparié. La noix (voir Café & Noix, page 25) est la plus fréquente des notes de fruits à coque identifiées dans le café, mais l'amande (ou le massepain) est également assez typique. Si vous ne détectez pas les amandes dans votre petit noir au comptoir, retrouvez la combinaison en le dégustant avec un croissant aux amandes saupoudré généreusement de sucre glace. Les femmes françaises arrivent à le manger sans avoir l'air de sortir d'une tempête de neige, ce qui n'est pas mon cas.

Café & Avocat : *voir Avocat & Café, page 250.*
Café & Banane : *voir Banane & Café, page 348.*

Café & Bœuf : Viande rouge caféinée ? Assurément quelque chose à servir à vos amis passionnés de diététique. Tant que vous y êtes, ajoutez une garniture de cigarettes allumées... Le café est utilisé en Amérique du Sud comme marinade ou pour en frotter la viande. Cette pratique s'est même invitée dans les restaurants branchés, peut-être en raison du voisinage de saveurs souvent rapporté entre le café torréfié et le bœuf rôti. Mon expérience personnelle me suggère qu'il s'agit d'un mariage forcé. J'ai essayé une marinade de café pour un steak et constaté qu'il donnait irrésistiblement à la viande un goût faisandé. Si vous envisagez d'en proposer à dîner, il peut être prudent de prévoir un plat alternatif.

Café & Cannelle : La cannelle développe durant la cuisson une force et une douceur qui complètent et arrondissent la saveur du café. Dans les cafés au Mexique, on vous donne parfois un bâtonnet de cannelle pour remuer votre café. C'est bon et cela permet d'économiser sur la vaisselle. Un des plats les plus célèbres de Thomas Keller est composé de beignets saupoudrés de cannelle servis avec un *semifreddo* aromatisé au cappuccino.

✻ **Café & Cardamome :** C'est la manière dont les Bédouins préparent le café. Au Maroc, en Algérie ou dans les magasins de café algériens de Soho, on vend dans la même mouture grains de café et cardamome, en proportions égales (le dosage peut, bien entendu, être ajusté en fonction de vos préférences). Il se boit dans de toutes petites tasses, avec ou sans sucre, parfois avec une goutte ou deux d'eau de fleur d'oranger, l'épice aromatique enrobant l'acidité du café. J'apparie ces saveurs dans un gâteau à la cardamome glacé au café. La cardamome parfume une douce génoise qui contraste avec le glaçage acidulé au café. Dans un saladier, mélangez durant 2 à 3 minutes 175 g de sucre, 175 g de farine à gâteaux, 100 g de beurre ramolli, les graines de 12 gousses de cardamome réduites en poudre, 1 cuillerée à café de levure, 4 cuillerées à soupe de lait et 2 œufs. Versez dans un moule rond de 20 cm de diamètre préalablement beurré et chemisé. Faites cuire au four (180 °C / thermostat 6) durant 50 à 60 minutes. Démoulez et laissez refroidir. Dissolvez 2 petites cuillerées de café instantané dans 2 cuillerées à soupe d'eau chaude avec quelques gouttes d'extrait de vanille. Mélangez avec 125 g de sucre glace en versant goutte à goutte pour obtenir une consistance facile à étaler qui donnera un glaçage fin et translucide. Recouvrez la génoise refroidie avec le glaçage. Notez que la cardamome aura une saveur plus prononcée le lendemain.

Café & Cassis : Un couple mystérieusement bien assorti qui, en dégustation, revient souvent dans les notes du vin. Une fois vinifié, le rare raisin noir lagrein, originaire des Alpes italiennes, présente à la fois les deux saveurs. Je les ai rencontrées aussi juste au-dessus des frontières de la Haute-Savoie dans un céleste vacherin glacé : couches de meringue, de sorbet au cassis, de crème fouettée et de crème glacée au café avec un saupoudrage d'amandes grillées. Il est dans la liste des choses les plus délicieuses que j'aie pu déguster. Le café avait la fraîche fragrance des grains qui viennent d'être moulus, et le cassis ce soupçon de musc qui peut ne pas disparaître dans le fruit transformé, mais qui est toujours perdu en cas d'excès de sucre. À découvrir soit dans une variante de pavlova, ce dessert à base de meringue nommé en l'honneur de la ballerine russe Anna Pavlova : meringue au café, crème et compote de cassis à peine sucrée ; soit dans un gâteau au café fourré de confiture de cassis.

Café & Cerise : Alors que le monde entier s'impatientait de découvrir enfin qui avait tué Laura Palmer dans la série *Twin Peaks* de David Lynch, la seule chose que je désirais, c'était rejoindre l'agent Dale Cooper au Double R pour prendre un bon café et une part de tarte aux cerises.

Café & Chocolat : Les grains de café matari, ou moka, proviennent de la ville yéménite de Moka. Ils ont un riche arrière-goût de chocolat moelleux et ont prêté leur nom à diverses décoctions qui tentent de reproduire leur saveur en ajoutant du chocolat à des cafés moins exotiques. Généralement, il s'agit d'un jet d'expresso dans une tasse de lait chaud avec du cacao. Personnellement, je n'aime pas cette paire de saveurs dans les boissons. En ce qui me concerne, le café est associé à un matin tonique, à une humeur déterminée, à l'image de Melanie Griffith arpentant les rues de Manhattan à grandes enjambées dans la séquence d'ouverture de *Working Girl*, tandis que le chocolat chaud évoque pour moi Meg Ryan vêtue d'un pull trop grand et serrant entre ses mains, jointes comme pour une supplication, un *mug* massif. On ne peut pas être à la fois déterminé et vulnérable. Oubliez les boissons chaudes. La paire café et chocolat fonctionne mieux dans les mousses, les truffes et les gâteaux. On peut aussi utiliser les deux ingrédients comme des amplificateurs masqués : une note de café dans une recette au chocolat la fera percevoir comme plus chocolatée, et vice versa.

Café & Chocolat blanc : *voir Chocolat blanc & Café, page 438.*
Café & Clou de girofle : *voir Clou de girofle & Café, page 278.*
Café & Fromage de chèvre : *voir Fromage de chèvre & Café, page 69.*

Café & Gingembre : À la fin du XVIIe siècle, les cafés anglais proposaient d'agrémenter leur infusion de café avec du gingembre, du clou de girofle, de la cannelle ou de la menthe verte. De nos jours, au Yémen, le gingembre est apprécié dans un thé infusé avec des écales de café, appelé *qishr*. Serré et doré, il est d'un mordant à vous faire grimacer sur votre *bint al sahn*, un gâteau au miel. Pour les amateurs d'expresso, cela peut être éventuellement un moyen d'éviter les décoctions laiteuses au pain d'épices que servent les chaînes de *coffee shops* anglo-saxonnes au moment de Noël. Voir aussi Gingembre & Cannelle, page 387.

Café & Graines de coriandre : *voir Graines de coriandre & Café, page 431.*

Café & Noisette : Si vous vous trouvez chez un glacier de bonne qualité en France ou en Italie et que l'embarras du choix provoque en vous une crise d'angoisse, souvenez-vous de ceci : café et noisette, café et noisette, café et noisette.

Café & Noix : J'ai toujours pensé que les noix ont un peu les caractéristiques de la nicotine, ce qui pourrait expliquer que le café et les noix forment une combinaison si naturelle. À moins d'une interdiction de manger des noix dans un lieu public – après tout, une personne y étant allergique pourrait se trouver dans les parages –, un substitut partiel pour une cigarette accompagnant un petit noir pourrait être une large tranche de gâteau au café et aux noix. Mais il est souvent difficile d'en trouver un bon : le glaçage ne doit pas être trop sucré, la génoise au café doit être humide, et les noix abondantes.

✻ **Café & Orange :** Ce sont les compagnons du petit-déjeuner. Si vous pouvez la trouver, l'Azienda Agricola San Matteo, en Sicile, fait une marmelade céleste à l'orange et au café. J'ai goûté une fois une glace à l'orange brûlée et au café, amère comme une séparation amoureuse, mais adoucie par la crème. Le tiramisu au café et à l'orange est aussi plaisant que son nom le laisse imaginer. Vous pouvez même le confectionner avec cette liqueur d'orange et de grains de café adaptée d'une recette de Patricia Wells utilisant de l'eau-de-vie. J'aime la façon dont il est indiqué, avec un autoritarisme arbitraire merveilleux, qu'il faut utiliser 44 grains de café, pas plus, pas moins. Prenez une grosse orange, pratiquez 44 petites fentes dans l'écorce et insérez un grain de café dans chacune. Elle va ressembler ainsi à une arme médiévale ou à un fétiche tribal. Mettez 44 morceaux de sucre dans un bocal, placez l'orange au-dessus et couvrez avec 500 ml de cognac, de rhum ou de vodka. Laissez macérer 44 jours, puis pressez l'orange et mélangez son jus à l'alcool. Filtrez et versez dans une bouteille stérilisée. Vous pouvez aussi remiser le bocal dans un endroit frais et sombre durant 444 jours, goûter le résultat avec scepticisme et vous apercevoir à la deuxième gorgée que c'est délicieux sans l'ajout du jus de l'orange. Le résultat est très équilibré, avec une saveur complexe et persistante d'orange et de café, qui prouve que cette paire est aussi agréable pour finir la journée que pour la commencer.

Café & Rose : Les saveurs amères peuvent être utilisées comme antidote à la douceur écrasante des saveurs florales comme celle de la rose. Je ne me délecte pas, habituellement, d'un café turc noir et épais comme du goudron, mais un *rahat loukoum* parfumé à la rose rétablit l'équilibre.

Café & Vanille : *voir Vanille & Café, page 434.*

Cacahuète

Crues, les cacahuètes ont un goût de fèves. Grillées ou frites, elles acquièrent une saveur douce avec des notes de chocolat et de viande, additionnées d'une nuance végétale. C'est une expérience gustative très complexe, plutôt satisfaisante, qui fonctionne bien avec les viandes riches, les fruits de mer doux et les fruits acides comme la pomme ou le citron vert. Travaillées en beurre, les arachides prennent une saveur plus douce encore et plus salée, avec une agréable pointe d'amertume. Certains disent que le lard va avec tout, mais c'est encore plus vrai des cacahuètes qui, contrairement au lard, ont un succès réellement international et interculturel.

Cacahuète & Agneau : En Bolivie, arachides et agneau sont associés dans une soupe ou dans un ragoût. En Afrique de l'Ouest, ils se retrouvent dans un *mafé* (voir Cacahuète & Tomate, page 30), et en Thaïlande dans un curry *massaman* (voir Cacahuète & Bœuf, page 27). Pour un *satay* en Asie du Sud, on peut enfiler de petits morceaux d'agneau sur une brochette ; ils seront grillés et servis avec une sauce aux cacahuètes. Le terme *satay* se réfère à la technique de cuisson des aliments, en brochettes sur du charbon de bois, et n'implique aucune association particulière de saveurs. En Occident, nous sommes habitués à ce que le *satay* soit accompagné d'une sauce aux cacahuètes, mais en Indonésie, il peut être servi avec du *kecap manis* ou un mélange de tomates et de piment. Quant au *satay* lui-même, à peu près tout ce qui peut s'enfiler sur un bâton convient : agneau, chevreau, poulet, bœuf, fruits de mer, canard émincé, abats de bœuf, buffle d'eau, tofu…

Cacahuète & Asperge : *voir Asperge & Cacahuète, page 163.*
Cacahuète & Banane : *voir Banane & Cacahuète, page 348.*

Cacahuète & Bœuf : Comme pour le *satay* indonésien, le terme *anticucho* au Pérou fait plus référence au mode de cuisson de la viande – en brochettes sur un gril – qu'aux ingrédients utilisés. Cela dit, la recette d'origine prévoit d'utiliser du cœur de bœuf, même si aujourd'hui d'autres morceaux lui sont souvent substitués. Dans tous les cas, la viande est marinée dans du vinaigre, de l'ail, du piment, du cumin et de l'origan, et on enfile parfois de petites pommes de terre sur les brochettes. Dans la version bolivienne, on y ajoute une épaisse sauce pimentée aux cacahuètes. La combinaison de bœuf, d'arachides et de pommes de terre vous évoque peut-être le *massaman*, un curry thaï. David Thompson dit que cette sauce enrichie aux cacahuètes, épaissie avec des pommes de terre et de la viande (pas toujours de bœuf – l'agneau et le canard sont fréquents), constitue le plus élaboré de tous les currys thaïs, et le plus délicieux.

Cacahuète & Brocoli : Le beurre d'arachide *crunchy*, c'est-à-dire avec des éclats de cacahuètes, est fait pour les brocolis, les fleurettes capturant les brisures. Vous pouvez tester ça dans une salade assaisonnée comme dans la recette donnée dans Cacahuète & Noix de coco, page 28. Ou, si vous êtes habile à découper les fleurettes en morceaux élégants, appliquez-leur le traitement *kung pao* expliqué dans Cacahuète & Poulet, page 29.

Cacahuète & Cannelle : La crème Castries est une liqueur d'arachide avec des saveurs démarrant par un goût prononcé de beurre de cacahuètes qui, selon son fabricant à Sainte-Lucie aux Antilles, laisse place à des notes subtiles de cannelle épicée et de sucre brun. Voir aussi Cacahuète & Pomme, page 29.

❋ **Cacahuète & Carotte :** Nigella Lawson nous donne une recette : « la salade de carottes et de cacahuètes du Rainbow Room », nommée ainsi en l'honneur du restaurant où sa mère a mangé un plat similaire. Le mélange des ingrédients peut, admet-elle, sembler bizarre, mais fonctionne, en particulier si vous ne craignez pas le vinaigre. Ses propriétés astringentes vont trancher sur l'onctuosité des arachides et, combinées au sucré des carottes, donner à l'ensemble une saveur alléchante que j'associe aux salades asiatiques au citron vert. Râpez grossièrement 4 carottes et mélangez-les avec 75 g de cacahuètes salées. Versez 2 cuillerées à soupe de vinaigre de vin rouge, 2 cuillerées à soupe d'huile d'arachide et quelques gouttes d'huile de sésame. Mangez immédiatement.

Cacahuète & Cassis : *voir Cassis & Cacahuète, page 416.*
Cacahuète & Céleri : *voir Céleri & Cacahuète, page 119.*
Cacahuète & Chocolat : *voir Chocolat & Cacahuète, page 17.*

Cacahuète & Citron vert : Les paquets de cacahuètes aromatisées au citron vert ou au citron vert-piment sont très populaires au Mexique. Là-bas, vous pouvez également acheter des arachides fraîches chez un vendeur de rue, frites avec leur peau dans de la graisse de porc et servies encore chaudes dans une tasse avec un filet de jus de citron vert. Cacahuète et citron vert sont également très fréquemment appariés en Thaïlande et au Vietnam, où ils sont utilisés pour garnir les plats de nouilles, les soupes et les salades. Comme le vinaigre dans la salade du Rainbow Room de Nigella Lawson (voir Cacahuète & Carotte, page 27), le jus astringent du citron vert fournit un contrepoint idéal à la graisse des arachides.

Cacahuète & Concombre : En Inde, le *khamang kakadi* combine des concombres pelés et coupés en dés, des cacahuètes grillées écrasées, du piment frais finement haché et de la noix de coco râpée. Il est assaisonné avec du jus de citron, du sel, du sucre et du cumin, et parfois avec une huile qui a été chauffée jusqu'à ce que les graines de moutarde qu'elle contient aient éclaté et libéré leur arôme. Servez comme un chutney.

Cacahuète & Feuilles de coriandre : *voir Feuilles de coriandre & Cacahuète, page 246.*

Cacahuète & Fruits de mer : La sauce *satay* peut transformer une banale brochette de moules ou de crevettes. Dans le *vatapá*, copieux plat brésilien aux saveurs intenses, mollusques et crustacés sont cuits dans une sauce aux arachides et à la noix de coco, épaissie avec du pain. Lorsqu'elles sont combinées, les crevettes et les arachides partagent une douceur de noisette qui se situe encore du bon côté de l'écœurant.

Cacahuète & Menthe : *voir Menthe & Cacahuète, page 412.*

* **Cacahuète & Noix de coco :** Fréquemment appariées dans la cuisine indonésienne. Utilisé pour requinquer les plats de riz, le *seroendeng* est composé de noix de coco râpée grillée, cuite avec de l'oignon, de l'ail et des épices, puis mélangée avec des cacahuètes. Le *rempeyek kacang* est un casse-croûte frit à base de cacahuètes hachées, plié dans une pâte faite de farine de riz et de lait de coco épicé. Les plus connues des combinaisons arachides et noix de coco se trouvent dans la sauce pour le *satay* et dans l'assaisonnement du *gado gado,* la classique salade indonésienne. Il ne faut pas sous-estimer le *gado gado,* car c'est une excellente recette à avoir dans votre manche quand il s'agit d'accommoder des restes de légumes dépareillés. Faites griller des arachides pelées dans un four à 190 °C (thermostat 6-7) durant 5 à

8 minutes. Laissez-les refroidir, puis mixez-les finement dans un robot de cuisine. Ajoutez 50 ml de sauce de soja, 2 cuillerées à soupe de sucre de canne (ou de sucre brun), le jus d'un demi-citron vert, quelques gousses d'ail écrasées (frites avec 2 ou 3 échalotes hachées) et du piment selon votre goût. Mixez jusqu'à obtenir une texture lisse et versez 400 ml de lait de coco. Continuez de mixer jusqu'à ce que l'ensemble soit bien homogène. Utilisez cette sauce pour assaisonner une combinaison de légumes cuits, juste blanchis, et crus. Pommes de terre froides, haricots verts blanchis et germes de soja crus sont un mélange courant, diversement complété par des carottes, des oignons de printemps (ciboule), du chou, du concombre ou de la laitue. Comme garniture, utilisez des œufs durs, des crackers aux crevettes, des oignons frits ou du tofu.

Cacahuète & Piment : *voir Piment & Cacahuète, page 262.*

Cacahuète & Pomme : Une pomme râpée ou en tranches dans un sandwich au beurre de cacahuètes, à la place de la confiture ou de la marmelade, est une variation à retenir pour des parents méritants, soucieux de diététique. Cette vertu mise à part, une granny smith acide offre un contraste plus rafraîchissant qu'une confiture sucrée. La pomme est bonne avec du beurre de cacahuètes à la cannelle et aux raisins secs, et pas mal du tout avec celui au sirop d'érable. Les deux sont fabriqués par Peanut Butter & Co, et vous pouvez les acheter en bocal, ou les essayer dans leur café de Greenwich Village, à New York.

Cacahuète & Pomme de terre : *voir Pomme de terre & Cacahuète, page 112.*
Cacahuète & Porc : *voir Porc & Cacahuète, page 42.*

❋ **Cacahuète & Poulet :** Le méthodique obsessionnel trouvera du réconfort dans le *kung pao*, plat du dans lequel tous les autres ingrédients – poulet, piments et oignons – sont coupés aux mêmes dimensions que les cacahuètes. Dans cette recette sautée, tous les éléments, à l'exception du piment, prennent une couleur dorée uniforme qui rend surprenant en bouche le contraste entre la douceur et la légère fadeur du poulet, d'une part, et le craquant des cacahuètes dans leur sauce épicée, de l'autre. Coupez 2 blancs de poulet en dés de 1 cm et placez-les dans un mélange composé de 1 cuillerée à soupe de sauce légère au soja, 2 cuillerées à café de vin de Shaoxing (vin de riz fermenté), 2 cuillerées à café de fécule de maïs et ½ cuillerée à café de sel. Laissez mariner pendant que vous coupez en dés de 1 cm la partie blanche de 6 oignons de printemps (ciboule) et 6 piments séchés (vous pouvez enlever les graines si vous souhaitez limiter la force du piment). Mélangez 1 cuillerée à soupe de sucre, 1 cuillerée à soupe de vinaigre noir de riz, 2 cuillerées à soupe d'eau, 1 cuillerée à café de fécule de maïs, 1 cuillerée à café de sauce légère de soja, 1 cuillerée à café de sauce d'huître et 1 cuillerée à café d'huile de sésame. Réservez. Faites chauffer de l'huile d'arachide dans un wok et faites cuire les piments, sans les laisser brûler. Mettez le poulet, faites-le revenir, puis ajoutez 2 gousses d'ail émincées, un morceau de 2 cm de gingembre frais, haché, et enfin les oignons. Faites revenir jusqu'à ce que le poulet soit bien cuit. Versez la sauce et laissez cuire jusqu'à obtenir une consistance épaisse. Jetez une généreuse poignée de cacahuètes grillées non salées, mélangez rapidement et servez. Vous pouvez utiliser des noix de cajou, mais les arachides sont plus authentiques. Poulet et noix de cajou ont une place spéciale dans mon cœur, car c'est le premier plat chinois que j'ai mangé. Quand j'ai tenté de le décrire à ma mère, mon esprit de neuf ans a eu du mal à évoquer la rupture qu'il représentait par rapport à ce que je connaissais. Comment décrire un germe de soja ? Ou une châtaigne d'eau avec sa texture étrange de pomme de terre crue ? Et le mélange salé-sucré ? Je n'avais jamais vu ces légumes auparavant... Et je ne les avais pas davantage observés avant de les goûter. Nous avions mangé nos portions à emporter dans une voiture garée sur un parking à la tombée de la nuit, les fenêtres embuées de la vapeur des œufs frits. J'ai juste réussi à dire à ma mère : « Il y avait des petits pois dans le riz ». Voir aussi Cacahuète & Agneau, page 26.

Cacahuète & Raisin : *voir Raisin & Cacahuète, page 318.*

Cacahuète & Tomate : Une paire combinée dans le ragoût populaire d'Afrique de l'Ouest, le *mafé*. Ce plat peut être confectionné avec du poulet, du chevreau ou du bœuf, et une grande variété de légumes, mais la sauce d'arachides et de tomates est une constante. Ce qui suit est plus un guide schématique qu'une recette, mais vous aurez l'idée générale. Cuisez un gros oignon haché dans de l'huile jusqu'à ce qu'il ramollisse, puis ajoutez quelques gousses d'ail finement hachées et quelques piments rouges, également hachés. Ajoutez environ 1 kg de viande, en tranches ou en morceaux, et laissez dorer. Versez une boîte de tomates en conserve, 2 cuillerées à soupe de purée de tomates, avec une feuille de laurier et 125 g de beurre de cacahuètes battu au fouet, dans 500 ml d'eau chaude ou de bouillon. Laissez mijoter pendant environ 1 heure, puis ajoutez un poivron vert et quelques légumes coupés en petits morceaux (carottes, patates douces, courge, igname, dans une quantité équivalant environ à 4 grosses carottes). Continuez la cuisson jusqu'à ce qu'ils soient juste tendres. Mélangez et servez sur du riz, de la semoule ou du mil.

Cacahuète & Vanille : J'ai eu une enfance heureuse, mais elle aurait pu être parfaite si le Marshmallow Fluff, d'un blanc de neige et parfumé à la vanille, avait été disponible dans le Hampshire. J'aurais alors pu réclamer, et même confectionner, des *fluffernutters* : un sandwich avec du beurre de cacahuètes étalé sur une tranche de pain blanc et de la crème de Marshmallow Fluff sur une autre. Les deux tranches sont ensuite pressées l'une sur l'autre et découpées en morceaux. Dans la quatrième saison des

Soprano, Christopher Moltisanti demande à sa mère de lui en faire un, et elle refuse. Voyez comment il a terminé…

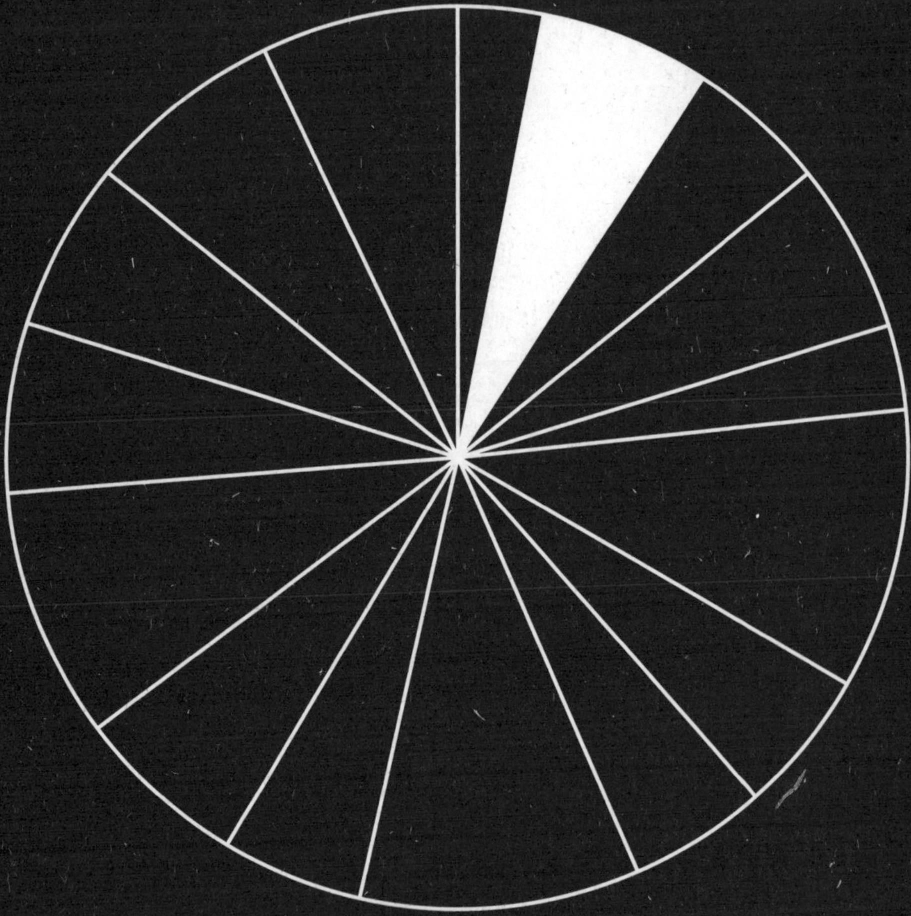

CARNÉE

Poulet

Porc

Boudin noir

Foie

Bœuf

Agneau

Poulet

Le poulet a la réputation d'être fade – une sorte de magnolia des aliments. Il reprend cependant du poil de la bête avec 40 gousses d'ail (voir Ail & Poulet, page 145) et retrouve de vraies qualités de viande grâce à l'appui de saveurs marquées, comme le romarin, le thym et le citron. Les parties bien musclées – pilons, cuisses – sont les plus goûteuses, surtout lorsqu'elles sont cuisinées avec la peau et les os. Ce sont les blancs et les escalopes, sans peau et désossés, en particulier ceux provenant des élevages intensifs, qui valent au poulet sa pâle réputation. Ces morceaux sont comme du tofu sec pour carnivores. S'ils n'ajoutent pas grand-chose aux plats, ils ne font au moins pas obstacle dans une sauce aux saveurs plus intéressantes – salées, sucrées, fruitées, épicées et même celles de poisson. Ce chapitre aborde également la dinde, l'oie, la caille, le gibier à plumes, et le cygne !

Poulet & Amande : *voir Amande & Poulet, page 308.*
Poulet & Anis : *voir Anis & Poulet, page 233.*

Poulet & Avocat : Ils s'accordent, mais restent platement sains, comme ces couples béats que l'on voit faire leur jogging dans les parcs. Donnez au poulet un peu de fumée et les choses pourraient commencer à s'améliorer. Ou bien jetez dessus quelques pignons de pin grillés et une poignée de raisins secs, ajoutez quelques feuilles de salade et assaisonnez avec quelque chose d'un peu fort.

Poulet & Cacahuète : *voir Cacahuète & Poulet, page 29.*

Poulet & Caviar : Dans le roman de Sylvia Plath, *La Cloche de détresse*, Esther Greenwood participe à un déjeuner mondain lors duquel elle élabore un plan pour accaparer la coupe de caviar. Si, comme elle l'observe, vous faites preuve d'une certaine arrogance lorsque vous vous comportez à table de manière incorrecte, les gens jugeront que vous êtes une originale sans plus penser à critiquer vos manières : « Dans le brouhaha des tintements de verres, d'argenterie et d'ivoires, j'ai garni mon assiette de morceaux de poulet. Puis j'ai recouvert les morceaux de poulet d'une épaisse couche de caviar comme si c'était du beurre de cacahuètes sur une tranche de pain. Ensuite, je les prenais un à un avec les doigts, je les faisais tourner pour que le caviar ne dégringole pas, et je les mangeais » (S. Plath, *La Cloche de détresse*, traduction de Michel Persitz, Gallimard/Denoël, 1972).

Poulet & Céleri : *voir Céleri & Poulet, page 121.*

Poulet & Champignon : La *Grifola frondosa,* ou poule des bois (polypore en touffes), est un champignon dénommé ainsi en raison de sa ressemblance avec un poulet ébouriffant ses plumes. Le *Laetiporus sulphureus,* ou polypore soufré, qui, lui, ressemble à des *nuggets* aplatis, est peut-être plus proche, dans sa texture, du poulet réel, mais les opinions sont divisées quant à savoir si sa saveur soutient réellement la comparaison. Ajoutez une poignée ou deux de champignons dans la marmite où cuit votre poulet, et ils contribueront à lui donner ce goût faisandé caractéristique des oiseaux qui viennent des bois plutôt que de la clayette centrale de votre réfrigérateur. Si vous les servez avec un faisan braisé ou une perdrix, vous serez presque capable d'entendre le craquement des brindilles sous vos pas. L'association des morilles et du poulet dans une sauce à la crème est moins rustique. On dit souvent des morilles qu'elles sont proches de la truffe par la complexité et la délicatesse de leur saveur. Comme la truffe, elles existent en blanches et en noires, deux variétés que l'écrivain américain Richard Olney, auteur de livres de cuisine, trouvait « exquises ». Il ajoutait que, bien que les morilles séchées aient leur utilité dans les sauces et les terrines, elles n'égalent jamais tout à fait les fraîches. On dit que le séchage prive les morilles d'une partie de leur douceur mielleuse. Fraîches ou séchées, noires ou blanches, les morilles doivent être cuites.

Poulet & Châtaigne : *voir Châtaigne & Poulet, page 295.*
Poulet & Chou : *voir Chou & Poulet, page 152.*
Poulet & Citron : *voir Citron & Poulet, page 385.*

Poulet & Citron vert : Les agrumes sont jumelés avec le poulet dans les cuisines du monde entier. J'aime la saveur piquante du jus de citron vert dans les soupes de poulet épicées comme la célèbre *sopa de lima* de la péninsule du Yucatán. Le poulet finement émincé, le piment et les lanières de tortillas sont servis dans un bouillon de poulet à la tomate assaisonné avec de la cannelle, de l'ail, du quatre-épices (piment de la Jamaïque), du poivre noir en grains et quelques feuilles de coriandre, le tout arrosé généreusement de jus de citron vert.

Poulet & Cresson : *voir Cresson & Poulet, page 126.*

Poulet & Feuilles de coriandre : La feuille de coriandre est largement utilisée dans les plats de poulet thaï, tel le curry vert. Au Vietnam, une plante aromatique similaire, le *rau ram* ou « menthe piquante », est partie prenante des salades au poulet et des rouleaux de printemps. Sans être apparenté botaniquement à la coriandre, le *rau ram* en possède néanmoins la saveur d'agrume, quoiqu'un peu plus pimentée. En Malaisie, il est connu sous l'appellation « herbe *laksa* », d'après le nom d'une soupe aux nouilles nommée *laksa lemak* dans laquelle il est souvent utilisé comme garniture.

✻ **Poulet & Fromage à pâte pressée cuite :** Dans les années 1980 s'est développée une sorte de mode pour le poulet cordon bleu, une préparation pas vraiment diététique constituée de blancs de poulet sans peau et sans os farcis de tranches de gruyère et de jambon. Cette recette de poulet au comté en est une amélioration, surtout parce que le poulet rôti avec la peau et les os a assez de caractère pour supporter les saveurs de fruits, de noisette et de caramel du fromage. Découpez le poulet en 4 morceaux, farinez-les légèrement et assaisonnez. Faites-les dorer dans du beurre, retirez la casserole du feu et conservez au chaud. Déglacez la casserole avec 300 ml de vin blanc sec et 2 cuillerées à soupe de moutarde forte. Versez cette sauce sur le poulet dans un plat allant au four et faites cuire pendant 40 minutes à 200 °C (thermostat 6-7), en retournant de temps en temps. Saupoudrez de 100 g de comté finement râpé et remettez au four pendant environ 5 minutes, jusqu'à ce que le fromage commence à dorer. Servez avec des pommes de terre à l'eau ou du riz.

Poulet & Fromage bleu : *voir Fromage bleu & Poulet, page 78.*
Poulet & Fruits de mer : *voir Fruits de mer & Poulet, page 180.*
Poulet & Huître : *voir Huître & Poulet, page 191.*
Poulet & Lard : *voir Lard & Poulet, page 213.*
Poulet & Noisette : *voir Noisette & Poulet, page 303.*

Poulet & Noix : Moulus, tous les fruits à coque forment une excellente base pour un ragoût. Cela est dû à leur saveur propre, légèrement beurrée en arrière-plan, à leur capacité à absorber les parfums riches de la viande et des épices et à former une sauce épaisse et opulente. Les populaires *korma* du nord de l'Inde (et tous les currys domestiques du monde) sont basés sur des moutures d'amandes, de noix de cajou ou de noix de coco, un précepte qui remonte à l'époque moghole. Le même principe s'applique au plat turc du poulet circassien. Le poulet poché est servi à température ambiante dans une sauce faite avec des oignons, de l'ail, des noix moulues, du pain trempé et parfois un peu de coriandre ou de cannelle, moulue. En Géorgie, le *satsivi* est confectionné avec du poulet, du poisson ou des légumes cuits dans un mélange de noix et d'une longue liste d'épices, parmi lesquelles la cannelle, le clou de girofle, la coriandre, le paprika et le poivre de Cayenne. Contrairement au poulet circassien, on n'utilise pas de pain pour accompagner les noix, mais un arôme acide, tel que le vinaigre ou le jus de grenade, est ajouté pour équilibrer le plat, comme c'est le cas pour le *fesenjan* iranien, parfois réalisé avec du poulet, mais le plus souvent avec du canard. La combinaison dynamique et tannique des noix et de la grenade contrebalance délicieusement la graisse du canard. Voir aussi Amande & Poulet, page 308.

Poulet & Noix de coco : *voir Noix de coco & Poulet, page 361.*
Poulet & Œuf : *voir Œuf & Poulet, page 170.*

Poulet & Oignon : Brillat-Savarin a écrit que « la volaille est à la cuisine ce que la toile est à l'artiste ». Dans sa neutralité, le poulet trouve un terrain d'entente avec le poireau, qui n'est pas natif du pays de Galles, mais de façon appropriée, de la Suisse, selon l'*Encyclopaedia of Domestic Economy* (1855). N'offensez personne (hormis les végétariens) avec une soupe *cock-a-leekie*, une préparation traditionnelle écossaise de poireaux, de pruneaux et de bouillon de poulet.

Poulet & Panais : Les panais grillés sont appréciés en accompagnement du poulet rôti et sont parfaits avec la dinde de Noël rôtie. Certains cuisiniers ne jurent que par les panais pour aromatiser un très bon bouillon de poule. Si toutefois vous n'avez pas de panais sous la main, le chef Robert Reid assure qu'une pincée de curry en poudre transcendera votre bouillon, alors que des pelures de champignons affirmeront son goût de viande, tout comme des pattes de poulet lui donneront une texture gélatineuse bien agréable. Facile et économique à expérimenter si vous avez un supermarché chinois dans le voisinage.

Poulet & Pois : *voir Pois & Poulet, page 256.*

Poulet & Piment : Les Portugais sont allés au Mozambique et en sont revenus avec le poulet au pili-pili, un plat tout simple fait de poulet mariné dans de l'huile, du piment, du sel et du jus d'agrumes, puis grillé à la flamme. Pili-pili est un terme général qui désigne le piment en Afrique, mais fait habituellement référence à la catégorie des petits piments rouges très forts. Après l'avoir apprécié eux-mêmes, les Portugais l'ont exporté dans leurs colonies, dont Goa où il est particulièrement populaire. Voir aussi Gingembre & Piment, page 390, et Cacahuète & Poulet, page 29.

✻ **Poulet & Poire :** Ce couple ne casse pas trois pattes à un canard, alors utilisez plutôt des perdrix, en les braisant avec des poires dans un bon bouillon avec du lard et des échalotes. Les poires en quartiers absorbent le riche liquide de cuisson, mais conservent leur douceur subtile et fruitée. Pour un dîner de Noël, faites chauffer 1 cuillerée à soupe d'huile dans une cocotte et faites dorer 4 petites perdrix. Réservez et, dans la même cocotte, cuisez 150 g de lard en allumettes avec 25 g de beurre, 20 échalotes épluchées, 4 poires pelées, épépinées, coupées en quartiers et une gousse d'ail hachée. Lorsque les échalotes sont dorées et ramollies, remettez les perdrix et versez 150 ml de bouillon de poulet chaud. Assaisonnez, couvrez et cuisez au four à 160 °C (thermostat 5) durant 20 à 25 minutes. Vous pouvez servir directement, mais il est préférable de retirer les perdrix et de les laisser reposer au chaud tandis que, sur le feu, vous mélangez au bouillon 200 g de châtaignes épluchées jusqu'à ce qu'elles soient chaudes. Les anneaux d'or de 5 beignets aux pommes chauds rendront ce plat parfait (voir Vanille & Pomme, page 437).

✻ **Poulet & Poivron :** Une des combinaisons les plus simples et les plus infaillibles de ce livre. Épépinez 6 à 8 poivrons (rouges, jaunes ou oranges, pas de verts), coupez-les en gros morceaux et mettez-les dans une grande casserole antiadhésive avec 8 cuisses de poulet, de préférence avec leurs os et leur peau. Mettez sur feu moyen et gardez un œil dessus durant les 10 premières minutes, en remuant de temps à autre pour éviter que cela n'attache. Les poivrons vont libérer d'un coup leur jus et vous pourrez alors cesser de surveiller. Couvrez et laissez cuire à feu moyen-doux pendant 30 minutes, ou jusqu'à ce que la casserole soit à moitié pleine d'un bouillon doux et huileux aux couleurs de l'automne. C'est une sorte de petit miracle, car la riche complexité de cette sauce, à partir de seulement deux ingrédients, est à peine croyable. Assaisonnez et servez avec du riz, du couscous ou du pain, ce que vous préférez pour absorber la sauce.

Poulet & Pomme de terre : J'ai laissé mon cœur à Antibes, sur la Côte d'Azur, en le donnant non pas à un maître nageur en maillot de bain à rayures, mais à l'humble tournebroche d'une rôtisserie. Flânant le long de la rue Aubernon, j'ai été attirée par une machine en fer et laiton, belle et bizarre comme une grinçante sculpture cinétique de Jean Tinguely, sauf qu'elle sentait le poulet rôti. Des rangées d'oiseaux en lévitation à différents stades de cuisson, de crus à dorés, rejoignaient le sommet de leur cycle elliptique où, sous l'effet de la gravité, ils tournaient sur eux-mêmes autour de la broche, projetant dans une saccade des gouttelettes de graisse, avant de redescendre. La machine avait un effet hypnotique comparable à ces jeux de fête foraine où des pièces en font tomber d'autres en les poussant, comme si en mettant un poulet cru dans une fente en haut, un poulet cuit allait sortir par le plateau en bas. Et, de fait, le plateau du bas était couvert de croustillantes pommes de terre en rondelles. Existe-t-il quelque chose de plus délicieux au monde ? Le poulet et les pommes de terre sautées, peut-être, ou le poulet à la portugaise avec des frites. Mais il y avait quelque chose de particulièrement irrésistible dans les pommes de terre du bas de la rôtissoire, tendrement enrobées de la graisse luisante qui tombait du poulet cuisant au-dessus.

Poulet & Raisin : *voir Raisin & Poulet, page 319.*

Poulet & Rose : Le poulet servi avec des pétales ou de l'eau de rose était populaire dans les cuisines moghole, maure et médiévale. Dans le roman de Laura Esquivel *Chocolat amer (Como agua para chocolate)*, l'héroïne Tita procure à sa sœur Gertrudis un plaisir quasi orgasmique avec un plat à base de cailles et de pétales de rose. Brillat-Savarin n'aurait pas approuvé. À son avis, la caille possède la saveur la plus exquise, mais la plus fugitive de tous les gibiers et, en conséquence, la servir autrement que rôtie ou en papillote n'est rien de moins que barbare. Si vous souscrivez à ce point de vue, vous pouvez trouver dans le poulet un substitut acceptable pour tous les plats de cailles en sauce, comme de nombreux cuisiniers. Les psychologues Hollingworth et Poffenberger prétendent que, une fois supprimé le ressenti tactile, la plupart des gens n'arrivent pas à faire la différence entre les saveurs du poulet, de la dinde et de la caille. Mais les qualités tactiles ne sont pas à dédaigner. Gertrudis aurait-elle eu autant de plaisir à mastiquer un blanc de poulet sans peau qu'à ronger une petite cuisse maigrelette de caille ?

Poulet & Safran : *voir Safran & Poulet, page 228.*

Poulet & Sauge : La sauge, habituellement associée à l'oignon pour une farce ou une sauce, renforce les qualités gustatives du poulet, bien que la dinde, plus forte en goût, encaisse mieux le caractère percutant de cette herbe. La sauge s'accommode bien aussi avec l'oie, une volaille plus riche en graisse, comme le fait remarquer Harold McGee. Une oie farcie de sauge, d'oignons et servie avec une sauce à la pomme était un plat de Noël assez classique au Royaume-Uni, du règne d'Élisabeth Ire à la Seconde Guerre mondiale, même si à la fin de l'ère victorienne la plupart des gens, dans le sud de l'Angleterre en particulier, étaient passés à la dinde. Victoria, quant à elle, n'appréciait aucun des deux volatiles, préférant le bœuf ou un morceau de cygne rôti. Si cela vous intéresse, Peter Gladwin, ancien chef d'Élisabeth II, compare la chair foncée et coriace du cygne à de l'oie sous-alimentée.

* **Poulet & Thym :** Le thym est souvent utilisé pour parfumer le poulet rôti, fourré à l'intérieur ou glissé sous la peau. Saumurer un poulet avant de le rôtir rend sa viande plus juteuse et intensifie sa saveur, non seulement parce que le sel pénètre la chair, mais également parce que la saumure peut être aromatisée avec des herbes, des épices et/ou des légumes. Mettez 70 g de sel de mer et 4 cuillerées à soupe de sucre dans une casserole avec 500 ml d'eau et une dizaine de brins de thym (ou 1 cuillerée à soupe de thym séché). Chauffez jusqu'à dissolution complète, puis laissez refroidir. Ajoutez 1,5 litre d'eau froide et mettez au réfrigérateur. Lorsque la saumure est bien froide, lavez le poulet et placez-le dans un sac qui ferme hermétiquement, assez grand pour immerger complètement le volatile. Versez la saumure, scellez le sac en chassant l'air autant que possible. Placez le sac au froid durant 4 à 8 heures, en le retournant de temps à autre. Sortez le poulet, rincez-le à l'eau froide et laissez-le sécher. Il peut alors être rôti immédiatement, ou conservé un jour ou deux au réfrigérateur.

Poulet & Tomate : Difficile de trouver l'idée excitante quand on a passé son enfance à tremper ses bouchées de poulet en forme de dinosaures dans du ketchup. La tomate et le poulet font la paire dans le poulet *tikka masala* et dans le poulet *alla cacciatore*, ou poulet chasseur – qui n'est malheureusement pas l'invention de paysans siciliens aux traits burinés rentrant à la maison avec une paire de poules sauvages en bandoulière. C'est en fait une recette anglaise des années 1950 transmise aux jeunes filles par leur mère dans l'espoir qu'elles retiennent l'attention d'un gars ni trop pantouflard ni trop étrangement cosmopolite pour trouver à redire à cette bouillie de poulet et de sauce tomate aux aromates légers.

Poulet & Truffe : *voir Truffe & Poulet, page 40.*

Porc

En dépit de sa prohibition par deux religions majeures, le porc est la viande la plus consommée au monde. Il a un goût moins salé et un peu plus doux que le bœuf. Lorsqu'il est rôti, le bon porc contient une irrésistible combinaison de saveurs boisées et fermières, qui peuvent être soulignées par l'ail, les champignons, le chou, les pommes de terre et les herbes fortes ou en contraste avec la saveur piquante de la pomme. L'anis doux, le poivre blanc et les oignons cuits font ressortir ses qualités de viande savoureuse. Rappelez-vous que la couleur de la viande est un indicateur de la quantité d'exercice que l'animal a été autorisé à pratiquer. Quand elle est crue, une saine couleur rose sera l'indice d'un porc goûteux. Si elle a la couleur d'une lavette à vaisselle hors d'âge, ce n'est pas bon signe.

Porc & Abricot : *voir Abricot & Porc, page 354.*

Porc & Ail : Vous pouvez, sans retenue, associer le porc avec des monceaux d'ail : ils sont faits pour aller ensemble. L'*adobo*, un ragoût revendiqué comme le plat national philippin, combine une bonne quantité d'ail et de la viande – généralement du porc gras –, complétées par du vinaigre, de la sauce de soja, des feuilles de laurier et du poivre en grains. Pour confectionner un *adobo* rapide et sans tracas, réunissez tous les ingrédients dans une casserole, portez à ébullition et laissez mijoter à couvert jusqu'à ce que la viande soit tendre, environ 1 h 30. La méthode suivante implique un peu plus de travail, mais le résultat est beaucoup plus savoureux. Laissez mariner quelques heures (au maximum 24 heures) 500 g de poitrine ou d'épaule de porc en morceaux, 4 gousses d'ail écrasées, 125 ml de vinaigre de riz, une feuille de laurier et 1 cuillerée à café de poivre noir fraîchement moulu (pour un goût légèrement différent, mais toujours délicieux, vous pouvez utiliser du vinaigre balsamique bon marché ou du vinaigre noir chinois noir à la place du vinaigre de riz). Mettez le porc mariné dans une casserole, recouvrez d'eau, puis portez à ébullition. Couvrez et laissez mijoter jusqu'à ce que la viande soit tendre. Retirez la viande et faites réduire le bouillon jusqu'à obtenir une sauce épaisse. Pendant ce temps, faites chauffer un peu d'huile d'arachide dans un poêle et faites revenir les morceaux de porc. Remettez-les dans la sauce lorsqu'ils sont croustillants. Enfin, écrasez

4 autres gousses d'ail, faites-les dorer avant de les ajouter au plat. Laissez mijoter durant quelques minutes et servez avec du riz ou, mieux, avec du *sinagong*, du riz à l'ail, frit. Il suffit de faire frire du riz cuit froid avec de l'ail écrasé, des échalotes finement hachées et un peu de sauce de soja.

Porc & Ananas : *voir Ananas & Porc, page 335.*
Porc & Aneth : *voir Aneth & Porc, page 241.*

Porc & Anis : De combien de temps disposez-vous ? Trois heures ? Braisez une pièce de 2 kg de poitrine de porc dans les ingrédients aromatiques indiqués pour le bouillon figurant dans Anis & Poisson blanc, page 232. Pour cela, mettez la viande, en un seul morceau, dans une cocotte à couvercle allant au four, versez 2 litres d'eau, portez lentement à ébullition et, à feu doux, écumez la mousse jusqu'à ce qu'elle disparaisse. Incorporez tous les ingrédients, couvrez et enfournez. Laissez cuire 2 à 3 heures à 130 °C (thermostat 4-5). La viande est prête quand elle se laisse pénétrer facilement par une brochette. Réservez la viande pendant que vous faites réduire la sauce. Servez la viande en morceaux avec du riz et la sauce, accompagnée d'une garniture rafraîchissante de ciboule grossièrement hachée ou de feuilles de coriandre. Une heure ? Piquez à l'ail un filet de porc, badigeonnez-le d'huile d'olive et saupoudrez-le de 1 cuillerée à café de graines écrasées de fenouil. Cuisez au four à 220 °C (thermostat 7) pendant environ 30 minutes, avec éventuellement quelques bulbes de fenouil en tranches sous la viande. Une demi-heure ? Confectionnez une sauce avec des saucisses italiennes, voir Porc & Tomate, page 46. Cinq minutes ? Déroulez les tranches roses en dentelle parsemées de fenouil de la *finocchiona* que vous avez achetées pour garnir une pizza maison et repliez-les en bouchées que vous mangerez toutes, une par une.

Porc & Artichaut : *voir Artichaut & Porc, page 162.*
Porc & Betterave : *voir Betterave & Porc, page 109.*

Porc & Bœuf : Dans le film *Les Affranchis*, Vinnie nous dit que, pour faire d'authentiques boulettes, on a besoin de trois types de viandes différentes. « Il vous faut du porc. C'est ce qui donne la saveur. » Mais le bœuf est aussi goûteux, quoiqu'il apporte une note sombre et métallique sur le fond plus doux et léger du porc. Le veau est là pour la texture. Aux États-Unis, vous pouvez acheter le trio déjà mixé, souvent en quantité équivalente, sous la forme d'un pain de viande ou de hachis pour boulettes. La saveur et la texture d'un ragoût de bœuf peuvent être améliorées en ajoutant de la couenne de porc – gardez-en un peu de côté quand vous faites un rôti, même si ça doit lui enlever un peu de son croustillant. Et il n'y a pas mieux que de la graisse de porc quand il s'agit de faire dorer la viande pour le bœuf braisé.

Porc & Boudin noir : *voir Boudin noir & Porc, page 49.*

Porc & Brocoli : Les *cime di rapa* (ou *broccoletti*), les brocolis de ceux qui aiment les brocolis, sont extrêmement populaires dans le sud de l'Italie. Certains disent qu'ils sont plus moutardés et plus épicés que les brocolis classiques. J'ajouterais qu'ils ont une pointe ferreuse et un soupçon salé de réglisse. Avec ces qualités fortes, comme celles de l'anis, ils sont juste impeccables avec les saucisses de porc italiennes, souvent elles-mêmes pimentées et parfumées par des graines de fenouil. Il existe plusieurs façons de cuisiner ce plat. Les *broccoletti* sont parfois cuits avec les pâtes ou directement dans la poêle avec la viande. Certaines recettes précisent que les saucisses doivent être gardées entières, d'autres que la viande doit être extraite des boyaux, et d'autres encore préconisent de couper les saucisses en petits morceaux. Cette dernière méthode a ma faveur. Je fais revenir lentement les morceaux dans l'huile d'olive. Lorsqu'ils ont rendu une partie de leur graisse, j'ajoute les *broccoletti* hachés et je fais cuire l'ensemble durant 15 à 20 minutes. On peut verser de temps à autre 1 cuillerée de l'eau de cuisson des pâtes, pour créer un jus qui sera absorbé par les fleurettes. Servez avec des *orecchiette*, petites pâtes en forme de coupelles qui, mélangées, vont se remplir avec les petites fleurettes, comme des saladiers miniatures.

Porc & Cacahuète : Arachides et porc sont souvent combinés pour réaliser ce que les Américains prennent pour des nouilles *dan dan*, mais la version authentique du Sichuan ne contient en fait pas de cacahuètes. La mienne est une inauthentique version de la version non authentique, aussi devrait-on l'appeler porc épicé avec des nouilles aux cacahuètes. Hachez grossièrement 100 g de cacahuètes salées grillées. Faites chauffer 1 cuillerée à soupe d'huile d'arachide dans une poêle et faites frire des piments rouges secs, en tranches, sans les laisser brûler. Ajoutez 300 g de porc émincé avec une gousse d'ail écrasée et faites revenir lentement jusqu'à ce que la viande soit bien cuite et dorée. Égouttez le gras, et, sur le feu, saupoudrez de 2 cuillerées à soupe de sucre brun, puis arrosez de 1 cuillerée à soupe de sauce de soja. Incorporez la plupart des cacahuètes hachées. Dans une autre casserole, faites cuire 4 feuilles, fines ou moyennes, de nouilles aux œufs dans 700 ml de bouillon de poulet enrichi de 2 cuillerées à soupe de sauce de soja et de 1 cuillerée à café d'huile de sésame. Mettez un peu d'huile de piment dans le fond de 4 bols. À l'aide d'une écumoire, répartissez les nouilles dans les bols, ajoutez quelques cuillerées à soupe de bouillon et couronnez avec la viande de porc. Garnissez avec le reste des cacahuètes et quelques anneaux de piment rouge frais.

Porc & Cannelle : *voir Cannelle & Porc, page 277.*

Porc & Céleri : Certaines personnes détectent dans le céleri les caractéristiques de l'anis ou du fenouil, et il est certain qu'il partage avec ces saveurs leur affinité pour le porc. Les graines de céleri sont largement utilisées en charcuterie, dans les saucisses de foie et les pâtés de viandes.

Les branches de céleri sont braisées avec du porc en dés, des oignons, du vin blanc et du bouillon, puis l'ensemble est épaissi avec de l'*avgolémono* (voir Œuf & Citron, page 167) dans le simple et savoureux ragoût grec, l'*hoirino me selino*. Voir aussi Jambon cru & Céleri, page 215.

Porc & Champignon : *voir Champignon & Porc, page 100.*
Porc & Châtaigne : *voir Châtaigne & Porc, page 295.*
Porc & Chou : *voir Chou & Porc, page 151.*
Porc & Clou de girofle : *voir Clou de girofle & Porc, page 279.*
Porc & Concombre : *voir Concombre & Porc, page 237.*
Porc & Courge : *voir Courge & Porc, page 293.*
Porc & Cresson : *voir Cresson & Porc, page 126.*

Porc & Cumin : Tout comme l'agneau est souvent accommodé des saveurs qui évoquent son habitat – les herbes et les plantes du maquis –, le porc s'agrémente bien de la saveur de terre du cumin. Saupoudrez du cumin moulu sur un filet de porc (ou sur des côtelettes), recouvert d'huile, avant de le faire cuire, ou bien laissez-le reposer dans la merveilleuse marinade qui suit. Mélangez 1 cuillerée à soupe de miel, 2 cuillerées à café de cumin moulu, 5 cuillerées à soupe de vin rouge, 2 cuillerées à soupe d'huile d'olive et 1 cuillerée à soupe de vinaigre de vin rouge dans un sac à congélation de taille moyenne. Ajoutez le porc et mélangez tout cela, puis fermez le sac et conservez-le au réfrigérateur pendant quelques heures avant de retirer la viande du sac et de la faire cuire.

Porc & Feuilles de coriandre : Au Portugal, la coriandre est une des plantes les plus utilisées en cuisine, et la présence du mot *coentrada* sur un menu signifie qu'on en a ajouté beaucoup lors de la cuisson du plat concerné. Parmi les recettes populaires, on trouve les oreilles de porc à la coriandre et à l'ail, passées dans de l'huile et du vinaigre et servies froides. Si les oreilles de porc vous semblent un peu difficiles à mastiquer, pensez alors au mordant de la coriandre dans des plats asiatiques plutôt gras comme le *roujiamo*, un sandwich chinois de viande chaude à emporter. Originaire de la province du Shaanxi, il peut comporter divers ingrédients, mais c'est habituellement un petit pain plat farci de viande de porc braisée, de nombreuses feuilles de coriandre et de poivrons.

Porc & Fruits de mer : *voir Fruits de mer & Porc, page 180.*
Porc & Genièvre : *voir Genièvre & Porc, page 407.*
Porc & Gingembre : *voir Gingembre & Porc, page 391.*
Porc & Graines de coriandre : *voir Graines de coriandre & Porc, page 433.*
Porc & Huître : *voir Huître & Porc, page 190.*

Porc & Lard : Le lard est un peu le frère aîné plus expérimenté du porc. Ils font équipe dans le petit-déjeuner anglais complet (lard fumé, saucisse), dans la choucroute garnie (lard, jarret et épaule de porc, petit salé et saucisses de Francfort, de Strasbourg et de Montbéliard) et dans la *fabada*, un ragoût aux haricots blancs des Asturies étonnamment délicieux – voir Boudin noir & Porc, page 49. Le lard rubicond prête sa couleur au pâle porc cuit et lui donne sa saveur de bouillon salé. Votre pâté de porc aurait le teint pâlot des citadins si vous n'y ajoutiez pas du lard qui lui donne ces joues rosées : ¼ de lard et ¾ d'épaule sont de bonnes proportions. Voir aussi Porc & Œuf, page 44.

Porc & Noix de coco : Le plat vietnamien *thit heo kho tieu* est constitué de porc caramélisé cuit lentement dans de l'eau de noix de coco (et non pas du lait de coco) et du nuoc-mâm (ou sauce de poisson). On ajoute des œufs durs en fin de cuisson. Le chef Raymond Capaldi de Melbourne propose une version moins rustique de cette association – des nouilles de noix de coco servies avec un bon morceau entier, chaud et gélatineux, de poitrine de porc. Les nouilles ne sont pas des nouilles de riz cuites dans du lait de coco, comme on pourrait s'y attendre, mais sont faites avec du lait de coco, de l'huile de piment et du sucre de palme gélifiés avec de l'agar-agar. Elles sont aussi épaisses que des fils de réglisse et très blanches. Ce plat est agrémenté de fines herbes typiquement vietnamiennes comme la menthe et la coriandre et servi avec une sauce *laksa*. (La *laksa* est une soupe de nouilles épicée populaire en Asie extrême-orientale.) Voir Poulet & Feuilles de coriandre, page 35.

❋ **Porc & Œuf :** On les trouve réunis dans un *fry-up* (plat du monde anglo-saxon, comprenant plusieurs aliments frits à la poêle, dont des œufs et du lard fumé) ou un Sausage McMuffin (nom déposé d'un hamburger de la gamme McDonald's, composé d'une rondelle de saucisse large, d'un œuf frit et d'une tranche de fromage à fondre dans un muffin toasté et beurré). Mais aucun des deux n'arrive à la cheville, visuellement parlant en tout cas, d'une tranche de *gala pie* (sorte de pâté en croûte froid contenant des œufs durs, comparable au pâté de Pâques berrichon). Il se présente comme une mince couche de pâte entourant une ligne de gelée scintillante autour d'un rectangle de porc et de lard hachés, rose marbré, avec au milieu la section ovoïde d'un blanc d'œuf autour du disque jaune central. C'est peut-être l'attrait de cette netteté pop art qui me fait ressentir la même chose devant des *scotch eggs* (il s'agit d'un plat britannique – œufs écossais – composé d'un œuf dur au cœur d'une boule de garniture de chair à saucisse, panée et frite : on le mange chaud ou froid, notamment au cours d'un pique-nique). Les bons sont difficiles à trouver, aussi vaut-il mieux les confectionner soi-même. Pour 4 *scotch eggs*, hachez 200 g d'épaule de porc et 75 g de lard non fumé, puis assaisonnez. Divisez en 4 parts et, avec les mains mouillées, façonnez 4 boules que vous mettrez dans des tasses. Écalez 4 œufs durs, farinez-les et posez-les, par le gros bout, dans les tasses. Travaillez la viande pour en entourer chaque œuf, en vous assurant ne pas laisser de trou.

Roulez les boules dans du jaune d'œuf, puis dans de la chapelure, et enfin faites-les revenir durant 7 à 8 minutes, en les retournant régulièrement pour obtenir une couleur uniforme. Utiliser des œufs de caille est une variation brillante, mais uniquement si quelqu'un d'autre les écale. Voir aussi Boudin noir & Œuf, page 48.

Porc & Oignon : *voir Oignon & Porc, page 140.*
Porc & Panais : *voir Panais & Porc, page 285.*
Porc & Pastèque : *voir Pastèque & Porc, page 316.*
Porc & Piment : *voir Piment & Porc, page 265.*
Porc & Poire : *voir Poire & Porc, page 344.*
Porc & Pois : *voir Pois & Porc, page 256.*

❋ **Porc & Poisson gras :** « L'anguille se marie très bien avec le porc parce qu'elle est aux poissons ce que le cochon est aux quadrupèdes », écrit Norman Douglas dans *La Table de Vénus,* ou *Le Livre de cuisine de l'amour*, avant de donner une recette de cochon de lait aux anguilles. Si on s'attaque à la préparation d'un dîner romantique comme Annie (Diane Keaton) et Alvy (Woody Allen) dans le film *Annie Hall,* les homards avec lesquels ils s'écharpent semblent être des petits joueurs quand il s'agit de se battre avec une anguille pour la faire entrer dans un porcelet. Douglas suggère de vider un cochon de lait de 10-15 jours et de le farcir de gros morceaux d'anguille préalablement lavée au vinaigre et dont on aura retiré les arêtes, avec des baies de poivre, des clous de girofle et de la sauge.

Porc & Pomélo : Il y a quelques années, j'étais allongée sur la plage à Antigua, la peau brûlée par le soleil. Avec la légère brise dans les palmiers, le sable blanc aussi fin que du sucre en poudre, le volcan de l'île de Montserrat dans le lointain laissant encore échapper des bouffées de fumée après son éruption six mois auparavant, tout me donnait l'espoir d'être au paradis. Ce n'est que lorsque je sentis des effluves de porc mariné que je sus que j'y étais vraiment. Je me suis mise sur le ventre pour qu'il arrête en partie de gargouiller et pour voir qu'une femme avait installé un barbecue à pétrole à l'ombre des arbres qui bordaient la plage. Vingt minutes plus tard, je me retrouvai avec dans une main un *roti* frais (pain complet plat d'Asie du sud) farci de porc chaud très épicé, avec des piments *habaneros* et des piments de la Jamaïque, et dans l'autre une canette de Ting glacée au pomélo.

Porc & Pomme : *voir Pomme & Porc, page 341.*

Porc & Pomme de terre : Voici une paire salée, fleurant le terroir, qui peut se décliner en saucisses et purée, saucisses de Francfort et salade de pommes de terre, ou en un chaleureux rôti toscan (voir Romarin & Porc, page 401). Au Pérou, ils se rencontrent dans la *carapulcra*, un ragoût à base de pommes de terre séchées, de piments et de cacahuètes. En Corée, une soupe appelée *gamjatang*, combinant échine de porc et pommes de terre, avec beaucoup d'épices, est souvent servie comme reconstituant après quelques bières de trop.

Porc & Raisin : *voir Raisin & Porc, page 319.*

Porc & Rhubarbe : Le chutney de rhubarbe est un compagnon classique des côtelettes de porc, mais plus récemment, ce couple est devenu familier des barbecues et des recettes de style asiatique. L'acidité fruitée de la rhubarbe est capable d'absorber des mélanges complexes d'épices, et apte à relever les sauces aigres-douces.

Porc & Romarin : *voir Romarin & Porc, page 401.*

Porc & Rutabaga : C'est en purée sous un morceau de viande braisée ou rôtie, arrosé de sauce, que le rutabaga se révèle le mieux. Il est inutile de tenter d'en faire quelque chose de raffiné, cela restera toujours un plat un peu grossier, comme un juron de paysan en caleçons longs. Essayez-le avec une épaule de porc (plus tendre que le jarret) ou de la joue de porc. Les deux sont généralement utilisées pour la fabrication de saucisses et sont meilleures après une longue cuisson.

Porc & Sauge : *voir Sauge & Porc, page 410.*
Porc & Thym : *voir Thym & Porc, page 404.*

Porc & Tomate : L'acidité de la tomate forme un délicieux contraste avec la douceur de la graisse du porc. Coupées en morceaux et cuites dans de la tomate, les bonnes saucisses italiennes (celles avec du fenouil, si vous pouvez les trouver) se désagrègent, vous donnant un *ragù* d'une richesse et d'une profondeur qui nécessitent habituellement 2 heures de cuisson. Voici une version beaucoup plus rapide et non moins savoureuse. Attendrissez un peu d'ail en le faisant revenir dans de l'huile d'olive, puis ajoutez 4 saucisses italiennes en rondelles. Faites-les colorer un peu avant de verser une boîte de tomates pelées en conserve. Brisez les tomates avec une cuillère et décollez les savoureuses particules de viande qui ont adhéré au fond de la poêle. Assaisonnez et laissez mijoter pendant environ 20 minutes. Servez avec des pâtes, de la polenta, du pain ou du riz. En Thaïlande, après les tomates, on ajoute un ingrédient sucré au *nam prik ong*, un plat composé de pâte de piment frite, de citronnelle, d'échalotes, d'ail, de pâte de crevettes, de tomates grossièrement hachées et de porc émincé, assaisonné de sauce de poisson et de sucre de palme. On le mange avec des légumes crus ou cuits, du riz et la couenne de porc frite.

Porc & Truffe : *voir Truffe & Porc, page 148.*

Boudin noir

Un bon boudin noir doit avoir une riche texture veloutée, cette douceur moelleuse qui plaît aux amateurs de foie gras. *Black pudding* au Royaume-Uni, *morcilla* en Espagne ou en Argentine, *sanguinaccio* en Italie, *Rotwurst* en Allemagne et *kishka* en Europe de l'Est, tous sont préparés avec du sang frais, mais les ingrédients supplémentaires peuvent varier d'un pays à l'autre, de région en région, ou en fonction de celui qui les réalise. Le sang en question provient souvent du porc, avec une saveur particulièrement fine, mais on recourt également au sang d'agneau et, dans l'*Odyssée*, un festin est préparé à partir de sang de chèvre cuit dans les intestins de l'animal. Avoine, orge, graisse en cube, riz, pignons de pin, châtaignes, amandes, crème, et leur combinaison, sont utilisés pour épaissir le boudin, qui peut aussi inclure de la viande ou des abats. Le mélange est assaisonné selon sa composition, puis tassé dans des intestins ou des boyaux de synthèse avant d'être poché. Le boudin noir s'accorde particulièrement bien avec les saveurs d'automne, comme les pommes ou les légumes doux du type tubercule ou racine. Il peut servir comme ingrédient d'assaisonnement pour relever la saveur des plats de viande.

Boudin noir & Agneau : Un beau plat sans prétention pour un dîner. Déroulez une longe d'agneau désossée de 750 g. Dépiautez un boudin, posez-le délicatement sur la viande, comme s'il s'agissait de Cléopâtre sur son tapis. Enroulez, ficelez et présentez à César. Ou bien assaisonnez et faites cuire au four à 180 °C (thermostat 6) pendant environ 1 heure. À essayer aussi avec du porc.

Boudin noir & Chocolat : Un mélange de chocolat et de crème est ajouté au sang pour faire le boudin noir italien appelé *sanguinaccio*. Si cela ne vous paraît pas assez riche, il est souvent agrémenté de sucre, de fruits confits, de cannelle ou de vanille. Le *sanguinaccio* a parfois la forme d'une saucisse comme les autres boudins noirs, mais on peut aussi le manger (ou le boire) alors qu'il est encore sous sa forme crémeuse et liquide. Cela peut évoquer d'autres recettes comme celle du civet de lièvre où l'animal est cuit dans son sang avec du chocolat noir.

Boudin noir & Foie : Boudin noir grillé et foie gras ont été pendant plus d'une décennie au menu du restaurant d'Andrew Pern dans le Yorkshire, The Star. Le foie gras est pris en sandwich entre deux tranches de boudin noir, le tout est surmonté d'une tranche de pomme caramélisée et servi avec une salade de cresson, des pommes et du chutney à la vanille ainsi qu'une réduction de *scrumpy* (cidre fort artisanal élaboré dans l'ouest de l'Angleterre). Pern a intitulé son livre publié en 2008 *Black Pudding & Foie gras* d'après cette combinaison fameuse.

Boudin noir & Fruits de mer : Un classique moderne. Dans les restaurants à la mode, les pâles pétoncles sont perchés, tremblants comme des ingénues, sur les genoux sombres d'un boudin noir.

Boudin noir & Lard : Il existe des partenariats entre le lard et le boudin qui vont au-delà de leur contribution au *fry-up* du petit-déjeuner (voir Porc & Œuf, page 44). Ils peuvent être utilisés dans une salade ou un pilaf, ou combinés à du porc dans une tarte ou un ragoût. Voir aussi Boudin noir & Porc, page 49.

❋ **Boudin noir & Menthe :** Petit-déjeuner, déjeuner et dîner, je ne cuisinais rien d'autre que des plats indiens, français ou japonais. Il y a quelques années, j'ai décidé que j'en apprendrais plus sur l'art de la cuisine si je me concentrais sur un pays en particulier durant un mois. L'Espagne est venue en premier et le livre de Sam & Sam Clark, *Moro: The Cookbook*, m'a accompagnée durant tout un mois de juin chaud, mais nuageux, un temps qui correspondait parfaitement au *habas con morcilla*, un plat de fèves et de boudin noir. J'associe le boudin avec les froidures de l'hiver et les plats copieux, tandis que les fèves guillerettes évoquent pour moi la douceur lumineuse de l'été. La menthe fraîche a un pied dans les deux saisons. C'est une plante estivale qui convoque la fraîcheur car elle a la saveur de l'ombre. Faites revenir à feu moyen 200 g de *morcilla* coupée en rondelles épaisses dans 3 cuillerées à soupe d'huile d'olive, jusqu'à ce que leur contenu fasse éclater leur enveloppe comme les biceps d'un culturiste les manches de son tee-shirt. Mettez-les de côté et, dans la même poêle, faites revenir 2 gousses d'ail finement émincées et ½ cuillerée à café de graines de fenouil. Lorsque l'ail commence à dorer, ajoutez 500 g de fèves et 100 ml d'eau. Laissez cuire durant 3 à 5 minutes, jusqu'à ce que les fèves soient tendres. Remettez le boudin dans la poêle, laissez chauffer et ajoutez une bonne poignée de menthe grossièrement hachée. Assaisonnez et servez sur du pain grillé.

❋ **Boudin noir & Œuf :** Terence Stamp et Julie Christie. Très anglais. Et comme Terry venu de sa modeste banlieue londonienne, le boudin s'acoquine avec ce qui se fait de mieux de nos jours, ayant quitté les arrière-cuisines des gargotes pour se donner en spectacle dans les restaurants étoilés du *Michelin* où il traîne avec les coquilles Saint-Jacques et les feuilles des salades à la mode. Si vous aimez faire des trucs minutieux, vous vous amuserez à remplir des raviolis avec du boudin noir et du jaune d'œuf encore mou qui se casse quand on le coupe. Servez avec du beurre à la sauge. Pour une version plus ordinaire de cette association, mélangez un tiers de boudin noir pour deux tiers de chair à saucisse afin de confectionner de délicieux *scotch eggs* foncés. Voir Porc & Œufs, page 44, pour la recette des *scotch eggs*.

Boudin noir & Oignon : Vous pouvez faire de délicieux paillassons avec un mélange de pommes de terre, de boudin noir et de poireau. Faites cuire à l'eau 4 grosses pommes de terre jusqu'à ce qu'elles soient tendres, égouttez-les et réduisez-les en purée en assaisonnant, mais sans beurre ni crème. Pendant que les pommes de terre cuisent, faites fondre 3 ou 4 poireaux finement tranchés dans du beurre. Incorporez les poireaux aux pommes de terre avec une généreuse pincée de moutarde en poudre et une tombée de poivre blanc. Mélangez enfin environ 150 g de boudin noir émietté. Mouillez-vous les mains et formez 6 à 8 paillassons avec le mélange. Si vous avez le temps, il est préférable de les laisser reposer au réfrigérateur pendant au moins ½ heure – cela les empêche de se casser dans la poêle. Farinez légèrement les paillassons, puis faites-les frire dans un fond d'huile jusqu'à ce qu'ils soient chauds de part en part (le boudin est déjà cuit) et joliment dorés de chaque côté. Servez avec une salade d'épinards relevée d'une sauce bien moutardée et un verre de bière riche en houblon.

Boudin noir & Pomme : *voir Pomme & Boudin noir, page 337.*

Boudin noir & Pomme de terre : En Irlande, vous pouvez manger le boudin noir avec des *pancakes* de pommes de terre ou avec du *champ*, plat composé de pommes de terre écrasées et de ciboule. Dans un registre similaire, le germanique *Himmel und Erde* (ciel et terre) est une combinaison de pommes, de pommes de terre, parfois écrasées, parfois en morceaux, souvent servie avec du boudin noir. Voir aussi Boudin noir & Oignon, page 49.

Boudin noir & Porc : La prochaine fois qu'un de vos amis se rend en Espagne, dites-lui d'oublier le petit âne en paille tressée et de vous rapporter un sac de *fabes*. Ce sont de larges haricots blancs, plus gros que les haricots de Lima ou les pois savon. Plus volumineux, en fait, que le pouce d'un bûcheron. Ils sont paradisiaques, chacun est une bouchée parfaite de douceur, avec un fondant parfumé par le bouillon savoureux dans lequel ils ont cuit. Si votre ami oublie votre demande, des haricots de Lima feront l'affaire pour ce plat asturien appelé *fabada*. Faites tremper 500 g de gros haricots blancs secs dans de l'eau froide durant toute une nuit. Le lendemain, placez-les dans une grande casserole avec un oignon espagnol émincé et 3 gousses d'ail hachées. Couvrez d'eau et portez à ébullition en écumant le cas échéant. Ajoutez alors 200 g de *morcilla* entière ou de boudin, 200 g de chorizo, entier aussi, après l'avoir piqué pour éviter qu'il n'éclate, 250 g de poitrine de porc et 3 tranches de lard. Complétez d'eau bouillante pour couvrir, et lorsque cela recommence à bouillonner, passez à feu doux et laissez mijoter durant 3 heures. Ajoutez de l'eau chaque fois que son niveau descend en dessous des ingrédients. Agitez la casserole de temps à autre pour empêcher les ingrédients d'attacher, mais sans remuer à la cuillère, ce qui les briserait. Ils vont de toute façon se décomposer un peu, mais vous éviterez ainsi une texture trop pâteuse. Dans la dernière heure, goûtez de temps en temps et ajoutez du sel si nécessaire. Coupez la viande en bouchées et servez.

Boudin noir & Rhubarbe : Comme celle de la pomme, l'acidité de la rhubarbe peut corriger la relative lourdeur du boudin noir. Une tarte express au chutney de rhubarbe en est une bonne illustration (voir la recette dans Rhubarbe & Poisson gras, page 322). Essayez aussi avec un *morcipan*, qui est de la *morcilla* grillée enroulée dans une fine galette, comme on la vend sur les étals de rue en Argentine.

Foie

La saveur du foie est différente suivant les espèces animales. L'intensité de son arôme et son degré de fermeté dépendent dans une certaine mesure de l'âge de l'animal, ce qui explique que les foies de veau ou d'agneau sont généralement préférés aux foies de bœuf. Cela dit, une vache élevée en plein air et nourrie d'herbe verte donnera souvent un foie supérieur à celui d'un veau en batterie bourré d'antibiotiques. Le foie est la chambre de purification des toxines du corps, et un animal ayant été soumis à un stress important et prolongé aura dû métaboliser plusieurs composés qui nuiront à la qualité gustative finale de l'organe.

Foie & Ail : Comme le savent tous les parents, les enfants n'aiment pas beaucoup se faire remarquer. Quand j'étais petite, j'implorais ma mère de ne pas mettre d'œufs dans les sandwichs qu'elle me préparait pour le déjeuner, pour m'éviter l'impitoyable festival de nez pincés et de haut-le-cœur qui présidaient à la libération de leur odeur sulfurée, d'autant plus intense qu'ils avaient attendu toute la matinée dans leur boîte en plastique avant d'éclore. D'accord : pas de sandwichs aux œufs ! Mais un jour, probablement après que mes parents eurent organisé une soirée entre amis, je soulevai le coin de ma boîte, emplissant ainsi la salle de classe d'un mélange entêtant de foie de volaille, d'ail, de cognac et de thym, comme si un gourmet géant était entré dans la classe au triple galop et avait roté. Et je grignotai mes sandwichs au milieu des moqueries bruyantes de mes camarades de classe.

Foie & Betterave : Les nutritionnistes affirment que la betterave est bonne pour votre foie ; je prétends qu'elle est encore meilleure pour celui qui se trouve dans votre assiette. Le chef britannique Fergus Henderson note que la première fois qu'il a essayé du foie de cerf, il prévoyait qu'il soit un peu amer avec un goût prononcé de fer. Il l'a trouvé en fait particulièrement doux et délicat. Selon lui, il a une grande affinité avec les betteraves rôties.

Foie & Bœuf : *voir Bœuf & Foie, page 54.*
Foie & Boudin noir : *voir Boudin noir & Foie, page 47.*
Foie & Figue : *voir Figue & Foie, page 425.*

✻ **Foie & Lard :** Je me demande si la clé de cette association ne vient pas du fait que le foie est pauvre en graisse alors que le lard en possède à revendre. Faites frire des tranches de lard jusqu'à ce qu'elles soient croustillantes et réservez-les au chaud pendant que vous passez rapidement le foie à la poêle dans la graisse du lard. On sert souvent du foie de veau avec du lard dans les restaurants, mais le foie d'agneau convient également. Si vous craignez que le foie soit trop fort en goût, vous pouvez le faire tremper dans du lait (comme certains le font avec les anchois) pendant à peu près une heure avant la cuisson, sans oublier d'éponger l'excès de lait. Et souvenez-vous que, comme le chou et les œufs, la saveur du foie s'intensifie avec une cuisson trop longue.

Foie & Oignon : La douceur de l'oignon contraste avec la saveur amère et salée du foie. Leur association est un classique partout dans le monde. En Pologne, on fait frire des foies de porc en tranches recouvertes de chapelure et on les sert sur un lit d'oignons frits. Aux Philippines, il est courant de frire des foies de porc avec de l'ail, des oignons et un peu de porc. Les Anglais font sauter des foies d'agneau avec des oignons ou font braiser du foie de bœuf sur une riche compotée d'oignons aux couleurs acajou. Le plat indien de foies de volaille tandoori cuits sur une brochette et servis sur une assiette d'oignons crépitants est le mieux placé pour être la meilleure version de cette association, mais, pour moi, le plat de foie et d'oignons le plus subtil de tous est le *fegato alla veneziana* originaire de la Sérénissime – des tranches de foie de veau légèrement saisies avec des oignons tendres et fondants cuits très longtemps, servies avec de la polenta ou du riz.

✻ **Foie & Piment :** Le foie a besoin de partenaires solides pour compenser sa saveur affirmée en fer. Faites mariner des foies de volaille dans une sauce indienne au paprika fort, à l'huile de moutarde et au yaourt, puis faites-les griller au charbon de bois. Le chef et écrivain Mridula Baljekar remarque qu'il est rare de trouver du foie sur la carte des restaurants indiens, alors qu'il est souvent cuisiné dans les foyers indiens. Elle couvre les foies de volaille d'un mélange de farine, de piment, de cumin et de *garam masala,* puis elle les fait frire dans de l'huile avec de l'ail et les sert avec des oignons frits bien dorés accompagnés d'une sauce à la tomate et à la coriandre.

Foie & Poisson gras : Le rouget est parfois appelé la « bécasse de la mer » puisque, comme la bécasse, son foie est très prisé. Il peut être servi séparément en pâté ou bien écrasé dans une sauce pour accompagner le poisson. En Provence, il est parfois utilisé dans la rouille au safran et à l'ail qui accompagne la bouillabaisse. L'*ankimo,* ou foie de lotte (baudroie), fait partie des *chinmi* (mets raffinés) les plus révérés au Japon. Sa texture crémeuse et veloutée le place au-dessus du foie de rouget pour revendiquer son nom de foie gras de la mer.

Foie & Pomme : C'est le sang qu'il contient qui donne au foie sa saveur caractéristique. Le foie est l'un des rares organes des mammifères et des oiseaux où s'accumule une grande quantité de sang. Il n'est donc pas surprenant que la pomme, qui s'accorde à merveille au riche boudin, se marie également bien avec le foie. En Europe continentale, le foie de volaille et la pomme sont combinés dans des mousses, des pâtés et des terrines.

Foie & Sauge : *voir Sauge & Foie, page 402.*
Foie & Truffe : *voir Truffe & Foie, page 147.*

Bœuf

Le goût de la viande de bœuf est essentiellement salé et « umamiesque » (savoureux), avec une certaine douceur et aigreur (et un peu d'amertume si elle est servie bleue). Sa saveur est nette, vigoureuse et charnue, avec une pointe légèrement métallique. Elle possède peu le caractère carné si apparent dans la plupart des viandes de porc ou d'agneau. Comme pour toutes les viandes, la saveur dépend en partie de l'espèce, de la manière dont l'animal a été élevé, de la coupe et de la méthode de cuisson. Les bovins d'embouche (nourris avec des herbes) sont plus savoureux que ceux nourris au grain. La plupart des viandes de bœuf ont une saveur plus profonde, se rapprochant de celle du gibier, lorsque l'animal est suspendu quelque temps pour que la viande s'attendrisse. Le bœuf s'associe bien avec des légumes et des fruits de mer, comme d'autres viandes, mais il a une affinité particulière pour les saveurs marquées, notamment le raifort et la moutarde.

Bœuf & Ail : L'ail renforce le caractère viril de la viande de bœuf. Servez votre rôti de bœuf avec des pommes de terre à l'ail écrasées, ou préparez une sauce pour les fines tranches du bœuf *teriyaki* en faisant ramollir une poignée de gousses d'ail dans du bouillon de bœuf avant de les réduire en purée. Ou, simplement, enfoncez des quartiers d'ail dans des encoches faites dans la viande avant de la cuire.

Bœuf & Anchois : *voir Anchois & Bœuf, page 202.*
Bœuf & Aneth : *voir Aneth & Bœuf, page 239.*
Bœuf & Anis : *voir Anis & Bœuf, page 229.*

Bœuf & Betterave : En Nouvelle-Angleterre, le *red flannel hash* (mot à mot, hachis de flanelle rouge) est préparé avec des betteraves, du corned-beef, des oignons et des pommes de terre cuites (en dés ou en purée). Faites frire le tout pour le petit-déjeuner avec un œuf à la poêle ou poché sur le dessus. Ajoutez-y des cornichons au vinaigre et vous pourrez appeler ça du *labskaus*, un plat que l'on trouvait couramment sous différentes formes dans les villes portuaires du nord de l'Europe comme Hambourg ou Liverpool. À Hambourg, on peut y avoir ajouté du hareng salé haché et le servir avec des pickles. La version britannique, le *lobscouse*, ressemble plus à un ragoût de bœuf et de pommes de terre qu'à un hachis, et les betteraves au vinaigre, le chou rouge ou les oignons servis avec ajoutent un peu de piquant.

Bœuf & Brocoli : *voir Brocoli & Bœuf, page 158.*
Bœuf & Cacahuète : *voir Cacahuète & Bœuf, page 27.*
Bœuf & Café : *voir Café & Bœuf, page 23.*

Bœuf & Cannelle : La cannelle, qui est utilisée dans beaucoup de plats de viande grecs, est un ingrédient clé dans le *pastitsio*, un plat de pâtes à mi-chemin entre la moussaka et les *lasagne al forno*. Des couches de macaronis, sont alternées avec une viande épicée et de la sauce tomate, puis recouvertes d'une béchamel épaisse. En Italie, le terme *pasticcio*, qui peut se traduire par « pagaille » ou « désordre confus », est utilisé pour décrire toute tarte qui contient un mélange d'ingrédients sucrés et salés. Elizabeth David donne une recette pour *pasticcio* dans laquelle les spaghettis cuits sont recouverts d'un ragoût de bœuf parfumé au zeste d'orange et à la cannelle, puis passés au four dans une double croûte de pâte sucrée (l'utilisation de pâte sucrée n'est pas inhabituelle pour les tartes salées dans le sud de l'Italie). La pratique italienne du bœuf épicé à la cannelle remonte à l'époque romaine et reste à ce jour caractéristique de la queue de bœuf braisée, *brasata di coda di bue*. Il arrivait que les Romains ajoutent aussi un peu de chocolat.

Bœuf & Câpre : Il n'est pas étonnant que la viande bovine ait des affinités avec les câpres, car celles-ci sont des équivalents tropicaux de la moutarde et contiennent de l'isothiocyanate d'allyle, ou huile de moutarde. Les câpres sont connues sous le nom de *mostacilla* (petite moutarde) à Cuba et *jeerba* (« herbe ») de moutarde à Aruba et Curaçao. Faites une sauce avec de l'huile d'olive, du jus de citron, du persil haché et des câpres rincées puis égouttées et servez-la avec du rôti de bœuf froid. Voir aussi Bœuf & Œuf, page 56.

Bœuf & Carotte : Les « bœuf-carottes », popularisés par la série télévisée diffusée en France de 1955 à 2011, est le surnom donné aux commissaires et officiers de l'IGPN (Inspection générale de la Police nationale) et de l'IGS (Inspection générale des services), autrement dit « la police des polices ». Ces enquêteurs sont en effet réputés pour leur façon de « cuisiner » longtemps les personnes qu'ils interrogent, en les laissant mijoter longuement, exactement comme il faut faire pour obtenir un bon bœuf aux carottes. Cet accord entre le bœuf et les carottes existe aussi dans un plat juif du même type, adouci avec du miel, du sirop ou des fruits secs, appelé *tzimmes*. Il est également classique dans la cuisine britannique, et dans les années 1850, le romancier britannique Thackeray reconnut combien l'association des deux était délicieuse et populaire, dans son essai *Grands et petits dîners*. Soixante ans plus tard, elle était toujours aussi populaire pour mériter que le music-hall lui consacre une chanson, *Boiled Beef and Carrots*, de Harry Champion.

Bœuf & Céleri : *voir Céleri & Bœuf, page 119.*

Bœuf & Champignon : La garniture aux champignons est un standard des restaurants grills. Le bœuf et les champignons sont également combinés dans le bœuf Stroganov, ou dans une tourte avec une sauce liée au vin bien épaisse. Il y a quelques années, au Fence Gate Inn de Burnley, dans le Lancashire, le chef Spencer Burge a fait scandale en confectionnant une tourte aux champignons à 1 000 livres sterling la part. Elle contenait 2,5 kg de bœuf *wagyu*, 1,5 kg de champignons japonais *matsutake* au parfum de cannelle (si précieux qu'ils furent ramassés sous la protection d'un garde armé), des truffes noires et cet ingrédient favori de toutes les tourtes britanniques dignes de ce nom, qui, comme chacun le sait bien, est la feuille d'or. La plupart des connaisseurs recommandent de manger le *wagyu* cru ou saignant pour en apprécier la qualité. Si le fait de l'utiliser en farce dans une tourte ne suffit pas à les faire pleurer, deux bouteilles de château-mouton-rothschild 1982 réduites à la moitié de leur volume pour faire la sauce devraient y parvenir.

Bœuf & Chou : *voir Chou & Bœuf, page 150.*
Bœuf & Citron : *voir Citron & Bœuf, page 382.*
Bœuf & Citron vert : *voir Citron vert & Bœuf, page 377.*
Bœuf & Clou de girofle : *voir Clou de girofle & Bœuf, page 278.*
Bœuf & Cresson : *voir Cresson & Bœuf, page 124.*

Bœuf & Foie : D'autres versions moins sophistiquées du bœuf Wellington ont certainement fait leurs preuves, mais ce qui se fait de mieux reste une pièce dans le filet recouverte d'une épaisse couche de foie gras et de copeaux de truffe fraîche, puis enveloppée dans de la pâte feuilletée. Assembler le tout est assez simple, mais la cuisson l'est beaucoup moins. Laissez-le dans le four trop longtemps et la viande commencera à perdre de son eau et à rétrécir ; perdez patience et sortez-le du four trop tôt, la pâte sera détrempée et le bœuf pas assez cuit, comme ce qui est arrivé à Doris Scheldt dans *Le Don de Humboldt* de Saul Bellow lorsqu'elle prépare du bœuf Wellington à son copain, Charlie Citrine. La nouvelle copine de Charlie, Renata, jouera la sécurité et se contentera de servir des cocktails au champagne en portant des plumes et un string. À garder à l'esprit si vous avez un jour de congé à passer dans la cuisine.

Bœuf & Fromage à pâte pressée cuite : *voir Fromage à pâte pressée cuite & Bœuf, page 82.*
Bœuf & Fromage bleu : *voir Fromage bleu & Bœuf, page 76.*
Bœuf & Fruits de mer : *voir Fruits de mer & Bœuf, page 176.*

Bœuf & Genièvre : Le plat corse appelé *premonata* (ou *prebonata*) contient du bœuf et du chevreau ou de la chèvre, servis dans une riche sauce composée de vin, de tomates, de poivrons et de baies de genièvre. Aussi sinistre que les ruelles de Calvi à minuit.

Bœuf & Gingembre : *voir Gingembre & Bœuf, page 386.*
Bœuf & Huître : *voir Huître & Bœuf, page 188.*

Bœuf & Lard : Même un bœuf vachement sûr de lui gagnera en assurance avec la saveur du lard. De la viande séchée, salée ou fumée renforce toujours la saveur carnée d'un plat, sans parler qu'un peu de graisse est toujours la bienvenue. De nombreux morceaux de bœuf sont maigres et invitent à ce qu'on les larde, comme dans les boucheries où l'on voit toujours des morceaux de bœuf soigneusement cousus de bardes. On obtient en gros le même principe lorsqu'on ajoute de la pancetta à des spaghettis bolognaise ou des lardons à du bœuf bourguignon. En Allemagne, du lard est roulé dans des tranches de bœuf avec de la moutarde et des pickles pour faire des *Rouladen*. De la même manière, c'est en recouvrant de tranches de jambon cru et de feuilles de sauge du veau très maigre que l'on obtient les escalopes *saltimbocca* italiennes.

Bœuf & Menthe : *voir Menthe & Bœuf, page 412.*
Bœuf & Mûre : *voir Mûre & Bœuf, page 418.*

Bœuf & Noix : C'est au XVIIIe siècle que les noix au vinaigre devinrent à la mode en Angleterre. La noix est conservée dans du vinaigre quand elle est encore verte et avant que la coque ne soit formée. Si vous les faites vous-même, cela signifie que vous devez les cueillir en été. Elles sont très jolies à voir : aussi noires que du pétrole brut, avec la même espèce de résistance sous la dent que la betterave, légèrement piquantes, et ont une saveur qui fait penser à la noix nature de façon subtile. Elles sont souvent associées aux mets de Noël – du rôti de bœuf froid, du stilton ou des restes de dinde. Le chef Fergus Henderson fait un ragoût de bœuf avec des noix au vinaigre, cuit dans un bouillon assez riche à base de vin rouge, de beaucoup d'oignons rouges, d'ail et de fines herbes.

Bœuf & Noix de coco : Le bœuf *penang* du Blue Elephant fut inoubliable, mais le bœuf *rendang* du Fatty Crab m'a envoyée au tapis. *Penang* et *rendang* sont tous les deux des ragoûts d'Asie du Sud-Est cuits très lentement, à base de noix de coco, à la fois salés et sucrés. Le *rendang* d'Indonésie est plus concentré, toute l'eau du lait de coco s'étant évaporée jusqu'à ce que la viande soit revenue dans l'huile de coco résiduelle, rendant le plat très intense en saveurs. Si on interrompt la cuisson alors que la viande est encore humide, cela s'appelle un *kalio*. Du coup, cela ressemble davantage à un *penang* qui est un curry avec beaucoup de sauce. Les deux plats comprennent des échalotes, de l'ail, du gingembre ou du *galanga*, du piment et de la citronnelle auxquels on ajoute des feuilles de citron vert, des racines de coriandre, du nuoc-mâm, et beaucoup de cacahuètes pour le bœuf *penang*.

Bœuf & Œuf : En attendant l'avènement de la directive européenne en matière d'hygiène et de sécurité n° 9/24675(F) qui dira « steak tartare = grave danger de mort », il est impératif d'en manger un maintenant, sur-le-champ, avant qu'il ne soit trop tard. Le bœuf cru a une légère saveur d'ammoniaque avec une pointe de poivre et un soupçon de poisson, comme si au cours de sa vie la vache avait désiré prendre la mer. Le jaune d'œuf cru met la saveur de la viande en valeur de façon admirable. L'intensité avec laquelle votre palais sera exposé à ces saveurs dépendra de la quantité et des proportions relatives de moutarde et d'anchois, de câpres, d'échalotes, de persil émincés que vous aurez choisi d'ajouter. Même si l'idée ne vous plaît pas vraiment, ce sera quelque chose à raconter à vos petits-enfants, comme conduire sans ceinture de sécurité ou fumer dans les bistrots.

Bœuf & Oignon : Le sandwich original *philly cheesesteak*, qui a été conçu par les Philadelphiens Pat et Harry Olivieri comme quelque chose de différent à offrir sur leurs étals de hot-dogs, était à l'origine composé seulement de steak émincé et d'oignons blancs doux dans un petit pain. L'ajout de *provolone*, un fromage italien, est venu quelques années plus tard. Dans le *gyudon* japonais, le steak et les oignons sont également tranchés finement et frits, puis un peu de soja, de *mirin* (alcool de riz sucré) et d'eau sont jetés dans la poêle pour la déglacer et fournir une sauce. Il est servi sur du riz. Le plat lyonnais de la grillade des mariniers comprend du rumsteck émincé mariné dans de l'huile d'olive et du vinaigre de vin rouge, avec du laurier, du zeste d'orange et des clous de girofle. Lorsque la viande est bien imprégnée, elle est disposée en couches dans une casserole à fond épais, avec des oignons en tranches et de l'ail, puis arrosée de la marinade avant d'être mise à cuire pour quelques heures. Pour lui donner un peu de piquant, on ajoute parfois, 15 minutes avant la fin de la cuisson, un mélange formé d'ail et d'anchois dilués dans le jus de cuisson. Et si vous avez déjà goûté à la soupe à l'oignon à base de fond de veau, vous n'en voudrez plus jamais d'autre préparée différemment.

Bœuf & Olive : *voir Olive & Bœuf, page 219.*
Bœuf & Orange : *voir Orange & Bœuf, page 369.*
Bœuf & Panais : *voir Panais & Bœuf, page 283.*

Bœuf & Persil : Le restaurant St John à Londres est célèbre pour son plat d'os à moelle avec une salade de persil. Un os à moelle de veau de taille moyenne est cuit jusqu'à ce que la moelle soit ramollie, mais pas fondue, puis servi avec une salade faite avec beaucoup de persil, une petite échalote émincée et quelques câpres minuscules, assaisonnée d'huile d'olive et de citron. Ils vous donnent aussi des toasts et un monticule de sel de mer. J'ai une fois eu un premier rendez-vous avec un gars qui en a commandé. Il me plaisait bien au départ, mais le voir froncer les sourcils sur son os – qu'il a tourné et retourné avant de se décider à en extraire la moelle pour l'étaler sur un toast avant de la saupoudrer de sel comme un pharmacien gériatrique – a jeté un froid sur le reste de la soirée. Nous aurions sans doute mieux fait de manger argentin. Un steak charbonneux avec une sauce *chimichurri* est non seulement délicieux, mais se mange avec un couteau et une fourchette. Il est facile d'en faire à la maison. Hachez finement un gros bouquet de persil plat et mélangez-le avec 5 cuillerées à soupe d'huile d'olive, 2 cuillerées à soupe de vinaigre de vin rouge et 1 ou 2 gousses d'ail écrasées, puis assaisonnez. Servez à côté d'un steak cuit comme vous l'aimez.

Bœuf & Piment : La *carne* dans le chili con carne est habituellement du bœuf, bien qu'une association de porc et de bœuf soit assez courante. On dit que le plat est originaire de San Antonio au Texas où les fameuses *chili queens* en vendaient à la lumière de leur lanterne, puisé dans de grandes marmites. Une réglementation sur la santé et l'hygiène a eu raison d'elles dans les années 1940, mais le chili (ou ce qui s'appelait aussi *a bowl of red* – un bol de rouge) fait fondamentalement partie du Texas. On aurait pu s'attendre à ce que le débat soit assez animé sur ce qui constitue un chili authentique, mais la plupart des recettes sont d'accord sur un mélange d'épices fait à partir de poudre de piments séchés, de cumin et d'origan. Les piments de choix sont l'*ancho* séché à la saveur fumée et l'infernal cayenne qui apporte un souffle de chaleur supplémentaire. Une version totalement différente de cette association est la salade *suea rong hai* (littéralement, la salade du tigre-qui-pleure), dans laquelle des morceaux de steak de bœuf saisis sont servis sur un assortiment de légumes avec une sauce au piment, au citron vert et au nuoc-mâm.

Bœuf & Poire : Le nashi, poire d'Extrême-Orient, est combiné avec le bœuf dans deux plats coréens populaires, l'un avec du bœuf cru, l'autre avec du bœuf cuit. Le *yukhoe*, réservé aux grandes occasions, est fait de fines tranches de filet de bœuf cru mariné dans de la sauce de soja, du sésame, de l'ail, de la ciboule et du piment, servies avec la poire asiatique découpée en petits morceaux et parfois des pignons de pin. Comme dans le steak tartare, un jaune d'œuf cru peut être incorporé au bœuf. Le *bulgogi* est constitué de fines lamelles de bœuf marinées pendant plusieurs heures dans du nashi râpé avec du jus de citron, de l'alcool de riz, de l'huile de sésame, des graines de sésame, de l'ail, de la sauce de soja et du sucre. On les fait revenir ensuite rapidement avant de les manger enveloppées dans de petites feuilles de salade verte croquantes avec des légumes crus comme de la carotte, du concombre ou du radis.

Bœuf & Pois : *voir Pois & Bœuf, page 254.*

Bœuf & Poisson gras : Le célèbre plat estival italien, le *vitello tonnato*, se compose de fines tranches froides de veau cuit servies avec une mayonnaise au thon. Marcella Hazan nous met en garde : le thon en boîte est essentiel ; frais, ça ne marcherait pas. On peut remplacer le veau par du poulet – Elizabeth David elle-même donne une recette de *pollo tonnato*, donc on est sauvé. On pourrait croire que le poulet n'est qu'un produit de remplacement mais en termes de saveur, son accord avec le thon est assez puissant, comme avec le bœuf cuit. D'après l'ouvrage de Rau Marsili, *Sensory-Directed Flavor Analysis* (Analyse des saveurs à partir des sens), le 2-méthyl-3-furanthiol est un des composés organiques dont la saveur en viande est la plus intense et on en trouve dans le bœuf cuit, le bouillon de poule et le thon en boîte de manière très prononcée.

Bœuf & Poivron : *voir Poivron & Bœuf, page 258.*
Bœuf & Pomme de terre : *voir Pomme de terre & Bœuf, page 112.*
Bœuf & Porc : *voir Porc & Bœuf, page 41.*

Bœuf & Raifort : Cette combinaison des plus anglaises pourrait pourtant bien être originaire d'Allemagne. Dans l'Angleterre du XVIe siècle, le raifort était utilisé à des fins médicinales et non culinaires, bien que John Gerard, un botaniste de l'époque, ait remarqué que cette racine était employée en Allemagne pour accompagner les plats de poisson et de viande à la manière dont les Anglais se servaient de la moutarde. Le sandwich *beef-on-weck*, une spécialité de Buffalo dans l'État de New York, a aussi des origines allemandes – *weck* est le mot d'un dialecte allemand pour « petit pain », et le type particulier qui est utilisé ici est le *kummelweck* recouvert d'un mélange de sel casher et de carvi. Ce petit pain est farci de fines tranches de bœuf saignant et de raifort. Le raifort et le bœuf peuvent aussi se combiner dans un ragoût. Le raifort perd de son âcreté lorsqu'il est cuit et on l'ajoute donc en fin de cuisson ; utilisé sous la forme d'une sauce crémeuse, il donne un effet bœuf Stroganov, son vif mordant légèrement âcre ajoutant un petit quelque chose à la sauce riche du bœuf.

Bœuf & Rutabaga : Par un après-midi d'hiver, nous nous sommes faufilés en voiture parmi des poids lourds garés en chevron et avons rejoint par un passage couvert les néons éclairant de l'intérieur un bâtiment. Devant des tables recouvertes de Formica, des routiers penchés sur leur pitance nous regardaient comme des chiens de garde somnolant sur leur os. Il n'y avait pas de menu, et comme le personnel ne semblait pas vraiment parler anglais, ou ne parlait pas du tout, nous avons désigné ce que nous désirions. Il n'a pas fallu longtemps pour que nous soyons nous aussi courbés sur notre nourriture, méfiants comme les routiers silencieux engloutissant la leur. De minces couches de rutabagas, de navets et de pommes de terre couvraient le fond du plat, surmontées par une généreuse pile de tranches de bœuf tendre, assaisonné comme il se doit de poivre blanc. Au-dessus, une dentelle d'oignons doux dont le jus, s'infiltrant à travers la viande, l'avait attendrie avant de parvenir jusqu'aux légumes en strates, de sorte que le plat tout entier baignait dans une douce et piquante saveur de terre qui exaltait la robuste sapidité de la viande. Si simple, et pourtant si impressionnant. Étions-nous dans un relais routier tout bonnement magnifique, mais (heureusement) inconnu quelque part entre la Normandie et la Bourgogne ? Non, nous étions dans une station-service au bord de l'A390, à Cornwall. Nous avons fait suivre cette tourte du plus merveilleux sachet de Maltesers.

Bœuf & Thym : *voir Thym & Bœuf, page 408.*

Bœuf & Tomate : Avec pour père un pêcheur avisé, une mère excellente cuisinière et une grand-mère possédant son propre verger miniature et un talent naturel pour la pâtisserie, il était inévitable que ma sœur et moi-même soyons avides de nourriture préparée industriellement. Nous harcelions nos parents pour manger des bâtonnets de poisson pané orangés et des biscuits poudreux recouverts d'un glaçage blafard. Lorsque les nouilles en pot (comme les Cup Noodles aux États-Unis) ont été lancées dans les années 1970, je n'ai eu de cesse que ma mère nous en achète. Elle se procura un pot de nouilles au bœuf et à la tomate, et toute la famille rassemblée autour – comme elle aurait pu l'être une génération précédente devant la télévision – assista à la transformation en un repas chaud de ce qui ressemblait à de la nourriture pour poisson. Ce mélange de pâtes, de substitut de viande à base de soja, de légumes lyophilisés et de bouillon en poudre avec un sachet de ketchup battait haut la main les spaghettis bolognaise de ma mère en termes de divertissement, mais offrait une expérience gustative dont je compris vaguement l'étrange dimension d'inauthenticité : une sorte de soupe visqueuse qui avait le goût des chips saveur « barbecue de bœuf ».

Bœuf & Truffe : La manière qu'ont les Français et les Italiens de servir des truffes avec du bœuf en dit long sur leur cuisine respective. Le tournedos Rossini nécessite un morceau de steak parfaitement cuit et une tranche de foie gras, servis sur une tranche de pain frit, avec une sauce madère. On y dépose des copeaux de truffe noire qu'on ajoute habituellement aussi à la sauce. Il arrive que les Italiens mettent des copeaux de truffe blanche – qui ne supporte pas la cuisson – sur une assiette de *carpaccio* ; sans fioritures ni fanfreluches, ils laissent les ingrédients parler d'eux-mêmes.

Agneau

Aux États-Unis, l'agneau est en bas du tableau des saveurs préférées, derrière le bœuf, le poulet, le poisson, le porc, la dinde et le veau. La consommation par habitant ne représente que 1 % de celle du bœuf ou du poulet. Cette saveur, même pour le jeune agneau, est considérée par beaucoup comme rappelant trop celle du mouton et du gibier, et l'utilisation de descripteurs de saveur comme « sueur aigre » est assez éloquente pour faire poser sa fourchette à un Américain plutôt que de la planter dans un gigot apaisant et céleste. Ce parfum caractéristique se trouve principalement dans la graisse, car, dans une dégustation à l'aveugle, de nombreuses personnes trouvent qu'il est difficile de distinguer la saveur de l'agneau très maigre de celle du bœuf. Il s'intensifie aussi lorsque la viande est suspendue pour être attendrie, même dans le cas de jeunes agneaux. Le mouton, pour sa part, ne développe une saveur plus profonde que lorsqu'il est suspendu pendant deux ou trois semaines. Il devient alors assez tendre pour être rôti. Un des grands plaisirs de l'agneau corsé est sa capacité à résister à d'autres saveurs fortes – les herbes robustes comme le romarin, par exemple, ou les épices puissantes dans les currys et les ragoûts.

Agneau & Abricot : Remontons le temps. *Le Baghdad Cookery Book*, un livre de cuisine du XVIIIe siècle, mentionne un tajine d'agneau aux abricots cuit lentement appelé *mishmishiya*, ce qui signifie « abricoté ». L'agneau et l'abricot s'entendent tous les deux avec les épices. Tandis que la vivacité des épices réduit le gras de l'agneau, l'intense douceur des abricots met au jour les tons salés de l'agneau, des épices et des amandes – également très sucrées, accentuant ainsi la saveur de la viande. Pendant la cuisson, les abricots se gonflent de jus d'agneau, de cannelle, de coriandre et de cumin ce qui fait qu'au moment de servir ils ne sont ni trop écœurants ni trop fruités. De la même manière, vous pourriez aussi associer des abricots avec de l'agneau dans un riz pilaf ou bien farcir de l'agneau d'abricots secs, d'oignons et d'amandes émincés mélangés avec du riz ou du couscous.

Agneau & Ail : *voir Ail & Agneau, page 142.*

✻ **Agneau & Amande :** Une paire luxueuse, digne d'une fête, ou d'un délicieux repas pour deux. Adaptez à vos besoins la tradition marocaine de l'agneau entier farci de riz, d'épices et d'amandes en recourant à une épaule désossée. Pensez à la cuisson lente dans un tajine, ou essayez mes boulettes d'agneau à la marocaine, cuites avec du riz épicé et garnies d'amandes grillées, qui possèdent les mêmes saveurs raffinées qu'un tajine, mais qui peuvent être préparées en quelques minutes plutôt qu'en quelques heures. Faites lentement fondre un oignon dans un peu d'huile et de beurre avec un bâtonnet de cannelle. Pendant ce temps, mélangez 2 cuillerées à café de piment de la Jamaïque avec 500 g d'agneau haché. Assaisonnez et formez des boulettes de la taille d'une noix. Trempez une pincée de pistils de safran dans de l'eau chaude. Lorsque l'oignon est tendre, versez 750 ml d'eau chaude, 2 cuillerées à café de miel et 2 cuillerées à café de mélasse de grenade, l'eau au safran, puis portez à ébullition. Ajoutez les boulettes de viande. Lorsque l'eau recommence à bouillonner, incorporez 200 g de riz basmati, remuez et laissez mijoter à couvert pendant 10 minutes. Vérifiez l'assaisonnement et la texture du riz, qui ne doit pas tourner en bouillie. Quand le riz est juste cuit, mélangez avec 6 cuillerées à soupe de menthe hachée, 3 cuillerées à soupe de persil haché et une boîte de pois chiches égouttés. Réchauffez et servez avec beaucoup d'amandes grillées effilées et un peu de persil haché ou de menthe. C'est, en substance, une soupe épaisse qui ne nécessite pas d'autre accompagnement.

Agneau & Anchois : Voici une de mes combinaisons préférées. L'anchois fonctionne comme un exhausteur de goût de la viande. Tout ce que vous avez à faire, c'est planter un couteau dans une épaule ou un gigot à divers intervalles et introduire dans les fentes des anchois salés égouttés. J'utilise habituellement 8 à 12 anchois pour 2 kg de rôti. Vous pouvez faire davantage d'incisions que vous garnirez d'ail et/ou de romarin – des saveurs explosives qui font assez bon ménage. Faites rôtir l'agneau de la manière habituelle. Les anchois fondent dans la viande, intensifient la saveur, apportent une appétissante touche salée qui devrait vous donner un jus formidable.

Agneau & Aneth : *voir Aneth & Agneau, page 238.*

✻ **Agneau & Anis :** Même si on associe plutôt la saveur exacerbée en estragon de la sauce béarnaise au bœuf, elle convient parfaitement à l'agneau rôti ou grillé. De la même manière, du Pernod donnera une chaleureuse bouffée d'anis à cette recette d'agneau estivale. Faites ramollir des dés d'oignon et un peu d'ail dans de l'huile d'olive. Ajoutez 8 côtes premières d'agneau farinées et assaisonnées, et faites-les cuire jusqu'à ce qu'elles soient dorées. Versez 45 ml de Pernod, laissez cuire à feu fort pendant 1 minute. Ajoutez alors 3 courgettes découpées en rondelles et une boîte de tomates olivettes pelées en les réduisant en morceaux dans la casserole avec une cuillère. Incorporez l'assaisonnement, 1 cuillerée à café d'herbes de Provence et 1 cuillerée à soupe de concentré de tomate. Portez à ébullition, puis couvrez et laissez mijoter pendant 45 minutes, en remuant de temps en temps. Servez avec du riz au safran ou du couscous.

Agneau & Artichaut : *voir Artichaut & Agneau, page 160.*

Agneau & Aubergine : J'ai du mal à imaginer qu'on ait pu créer l'aubergine sans avoir l'agneau à l'esprit. Sa propension à absorber la graisse et les jus, tel un torchon de cuisine, suggère le contraire. La moussaka en est l'illustration la plus évidente, mais il existe aussi le *hukar begendi*, un plat turc de cubes d'agneau servis avec une purée d'aubergines, et le *patlican kebab*, dans lequel l'agneau et les aubergines sont coupés en dés, piqués sur une baguette de bois et cuits au barbecue. Si vous êtes chanceux, on vous présentera les aubergines entières, farcies avec de l'agneau émincé, cuites jusqu'à ce que la peau forme des plis et que la chair se défasse, et servies en tranches accompagnées d'un épais yaourt nature.

Agneau & Boudin noir : *voir Boudin noir & Agneau, page 47.*
Agneau & Cacahuète : *voir Cacahuète & Agneau, page 26.*
Agneau & Cannelle : *voir Cannelle & Agneau, page 274.*
Agneau & Câpre : *voir Câpre & Agneau, page 127.*
Agneau & Cardamome : *voir Cardamome & Agneau, page 393.*
Agneau & Céleri : *voir Céleri & Agneau, page 119.*

Agneau & Cerise : De façon générale, la saveur dc la cerise se répartit en deux catégories : sucrée et aigre. La cerise aigre est trop acide pour qu'on la mange sur l'arbre, mais elle a plus de saveur que la variété sucrée, ce qui la rend plus adaptée pour la cuisine. La griotte et la montmorency sont des cerises aigres bien connues et sont partie prenante dans de nombreux plats moyen-orientaux, russes et d'Europe de l'est. Claudia Roden donne une recette d'épaule d'agneau farcie au riz et aux cerises aigres en faisant remarquer qu'en Occident l'association de l'agneau avec la cerise gagnerait à être aussi populaire que celle avec l'abricot. On confectionne en Azerbaïdjan un riche ragoût de pommes de terre et de cerises aigres, tandis qu'en Turquie on trouve parfois des cerises aigres et de l'agneau dans un riz pilaf accompagné d'un savant mélange d'oignons, de safran, d'amandes, de grenade, de feta, de menthe, de persil et de pistaches.

Agneau & Châtaigne : *voir Châtaigne & Agneau, page 294.*

Agneau & Chou : Le *fårikål* est un plat populaire norvégien que l'on mange aux alentours du mois de septembre pour marquer la fin de l'été. C'est simplement de la viande de mouton (ou d'agneau), os compris, mijotée avec du chou, servie avec des pommes de terre à l'eau et que l'on fait descendre avec de la bière ou de l'aquavit. Si cela vous semble peu élaboré, souvenez-vous que l'agneau comme le mouton produisent un jus gras riche en saveurs. À Venise, il existe une version plus festive de mouton fumé et salé cuit avec du chou de Milan appelé *castradina*. On en sert le 21 novembre pour célébrer la *Festa della Madona della Salute*, jour où les gens du coin font des offrandes en remerciement de leur bonne santé. L'agneau et le chou représentent la nourriture qui fut envoyée aux Vénitiens par leurs voisins de Dalmatie, de l'autre côté de l'Adriatique, alors qu'ils étaient isolés durant une épidémie de peste qui menaçait la ville de famine.

Agneau & Citron : *voir Citron & Agneau, page 381.*

Agneau & Cumin : Dans son livre *Shark's Fin and Sichuan Pepper* (Aileron de requin et poivre du Sichuan), Fuchsia Dunlop parle des Ouïghours, peuple migrant de Chengdu dans le sud-ouest de la Chine, qui vendent des kebabs salés à l'agneau aromatisés au piment et au cumin qu'ils cuisent sur des grils portables installés dans la rue. Ils vendent aussi du haschich et elle raconte qu'on savait qu'il venait d'y avoir une descente de police quand l'odeur du haschich avait disparu et que seuls les effluves de l'agneau et de cumin grillés étaient perceptibles dans la rue.

Agneau & Feuilles de coriandre : *voir Feuilles de coriandre & Agneau, page 244.*

Agneau & Fromage de chèvre : Comme on pouvait s'y attendre, le fromage de chèvre et l'agneau ont une grande affinité de saveurs et, tous les deux très riches, ils ont dû braver les tendances de la mode pour former une combinaison de plus en plus populaire. Ils sont associés dans des *wraps* de tortilla ou de *chapati* chauds, ou dans des aumônières de pâte phyllo avalées en deux bouchées. On émiette du fromage de chèvre et de la feta sur les sauces pour pâtes à base d'agneau et on en fourre les burgers à l'agneau. Faites-vous plaisir en faisant une moussaka un peu plus riche à partir d'une béchamel au fromage de chèvre, et allégez un peu le tout en l'accompagnant de pousses d'épinards brassées dans une sauce citronnée.

Agneau & Fruits de mer : *voir Fruits de mer & Agneau, page 174.*

Agneau & Menthe : Les Français font souvent la fine bouche devant l'affection que portent les Britanniques à l'agneau à la menthe. Ils pourraient avoir raison lorsqu'il s'agit de sauces à la menthe brutalement vinaigrées. En 1747, Hannah Glasse écrit qu'un rôti de porc se mange comme de l'agneau s'il est servi avec une sauce à la menthe, affirmation qui doit avoir plus à faire avec la nature irrésistible de cette sauce qu'avec une quelconque similitude entre ces viandes. Mais la menthe, en tant que partenaire pour l'agneau, ne doit pas être rejetée en bloc. L'agneau possède une affinité naturelle pour les arômes à base de plantes, et la menthe, comme les agrumes, a des propriétés purifiantes, voire désodorisantes, qui réduisent les notes les plus fortes de l'agneau. Citons, par exemple, les raviolis à la menthe du Babbo, le restaurant de Mario Batali à New York, ou encore la sauce paloise, qui ressemble à une béarnaise où l'estragon serait remplacé par de la menthe et que l'on sert avec de l'agneau rôti ou grillé. On cuisine en Azerbaïdjan une soupe à la menthe appelée *dusbara*, dans laquelle baignent de petits tortellinis farcis d'agneau. Elle est le plus souvent proposée avec de l'ail et de la crème aigre, bien que certains préfèrent le vinaigre, ce qui nous ramène, en quelque sorte, à notre point de départ.

Agneau & Noix de muscade : *voir Noix de muscade & Agneau, page 280.*
Agneau & Oignon : *voir Oignon & Agneau, page 136.*

Agneau & Pois : Les petits pois sont là pour rappeler judicieusement que l'agneau, encore trop jeune pour Pâques, commence à développer sa véritable saveur au début de l'été, quand les petits pois déforment leur cosse, tels des ventres sous une chemise trop petite. L'agneau accompagné de petits pois frais, herbacés à souhait comme les champs que les bêtes ont broutés, forme une combinaison merveilleuse. Que vous le serviez avec des petits pois à l'eau et des pommes de terre nouvelles nature ou que vous fassiez un *agnello alla romagnola*, de l'agneau en morceaux mijoté dans du beurre, avec de la pancetta, de la tomate et des petits pois, comme en Émilie-Romagne. Avec de l'agneau émincé, essayez de faire un curry *keema* tacheté de petits pois et servez-le avec du riz ou des *chapati*.

Agneau & Pomme de terre : *voir Pomme de terre & Agneau, page 110.*
Agneau & Rhubarbe : *voir Rhubarbe & Agneau, page 320.*
Agneau & Romarin : *voir Romarin & Agneau, page 398.*

Agneau & Rutabaga : Entrez dans une pièce où du *haggis* est en train de cuire et la première chose qui vous frappera sera l'odeur de l'agneau. De toutes les viandes, l'agneau est la plus facile à identifier uniquement par son parfum de cuisson puisque la viande contient des chaînes d'acides gras qu'on ne trouve pas dans le poulet, le bœuf ou le porc. Et le *haggis* est très intense en agneau. On le fait à partir du *pluck* (mot anglais désignant les organes de la cavité thoracique d'un animal) – le foie, le cœur et les poumons de l'animal – mélangé avec des flocons d'avoine, de la graisse de rognon de bœuf, du poivre, du piment de la Jamaïque, du clou de girofle et de la noix de muscade. Des *neeps* (mot écossais pour rutabaga) et des *tatties* (pommes de terre en purée) sont les plats d'accompagnement qui s'imposent. La douceur poivrée des rutabagas fait écho aux accords épicés du *haggis* et le plat mérite alors une entrée théâtrale au son des cornemuses. Voir aussi Pomme de terre & Rutabaga, page 117.

✻ **Agneau & Safran :** Le safran iranien a un caractère plus doux que la variété espagnole. L'Iran est de loin le plus gros producteur mondial de safran ; il n'est donc pas étonnant que son plat national, le *chelo kebab*, soit de l'agneau (ou du poulet) grillé avec du riz au safran, parfois accompagné de tomates très grillées et éventuellement d'un jaune d'œuf cru parsemé de *sumac* à la saveur citronnée. On ajoute habituellement au riz parfumé fumant une touche de beurre au safran qui fond comme un soleil intense. Pour en faire vous-même, broyez 30 stigmates de safran dans un mortier avec un pilon, puis ajoutez-y 1 cuillerée à café d'eau chaude et laissez de côté pendant que vous prélevez le zeste d'un citron. Mélangez le zeste de citron, l'eau safranée et du jus de citron à volonté avec 100 g de beurre ramolli. Donnez au mélange la forme d'un boudin, enveloppez-le dans du film étirable et placez-le au frigo. Utilisez-le en tranches en fonction de vos besoins.

Agneau & Thym : *voir Thym & Agneau, page 407.*
Agneau & Tomate : *voir Tomate & Agneau, page 65.*

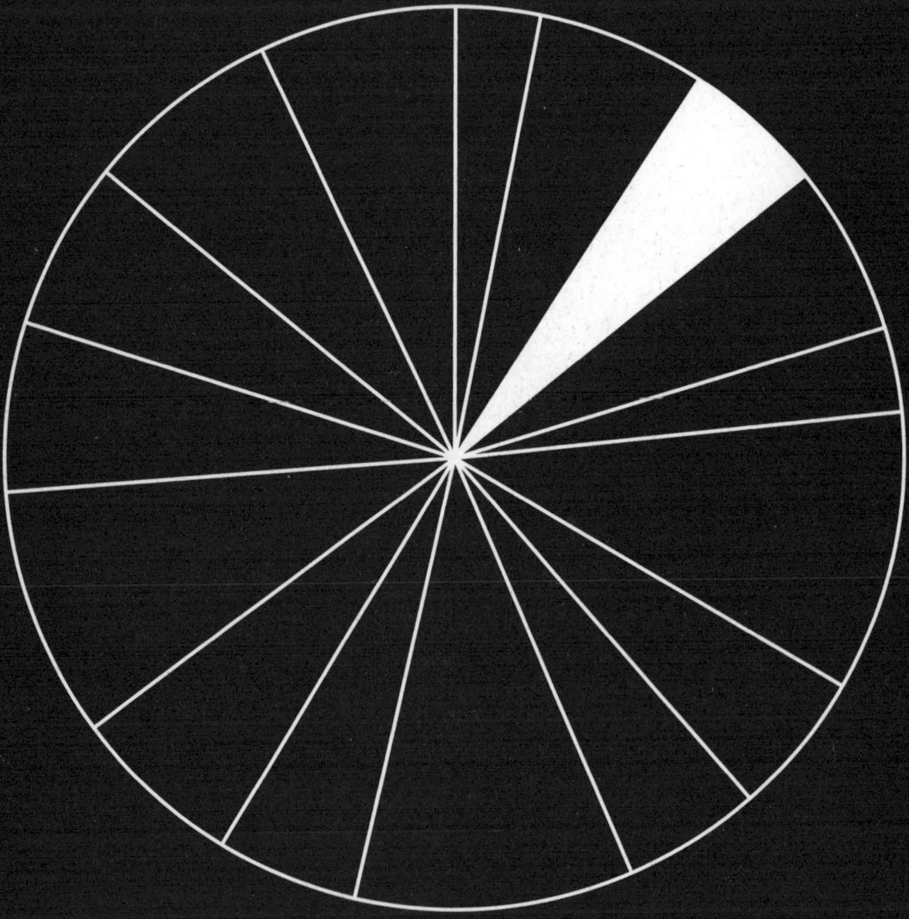

FROMAGÈRE

Fromage de chèvre

Fromage à croûte lavée

Fromage bleu

Fromage à pâte pressée cuite

Fromage à pâte molle

Fromage de chèvre

La gamme des saveurs du fromage de chèvre part de notes légèrement acidulées jusqu'à des arômes évoquant franchement le bouc. Son goût fort et puissant fonctionne bien avec le sucré, le miel, les ingrédients denses comme la betterave, la courge musquée et le bon pain. La feta et le *halloumi* sont traditionnellement fabriqués avec du lait de brebis, parfois mélangé avec du lait de chèvre. Ils sont mentionnés dans ce chapitre, car ils partagent nombre des affinités de saveurs du fromage de chèvre. Comme tous les fromages, la saveur de celui-ci est fortement influencée par ce que l'animal a mangé. Dans une étude d'évaluation sensorielle effectuée en 2001, plus des deux tiers du panel de dégustation a correctement identifié, parmi des fromages de chèvre frais d'une journée, ceux provenant d'animaux élevés en pâturage et ceux issus de chèvres nourries au foin et aux granulés. Pour des fromages de vingt jours, le taux de reconnaissance est passé à 100 %.

Fromage de chèvre & Abricot : Idéal pour un en-cas ou un déjeuner sur le pouce. Farcissez un abricot sec avec du fromage de chèvre légèrement piquant et notez à quel point la combinaison est presque carnée. La douceur fruitée de l'abricot souligne la sapidité du fromage, et le tout rappelle en quelque sorte l'agneau. Le fromage de chèvre contient, en commun avec l'agneau et le mouton cuits, de l'acide caprylique, ce qui peut expliquer cette similitude de goût.

Fromage de chèvre & Agneau : *voir Agneau & Fromage de chèvre, page 63.*

❋ **Fromage de chèvre & Ail :** La pizza au fromage de chèvre et à l'ail est au menu du restaurant londonien Orso depuis plus de vingt ans. La saveur douce de l'ail prend le dessus sur l'acuité du fromage. Avec sa base légère et croquante, l'ensemble fait un bon prélude à un *secondo*. Vous pouvez réaliser une chose similaire en étalant une petite quantité de sauce tomate à l'ail sur un fond de pizza avant de la décorer avec de fines tranches de fromage de chèvre. Pendant que le four chauffe, mettez quelques gousses d'ail non épluchées sur la plaque. Lorsque le four sera à la bonne température, elles seront alors légèrement cuites. Pelez-les et disposez-les sur la pizza que vous enfournerez à 230 °C (thermostat 8) pour 10 minutes. Si votre tolérance aux saveurs piquantes saugrenues est élevée, vous pourriez apprécier le *foudjou*, préparation à base de fromage de chèvre, frais ou sec, mélangé avec de l'ail, des herbes, du cognac et de l'huile d'olive. On le laisse mûrir dans son bocal durant quelques mois et on le déguste ensuite tartiné sur de la baguette ou du pain de campagne, ou encore sur des pommes de terre au four.

Fromage de chèvre & Anis : *voir Anis & Fromage de chèvre, page 230.*

Fromage de chèvre & Basilic : *voir Basilic & Fromage de chèvre, page 271.*
Fromage de chèvre & Betterave : *voir Betterave & Fromage de chèvre, page 108.*

Fromage de chèvre & Café : Du café avec du fromage peut sembler encore moins prometteur que du chocolat avec du fromage, mais appeler « fromage » l'*ekte gjetost* norvégien est juste une façon de parler. Il est fabriqué avec le petit-lait issu de la fabrication du fromage, cuit jusqu'à ce que le lactose caramélise, puis versé dans des moules rectangulaires. Après les avoir laissés refroidir, on mange ces espèces de caramels mous, sucrés et moelleux en fines tranches sur des toasts ou du pain croquant suédois avec le café du matin. On en sert aussi avec du cake aux fruits, ou dans une sauce pour gibier. Le *gjetost*, au lait de vache, est aussi très apprécié, mais la version la plus traditionnelle est confectionnée à partir de lait de chèvre.

Fromage de chèvre & Câpre : L'agronome australien E. A. Weiss écrit que la saveur des câpres est principalement due à l'acide caprique qui se développe une fois que les boutons sont mis en saumure. Sous sa forme pure, l'acide caprique embaume le fromage de chèvre, mais l'infime quantité que contiennent les câpres est modifiée par le processus de conservation dans le vinaigre. L'acide caprique contribue aussi de manière significative à la saveur du fromage de chèvre. Ainsi, un fromage de chèvre frais fonctionnera très bien dans la suggestion de recette que vous trouverez à Câpre & Fromage à pâte molle, page 128.

Fromage de chèvre & Cerise : *voir Cerise & Fromage de chèvre, page 313.*
Fromage de chèvre & Champignon : *voir Champignon & Fromage de chèvre, page 96.*

Fromage de chèvre & Chocolat : Lors d'une présentation d'associations de fromages de chèvre et de chocolats faite par le chocolatier Paul A. Young, nous avons débuté par un *cerney* de 10 jours, un fromage du Gloucestershire (comté du sud-ouest de l'Angleterre), couplé avec un Amedei, un chocolat noir à 63 % de cacao, avant de passer à une version plus mature du même fromage combinée à un Manjari malgache de Valrhona titrant 64 % de cacao. Le duo chocolat et fromage peut de prime abord paraître une hypothèse improbable, et même complètement hors de propos, jusqu'à ce qu'on pense à la paire formée par le chocolat et le lait ou la crème, sans oublier, en outre, que les notes aromatiques – fruits rouges épicés, fruits secs, caramel – de certains bons chocolats sont des partenaires naturels du fromage. Nous avons aussi essayé du stilton Colston Bassett (d'après le nom du petit village pittoresque du centre de l'Angleterre où il est fabriqué) avec du Valrhona à 70 %, suivant en cela le « stilton et truffes (chocolatées) au porto », initialement conçu comme une combinaison saisonnière, mais qui s'est avérée si populaire qu'elle figure désormais au menu toute l'année.

Cependant, la révélation de la nuit a été l'appariement d'un *milleen's* – un fromage floral délicieusement piquant à croûte lavée irlandais à base de lait de vache – et d'un Valrhona africain à 70 % de cacao avec quelques copeaux d'un chocolat au lait de Java à 40 %, toujours de Valrhona. Essayez d'ajouter quelques variétés de chocolats à votre plateau de fromages en fin de repas. Si vos invités ne peuvent vraiment pas affronter cette combinaison, ils pourront toujours les déguster séparément, d'autant plus que les deux s'accordent avec le porto.

Fromage de chèvre & Citron : *voir Citron & Fromage de chèvre, page 383.*
Fromage de chèvre & Concombre : *voir Concombre & Fromage de chèvre, page 236.*
Fromage de chèvre & Courge : *voir Courge & Fromage de chèvre, page 292.*
Fromage de chèvre & Cresson : *voir Cresson & Fromage de chèvre, page 124.*

Fromage de chèvre & Feuilles de coriandre : Au Mexique, la fraîche saveur d'agrume des feuilles de coriandre réduit le gras du fromage dans les très populaires *enchiladas* et *quesadillas*. Les fromages mexicains sont difficiles à trouver ailleurs que sur le continent américain, mais le chef Rick Bayless soutient que le *queso fresco* n'est pas très éloigné du fromage de chèvre frais, bien qu'un peu plus sec, plus salé et plus facilement friable. Le parmesan ou (encore mieux) le *pecorino romano* peuvent remplacer le *queso añejo*. Quant au *chihuahua* (le fromage et non le chien) qui est utilisé dans les *quesadillas*, essayez à la place du cheddar doux ou du *monterey jack*, fromage à croûte molle à base de lait de vache pasteurisé qui, une fois vieilli – le *dry jack* –, ressemble à du parmesan. Vous pouvez aussi suivre la suggestion de Bayless en mélangeant du fromage de chèvre avec du fromage frais en barquette – comme le St Môret ou, mieux encore, le Philadelphia, plus doux –, ajoutez de la ciboule, un peu de sauce mexicaine et de la coriandre hachée ; étalez ensuite sur du pain avec des tomates en tranches.

Fromage de chèvre & Figue : *voir Figue & Fromage de chèvre, page 426.*

✻ **Fromage de chèvre & Framboise :** Les framboises se combinent bien avec les fromages jeunes qui ont encore leur saveur laiteuse et leur acidité lactique avec une pointe d'agrume. Essayez-les ensemble dans un *fool*, ce dessert typiquement britannique. Écrasez 300 g de framboises. Fouettez 200 ml de crème épaisse d'un côté, et de l'autre 150 g de fromage de chèvre très frais avec 1 cuillerée à soupe de sucre glace et un filet de citron, jusqu'à ce que l'ensemble soit lisse et onctueux. Incorporez la crème et les framboises, puis répartissez dans 4 bols.

Fromage de chèvre & Graines de coriandre : *voir Graines de coriandre & Fromage de chèvre, page 432.*

✻ **Fromage de chèvre & Menthe :** Le fromage *halloumi* authentique est fait à partir d'un mélange de lait de chèvre et de lait de brebis. On ajoute souvent de la menthe dans la phase de séchage, que l'on perçoit légèrement, ajoutée à une saveur d'agrume, dans le résultat final. Tout comme le *halloumi*, la feta est un fromage de saumure dont le côté salé tire un certain avantage du contraste avec la fraîcheur de la menthe. Réduisez la feta en purée avec de la menthe hachée, de la ciboulette ciselée et un tour de moulin de poivre noir, puis emplissez-en des aumônières de pâte phyllo que vous ferez cuire au four. Pour une note plus sucrée, il existe à Ibiza un dessert de type cheese-cake appelé *flaó*, traditionnellement composé de fromage de chèvre frais sucré avec de la menthe, de l'anis et du miel.

Fromage de chèvre & Mûre : Le banon, ou banon à la feuille, est un fromage de chèvre trempé dans de l'eau-de-vie avant d'être entouré de feuilles de châtaignier. Ainsi enveloppé, il peut être consommé après trois semaines, mais si on le laisse un peu plus longtemps, il élaborera de riches notes fruitées et boisées qui complèteront la saveur des mûres jusqu'aux petits poils émergeant entre leurs drupéoles.

Fromage de chèvre & Noix : Il existe un restaurant persan appelé Patogh, non loin d'Edgware Road à Londres, qui pourrait bien être mon préféré, tous pays confondus. On y sert des brochettes *chelow* (voir Agneau & Safran, page 64) et d'énormes pains chauds, lunaires avec leurs cratères et parsemés de graines de sésame grillées. Se promener à l'extérieur près de la porte, c'est à coup sûr subir l'attrait irrésistible des arômes des viandes qui rôtissent et du pain sortant du four. Le *paneer* est une tablette blanche de feta, lisse comme du savon blanc et souvent revouverte de noix croquantes. Il est généralement accompagné, pour compenser sa richesse, de *sabzi*, un buisson d'herbes fraîches. On y trouvera de la menthe, de l'estragon, de l'aneth, des bulbes de ciboule et, cachés parmi les feuilles, nichés comme des oisillons, de petits radis. Mis à part le contraste céleste entre le frais et le salé, la nécessité de manger avec les mains rend cette entrée très amusante et très appétissante pour un déjeuner à la maison.

Fromage de chèvre & Olive : *voir Olive & Fromage de chèvre, page 220.*

Fromage de chèvre & Pastèque : Combinaison merveilleuse en salade. La betterave est probablement une partenaire plus familière de la feta en saumure, mais la pastèque est une prétendante rafraîchissante comparée à la betterave plus terreuse et plutôt douce. C'est une rencontre courante dans les salades grecques depuis des temps immémoriaux. Gardez à l'esprit, si vous les utilisez, que le fromage salé et les olives vont tirer beaucoup de jus de la pastèque, donc ajoutez-les juste avant de servir pour éviter que tout ne soit détrempé. Vous devriez aussi essayer de découvrir combien le fromage de chèvre peut être savoureux avec (ou dans ?) de la pastèque au barbecue à Romarin & Pastèque, page 401.

Fromage de chèvre & Piment : Les Espagnols aiment à tout généreusement envelopper dans la chaleur du piment, et cette habitude s'étend jusqu'aux îles Canaries, où l'on trouve une des trois versions du fromage local appelé *majorero* qui est frotté de *pimentón* (paprika). De texture similaire au *manchego* (le fromage de brebis espagnol populaire de la région de la Manche), le *majorero* est un fromage blanc à pâte ferme fait de lait de chèvre, assez gras, de Fuerteventura. L'*arico*, de l'île voisine de Ténériffe, est frotté avec une combinaison de *pimentón* et de *gofío*, une céréale grillée, et a été déclaré champion suprême aux World Cheese Awards de 2008.

Fromage de chèvre & Poire : Le *grazalema* est un fromage de chèvre (ou de brebis) de la province ensoleillée de Cadix. Il s'agit d'un « loup déguisé en brebis », selon *The Murray's Cheese Handbook*, qui lui trouve des « notes de poire sucrée bien mûre et de nectarine qui rappellent les fruits trempés dans le chocolat ». Cela devrait suffire à vous faire acheter et le fromage et le livre. Un chardonnay blanc est le vin qu'il recommande. Vous pouvez aussi essayer un xérès ou un manzanilla.

✻ **Fromage de chèvre & Romarin :** Le fromage de chèvre et l'agneau ont tendance à partager des affinités de saveurs, dont le romarin. Le *perroche* du Herefordshire est un fromage de chèvre frais non pasteurisé légèrement citronné que l'on roule au choix dans du romarin, de l'estragon ou de l'aneth. C'est bien d'essayer les trois, mais la combinaison du romarin associé aux saveurs d'agrume légères du fromage l'emporte haut la main. Vous pouvez aussi confectionner la tarte au fromage de chèvre et au romarin suivante. Foncez un moule à tarte de 20 cm diamètre avec de la pâte brisée et faites-la cuire à blanc. Faites revenir 3 ou 4 poireaux émincés dans de l'huile d'olive jusqu'à ce qu'ils aient fondu, assaisonnez et laissez refroidir un peu avant de les répartir sur la pâte. Fouettez 75 ml de crème fleurette avec 100 g de fromage de chèvre frais sans la croûte. Lorsqu'ils sont bien mélangés, ajoutez 2 œufs battus avec un jaune supplémentaire et 1 cuillerée à café de romarin haché. Assaisonnez avant de verser sur les poireaux. Couvrez de lait (environ 100 à 150 ml) et faites cuire à four chaud (190 °C / thermostat 6-7) pendant 25 à 30 minutes.

Fromage de chèvre & Thym : *voir Thym & Fromage de chèvre, page 409.*

Fromage à croûte lavée

La technique qui consiste à laver les fromages dans la saumure et autres solutions remonte au Moyen Âge quand les moines européens ont découvert que cela stimulait le développement de bactéries rendant le fromage moins acide, avec des saveurs piquantes. S'abstenir de viande devenait ainsi beaucoup plus supportable. Dans une étude menée à l'université de Cranfield, le vieux-boulogne, lavé à la bière, a été déclaré fromage le plus puant du monde, dépassant même l'époisses, frotté au marc, qui est interdit dans les transports publics en France – selon une légende urbaine. En règle générale, les fromages à croûte lavée sont meilleurs si on les accompagne simplement de pain et de crackers. Mais ils s'accommodent aussi des ingrédients qui partagent leur piquant épicé – comme le cumin, la pomme acide et l'oignon cru – ou leur douceur terreuse – comme la pomme de terre. Ce chapitre concerne le *stinking bishop* (« évêque puant »), le munster, le pont-l'évêque, le langres, le livarot, le vacherin et le *celtic promise*.

❋ **Fromage à croûte lavée & Ail :** Le vacherin du haut Doubs, aussi appelé Mont d'Or, est un fromage (très) doux de Franche-Comté ou du canton suisse de Fribourg qui figure fréquemment sur la liste des meilleurs fromages du monde. Enlevez l'espèce de pelure fripée ressemblant à de la toile de bâche qui l'entoure et vous découvrirez un liquide de couleur ivoire, comme de la fondue, à la saveur légèrement fruitée, salée et lactée. L'odeur d'épicéa provient de la boîte dans le cas de la version du haut Doubs (toujours non pasteurisée), du côté français de la frontière. Certains le mangent directement dans la boîte avec une cuillère, mais je trouve qu'un doigt est suffisant. Chaud, c'est très bien aussi : enlevez le couvercle de la boîte, enveloppez-la dans du papier d'aluminium, piquez le dessus du fromage et insérez-y des éclats d'ail, recouvrez de 100 ml de vin blanc et passez au four (180°C / thermostat 6) pendant 20 minutes. Dégustez dans la boîte en y trempant des mouillettes de bon pain.

❋ **Fromage à croûte lavée & Anis :** Les fromages à croûte lavée comme le munster ou le *stinking bishop* sont simplement trop affirmés pour qu'on les associe à de nombreuses saveurs, mais l'anis (saveur merveilleuse et douce, chouchou du *Répertoire des saveurs*) peut relever le défi. Découpez en tranches ou moulez du fromage sur ces crackers aux graines de fenouil : tamisez 125 g de farine dans un saladier avec ½ cuillerée à café de levure chimique, ½ cuillerée à café de sel et 2 cuillerées à café de graines de fenouil. Ajoutez 25 ml d'huile d'olive et progressivement 125 ml d'eau jusqu'à ce que le mélange soit suffisamment mouillé pour former une pâte. Pétrissez pendant 5 minutes, abaissez jusqu'à 5 mm d'épaisseur et découpez les crackers avec un emporte-pièce. Vous obtiendrez environ 24 crackers de

5 cm de diamètre. Placez-les sur une plaque à four graissée, badigeonnez le dessus avec de l'eau et faites cuire pendant 25 minutes à 160 °C (thermostat 5). Utilisez de la farine complète si vous préférez. Essayez également des graines de céleri, de cumin ou de carvi.

Fromage à croûte lavée & Cumin : *voir Cumin & Fromage à croûte lavée, page 105.*

Fromage à croûte lavée & Lard : Le langres est un petit fromage salé de la région de Champagne dont le goût est souvent comparé à celui du lard. Il ressemble à une tarte onctueuse à la crème portugaise, et il est tout aussi riche. Il est percé d'un trou sur le dessus, dans lequel on peut verser du marc ou du champagne, ce qui est tout à fait sensationnel et très pratique si vous avez oublié d'emporter des verres lors d'un pique-nique. Le langres n'est pas le seul fromage possédant des qualités carnées. Certains détectent du bovin dans le puissant *taleggio* italien. Émile Zola pensait que le camembert sentait comme une venaison. Le livarot de Normandie est parfois appelé la « viande du pauvre ». Je trouve que le fromage de chèvre frais a l'odeur d'une boucherie, sans compter le côté « gras de viande » du fromage bleu dont on parle dans Fromage bleu & Bœuf, page 76. Voir aussi Pomme de terre & Fromage à croûte lavée, page 114.

Fromage à croûte lavée & Noix : La noix est la compagne appropriée de tous les fromages, et c'est l'une des rares saveurs pouvant relever le défi d'une croûte lavée caustique. Ses qualités tanniques et amères sont de nature à trancher aussi bien sur le gras étourdissant d'un fromage que sur sa douce suavité. Pains et crackers aux noix, ou noix fraîches quand c'est la saison, seront tous très bons simplement associés avec du livarot.

Fromage à croûte lavée & Poire : Le livarot est un fromage riche en matières grasses. Un peu faisandé, il est fait avec le lait bien gras des vaches de Normandie. Sa saveur a un côté épicé qui le rend délicieux avec de la poire, ce qui n'est pas étonnant compte tenu de l'abondance des vergers en Normandie. Combinez-les dans une tarte ou simplement en tranches sur une assiette avec un verre de cidre de poire crémeux, aussi connu sous le nom de poiré. Le calvados est traditionnellement préparé à partir de pommes, mais la variété domfrontaise contient au moins 30 % de poire, ce qui en fait le compagnon recommandé du livarot. À ce propos, le *stinking bishop* est lavé au poiré fabriqué à partir des poires anglaises du même nom, les *stinking bishops*.

Fromage à croûte lavée & Pomme : La pomme croquante fonctionne très bien avec le fromage à croûte lavée léger. Découpez et évidez une pomme verte (celle qu'on utilise pour les tartes) et mangez-la avec du pont-l'évêque aux saveurs de fruits et d'herbes. Le chef Pierre Gagnaire fait une chantilly de pont-l'évêque et la sert avec un sorbet à la pomme. Les fromages à croûte lavée au cœur plus consistant préféreront la pomme sous la forme du cidre ou du calvados Le *celtic promise*, par exemple, est un des nombreux fromages lavés au cidre, qui participe au développement de sa saveur, et, hormis un bon morceau de pain, un verre de cidre est le seul accompagnement dont il a besoin. J'ai été tellement emballée par le *celtic promise* que j'ai voulu en rapporter pour partager ça avec les invités de mon mariage. Ce n'est qu'après en avoir transporté un en voiture du pays de Galles jusqu'à Londres qu'il m'a paru évident qu'une douzaine d'entre eux dans une pièce surchauffée n'aurait pas rendu ce jour J mémorable de la manière dont je l'aurais souhaité.

Fromage à croûte lavée & Pomme de terre : *voir Pomme de terre & Fromage à croûte lavée, page 114.*

Fromage bleu

C'est une moisissure bleu-vert pulvérulente appelée *Penicillium roqueforti* qui donne une couleur bleu aux fromages à pâte persillée. Les saveurs dominantes des fromages bleus comportent des notes fruitées et épicées, dues à la cétone 2-heptanone, et des notes métalliques grasses et vertes, dues à la cétone 2-nonanone. Outre celles-ci, leurs saveurs sont aussi variées que leur provenance, leur mode d'affinage primaire et secondaire, ainsi que la durée et leurs conditions de stockage. Elles dépendent aussi du régime alimentaire de l'animal et du type de lait – pasteurisé ou non – utilisé. Le célèbre roquefort est vieilli dans des grottes et n'a droit à son AOC que s'il a été conservé dans les cavernes naturelles de Combalou près de Roquefort-sur-Soulzon dans l'Aveyron. Le stilton est conservé dans des caves où l'air frais peut pénétrer par de petits trous faits dans le fromage pour aider les spores de moisissures à accomplir leur travail. Une exception notable au *Penicillium roqueforti* est un fromage rare appelé bleu de Termignon, fabriqué en petites quantités dans les Alpes françaises avec du lait de vaches élevées en pâturage et qui devient persillé naturellement. Les autres fromages bleus abordés dans ce chapitre sont le gorgonzola, le *cabrales*, le *rogue river blue*, le *shepherd's purse*, le *beenleigh blue* et la fourme d'Ambert.

Fromage bleu & Ananas : Sur son blog intitulé Khymos, Martin Lersch met régulièrement à l'épreuve des recettes dans sa rubrique TGRWT (*They Go Really Well Together*, « ils vont vraiment bien ensemble »). Fromage bleu & Ananas était le sujet du TGRWT n° 10. Chose intéressante, Lersch remarque qu'il ne lui a pas été possible de retrouver le chevauchement des saveurs odorantes observées généralement dans ces deux ingrédients, ce qui est le cas avec de nombreuses associations courantes. Il a analysé dans d'autres articles les paires pomme et rose, chanterelles et abricot, parmesan et cacao, banane et persil.

✻ **Fromage bleu & Avocat :** Être privé d'avocat au lard est l'un des inconvénients du régime végétarien, mais un fromage bleu salé aux saveurs profondes peut constituer une forme de compensation. Associez-les dans un style *seventies* en remplissant la cavité des moitiés d'avocats dénoyautés avec une vinaigrette au bleu, ou étalez de la purée d'avocat au citron sur une tranche de brioche toastée et saupoudrez de fromage bleu émietté.

Fromage bleu & Bœuf : La saveur corsée d'une viande de bœuf correctement maturée est importante pour réussir son association avec un fromage bleu. Le steak au roquefort est un classique, et on trouve un plat similaire qui recourt au *queso de cabrales*, un bleu turbulent des Asturies. Le stilton est de rigueur pour les cheeseburgers destinés à réveiller les papilles endormies lors d'un brunch après une soirée bien arrosée. On ajoute parfois une poignée de fromage bleu en fin de cuisson à la carbonnade de bœuf. En se mélangeant à la sauce, il absorbe les saveurs de la viande arrosée à la bière. Les passionnés de ce couple doivent se mettre en quête du *shepherd's purse buffalo blue cheese* (la bourse du berger) fabriqué dans le nord du Yorkshire avec le lait des bufflonnes locales, dont la teneur en graisse saturée est plus élevée que celle du lait de vache. Il possède une saveur voluptueuse évoquant le gras d'un très bon rumsteck qui aurait une texture fondante. Faisant en cela d'une pierre deux coups, il convient aux végétariens.

Fromage bleu & Brocoli : Une menace ou une promesse, selon votre avis sur les saveurs piquantes. Combinez-les dans une soupe, dans des macaronis au fromage ou, pour les palais plus timides, dans une salade de brocolis hachés avec une sauce au fromage bleu doux.

Fromage bleu & Céleri : *voir Céleri & Fromage bleu, page 120.*
Fromage bleu & Champignon : *voir Champignon & Fromage bleu, page 96.*

Fromage bleu & Chou : La recette de sauce au fromage bleu donnée dans Fromage bleu & Poulet (page 78) est un régal sur la salade de chou, même si ce n'est pas le genre de plat capable de vous tirer du lit le matin. Pour cela, vous avez besoin d'un beurre *kimchi* (aliment traditionnel coréen composé de légumes fermentés) et d'un croissant au gorgonzola de la boulangerie Momofuku à New York. C'est encore meilleur avec un café.

✻ **Fromage bleu & Courge :** Les raviolis à la citrouille sont souvent servis avec une sauce au gorgonzola (voir Fromage bleu & Sauge, page 76). Cette sauce au fromage complexe et salée forme un contraste saisissant avec la douceur simplissime de la courge, surtout si vous utilisez le *gorgonzola piccante* plus fort et affirmé que les variantes plus douces appelées *dolce*. Pour varier, faites rôtir des cubes de 2 cm de courge musquée que vous empilerez sur d'épais morceaux de pain. Parsemez de gorgonzola et faites fondre sous le gril. Servez avec un verre de *Spätlese* allemand, un vin à vendange tardive contenant une assez grande quantité de sucres résiduels, qui s'accordera bien avec la courge caramélisée et contrastera agréablement avec le piquant salé du fromage.

Fromage bleu & Cresson : *voir Cresson & Fromage bleu, page 124.*

Fromage bleu & Figue : Les figues brunes bien sèches rappellent le xérès doux Pedro Ximénez, tandis que les figues d'un noir violet évoquent plus le porto, et, fort judicieusement, forment un duo céleste avec le stilton. Combinez-les dans ces baguettes que vous servirez avec un porto *tawny* (brun) frappé. Pour changer, savourez-les en début de soirée plutôt qu'à la fin du repas. Dans un robot de cuisine, confectionnez une pâte avec 125 g de farine, 225 g de stilton émietté, 50 g de beurre, une pincée de sel et 1 ou 2 cuillerées à soupe de lait froid. Étalez en un rectangle d'environ 20 cm sur 30. Avec des ciseaux, coupez environ 8 figues noires en fines lamelles à répartir sur la pâte en les pressant légèrement. Repliez la pâte sur elle-même avec les figues à l'intérieur pour obtenir un rectangle d'environ 15 cm sur 20, que vous abaisserez à 5 mm d'épaisseur à peu près. Coupez la pâte en baguettes et transférez-les sur une plaque beurrée à l'aide d'un couteau large ou d'une palette fine. Faites cuire au four à 180 °C (thermostat 6) durant environ 15 minutes. Vous pouvez également essayer la combinaison fromage bleu et figue dans une salade de feuilles robustes avec une sauce au porto. Faites réduire de moitié environ 200 ml de porto, ajoutez 1 cuillerée à café de miel et laissez refroidir. Fouettez avec 3 cuillerées à soupe d'huile d'olive vierge extra, 2 cuillerées à soupe de vinaigre balsamique, et assaisonnez.

Fromage bleu & Lard : *voir Lard & Fromage bleu, page 211.*
Fromage bleu & Myrtille : *voir Myrtille & Fromage bleu, page 430.*

Fromage bleu & Noix : Il arrive que les noix grillées produisent une saveur de fromage bleu. Prenez cela comme un indice. Des noix douces, laiteuses et amères par leur peau font des merveilles avec tous les types de fromages persillés. C'est un couple classique, surtout le roquefort émietté avec des noix dans une salade de chicorée. Pour la sauce, de l'huile d'olive vierge extra, du vinaigre de cidre et de la crème en proportion 5/3/2, sel, poivre. Passez au shaker et dégustez. Vous pouvez aussi parsemer de noix un plateau de fromages comprenant du *beenleigh blue* au lait de brebis du Devon qui, une fois affiné, a une texture de caramel mou et des veinures fortement poivrées. Ou bien encore du *queso de cabrales* des Asturies espagnoles à la force légendaire : ce fromage pourrait s'affronter aux taureaux.

Fromage bleu & Pêche : La pêche est une bonne partenaire du gorgonzola. Ils ont tous deux une qualité fruitée et crémeuse. Souvent associés dans les salades ou sur des *bruschette*, ils n'ont en fait réellement besoin que d'une assiette et d'un couteau. F. W. Burbidge, un explorateur du XIXe siècle, a décrit la saveur et l'odeur du durian, fruit asiatique, comme une « combinaison de farine de maïs, de fromage pourri, de nectarine, d'aveline écrasée, d'une touche d'ananas, d'une cuillerée de vieux xérès sec, de crème épaisse, de pulpe d'abricot et d'un soupçon d'ail, tout cela réduit et ayant la consistance d'une riche crème anglaise ». Aujourd'hui encore à Singapour, ce fruit est proscrit dans de nombreuses chambres d'hôtel en raison de son odeur insoutenable : drogues interdites, armes à feu interdites, durians interdits.

Fromage bleu & Poire : Les saveurs légères de la poire peuvent se perdre avec certains fromages persillés, mais la fourme d'Ambert se trouve à l'extrémité la moins forte dans la gamme des bleus. Elle est douce et laiteuse avec un léger parfum de moisi qui provient de son affinage en cave. Quant au vin moelleux qu'on lui a injecté, il est à peine décelable au palais. Vous pouvez aussi trouver du fromage bleu et de la poire combinés dans une salade (voir Poire & Noix, page 344) ou dans une fondue de fromage bleu servie avec des tranches de poires, de figues et du pain aux noix.

Fromage bleu & Pomélo : Moderne de façon obsolète, comme l'Aérotrain ou les voitures volantes. Combinez-les dans une salade avec de l'oignon rouge, de la betterave et une laitue croquante et amère. Marmelade de pomélos – si vous pouvez vous en procurer – et fromages persillés font des sandwichs terribles.

✻ **Fromage bleu & Poulet :** À jumeler avec des ailes de poulet Buffalo (voir Céleri & Fromage bleu, page 120), mais je pense que la richesse de cette combinaison est meilleure diluée dans une salade. Préparez une sauce au fromage bleu en mélangeant soigneusement 100 ml de mayonnaise, 150 ml de crème fraîche, 60 g de fromage bleu râpé, 1 cuillerée à soupe de jus de citron, 2 cuillerées à soupe de persil et une gousse d'ail écrasée, sans oublier d'assaisonner. Mettez à refroidir au réfrigérateur pendant que vous découpez en bâtonnets 2 branches de céleri. Détachez des feuilles de laitue romaine comme vous le feriez pour une salade cæsar. Coupez en tranches 4 blancs de poulet sans peau, roulez-les dans de la farine salée et poivrée, et faites-les frire dans un mélange d'huile d'arachide et de beurre. Lorsque le poulet est cuit et encore chaud, enrobez les morceaux d'un mélange chauffé composé de 2 cuillerées à soupe de beurre et de 4 cuillerées à soupe de sauce piquante – Heinz en commercialise une en France, mais une marque aussi épicée conviendra. Dans un grand saladier, mélangez les feuilles de laitue et le céleri dans la sauce froide et posez le poulet sur un autre plat. Servez avec un verre d'*Indian pale ale* (bière forte à fermentation haute riche en houblon) ou une bière de froment allemande, dite bière blanche.

Fromage bleu & Raisin : *voir Raisin & Fromage bleu, page 319.*

Fromage bleu & Sauge : Le salé-sucré du fromage bleu est avide d'amertume, et la sauge peut lui en fournir. Faites fondre 25 g de beurre, posez 3 larges feuilles de sauge et remuez durant 30 secondes. À feu moyen-doux, ajoutez 75 g de gorgonzola émietté et 150 ml de crème fraîche épaisse, en remuant pour que le fromage fonde. Retirez la sauge, rectifiez l'assaisonnement et servez sur des pâtes ou des gnocchis.

Fromage bleu & Truffe : Le fromage bleu et la truffe sont couramment associés dans une sauce crémeuse qu'on sert avec le filet mignon. Jenifer Harvey Lang donne une recette de feuilletés au chou farcis d'un mélange de fromage bleu, de fromage frais en barquette et de crème sur lesquels elle dépose des copeaux de truffe. Il est arrivé que la combinaison miel truffé et stilton me fasse tourner la tête. Même sans y ajouter de crème, quelque chose dans cette association me donne la sensation de porter une jupe courte avec un décolleté profond.

Fromage à pâte pressée cuite

Voici un chapitre qui couvre un large éventail, dont le cheddar, le *parmigiano reggiano*, le *manchego*, le comté, le gruyère, le *pecorino*, le *berkswell*, le *mahón* et le *lincolnshire poacher*. Les saveurs varient selon le type de lait et sa qualité, la recette de la fromagerie, la microflore et l'âge du fromage. Un bon fromager doit être en mesure de vous offrir une dégustation du même fromage à des stades différents de maturation, de sorte que vous puissiez éprouver de première main l'effet de son affinage sur sa saveur. Nombre de fromages à pâte pressée cuite sont à la fois sucrés, aigres et salés et se cristallisent en vieillissant, gagnant en umami. Cette variété de goûts, combinée à une teneur élevée en graisse, rend ces fromages intéressants aussi bien à déguster pour eux-mêmes qu'en complément d'autres ingrédients dont ils soulignent les saveurs par leur riche rondeur. Le vin rouge, l'oignon cru, le cresson et la noix s'accordent bien aux fromages à pâte pressée cuite car ils leur ajoutent une touche d'amertume équilibrante, tandis que les partenaires sucrés comme les fruits secs, l'oignon ou la tomate cuits font ressortir leur côté salé. Lorsque vous goûtez un fromage à pâte pressée cuite, soyez attentif

aux saveurs crémeuses et beurrées, fruitées (en particulier l'ananas), sulfurées (œuf dur haché) ou torréfiées, ainsi qu'à celles évoquant la noix de coco, le caramel, la viande rôtie et les fruits à coque.

Fromage à pâte pressée cuite & Abricot : *voir Abricot & Fromage à pâte pressée cuite, page 354.*

Fromage à pâte pressée cuite & Amande : Les cheddars Keen's et Montgomery contiennent tous deux des notes d'amande. Parmi les fruits à coque, on leur associe habituellement des noix, mais il n'y a pas de raison pour que les amandes ne fonctionnent pas aussi bien avec un bon cheddar aux saveurs de fruits secs qu'avec le *manchego*. Le *manchego* authentique est un fromage de brebis de la région de la Manche dans le centre de l'Espagne. Il est populaire : on en trouve partout, on en voit partout, on le sent partout. Les *manchegos* plus jeunes ont une qualité fraîche et herbacée qui évoque les pâturages de la Galice du Nord. Des spécimens plus vieux dégagent la chaude et sèche salinité des côtes d'Andalousie. Ils seront tous deux appréciés coupés en fines tranches et servis avec un bol d'amandes grillées salées. Si vous avez de la chance, ce seront des amandes espagnoles de Marcona en forme de cœurs, prisées pour leur délicieuse saveur laiteuse.

Fromage à pâte pressée cuite & Ananas : Les snobs dédaigneux ricanent devant votre bâtonnet de fromage et d'ananas, mais ces saveurs peuvent être naturellement harmonieuses. La note de caproate d'éthyle de l'ananas est présente dans certains des meilleurs fromages du monde, y compris le comté, le *lincolnshire poacher* et le parmesan. Le caproate d'éthyle, ou hexanoate d'éthyle, est également présent dans les clous de girofle, les figues et le vin.

Fromage à pâte pressée cuite & Anchois : *voir Anchois & Fromage à pâte pressée cuite, page 204.*

Fromage à pâte pressée cuite & Anis : Le *mahón*, de l'île de Minorque, est un fromage de vache pasteurisé à la saveur saline et citronnée. On le mange traditionnellement en fines tranches avec des feuilles d'estragon, de l'huile d'olive et du poivre noir. Leonie Glass (auteur de guides de voyage *Top 10*), à propos du salers – un fromage à pâte pressée mi-cuite originaire des montagnes du département du Cantal dans le sud de la France –, écrit que les vaches de cette région ont une alimentation riche en plantes aromatiques comme la réglisse, l'arnica, la gentiane et l'anémone, dont les saveurs sont perceptibles dans le lait. Servez-le avec les crackers au fenouil décrits dans Fromage à croûte lavée & Anis, page 75.

✻ **Fromage à pâte pressée cuite & Artichaut :** En Italie, on coupe de jeunes artichauts primeurs crus en très fines tranches qu'on mélange avec de l'huile d'olive, du jus de citron et de minces volutes de parmesan pour faire une salade, amère, piquante et salée à la fois. Cela fait une excellente mise en bouche. Débarrassez les artichauts de toutes leurs feuilles extérieures foncées. Étêtez de 2 à 3 cm chacun d'entre eux, coupez presque toute la tige et pelez ce qui reste avec un économe. Frottez-les avec du jus de citron, puis coupez-les en deux dans le sens de la longueur en vérifiant qu'il n'y ait pas de foin – s'il y en a, enlevez-le avec une petite cuillère. Découpez chaque moitié en fines lanières, en partant de la pointe de la feuille jusqu'à la tige. Placez les lanières au fur et à mesure dans de l'eau acidulée avec du jus de citron pour éviter qu'elles ne noircissent. Une fois que vous avez coupé toutes les têtes, faites passer l'eau citronnée, tapotez pour bien égoutter, puis mélangez avec de l'huile d'olive. Assaisonnez, puis garnissez avec de fines pelures de parmesan.

Fromage à pâte pressée cuite & Asperge : Certaines personnes attribuent aux asperges de mystérieux pouvoirs. Par ailleurs, des cuisiniers, pourtant sains d'esprit, insisteront pour qu'on les prépare dans des casseroles spéciales ou qu'on fasse tourner leurs pointes trois fois dans le sens inverse des aiguilles d'une montre, mais jamais à la lumière de la lune. Mettez ces considérations cabalistiques de côté et faites simplement rôtir les asperges au four. Servez-les avec du parmesan râpé à la saveur harmonieusement sulfurée. Assurez-vous d'éparpiller beaucoup de fromage sur les pointes pour qu'il s'immisce entre leurs bractées.

✻ **Fromage à pâte pressée cuite & Banane :** Le comté, fabriqué dans les Alpes avec du lait de vache cru, est un fromage très populaire. Jeune, il a des saveurs de noisette fraîche, d'abricot sec, de caramel mou et de lait bouilli ; très affiné, il possède, selon le Comité interprofessionnel du comté, des « saveurs riches et persistantes de noix, de noisette, de châtaigne, d'amande grillée, de beurre fondu et d'épices, adoucies par des touches de crème affinée et d'agrumes ». On peut aussi y trouver des notes de cuir, de chocolat blanc et de pruneau. Essayez une recette que recommandent les professionnels du comté. Recouvrez une tranche de pain blanc d'une banane en rondelles et d'une tranche de comté avec une pincée de piment d'Espelette (voir Poisson gras & Piment, page 198) et passez-la au gril quelques minutes jusqu'à ce que le fromage ait fondu. La banane aide à faire ressortir la multitude de saveurs du fromage alors que le piment apporte une « touche finale chaude et persistante ».

Fromage à pâte pressée cuite & Basilic : S'il existe un restaurant « culte », c'est bien La Merenda. Dominique Le Stanc, chef estampillé par le *Michelin*, œuvrait à l'hôtel Negresco sur la promenade de Nice, lorsque, tel un shérif désabusé, il rendit son étoile et s'installa dans la vieille ville pour pouvoir cuisiner dans les limites moins restreintes, créativement parlant, d'un lieu minuscule – dix tables et un rideau de perles – à peine plus grand qu'une échoppe à kebabs. Il n'y a là ni verres à pied luxueux ni arrangements de fleurs, pas d'éclairage flatteur, pas de carte des vins, pas de dossier aux chaises, pas plus que de système de réservation ou même de téléphone. Le menu, inscrit à la craie sur une ardoise à consulter sur la table ou sur les genoux, est invariablement niçois et comprend en général des tagliatelles au pistou. Le pistou est une variante du pesto, arrivé en louvoyant le long des côtes depuis sa Ligurie natale, perdant en chemin une voyelle pour en trouver une autre, comme s'il piochait dans ses souvenirs. Il se distingue principalement du pesto par l'absence de pignons de pin, et il est parfois réalisé avec de l'emmenthal à la place du parmesan. Le Stanc sert son pistou avec des pâtes fraîches aux épinards.

Fromage à pâte pressée cuite & Bœuf : Un jury de dégustation entraîné pourrait utiliser le terme « bouillon cube » pour décrire la saveur du fromage à pâte pressée cuite, ce qui signifie qu'il possède des propriétés similaires à celles d'une tablette de bouillon de bœuf concentré. Comme tous les cheeseburgers peuvent l'attester, de nombreux fromages à pâte pressée cuite s'harmonisent très bien avec le bœuf. Lorsque je me lasse d'entendre parler des merveilleux marchés de produits biologiques ou que je suis fatiguée des lamentations stupides à propos du bon vieux temps de l'agriculture de subsistance, je me plonge dans *The $100 Hamburger* de John F. Purner. Il s'agit d'un guide des cafés et des restaurants à proximité des terrains d'aviation, qui donne un avis aussi bien sur la qualité des côtelettes et des cheeseburgers que sur les pistes qui vous y emmèneront. Comme une sorte de *Terre vue du ciel* gastronomique, où la vue aérienne aurait pour sujets, par exemple, le terrain d'aviation de Kanab Muni dans l'Utah, où de très bons burgers sont disponibles au Houston Trails End Café, ou la piste herbeuse de Gaston's en Arkansas, où vous pouvez séjourner dans un chalet et manger les truites fraîches du lac. Maintenant que burgers et poissons frais ne sont plus autorisés en vol, lire ce livre, c'est comme regarder des images de fumeurs glamour dans des bars : un coup de nostalgie que nous n'attendions pas si tôt.

Fromage à pâte pressée cuite & Brocoli : Le brocoli réclame un fromage puissant, à la limite des normes européennes. Le parmesan est prêt à être consommé après avoir subi un affinage assez long de 18 mois. Si vous l'achetez frais dans une épicerie, vérifiez la date imprimée sur la meule. Les parmesans plus vieux, affinés pendant trois ou quatre ans, sont parfois appelés *stavecchio* (ou, s'ils sont encore plus vieux, *stravecchio*) et sont plus salés, plus épicés et généralement plus intenses. Vous ne pouvez pas désirer mieux sur des *cime di rapa*, ou *broccoletti*, très amères. À combiner avec des pâtes ou un risotto.

Fromage à pâte pressée cuite & Champignon : *voir Champignon & Fromage à pâte pressée cuite, page 96.*

Fromage à pâte pressée cuite & Chou-fleur : *voir Chou-fleur & Fromage à pâte pressée cuite, page 155.*

Fromage à pâte pressée cuite & Clou de girofle : Le *friese nagelkaas* est un style de gouda de Friesland en Hollande. *Nagel* signifie « clou » en référence à la forme des clous de girofle qui sont réduits en petits morceaux et ajoutés au fromage avec un peu de cumin. Si vous avez déjà goûté le chocolat Maya Gold de chez Green & Black's, c'est son équivalent en fromage. Le clou de girofle et le cumin procurent un côté épicé entêtant avec des touches de zestes d'orange et de citron qui donnent au fromage des saveurs de Noël.

Fromage à pâte pressée cuite & Figue : Le *consorzio*, ou consortium de conservation, qui contrôle la qualité du *parmigiano reggiano* recommande d'associer des figues sèches, des noisettes, des noix et du pruneau à des parmesans vieux de 24 à 28 mois. Ceux-ci ont fort probablement perdu le côté lacté de leur jeunesse et ont commencé à développer des notes de fruits frais et secs accompagnées d'une saveur de beurre fondu – d'où l'association. Le fromage vieillissant, les saveurs de fruits secs deviennent plus prononcées et on commence à détecter des notes épicées, notamment celle de la noix de muscade.

Fromage à pâte pressée cuite & Fruits de mer : *voir Fruits de mer & Fromage à pâte pressée cuite, page 178.*
Fromage à pâte pressée cuite & Genièvre : *voir Genièvre & Fromage à pâte pressée cuite, page 406.*
Fromage à pâte pressée cuite & Lard : *voir Lard & Fromage à pâte pressée cuite, page 210.*
Fromage à pâte pressée cuite & Noix : *voir Noix & Fromage à pâte pressée cuite, page 299.*
Fromage à pâte pressée cuite & Noix de muscade : *voir Noix de muscade & Fromage à pâte pressée cuite, page 281.*

Fromage à pâte pressée cuite & Oignon : La première chips mise sur le marché en Angleterre et en Irlande était au fromage et à l'oignon. Mais il existe d'innombrables variations sur ce thème. On associe le nauséabond *Limburger* allemand à de l'oignon cru, du pain de seigle et de la moutarde accompagné de bière brune forte. Au pays de Galles, dans le comté de Glamorgan, c'est avec du poireau et du *caerphilly*, un fromage blanchâtre, acide et salé, qu'on fabrique des saucisses végétariennes recouvertes de chapelure et d'herbes. La soupe à l'oignon traditionnelle française est gratinée au gruyère, ce qui donne une agréable vibration fruitée à la riche saveur d'oignon et il est presque impossible de la manger sans avoir des bras extensibles à l'infini. Une tarte aux oignons rouges comprend souvent un atoll de fromage de chèvre alors que le *berkswell*, un fromage de brebis à pâte pressée cuite des Midlands de l'Ouest, en Angleterre, fait d'une pierre deux coups en ayant lui-même une forte pointe d'oignon caramélisé.

Fromage à pâte pressée cuite & Orange : *voir Orange & Fromage à pâte pressée cuite, page 371.*

✻ **Fromage à pâte pressée cuite & Panais :** Le panais a un sérieux appétit pour tous les aliments salés qui mettent sa douceur en valeur. L'association avec du parmesan est assez prisée – en général, des panais blanchis passés dans de la farine et du parmesan râpé avant d'être rôtis. Vous pouvez aussi faire une crème au parmesan que vous servirez comme garniture d'une soupe aux panais en mélangeant 1 cuillerée à soupe de parmesan râpé et 2 cuillerées à soupe de ciboulette ciselée à 4 cuillérées de crème épaisse fouettée. Mark Bittman donne une recette de gnocchis aux panais qu'il recommande de servir avec du parmesan, du beurre et de la sauge.

Fromage à pâte pressée cuite & Piment : À la base, le *pecorino* italien est déjà assez épicé, mais si vous l'aimez vraiment fort, vous devrez en acheter *con peperoncino* – moucheté de petits morceaux de piment rouge séché pas trop fort. Aux États-Unis, le *jalapeño jack* est fabriqué sur le même principe et il peut être utilisé dans une espèce de fondue dans laquelle on trempe des tortillas, c'est-à-dire des *nachos* en morceaux. La saveur du maïs est particulièrement harmonieuse avec le fromage à pâte pressée cuite et le piment. À ce titre, essayez de mélanger du pop-corn frais avec de la poudre de piment, du paprika, du beurre fondu, du parmesan râpé et du sel. Voir aussi Courge & Piment, page 292.

Fromage à pâte pressée cuite & Poire : *voir Poire & Fromage à pâte pressée cuite, page 343.*
Fromage à pâte pressée cuite & Pois : *voir Pois & Fromage à pâte pressée cuite, page 255.*
Fromage à pâte pressée cuite & Poisson blanc : *voir Poisson blanc & Fromage à pâte pressée cuite, page 183.*
Fromage à pâte pressée cuite & Pomme : *voir Pomme & Fromage à pâte pressée cuite, page 338.*

Fromage à pâte pressée cuite & Pomme de terre : Il était une fois une pomme de terre cuite qui avait une bonne odeur de malt, mais comme elle avait encore sa vêture de peau rugueuse et un chapeau cabossé en paille de cheddar, elle était consommée dans l'arrière-cuisine. Tout le monde voyait sa bonté et sa beauté, mais elle n'était jamais invitée au bal. Un soir que la pomme de terre était seule, une bonne fée apparut et proposa à ce pauvre tubercule calleux et boueux d'exaucer un vœu. La pomme de terre déclara qu'elle souhaitait plus que tout être débarrassée de ses habits grossiers, afin de pouvoir, lisse et soyeuse, devenir présentable pour les gens qui dînaient dans les meilleurs restaurants de France et de Navarre. La fée agita sa baguette. La pomme de terre tomba dans un profond sommeil et, en un clin d'un de ses nombreux yeux, se réveilla dans un restaurant appelé L'Ambassade d'Auvergne, en plein cœur de Paris, transformée en la plus satinée purée que les clients eussent jamais vue. On l'appela aligot – une purée de pommes de terre mélangée avec du riche fromage de laguiole, de l'ail, de la crème et du beurre jusqu'à ce qu'elle devienne élastique au point de pouvoir être étirée à une hauteur de plus d'un mètre sans se rompre. La nuit suivante, la fée apparut de nouveau et demanda à la pomme de terre quel était son prochain souhait. Cette dernière, que la soirée précédente avait laissée nauséeuse, désira quelque chose de confortable, mais sophistiqué. Un coup de baguette magique, et elle se retrouva au chaud, couchée en tranches avec du gruyère et ses vieux amis, crème et ail, dans un gratin dauphinois. La pomme de terre appréciait de ne plus porter sa vilaine robe, mais n'avait pas trop confiance dans l'ail et la crème, trop malicieux. Lorsque le troisième soir la fée revint et lui demanda quel était son dernier vœu, la pomme de terre déclara qu'elle était un peu fatiguée. — Que diriez-vous de vous baigner dans une raclette collante et fruitée, suggéra la fée, accompagnée peut-être d'un troupeau de cornichons ? — En fait, répondit la pomme de terre, ce que j'aimerais le mieux, c'est rester ce soir à la maison, avec une bouteille de bière et du cheddar, tant qu'il vient de Keen ou de Westcombe (les deux AOC les plus fameuses), car, voyez-vous, si j'ai appris une chose, c'est que je suis trop bonne fille pour les gras compagnons avec lesquels j'ai passé mes deux dernières soirées. — C'est parler sagement, acquiesça la fée, et elle disparut dans un nuage de fumée.

Fromage à pâte pressée cuite & Poulet : *voir Poulet & Fromage à pâte pressée cuite, page 36.*

Fromage à pâte pressée cuite & Raisin : Le raisin a une saveur fruitée générique et c'est donc une valeur sûre sur un plateau de fromages. Il m'est difficile de dire si c'est à défaut de raisin frais qu'on a associé le *wensleydale* acidulé et légèrement citronné avec une tranche de cake aux fruits, mais ils forment un couple bien assorti. Blanc ou bleu, le *wensleydale* est un fromage produit dans la ville de Hawes dans le Wensleydale, Yorkshire du Nord, en Angleterre ; sa saveur suggère le miel sauvage avec une légère acidité. Il va sans dire que l'affinité entre le fromage et le raisin est évidente dans de nombreuses associations fromage/vin. « Achetez-le avec des crackers, vendez-le avec du fromage », disent les négociants en vin : les crackers nettoient le palais de l'acheteur malin alors que le fromage enrobe les papilles de matières grasses et de protéines qui atténuent les qualités tanniques et râpeuses d'un vin.

Fromage à pâte pressée cuite & Sauge : Le *derby* est un fromage de vache à pâte pressée, moins dur et aux saveurs plus délicates que le cheddar.

Le *derby* à la sauge est une variante aromatisée. Évitez les pavés vert criard qu'on trouve sur les présentoirs des épiceries et optez plutôt pour le fromage de qualité fabriqué par Fowlers Forest Dairy, à Earlswood, dans le Derbyshire, un comté des Midlands de l'Est en Angleterre, qui parsème le centre de ses *derby* de feuilles de sauge émincées. Coupez-le en fines tranches avec du jambon cru dans un sandwich, ou utilisez-le fondu sur du pain grillé avec un œuf à cheval. Si vous ne trouvez pas de fromage à la sauge de qualité, vous pouvez toujours combiner un fromage à pâte pressée cuite assez fort avec de la sauge dans des scones que vous mangerez encore chauds avec du beurre.

✻ **Fromage à pâte pressée cuite & Tomate :** Que tomates et fromage puissent transformer une mince tranche de pain croustillant ou un plat de pâtes en quelque chose de transcendant témoigne de la richesse « umamiesque » de cette combinaison, même si, comme tout Italien vous le dira, les ingrédients doivent être bons pour que la magie opère. Beaucoup de gens ont des préventions contre le fait d'utiliser un fromage de grande qualité en cuisine, préférant le réserver pour le plateau de fin de repas. On a tendance à appliquer la même règle pour les vins. Pourtant, des vins et des fromages inférieurs, utilisés en cuisine, seront tout aussi médiocres dans un plat qu'ils le seraient dans un verre. J'utilise un côte-du-rhône décent pour ce plat copieux que j'appelle un *lincolnshire poacher's pot* (la gamelle du braconnier du Lincolnshire, un comté dans l'est de l'Angleterre). Imaginez une ratatouille qui se serait rendue à une soirée « vins et fromages » et en reviendrait complètement ivre, en ayant perdu en chemin ses aubergines et ses courgettes. Faites fondre un oignon haché dans de l'huile durant 5 minutes à feu moyen, ajoutez une gousse d'ail et un poivron rouge ou vert (qui apporte une fraîcheur plaisante), la première hachée finement et le second grossièrement. Versez une boîte de tomates de bonne qualité et brisez-les avec une cuillère. Ajoutez 1 cuillerée à café d'un mélange d'herbes séchées, 100 ml de bon vin rouge, 2 cuillerées à soupe d'eau, une pincée de sucre et quelques épices. Portez à ébullition et laissez mijoter durant 20 à 30 minutes. Goûtez et rectifiez l'assaisonnement si nécessaire. Avant de servir, coupez 150 à 200 g de *lincolnshire poacher* en dés de 1 cm, ajoutez-les dans la casserole et incorporez-les sur le feu, en leur donnant 1 ou 2 minutes pour se réchauffer. Versez dans 2 bols en terre cuite. Mangez avant que le fromage n'ait entièrement fondu, avec – c'est indispensable – du pain croustillant.

Fromage à pâte molle

La plupart des fromages à pâte molle couverts par ce chapitre sont consommés jeunes et conservent les saveurs des produits laitiers frais – la pureté laiteuse de la mozzarella et du *cottage cheese*, par exemple, ou l'onctuosité légèrement plus riche du brillat-savarin ou du brocciu corse. Les fromages à croûte fleurie comme le brie ou le camembert ont un goût beurré quand ils sont jeunes, mais deviennent plus piquants, terreux et végétaux à mesure qu'ils s'affinent, évoquant plus la ferme que la laiterie. Alors que les fromages à pâte molle jeunes et frais s'accordent bien aux saveurs salées et fruitées (notamment les baies), les plus âgés sont particulièrement harmonieux avec d'autres ingrédients terreux comme les champignons, dont la truffe.

Fromage à pâte molle & Ail : Il y a pire, quand le choix est limité, que d'attraper un Boursin à l'ail et aux herbes, une baguette et une bouteille de beaujolais comme dans la pub : *du pain, du vin, du Boursin.* Lancé par François Boursin dans les années 1950, le produit a été inspiré par la tradition ancestrale de servir le fromage frais avec un mélange maison d'herbes fraîches. Au moment où j'écris, il est toujours fabriqué avec le lait et la crème des vaches normandes conformément au processus de fabrication original. Après en avoir présenté étalé sur une tranche de baguette à mon mari, il a eu un haussement d'épaules franchement gaulois. « Ça a le même goût que le pain à l'ail. » En effet, et ce n'est pas un mal.

Fromage à pâte molle & Anchois : Nigella Lawson décrit un sandwich de *cottage chees*e sur du pain blanc, sans beurre, « mais avec des anchois ; la salinité, l'invasif caractère agressif et indélicat de ces poissons à bas prix à la saveur de fer-blanc corrodé m'a fait sentir, après l'avoir terminé, que *quelque chose* avait été effectivement consommé ». À Naples, *la mozzarella in carrozza* se compose de mozzarella et d'anchois entre deux tranches de pain blanc trempées dans de la farine et de l'œuf, puis frites. Quelques filets d'anchois roses de bonne qualité et une boule de mozzarella peuvent suffire à un déjeuner sur le pouce. Si vous vous en préparez pour un repas solitaire, je pense que vous pouvez vous autoriser la boule tout entière. Pas par gourmandise, mais pour le plaisir de la prendre dans votre main et de mordre dedans comme dans une pomme juteuse. J'aime cette résistance initiale, suivie de cet abandon absolu. Bardez-la avec des tranches d'anchois.

Fromage à pâte molle & Aubergine : *voir Aubergine & Fromage à pâte molle, page 102.*
Fromage à pâte molle & Avocat : *voir Avocat & Fromage à pâte molle, page 251.*

Fromage à pâte molle & Basilic : *voir Basilic & Fromage à pâte molle, page 271.*
Fromage à pâte molle & Cannelle : *voir Cannelle & Fromage à pâte molle, page 276.*
Fromage à pâte molle & Câpre : *voir Câpre & Fromage à pâte molle, page 128.*

Fromage à pâte molle & Cassis : L'amertume acérée du cassis compense l'onctuosité mielleuse du cheese-cake. Si vous n'avez pas le temps d'en faire un vous-même, ou si vous ne voulez pas encombrer votre frigo, étalez du fromage blanc crémeux sur un biscuit Digestive et coiffez le tout d'un peu de confiture de cassis. Ne soyez pas mesquin avec le fromage : il faut que vous sentiez vos dents s'enfoncer dedans.

Fromage à pâte molle & Caviar : *voir Caviar & Fromage à pâte molle, page 192.*

Fromage à pâte molle & Céleri : Le céleri est fort probablement moins prisé qu'au XIXe siècle où on le présentait à table dans un verre spécial ou dans des vases en argent, mais il a une qualité amère et rafraîchissante, avec une touche d'anis, qui lui vaut bien sa place sur un plateau de fromages. Contrairement aux apparences, le céleri a des saveurs communes avec la noix, une autre association classique avec le fromage (voir Noix & Céleri, page 298). Dans son livre *Œufs*, le chef Michel Roux donne une recette de crème glacée au camembert qu'il sert avec des feuilles de céleri tendre, de petits radis et des biscuits pour le fromage.

Fromage à pâte molle & Champignon : Déguster un camembert bien fait à température ambiante, c'est comme être assis sur une botte de paille fraîchement coupée à côté d'un panier de champignons qu'on vient de ramasser, tout en mangeant un œuf au plat truffé. Le *Penicillium camembertii* qui lui donne sa croûte blanche à la peau de bébé est également responsable de sa note caractéristique de champignon. Tirez profit de cette harmonie de saveurs en enlevant le « couvercle » de croûte d'un camembert ou d'un brie, sur lequel vous éparpillerez des champignons des bois à peine cuits avant de le mettre au four pour que le fromage fonde un peu avant de servir.

✻ **Fromage à pâte molle & Figue :** En Syrie, où les figues sont abondantes, on les mange fraîches au petit-déjeuner avec du fromage d'un blanc éblouissant. On peut aussi en faire de la compote en plaçant 500 g de figues fraîches aditionnées de 200 g de sucre dans 750 ml d'eau. Portez à ébullition et laissez mijoter doucement jusqu'à ce que le mélange devienne épais, en vous assurant qu'il n'attache pas au fond. Laissez refroidir et conservez au réfrigérateur dans un pot à couvercle. Cette compote se conserve une semaine. Utilisez la même préparation, mais avec un peu de vanille ou du zeste d'orange et du Cointreau, pour la servir avec des cœurs à la crème. Mixez 300 g de *cottage cheese*, 200 g de fromage blanc et 250 g de crème fraîche épaisse jusqu'à obtenir un mélange bien lisse, puis répartissez dans 4 moules à fromage en forme de cœurs et laissez égoutter toute une nuit. Si vous n'avez pas ce type de moule, utilisez des pots de fleurs – ceux avec un trou au fond – doublés de mousseline. Vous pouvez ajouter quelques cuillerées à soupe de sucre glace si vous préférez vos cœurs sucrés, mais un peu d'acidité formera un contraste bienvenu avec les figues en compote sirupeuse. Voir aussi Figue & Anis, page 425.

Fromage à pâte molle & Fraise : *voir Fraise & Fromage à pâte molle, page 331.*

* **Fromage à pâte molle & Noix :** Les noix de l'année sont les meilleures en automne, ce qui en fait le moment idéal pour préparer du *leben*, une espèce de fromage mi-frais mi-liquide dont le goût lacté acidulé rend la noix très sucrée. Chemisez une passoire (ou un grand chinois) avec de la mousseline de coton propre et humide. Placez-la au dessus d'une casserole ou d'un saladier suffisamment profond pour que le liquide puisse s'écouler sous la passoire. Mélangez 1 cuillerée à café de sel dans 1 litre de yaourt nature et versez dans la passoire chemisée. Laissez égoutter à température ambiante pendant environ 8 heures. Servez avec de l'huile de noix, des noix hachées, et, pourquoi pas, un peu de miel liquide. Dégustez avec du pain brun encore chaud. En Syrie et au Liban, on mange le *leben* au petit-déjeuner avec des noix et quelques figues séchées.

Fromage à pâte molle & Poisson fumé : En Amérique du Nord, les termes de *smoked salmon* et de *lox* sont devenus interchangeables, bien que strictement parlant le *lox* ne soit pas fumé, mais conservé en saumure, ce qui lui permettait de supporter son long voyage vers le marché. Lorsque les immigrants russes et est-européens sont arrivés en Amérique à la fin du XIXe siècle, ils ont découvert que le saumon, un produit de luxe dans leur patrie d'origine, était abondant et à des prix très abordables dans leur nouveau pays, et ils ont commencé à en consommer en quantité. Le fromage frais à la crème, qui a commencé à être commercialisé à grande échelle à la même époque, avait de son côté un goût similaire à celui des produits laitiers dont ils étaient familiers sur le Vieux Continent, et comme il adoucissait l'extrême salinité du *lox*, cette combinaison est vite devenue un classique de la cuisine juive nord-américaine. Certaines épiceries fines creusent l'intérieur de la moitié inférieure des bagels pour qu'ils puissent accueillir une épaisseur de fromage plus satisfaisante. Voir aussi Oignon & Poisson fumé, page 140.

Fromage à pâte molle & Poivron : Il est difficile, en Corse, de faire un repas sans brocciu, un fromage de brebis local similaire à la ricotta, contenant parfois du lait de chèvre. Le brocciu est servi au petit-déjeuner avec des fruits et de la confiture, au déjeuner avec de la charcuterie, et dans des cannellonis au dîner. Vous verrez des chèvres et des moutons traîner dans les virages en épingle à cheveux du réseau routier côtier – à couper le souffle – de la Corse (il est tout à possible d'ailleurs que cela soit la dernière chose que vous verrez). Nous nous sommes arrêtés à Calvi pour acheter un pique-nique de plage pour une promenade le long du chemin de la côte. Nous avions fait des provisions de charcuterie, de pain et de tomates quand le propriétaire du magasin a insisté pour que nous essayions aussi les poivrons rouges miniatures farcis au brocciu. Quelques heures plus tard, nous grimpions sur des rochers à la recherche d'un coin pour déjeuner. Comme nous déballions notre pique-nique, nous fûmes rejoints par une guêpe, par une deuxième, puis par neuf autres, jusqu'à ce que notre paradis en plein air commence à ressembler à un film d'horreur de série B. Comme je portai un poivron farci à mes lèvres, une guêpe décida de faire du ski dans le fromage, et d'un geste énervé de la main pour l'écarter, je projetai au loin dans mon mouvement un morceau de jambon cru. Une guêpe fonça dessus, rapidement rejointe par les autres. Mon ingéniosité accidentelle nous permit de pique-niquer en paix. Ce qui laisse la question ouverte : les guêpes sont-elle particulièrement friandes de jambon cru, ou en ont-elles ras les mandibules du brocciu ? Quant à moi, je me suis ralliée à sa douceur laiteuse que contrebalançait, en la complétant, la légère saveur fumée des poivrons.

❊ **Fromage à pâte molle & Pomme :** Manger du brie ou du camembert jeune coupé en morceaux assez fins avec des tranches de pommes de la même épaisseur, c'est comme consommer des pommes avec de la crème ou des tranches de beurre. Si vous avez acheté le fromage en boîte, vous pouvez aussi enlever le papier ciré, remettre le fromage dans sa boîte, piquer le dessus avant de le recouvrir de calvados et de le passer au four pendant 20 minutes à 200 °C (thermostat 6-7). Servez avec des tranches de pomme. Ceux qui aiment bien le sucre préféreront probablement recouvrir un camembert entier passé au four d'une fine pluie de caramel pour le saupoudrer ensuite de noix et l'accompagner de tranches de pomme acidulée. Avec l'âge, ce fromage prend une saveur de chou cuit qui fonctionne très bien avec ce fruit.

Fromage à pâte molle & Raisin : L'association du raisin et du brie jeune aux allures de beurre reçoit l'un des plus hauts hommages culinaires de la cuisine britannique : elle en fait des sandwichs. Plus fort que le brie, le fromage appelé arôme-au-gêne-de-marc tient son nom de son milieu de fermentation : il est mis à tremper dans du marc de raisin pendant un mois avec les pépins, la peau et les tiges du raisin une fois pressé. Ces fromages lyonnais étant vendus encore tachetés de ces débris, on dirait qu'on les a fait rouler dans un sentier automnal sur le chemin du marché.

Fromage à pâte molle & Tomate : La mozzarella est généralement associée à la tomate dans une salade ou sur une pizza. Vos meilleures tomates les plus mûres seront mises en valeur avec de la véritable *mozzarella di buffala*, au lait de bufflonne, ou, mieux encore, avec de la *burrata*. Imaginez une mozzarella en forme de bourse à lacet, remplie d'un mélange de crème épaisse et de chutes de mozzarella. Plantez-y un couteau et son centre se répand tel un lent grognement de plaisir. La fraîcheur lactée se mêle au jus sucré-salé de la tomate pour faire une sauce de salade inoubliable. Mettez-la en valeur avec de l'huile d'olive vierge extra, du basilic frais, du sel et du poivre. La *burrata* est originaire de la région des Pouilles, le talon aiguille de l'Italie.

❊ **Fromage à pâte molle & Truffe :** Le parfum des truffes est souvent comparé à l'ail et au fromage. Inversement, on dit souvent des fromages comme le brie de Meaux et le saint-marcellin qu'ils évoquent la truffe. Prenez un bon brie que vous couperez en deux pour obtenir deux galettes. Recouvrez la partie inférieure avec de fines tranches de truffe, puis replacez la partie supérieure. Enveloppez le tout dans du film étirable et conservez-le ainsi au frigo pendant 24 heures avant de le servir à température ambiante. On peut acheter du brie aux truffes déjà préparé, tout comme le moelleux brillat-savarin à la triple crème.

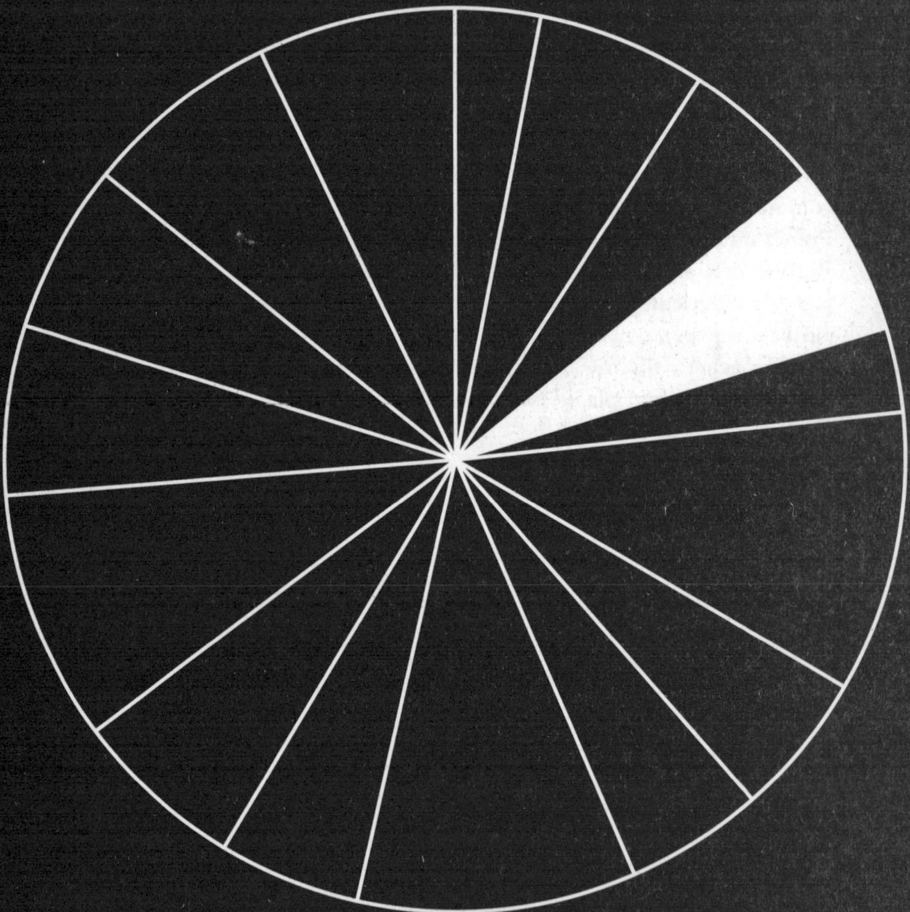

TERREUSE

Champignon

Aubergine

Cumin

Betterave

Pomme de terre

Céleri

Champignon

Cette section traite, entre autres, des champignons de Paris, des morilles, des cèpes et des girolles, mais non des truffes, qui ont leur propre chapitre (voir page 146). Tous contiennent un composé identifiant de saveur (ou marqueur chimique) appelé 1-octène-3-one. La texture des champignons varie beaucoup, ce qui a plus d'incidence sur leur mode de cuisson que sur leur saveur. Il existe des champignons au goût d'amande, de crustacé, de viande, d'anis, d'ail, de carotte ou encore de chair en décomposition. Ils préfèrent en général les partenaires avec des saveurs similaires, surtout celles qui renforcent la leur comme l'ail, le lard ou le parmesan.

Champignon & Abricot : On associe les champignons et les abricots dans certaines farces pour les venaisons, le lièvre ou la caille. On peut aussi en ajouter au bœuf ou à l'agneau dans une tourte imposante qui fera plier les pieds de la table dans les banquets. La combinaison rappellera aux amateurs de champignons l'arôme en abricot légendaire des chanterelles (aussi appelées girolles) que seuls les initiés peuvent apparemment flairer. Les chanterelles sont très appréciées des chefs pour leur saveur poivrée et fruitée qui ne se dégage que lorsqu'elles sont fraîches, car les chanterelles ne survivent pas vraiment à leur *décès-chement*.

Champignon & Ail : Même les champignons les plus fades peuvent acquérir la même intensité que leurs cousins sauvages des bois ou des champs sous l'influence de l'ail. En cela, l'ail et le champignon *shiitake* jouissent d'une relation très spéciale. Le *shiitake* contient un composé appelé lenthionine, chimiquement comparable aux sulfures que l'on trouve dans les *Allium* tels que l'ail et l'oignon, et tout comme eux, il est prisé pour ses propriétés d'exhausteur de saveurs. La teneur en lenthionine augmente avec le séchage et la réhydratation. Vous n'obtiendrez pas le même résultat en utilisant des *shiitake* frais, mais vous pouvez insérer des éclats d'ail entre leurs lamelles, les recouvrir d'un filet d'huile d'olive, de sel et de poivre avant de les faire griller ou sauter.

Champignon & Aneth : En Russie, le cèpe de Bordeaux est appelé le tsar des champignons. Associez-le à l'aneth aux senteurs de pin et vous obtiendrez un plat qui vous donnera des envies de forêts sibériennes. Les champignons émincés sont mijotés avec de l'aneth, du sel et du poivre mélangés avec du beurre et de la crème aigre pour farcir des petits pâtés en croûte d'Europe de l'Est appelés *pirozhki* ou *pierogi*. On les cuisine aussi à la manière de Champignon & Anis, page 95, servis avec du riz ou des pommes de terre à l'eau accompagnés d'un verre de vodka bien fraîche. D'après David Thompson, on associe l'aneth à des champignons dans certains currys du nord-est de la Thaïlande, près de la frontière du Laos où l'aneth est l'ingrédient roi.

❋ **Champignon & Anis :** L'estragon apporte à tous les types de champignons une note bienvenue de fraîcheur herbacée et d'anis, et partage avec eux son amour de la crème. La crème aigre s'accorde particulièrement bien avec l'estragon et les champignons dans un plat de style stroganov. Dans une grande poêle, faites frire à feu moyen de l'ail dans un mélange de beurre et l'huile et ajoutez les champignons (hachés si nécessaire) quand l'ail commence à se colorer. Assaisonnez, et avant que tout le jus des champignons ne se soit évaporé, versez un peu de cognac. Quand la réduction est terminée, retirez du feu et incorporez l'estragon haché et juste assez de crème aigre pour former une sauce. Réchauffez doucement et servez avec du riz blanc. Le *Pleurotus euosmus* est un proche parent du simple pleurote en huître *(Pleurotus ostreatus)*, mais identifiable par sa forte odeur d'estragon. On retrouve également une note d'anis dans l'arôme de l'agaric des jachères *(Agaricus arvensis)*, parfois appelé « boule de neige », quand il est jeune et non ouvert.

Champignon & Asperge : *voir Asperge & Champignon, page 164.*
Champignon & Bœuf : *voir Bœuf & Champignon, page 54.*

❋ **Champignon & Châtaigne :** Le *shiitake* japonais tire son nom des mots *shii*, une espèce de châtaigner, et *take* qui signifie « champignon ». L'association des champignons et des châtaignes est fréquente, d'autant plus qu'ils sont fréquemment en symbiose dans la nature, les champignons poussant souvent sous les châtaigniers. Dans le nord de l'Italie, on trouve des tagliatelles faites avec de la farine de châtaigne, à servir avec des cèpes séchés, doux et terreux. Au Royaume-Uni, champignons et châtaignes sont cuisinés ensemble, dans le style bourguignon, avec des échalotes, du lard et du vin rouge, et servis en croûte, contenant parfois de la graisse de rognons. L'auteur de livres de cuisine Richard Mabey combine cèpes et châtaignes dans une soupe, qui peut être confectionnée avec des produits frais, mais il soutient que les châtaignes sous vide précuites sont excellentes. Laissez ces dernières durant 40 minutes dans une quantité d'eau frémissante nécessaire pour les couvrir. Pendant ce temps, réhydratez 30 g de cèpes séchés en les couvrant d'une eau très chaude pendant 30 minutes. Faites cuire un oignon coupé en dés et 4 tranches de lard hachées dans du beurre (un peu plus que la quantité raisonnable). Ajoutez aux châtaignes cuites, avec les champignons et leur eau de trempage. Laissez mijoter durant 15 minutes, puis réduisez en purée. Réchauffez et assaisonnez, ajoutez un filet de jus de citron et un bon verre de xérès avant de servir. Mettez un peu de rouge sur vos joues, un peu de poudre de cacao sous vos ongles, et vous pourrez prétendre que vous avez couru la campagne pour dénicher les ingrédients de ce plat.

Champignon & Courge : Champignon vénéneux et citrouille, une combinaison de conte de fées. La citrouille et le potiron ont beau être sucrés, ils ont un côté terreux qui les rend tout à fait compatibles avec les champignons des bois. Les chanterelles, dont la note légèrement fruitée de courge est facilement perceptible, forment avec la courge un partenariat idéal. Philip Howard, chef au restaurant The Square à Londres, sert de la purée de potiron, des chanterelles, du poireau et de la truffe noire avec des coquilles Saint-Jacques (il prépare également un plat de langoustines avec de la purée de potiron, des rondelles de trompette de la mort ou une purée de champignons des champs et des gnocchis au parmesan, accompagnés d'une émulsion aux pommes de terre et aux truffes). Au Kitchen W8, l'autre restaurant plus modeste que codirige Howard, on propose une combinaison plus simple de courge musquée et de chanterelles dans un risotto au vin rouge, coiffé d'un œuf poché mollet.

Champignon & Fromage à pâte molle : *voir Fromage à pâte molle & Champignon, page 88.*

❋ **Champignon & Fromage à pâte pressée cuite :** Les espèces de champignons que nous mangeons habituellement ne contiennent pas de sel, c'est pourquoi nous devons en ajouter ou bien les associer à des ingrédients salés pour prendre conscience de toute leur saveur. C'est le parmesan qui apporte la teneur en sel à un risotto, à des pâtes ou à des *bruschette* aux champignons. Le gruyère est aussi délicieux avec des champignons sur du pain grillé. Combinez du *pecorino romano* avec des champignons finement émincés et vous avez le début d'une sauce type pesto. Mettez quelques champignons dans un robot de cuisine avec du *pecorino* râpé, des noix grillées, de l'ail, du persil (ou du basilic, ou les deux) et de l'huile d'olive – tous de très bons partis pour les champignons. Hachez par à-coups jusqu'à ce que vous obteniez la texture désirée et accordiez les saveurs à votre goût. Génial sur des pâtes, c'est clair, mais également étalé sur de la baguette pour faire un sandwich à la viande froide ou au saucisson.

Champignon & Fromage bleu : Ce sont les moisissures qui rendent les fromages bleus. Il n'est donc pas surprenant que certains d'entre eux évoquent – dans le cas du gorgonzola, c'est un vrai discours – le champignon avec lequel ils partagent d'importants composés de saveurs. La polenta avec du gorgonzola et des cèpes de Bordeaux est un plat populaire dans la région du Trentin en Italie. On peut aussi mélanger du fromage bleu à des champignons sauvages dans un risotto juste avant de servir. Vous ferez également une très bonne soupe avec des poireaux, des champignons et du fromage bleu.

❋ **Champignon & Fromage de chèvre :** Un jeune *Agaricus bisporus* est blanc et son chapeau n'est pas ouvert, le faisant ressembler à un bouton de porte.

C'est la version la plus connue du champignon de Paris (qui est en fait originaire de Saumur) que la nomenclature européenne impose désormais de nommer champignon de couche pour éviter des conflits sur l'origine régionale du produit. Plus âgés, ils s'ouvrent largement et deviennent bruns. Au Royaume-Uni, jusque dans les années 1980, ils étaient considérés comme invendables et on les donnait aux travailleurs agricoles du secteur au titre d'avantage non financier. Puis on s'est avisé que leur goût prononcé pourrait, après tout, être négociable, surtout si on les gratifiait d'un nom italien de fantaisie. Ouverts et d'un brun pâle, ils sont vendus sous le nom de *chestnut mushroom* (champignon châtaigne), de *crimini* ou de *baby bellas*. Six ou sept jours plus tard, quand leur chapeau est pleinement déployé et qu'ils affichent leurs lamelles d'un noir d'encre, ils deviennent des *portabellas*. Le *portabella* doit son succès en partie à sa forme et à sa taille qui en font un hamburger végétarien instantané. Sa rusticité s'accorde bien avec le fromage de chèvre, qui apporte au couple un goût acidulé tout à fait bienvenu. On commence à commercialiser en France cette variété géante sous ce nom de fantaisie, mais si vous n'en trouvez pas, souvenez-vous qu'il ne s'agit que champignons de Paris qu'on a laissés s'ouvrir largement avant de les mettre en vente. Placez 6 *portabellas*, chapeaux retournés, sur une plaque huilée. Les lamelles noires ressemblent à des disques 45 tours alignés dans un juke-box ; vous pouvez les gratter, mais laissez le pied. Écrasez 250 g de fromage de chèvre avec 1 cuillerée à soupe d'huile d'olive et une poignée de persil haché. Salez et poivrez généreusement. Farcissez les chapeaux de ce mélange, en prenant soin de ne pas trop les remplir, car ils vont rétrécir un peu durant la cuisson. Enfournez à 200 °C (thermostat 6-7) durant 15 minutes, puis servez saupoudré de persil haché.

Champignon & Fruits de mer : La douceur tendre des noix de saint-jacques ou des pétoncles forme un beau contraste avec la profonde intensité terreuse des champignons cuits : cèpes chics ou même humbles champignons de Paris rôtis lorsqu'ils sont bruns et ouverts. En Thaïlande, les crevettes sont associées à des champignons de couche de taille identique, aux saveurs de fruits à coque, dans la soupe *tom yang gung* au lait de coco et à la citronnelle. Dans les raviolis frits japonais, les *gyoza*, crevettes et *shiitake* produisent une double décharge d'umami. Moules et champignons – et même parfois des huîtres – sont combinés dans la sauce normande qui accommode le poisson, surtout la sole. À l'automne, les gourmands peuvent se régaler de palourdes et de chanterelles réunies par leur amour commun de l'ail, du vin et du persil. Les fruits de mer sont également une saveur identifiée dans la *Russula xerampelina*, un champignon des forêts de conifères du nord de l'Europe et du continent nord-américain appelé en France la russule feuille-morte, mais que les Anglais désignent sous les noms de *shrimp mushroom* (champignon crevette) ou *crab brittlegill*. Certains disent qu'il donne aux plats une saveur de coquillage ou de crabe.

Champignon & Huître : *voir Huître & Champignon, page 188.*

Champignon & Lard : Les morilles séchées ont une saveur de fumée et de viande évoquant subtilement le lard. Leur saveur complexe (et leur prix) donne du poids à l'argument selon lequel elles doivent être le centre du plat. Néanmoins, comme tous les champignons, elles sont rehaussées par le parfum du lard, dont la graisse salée s'infiltre dans leurs alvéoles et leurs fissures. Le chapeau des morilles ressemble à un petit bonnet tricoté avec de grosses aiguilles après trop de verres de vin de panais. Au XIXe siècle, un plat « à la forestière » signifiait qu'il comportait une garniture de morilles et de lardons ; aujourd'hui, cela veut dire le plus souvent qu'il contient des champignons de Paris. Non pas, d'ailleurs, que les champignons de Paris et les lardons ne soient pas délicieux dans une omelette ou une crêpe, ou encore enfermés dans une tourte à double croûte, lorsque le roux aux champignons s'est figé en un flan « umamiesque ». Une ancienne recette mérite d'être relancée, la croûte baron. C'est un savoureux mélange de champignons grillés et de lard sur un toast, recouvert de moelle de bœuf et de chapelure, auquel on donne ensuite un second passage éclair sous le gril, puis que l'on saupoudre de persil. Vous pouvez utiliser un peu d'huile d'olive ou de beurre clarifié lorsque vous ne disposez pas de moelle.

Champignon & Menthe : En Toscane, les cèpes sont souvent vendus – et servis – avec de la *nepitella*, ou *Calamintha nepetha*. Cette herbe a un goût boisé comparable à la menthe, qui peut lui être substituée. Peut-être en avez-vous dans votre jardin, car c'est un arbuste décoratif très apprécié. Essayez-la hachée et parsemée sur des cèpes frais émincés, avec des éclats de *pecorino* et votre meilleure huile d'olive.

Champignon & Myrtille : *voir Myrtille & Champignon, page 430.*

Champignon & Noix : Les deux sont sylvestres. Les champignons tendent vers une humidité lourde et boisée, celle qu'on respire avec délectation lors d'une promenade en forêt à l'automne ; les noix évoquent, elles, le doux parfum sec et chaud des planches de bois dans un magasin de bricolage. Les champignons cuits dans l'huile de noix sont caractéristiques de la cuisine française du Sud-Ouest, tandis que, dans de nombreuses parties de l'Europe et l'Amérique du Nord, champignons et noix sont souvent jumelés dans les sauces, les soupes et les salades. Les champignons de Paris crus, encore fermés ou déjà ouverts, possèdent une saveur subtile et forment un beau contraste de texture avec les noix grillées. Servez-les aussi avec une sauce de salade à base d'huile de noix et de vinaigre de xérès ; vous pouvez envisager d'y ajouter du fromage de chèvre ou bleu. Les mousserons poussent souvent en cercles, que l'on appelait autrefois ronds de sorcière, mais les propriétaires de pelouse les nomment aussi herpès du gazon, car ils sont presque impossibles à éradiquer. Plus positivement, les mousserons sont délicieux cuits, avec des saveurs légères d'anis et d'amande. Séchés, ils acquièrent un petit caractère de fruit à coque que certaines personnes comparent à la noix, conseillant alors de les essayer dans des cookies.

Champignon & Œuf : La vesse-de-loup géante, *Calvatia gigantea*, a une saveur de champignon bien particulière. Si vous aimez les beignets, essayez de tremper des tranches aussi épaisses qu'une touche de piano de cette vesse-de-loup géante dans de l'œuf et de la chapelure avant de les faire frire. Le plat chinois *mu shu* est un peu plus élaboré : inspirée par le tapis des forêts, la galette qui lui sert de base est recouverte d'un mélange sauté de boutons d'hémérocalles et d'oreilles de Judas à la saveur délicate et parsemée de petites « fleurs » d'œufs brouillés. On y ajoute (parfois) des lanières de porc. Voir aussi Asperge & Champignon, page 164.

✻ **Champignon & Oignon :** Chaleureuse, douce et accueillante comme une paire de pantoufles doublées de mouton, la duxelles n'est pas, comme son nom pourrait le laisser entendre, une espèce de champignon, mais une préparation à base de champignons et d'échalotes (ou d'oignons) finement hachés qui a été lentement sautée au beurre. Essayez une proportion de 1 à 7 entre le poids des échalotes et celui des champignons. Dans votre plus grande poêle, faites ramollir les échalotes à feu doux, sans les laisser se colorer, puis ajoutez les champignons et poursuivez la cuisson jusqu'à ce que tout leur jus se soit évaporé et que le mélange soit sombre et mou. La duxelles peut être utilisée comme sauce – par exemple pour le poisson ou le poulet – ou comme farce (certains l'incluent dans le bœuf Wellington), dans les œufs brouillés ou en omelette, ou tout simplement sur du pain grillé. En démarrant la recette de la même façon, vous pouvez faire une sauce de salade à base de champignons et d'échalotes en interrompant la cuisson plus tôt (au moment où le jus des champignons est réduit à presque rien) par un déglaçage au vinaigre de vin rouge. Transférez dans un saladier, laissez refroidir, puis fouettez avec de l'huile d'olive. Merveilleux avec des artichauts.

Champignon & Persil : Le persil prête une belle note herbacée aux riches et terreux champignons d'automne frits dans l'huile d'olive ou le beurre, avec peut-être un peu d'ail. Respirez cet arôme de gazon humide et vous pourrez presque croire que vous êtes, aux premières lueurs de l'aube, en train de vous promener dans l'herbe couverte de rosée, un panier accroché à l'avant-bras.

Champignon & Poisson blanc : Le chef italien Giorgio Locatelli combine le turbot (ou la barbue) avec des cèpes, même s'il dit que l'idée ferait « se retourner [s]on grand-père dans sa tombe ». D'après lui, le persil sert de pont entre les deux ingrédients. L'expert en champignons John Wright décrit le cèpe comme une riche corne d'abondance qui en fait l'« heureux compagnon » du poisson, et particulièrement du poisson blanc. Le *shimeji* asiatique est fréquemment utilisé avec du poisson : il a une saveur de fruits à coque, certains disent même de fruits de mer, et conserve sa texture croquante une fois cuit. Deux bonnes raisons pour dépoussiérer votre recette de sole bonne femme – de la sole avec une sauce au vin blanc, au beurre et aux champignons.

Champignon & Poisson gras : L'odeur de sol forestier moisi des champignons est particulièrement adaptée aux saveurs terreuses des poissons gras d'eau douce. Une chapelure de *shiitake* finement hachés fait ressortir le meilleur d'un filet de saumon. Le saumon est également jumelé au champignon haché (avec du riz) dans le koulibiac, un feuilleté français qui descend du *kulebjaka*, une tarte russe réalisée avec une pâte levée (mais qui ne contient pas toujours du poisson ou des champignons). Antonio Carluccio estime que les chanterelles sont particulièrement bonnes avec le rouget. Il fait mariner les filets de poisson dans de l'huile d'olive, du jus de citron vert et les assaisonne avant de les faire cuire, côté peau en premier. Si vous souhaitez essayer à la maison, servez les champignons à côté, en les préparant selon la recette donnée dans Champignon & Anis, page 95, mais en utilisant des échalotes et du persil à la place de l'ail et de l'estragon. Je sers les filets de maquereau de la même façon, sauf que je ne mets pas de crème et arrose poisson et champignons d'un bref trait de jus de citron.

Champignon & Pomme de terre : *voir Pomme de terre & Champignon, page 113.*

Champignon & Porc : Le *Boletus edulis* est connu en Italie sous le nom de *porcini* qui signifie « petits cochons » – probablement à cause de l'apparence grossière de son pied qui ressemble (sans en avoir la consistance) à de la peau de porc aux poils hérissés. Appelés cèpes de Bordeaux en français, les *porcini* partagent aussi avec le porc la réputation de devoir être cuits longuement : si vous les mangez crus, ils pourraient vous donner des maux d'estomac. Mais leur saveur est fantastique, non seulement elle survit au séchage, mais nombreux sont ceux qui pensent qu'il l'améliore. C'est le champignon idéal des citadins lève-tard à qui il suffit de traîner leurs pantoufles jusqu'au frigo pour attraper un sac en papier sulfurisé de saucisses de porc aux cèpes. Vous pouvez aussi acheter ces champignons en poudre ou en bouillon cube, bien pratiques pour faire une sauce au porc et aux cèpes pour les pâtes ou un bouillon aromatique pour les nouilles.

Champignon & Poulet : *voir Poulet & Champignon, page 35.*
Champignon & Romarin : *voir Romarin & Champignon, page 399.*

Champignon & Thym : Bien que les champignons se sentent comme chez eux en compagnie des herbes fraîches tels l'estragon et le persil, leurs véritables âmes sœurs sont les herbes ligneuses et boisées. La nature fumée du thym, avec ses notes de pin, rencontre harmonieusement l'épaisse saveur terreuse des champignons, surtout lorsqu'ils sont séchés. Combinez-les dans un risotto ou un riche ragoût de haricots blancs, ou bien encore tout simplement sur du pain grillé.

Champignon & Tomate : Tomates et champignons garnissent les steaks des *steakhouses* (restaurants spécialisés dans la viande de bœuf) et, à côté des saucisses, du bacon et des œufs, font partie du petit-déjeuner anglais complet. Ils sont séparés sur l'assiette comme filles et garçons à leur première boum. De fait, il ne s'agit pas d'un partenariat si facile, mais ils peuvent s'entendre dans les sauces pour les pâtes ou le poisson. Le Moti Mahal, un restaurant indien de Londres, sert un *shorba* de champignons avec du pain tandoori et un chutney de tomates.

Champignon & Truffe : Cousins incestueux. Les truffes ne sont pas des champignons au sens strict, mais appartiennent au même règne, celui des *Fungi*. Une huile, une purée ou un beurre aux truffes sont souvent utilisés pour mettre en valeur la saveur d'un plat aux champignons : à la façon d'un soutien-gorge à balconnet culinaire, l'idée est de donner au *Fungi* plus ordinaire le même décolleté érotique et outrancier que celui de la truffe. Ça marche, mais c'est un peu gros. Il est tout de même plus classe de les utiliser ensemble, mais de les distinguer, comme chez Carlos dans l'Illinois où on sert une soupe aux champignons recouverte d'une mousse de truffe et saupoudrée de cèpes en poudre, à la manière d'un cappuccino.

Aubergine

Crues, les aubergines ont le goût fade d'une pomme douce ; cuites, elles deviennent très savoureuses. Frire les aubergines leur confère une onctuosité merveilleuse qui est particulièrement agréable parsemée de douces et chaudes épices. En compote ou rôties, elles acquièrent une qualité musquée et champignonesque qui s'accorde bien aux ingrédients salés. À défaut de pouvoir en prendre subrepticement une petite bouchée, le meilleur moyen de s'assurer qu'une aubergine aura la saveur et la texture requises est de vérifier sa consistance. Idéalement, une aubergine doit être ferme et brillante comme la peau d'un dauphin. De même, elle doit couiner quand on la pince.

Aubergine & Agneau : *voir Agneau & Aubergine, page 62.*

Aubergine & Ail : Nous sommes tous soit des radiateurs, soit des bouches d'aération. Les radiateurs sont sociables, expansifs et participatifs ; les bouches d'aération aspirent l'énergie à l'extérieur de la pièce. Les couples sont souvent composés d'un de chaque. Votre empressement à voir *x*, le radiateur, est modéré par votre crainte de vous retrouver à côté de *y*, la bouche d'aération. Dans le couple présent, l'ail est le radiateur. Il est l'extraverti qui captive. L'aubergine est la bouche d'aération : imprévisible, souvent amère et demandant beaucoup d'attention (ou une quantité malsaine de lubrifiant) pour l'amadouer et qu'elle devienne d'humeur sociable. Conjugués, ils font du *baba ghanoush* – un mélange de chair d'aubergines rôties ou grillées et d'ail cru, avec du *tahini*, de l'huile d'olive, du jus de citron et du persil.

Aubergine & Fromage à pâte molle : Selon Elizabeth David, l'aubergine et le fromage ne forment pas une combinaison vraiment idéale. Si vous avez déjà drapé une douce étole d'aubergines grillées autour des épaules tremblantes d'une délicate mozzarella, vous avez le droit d'avoir un avis différent. Voir aussi Tomate & Aubergine, page 325.

✻ **Aubergine & Gingembre :** Les aubergines japonaises sont plus douces que la variété ordinaire – est-ce possible ? –, ont la peau plus fine et valent la peine de partir à leur recherche. Si vous n'en trouvez pas, il n'y a aucune raison de ne pas faire subir le traitement japonais à des aubergines ordinaires. Elles adorent éponger la saveur du miso, ou encore le bouillon au gingembre et soja qui suit. Coupez quelques aubergines en morceaux faciles à manger, saupoudrez-les de sel et mettez-les de côté pendant 20 à 30 minutes. Rincez, pressez légèrement et évacuez l'excédent d'eau en tapotant. Faites-les frire dans de l'huile d'arachide jusqu'à ce qu'elles blondissent et ajoutez alors 1 cuillerée à soupe de gingembre frais râpé, 2 cuillerées à soupe de sauce de soja, 1 cuillerée à soupe de sucre et assez d'eau pour les recouvrir. Laissez mijoter pendant 20 à 30 minutes, sous une feuille de papier d'aluminium ou de papier sulfurisé à même le mélange (et non pas sur le dessus de la sauteuse). Garnissez avec des fanes d'oignons nouveaux ou de ciboule, finement tranchées, et/ou une pluie de graines de sésame.

Aubergine & Jambon cru : *voir Jambon cru & Aubergine, page 215.*
Aubergine & Noix : *voir Noix & Aubergine, page 297.*

Aubergine & Noix de muscade : De la noix de muscade fraîchement râpée vaudra un « oooooh ! » à vos aubergines. Il devrait y avoir une chaîne mondiale de restauration rapide qui vendrait des cornets en papier de tranches d'aubergines frites à la muscade. (Oh-bergine™. Ça, y est, je suis riche !) Evelyn Rose écrit que si vous faites frire l'aubergine dans un grand bain d'huile, elles absorbent beaucoup moins de gras que lorsqu'elle est frite dans peu d'huile parce que la surface devient comme « scellée ». Si toutefois vous utilisez peu d'huile, vous pouvez d'abord saler les tranches d'aubergines pour les faire dégorger, les rendant ainsi moins perméables à la graisse. Dans un cas comme dans l'autre, ne soyez pas tenté d'utiliser de la noix de muscade déjà moulue – elle doit être râpée au dernier moment, à volonté.

Aubergine & Piment : Il existe au Sichuan un plat délicat appelé aubergines au fumet de poisson, qui est bien plus agréable qu'il ne le laisse entendre. Le fumet dont il est question ici ne renvoie pas au poisson lui-même – la recette n'en contient pas –, mais à l'assaisonnement, qui est plus souvent utilisé pour le poisson dans la cuisine du Sichuan. Toutes les versions ne prévoient pas du porc, mais celle-ci, oui. Coupez en quatre, dans le sens de la longueur, 700 g de petites aubergines. Faites chauffer dans un wok 450 ml d'huile et faites frire, par petits lots, les quartiers d'aubergines jusqu'à ce qu'ils soient tendres et dorés, puis mettez-les à égoutter sur du papier absorbant. Ne conservez que quelques cuillerées à soupe de l'huile et lorsque le wok est de nouveau bien chaud, diluez 1 à 2 cuillerées à soupe de pâte de piment du Sichuan. Ajoutez 2 cuillerées à soupe de gingembre frais et d'ail finement hachés, 450 g de porc émincé et 3 cuillerées à soupe de ciboule en rondelle. Faites sauter durant 30 secondes, remuez, puis versez 3 cuillerées à soupe de vin de riz (ou de xérès), 3 cuillerées à soupe de vinaigre de riz noir (ou balsamique bon marché), 2 cuillerées à soupe de sucre, 1 cuillerée à soupe de grains de poivre du Sichuan, grillés et écrasés, et 2 cuillerées à café de piment rouge en poudre. Cuisez à feu vif durant 2 minutes, versez 125 ml de bouillon de poulet et laissez mijoter 3 minutes. Ajoutez enfin les aubergines et laissez encore 3 minutes sur le feu. Si vous ne supportez pas de faire frire à cœur les aubergines, faites-les frire plus superficiellement. Vous n'obtiendrez pas la même texture, mais cette sauce est si bonne que je suis tentée de dire que cela importe peu.

Aubergine & Poivron : Bien que les plats turcs à base d'aubergine soient nombreux, le plus populaire reste le *patlican biber*, si bien qu'en début de soirée l'odeur des aubergines et des poivrons verts en train de frire dans l'huile d'olive emplit, en largeur et en longueur, l'air de tout le pays. Une fois qu'ils ont refroidi, ils sont servis avec deux sauces simples, l'une de tomates à l'ail, l'autre au yaourt brassé avec du sel et encore plus d'ail. Voir aussi Ail & Thym, page 145.

Aubergine & Tomate : *voir Tomate & Aubergine, page 325.*

Cumin

Contrairement aux graines d'anis ou de coriandre, celles de cumin sont dures et peu agréables à grignoter lorsqu'elles sortent du pot, sèches, avec une senteur boisée légèrement moisie. Si vous plongez votre nez dans le bocal, vous retrouverez peut-être cette note d'armoire d'occasion qu'a le curry en poudre que vous avez rapporté de vacances. Heureusement, tous ces arômes sont transformés par la cuisson. Grillées et broyées, les graines de cumin libèrent des notes citronnées et de fruits à coque ; frites dans l'huile, elles confèrent à des plats comme le *dhal* un mordant piquant et vivifiant.

❋ **Cumin & Abricot :** Il y a tellement d'ingrédients dans un tajine que, même s'il est parfumé au cumin et regorge d'abricots dodus, vous ne serez probablement pas en mesure de remarquer la façon dont les notes ensoleillées – florales et boisées – de l'abricot résistent à l'âpreté piquante, terreuse et poussiéreuse du cumin. Leur réciprocité est plus évidente dans cette recette arménienne de soupe d'abricots de David Ansel. Les abricots sont originaires d'Arménie, où les soupes de fruits (surtout à la cerise) sont courantes. Coupez en dés un oignon et quelques carottes, faites-les revenir dans l'huile d'olive pendant 10 minutes, puis ajoutez 2 cuillerées à café de cumin moulu. Baissez le feu et laissez suer durant 10 minutes. Ajoutez 250 g de lentilles rouges et la quantité d'eau suffisante (soit 1,2 litre au total) pour les recouvrir. Portez à ébullition et laissez cuire durant 20 minutes, en ajoutant de l'eau si nécessaire lorsque les lentilles gonflent. Retirez du feu et incorporez 150 g d'abricots secs hachés, un peu de sel et le reste de l'eau. Réduisez en purée. Le cumin est également excellent avec un abricot en conserve à manger avec du camembert.

Cumin & Agneau : *voir Agneau & Cumin, page 63.*

Cumin & Betterave : Mis à part la saveur terreuse qu'ils partagent, le cumin et la betterave ne peuvent pas être plus différents. La douceur de la betterave s'anime sous les effets citriques et enfumés du cumin. Ils font une soupe complexe, à aiguiser avec un tourbillon de crème fraîche ou de crème aigre. Ou faites-leur faire le grand plongeon en les combinant avec des pois chiches.

Cumin & Carotte : *voir Carotte & Cumin, page 289.*

❋ **Cumin & Chou-fleur :** Rôtis ensemble, le cumin et le chou-fleur prennent une douceur de fruits à coque sans perdre leur caractère de base. Découpez un chou-fleur en petites fleurettes et passez-les dans l'huile avant de secouer au-dessus 1 cuillérée à soupe de cumin moulu. Faites rôtir pendant environ 30 minutes (180 °C / thermostat 6) jusqu'à ce qu'elles soient tendres, en mélangeant une ou deux fois. Saupoudrez de sel et servez chaud. Certaines personnes blanchissent ou cuisent les fleurettes à la vapeur au préalable, mais ce n'est pas nécessaire. Elles sont encore plus irrésistibles lorsqu'elles sont légèrement carbonisées sur les bords. Je suis tombée sur cette combinaison la première fois à Amsterdam, enroulée dans un falafel, et c'était si intrigant qu'il a fallu que je le déplie pour découvrir l'identité de cet ingrédient mystère.

Cumin & Citron : Le citral, un composé clé dans la saveur du citron, est souvent utilisé dans les produits ménagers, d'entretien ou cirants. La saveur du cumin est souvent comparée à des chaussettes sales. Mais ne vous laissez pas décourager. Afin de réaliser une belle marinade pour 2 filets de poisson ou 2 côtelettes d'agneau, mélangez le zeste d'un citron à ½ cuillerée à café de cumin moulu et 2 cuillerées à soupe d'huile d'olive. Confectionnez aussi ce glorieux *dhal*. Faites tremper 250 g de *chana dhal* (légumineuses indiennes apparentées aux lentilles) dans de l'eau pendant 2 heures, égouttez-les et versez-les dans une casserole avec 500 ml d'eau froide. Portez à ébullition en écumant et ajoutez 1 cuillerée à soupe de gingembre frais haché, ¼ de cuillerée à café de curcuma et du piment selon votre goût. Laissez mijoter en partie à couvert durant environ 45 minutes, en remuant de temps en temps. Versez un peu d'eau bouillante si le mélange se dessèche trop. Lorsque le *dhal* est presque cuit, chauffez de l'huile d'arachide dans une poêle et faites dorer un oignon émincé, puis, vers la fin, ajoutez 2 cuillerées à café de graines de cumin et 1 de *garam masala* (mélange d'épices torréfiées et réduites en poudre originaire du nord de l'Inde). Incorporez ce mélange au *dhal* avec le zeste d' ½ citron et 1 à 2 cuillerées à soupe de son jus.

Cumin & Citron vert : *voir Citron vert & Cumin, page 378.*

Cumin & Concombre : Dans *Taste*, Sybil Kapoor écrit que le cumin est très bon combiné avec d'autres ingrédients amers comme le concombre, l'aubergine et le chou-fleur, car il fait paradoxalement ressortir la douceur naturelle du second ingrédient par l'approfondissement de son amertume. La façon évidente d'associer ces deux-là est l'utilisation du cumin pour épicer une *raïta*, ou soupe de concombre, à base de yaourt. Mais pour quelque chose d'un peu différent, voir Cacahuète & Concombre, page 28.

Cumin & Feuilles de coriandre : *voir Feuilles de coriandre & Cumin, page 246.*

Cumin & Fromage à croûte lavée : Les graines de cumin font habituellement bonne équipe avec le munster. Si habituellement, en fait, que vous pouvez acheter du munster déjà incrusté ou criblé de graines. Dans certaines boulangeries françaises, on fabrique même spécialement du pain au cumin pour l'accompagner. Dans son pays natal, l'Alsace, le munster est servi avec des pommes de terre à l'eau et un tas de graines de cumin rôties, un trio très macho racheté par la présence délicatement féminine du vin blanc (local), le gewurztraminer. Essayez aussi d'autres fromages à croûte lavée avec le cumin. Chez Galvin at Windows à Londres, on sert du *stinking bishop* avec une salade de pommes de terre jersey royal et une tuile au cumin. Ou bien suivez la recette des crackers dans Fromage à croûte lavée & Anis, page 73, en utilisant la même quantité de graines de cumin à la place du fenouil.

Cumin & Fruits de mer : *voir Fruits de mer & Cumin, page 177.*

Cumin & Graines de coriandre : Il y a plus de chances pour qu'on les trouve ensemble que séparés dans la cuisine indienne, moyen-orientale ou d'Afrique du Nord. En Inde, ils sont même vendus conjointement, moulus ou entiers. Au Maroc, ils sont parfois ajoutés à de la harissa pour renforcer son côté aromatique, ou bien saupoudrés sur des pois chiches frits à grande huile que l'on vend dans des cônes sur le trottoir. En Égypte, le cumin et les graines de coriandre sont mélangés à des graines de sésame, des noisettes émincées, du sel et du poivre pour faire le célèbre *dukkah*, que l'on mange avec de l'huile d'olive et du pain. Glynn Christian, auteur gastronomique, écrit que cette affinité s'explique par la saveur d'orange de la graine de coriandre et la pointe de citron du cumin. Je pense qu'ils sont aussi, d'une certaine façon (profitable), opposés : la coriandre est vive et parfumée alors que le cumin est sombre et bourru.

Cumin & Mangue : *voir Mangue & Cumin, page 363.*

Cumin & Menthe : Inhalez du cumin et de la menthe séchée et vous êtes au Caire. Utilisez-les ensemble pour des brochettes d'agneau ou des hamburgers. Ils sont également délicieux avec les fèves et les fromages piquants à croûte lavée. En Inde, un lassi (boisson traditionnelle à base de yaourt) peut être aromatisé avec quelques pincées de chaque et un peu de sel.

Cumin & Œuf : *voir Œuf & Cumin, page 168.*

❋ **Cumin & Poisson gras :** Le cumin fait bien la paire avec le thon parce qu'il est suffisamment puissant pour affronter un poisson gras plutôt riche sans l'envahir. Frottez des filets de thon avec de l'huile d'olive, saupoudrez-les généreusement de cumin moulu, de sel et de poivre, puis faites-les frire rapidement (environ 1 minute de chaque côté pour des steaks de thon de 1 cm d'épaisseur). Laissez-les de côté pendant quelques minutes, puis coupez-les en bandes. Empilez-les dans des tortillas de maïs chaudes ou des tacos avec beaucoup de salade verte (ou de chou) découpée et assaisonnée au citron vert, de la mangue acidulée ou de la sauce tomate. Garnissez avec un peu de coriandre.

Cumin & Pomme de terre : Le cumin délivre des notes de moisi et partage la qualité terreuse de la pomme de terre. Combinez-les et vous obtiendrez peut-être quelque chose qui vous rappellera une balade pénible autour d'un château en ruine un dimanche après-midi pluvieux – bien qu'ils n'aient rien de déprimant dans le *jeera aloo*, un plat de pommes de terre indien. Une fois cuits, la pomme de terre et le cumin prennent une douceur nouvelle et le cumin devient un poil plus aromatique. Faites cuire des pommes de terre à l'eau jusqu'à ce qu'elles soient tendres, égouttez-les et coupez-les en deux ou en quatre. Faites-les revenir dans de l'huile avec du cumin et du sel jusqu'à ce qu'elles soient dorées. Garnissez avec des feuilles de coriandre fraîche hachées.

Cumin & Porc : *voir Porc & Cumin, page 43.*

Betterave

Un légume un peu improbable : dense, franchement sucré, qui a besoin de cuire deux heures, avec plus qu'un soupçon de cabane de jardin dans sa saveur et la sale manie de saigner partout et sur tout. Jusqu'à présent, ni la variété jaune ni la psychédélique betterave de Chioggia – blanche veinée de rose – n'ont menacé la suprématie de la betterave traditionnelle, cramoisie comme les joues d'une poupée russe. Le secret du succès de la betterave provient de son étrange combinaison de saveurs de sucre et de terre, qui renforce les ingrédients principalement aigres ou salés, voire les deux, tel le fromage de chèvre. La saveur de la betterave réside également dans ses feuilles, qui peuvent être utilisées crues en salade ou cuites comme les épinards.

Betterave & Anchois : La betterave, sucrée, est toujours heureuse de rencontrer des ingrédients salés comme le fromage de chèvre, les câpres et les anchois piquants. Dans le sud de la France, on sert les betteraves coupées en dés et mélangées avec beaucoup d'anchois, d'ail et d'huile d'olive. Dans l'*Uhlemann's Chef's Companion* – ouvrage publié en 1953 par Karl Uhlemann, un chef ayant officié dans de nombreux restaurants à travers le monde –, il est noté que la salade « à la Dumas » (de betteraves rouges, d'anchois, de petites écrevisses et de laitue) est célèbre parmi les gourmets, et qu'elle est souvent nommée (à tort ou à raison) d'après l'écrivain qui l'aurait inventée.

Betterave & Aneth : Le gastronome italien Pellegrino Artusi, qui vécut au XIXe siècle, soulignait que même si les Florentins utilisaient beaucoup d'herbes aromatiques dans leur cuisine, il leur manquait pourtant une astuce pour cuisiner l'aneth, particulièrement l'aneth mélangé à la betterave. Il avait essayé l'association dans la Romagne de l'époque où la betterave et l'aneth étaient vendus ensemble sur le marché. Traditionnellement, ces ingrédients caractérisent plutôt la cuisine du nord et de l'est de l'Europe. L'aneth est souvent utilisé pour parfumer le bortsch et on ne peut pas s'en passer dans la soupe de betteraves froide de Lituanie appelée *saltibarsciai*. Fouettez un peu d'eau avec un produit laitier aigre (du kéfir, du babeurre ou de la crème aigre) pour le rendre un peu plus liquide. Ajoutez alors beaucoup de concombre râpé, de la betterave cuite râpée, des œufs durs hachés, de l'aneth et de la ciboulette. Mettez au frais avant de servir avec des pommes de terre froides cuites à l'eau et un peu plus d'aneth.

Betterave & Chocolat : Il existe une recette de gâteau populaire, ou du moins répandue, qui associe chocolat et betterave. Ses défenseurs pouvaient toujours affirmer combien cette combinaison était succulente et riche en chocolat, je n'y croyais pas, et après avoir essayé, je n'y crois toujours pas. La carotte fonctionne très bien dans les gâteaux parce qu'elle est sucrée, fleurie et épicée et que les morceaux râpés lui donnent une texture grossière qui s'effrite facilement. Dans le gâteau chocolat-betterave, le cacao submerge presque complètement le parfum de la betterave, ne laissant percevoir qu'une pointe de saveur de terre, ce qui donne au résultat un goût de gâteau au chocolat bon marché qu'on aurait laissé tomber dans un parterre de fleurs. La pâte crue du gâteau était si mauvaise que personne n'a voulu racler le saladier. Affaire classée, dans ma cuisine en tout cas.

Betterave & Cresson : La Terre et le Fer. Comme un roman de Zola qui finirait bien. L'amour de la rustique betterave aux joues rouges pour le cresson au franc-parler est récompensé. Mélangez une belle quantité de cresson finement haché avec de la crème aigre et utilisez comme sauce pour des betteraves cuites. Servez avec du poisson gras, du foie ou un steak saignant.

Betterave & Cumin : *voir Cumin & Betterave, page 104.*
Betterave & Foie : *voir Foie & Betterave, page 50.*

Betterave & Fromage de chèvre : Un fromage de chèvre vif et piquant est un parfait complément à la douceur sucrée de la betterave. Cette association a été très en vogue cette dernière décennie, comme les poivrons rouges grillés furent inséparables des tomates dans les années 1990. Soufflé au fromage de chèvre avec glace à la betterave. Tarte au raifort et à la betterave avec une meringue de fromage de chèvre. *Panna cotta* au fromage de chèvre et au caviar de betterave. Bichonnez-les comme vous voulez, pour moi ils sont parfaits mélangés avec des haricots verts tièdes et quelques cerneaux de noix concassés. Ce risotto est bon aussi, même s'il est un peu rose. Faites fondre un petit oignon finement haché dans de l'huile d'olive, puis ajoutez 150 g de riz spécial pour risotto, en remuant jusqu'à ce que chaque grain soit enrobé d'huile. Versez 30 cl de vin blanc et laissez cuire jusqu'à évaporation. Ajoutez 250 g de betterave coupée en petits dés ou râpée, puis versez, louche à louche, 75 cl de bouillon de légumes, en remuant constamment, jusqu'à ce que le riz soit cuit à votre goût. Assaisonnez et ajoutez quelques cuillerées à soupe de parmesan râpé. Répartissez dans 2 assiettes sur lesquelles vous disperserez du fromage de chèvre coupé en dés de 1 cm. Garnissez de feuilles de persil, si vous en avez.

Betterave & Noix : *voir Noix & Betterave, page 298.*
Betterave & Noix de coco : *voir Noix de coco & Betterave, page 359.*
Betterave & Œuf : *voir Œuf & Betterave, page 166.*
Betterave & Oignon : *voir Oignon & Betterave, page 137.*
Betterave & Orange : *voir Orange & Betterave, page 369.*

Betterave & Poisson gras : Dans les pays scandinaves et baltiques, la betterave est communément associée avec du poisson salé, le hareng tout particulièrement. On mélange le poisson et la betterave avec de l'oignon, de la pomme de terre, de la pomme et on assaisonne avec du vinaigre ou parfois une mayonnaise bien moutardée. Ce plat s'appelle *sillsallaten* en Suède et *rosolje* en Estonie. Sur l'île danoise de Bornholm, on mange du hareng salé frit sur du pain de seigle avec de la betterave et de la moutarde forte. Certains producteurs (comme H. Forman & Son) vendent même du saumon fumé à la betterave.

Betterave & Pomme : *voir Pomme & Betterave, page 337.*
Betterave & Pomme de terre : *voir Pomme de terre & Betterave, page 111.*

✳ **Betterave & Porc :** Une recette pour *barszcz* (c'est-à-dire bortsch) en 1818 dans *La Cuisinière de la campagne et de la ville, ou Nouvelle cuisine économique* de Louis-Eustache Audot. « Mettez à la marmite 8 livres de bœuf, 2 livres de côtes de porc fumé, 1 demi-livre de jambon, une trentaine de morilles, oignons, poireaux. Vous y versez une quantité de jus de betterave. Quand tout cela sera cuit, passez le bouillon et y ajoutez un lièvre, une poule et un canard cuits à la broche, afin de donner bon goût et belle couleur, et encore une quantité de jus de betterave. Faites bouillir un quart d'heure, passez de nouveau le bouillon, ajoutez quelques blancs d'œufs battus avec un peu d'eau, faites jeter un bouillon pour pouvoir tirer à clair, passez encore ; coupez les viandes bouillies et servez-les avec le bouillon garnies de morilles, oignons, des tranches de betteraves entremêlées avec du céleri et des branches de persil, le tout cuit à l'avance, du fenouil, saucissons grillés et boulettes de godiveau. » Je vous suggère de réaliser cette recette en chantant

Le vieux Louis a fait du borscht sur l'air de *La Ferme à Mathurin* (version française d'*Old MacDonald Had a Farm*). Par ailleurs, Audot poursuit en donnant la recette du jus de betterave, qui, dans le bortsch, est souvent préparé séparément de la viande afin de lui conserver sa vibrante couleur pourpre. La fin se montre un peu moins rigide : « Bien entendu que l'on peut faire ce potage avec beaucoup moins de viande, et il sera toujours *barszcz* s'il est fait avec le jus de betterave », ce qui tend à démontrer qu'il faut toujours lire une recette en biais avant de se lancer dans sa préparation. Voir aussi Oignon & Betterave, page 137.

Betterave & Raifort : *voir Raifort & Betterave, page 130.*

Pomme de terre

Les pommes de terre sont sucrées et légèrement amères (si l'amertume est prononcée, et leur peau verte, elles sont juste bonnes pour le bac à compost). Les bonnes pommes de terre sont caractérisées par des combinaisons de saveurs de beurre, de crème, de fruits à coque et de terre. Après cuisson, la peau des vieilles pommes de terre peut avoir le caractère malté et poussiéreux du cacao. Les cuisiniers ont tendance à répartir les pommes de terre en fonction de leur texture plutôt que selon leur saveur, car elles ne seront pas préparées de la même façon si elles sont cireuses, farineuses ou fermes. Les pommes de terre cireuses ont généralement un goût plus prononcé tandis que les farineuses sont souvent décrites comme peu goûteuses ou fades. Un panel de testeurs coordonnés par le Scottish Crop Research Institute a permis récemment de découvrir une corrélation directe entre le niveau de composés umami des diverses variétés de pommes de terre et l'intensité de leur saveur. Les cultivars les plus performants ont été tirés de la souche *phureja* – voyez la mayan gold (première variété issue de cette souche disponible au Royaume-Uni) dont la chair est d'un jaune beurré, riche en saveur, et dont on fait des frites si savoureuses qu'elles peuvent se passer de ketchup. La douceur sucrée de la pomme de terre est surtout paradisiaque quand on la confronte à des aliments salés comme les poissons, les fromages à pâte pressée cuite et le caviar.

Pomme de terre & Agneau : Si près l'un de l'autre, si intimes qu'ils feraient mieux de prendre une chambre avec un grand lit. Le bœuf, stoïque, garde ses distances, même serré de près par la pomme de terre dans un hachis parmentier. La graisse de l'agneau, elle, au contraire, infiltre la pomme de terre dans le *gosht aloo*, un hachis indien épais et épicé, ou dans le célèbre *Lancashire's hotpot*. La potée de Lancashire est un plat d'agneau (ou de mouton) et d'oignons, surmonté de pommes de terre en tranches, laissé à cuire au four toute la journée dans une casserole à fond épais et à feu doux. Originaire de l'époque de l'industrialisation lourde dans le Lancashire, dans le nord-ouest de l'Angleterre, il est simple à préparer et peut être laissé sans surveillance. Il est parfois servi dans des soirées en Angleterre, parce qu'il est facile d'en cuisiner pour un grand nombre de personnes et qu'il est relativement peu coûteux. John Thornton, le propriétaire de l'usine dans le roman d'Elizabeth Gaskell *Nord et Sud* (*North and South*, 1855), est certainement en lice pour être parmi les premiers bourgeois amateurs de nourriture paysanne. D'un de ces *hotpots* qu'il mange avec ses ouvriers, il déclare : « Je n'ai jamais fait un meilleur dîner dans ma vie. » Des années plus tard, vraisemblablement en hommage à Mme Gaskell, le patron d'usine Mike Baldwin s'enthousiaste pour le hotpot de Betty dans *Coronation Street*. (Il s'agit d'un soap-opéra britannique diffusé depuis le 9 décembre 1960 sur le réseau ITV. On a pu voir le 7 000e épisode le 28 janvier 2009. Ce feuilleton est, à ce jour, inédit en France.) Le véritable secret d'un grand *hotpot* n'est pas l'utilisation de colliers d'agneau (ou de mouton) savoureux, ni de faire dorer la viande, ni le nombre de couches alternées de viande, d'oignons et de pommes de terre, ni même d'ajouter quelques rognons sous la couche finale de pommes de terre ; non, le secret, c'est le temps, la seule chose dont manque l'ère industrielle.

Pomme de terre & Ail : La *skordalia* est un plat grec fait à partir d'ail cru pilé que l'on incorpore à une purée de pommes de terre avec de l'huile d'olive et un peu de vinaigre de vin blanc ou de jus de citron jusqu'à que l'on obtienne la bonne consistance. On ajoute parfois un jaune d'œuf et il arrive qu'on utilise aussi des amandes en poudre, du pain ou une purée de haricots à la place de la pomme de terre ou en supplément. Vous voyez le tableau. C'est blanc, aillé, et c'est bon avec du poisson blanc. Ou bien mangez-en simplement à la petite cuillère sur des bandes de pain pita chaud.

Pomme de terre & Anchois : *voir Anchois & Pomme de terre, page 205.*
Pomme de terre & Aneth : *voir Aneth & Pomme de terre, page 241.*
Pomme de terre & Artichaut : *voir Artichaut & Pomme de terre, page 162.*
Pomme de terre & Asperge : *voir Asperge & Pomme de terre, page 164.*

Pomme de terre & Betterave : Pomme de terre et betterave font une purée très rose, à la fois douce et terreuse. La saveur de cabane de jardin de la betterave est due à un composé appelé la géosmine que l'on peut aussi détecter dans l'odeur de poissons d'eau douce qu'on vient d'attraper, surtout les poissons qui se nourrissent en profondeur comme la carpe, et aussi dans le *petrichor*, un terme forgé par deux chercheurs australiens pour décrire cet arôme caractéristique libéré de la terre par la pluie après une période sèche. La saveur terreuse de la pomme de terre provient d'un composé différent. Si vous aimez les arômes et les saveurs de terre, on les trouve aussi dans les champignons, les truffes, les oignons cuits, l'ail, certains fromages et dans les vieux bordeaux et bourgognes. Voir aussi Bœuf & Betterave, page 53.

Pomme de terre & Bœuf : Harold McGee écrit que la saveur des pommes de terre de dernière récolte (c'est-à-dire vieilles) s'intensifie lorsqu'elles sont conservées dans le noir à une température comprise entre 7 et 10 °C et que la lente action des enzymes crée des notes florales, fruitées et grasses. À une température trop basse, l'amidon se transforme en sucre et les pommes de terre commencent à caraméliser lors de la cuisson, donnant alors des frites brun foncé qui ont une saveur douce-amère désagréable. Cela n'est pas acceptable : le couple pomme de terre / bœuf est trop important, que ce soit pour le steak (ou le burger) frites, la côte de bœuf raffinée avec des pommes de terres rôties ou bien le hachis parmentier de tous les jours.

Pomme de terre & Boudin noir : *voir Boudin noir & Pomme de terre, page 49.*

Pomme de terre & Cacahuète : La cacahuète a une saveur carnée qui fait qu'on l'associe inévitablement à la pomme de terre. Dans la ville de Popayán en Colombie, on confectionne des petits chaussons farcis de pommes de terre et de cacahuètes appelés *empanadas de pipián* qui sont servis avec une sauce aux arachides. Les pommes de terre à l'eau font généralement partie de la salade indonésienne *gado-gado* (voir Cacahuète & Noix de coco, page 28). Même en Thaïlande, la pomme de terre fait une rare sortie culinaire dans le curry *massaman* agrémenté de cacahuètes. Enfin, je peux citer l'une des spécialités de mon mari, le *Dalston dinner*, comparable au *fish and chips* anglais, mais avec l'avantage que vous n'avez pas besoin de sortir du pub pour le manger. Videz simplement un paquet de cacahuètes salées dans un sachet de chips au sel et au vinaigre, fermez bien le haut du sachet et secouez. Étrangement bien meilleur qu'il n'y paraît. Agréable avec de la bière blonde.

Pomme de terre & Câpre : *voir Câpre & Pomme de terre, page 130.*

Pomme de terre & Caviar : Simon Hopkinson et Lindsey Bareham écrivent qu'il est probablement préférable d'allier le caviar et la truffe à la pomme de terre plutôt qu'avec autre chose. Pomme de terre et truffe partagent une chaude saveur de terre qui rend la combinaison harmonieuse, alors que la pomme de terre et le caviar contrastent l'un avec l'autre : la douceur sucrée et fade de la pomme de terre se démarque de la complexité salée des œufs de poisson consistants. On les associe habituellement sur des canapés de pommes de terre nouvelles rôties recouvertes de crème aigre et de caviar, la différence de température créant un contraste supplémentaire bien agréable. Voir aussi Pomme de terre & Truffe, page 118.

Pomme de terre & Céleri : *voir Céleri & Pomme de terre, page 121.*

✻ **Pomme de terre & Champignon :** Tout comme une bonne soupe de poisson doit posséder une profondeur océanique légèrement inquiétante, une bonne soupe de champignons sauvages devrait faire penser à un loup déguisé en potage. L'astuce consiste à recourir à un mélange de divers champignons pour superposer les saveurs, comme on utilise différents types de poissons dans une bouillabaisse. J'aime bien la recette du chef italien Gennaro Contaldo, pas seulement pour son mélange de champignons frais et secs, mais pour l'ajout de la pomme de terre, qui épaissit la soupe tout en apportant sa propre saveur terreuse. Faites fondre un oignon haché dans 4 cuillerées à soupe d'huile d'olive, ajoutez 500 g de champignons sauvages hachés et faites sauter pendant 5 minutes, puis versez 1 litre de bouillon de légumes. Incorporez 25 g de cèpes séchés réhydratés (avec leur eau de trempage) ainsi qu'une pomme de terre pelée et hachée finement. Portez à ébullition, puis laissez mijoter durant 20 minutes. Laissez refroidir légèrement et mélangez jusqu'à obtenir une consistance lisse. Réchauffez, assaisonnez et servez avec des croûtons, sans oublier de verrouiller la bobinette et de caler la chevillette.

✻ **Pomme de terre & Chou :** En Irlande, purée de pommes de terre + chou = *colcannon*. Les Portugais ont eux aussi un plat sans fioritures, une soupe appelée *caldo verde*. Il s'agit d'un mélange rustique de pommes de terre, d'oignons et de chou, avec souvent, même si c'est moins joli, un morceau de chorizo déchiqueté. Originaire de la région nordique du Minho, le *caldo verde* est aujourd'hui devenu une sorte de plat national ; il est aussi très populaire au Brésil. Essayez, et vous comprendrez pourquoi. On utilise des pommes de terre de très bonne qualité, et le chou de Galice, avec ses larges feuilles ressemblant à celles du crambe maritime, donne à la soupe une sombre et grave profondeur. Si vous testez cette recette, il est conseillé d'utiliser des pommes de terre farineuses plutôt que les variétés dites fermes ou cireuses, car elles doivent se désagréger pour que le bouillon épaississe. Le chou galicien étant difficile à trouver en dehors du Portugal ou de l'Espagne, vous pouvez vous servir à la place de chou vert, de chou précoce, de chou cavalier ou bien encore de *kai-lan* (variété asiatique de chou appelée aussi brocoli chinois). Portez à ébullition 1,5 litre d'eau salée dans laquelle vous aurez placé 1 kg de pommes de terre farineuses, pelées et coupées en morceaux, ainsi que l'oignon haché. Laissez cuire le temps que les pommes de terre soient tendres, puis concassez grossièrement. Toujours à ébullition, ajoutez 200 g de chou finement haché et laissez cuire durant 10 minutes environ. Si vous aimez l'idée de la saucisse, mettez-la à cuire avec les pommes de terre, retirez-la au moment du concassage, puis coupez-la en morceaux avant de la remettre dans la casserole en même temps que le chou. Voir aussi l'introduction de Brocoli, page 157, et Chou & Oignon, page 151.

Pomme de terre & Chou-fleur : *voir Chou-fleur & Pomme de terre, page 156.*

Pomme de terre & Citron : *voir Citron & Pomme de terre, page 384.*

Pomme de terre & Cresson : *voir Cresson & Pomme de terre, page 126.*

Pomme de terre & Cumin : *voir Cumin & Pomme de terre, page 107.*

Pomme de terre & Feuilles de coriandre : *voir Feuilles de coriandre & Pomme de terre, page 248.*

✻ **Pomme de terre & Fromage à croûte lavée :** Laissez du vacherin Mont d'Or (voir Fromage à croûte lavée & Ail, page 73) fruité et chaud fondre lentement dans la chair complaisante d'une pomme de terre au four. Dans la tartiflette, un plat originaire des pays de Savoie, on fait fondre du reblochon – un fromage lavé au petit-lait et aux saveurs de fruits à coque – sur des pommes de terre, du lard fumé et des oignons. Voir aussi Fromage à pâte pressée cuite & Pomme de terre, page 84, et Cumin & Fromage à croûte lavée, page 105.

Pomme de terre & Fromage à pâte pressée cuite : *voir Fromage à pâte pressée cuite & Pomme de terre, page 84.*

Pomme de terre & Fruits de mer : Des cultures entières sont fondées sur ce couple : la *chowder* – soupe épaisse de palourdes dont le nom dérive du français « chaudière » – de la Nouvelle-Angleterre, les moules-frites en Belgique, les *gnocchi di patate* à la sauce de crabe-araignée à Venise. Au Romerijo à El Puerto de Santa María, entre Jerez et Cadix, vous pouvez vous régaler de *mariscos* ou de *pescados fritos* tout juste sortis des filets, avec des frites dorées. Le Romerijo prend plus que sa juste part de l'espace dans cette ville balnéaire animée, avec deux lieux se faisant face dans une rue étroite perpétuellement envahie, l'un spécialisé en fruits de mer frits, l'autre en fruits de mer bouillis. De vastes comptoirs de verre présentent toutes les variétés de fruits de mer que vous connaissez et toutes celles dont vous n'avez jamais entendu parler, depuis les minuscules *camarones*, à peine plus grosses que les virgules imprimées sur le menu, jusqu'à des homards assez costauds pour se hisser eux-mêmes sur le rivage en tapant sur les épaules des débardeurs. Les pommes de terre frites au sel de mer sont servies dans des cônes en papier orné du logo bleu et blanc du restaurant. Les clients sont assis à des tables en Formica, à l'extérieur, et crient pour couvrir le vacarme tandis qu'ils décapitent leurs *langostinos*, ou en détachent la délicate armure orange pour la jeter dans des seaux en plastique débordant déjà de pinces de crabes et de bigorneaux sombres et brillants comme des casques de cérémonie. C'est comme une scène peinte par le plus optimiste des frères Bruegel. Tournez à l'angle de la *calle* Misericordia, et vous trouverez beaucoup d'endroits pour un *aperitivo*, l'astuce étant de boire suffisamment de rioja blanc boisé pour commander sans crainte parmi la gamme des monstruosités bivalves et tentaculaires qui tressautent et se contorsionnent sur la glace, mais pas trop longtemps non plus, sous peine d'arriver au Romerijo alors qu'il ne reste plus qu'un tas de *percebes* – un crustacé dont l'apparence peut être comparée à la patte blindée d'un minuscule cochon aquatique. En France, on les nomme pouces-pieds – orthographié parfois pousse-pieds –, mais aussi pieds-de-biche, ou encore *pas-e-bez* ou bernaches en Bretagne. Mais qu'importe le nom, si vous avez les frites…

Pomme de terre & Lard : Au volant, j'avais dépassé le Farmer's Market Café sur l'A12 dans le Suffolk, quand j'ai vu cette enseigne en très grosses lettres : *Ham Hock Hash* (recette de hachis de jarret de porc fumé avec des pommes de terre). Rien d'autre. Pas d'autres plats, pas d'horaires d'ouverture. Juste ces trois petits mots qui ont été la cause de milliers et de milliers de demi-tours.

Pomme de terre & Menthe : *voir Menthe & Pomme de terre, page 415.*

Pomme de terre & Noix de muscade : La noix de muscade est utilisée pour masquer les saveurs les plus rudes et terreuses des pommes de terre. Elle a souvent le même rôle avec la citrouille ou les épinards. Une simple pincée ferait l'affaire, mais puisque la noix de muscade est si bonne avec tous ces ingrédients, pourquoi se refréner ?

Pomme de terre & Œuf : La plus simple et la moins onéreuse des preuves qu'il n'est pas besoin d'être un oligarque pour manger comme un roi. Une frite charnue et moelleuse trempée dans un jaune qui coule. Un œuf au plat sur un coussin de purée de pommes de terre. Ajoutez un peu d'oignon à cette paire et vous avez tout ce qu'il vous faut pour une tortilla espagnole, à savoir une omelette au goût sucré, composée de tendres pommes de terre et d'oignons caramélisés doux-amers. Mangez-la toute chaude sortie de la poêle, jaune comme une pièce d'or sur le pavé en plein midi, ou le lendemain, lorsqu'elle aura pris une saveur plus profonde, plus salée, et une teinte grisâtre qui ne sera pas un problème si vous la glissez dans un petit pain croustillant. C'est un peu rustique, peut-être, mais pas autant que les *huevos con patates* que nous avons mangés un soir tard en Espagne. Nous avions commandé ce plat en pensant que cela serait une tortilla, ou des œufs brouillés avec des frites. Ce qui est arrivé, dans une ravissante soucoupe, c'était une pile de frites qui semblaient avoir reçu un coup de poêle et un couple d'œufs pas tout à fait au plat, mais pas vraiment brouillés non plus. Une fois que les morceaux de pommes de terre élastiques liés entre eux par de la dentelle d'œufs beurrée eurent prouvé définitivement leur capacité de résistance face à une fourchette, nous avons retroussé nos manches et mangé avec les mains. C'était tout à fait délicieux. Nous avons nettoyé l'assiette jusqu'au dernier fragment, nos doigts marbrant nos verres de vin de traînées graisseuses. Voir aussi Gingembre & Œuf, page 389.

Pomme de terre & Oignon : Deux ingrédients si sûrs, si fiables qu'on oublie souvent la façon magique dont ils s'accordent. Lorsque j'étais enfant, il y avait toujours un sac de pommes de terre et un sac d'oignons dans le garage, ils avaient le même statut que les bûches. Comme je vis désormais dans un appartement exigu en pleine ville, ma voiture est garée dans la rue, et elle est devenue elle-même un garage, abritant ce qu'il conservait ; en effet, parce qu'il est sombre et d'une fraîcheur de cellier, je garde mes pommes de terre et mes oignons dans le coffre de ma voiture. Cependant, en une demi-heure, ces légumes utilitaires nichés au milieu des vêtements de plein air, des bouteilles en plastique et du liquide de frein peuvent être cuits dans du lait, ou sautés, ou combinés pour faire une purée crémeuse à l'oignon, ou râpés et frits dans un *rösti* (galette de pomme de terre, typique de la Suisse alémanique), ou hachés dans une salade de pommes de terre réconfortante et enjouée, ou disposés en couches dans une poêle avec du fromage pour un *pan haggerty* doré (recette traditionnelle originaire du plus septentrional comté de l'Angleterre, le Northumberland), ou, encore plus transcendant, être mélangés à quelques œufs dans une tortilla, qui est tellement plus que la somme des parties qui la composent.

Pomme de terre & Olive : *voir Olive & Pomme de terre, page 221.*
Pomme de terre & Panais : *voir Panais & Pomme de terre, page 285.*
Pomme de terre & Persil : *voir Persil & Pomme de terre, page 243.*

✻ **Pomme de terre & Piment :** Le piquant de la saveur du paprika, tout comme sa qualité fumée, en fait un partenaire idéal de la pomme de terre. La saveur des chips au paprika est de loin la plus appréciée en Allemagne. Pommes de terre et paprika font également d'excellentes frites au piment. Mélangez 4 cuillerées à soupe d'huile d'olive et 4 cuillerées à café de paprika dans un sac de congélation. Avec une mandoline ou le disque de votre robot électrique, découpez 4 grosses pommes de terre en bandes d'environ 1 cm de côté. Essuyez-les, puis faites-les tourner dans le sac jusqu'à ce qu'elles soient bien recouvertes d'huile épicée. Transférez-les du sac dans une lèchefrite et passez-les au four à 220 °C (thermostat 7) pendant 20-25 minutes, en les retournant de temps en temps. Une pincée ou deux de piment de Cayenne dans l'huile leur donnera un peu plus de mordant. Voir aussi Piment & Tomate, page 265.

Pomme de terre & Pois : Emblème culinaire des enfants dissipés, de l'acné, d'un divorce qui tourne au vinaigre ou du chômage de masse. Non pas, bien évidemment, que j'aie quoi que ce soit à redire aux frites et aux petits pois en soi, mais de trop nombreux pubs, cantines et cafés servent de déprimants et stupides tronçons de pommes de terre congelées pas assez cuits, soutenus par une ribambelle de petits pois polyédriques et coriaces. Il vaut mieux fermer les yeux et penser à une soupe verdoyante de petits pois et de pommes de terre, ou à l'*aloo matar* indien dans lequel les petits pois et la pomme de terre sont plongés dans une sauce au gingembre frais, à l'ail et aux épices moulues.

Pomme de terre & Poisson blanc : *voir Poisson blanc & Pomme de terre, page 185.*
Pomme de terre & Poisson fumé : *voir Poisson fumé & Pomme de terre, page 208.*
Pomme de terre & Poisson gras : *voir Poisson gras & Pomme de terre, page 198.*
Pomme de terre & Porc : *voir Porc & Pomme de terre, page 45.*
Pomme de terre & Poulet : *voir Poulet & Pomme de terre, page 38.*
Pomme de terre & Raifort : *voir Raifort & Pomme de terre, page 132.*

Pomme de terre & Romarin : L'affinité du romarin pour la pomme de terre le rend irrésistible sur une *pizza bianca* romaine, livide à faire froid dans le dos, recouverte de pommes de terre, d'ail et sans l'ombre d'une tomate. Une pomme de terre nouvelle, savoureuse, robuste et ferme telle que la yukon gold est généralement recommandée pour cette recette, mais vous pouvez aussi essayer la duke of york ou la ratte. Faites légèrement cuire les pommes de terre à l'eau, puis coupez-les en tranches très fines que vous disposerez, légèrement tuilées, sur une abaisse huilée (non cuite) pour pizza parsemée d'une ou deux gousses d'ail finement hachées. Ajoutez un filet d'huile supplémentaire, assaisonnez bien et éparpillez-y du romarin finement ciselé. Vous pouvez relever la saveur, à défaut de la couleur, avec du fromage (parmesan, mozzarella, *asiago*) ou de l'oignon.

Pomme de terre & Rutabaga : Au Royaume-Uni, la combinaison de purée de pommes de terre et de rutabagas est appelée *clapshot*. Faites un mélange moitié-moitié et ajoutez beaucoup de beurre, avec de la ciboulette ou bien des oignons frits croustillants. Conjoints mais non combinés, les *neeps and tatties* sont le plat d'accompagnement incontournable du *haggis* (panse de brebis farcie, plat traditionnel écossais) : les *tatties*, ou pommes de terre, réduites en purée avec du beurre complaisent à la suavité fondante du *haggis* alors que les *neeps*, ou rutabagas, dont le caractère naturellement épicé est renforcé par la noix de muscade, répondent aux épices de la viande.

Pomme de terre & Safran : *voir Safran & Pomme de terre, page 228.*

Pomme de terre & Tomate : Ne tournons pas autour du pot : frites et ketchup, voici le partenariat le plus populaire du monde occidental. Les origines exactes des frites sont obscures, mais le terme «pomme de terre frites françaises» a commencé à apparaître au milieu du XIXe siècle, peu de temps avant l'introduction du *tomato ketchup* de Heinz en 1876. Ce qui est singulier avec le ketchup, c'est sa force dans les cinq catégories de base du goût : il est doux, aigre, amer, salé et riche en saveur umami. La tomate contient naturellement de l'umami, tout comme la pomme de terre, le résultat est donc simple, carré et savoureux. Elizabeth David donne une recette grecque de pommes de terre en purée mélangées avec des tomates pelées finement hachées, de la ciboule émincée, du persil, du beurre fondu et de la farine. Le mélange est façonné en galettes qui seront frites ou cuites au four. Elle mentionne également une recette française de velouté de tomates et de pommes de terre. En bref, faites fondre les blancs hachés de 2 poireaux dans du beurre, puis ajoutez 225 g de tomates hachées grossièrement que vous ferez cuire jusqu'à ce qu'elles rendent leur jus. Ensuite, ajoutez 350 g de pommes de terre pelées en dés, un peu de sel, un peu de sucre et 700 ml d'eau. Portez à ébullition et laissez mijoter pendant 25 minutes. Mixez et tamisez, puis transférez dans une casserole propre et versez 150 ml de crème. Réchauffez et servez avec du persil ou du cerfeuil. Sur l'île de Pantelleria, au large de la Sicile, l'*insalata pantesca* combine, dans l'huile d'olive et le vinaigre, des pommes de terre nouvelles cuites avec des morceaux de tomates crues, des olives, des oignons rouges et des câpres. Pommes de terre et tomates fournissent aussi les fondations de la chaudrée de palourdes new-yorkaise. Voir aussi Piment & Tomate, page 265.

Pomme de terre & Truffe : Les amis de la terre. Lorsqu'ils rencontrèrent la pomme de terre pour la première fois en Colombie au XVIe siècle, les explorateurs espagnols leur attribuèrent des qualités proches de celles de la truffe, les appelant même des « truffes de terre ». Introduisez de la truffe dans un plat de pommes de terre ordinaire et l'harmonie est évidente : par exemple dans une purée, dans un gratin ou dans une mayonnaise à l'huile de truffe pour une salade de pommes de terre. Giorgio Locatelli sert de la truffe noire sur des *gnocchi di patate* parce qu'il pense qu'elles ont une grande affinité, alors que, pour les pâtes et le risotto, il préfère les truffes blanches.

Céleri

Cette section couvre le céleri branche ou céleri à côtes, le céleri-rave ou céleri-navet (la racine tubérisée d'une variété de céleri) et les graines de céleri, qui sont récoltées à partir du céleri à couper, ou céleri sauvage, et concassées pour fabriquer du sel de céleri. Tous partagent – avec l'ache et la livèche – une paire de composés qui leur confèrent leur saveur caractéristique de céleri. Elle est plus puissante dans les graines de céleri, qui sont chaleureuses et amères, avec de complexes qualités d'herbes et d'agrumes ; certaines sont plus citronnées que d'autres. Les graines de céleri s'avèrent utiles lorsque vous ne disposez pas de branches ou que celles-ci se révèlent difficiles à manier. Les tiges sont un peu plus salées, avec un

caractère anisé, alors que le céleri-rave est moins marqué et ajoute une douceur de racine terreuse à la saveur du céleri. Les graines, les tiges et les feuilles de la livèche sont toutes utilisées, et on en fait un cordial alcoolisé à servir avec du cognac. La saveur du céleri est particulièrement sapide, rappelant les bouillons ; en conséquence, il est utilisé dans les soupes et les ragoûts, où il accentue la douceur de la viande et des fruits de mer.

Céleri & Agneau : Dans la cuisine perse, le céleri et l'agneau sont combinés dans un *khoresh* qui ressemble à celui décrit dans Rhubarbe & Agneau, page 320, sauf que le céleri est cuit avec les herbes avant d'être ajouté à la viande. En Turquie et en Grèce, céleri et agneau cuisent ensemble dans une sauce au citron. Dans son restaurant à Langen, en Allemagne, le chef Juan Amador réalise un plat d'agneau d'Aragon cuisiné avec du céleri-rave, du café et des noix.

Céleri & Bœuf : Cuit lentement, le céleri prend un caractère plus doux rappelant la saveur du bouillon, et les branches (parfois même les graines) sont utilisées pour ajouter un peu de profondeur aux viandes braisées ou aux ragoûts. On utilise de la même manière cette plante à la saveur de céleri, la livèche, parfois appelée *Maggikraut* en Allemagne en référence à sa similitude forte en viande et en levure avec les bouillons cubes Maggi. Vous pouvez en laisser tomber quelques morceaux dans la marmite, mais vous pouvez aussi faire un treillis avec les branches et les utiliser comme une espèce de grille comestible pour un rôti de bœuf, ce qui donnera une base profondément sapide au jus. Et si vous passez à New York, faites tout pour goûter un soda Dr. Brown's Cel-Ray – probablement la seule boisson gazeuse du monde à la saveur de céleri – avec un sandwich au corned-beef ou au *pastrami*.

* **Céleri & Cacahuète :** L'*ants on a log* (littéralement, fourmis sur une bûche) est un en-cas américain constitué d'une branche de céleri remplie de beurre de cacahuètes sur lequel sont alignés des raisins secs. La combinaison est en fait plutôt réussie, en dehors de l'apparence un peu kitsch du résultat – la touche croquante et légèrement amère du céleri équilibre le gras et le salé de la cacahuète ainsi que le sucré des raisins secs. Vous pouvez reprendre ces éléments et les redistribuer dans cette salade à la mode thaïe plus raffinée. Découpez 4 branches de céleri tendre en bâtonnets de la taille et de l'épaisseur d'une allumette, mélangez-les avec une petite poignée de raisins secs dans la sauce donnée à Citron vert & Anchois, page 376. Hachez grossièrement une poignée de cacahuètes grillées. Intégrez la moitié au mélange et éparpillez le reste sur le dessus.

Céleri & Carotte : *voir Carotte & Céleri, page 288.*
Céleri & Châtaigne : *voir Châtaigne & Céleri, page 294.*

Céleri & Fromage à pâte molle : *voir Fromage à pâte molle & Céleri, page 88.*
Céleri & Fromage bleu : Au Royaume-Uni, un aliment de base sur la table de Noël. Ou bien le lendemain de Noël, dans une soupe aussi pâle et grasse que moi après trois jours d'After Eights en intraveineuse. Également associés dans une garniture pour les *Buffalo wings* – ailerons de poulet frits puis recouverts de margarine et d'une sauce épicée et servis sur un plat avec une sauce froide au fromage bleu et des bâtonnets de céleri. J'aime l'idée de ces saveurs fortes qui contrastent avec les textures et les températures, mais la partie ailerons me laisse froide. Quand je mange des ailerons de poulet, j'ai l'impression d'être un hamster qui grignote un crayon à papier, ou bien une de ces loutres de mer mangeuses de crabes qui meurent de faim parce que le nombre de calories qu'elles dépensent à extraire la chair dépasse les calories fournies par la viande elle-même. Pour une version plus satisfaisante du trio, voir Fromage bleu & Poulet, page 78.

Céleri & Fruits de mer : Le rouleau de homard de la Nouvelle-Angleterre est un de ces sandwichs légendaires qui semblent assez simples, mais qui sont la cause de multiples querelles sur la manière exacte de les préparer. Tout le monde s'accorde sur l'essentiel – il doit être composé d'une masse généreuse de chair de homard dans un petit pain à hot-dog, blanc et doux –, mais il existe différentes écoles de pensée sur la présence de la laitue et/ou du céleri et sur l'enrobage de la chair de homard dans du beurre fondu ou de la mayonnaise. S'éveillant d'un coma dans la saison 6 des *Soprano*, la première chose que Tony demande est un rouleau de homard du Pearl Oyster Bar dans le West Village. Si vous vous êtes déjà demandé pourquoi les mafieux ont une tendance à l'obésité, on peut remarquer que la version des rouleaux de ce bar contient du beurre fondu ET de la mayonnaise. Mélangez de la chair de homard, un peu de céleri haché finement, de la mayonnaise et un filet de citron, assaisonnez et laissez reposer au réfrigérateur pendant que vous ouvrez, comme des livres, des petits pains à hot-dog et que vous en faites dorer l'intérieur dans une poêle avec du beurre fondu. Farcissez les petits pains avec votre préparation. Mangez étendu sur une chaise longue, en pensant à la Nouvelle-Angleterre.

Céleri & Huître : *voir Huître & Céleri, page 188.*
Céleri & Jambon cru : *voir Jambon cru & Céleri, page 215.*
Céleri & Noix : *voir Noix & Céleri, page 298.*
Céleri & Noix de muscade : *voir Noix de muscade & Céleri, page 280.*
Céleri & Œuf : *voir Œuf & Céleri, page 167.*
Céleri & Oignon : *voir Oignon & Céleri, page 137.*
Céleri & Poisson blanc : *voir Poisson blanc & Céleri, page 183.*

✱ **Céleri & Pomme :** Dans *American Psycho*, la petite amie de Patrick Bateman, Evelyn, s'effondre à l'idée que sa salade Waldorf est trop riche.

Inutile de commettre la même erreur. Râpez 3 pommes épépinées mais non pelées avec 1 ou 2 branches de céleri et liez avec ½ tasse de noix et 1 cuillerée de mayonnaise. Servez à Noël avec une épaisse tranche de jambon fumé et un verre de porto *tawny* (brun).

Céleri & Pomme de terre : Des graines de céleri fraîchement torréfiées et broyées, mélangées à votre salade de pommes de terre, sont un excellent moyen de lui ajouter une pointe savoureuse. La purée mélangée de pommes de terre et de céleri est bonne aussi ; pour éviter une humidité excessive, il est préférable de les cuire séparément. Assurez-vous de bien égoutter les deux légumes, et séchez-les à feu doux avant d'ajouter le beurre. Voir aussi Truffe & Céleri, page 146.

Céleri & Porc : *voir Porc & Céleri, page 42.*

Céleri & Poulet : Le céleri est un excellent compagnon du poulet, même si l'association n'est plus aussi appréciée qu'elle ne l'était. Tout au long du XIXe siècle, les écrivains gastronomiques anglais et américains stipulèrent que la sauce au céleri était l'accompagnement normal des volailles bouillies. En effet, une sauce au céleri était traditionnellement servie avec une dinde farcie aux huîtres lors des dîners de Noël anglais. Hannah Glasse en donne plusieurs recettes. L'une d'entre elles consiste à couper des branches de céleri en morceau et à les faire cuire à feu doux dans un peu d'eau. Lorsque le céleri est tendre, ajoutez du macis, de la noix de muscade et assaisonnez. Faites ensuite épaissir le liquide de cuisson avec du beurre et de la farine. D'autres versions utilisent du fond de veau, de la crème ou les deux. Ces dernières années, des études scientifiques ont montré que le céleri contient un composé volatil qui, bien qu'imperceptible pour le palais humain, met en valeur les notes de sucre et d'umami du bouillon de poulet.

Céleri & Raifort : Les premières recettes du bloody mary ne parlent ni de céleri ni de raifort. Tout comme Jacques Petiot, l'inventeur autoproclamé du cocktail dont il donna la recette dans *The New Yorker* en 1964 : vodka, tomate, piment de Cayenne, citron, poivre noir, sel et sauce Worcestershire. Mais le céleri et le raifort ne sont-ils pas devenus indispensables depuis ? Un peu comme un couple qui, arrivé en retard dans une soirée quelconque, lui donne tout de suite un peu de piment, le raifort vous fait pétiller les sinus, le céleri vous chatouille les joues, et la branche de céleri, dont les cannelures ruissellent de jus de tomate, se révèle être l'ustensile idéal pour se mettre en valeur au cours des conversations bien arrosées. Et, cela va sans dire, cette boisson devient un repas en soi, ce qui signifie que tous vos besoins sont assouvis.

Céleri & Truffe : *voir Truffe & Céleri, page 146.*

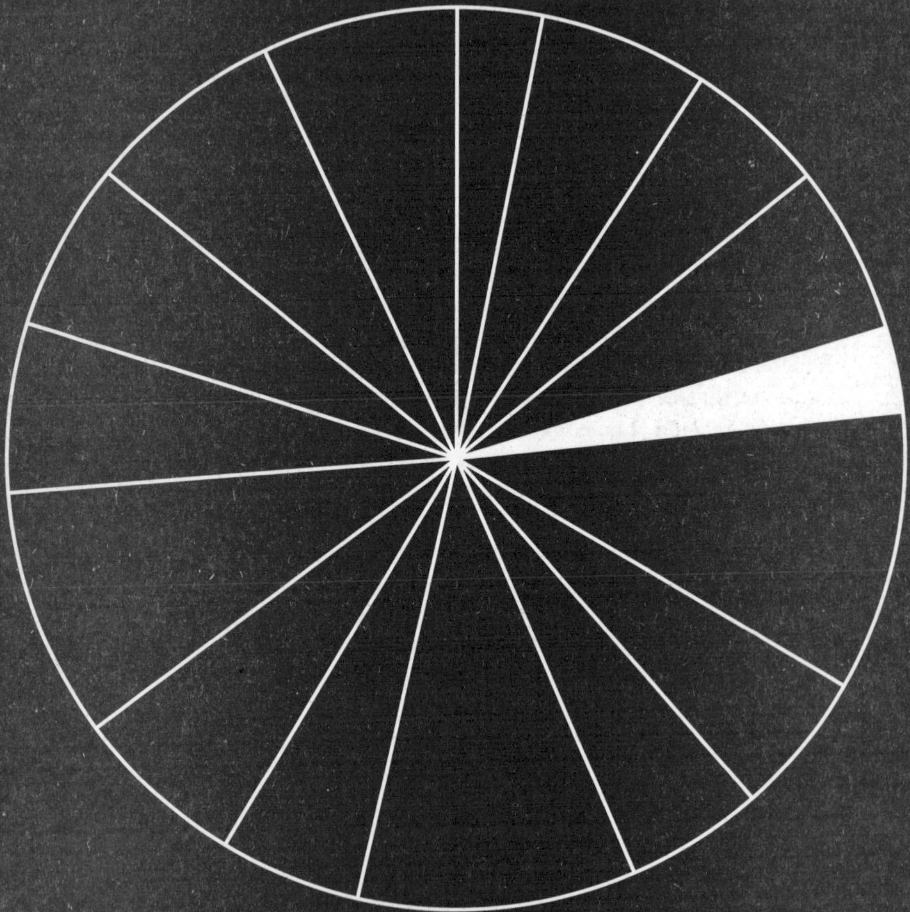

MOUTARDÉE

Cresson

Câpre

Raifort

Cresson

Avec sa fraîcheur douce-amère minérale et poivrée, le cresson est une garniture populaire pour les viandes rôties. Tout cela est très bien, mais il mérite un rôle plus brillant que celui de simple faire-valoir. Il s'accorde très bien à un ingrédient sucré-salé – jeté dans un bouillon avec du lait ou de la crème sucrés pour une soupe sublime, ou pris en sandwich entre deux tranches de pain sucré tartinées de beurre salé. Liquéfié avec de la crème aigre et une pincée de sel, le cresson fait une sauce aussi rafraîchissante que de tremper vos pieds dans une rivière par un après-midi de grande chaleur.

Cresson & Anchois : *voir Anchois & Cresson, page 204.*
Cresson & Betterave : *voir Betterave & Cresson, page 108.*

Cresson & Bœuf : La *tagliata* est un plat toscan de steak de bœuf saisi puis découpé en fines tranches disposées sur un lit de roquette assaisonnée, du jus de cuisson de la viande. C'est un moyen délicieux de révéler une bonne viande – avec cette salade poivrée qui met l'eau à la bouche pour seul accompagnement, on apprécie son goût à sa juste valeur. Pourquoi ne pas angliciser un peu le plat en substituant le cresson à la roquette ? Cela changera de la pratique habituelle qui consiste à en écraser les feuilles dans un épais sandwich au rosbif. Ne soyez pas tenté d'y ajouter des pommes de terre qui donneraient un côté lourd et farineux alors que le plaisir de la *tagliata*, c'est sa légèreté, en substance sinon en saveur. Il vaut mieux restreindre l'accompagnement à 1 cuillerée de moutarde de Dijon.

Cresson & Fromage bleu : La douce salinité du stilton contraste agréablement avec la saveur poivrée et amère du cresson. Il est même probable qu'on y détecte un léger goût métallique dans chacun des deux, comme si vous aviez gardé les dents de votre fourchette dans votre bouche un peu trop longtemps. Essayez tous les moyens de les combiner, dans une salade avec des poires et des noix, dans une soupe, un soufflé ou une quiche, mais il n'y a rien de vraiment comparable au plaisir d'étaler du stilton gras comme du beurre sur du pain, en couche suffisamment épaisse pour vous laisser une impression agréable sur les dents après y avoir mordu, et d'y parsemer quelques feuilles de cresson. Voir aussi Panais & Cresson, page 284.

Cresson & Fromage de chèvre : Tout comme un ciel bleu intense fait ressortir les objets qui s'y découpent, l'amertume du cresson donne au fromage de chèvre tonique un contour plus propre et plus net. De plus, ils ont tous deux tendance à faire résonner une minéralité similaire. Le cresson cuit perd de son tonus, mais reste bien assorti au fromage, particulièrement dans une soupe au cresson parsemée de fromage de chèvre. Ou bien associez-les crus dans une salade assaisonnée à l'huile de noix et au vinaigre de cerise, si vous êtes prêt, telle une chèvre, à ruminer longuement les feuilles.

Cresson & Fruits de mer : Le côté poivré du cresson tempère la richesse débordante des coquillages. Le chef Nobu Matsuhisa sert une salade de cresson avec du homard et des graines de sésame noir. Quant à Alain Ducasse, il propose une soupe de cresson et de pétoncles dont le fond vert n'est pas sans rappeler celui d'un canapé Chesterfield dans un club de gentlemen.

Cresson & Noix : Il est peu probable que des sandwichs au cresson soient accueillis avec beaucoup d'enthousiasme, même si vous enlevez proprement la croûte de pain. Si vous coincez les feuilles entre des tranches de pain aux noix fait maison, c'est une autre histoire. Vous pourriez ajouter un peu de saumon fumé ou de fines lamelles de brie, mais ne sous-estimez pas la capacité du cresson à faire ressortir les saveurs du pain. En fait, on en fait même du très bon pain : parmi les pains spéciaux de chez Mark Miller et Andrew McLauchlan, on trouve une sorte de pain non levé à la roquette et au cresson ainsi qu'une autre variation avec du cresson, des feuilles de coriandre et de la menthe. À tremper dans de l'huile de noix.

Cresson & Œuf : Le cresson alénois (parfois appelé en anglais *peppergrass*, c'est-à-dire herbe poivrée) a un mordant moins franc d'huile de moutarde que son cousin, le cresson, mais ils offrent tous deux un contraste piquant bien plaisant avec le confort douillet de l'œuf. Il n'y a pas de dissonance plus raffinée pour un sandwich que vous mangerez avec le petit doigt en l'air. L'hôtel Ritz de Londres inclut dans son service du thé de l'après-midi des œufs mayonnaise avec des *bridge rolls* (petits pains très légers) au cresson. Le cresson est aussi très bon dans une omelette ou en salade avec un œuf poché coulant et un morceau de chorizo.

Cresson & Orange : *voir Orange & Cresson, page 370.*
Cresson & Panais : *voir Panais & Cresson, page 284.*

Cresson & Poisson fumé : Le riche et salé poisson fumé et le cresson au caractère poivré forment une belle rencontre, mais qui a besoin d'être adoucie. Œuf et crème dans une tourte au cresson et à la truite fumée, betterave dans une salade tiède au saumon fumé et au cresson, ou croquettes de poisson et pommes de terre avec une sauce au cresson ; pour cette dernière, voir Cresson & Poulet, page 126.

* **Cresson & Poisson gras :** Truite et cresson ; pas tant une réunion qu'une réunification. Les truites se nourrissent des feuilles les plus tendres du cresson, mais ce qu'elles y recherchent vraiment ce sont les cloportes, ces petits crustacés qui vivent entre ses feuilles. Comme avec d'autres paires,

la truite et le cresson sont suffisamment harmonieux pour que seul un minimum de préparation soit nécessaire. Pour 2 personnes, faites revenir une truite dans du beurre clarifié pendant environ 5 minutes de chaque côté et préparez une sauce au cresson en mélangeant une botte avec 150 ml de crème aigre, un filet de jus de citron et une pincée de sel et de sucre. Les Japonais, qui ne se sont pas intéressés au cresson avant la fin du XIXe siècle, en font une salade cuite appelée *o-hitashi*. Faites blanchir une botte de cresson, puis plongez-la dans de l'eau glacée, égouttez et émincez en morceaux d'une longueur mangeable, assaisonnez avec du *dashi* (bouillon de thon séché), un peu de *mirin* (alcool de riz sucré) et du soja, laissez mariner un moment avant de manger froid.

Cresson & Pomélo : *voir Pomélo & Cresson, page 375.*

Cresson & Pomme de terre : Les Chinois apprécient la soupe au cresson sous la forme d'un bouillon (à base de porc). En France, on préfère un style de potage plus épais, réalisé en utilisant de la crème, de la pomme de terre ou du bouillon. J'aime tous les cressons, mais celui vendu en bouquet semble avoir un parfum plus propre et minéral, comparé au cresson en sachet qui devient marécageux si on ne l'utilise pas tout de suite. Si vous utilisez beaucoup de cresson, vous aurez peut-être envie de faire pousser du cresson de terre qui a une saveur similaire et croît facilement sous une cloche pendant l'hiver. Certains disent que le cresson de terre est plus fort en goût et qu'il n'est pas nécessaire d'en utiliser autant que du cresson dans une soupe. Moi je dis : utilisez plus de bouillon et de pommes de terre et faites plus de soupe.

Cresson & Porc : Dans les régions méridionales de la Chine, le cresson est longuement mijoté avec des côtes de porc pour faire une soupe simple. Elle peut être aromatisée avec du gingembre frais ou des jujubes, un fruit qui ressemble, par l'aspect et par le goût, à des dattes.

✳ **Cresson & Poulet :** Je pense au couple poulet rôti et cresson comme à un homologue estival de la paire bœuf rôti et raifort. La douceur de la viande est soulignée par le tonus chaleureux et poivré du cresson, mais, simultanément, la verdure rafraîchissante des feuilles allège la combinaison. Le cresson est une garniture classique pour le poulet rôti, et fonctionne particulièrement bien lorsque la douceur de la chair et l'amertume des feuilles sont équilibrées par la peau salée croustillante – bien que quelques olives ou une vinaigrette thaïe réalisée avec de la sauce de poisson et du jus de citron vert fassent l'affaire si vous ne mangez que la viande blanche et maigre du poulet. On peut confectionner rapidement une sauce chaude au cresson pour le poulet. Faites fondre quelques échalotes dans du beurre, ajoutez 75 ml de vin blanc et laissez réduire jusqu'à environ le volume de 1 cuillerée à soupe. Versez 400 ml de bouillon chaud de poulet ou de légumes, laissez mijoter durant 5 minutes, puis ajoutez 150 ml de crème. Lorsque la température est remontée, incorporez doucement 150 à 200 g de cresson haché, laissez cuire 1 à 2 minutes, vérifiez l'assaisonnement et passez au mixeur.

Câpre

Les câpres, bourgeons du câprier, peuvent revitaliser un plat fade de viande ou un cocktail de fruits de mer à l'ancienne, comme un nouvel accessoire redonne du lustre à une vieille robe. Elles ajoutent une ligne fraîche, un goût décalé et une éclaboussure de liquide saumuré particulièrement agréable avec les poissons. Les câpres au sel conservent davantage leur saveur unique que celles en saumure. Faites-les tremper durant 15 minutes avant leur utilisation, et leur caractère d'herbe moutardée sera plus apparent. Certains chefs font mariner les câpres dans du vin blanc et des herbes avant de les utiliser dans des salades ou des sauces. Les caprons, ou baies de câprier – qui sont les fruits, non les bourgeons –, sont également abordés dans ce chapitre.

Câpre & Agneau : L'amertume salée des câpres chaperonne intelligemment la douceur de l'agneau. Les meilleures câpres contiennent des notes de thym et d'oignon, qui vont tous les deux avec l'agneau. Cette recette classique est de Keith Floyd. Il précise que, pour 6 personnes, il faut peut-être prévoir plus de sauce. Plongez un gigot de mouton ou d'agneau dans une marmite, de préférence de forme ovale, pleine d'eau et portez très lentement à ébullition. Dégraissez la surface et ajoutez, coupés en gros morceaux, 6 poireaux, 2 rutabagas, 6 carottes et 4 navets. Laissez mijoter environ 2 heures. Juste avant la fin de la cuisson, faites fondre 25 g de beurre dans une casserole, ajoutez 25 g de farine et remuez pour former une pâte crémeuse. Versez 150 ml de lait chaud et fouettez jusqu'à obtenir une consistance lisse. Versez ensuite 150 ml de bouillon pris dans la marmite et laissez mijoter doucement durant environ 20 minutes jusqu'à obtenir une sauce richement veloutée. Incorporez 3 à 4 cuillerées à soupe de câpres rincées et égouttées, vérifiez l'assaisonnement et versez dans un bol. Retirez la viande du bouillon, placez-la sur un plat de service et servez-la entourée des légumes et nappée de la sauce. Voir aussi Fromage de chèvre & Câpre, page 69.

Câpre & Anchois : Une petite quantité de câpres ou d'anchois peut transformer des plats fades ou gras. On devrait en emporter partout avec soi dans une enveloppe, tel un nécessaire à couture, pour les urgences culinaires. Le citron a tendance à leur donner du moelleux : c'est un bon trio pour un beurre parfumé accompagnant du saumon grillé, des steaks de thon ou des côtelettes d'agneau. Pilonnez 4 filets d'anchois avec 1 cuillerée à café de jus de citron et ½ cuillerée à café de zeste de citron. Mélangez 125 g de beurre ramolli avec 3 ou 4 cuillerées à café de petites câpres, du sel et du poivre. Transférez le mélange dans du film étirable que vous modèlerez en forme de cylindre. Conservez au frais, puis découpez en disques lorsque vous en avez besoin.

Câpre & Betterave : Les betteraves sucrées et les câpres moutardées forment une sorte de combinaison semblable à la paire miel-moutarde. Elles sont mélangées à de la viande hachée, des pommes de terre cuites et des oignons, puis frites en galettes dans le plat populaire suédois *biff à la Lindström* (un peu comme le *labskaus*, ou hachis de flanelle rouge, abordé dans Bœuf & Betterave, page 53). Ajoutez des câpres rincées à de l'huile d'olive et du vinaigre de vin rouge pour la vinaigrette d'une salade de betteraves et de fromage de chèvre.

Câpre & Bœuf : *voir Bœuf & Câpre, page 53.*
Câpre & Chou-fleur : *voir Chou-fleur & Câpre, page 154.*

Câpre & Citron : Une paire à réveiller les morts. Incorporez-la à une mayonnaise, ou dans une sauce pour le saumon fumé ou le poisson frit. Surprenez votre monde avec leur acidité salée en cuisinant des spaghettis au citron et aux câpres. Suivez la recette de Citron & Basilic, page 381, en remplaçant le basilic par 1 cuillerée à soupe de câpres rincées. Voir aussi Câpre & Anchois, page 127.

Câpre & Concombre : Les cornichons, petits cultivars de la famille du concombre, sont généralement cueillis à 3 ou 4 cm de longueur. Leur très fine peau noduleuse et leur chair croquante en font des candidats idéals pour les pickles – ces conserves au vinaigre populaires en Grande-Bretagne et dans tous les pays marqués par la culture anglo-saxone, telle l'Inde. Câpres et cornichons marinés sont combinés dans la sauce tartare, et avec des herbes et des œufs durs dans la sauce gribiche, ou encore dans le *liptauer*, un fromage épicé à pâte molle, aromatisé avec du paprika, de la moutarde et la ciboulette.

Câpre & Fromage à pâte molle : Habituellement associés au saumon fumé, ils sont tout aussi délicieux ensemble, sans le poisson. Mélangez des câpres entières égouttées avec un fromage frais en barquette épais de couleur ivoire. Utilisez des câpres françaises nonpareilles, si vous pouvez. Ce sont les toutes petites qui ressemblent à des graines de poivre vert et qui sont hautement appréciées pour leur délicate saveur d'oignon et de radis. Étalez le mélange sur des crackers ou du pain de seigle et cramponnez-vous pour chacun des chocs que vous ressentirez à chaque bouchée. C'est l'équivalent culinaire de ce que l'on ressent lorsque l'on marche pieds nus sur une plage de galets. Voir aussi Câpre & Concombre, page 128.

Câpre & Fromage de chèvre : *voir Fromage de chèvre & Câpre, page 69.*

Câpre & Fruits de mer : Les câpres s'accordent bien avec tous les produits de la mer. La variété marinée, dont le goût, contrairement aux câpres salées, est quelque peu masqué par le vinaigre, est généralement utilisée dans les crevettes marinées, un plat populaire en Amérique du Sud. Froid, piquant, avec beaucoup de jus citronné qui cuit les fruits de mer, il s'apparente au *céviche* (voir Citron cert & Poisson blanc, page 379.). Voir aussi Câpre & Poisson blanc, page 129.

Câpre & Olive : *voir Olive & Câpre, page 219.*
Câpre & Persil : *voir Persil & Câpre, page 242.*

❋ **Câpre & Poisson blanc :** La raie aux câpres et au beurre noir est à juste titre un grand classique, mais en tant qu'espèce en voie de disparition, la raie n'est plus vraiment au menu. Essayez la sauce suivante avec des noix de saint-jacques ou des pétoncles à la place. Lorsque la raie était bon marché et abondante, les poissonniers les plus habiles découpaient des festons (semblables à ceux des coquilles Saint-Jacques) dans les ailes de la raie, certains prétendant que leurs saveurs douces et délicates étaient similaires. En prenant soin de ne pas faire bouillir, faites chauffer 75 g de beurre dans une casserole jusqu'à ce qu'il blondisse. Ajoutez 1 cuillerée à café de vinaigre de vin blanc et 1 à 2 cuillerées à soupe de câpres égouttées et rincées. Mélangez et versez sur les noix de saint-jacques cuites ou sur n'importe quel poisson blanc, ou encore sur de la cervelle de bœuf, l'autre partenaire classique de cette sauce. Les câpres sont aussi, bien évidemment, un élément essentiel de la sauce tartare.

Câpre & Poisson fumé : Les câpres agrémentent communément le saumon fumé dont elles réduisent les graisses, leur teneur en sel le rendant aussi plus sucré. On peut utiliser les caprons (fruits du câprier) de la même manière, également excellents avec les viandes fumées ou salées. Ils ont la taille de petites olives et sont vendus avec une tige qui fait un « toc » bien plaisant quand on l'enlève. Comparés à la texture des câpres un peu mollassonnes, les caprons sont fermes et remplis de graines qui se répandent dans votre bouche quand vous mordez dedans, un peu comme une moutarde grossière et saumâtre. Leur saveur est similaire à celle des câpres, mais plus légère. Servez-en avec du pâté de saumon fumé sur des toasts au blé complet.

❋ **Câpre & Poisson gras :** Un composé aromatique significatif des câpres, le méthyl isothiocyanate, a un puissant caractère de moutarde et on en trouve également dans le raifort – un partenaire courant du poisson gras. Les câpres contrastent avec le gras du poisson à la manière du raifort. Cette paire est particulièrement appréciée sur la pizza. Étalez de la sauce tomate sur une abaisse de pâte à pizza (voir Ail & Basilic, page 142, pour une bonne sauce tomate) et parsemez de fines tranches d'oignon rouge, de thon en boîte émietté, d'anchois, d'olives et de câpres. Passez au four pendant 10 minutes à 230 °C (thermostat 8).

Câpre & Pomme de terre : Les câpres aiment bien taquiner les saveurs douces et réduire les graisses. Elles sont appréciées dans une salade de pommes de terre méditerranéenne (voir Pomme de terre & Tomate, page 117), on peut en ajouter dans une *skordalia* (voir Pomme de terre & Ail, page 111) ou bien en servir avec des pommes de terre chaudes (surtout sautées). Il est bon de se rappeler d'ajouter les câpres à l'huile froide avant de faire chauffer : mélangées à de l'huile chaude, elles risquent de devenir de minuscules particules saumâtres et incendiaires. Retenez que la saveur des câpres s'intensifie avec la longueur de la cuisson. En Grèce, on mange les feuilles du câprier avec des pommes de terre et du poisson. Elles ont une saveur de moutarde et de thym plus prononcée que les boutons. Voir aussi Safran & Pomme de terre, page 228.

Câpre & Tomate : *voir Tomate & Câpre, page 325.*

Raifort

Le raifort est un cogneur avec un côté gentil. Coupez-le ou râpez-le et son mécanisme de défense naturel libérera des composés piquants et amers qui vous feront pleurer et vous brûleront le nez. C'est pour cette raison que seules les saveurs pugnaces qui peuvent lui faire face lui sont habituellement associées – les aliments fumés, le rosbif, les fromages forts ou du jus de tomate épicé et alcoolisé. En revanche, si on le traite gentiment, à petites doses, il peut libérer de délicates saveurs de fruits de mer crus. Le raifort a en commun avec d'autres ingrédients piquants comme le piment ou la moutarde cette capacité de mettre en valeur, d'attirer l'attention sur ce que vous avez en bouche. Il a également une certaine qualité rafraîchissante qui réduit le léger goût de poisson des fruits de mer non cuits ou le côté terreux de la pomme de terre ou de la betterave. Ce chapitre traite également du wasabi.

Raifort & Betterave : La fondante betterave rabat le caquet du raifort obstiné. Associez-les dans une salade, ou dans un plat délicieux comme le *tsvikili* ukrainien, en mélangeant de la betterave cuite et du raifort frais râpés en proportion de 6 pour 1 et en assaisonnant avec sel, poivre, sucre et vinaigre à votre goût. La sauce sucrée juive appelée *chrain* fonctionne sur un principe similaire ; on la sert avec du *gefilte fisch*, plat emblématique de la cuisine ashkénaze, à base de poisson haché en pâte fine, présentée en boulettes, ou utilisée comme farce pour un autre poisson, comme la carpe ou le brochet. Sinon, rendez hommage aux racines russes de ce duo avec un bortsch cramoisi, relevé par un tourbillon de raifort mélangé à de la crème aigre.

Raifort & Bœuf : *voir Bœuf & Raifort, page 58.*
Raifort & Céleri : *voir Céleri & Raifort, page 121.*

Raifort & Huître : À La Nouvelle-Orléans, les huîtres sont servies simplement avec du raifort, ou un mélange de ketchup et de raifort. Le frisson provoqué par les huîtres glacées et les picotements dans le nez induits par le raifort déclenchent une série de chocs, comme ceux du quartier de citron vert après un verre de tequila. David Burke, un chef de New York, associe les huîtres cuites et le raifort dans un risotto.

Raifort & Lard : Le lard fumé et la tomate se trouvent mutuellement irrésistibles. Salés, sucrés, acides : rien d'étonnant ! C'est pour cette raison que certains ne jurent que par le ketchup dans leurs sandwichs au lard fumé. Je comprends la pression des habitudes dans certains cas, mais tout le monde devrait essayer au moins une fois la sauce au raifort, surtout quand il s'agit du lard fumé. Si c'est un bon lard fumé, j'irais même jusqu'à dire qu'avec du raifort, c'est tout simplement encore mieux, puisqu'il vient compléter les saveurs de saumure et de viande grillée du lard fumé avec lesquelles le ketchup doit se battre. Mélangez 1 cuillerée à soupe de raifort préparé avec 4 cuillerées à soupe de mayonnaise. Étalez-en plus qu'il n'en faut sur du pain complet toasté et recouvrez de lard fumé, de tranches d'avocat et de quelques feuilles de laitue romaine croquante. Enfoncez-y les dents et sentez vos yeux commencer à se révulser. Remarquez la façon avec laquelle le raifort passe derrière le lard fumé pour lui pincer les fesses.

Raifort & Pois : *voir Pois & Raifort, page 257.*

Raifort & Poisson blanc : Les puristes peuvent désapprouver, mais j'aime le wasabi avec mes sushis, mélangé au riz comme un pain d'explosif vert. Le wasabi et le raifort sont proches. Tous deux ont une saveur piquante et métallique qui vient des composés soufrés volatils libérés de façon défensive lorsque la plante est endommagée. C'est pour cette raison que le raifort a une saveur plus forte, comme celle du cresson, lorsqu'il est râpé. Généralement, le wasabi servi dans les restaurants occidentaux n'est pas du vrai wasabi, mais du raifort teint en vert. Il en va de même pour celui qui est vendu en magasin. La différence de saveur est difficile à remarquer, surtout lorsque les quantités sont appropriées ; en effet, avec le véritable wasabi, un morceau de la taille d'une lentille suffit à faire pleurer à chaudes larmes. Si vous en absorbez trop, accidentellement, le secret, selon Harold McGee, est de respirer par la bouche le temps d'avaler le morceau, de sorte que les vapeurs de wasabi n'irritent pas les fosses nasales. Ou, sinon, faites comme tout le monde : pleurez et attendez que ça passe.

Raifort & Poisson fumé : *voir Poisson fumé & Raifort, page 208.*

Raifort & Poisson gras : Le raifort est servi en sauce sur les poissons gras simplement cuits. Le chef Richard Corrigan prépare les harengs avec un mélange à base de raifort. Sous forme de wasabi, le raifort offre un contraste brûlant avec le thon cru et le saumon en sushi et sashimi.

Raifort & Pomme : *voir Pomme & Raifort, page 341.*

Raifort & Pomme de terre : Pour un coup de frais sur votre hachis parmentier, assaisonnez la purée avec du raifort au goût vif. Utilisez aussi une mayonnaise au raifort (voir Raifort & Lard, page 131) dans une salade de pommes de terre pour accompagner du saumon fumé, de la truite ou des maquereaux.

Raifort & Tomate : *voir Tomate & Raifort, page 329.*

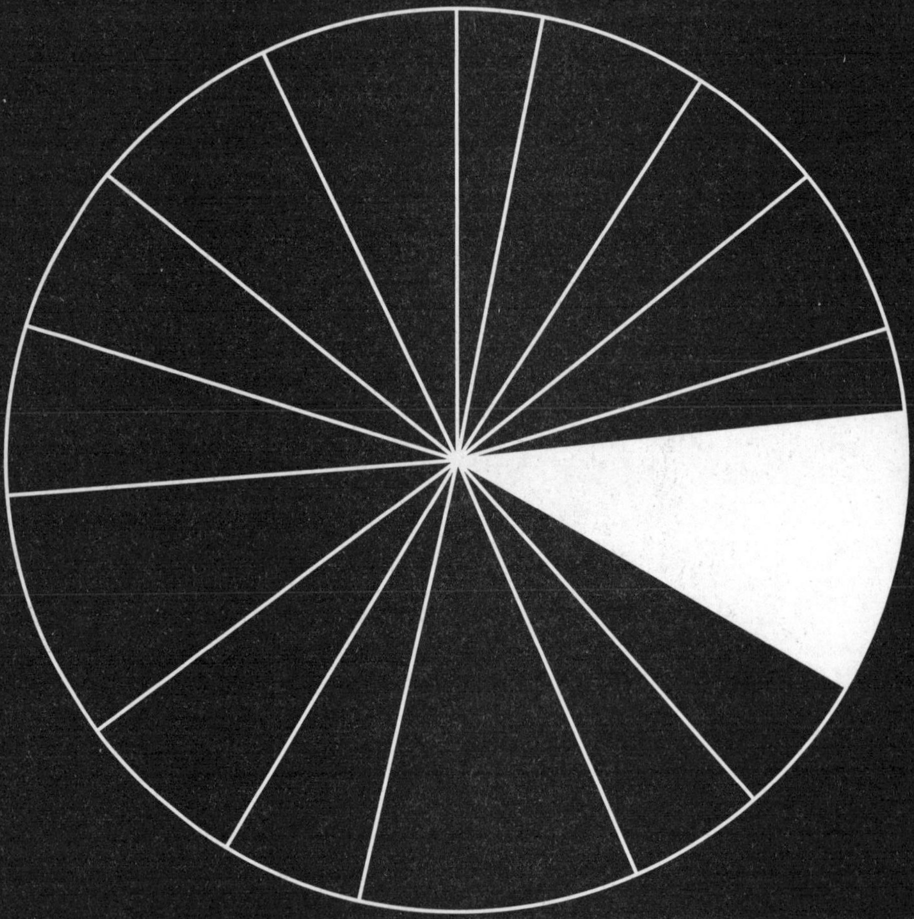

SULFURÉE

Oignon

Ail

Truffe

Chou

Rutabaga

Chou-fleur

Brocoli

Artichaut

Asperge

Œuf

Oignon

Dans la cuisine, c'est le plus bosseur. Parmi les espèces qui composent le genre *Allium*, l'oignon contribue à une gamme de saveurs distinctes, depuis la lumineuse fraîcheur de la ciboulette jusqu'au parfum délicat de l'échalote, en passant par le tapageur oignon en bulbe, tireur de larmes, et le poireau aux saveurs de terre teintées de verdure qu'il partage avec la ciboule, dite aussi oignon de printemps, cive, chiboule ou ail fistuleux. Cru, l'oignon donne un côté tranchant et croustillant aux sauces et aux salades ; rôti ou braisé, il devient doux et succulent ; frit jusqu'à en avoir les bords carbonisés, il ajoute une dimension aigre-douce à un hot-dog.

Oignon & Agneau : Une sauce aux oignons est un partenaire classique de l'agneau ou du mouton rôtis. L'auteur gastronomique Charles Campion se souvient que cette association était la valeur sûre sur laquelle sa mère pouvait toujours compter. Principalement, se souvient-il, à cause de cette sauce si particulière qu'elle préparait avec beaucoup d'oignons : elle les faisait fondre dans du beurre, puis mijoter dans du lait avec de la noix de muscade et du poivre noir, pour ensuite faire épaissir le tout avec de la fécule de pomme de terre et de la crème. Les films sont moins tolérants que les livres avec ce genre d'habitudes alimentaires peu raffinées. Le penchant qu'a James Bond pour le kebab agneau-oignon est en cela une omission notable dans le film adapté du livre *Bons baisers de Russie* : pendant que son contact turc, Darko, s'attaque à ce qui semble être du *kibbeh* (de l'agneau émincé cru, finement haché avec de la ciboulette et des poivrons), Bond choisit plutôt de l'agneau grillé au feu de bois, avec du riz aux légumes et beaucoup d'oignons. Pas étonnant qu'il ne se lance pas dans une scène d'action après ça.

Oignon & Ail : *voir Ail & Oignon, page 144.*

❋ **Oignon & Anchois :** Un jour de pluie à Venise, nous étions en quête avec des amis d'un lieu pour déjeuner dans les ruelles du Dorsoduro (un des six *sestieri*, les quartiers historiques de la cité des Doges) et nous avons finalement choisi un café avec une carte minimale où il n'était pas écrit *English spoken*. Le Dorsoduro est un peu moins touristique que le San Marco, de l'autre côté du Grand Canal, aussi le propriétaire et son épouse semblaient-ils très heureux de recevoir quelques *Inglesi* dans leur restaurant, comme si l'idée même de visiteurs étrangers était, à Venise, une nouveauté. Nous avons voulu essayer la spécialité locale, les *bigoli* aux anchois et aux oignons. Un plat si énorme qu'un gondolier aurait pu le piloter est arrivé sur la table, accompagné de plusieurs carafes de soave (DOC, vin blanc de Vénétie). Les *bigoli* ressemblent, en plus épais, à des spaghettis de blé entier, avec un goût de fruits à coque, un caractère rugueux, et ils constituent un support idéal pour le mélange sucré-salé d'oignons et d'anchois. Si vous ne pouvez pas vous en procurer, utilisez des spaghettis de blé entier. Pour 2 personnes, faites fondre à feu moyen pendant 10 minutes 3 oignons finement émincés dans 2 ou 3 cuillerées à soupe d'huile d'olive, mais sans les laisser se colorer. Ajoutez 4 ou 5 anchois salés, que vous briserez en mélangeant, et assaisonnez en gardant à l'esprit que l'anchois est déjà très salé à la base. Poursuivez la cuisson durant 10 minutes. Faites cuire les pâtes jusqu'à ce qu'elles soient *al dente*. Égouttez-les, en réservant 1 cuillerée à soupe d'eau, et remettez-les dans la casserole. Placez sur le feu et incorporez la sauce. Pour une touche de douceur, ajoutez 1 cuillerée à soupe de raisins de Corinthe aux oignons. Vous pouvez essayer dans cette recette quelques-unes des autres associations possibles avec les anchois : un peu de romarin, quelques brocolis blanchis et hachés, et peut-être une petite poignée de câpres.

✻ **Oignon & Betterave :** La douceur de la betterave est grandement compensée par l'oignon cru. Lorsqu'il est cuit, l'oignon prend un goût sucré qui lui est propre, équilibré par le vinaigre dans cette recette de chutney à la betterave et aux oignons que vous pourrez servir avec des friands à la saucisse ou dans des sandwichs au fromage. Faites mijoter dans 300 ml de vinaigre de vin rouge 700 g d'oignons coupés en dés avec 450 g de pommes à croquer pelées, évidées et coupées en dés, jusqu'à ce qu'ils soient tendres – cela prend environ 20 minutes. Ajoutez 700 g de cubes de betteraves cuites, 250 ml de vinaigre supplémentaire, 400 g de sucre, 1 cuillerée à café de sel et 2 cuillerées à café de gingembre moulu. Laissez bouillir encore 30 minutes. Remplissez des pots à confiture avec une cuillère pendant que le mélange est encore chaud et scellez. Vous devriez obtenir environ 5 pots de 450 g.

Oignon & Bœuf : *voir Bœuf & Oignon, page 56.*
Oignon & Boudin noir : *voir Boudin noir & Oignon, page 49.*
Oignon & Carotte : *voir Carotte & Oignon, page 290.*

Oignon & Céleri : Coupez des carottes, du céleri et des oignons en dés et vous obtiendrez la base aromatique de nombreux bouillons, soupes et ragoûts que les chefs appellent la mirepoix. Ajoutez du lard fumé salé ou du lard gras pour une mirepoix au gras. C'est un peu comme si on vous avait distribué trois cartes de la même valeur dans une main de poker. Ce serait vraiment de la malchance si vous ne finissiez pas par gagner quelque chose. Si ce que vous cuisinez nécessite moins de douceur ou une base plus fraîche et plus riche en herbes, laissez tomber la carotte. Si vous préparez, disons, un bouillon léger et que vous ne vouliez pas que la carotte y déteigne, utilisez un panais à la place. Il existe une combinaison ressemblant à la mirepoix composée d'oignon, de céleri et de poivron vert qu'on appelle la Sainte Trinité dans la cuisine cajun. Une mirepoix de base nécessite deux portions d'oignon pour deux portions de carotte et une portion de céleri, alors que, dans la Sainte Trinité, les ingrédients sont à parts égales.

Oignon & Champignon : *voir Champignon & Oignon, page 99.*
Oignon & Chou : *voir Chou & Oignon, page 151.*

❋ **Oignon & Clou de girofle :** Quelle pitié qu'un oignon piqué de clous de girofle ! Dans la *bread sauce*, il fait tout le boulot, avant d'être mis au rencart à la fin, quand le pain arrive en se pavanant et ramasse la mise. (Cette sauce au pain, datant de l'époque médiévale, est l'une des plus anciennes sauces britanniques.) De fait, c'est le piquant de l'oignon adouci par la tendre chaleur du clou de girofle qui donne à cette sauce son irrésistible et singulière profondeur. C'est la pantoufle charentaise des sauces. Vous pouvez également essayer la combinaison dans un sandwich à l'oignon et au poulet, parfumé au clou de girofle. Pour 2 sandwichs de 15 cm (dans de la baguette), émincez finement un oignon d'Espagne et cuisez-le lentement dans 1 cuillerée à soupe d'huile d'arachide, un peu de beurre et ½ cuillerée à café de clous de girofle en poudre. Réchauffez le pain, coupez quelques tranches de poulet chaud. Lorsque les oignons sont fondants, ajoutez quelques cuillerées à soupe de crème, faites chauffer encore quelques instants, puis étalez sur le pain avant de le garnir avec le poulet. Épatant avec un verre de pinot noir.

Oignon & Concombre : Selon les Chinois, le frais et aqueux concombre est très yin, tandis que l'oignon, chaud, lumineux, solide et sec, est yang. Ces caractéristiques opposées et complémentaires ne sont jamais aussi apparentes que dans des crêpes fourrées d'une belle épaisseur de douce sauce *hoisin* (sauce brune épaisse et épicée à base de graines de soja et de piments séchés), garnies de morceaux croustillants et aromatiques de canard avec une julienne de concombre et d'oignons de printemps.

Oignon & Foie : *voir Foie & Oignon, page 51.*
Oignon & Fromage à pâte pressée cuite : *voir Fromage à pâte pressée cuite & Oignon, page 83.*

Oignon & Gingembre : Le partenaire idéal du gingembre, c'est l'oignon de printemps, appelé aussi ciboule. Une combinaison de base de la cuisine chinoise, si polyvalente et délicieuse qu'elle peut transformer le tofu en une fête de saveurs. Fuchsia Dunlop (qui a appris neuf façons de couper un oignon nouveau dans une école de cuisine au Sichuan) explique comment on les utilise pour tempérer les saveurs non salées des viandes et des fruits de mer ou, plus tentant, pour réveiller la saveur du poisson à la vapeur recouvert d'un filet d'huile chaude, avant d'y ajouter un trait de sauce de soja. Pour moi, le gingembre et les oignons nouveaux n'iront jamais aussi bien ensemble que lorsqu'ils sont sautés avec du crabe frais, un plat qui peut vous demander plus d'une heure de dépiautage avec les doigts, mais, fort heureusement, est délicieux même froid.

Oignon & Huître : *voir Huître & Oignon, page 189.*
Oignon & Lard : *voir Lard & Oignon, page 211.*

Oignon & Menthe : En ce qui concerne l'haleine, la menthe est à l'oignon ce que le persil est à l'ail. Rappelez-vous cette publicité dans les années 1980 pour un chewing-gum, dans laquelle la fille A, spéculant sur l'endroit où les garçons pourraient les sortir le soir, demande à la fille B si ses cheveux sont OK. La fille B répond que si elle était la fille A, elle serait moins préoccupée par ses cheveux que par son haleine fleurant l'oignon. Pourquoi la fille A, à ce moment-là, ne pose-t-elle pas doucement sa fourchette pour claquer le beignet de la fille B ? Et pourquoi la fille B est-elle si inquiète à propos de l'haleine de la fille A, alors qu'elle-même a en face d'elle une maigre salade dont les oignons forment le plus grande part ? Et pourquoi est-ce qu'elles mangent cela avant de retrouver les garçons ? Est-ce parce que les filles A et B sont enfermées dans un cycle toxique et destructeur de compétitivité sexuelle narcissique ? Loin de m'encourager à acheter du chewing-gum, ce film publicitaire m'a inculqué la détermination de n'avoir de rendez-vous qu'avec des garçons en face desquels je pourrais manger les aliments les plus… tenaces. S'il continuait à me courtiser après un baiser aux oignons *bhaji* (en beignet) avec une arrière-note traînante de *raïta* mentholée (préparation indienne à base de yaourt et de concombre), c'est certain, j'aurais trouvé l'âme sœur. Voir aussi Piment & Menthe, page 263.

Oignon & Noix de muscade : On pense souvent à la noix de muscade comme à une épice douce alors qu'elle a aussi un côté amer qui offre un contrepoint bien utile à la saveur sucrée de l'oignon, comme dans une sauce composée d'oignons cuits réduits en purée et ajoutés à une béchamel. Ou bien encore, faites cuire des oignons très lentement jusqu'à ce qu'ils soient tendres, réduisez-les en purée et saupoudrez généreusement de noix de muscade. Ajoutez un peu de bouillon de poulet ou de crème pour détendre si nécessaire. Ces deux sauces peuvent toutes deux être servies avec du porc, de l'agneau ou du canard.

Oignon & Œuf : *voir Œuf & Oignon, page 170.*

Oignon & Orange : Tous deux découpés en fines rondelles, ils feront une salade croquante délicieuse. Essayez de trouver une variété d'oignon doux comme les vidalia. Les oignons doux ont des niveaux de sucre plus élevés au détriment de l'acide pyruvique, ce composé chimique qui est responsable du côté piquant et de l'arrière-goût des oignons forts, et donc des larmes que vous faites couler sur votre planche à découper. Si vous ne trouvez pas d'oignons naturellement doux, vous pouvez essayer de passer vos oignons découpés sous l'eau froide, ce qui bloque une partie des composés de soufre les plus forts qui se dégagent lorsque vous endommagez la chair. Oranges sanguines et oignons rouges forment un joli couple dans l'assiette, et les oignons rouges sont souvent (mais pas toujours) moins forts et plus doux.

Oignon & Pois : *voir Pois & Oignon, page 255.*

Oignon & Poisson fumé : De fines rondelles d'oignon rouge cru contrastent avec le gras du saumon fumé et s'accordent pourtant avec ses saveurs turbulentes – parfait sur un bagel chaud tartiné de fromage frais. À la place du saumon, vous pourriez choisir du *lox* – ce qui n'est pas la même chose, même si les termes « saumon fumé » et *« lox »* sont souvent utilisés l'un pour l'autre. Le *lox* est du saumon traité en saumure, parfois avec des oignons et des épices, mais il n'est jamais fumé. Le produit véritable est aussi salé que la moustache d'un pêcheur. Russ and Daughters, une épicerie spécialisée à New York, salent eux-mêmes leur *lox* et le vendent accompagné d'une sauce au vin blanc et à la crème avec des oignons au vinaigre. Voir aussi Fromage à pâte molle & Poisson fumé, page 89.

Oignon & Poisson gras : *voir Poisson gras & Oignon, page 197.*

Oignon & Poivron : Flânez dans une zone résidentielle en Espagne ou au Portugal en début de soirée et sentez combien l'air se parfume de l'odeur sucrée des oignons et des poivrons qui fondent alentour pour le dîner. Si on a toujours l'impression que cette combinaison sent meilleur qu'à la maison, c'est parce que, d'après moi, les ingrédients sont plus goûteux, que le soleil de fin de journée est réconfortant et qu'on est tout simplement en vacances. Mais quand j'ai eu l'occasion d'en savoir plus sur la cuisine espagnole, j'ai découvert, avant tout chose, qu'il y a un ingrédient secret, la patience. Il s'avère qu'un mélange d'oignons et de poivrons cuits pendant 20 minutes est quatre fois meilleur qu'en 5 minutes. À tel point, en fait, qu'on peut en recouvrir un morceau de pain blanc, sans passer par l'assiette, et s'en contenter pour le souper. Maintenant, est-ce qu'une cuisson de 40 minutes serait deux fois meilleure qu'une de 20 ? Cela reste à prouver. Je suis patiente, mais je ne m'appelle pas Pénélope.

Oignon & Pomme de terre : *voir Pomme de terre & Oignon, page 116.*

Oignon & Porc : La viande de porc, sans prétention, s'entend bien avec toute la famille des oignons – rôti de porc à l'ail, boulettes chinoises de porc à la ciboulette, enchevêtrement d'oignons émincés dans une sauce au jus sur des saucisses, ou, mieux que tout, saucisses de porc aux poireaux. Les poireaux présentent une combinaison crémeuse de saveurs d'oignon et de chou, et le chou est le meilleur partenaire du porc.

Oignon & Poulet : *voir Poulet & Oignon, page 37.*
Oignon & Romarin : *voir Romarin & Oignon, page 400.*

Oignon & Sauge : Sauge et oignon sont couramment mélangés dans les farces pour la bonne raison qu'ils sont doux, avec des notes profondes d'herbes aromatiques et de paille. Fort probablement par association d'idées, la combinaison évoque la viande et c'est une vraie réussite avec des haricots blancs dans cette recette de *bruschetta* – une version toscane des *beans on toast* anglais (haricots blancs cuits dans une sauce tomate et servis chauds sur du pain toasté). Faites fondre un oignon finement émincé dans de l'huile d'olive, puis ajoutez une boîte de 400 g de haricots blancs et quelques feuilles de sauge hachées finement. Laissez cuire à feu doux pendant 5 à 10 minutes avant de réduire partiellement en purée et d'assaisonner. À servir sur des tranches de baguette toastées. Voir aussi Poulet & Sauge, page 39.

Oignon & Thym : *voir Thym & Oignon, page 409.*
Oignon & Tomate : *voir Tomate & Oignon, page 328.*

Ail

Ajouter une pointe d'ail à la viande, aux fruits de mer, aux légumes verts et même aux truffes, c'est comme surligner leurs contours gustatifs : tout devient plus net, plus précis, sans compter les succulentes qualités de l'ail en lui-même. Pour obtenir une saveur d'intensité moyenne, faites infuser une gousse entière dans de l'huile chaude ; pour un goût plus puissant, utilisez-le cru, broyé en pâte. Il existe deux types d'ails : celui planté au printemps et celui planté en automne. Le premier, dit ail rose, plus facile à cultiver, est celui qui se trouve le plus facilement, dans les supermarchés ou présenté en tresses sur les marchés, mais l'autre, dit ail blanc, a tendance à avoir meilleur goût. C'est par une dégustation systématique, avec une gamme de gousses différentes, sur du pain ou en aïoli que l'on peut individualiser leurs caractéristiques piquantes ou douces, terreuses ou métalliques, fruitées ou florales (lys) et même identifier des notes de fruits à coque ou de caoutchouc. L'ail faux poireau, ou rocambole, est plus doux, mais on considère qu'il appartient plus à la famille du poireau qu'à celle de l'ail, comme l'indique un de ses noms populaires, le poireau d'été. L'ail peut être acheté en poudre, en flocons, en pâte ou sous forme de sel, et même en pot, déjà haché. Je considère néanmoins que ces produits préparés sont souvent piquants et qu'il leur manque le volatil parfum de terre des gousses fraîches. Le principal usage de l'ail consiste à relever les

plats salés, mais il peut constituer une fantastique saveur primaire sur les arrière-plans fades ou neutres comme le pain, les pâtes ou le riz (risotto à l'ail rôti).

Ail & Agneau : À Barcelone, il existe un ancien relais de poste dont l'intérieur ressemble à une forge en activité. Un gril de la taille d'une table de billard y gronde et crépite sous d'imposantes pièces d'agneau non désossées à côté de bottes d'artichauts et de *calçots* ressemblant à des poireaux (variété d'oignons catalans tendres et doux). Un serveur vous apporte l'équipement nécessaire pour vous faire votre propre *pa amb tomàquet* : de grandes tranches de pain de campagne blanc, des tomates entières et des gousses d'ail. Après cela, j'ai continué avec une pile de côtelettes d'agneau salé chatoyantes servies avec un bol d'aïoli dont la férocité était en accord avec la douceur grasse de la viande. Chaque fois que le piquant de l'ail s'estompait, les bouchées d'agneau devenaient de plus en plus sucrées. Une fois le plat principal débarrassé, un homme à la table d'à côté s'est penché vers nous et a insisté pour que nous commandions un sorbet de mandarine. Nous fûmes bien contents de son initiative. C'était l'essence même de la mandarinité : toutes les nuances de parfums avaient été préservées par cryogénie.

Ail & Amande : Cette version de la soupe froide espagnole classique, l'*ajo blanco*, consiste à mélanger des amandes avec de l'ail cru dans un robot de cuisine – un moyen infaillible d'expérimenter l'ail dans sa saveur la plus puissante. L'ail contient un sulfoxyde appelé alliine qui est converti en allicine lorsque l'ail est coupé ou écrasé. L'allicine, à son tour, est convertie en composés sulfurés responsables de l'arôme caractéristique de l'ail écrasé. Plus la rupture de l'ail est brutale, plus l'allicine est transformée. L'amande dans l'*ajo blanco* prend l'avantage sur le piquant lorsqu'il est servi froid, ne soyez donc pas tenté de diminuer la quantité d'ail. Faites tremper une poignée de mie de pain blanc rassis dans de l'eau ou du lait. Dans un robot de cuisine, placez 200 g d'amandes blanchies en poudre, la mie de pain essorée et 2 gousses d'ail pelées et écrasées. Mélangez jusqu'à obtenir une pâte. Avec le moteur en marche, versez lentement 3 cuillerées à soupe d'huile d'olive suivies de 750 ml d'eau glacée. Assaisonnez et incorporez 1 à 3 cuillerées à soupe de vinaigre de xérès, selon votre goût. Refroidissez sans pitié et servez avec une garniture de raisins, épépinés si nécessaire. Voir aussi Amande & Melon, page 307.

Ail & Anchois : *voir Anchois & Ail, page 202.*
Ail & Aubergine : *voir Aubergine & Ail, page 102.*

Ail & Basilic : L'effet de quelques gousses d'ail et de quelques feuilles de basilic sur des tomates en conserve n'a rien de miraculeux. Essentiellement, ces deux ingrédients tirent les saveurs de la tomate dans des directions opposées, ce qui en révèle le plein potentiel. À une extrémité du spectre, l'ail l'emporte sur la forte saveur de sulfure de diméthyle de la tomate en conserve, l'entraînant dans un sens plus savoureusement végétal ; de l'autre, le basilic, illuminant et rafraîchissant, remplace la saveur verte et légèrement herbacée que la tomate perd dans le processus de mise en conserve. Hachez grossièrement 4 ou 5 gousses d'ail et faites-les ramollir dans une casserole avec de l'huile d'olive. Quand elles sont légèrement colorées, ajoutez 4 boîtes de tomates entières et une généreuse poignée de basilic ciselé. Brisez les tomates et portez à ébullition. Retirez du feu et passez au tamis en travaillant avec une cuillère en bois. Jetez ce qui resté dans le tamis (ail, pulpe de tomate, basilic) et versez cette sauce dans une poêle. Amenez à ébullition et laissez réduire jusqu'à ce qu'elle commence à faire de grosses bulles sonores, comme un marécage volcanique. La sauce doit prendre à peu près la consistance du ketchup. Utilisez-la sur des pâtes ou sur une pizza. On peut la rendre tout à fait céleste en lui faisant passer une nuit au réfrigérateur avec quelques feuilles de basilic immergées.

Ail & Bœuf : *voir Bœuf & Ail, page 52.*
Ail & Brocoli : *voir Brocoli & Ail, page 157.*
Ail & Champignon : *voir Champignon & Ail, page 94.*
Ail & Chou : *voir Chou & Ail, page 149.*
Ail & Chou-fleur : *voir Chou-fleur & Ail, page 154.*

Ail & Concombre : Ken Hom parle d'une salade de concombre au vinaigre qu'il a particulièrement appréciée à Shanghai. La version originale contient de l'ail cru et piquant, mais dans sa variante, il calme le jeu en utilisant de l'ail frit. Dans le tzatzíki, la collaboration probablement la plus connue de l'ail et du concombre, le yaourt adoucit encore plus les choses, même si la chaleur épicée de l'ail persiste malgré tout. Enlevez les pépins d'un demi-concombre et râpez-le ou coupez-le en cubes. Essayez d'en extraire le maximum d'eau avant de le mélanger à 250 g de yaourt, une gousse d'ail écrasée avec du sel et 1 ou 2 cuillerées à soupe de menthe hachée (vous pouvez essayer du yaourt au lait de brebis ou de chèvre dont les saveurs vont particulièrement bien avec le concombre). Servez avec des côtes de veau bien grasses et du pain croustillant. Ou bien délayez le mélange avec un bouillon léger pour faire une soupe froide rafraîchissante, en vous souvenant que le concombre rendra encore plus de son eau au fur et à mesure que les saveurs se combineront dans le réfrigérateur.

Ail & Feuilles de coriandre : *voir Feuilles de coriandre & Ail, page 245.*
Ail & Foie : *voir Foie & Ail, page 50.*
Ail & Fromage à croûte lavée : *voir Fromage à croûte lavée & Ail, page 73.*
Ail & Fromage à pâte molle : *voir Fromage à pâte molle & Ail, page 87.*
Ail & Fromage de chèvre : *voir Fromage de chèvre & Ail, page 68.*
Ail & Fruits de mer : *voir Fruits de mer & Ail, page 174.*

Ail & Gingembre : Ces deux-là font penser à une technique d'interrogation des policiers, dite « du gentil et du méchant ». Le gingembre est le flic gentil : frais, la main légère avec un savoir-faire pour séduire et extraire la douceur de la viande, des fruits de mer ou des légumes verts. L'ail, en revanche, est grossier, vulgaire et laisse une impression sulfurée tenace. Les chefs indiens préparent une pâte de gingembre et d'ail qu'ils utilisent comme une marinade pour la viande ou comme base d'une sauce. Passez au mixeur le même poids d'ail pelé et de gingembre jusqu'à l'obtention d'une pâte en ajoutant 1 cuillerée à soupe d'eau pour 100 g. Le mélange se conservera une ou deux semaines au frigo ou plus longtemps au congélateur.

Ail & Graines de coriandre : *voir Graines de coriandre & Ail, page 431.*
Ail & Menthe : *voir Menthe & Ail, page 411.*
Ail & Noisette : *voir Noisette & Ail, page 301.*
Ail & Noix : *voir Noix & Ail, page 296.*

Ail & Oignon : Les moines bouddhistes chinois ne mangent pas d'oignon, d'ail, d'échalote, de ciboulette et de poireau, classés *hun wu*, « fétides » ou « interdits niveau cinq », car ils sont censés exciter les sens. Une même injonction contre l'oignon et l'ail existe dans la culture brahmanique hindoue. Les adeptes du jaïnisme (religion indienne ascétique fondée sur la non-violence), pour leur part, évitent l'oignon et l'ail, ainsi que tous les légumes-racines, de peur qu'ils ne contiennent des êtres vivants. En tant que substitut, brahmanes et jaïns utilisent la gomme résineuse appelée ase fétide (*Asa foetida*, extraite du rhizome de deux espèces de fenouils géants poussant en Inde et en Iran), qui possède une saveur piquante et alliacée. Elle est connue également sous l'appellation de fumier du diable ou de nourriture des dieux, ce qui illustre bien ses qualités équivoques, magnifiques ou horribles, que l'on prête également à la truffe. L'ase fétide crue dégage des odeurs sulfurées écœurantes (beaucoup moins lorsqu'elle est en poudre), mais cuite, elle imprègne la nourriture d'une terreuse et savoureuse saveur piquante. Bien que le plus couramment associée à la cuisine indienne, cette résine est originaire d'Iran où on en frotte parfois les assiettes servant pour la viande. L'*Asa foetida* était si appréciée à l'époque romaine qu'on en trouve dans la moitié des recettes d'Apicius. Enfin, si vous êtes prêt pour une expérience « excitante », vous pouvez essayer la soupe aux cinq oignons, faite avec de l'ail, de l'oignon, de la ciboule, du poireau et de la ciboulette.

Ail & Olive : *voir Olive & Ail, page 218.*
Ail & Persil : *voir Persil & Ail, page 242.*
Ail & Piment : *voir Piment & Ail, page 260.*

Ail & Poisson blanc : L'aïoli transforme le poisson blanc ordinaire en plat festif, surtout dans le cas de la bourride, un épais ragoût provençal de poissons à l'aïoli. La *skordalia* est une recette grecque où l'on trempe des filets de poisson pochés ou grillés dans une purée aillée de pommes de terre – voir Pomme de terre & Ail, page 111.

Ail & Poisson gras : *voir Poisson gras & Ail, page 194.*
Ail & Pomme de terre : *voir Pomme de terre & Ail, page 111.*
Ail & Porc : *voir Porc & Ail, page 40.*

❋ **Ail & Poulet :** Un des inconvénients du poulet à la Kiev, c'est d'arriver à esquiver le geyser de beurre fondu à l'ail qui vous gicle par-dessus l'épaule. Il est moins risqué de s'en tenir à la vieille recette provençale du poulet aux 40 gousses d'ail. Comme le suggère le nom, vous devez simplement faire rôtir un poulet avec 40 gousses d'ail non pelées dont vous aurez juste coupé le petit nez pointu afin de pouvoir faire sortir la pâte d'ail chaude et sucrée en pressant sur la peau directement sur des rondelles de pain (baguette) grillé. L'ail change alors complètement de personnalité, perdant son côté piquant agressif et se transformant en une douce saveur caramélisée de châtaigne. Mais derrière son apparente douceur, l'ail rôti s'obstine tout de même à envahir votre haleine. La dernière fois que j'ai fait cette recette, j'ai pris un taxi le lendemain matin et le chauffeur n'arrêtait pas de me regarder d'un sale œil dans le rétroviseur.

Ail & Romarin : Les saveurs impétueuses de l'ail et du romarin en font une combinaison idéale pour la cuisson en extérieur. Utilisez-les sur de l'agneau, du porc ou du lapin au barbecue, pour valoriser des pommes de terre rôties ou pour faire un pain à l'ail aromatique. Ou encore, un soir plus frais que les autres, revivez l'été en les utilisant dans de simples pâtes façon *aglio e olio* – voir Piment & Ail, page 260. Faites chauffer de l'ail émincé dans de l'huile d'olive avec du romarin ciselé (½ cuillerée à café par personne) et mélangez à des spaghettis cuits avec beaucoup de parmesan râpé.

❋ **Ail & Thym :** Moins agressifs que la paire ail-romarin, l'ail et le thym font des merveilles sur presque tout ce qui est salé : légumes, agneau, poulet, olives. Richard Olney pense que beaucoup d'ail et de thym est essentiel pour réussir une ratatouille. La méthode (infaillible) suivante suit ses conseils, ce qui implique que vous n'aurez plus jamais besoin de reléguer un essai insipide à la poubelle. Débitez 1 aubergine, 1 oignon rouge, 1 poivron rouge et 3 petites courgettes en tronçons de la taille d'un demi-bouchon (et non pas en dés) et versez-les dans un plat résistant allant au four avec une boîte de tomates olivettes pelées. Écrasez un peu les tomates avec une cuillère et mélangez-y 8 gousses d'ail finement émincées, 8 brins de thym, quelques giclées d'huile d'olive, du sel et du poivre. Faites cuire au four à 190 °C (thermostat 6-7) pendant 1 heure, en remuant une ou deux fois pendant la cuisson. Certains ajouteront 1 cuillerée à soupe de vinaigre de vin rouge pour donner un peu de tonus avant de servir. Très bon avec du gruyère dans des galettes de sarrasin.

Ail & Tomate : *voir Tomate & Ail, page 324.*
Ail & Truffe : *voir Truffe & Ail, page 146.*

Truffe

En raison de leur prix élevé, les truffes fraîches sont généralement utilisées avec parcimonie, leur complexité musquée et vigoureuse leur permettant de dominer les autres ingrédients. Aujourd'hui, on trouve de l'arôme de truffe un peu partout. La saveur de la truffe blanche a été synthétisée avec succès sous la forme d'un composé connu sous le nom de bis(méthylthio)méthane, utilisé pour fabriquer de l'huile de truffe qui arrose, pas toujours à bon escient, des milliers de plats de restaurants. Elle est parfois injectée dans des truffes de qualité inférieure, dépourvues de saveur, qui seront débitées en copeaux sur les plats. Fraude fongique mise à part, l'huile de truffe synthétique est loin d'être mauvaise et peut faire des merveilles pour réveiller une purée de pommes de terre ou dynamiser le chou, le chou-fleur et les macaronis au fromage. Cela vous donnera une idée du goût de la truffe si vous n'avez jamais eu l'occasion d'en manger de la véritable, un peu comme si vous lisiez le résumé d'*Anna Karenine* pour avoir un aperçu du roman complet.

Truffe & Ail : On évoque souvent l'ail en disant qu'il est un descripteur sensoriel de la truffe. Brillat-Savarin rapporte qu'il a conclu, avec des « hommes d'une intégrité irréprochable », que les truffes blanches du Piémont avaient un « goût d'ail qui est loin d'entacher leur perfection ». Comparées aux truffes blanches, les truffes noires sont moins aillées, plus sucrées, avec une saveur de moisissure plus intense et des notes de champignon plus évidentes dans le spectre des saveurs boisées. Qu'elles soient blanches ou noires, les truffes se combinent bien avec l'ail et pourraient sans doute transformer du polystyrène en un riche et délicieux festin.

Truffe & Artichaut : *voir Artichaut & Truffe, page 162.*
Truffe & Asperge : *voir Asperge & Truffe, page 165.*
Truffe & Bœuf : *voir Bœuf & Truffe, page 59.*

Truffe & Céleri : L'auteur gastronomique Elisabeth Luard recommande de mélanger en parts égales purée de céleri et purée de pommes de terre, beaucoup de crème et un peu de truffe râpée, – juste après avoir indiqué que les truffes ont un goût naturel évoquant « les vieilles chaussettes, les vestiaires d'un club de rugby après un match, les caleçons sales, l'alcool à brûler, une pompe à essence un samedi pluvieux ».

Truffe & Champignon : *voir Champignon & Truffe, page 101.*

Truffe & Chou : L'arôme caractéristique de la truffe incombe à un certain nombre de composés chimiques dont le principal est le sulfure de diméthyle (DMS) que les cochons et les chiens truffiers sont dressés à reconnaître. Le producteur Gareth Renowden écrit que, à forte concentration, le DMS a la même odeur que le chou cuit – une similitude que vous aurez peut-être remarquée dans certaines huiles parfumées artificiellement à la truffe plutôt qu'avec de la vraie truffe. Marco Pierre White a exploité l'harmonie des deux ingrédients dans sa soupe au chou truffé, et au Nobu ils sont associés au bœuf dans le steak au chou truffé.

Truffe & Chou-fleur : *voir Chou-fleur & Truffe, page 157.*

Truffe & Foie : Piquer du foie gras de morceaux de truffe noire, c'est presque d'aussi mauvais goût qu'une Ferrari plaquée or. Maguelonne Toussaint-Samat écrit que les morceaux entiers de truffes nuisent à la qualité singulière du foie gras. D'après elle, il est plus judicieux de barder une truffe de lard fumé et de la faire cuire à four doux avant de la servir en fins copeaux sur une tranche de foie gras. Ils sont souvent associés dans des plats « à la Rossini », dont le plus célèbre est le tournedos Rossini dans lequel le filet de bœuf crée un véritable pont entre les ingrédients, comme dans le burger fourré au foie gras et à la truffe que l'on sert dans un petit pain au parmesan au Bistro Moderne de Daniel Boulud à New York.

Truffe & Fromage à pâte molle : *voir Fromage à pâte molle & Truffe, page 91.*
Truffe & Fromage bleu : *voir Fromage bleu & Truffe, page 79.*

Truffe & Fruits de mer : La truffe et le homard entretiennent des liens particulièrement harmonieux. Un composé clé de la saveur de la truffe blanche, le bis(méthylthio)méthane, avec ses qualités fongiques, aillées, épicées et sulfurées, apparaît naturellement aussi dans le homard (comme dans les champignons *shiitake* et dans certains fromages faits tel le camembert). Les autres crustacés, comme les coquilles Saint-Jacques, sont aussi régulièrement associés à la truffe, et au chou qui vient compléter le trio.

✻ **Truffe & Lard :** Tout a un meilleur goût avec du lard fumé, comme on dit : même les truffes. Et cela, depuis une recette de 1833 de « truffes au champagne » par Richard Dolby : « Prenez dix ou douze truffes bien nettoyées, mettez-les dans un fait-tout sur des tranches de lard fumé avec une feuille de laurier, un bouquet garni, un peu de lard fumé râpé, du bouillon, une tranche ou deux de jambon et une bouteille de champagne. Recouvrez tout cela d'une feuille de papier beurré et d'un couvercle avant de placer le fait-tout sur des braises chaudes. Mettez des braises par-dessus et laissez mijoter pendant une heure. Lorsqu'elles sont cuites, égouttez-les sur un linge propre et servez-les sur une serviette en tissu pliée. »

Truffe & Œuf : C'est une vérité universellement admise que quiconque possède une truffe fraîche doit la placer dans un récipient fermé avec des œufs. Après un ou deux jours, une fois que la saveur de la truffe s'est propagée aux matières grasses des jaunes d'œufs, faites une simple omelette, des œufs brouillés ou des œufs au plat. Vous ne le regretterez pas. Les matières grasses sont essentielles pour libérer et transmettre la saveur de la truffe ; le beurre et la graisse d'oie donnent des résultats plutôt probants. Certains cuisiniers utilisent de l'ail pour l'intensifier lorsqu'elle est servie avec des œufs, en frottant une gousse d'ail sur une tranche de pain grillé ou à l'intérieur du récipient dans lequel les œufs sont battus avant d'être brouillés.

Truffe & Pomme de terre : *voir Pomme de terre & Truffe, page 118.*

Truffe & Porc : Naufragés après avoir été attaqués par des pirates en maraude, les membres de la famille du *Robinson suisse* décident de rester sur une île où ils ont découvert un sanglier et des truffes. Je pourrais m'y faire, s'il y avait aussi une barrique de barolo (vin italien du Piémont, surnommé « roi des vins, vin des rois ») échouée quelque part. Le père de la famille constate que ces truffes sont « très différentes des morceaux de cuir coriaces dont [il se] souvien[t] en Europe », simplement parce qu'il n'a jamais goûté que des truffes dépouillées de fraîcheur en raison d'un transport trop long. Lors d'une vente aux enchères en 2004, un consortium a déboursé 28 000 livres sterling, soit plus de 44 000 euros, pour la deuxième plus grande truffe blanche jamais découverte, qui a été enfermée dans un coffre-fort réfrigéré du Zafferano, un restaurant londonien. Le propriétaire du restaurant s'est ensuite absenté durant quatre jours, avec la clé dans sa poche. À son retour, la truffe était ruinée. Il n'existe tout simplement aucun moyen efficace pour conserver les truffes fraîches, un problème que les Robinson suisses ont résolu en confectionnant salamis et mortadelles – truffés – avec le sanglier, et probablement aussi du cervelas truffé comme dans leur lointaine patrie d'origine.

Truffe & Poulet : Au début du XXe siècle, Lyon présentait la particularité d'avoir sa cuisine gastronomique dominée par des chefs féminins ou, comme on disait, des cuisinières. La plus grande d'entre elles était la légendaire Mère Fillioux. Dans son petit restaurant de la rue Duquesne, les clients se voyaient servir un immuable menu de charcuterie, de quenelles de brochet, d'artichauts au foie gras et de poularde demi-deuil – recette dans laquelle la peau dorée d'un gallinacé dodu a été assombrie avec des lamelles de truffe noire glissées dessous. Au Ivy, à Londres, poulet et truffes sont associés dans le poulet des Landes rôti. A. A. Gill, qui a écrit le livre de recettes du restaurant, affirme avoir conçu celle-ci en tentant de maîtriser la recette originale. C'est de fait une préparation plus fastidieuse que le demi-deuil, car elle implique de remplir des cuisses de poulet partiellement désossées avec une farce d'échalotes, de champignons, de chapelure, de persil et de foie gras, avant de les pocher, puis de les rôtir avec le reste du volatile. Les cuisses sont ensuite servies avec du vin blanc, du gratin dauphinois et une sauce épaisse faite d'un mélange de poulet et d'un bouillon de viande brune, de truffe noire et de madère.

Chou

Cette section comprend divers types de choux, y compris les choux de Bruxelles, et un large éventail de saveurs, de la fraîcheur épicée du chou cru à l'odeur envahissante et sulfurée du chou commun bien cuit. Quelque part entre ces deux extrêmes se trouvent la choucroute et le *kimchi* (mets traditionnel coréen à base de chou chinois fermenté). Le chou cuit s'apparie brillamment avec d'autres ingrédients pleins de mordant comme l'ail, l'oignon, la truffe et la moutarde. Le lard salé et les anchois domptent et neutralisent les saveurs amères, comme celle des choux de Bruxelles. Le chou pommé frisé et le chou chinois – ou chou nappa – sont appréciés pour leur saveur fine ; leurs feuilles craquantes sont idéales pour absorber les sauces dans les sautés. Curieusement, les choux ont une nette affinité pour les pommes, et les choux de Bruxelles sont délicieux avec les canneberges séchées (la grande airelle rouge d'Amérique du Nord) et la gelée de groseille.

Chou & Agneau : *voir Agneau & Chou, page 62.*

Chou & Ail : Si, comme Mark Twain l'a écrit dans *La Tragédie de Pudd'nhead Wilson*, « le chou-fleur n'est rien d'autre qu'un chou qui a suivi des études supérieures », le *cavolo nero* (variété de chou frisé) est lui un chou qui a une résidence secondaire en Toscane. Mais il n'est pas raffiné au point de ne pas pouvoir être cuisiné à la maison, comme dans cette délicieuse recette de *bruschetta*. Ôtez les tiges du *cavolo nero* et faites blanchir les feuilles pendant quelques minutes. Égouttez-les, laissez-les refroidir et pressez-les pour faire sortir toute l'eau, puis émincez-les avant de les faire frire dans de l'huile d'olive aillée. Assaisonnez et servez sur une solide tranche de pain blanc toastée. J'ajoute une pincée de flocons de piment et, pourquoi pas, un voile de parmesan râpé. Du chou frisé ira très bien si vous ne trouvez pas de *cavolo nero*.

Chou & Bœuf : Les Américains d'origine irlandaise prétendent peut-être que l'association corned-beef et chou leur appartient, mais ce n'est pas un plat traditionnel en Irlande où il est plus fréquent que le chou accompagne un bon morceau de jambon cuit à l'eau. Pendant la grande vague d'immigration irlandaise au milieu du XIXe siècle, le bœuf était beaucoup plus abondant et bon marché en Amérique qu'en Irlande et les nouveaux arrivants se mirent à le conserver et à le cuire comme le jambon, puis le servaient avec les mêmes accompagnements, le chou et la pomme de terre. Dans les quartiers juifs, une pratique similaire consistait à conserver des morceaux de poitrine de bœuf dans de la saumure avec des épices, puis de les fumer pour faire du *pastrami*.

Chou & Carotte : *voir Carotte & Chou, page 289.*
Chou & Châtaigne : *voir Châtaigne & Chou, page 294.*
Chou & Fromage bleu : *voir Fromage bleu & Chou, page 76.*

Chou & Fruits de mer : Le sulfure de diméthyle (DMS) est un important composant de la saveur du chou, avec une odeur tantôt décrite comme celle du chou, tantôt comme légèrement océanique – ce qui est pertinent puisqu'il est largement responsable de l'odeur des algues vertes (et de certaines brunes). On le trouve également dans les fruits de mer : la saveur primaire des coquilles Saint-Jacques provient d'un précurseur qui libère du DMS (un précurseur est un composé qui participe à une réaction chimique et produit un autre composé). Le DMS est utilisé, pas toujours avec succès, pour recréer des saveurs de fruits de mer plus authentiques. Pour notre pratique domestique de la cuisine, cela a de l'importance et prouve l'étroite affinité qui existe entre le chou et les fruits de mer – comme si vous aviez besoin de preuves après avoir croqué une seule fois dans une boulette de crevettes et de chou chinois émincés. Voir aussi Truffe & Chou, page 147.

Chou & Genièvre : *voir Genièvre & Chou, page 405.*
Chou & Gingembre : *voir Gingembre & Chou, page 388.*

❋ **Chou & Lard :** Un grand couple, brut et effronté, qui résiste à l'embourgeoisement. Mrs Beeton a noté qu'un bon estomac était nécessaire pour le digérer. Ce plat d'automne, inspiré par la *panzanella* – salade toscane de tomates et de pain rassis – est si rustique que vous pouvez le servir dans une écuelle en terre cuite. Déchirez un demi-pain *ciabatta* légèrement rassis en gros morceaux et faites-les griller. Faites rôtir au four 500 g de petits choux de Bruxelles coupés en deux dans de l'huile d'olive durant 15 minutes à 180 °C (thermostat 6). Pendant ce temps, faites doucement revenir une gousse d'ail hachée, 5 oignons coupés en morceaux de 1 cm et 200 g de lardons dans 2 cuillerées à soupe d'huile d'olive, jusqu'à ce que les lardons soient bien bruns et aient rendu la majeure partie de leur graisse. Retirez-les avec une écumoire et ajoutez-les aux choux de Bruxelles et au pain grillé. Mélangez, remettez au four, mais éteint. Déglacez la poêle avec 2 cuillerées à soupe de vinaigre de vin rouge, versez 1 à 2 cuillerées à soupe d'eau ou de bouillon de poulet et laissez cuire 1 minute. Retirez le plat du four et arrosez avec le contenu de la poêle. Assaisonnez, ajoutez 2 cuillerées à soupe de canneberges séchées (la grande airelle rouge nord-américaine) et mélangez. Servez encore chaud.

Chou & Noix de muscade : *voir Noix de muscade & Chou, page 281.*
Chou & Œuf : *voir Œuf & Chou, page 167.*

Chou & Oignon : Le chou (ou les choux de Bruxelles) et l'oignon donnent de la saveur à la pomme de terre cuite dans le *bubble and squeak*, un plat britannique très apprécié qui consiste à accommoder les restes. Au XIXe siècle, le *bubble and squeak* était un mélange frit composé de restes de viande de bœuf et de chou, mais le plat est aujourd'hui invariablement dénué de viande. J'aime tellement cela que je fais souvent cuire plus de pommes de terre qu'on ne peut en manger avec le poulet rôti du dimanche. Cependant, est-ce qu'un surplus prémédité peut réellement être considéré comme des restes ? Voici un problème philosophique ardu. Les producteurs de plats préparés vendent aujourd'hui du *bubble and squeak* tout prêt, c'est-à-dire des reliefs qui ne proviennent pas de ce qui resterait d'un repas, ce qui soulève un certain nombre de questions. Est-ce qu'on peut dire, par exemple, que des restes qui ne restent de rien existent réellement ? Et comment appelle-t-on alors cela s'il ne vous en reste pas ?

Chou & Piment : *voir Piment & Chou, page 262.*
Chou & Poisson fumé : *voir Poisson fumé & Chou, page 207.*
Chou & Pomme : *voir Pomme & Chou, page 338.*
Chou & Pomme de terre : *voir Pomme de terre & Chou, page 113.*

✻ **Chou & Porc :** Le chou fait un bon usage de la graisse du porc – par exemple dans la choucroute garnie alsacienne, dans le plat traditionnel anglais de chou au beurre servi avec le rôti de porc, et dans le chou cru râpé présenté croquant à côté du *tonkatsu*, la côtelette japonaise de porc frit. Mon utilisation préférée pour cette paire extrêmement compatible est cependant le chou farci français. Vous pouvez farcir les feuilles individuellement, en les disposant en rangées comme un défilé de crapaud, ou les empiler en les alternant avec de la farce comme on le fait pour les lasagnes. Mais, pour moi, le meilleur type de chou farci a la taille et le poids d'une boule de bowling et il est servi coupé en quartiers qui mettent en valeur la farce. Pour la farce, faites cuire 2 échalotes et 3 gousses d'ail, le tout haché finement, dans de l'huile jusqu'à ce qu'ils ramollissent. Faites tremper 30 g de mie de pain dans un peu de lait. Hachez 300 g d'épaule de porc, 300 g de steak de bœuf et 150 g de poitrine de porc. Ajoutez le mélange d'échalotes et d'ail et le pain désintégré à la viande crue avec un œuf, 1 cuillerée à soupe de persil haché et de ciboulette, ½ cuillerée à café à thé de thym séché, du sel, du poivre et, surtout, ½ cuillerée à café de quatre-épices, le plus beau mélange d'épices au monde – tout ce plat repose sur lui. Le quatre-épices est un mélange chaud et puissant de poivre blanc, de noix de muscade, de clous de girofle et de gingembre. Blanchissez un chou pommé frisé durant 10 minutes, laissez-le refroidir, puis écartez largement les feuilles en prenant soin de ne pas les casser. Lorsque vous atteignez le centre, de la taille d'une petite mandarine, ôtez-le et remplacez-le par un volume égal de farce. Replacez les feuilles une par une en fourrant de farce au fur et à mesure jusqu'à ce que le chou soit entièrement reconstitué. Ficelez pour sécuriser l'ensemble. Faites fondre quelques cuillerées à soupe de beurre dans une marmite à couvercle assez grande pour pouvoir accueillir complètement le chou, ajoutez un petit oignon et une carotte, tous les deux hachés, et faites cuire jusqu'à ce que le mélange ait fondu. Ajoutez un bouquet garni, salez, poivrez et versez 250 ml de bouillon de poulet ou de légumes ; versez-en aussi dans le chou lui-même. Couvrez et laissez mijoter durant 1 h 30. Avant de servir, conservez le chou au chaud, le temps de filtrer dans une cruche le liquide de cuisson qui servira de sauce. Voir aussi Clou de girofle & Gingembre, page 278.

Chou & Poulet : Décider de servir des choux de Bruxelles sur la table de Noël pourrait faire passer n'importe quel hôte pour un grippe-sou ou un rabat-joie, mais en fait leur rôle est essentiel. L'amertume des choux de Bruxelles, due à leur niveau élevé en glucosinolates, vient contrebalancer la richesse de la dinde, de la farce, de la sauce au pain (sauce traditionnelle anglaise d'origine médiévale épaissie avec des miettes de pain et servie froide ou chaude), des pommes de terre rôties, des panais, des chipolatas et des châtaignes. Ceux qui trouvent cette amertume trop désagréable ont une alternative : les graines de choux de Bruxelles Trafalgar F1 de chez Thompson & Morgan sont en vente sur Internet. Elles sont conçues pour être plus sucrées, au point que les producteurs se vantent d'avoir produit des choux de Bruxelles dont les enfants raffolent. Bénéficiez même d'une garantie de remboursement si vous ne pensez pas que ce sont les meilleurs choux que vous ayez jamais mangés…

Chou & Truffe : *voir Truffe & Chou, page 147.*

Rutabaga

D'une couleur jaune-vert et autrefois appelé chou de siam, il est proche du navet avec lequel il est souvent confondu, mais s'en distingue cependant par une forme plus allongée avec un renflement sur sa partie supérieure. La chaleureuse douceur poivrée et la chair

dense du rutabaga peuvent être sensationnelles si vous jouez avec des épices naturelles, comme en Écosse où il est souvent assaisonné avec de la muscade. L'anis étoilé, sucré et épicé, est également un autre partenaire évident, de même que les saveurs sucrées et terreuses des légumes-racines et de l'ail rôti. Contrairement au panais et à la pomme de terre, le rutabaga cru a un assez bon goût, sucré et fort comme le radis.

Rutabaga & Agneau : *voir Agneau & Rutabaga, page 64.*

Rutabaga & Anis : Combinez l'anis étoilé et le rutabaga dans de sombres plats asiatiques ou, comme le fait Hugh Fearnley-Whittingstall, en pâté avec des restes d'oie. L'intense saveur sucrée de l'anis accentue la sapidité du rutabaga tandis que son caractère profondément aromatique fait oublier le côté banal, presque vulgaire, du légume.

Rutabaga & Bœuf : *voir Bœuf & Rutabaga, page 58.*

Rutabaga & Carotte : Lorsqu'ils étaient servis en duo graisseux sous forme de bâtonnets gorgés d'eau à la cantine, invariablement, nous mangions les carottes et laissions les rutabagas sur le bord de l'assiette. Les scientifiques croient désormais que l'aversion pour les légumes amers, voire pour toutes les saveurs amères, est génétiquement déterminée et se résume à la sensibilité au composé 6-n-propylthiouracile, connu dans les milieux scientifiques des saveurs sous le petit nom de « prop ». Si vous pouvez détecter facilement son goût dans le brocoli, par exemple, vous pourriez peut-être bien faire partie des 25 % de la population dite « supergoûteurs », ce qui est moins gratifiant que le nom le laisse supposer. Les supergoûteuses, qui sont plus fréquemment des femmes, trouvent les choux, les pomélos et le café noir insupportablement intenses. Un autre quart de la population ne détecte pas du tout le « prop ». J'aurais pu mettre mon aversion pour les rutabagas sur le compte que j'étais peut-être une supergoûteuse, si elle n'avait pas disparu du jour au lendemain à la fin de mon adolescence, en même temps que mon acné et l'envie de porter de l'ombre à paupières violette. La carotte adoucit le rutabaga, et la paire est excellente en purée servie avec beaucoup de beurre et de poivre blanc.

Rutabaga & Noix de muscade : On pense que le rutabaga est un légume hybride du chou et du navet et qu'il a hérité de ses parents une faiblesse pour la noix de muscade. En Écosse, la noix de muscade est souvent utilisée pour assaisonner de la purée de rutabagas – aussi appelée *neep* – riche en beurre. Plus au nord, les Finlandais préparent un plat similaire appelé *lanttulaatikko*, sauf que la purée est plus crémeuse et accompagne du jambon ou du porc. Aucune des deux versions n'est meilleure que l'autre, sauf si vous jouez au Scrabble. Voir aussi Pomme de terre & Rutabaga, page 117, et Agneau & Rutabaga, page 64.

Rutabaga & Pomme de terre : *voir Pomme de terre & Rutabaga, page 117.*
Rutabaga & Porc : *voir Porc & Rutabaga, page 46.*

Chou-fleur

Le membre le plus pâle de la famille *Brassica*, mais pas toujours en ce qui concerne la saveur. Coupé en larges fleurettes et cuit rapidement à la vapeur, le chou-fleur peut représenter l'essence de la gentiment fade *cucina bianca* (née le long des Alpes maritimes et liguriennes durant la transhumance du bétail, la « cuisine blanche » est composée de farineux, de laitages et de légumes pâles). Rôti, frit ou en purée, il atteint son potentiel musqué et terreux, et se combine à merveille avec les saveurs épicées. Les fromages forts, le piment, le cumin et l'ail soulignent bien la douceur du chou-fleur.

Chou-fleur & Ail : Si vous avez déjà goûté une soupe au chou-fleur et à l'ail, ou bien une purée, vous savez combien ce mode de préparation fait ressortir fortement les saveurs. Cela me remet en mémoire le chou-fleur au fromage confectionné avec un camembert bien fait. Faites rôtir le chou-fleur avec des gousses d'ail entières, et vous aurez toujours un résultat intéressant, avec des arômes sucrés de fruits à coque, mais sans l'arrière-fond de basse-cour.

Chou-fleur & Amande : Anthony Flinn, qui a travaillé chez El Bulli – le restaurant de Ferran Adrià en Catalogne – et cuisine désormais dans son propre restaurant à Leeds, a créé un *trifle* de chou-fleur – une purée de chou-fleur à la crème avec de la gelée de raisin, accompagnée de brioche. Il a également conçu une crème caramel à base de purée de chou-fleur surmontée de crème chaude à l'amande.

Chou-fleur & Anchois : *voir Anchois & Chou-fleur, page 203.*
Chou-fleur & Brocoli : *voir Brocoli & Chou-fleur, page 158.*

✻ **Chou-fleur & Câpre :** Le chou-fleur pourrait être du brocoli qui ne veut pas s'embêter. Alors que son cousin crucifère vert foncé est vif, riche en fer et complexe, le chou-fleur tient à sa vie tranquille, bien au chaud sous sa couverture de fromage. Il a besoin qu'on le réveille un peu et c'est là que les câpres font leur entrée. Vous n'ajoutez pas vraiment les câpres au chou-fleur – vous les placez dessus. Faites cuire un oignon émincé dans de l'huile d'olive jusqu'à ce qu'il soit fondu, ajoutez des flocons de piment, de l'ail haché et remuez un instant. Ajoutez les fleurettes de chou-fleur blanchies, de la chapelure et des raisins secs et laissez cuire jusqu'à ce que la chapelure soit dorée. Enfin, parsemez de câpres et de persil le temps qu'ils chauffent et servez le tout mélangé avec des *rigatoni*.

Chou-fleur & Caviar : *voir Caviar & Chou-fleur, page 192.*

Chou-fleur & Chocolat : Lorsque Heston Blumenthal voulut montrer au chou-fleur combien il l'aimait, il lui apporta du chocolat. Cela donna un risotto de chou-fleur avec un carpaccio de gelée au chou-fleur et au chocolat. L'idée était que la saveur de chaque composant se libérerait l'une après l'autre, jusqu'au point culminant où l'amertume de l'essence même du chocolat éclaterait, selon Blumenthal, à la manière d'un expresso à la fin d'un repas. Pour préparer le plat, il fit dans l'ordre un bouillon de chou-fleur, une crème de chou-fleur, des disques de chou-fleur, du chou-fleur séché, un velouté de chou-fleur, des cubes de gelée au chocolat et des disques de gelée au chocolat – et ensuite, seulement, il fit le risotto.

Chou-fleur & Cumin : *voir Cumin & Chou-fleur, page 104.*

Chou-fleur & Fromage à pâte pressée cuite : À New York, sur le Greenmarket de l'Union Square, j'ai vu un éventaire décoré avec une composition de choux-fleurs de différentes couleurs : ivoire, pourpre, vert et une variété orange pâle nommée le chou-fleur cheddar que je n'avais jamais vue auparavant. Si je devais être pédante, en termes de couleur, il aurait été plus judicieux de l'appeler le *double gloucester* (fromage produit dans le comté de Gloucestershire depuis le XVIe siècle, qui s'apparente à la tome de Savoie), mais j'ai gardé cette réflexion pour moi et simplement demandé au forain quel goût il avait. « Un goût de chou-fleur », m'a-t-il répondu comme si j'étais stupide de demander cela. J'en aurais acheté un de toute façon pour le dîner du soir, conquise à l'avance que j'étais par ce chou-fleur à nom de fromage. Le *double gloucester* possède une riche onctuosité avec des notes d'agrumes et d'oignon qui rendent les sauces au fromage délicieuses. Mais je n'en avais pas sous la main, alors j'ai utilisé un gruyère capiteux, dont la puissance et la saveur de fruits à coque s'accordaient très bien avec le chou-fleur.

Chou-fleur & Fruits de mer : La purée de chou-fleur est souvent servie avec des coquilles Saint-Jacques saisies. Sa saveur amère contraste avec la douceur des fruits de mer et résonne avec la légère amertume de la croûte caramélisée. Autre accord, l'auteur gastronomique Machiko Chiba fait une salade de chou-fleur et de brocolis blanchis mélangés à de la chair de crabe frais, le tout assaisonné avec du soja, du *mirin* (alcool de riz sucré), de l'huile de sésame, de l'alcool de riz et du sucre. D'après elle, un riesling demi-sec est le vin idéal pour accompagner ce plat.

✻ **Chou-fleur & Noix :** Pour déjeuner, j'avais mes habitudes dans un petit café où l'on servait la plus délicieuse salade de chou-fleur cru, avec des noix et des dattes. Je regrette de ne pas avoir demandé la recette, car la reconstruction de la sauce s'est révélée difficile. J'en suis là actuellement, mais il y encore quelque chose qui manque (si vous pensez savoir ce que c'est, s'il vous plaît, faites-le-moi savoir). L'idée de la saveur du chou-fleur cru combinée avec des fruits secs pourrait vous faire venir à l'esprit un *coleslaw* (salade de chou) aux raisins secs, mais la texture croquante du chou-fleur, la douceur sucrée des dattes et la crème fraîche font une différence notable. Coupez un chou-fleur en petites fleurettes d'environ 2 cm de long pour 1 cm de diamètre. Pour chaque 100 g de chou-fleur, coupez en petits morceaux une datte mejhoul (ou medjool, variété charnue et moelleuse) et brisez en deux des demi-cerneaux de noix. Mélangez dans un saladier et (pour environ 200 à 300 g de chou-fleur) faites une sauce avec 150 ml de crème fraîche liquide, 2 cuillerées à café de jus de citron, 2 cuillerées à café de sucre en poudre, ¼ de cuillerée à café de sel et un tour de moulin de poivre noir. Mélangez soigneusement, c'est prêt !

Chou-fleur & Noix de muscade : C'est Louis XIV qui a popularisé le chou-fleur en France. Il l'aimait cuit dans du bouillon, assaisonné avec de la noix de muscade et servi avec du beurre fondu.

✻ **Chou-fleur & Piment :** La friture transforme le chou-fleur. Il prend un goût sucré presque musqué et une texture crémeuse. J'aime lui appliquer le traitement « sel et poivre » du calamar et le servir avec une sauce au piment. Coupez un chou-fleur en fleurettes de la taille d'un champignon de Paris et saupoudrez-les avec un mélange de maïzena, de sel et de poivre noir. Faites frire dans de l'huile d'arachide ou de tournesol et servez avec une sauce au piment doux.

✻ **Chou-fleur & Pomme de terre :** Comme toutes les crucifères, plus vous coupez le chou-fleur, plus son goût est sulfuré. En purée, dans une soupe, il peut passer assez rapidement d'humble à envahissant, mais ses notes les plus rudes peuvent être tempérées par de la crème ou des pommes de terre. Choisissez ces dernières pour confectionner un *aloo gobi*. Il s'agit d'une soupe indienne populaire de chou-fleur et de pommes de terre, servie plus ou moins épaisse. Les soupes de légumes épicées sont trop souvent étouffées par le curry, mais celle-ci conserve la fraîcheur vivifiante des épices. Faites fondre un oignon finement haché dans de l'huile d'arachide, puis versez en remuant 1 cuillerée à café de gingembre frais finement haché, 1 piment vert égrené haché, ¼ de cuillerée à café de curcuma moulu, ½ cuillerée à café de coriandre moulue et 1 cuillerée à café de cumin moulu. Ajoutez 150 g de pommes de terre pelées, en dés, et ½ chou-fleur coupé en fleurettes. Mélangez jusqu'à ce qu'ils soient bien enrobés par les épices, puis versez 750 ml d'eau froide. Portez à ébullition et laissez mijoter durant

15 à 20 minutes, jusqu'à ce que les légumes soient tendres. Laissez refroidir un peu, passez au mixeur pour que la consistance soit lisse. Servez garni de feuilles de coriandre fraîche.

Chou-fleur & Safran : *voir Safran & Chou-fleur, page 227.*

Chou-fleur & Truffe : Les arômes du chou-fleur et de la truffe se chevauchent. David Rosengarten suggère l'amélioration des subtiles notes truffières déjà présentes dans le risotto au chou-fleur par l'ajout de copeaux de truffe blanche avant de servir. Il décrit la saveur de la truffe comme une combinaison de fromage, d'ail, de chou-fleur et de sexe. En d'autres mots, c'est un peu comme coucher avec un(e) marchand(e) de légumes.

Brocoli

Les diverses variétés de brocolis équilibrent dans des proportions variables l'amertume et la douceur. La calabraise touffue, la plus commune, se situe du côté doux, tandis que la violette possède une profondeur plus âcre, sans atteindre l'amertume extrême des *cime di rapa*. Le *kai-lan*, ou brocoli chinois, est proche du calabrais par la saveur, mais a beaucoup de tiges et de feuilles, et moins de fleurettes, ce qui le rend plus juteux. Joy Larkcom a signalé combien il était délicieux et combien sa croissance était rapide. Elle a aussi remarqué des similitudes botaniques avec le célèbre – à juste titre – chou portugais *tronchuda*. Toutes les variétés de brocolis ont une grande prédilection pour les ingrédients salés, d'où leur association fréquente avec les anchois et le parmesan dans la cuisine italienne, le fromage bleu dans la cuisine britannique, et la sauce de soja et de haricot noir en Chine.

✱ **Brocoli & Ail :** Ce que vous aurez de plus divertissant si vous décidez de manger absolument sainement. Faites sauter les brocolis avec du gingembre dans de la sauce d'huître, ou cuisinez-les, avec ou sans anchois, dans le style classique décrit dans Anchois & Brocoli page 203 et servez-les avec des pâtes. Vous pouvez aussi essayer ce plat de nouilles d'inspiration thaïe. Pour 1 portion, réhydratez une fine feuille de nouilles aux œufs, selon les instructions portées sur l'emballage, épongez et égouttez. Faites chauffer 1 cuillerée à soupe d'huile d'arachide dans un wok et faites-y revenir 3 gousses d'ail coupées en quartier. Quand elles sont dorées, retirez-les avec une écumoire et réservez. Ajoutez les nouilles et 100 g de brocolis en petites fleurettes ; faites revenir durant 3 minutes en remuant constamment. Versez un œuf légèrement battu dans le wok, en mélangeant bien avec les nouilles, puis versez une sauce faite avec 2 cuillerées à café de sauce de soja légère, 1 cuillerée à café de sauce de soja forte, 1 cuillerée à café de sauce d'huître, 1 cuillerée à café de sucre et 1 cuillerée à soupe d'eau. Mélangez bien, faites chauffer pendant 1 minute, saupoudrez légèrement de poivre blanc et garnissez avec les morceaux d'ail.

Brocoli & Anchois : *voir Anchois & Brocoli, page 203.*

Brocoli & Bœuf : Un partenariat forgé aussi bien sur le mordant ferreux qu'ils ont en commun que sur le contraste doux-amer. On les trouve associés dans un sauté sino-américain avec de la sauce d'huître salée, du gingembre et de l'ail. Si vous manquez de temps, que vous vous sentiez faible et que vous ayez un besoin urgent de l'apport en fer de la viande de bœuf saignante, un steak grillé – un simple aller-retour – servi avec des brocolis cuisinés à l'ail et aux anchois fera l'affaire.

Brocoli & Cacahuète : *voir Cacahuète & Brocoli, page 27.*

Brocoli & Chou-fleur : Le brocoli touffu de Calabre et le chou-fleur appartiennent tous deux à la famille *Brassica oleracea*. Ils ont de nombreux composés de saveur en commun, ce qui est évident quand on les croque crus. La cuisson rend leurs différences plus claires – les amères profondeurs de fer du brocoli contre l'épaisseur sulfurée du chou-fleur. Un hybride appelé broco-fleur ressemble, comme on pouvait s'y attendre, à un chou-fleur qui a la nausée et il a un léger goût de brocoli. Par expérience, je dirais que les gens ont tendance à adorer ou à détester le brocoli et cela me dépasse tant ce légume a toutes les qualités, à quelques exceptions près. L'autre variété de chou-fleur vert est sans doute plus connue sous le nom de chou romanesco, tout aussi célèbre et effrayant pour son vert pomme si particulier que pour ses tourbillons fractals qui lui donnent une apparence d'ancienne pagode thaïlandaise, ou bien d'une pochette de disque de rock progressif. Il a des saveurs moins sulfurée et plus douces que le chou-fleur ou le brocoli.

Brocoli & Citron : Pour compenser toutes ses qualités, le brocoli perd sa chaleur très rapidement une fois qu'il est cuit. Le restaurant italien Orso à Londres a la solution : servez-le tiède, et non pas chaud, avec un trait de jus de citron. S'il arrivait comme ça sur votre table sans explication, vous seriez déçu, mais, par une ruse de programmation neurolinguistique, ils vous préviennent qu'il sera servi tiède, ce qui le rend miraculeusement délicieux, tout comme le porc à la couenne grillée, rôti lentement, qu'il serait stupide de ne pas commander avec.

Brocoli & Fromage à pâte pressée cuite : *voir Fromage à pâte pressée cuite & Brocoli, page 82.*

Brocoli & Fromage bleu : *voir Fromage bleu & Brocoli, page 76.*

✱ **Brocoli & Lard :** Brocolis et pancetta forment une délicieuse combinaison douce-amère salée. Ajoutez des tomates séchées, des pignons de pin et du piment pour une association italienne presque asiatique dans ses extrêmes sucrés, aigres, salés, piquants et umami. Faites griller 75 g de pignons de pin et réservez. Dans une grande poêle à frire, sur un feu moyen, aromatisez 3 cuillerées à soupe d'huile d'olive avec 10 petits piments séchés et 6 gousses d'ail émincées. Lorsque l'ail est doré, retirez-le ainsi que les piments. Mettez 400 g de *linguine* à cuire et, pendant ce temps, ajoutez dans votre huile parfumée 200 g de pancetta en dés. Faites revenir jusqu'à ce qu'elle soit craquante, puis versez 400 g de brocolis en petites fleurettes et remuez, en vous assurant qu'elles soient bien toutes enrobées d'huile. Faites cuire durant 4 minutes, puis ajoutez 100 g de tomates séchées, en tranches, et laissez cuire 1 minute de plus. Ajoutez 3 à 5 cuillerées à soupe de l'eau de cuisson des pâtes pour desserrer le mélange. Égouttez les pâtes et versez-les dans la poêle avec la moitié des pignons de pin. Éteignez le feu, assaisonnez et mélangez bien. Répartissez dans 4 assiettes, éparpillez dessus le reste des pignons de pin et voilez avec du parmesan râpé.

Brocoli & Noix : *voir Noix & Brocoli, page 298.*

Brocoli & Piment : Comme le chou-fleur, le brocoli prend une saveur plus riche et plus douce lorsqu'il est rôti. Le piment rouge (séché et fumé ou frais et doux) en est le compagnon idéal. Voir aussi Anchois & Brocoli, page 203.

Brocoli & Porc : *voir Porc & Brocoli, page 42.*

Artichaut

Les origines modestes de l'artichaut – c'est la fleur d'un chardon – sont démenties par sa complexe et merveilleuse saveur. L'artichaut contient un composé phénolique appelé cynarine, ayant l'effet singulier de donner un goût sucré à n'importe quel aliment que l'on goûte directement après lui. En effet, il inhibe temporairement les récepteurs de la saveur sucrée dans les papilles, de sorte que tout ce qui suit une bouchée d'artichaut, par exemple une gorgée d'eau, chassant la cynarine de la langue, réactive les récepteurs ; ce contraste abrupt est alors interprété – faussement – par le cerveau comme une saveur sucrée. Hélas, en ce qui concerne le vin, il faut avouer que l'artichaut n'est pas son meilleur allié. Certes, l'ennemi du vin est mon ennemi, mais le problème peut malgré tout être minimisé en utilisant des ingrédients qui créent un pont entre les

deux, ou en mastiquant une bouchée d'une autre aliment avant d'écluser un gorgeon. Ou bien franchir complètement le fossé et boire du Cynar, un *amaro* italien, sorte de liqueur digestive à base de feuilles d'artichaut.

Artichaut & Agneau : Décrire la saveur de l'artichaut pourrait faire l'objet d'un jeu de société. Certains disent qu'il ressemble un peu à l'asperge, mais je dirais que celle-ci a une saveur plus verte et que les fonds d'artichaut ont plus le goût des tiges de brocolis calabrais cuites dans un bouillon de légumes et de champignons puis noyées dans le beurre, avec une pointe d'étain. Sa saveur est merveilleuse, mais la magie réside vraiment dans la texture – dense, élastique et veloutée –, qui en fait le foie gras des légumes. L'artichaut est un légume de printemps en Italie et en Espagne, et forme une combinaison saisonnière avec l'agneau, en particulier dans les ragoûts. Comparé au bœuf et au porc, l'agneau semble rendre moelleuse l'amertume de l'artichaut d'une manière qui lui est bien particulière. Le seul inconvénient du ragoût à l'agneau et aux artichauts est d'avoir à éplucher et à couper les artichauts. On finit par vous regarder comme si vous aviez chanté *tiens-voilà-main-droite-tiens-voilà-main-gauche* avec Edward aux mains d'argent. Vous pouvez utiliser des artichauts en conserve ou surgelés, mais ils n'auront ni la saveur ni la texture des frais. Comme la beauté, la saveur est souvent synonyme de douleur.

Artichaut & Citron : Envolez-vous vers Rome pour Pâques et achetez-vous un sachet de *carciofi alla giudia* – artichauts cuits entiers dans l'huile de friture. Procurez-vous des quartiers de citron et un gros paquet de serviettes et mangez-les (les artichauts, pas les serviettes) sous un arbre pendant qu'ils sont encore chauds. Les artichauts cuits à l'eau ou à la vapeur sont difficiles à accorder à un vin, mais frits, il iront très bien avec un *prosecco* sec, acide et bien frais, si vous assumez qu'on vous regarde de travers parce que vous êtes affalé sous un arbre avec une bouteille de bibine et un sac en papier kraft.

Artichaut & Fromage à pâte pressée cuite : *voir Fromage à pâte pressée cuite & Artichaut, page 80.*

Artichaut & Fruits de mer : Les artichauts contiennent donc de la cynarine, un composé chimique qui leur donne une douceur étrange et hypocrite. Les fruits de mer leur conviennent bien parce qu'ils ont une douceur naturelle plus plaisante et que leur salinité souligne les qualités gustatives de l'artichaut. Après avoir cuit un artichaut, retirez les feuilles extérieures plus coriaces, tout comme les feuilles violettes du centre et le foin, pour créer une espèce de coupe dans laquelle vous servirez du crabe, du homard ou des crevettes avec une mayonnaise ou une vinaigrette. Vous pouvez aussi préparer une sauce chaude dans laquelle tremper des crackers dès qu'elle sort du four : mélangez des cœurs d'artichauts coupés en fines tranches avec de la chair de crabe, de la mayonnaise, des échalotes finement hachées et du parmesan râpé et faites cuire au four sous une croûte de chapelure aux herbes. Aussi chaleureux qu'un cocktail dans une fonderie.

Artichaut & Huître : Dans un manuscrit du XVIIe siècle intitulé *Brieve racconto di tutte le radici, di tutte l'erbe e di tutti i frutti, che crudi o cotti in Italia si mangiano* (un ouvrage non traduit en français sur les fruits, les herbes et légumes d'Italie), Giacomo Castelvetro parle de petits pâtés contenant de petits artichauds cuits, des huîtres et de la moelle de bœuf. De nos jours, l'association artichauts et huîtres est plus connue dans les soupes ou dans les bisques de la région à huîtres qu'est la Louisiane.

Artichaut & Jambon cru : *voir Jambon cru & Artichaut, page 214.*

✻ **Artichaut & Lard :** Avec mon amoureux du moment, nous roulions dans le Latium, nous disputant au lieu d'admirer un paysage de châteaux de conte de fées. Nous avions bataillé avec une telle intensité sans discontinuer que ce fut seulement la vue d'un panneau prometteur qui nous rappela qu'il était midi passé et que nous avions grand faim. Notre maternelle hôtesse italienne, percevant peut-être nos frictions, prit pitié de nous et nous conduisit à une table ombragée par un olivier. Elle nous apporta rapidement une bouteille de vin blanc frais, sans étiquette, une énorme cuillère et un plat en terre cuite contenant une chose recouverte de chapelure et de fromage, où de nombreuses bulles venaient éclater à la surface, comme dans le cratère d'un volcan. Mon petit ami, ou déjà mon ex-petit ami, peu importe ce qu'il était à ce moment-là, prit la cuillère et, brisant la croûte, fit émerger une masse fumante de *rigatoni*, de pancetta et d'artichauts, dans une riche béchamel salée-sucrée avec du parmesan. On dit que la faim est la meilleure sauce, mais ce déjeuner sous l'olivier fut un moment durant lequel le-point-où-en-était-notre-relation n'avait plus aucune importance. Nous échangeâmes un sourire, je remplis nos verres et il servit les pâtes. L'amertume de fruit à coque vert des artichauts coupait la richesse de la pancetta et du fromage. C'est de loin le meilleur rendez-vous en amoureux que j'aie jamais eu. Si votre relation affective bat de l'aile, mettez 200 g de *rigatoni* à cuire. Faites fondre un oignon finement haché dans de l'huile d'olive avec 2 gousses d'ail et 75 g de pancetta. Ajoutez 4 à 6 fonds d'artichaut déjà cuits, coupés en six ; ceux en conserve de bonne qualité feront l'affaire. Dans un bol, mélangez 125 ml de lait avec 150 g de crème fraîche épaisse et 50 g de parmesan râpé. Lorsque les pâtes sont *al dente*, égouttez-les, remettez-les dans la casserole vide et versez votre mélange lacté et onctueux, puis ajoutez l'oignon et les artichauts. Mélangez, vérifiez l'assaisonnement, puis transvasez dans un plat allant au four. Tranchez une mozzarella et disposez-la sur le dessus. Couvrez avec un mélange de 50 g de chapelure et de 25 g de parmesan râpé et enfournez pour 30 minutes à 200 °C (thermostat 6-7), en couvrant d'une feuille si le dessus menace de brûler. Servez avec une bouteille bien fraîche de vin blanc italien bon marché (celui des Castelli Romani, par exemple).

Artichaut & Menthe : La gravité de l'artichaut est allégée par la menthe. Les deux ingrédients sont réunis dans les célèbres *carciofi alla romana* où, entre leurs feuilles raccourcies, on place de la menthe hachée et de l'ail. On les fait ensuite mijoter, avec une partie de leur queue, dans un mélange d'eau, de jus de citron, d'huile et de feuilles de menthe. Le ragoût à l'agneau et aux artichauts est également garni d'une généreuse quantité de menthe.

Artichaut & Pois : *voir Pois & Artichaut, page 254.*

Artichaut & Pomme de terre : Les Anglo-Saxons appellent le topinambour *artichaut de Jérusalem*, non pas en raison d'un lien de parenté végétal, mais plutôt pour sa saveur dont beaucoup disent qu'elle est un croisement entre celle de l'artichaut et celle d'une pomme de terre de très haute qualité. Les topinambours seraient sans conteste plus appréciés s'ils n'avaient pas la réputation d'être si difficiles à digérer. Un mélange de topinambours et de pommes de terre est moins agressif pour l'estomac. En Provence, on les coupe en fines lamelles pour les faire cuire ensemble dans de l'huile d'olive et de l'ail (Escofier en a fait un plat de luxe en remplaçant l'ail par de la truffe et l'huile d'olive par du beurre). Vous pourriez aussi les associer froids dans une salade avec une mayonnaise rehaussée de la chair d'artichaut que vous aurez grattée sur les feuilles cuites. En Italie, on les utilise ensemble dans une soupe et même dans une tourte, d'après *La Cuillère d'argent* (bible de la cuisine italienne des années 1950 dont une édition contemporaine est disponible en français).

✱ **Artichaut & Porc :** En France et en Italie, on farcit les artichauts de viande de porc hachée et de chair à saucisse que l'on pousse entre les feuilles une fois étêtées. C'est un peu laborieux pour le cuisinier comme pour le convive, mais la combinaison de saveurs est géniale : autorisé à s'infiltrer entre ses feuilles, le porc donne à l'artichaut un goût salé de revenez-y. Moi, je les associe dans une tourte. Égouttez et rincez une boîte de cœurs d'artichauts que vous couperez en deux et que vous épongerez. Foncez un moule à tourte de 20 cm de diamètre avec de la pâte brisée sur laquelle vous étalerez 250 g de chair à saucisse. Disposez les artichauts par-dessus et recouvrez à nouveau de 250 g de chair à saucisse. Fermez le tout par une autre abaisse de pâte, scellez les bords et faites un petit trou au centre. Faites cuire pendant une heure à four chaud (180 °C / thermostat 6). Meilleure servie froide avec beaucoup de salade et des pickles.

Artichaut & Truffe : En 1891, Anton Tchekhov écrivit à son frère pour se « plaindre » des restaurants de Monte-Carlo : « Ils vous escroquent horriblement et vous nourrissent magnifiquement… Chaque bouchée est abondamment agrémentée de toutes sortes d'artichauts, de truffes ou de langues de rossignol. » Que l'on ait si fréquemment associé l'artichaut aux ingrédients les plus chers – truffes et foie gras – atteste bien l'extraordinaire attrait de ce chardon comestible. Encore aujourd'hui, ils sont servis l'un avec l'autre dans les meilleurs restaurants. Le chef français aux trois étoiles Guy Savoy a signé une soupe d'artichaut à la truffe noire, aux saveurs terreuses, pour ne pas dire très terre à terre tant elle est simple, qu'il sert avec une brioche lardée de champignons et du beurre aux truffes.

Asperge

Les produits laitiers salés sont l'accompagnement idéal des asperges : le beurre salé, le parmesan et la sauce hollandaise contrastent, en la renforçant, avec leur saveur douce et sulfurée de légume. Les autres aliments sulfurés, comme les œufs, les crustacés et l'ail, sont eux aussi d'excellents partenaires. Les asperges fines et jeunes ont tendance à posséder une saveur plus piquante que celles plus épaisses et plus matures. L'asperge blanche provient de la même graine que la verte, mais elle est restée recouverte de terre pour inhiber la production de chlorophylle. Elle manque autant de saveur que de couleur ; ses adeptes la décrivent comme subtile, délicate et douce, mais je ne trouve guère d'intérêt à ce tube visqueux et anémique dépourvu de la riche note de fruit à coque qui fait de l'asperge verte une véritable friandise. Pour une raison inconnue, les Espagnols, pourtant d'habitude si recommandables gastronomiquement, en mettent dans les salades, où elles se cachent entre les feuilles, comme les doigts coupés du cuistot oubliés là depuis longtemps.

Asperge & Amande : *voir Amande & Asperge, page 305.*

Asperge & Anis : L'estragon n'est pas aussi délicat que ses légères feuilles vertes le laissent supposer – pensez à la façon dont il parfume les vinaigres, les moutardes et les pickles. L'asperge, qui n'est pas trop timide elle-même, est souvent associée à l'estragon. Elle peut être servie avec une sauce béarnaise à l'échalote et à l'estragon. Asperge, estragon et œuf forment un trio subtil dans une omelette, ou bien cuits en cocotte, ou encore dans une tarte où les asperges seraient disposées en rayons.

* **Asperge & Cacahuète :** Cela peut sembler aussi incongru que de jouer aux fléchettes dans une robe de bal, mais la saveur riche et charnue de l'asperge est, en fait, très bonne avec des arachides, en particulier lorsqu'on donne à ces dernières une inflexion asiatique. Faites cuire les asperges à la vapeur et servez-les avec une sauce composée en mélangeant 3 cuillerées à soupe

d'huile de tournesol, 3 cuillerées à soupe de jus de citron, 2 cuillerées à soupe de sauce de soja légère, une pincée de sucre, puis en y incorporant 100 g de cacahuètes hachées, grillées et non salées.

Asperge & Champignon : Les morilles sont l'accord de saison parfait pour les asperges. Elles aiment pousser sur des terres calcinées, ce qui explique peut-être leur caractère légèrement fumé et leur amour pour les saveurs sulfurées comme l'asperge. Le chef David Waltuck du Chanterelle à New York sert un flan d'asperges avec des morilles sautées dans une sauce crémeuse aux huîtres et au madère. L'œuf se marie exceptionnellement bien avec ces deux saveurs avec lesquelles il forme souvent un trio, comme dans les œufs Jessica qui associent des œufs cuits au four avec des morilles émincées, des asperges et un peu de bouillon de viande de qualité.

Asperge & Citron : *voir Citron & Asperge, page 381.*
Asperge & Fromage à pâte pressée cuite : *voir Fromage à pâte pressée cuite & Asperge, page 81.*
Asperge & Fruits de mer : *voir Fruits de mer & Asperge, page 175.*
Asperge & Jambon cru : *voir Jambon cru & Asperge, page 214.*

Asperge & Menthe : Le chef américain Daniel Boulud fait cuire les asperges au-dessus de la vapeur d'une eau où infuse de la menthe fraîche et des zestes de citron. Il les sert ensuite avec une sauce faite d'huile d'olive vierge, de jus de citron et de menthe. Si vous souhaitez essayer cette recette, allez-y doucement sur la menthe, sous peine de transformer vos asperges en brosses à dents.

Asperge & Œuf : *voir Œuf & Asperge, page 166.*
Asperge & Orange : *voir Orange & Asperge, page 369.*
Asperge & Pois : *voir Pois & Asperge, page 254.*
Asperge & Poisson blanc : *voir Poisson blanc & Asperge, page 183.*
Asperge & Poisson gras : *voir Poisson gras & Asperge, page 195.*

Asperge & Pomme de terre : Elles partagent un caractère terreux avec des notes de fruits à coque. Jane Grigson recommande de faire bouillir des pommes de terre nouvelles avec des asperges et de les servir à déjeuner avec un œuf à la coque, du pain maison, du beurre et un vin blanc de Loire. Les sancerres de la Loire et les sauvignons blancs de Nouvelle-Zélande sont vinifiés à partir du même cépage et possèdent des notes d'asperge qui en font des partenaires idéaux pour les légumes difficiles.

Asperge & Truffe : Dans son livre *Aphrodisiacs* (1985), Peter Levene remarque que l'asperge contient un élément diurétique qui stimule les reins et « excite les canaux urinaires ». Si, pour une raison quelconque, cela ne vous donne pas envie de faire l'amour, essayez de couper des copeaux de truffe noire ou d'ajouter un filet d'huile d'olive aux truffes sur votre soupe d'asperges. Une fois cuite, l'asperge dégage une forte composante sulfurée sucrée qui va très bien avec la truffe. Une analyse d'extrait de truffe a révélé qu'elle contient des traces de phéromone de porc mâle, ce qui est censé expliquer l'enthousiasme avec lequel la truie se laisse traîner toute la journée pour renifler les sous-bois. Il ne tient qu'à vous d'en préparer pour vos dîners galants, et si vos invités aiment ça, interrogez-vous sur ce que cela révèle de leur personnalité.

Œuf

Des dégustations successives rapprochées mettent en évidence que les œufs de poule possèdent des saveurs qui varient sensiblement. Si vous êtes chanceux, vous en trouverez avec un jaune beurré naturellement salé, qui font des œufs à la coque légers et très satisfaisants. Les différences de saveurs entre les œufs sont principalement attribuables à leurs âges et à leurs conditions de stockage, mais elles peuvent également être dues à des variations dans le régime alimentaire de l'oiseau. Certains prétendent que l'œuf de mouette, rare et cher, révèle (comme, apparemment, celui du pingouin) un goût de poisson, et que ceux de l'oie et de la faisane ont un goût de gibier. Je ne peux rien en dire, car j'ai toujours été incapable de détecter l'un ou l'autre. Les œufs de caille et de cane sont souvent décrits comme crémeux, mais cela est surtout dû à la proportion supérieure de jaune par rapport au blanc.

Œuf & Anchois : Si vous voyez des anchois allongés, prostrés, sur un œuf au plat, il y a probablement dessous une *wiener Schnitzel*, ou escalope milanaise. En effet, anchois, œufs et parfois câpres forment la garniture traditionnelle de la *wiener Schnitzel* à la Holstein, dénommée ainsi d'après le diplomate prussien Friedrich von Holstein, qui était supposé en consommer à son petit-déjeuner. Il existe plusieurs variantes de ce plat : certaines incluent du caviar, du saumon, des betteraves, des pickles et du homard. Le *scotch woodcock* (littéralement, la bécasse écossaise) – œufs brouillés sur des toasts avec une garniture d'anchois – est une vieille recette anglaise dont on imagine volontiers qu'il s'agissait d'une préparation pour le petit-déjeuner. En fait, il n'en est rien ; elle était servie dans les distingués ménages victoriens comme l'aboutissement d'un repas de six services. Si vous souhaitez l'essayer, je vous recommande d'abord de ne pas toucher aux cinq premiers services, et surtout d'avoir fait tremper les anchois dans le lait pour adoucir leur saveur. Le *nasi lemak* est un plat malais de riz au lait de coco garni de cacahuètes, de concombre, d'œufs durs, d'anchois frits et d'une sauce tomate épicée.

Œuf & Aneth : La forte saveur purifiante de l'aneth forme un contraste avec la dominante sulfurée de l'œuf. La combinaison est à son comble lorsque le parfum de l'œuf a été maximisé par l'ébullition et qu'il est alors capable de résister à l'insistante verdure d'agrume de l'aneth. Question saveur, un simple sandwich à l'œuf et à l'aneth est difficile à battre.

Œuf & Anis : *voir Anis & Œuf, page 231.*

Œuf & Asperge : Les pointes d'asperge cuites sont délicieuses trempées dans un œuf mollet, surtout si vous appliquez l'astuce de Hugh Fearnley-Whittingstall en éminçant les pointes et en ajoutant un peu de beurre et quelques gouttes de vinaigre de cidre à chaque jaune pour obtenir un effet sauce hollandaise. Il arrive aussi qu'on associe des asperges à des œufs passés au four (voir Asperge & Champignon, page 164) ou bien qu'on garnisse une *frittata* (omelette italienne) d'asperges déjà cuites. J'ai une aversion irrationnelle pour la *frittata* – ou plutôt pour le fait qu'on en trouve partout. Ne vous en débarrassez pas pour autant : continuez à faire de la *frittata*. Vous ne savez pas quoi faire à manger ? Faites de la *frittata*. Si vous avez des œufs, il y a toujours la *frittata* ! Les *frittata* se prêtent à tout, elles sont confortables, pratiques et sans chichis : l'équivalent culinaire du survêtement.

❋ **Œuf & Banane :** Au Japon, on fait des omelettes appelées *tamagoyaki* à partir de soja et de sucre, que l'on sert comme plat salé dans les bars à sushis. Les omelettes sucrées ont un statut particulier dans la cuisine française qui les sert en dessert avec de la confiture, de la compote de fruits ou parfois parsemées de pignons de pin. Quelle idée formidable ! La version suivante est tellement simple que vous pouvez la faire dans l'urgence pour le petit-déjeuner alors que vous vous frottez encore les yeux. Faites une omelette pliée comme vous en avez l'habitude, sauf que vous ajouterez 1 cuillerée à soupe de sucre en poudre et une pincée de sel en battant les œufs. Faites cuire à plat avec du beurre et garnissez-la avec une petite banane, écrasée ou en très fines rondelles, avant de la plier.

Œuf & Basilic : *voir Basilic & Œuf, page 272.*

Œuf & Betterave : Ce sont les ingrédients distinctifs du KiwiBurger. La version de chez McDonald's fut commercialisée en Nouvelle-Zélande en 1991, et quand ils arrêtèrent sa production quelques années plus tard, cela consterna tellement de gens qu'il y eut une campagne de protestations pour qu'il soit remis en vente. (Kiwi est le surnom affectueux des habitants de Nouvelle-Zélande, d'après le nom de l'oiseau.) Dans la chaîne de restaurants britanniques Gourmet Burger Kitchen, dans laquelle le chef « kiwi » Peter Gordon intervient lui-même comme consultant, le KiwiBurger comporte aussi une tranche d'ananas. La betterave et l'ananas se tiennent là, dans l'ombre, tel un couple décalé qui n'avait pas compris que c'était une soirée costumée. L'œuf frit ajoute des calories, j'en conviens, mais n'est-ce pas normalement le rôle des frites ?

Œuf & Bœuf : *voir Bœuf & Œuf, page 56.*
Œuf & Boudin noir : *voir Boudin noir & Œuf, page 48.*
Œuf & Caviar : *voir Caviar & Œuf, page 193.*

Œuf & Céleri : Les œufs durs saupoudrés de sel de céleri forment une combinaison classique. Il y a quelque chose de citronné, un piquant de pin, dans le céleri, qui soulève les arrière-notes sulfurées de l'œuf. Les œufs de caille, de cane et de poule sont parfaitement délicieux servis ainsi, même si ce sont des œufs de goéland qui figurent sur les cartes des restaurants chics. Les œufs de goéland coûtent environ dix fois plus chers que ceux de poule, non seulement en raison de la brièveté de la saison de ponte, mais aussi parce qu'un nombre limité de licences est accordé pour leur collecte. Le sel de céleri est lui, bien entendu, facilement disponible à l'achat, mais vous pouvez confectionner le vôtre en faisant légèrement griller des graines de céleri avant de les piler avec du sel marin. Commencez avec 1 volume de céleri pour 6 volumes de sel, puis ajustez selon votre goût. Fergus Henderson, en revanche, fait son sel de céleri avec du céleri-rave cuit dans du sel. Il donne à la combinaison une touche hivernale en creusant une série de cavités dans une purée de céleri-rave, chaude et beurrée, puis place dans chacune d'elles un œuf. L'ensemble est mis à cuire jusqu'à ce que les blancs soient fermes, mais le jaune encore coulant.

Œuf & Champignon : *voir Champignon & Œuf, page 99.*

Œuf & Chou : On décrit souvent l'*okonomiyaki* comme de la pizza japonaise, une analogie guère plus utile que de comparer du salami à du concombre avec un goût de viande. Grossièrement traduit, *okonomiyaki* signifie « comme il vous plaira » et sa ressemblance avec la pizza s'arrête au fait qu'elle est ronde et plate et qu'on choisit les ingrédients et les assaisonnements dont on la recouvre. Mais en termes de texture et de saveur, c'est un tout autre univers. Elle est composée d'un mélange de chou émincé, de jambon japonais râpé, d'oignons nouveaux finement hachés, d'œuf, de farine et d'eau. La pâte qu'on obtient est alors placée sur une plaque chauffante, mise en forme, et lorsqu'elle est cuite de part en part, on la recouvre de porc, de lard fumé, de calamars ou de *kimchi* (voir Piment & Chou, page 262), ou bien tout ça mélangé et plein d'autres choses encore. Pour finir, elle est décorée à la façon des peintures de Pollock avec de la mayonnaise, de la sauce brune épicée, du *katsuobushi* (très fins copeaux de thon fumé) et des flocons d'algue.

✻ **Œuf & Citron :** L'*avgolémono* (littéralement « œuf citron ») est populaire en Grèce, en sauce ou en soupe. L'auteur gastronomique Alan Davidson en déduit que cela prouve bien l'affinité des deux ingrédients l'un pour l'autre – comme certaines versions de mayonnaise au citron. Pour faire une soupe *avgolémono*, faites bouillir 1 litre de bouillon de poulet et ajoutez du riz ou de petites pâtes. Vers la fin du temps de cuisson du riz ou des pâtes, battez 2 œufs avec le jus d'un citron. Incorporez une louche de bouillon chaud aux œufs que vous verserez petit à petit dans la casserole hors du feu tout en continuant de fouetter. Voir aussi Céleri & Agneau, page 119.

Œuf & Cresson : *voir Cresson & Œuf, page 125.*

Œuf & Cumin : Le cumin est plus chaud, plus terreux, mais grillé, moulu et mélangé avec du sel, il n'est pas moins délicieux avec les œufs que les graines de céleri. Essayez également le carvi pour présenter à vos invités un trio de sels accompagnant une belle pyramide d'œufs de caille mollets, non écalés, en laissant chacun choisir celui à sa préférence.

Œuf & Fruits de mer : C'est *la* recette idéale pour l'homme qui passe ses week-ends à démonter et à remonter sa voiture. Après avoir fait bouillir ensemble les œufs et le crabe, sortez la chair de la carapace, sans briser celle-ci, et écalez les œufs. Passez les jaunes au tamis, hachez finement les blancs et la chair brune du crabe, puis additionnez cette dernière de mayonnaise, tandis que vous mélangez la chair blanche avec du jus de citron. Disposez ensuite la chair brune au fond de la carapace, puis, en couches alternées, la chair blanche et les œufs hachés. Décorez avec du persil et servez avec une mayonnaise. Vous mangerez la chair blanche d'abord, en appréciant sa pâle finesse, avant de passer aux choses sérieuses. La chair brune du crabe est une partie de son système digestif, elle contient donc toutes les saveurs que cela implique. Si cela vous rebute – préparation ou composition –, la recette du crabe Louis est moins tarabiscotée. Elle a pris naissance sur la côte Ouest des États-Unis au début du XXe siècle. Il s'agit de chair blanche de crabe et d'œufs servis sur des feuilles de laitue avec une sauce Louis, assez similaire à la sauce *thousand island.* Ces deux sauces composées contiennent de la mayonnaise, de la sauce Worcestershire, de la sauce au piment, du jus de citron et du lait ou de la crème, auxquels peuvent s'adjoindre, d'une part, divers ingrédients liquides comme l'huile d'olive, le jus d'orange, la moutarde, le vinaigre, la purée de tomates, le ketchup, la sauce Tabasco et, d'autre part, des ingrédients finement hachés tels que cornichons, oignons blancs ou verts, poivrons, olives vertes, œuf dur, persil, ail, ciboulette, noix, châtaignes, et enfin du paprika.

Œuf & Gingembre : *voir Gingembre & Œuf, page 389.*
Œuf & Huître : *voir Huître & Œuf, page 189.*

Œuf & Jambon cru : Les œufs brouillés au lard sont la réponse du bon vivant à l'omelette de blancs d'œufs. C'est un plat superbe, riche, ridiculement beurré, avec la texture à la fois dense et légère de la crème épaisse. Utilisez 3 jaunes et un œuf entier ainsi qu'un peu de beurre. Dans une version luxueuse, servez avec du jambon de Parme.

Œuf & Lard : *voir Lard & Œuf, page 211.*

✻ **Œuf & Noix de coco :** La *kaya*, une espèce de confiture (ou pâte) de coco faite à partir de lait de coco, d'œufs et de sucre, est utilisée étalée sur des toasts beurrés au petit-déjeuner dans toute l'Asie du Sud-Est. On utilise les mêmes ingrédients pour faire une crème dessert simple et délicieuse à base de noix de coco. Fouettez 4 œufs avec 100 g de sucre et incorporez progressivement 250 ml de lait de coco. Remplissez-en 4 ramequins que vous placerez dans un plat creux. Versez délicatement de l'eau bouillante dans le plat jusqu'aux deux tiers de la hauteur des ramequins. Faites cuire à 150 °C (thermostat 5) pendant 40 minutes jusqu'à ce que la crème soit prise. Voir aussi Noix de coco & Cannelle, page 359.

✻ **Œuf & Noix de muscade :** Pour un lait de poule tout à fait réparateur après un après-midi de courses et de lèche-vitrines à l'époque des fêtes de fin d'année. Versez 3 cuillerées à soupe de rhum, de cognac ou de marsala dans un shaker avec 4 cuillerées à soupe de lait, un jaune d'œuf et un peu de glace. Agitez bien, versez dans un verre et donnez quelques taches de rousseur parfumées en grattant une noix de muscade au-dessus. Cela donne l'impression d'entrer dans une pièce chauffée alors que dehors il gèle. Le choc chaleureux de la muscade cède ensuite la place à l'apaisant lait épaissi et à la rémanence de l'alcool choisi. Cette tarte au lait de poule est si délicieuse qu'elle pourrait se substituer à la bûche ou au traditionnel pudding d'outre-Manche. Faites bouillir 150 ml de crème fleurette. Fouettez 3 jaunes d'œufs avec 75 g de sucre, une pincée de sel et une généreuse quantité de noix de muscade râpée. Versez lentement la crème sur les œufs, transvasez dans une casserole et faites cuire doucement en remuant constamment jusqu'à ce que le mélange nappe le dos de la cuillère. Retirez du feu et réservez. Faites bien dissoudre 2 cuillerées à café de granules de gélatine dans 4 cuillerées à café d'eau très chaude, puis incorporez à la crème. Ajoutez 3 cuillerées à soupe de rhum, 1 cuillerée à soupe de cognac et ½ cuillerée à café d'extrait liquide de vanille. Mélangez bien, versez dans un saladier en verre ou en céramique, saupoudrez de noix de muscade râpée et placez au réfrigérateur. Avant que la crème ne prenne, battez 3 blancs d'œufs en neige, incorporez-les à la crème et versez le mélange sur un fond de tarte sucré, cuit, de 23 cm de diamètre. Laissez au froid le temps que la crème prenne, mais servez à température ambiante, en saupoudrant une dernière fois de noix de muscade râpée. La recette fonctionne aussi avec une base de biscuits écrasés, comme pour un cheese-cake.

Œuf & Oignon : Dans la cuisine juive, œufs durs et oignons de printemps (ciboule) sont hachés ensemble très finement, mélangés à du *schmaltz* (graisse de poulet ou d'oie), assaisonnés et réfrigérés, pour être servis comme entrée avec du pain *challah* (pain levé enrichi à l'œuf) ou du pain de seigle. La version plus piquante de Mollie Katzen inclut du persil et du cresson, avec une sauce à la crème aigre, au raifort et au poivre noir. Voir aussi Pomme de terre & Œuf, page 115.

Œuf & Persil : *voir Persil & Œuf, page 243.*
Œuf & Piment : *voir Piment & Œuf, page 264.*

✻ **Œuf & Pois :** Une recette qui vaut la peine qu'on en fasse plus que pas assez. En Chine, le riz cantonais est considéré comme un plat à part entière, pas seulement un accompagnement, et il faut le préparer dans cet esprit. Même réduit à trois ingrédients de base – riz, œufs et petits pois –, il est tout fait délicieux, mais ajoutez-lui deux ou trois petites choses, et vous aurez votre passeport pour le paradis. Hachez finement quelques tranches de lard fumé avec un petit oignon et faites revenir le tout dans 2 cuillerées à soupe d'huile d'arachide. Ajoutez 4 poignées de riz blanc déjà cuit et remuez vivement pour bien séparer les grains. Dispersez au-dessus une poignée de petits pois, et une fois que l'ensemble est bien chaud, arrosez avec un mélange de 2 œufs battus et un trait de sauce au soja. Laissez cuire l'œuf en remuant de temps en temps. Les saveurs ne peuvent que s'améliorer si vous investissez dans un wok en acier carbone ou en fonte. Pour les Chinois, le wok est un ingrédient en lui-même, et des chefs expérimentés peuvent conférer une qualité particulière aux plats que les Cantonais décrivent comme le « souffle du wok », c'est-à-dire une combinaison de saveurs, de chaleur et de fumée qui tire le meilleur parti de cet instrument.

Œuf & Poisson fumé : *voir Poisson fumé & Œuf, page 208.*
Œuf & Poisson gras : *voir Poisson gras & Œuf, page 197.*
Œuf & Poivron : *voir Poivron & Œuf, page 259.*
Œuf & Pomme de terre : *voir Pomme de terre & Œuf, page 115.*
Œuf & Porc : *voir Porc & Œuf, page 44.*

Œuf & Poulet : Une combinaison plus étrange que vous ne pourriez le supposer. Vous aurez d'ailleurs quelques difficultés à citer une recette occidentale qui contienne les deux. De l'omelette au poulet, peut-être ? Mais auriez-vous envie d'en manger ? Notre culture nous a probablement inculqué une sorte de gêne à manger la viande d'un animal en même temps que celle de sa progéniture, alors que cela n'est pas le cas dans la tradition culinaire asiatique. En Chine, on casse des œufs dans la soupe au poulet, sur du riz frit au poulet ou dans un *congee* au poulet – sorte de soupe ou de bouillie de riz. Au Japon, un plat à base de riz servi dans un bol, nommé *oyakodon*, c'est-à-dire « mère et enfant », est composé de poulet, d'œufs et d'oignons nouveaux mijotés dans un mélange de sauce de soja, de *dashi* (bouillon de thon séché) et de *mirin* (alcool de riz sucré) et présentés sur du riz. Paul Simon aurait intitulé sa chanson *Mother and Child Reunion* (1972) après avoir lu ce nom de plat sur la carte d'un restaurant chinois à New York.

Œuf & Sauge : *voir Sauge & Œuf, page 403.*

Œuf & Tomate : Les *uova al purgatorio* – œufs au purgatoire – sont un plat napolitain d'œufs servis dans une épaisse et chaude sauce tomate dopée au poivre. Le moyen-oriental *shakshuka* et les latino-américains *huevos rancheros* opèrent selon des principes similaires. Certaines personnes aiment à brouiller leurs œufs dans la sauce tomate, d'autres préfèrent garder les œufs entiers en les glissant dans la sauce, puis mettre un couvercle sur la casserole et laisser mijoter jusqu'à ce que les œufs soient cuits. La troisième manière consiste à napper la poêle chaude avec le blanc et, une fois qu'il a pris, à y brouiller les jaunes et la sauce tomate. Si tout cela vous semble un peu rustique, vous voudrez peut-être vous inspirer du déjeuner que Strether offre à Mme de Vionnet dans le roman de Henry James *Les Ambassadeurs* (1903), dont l'intrigue se déroule à Paris : sur la nappe intensément blanche d'un restaurant de la rive gauche, une omelette aux tomates accompagnée d'un chablis couleur de paille. Voir aussi Poivron & Œuf, page 259.

Œuf & Truffe : *voir Truffe & Œuf, page 149.*

Œuf & Vanille : La vanille fait (mystérieusement) disparaître la saveur de l'œuf qui peut être particulièrement gênante et malvenue dans les pâtisseries et les desserts. Ils sont associés, avec de la crème, du lait, du sucre et de la farine, pour former œufs à la neige, crème caramel, crème brûlée, soufflé à la vanille, crème glacée à la vanille, flan et crème anglaise.

MARINE

Fruits de mer

Poisson blanc

Huître

Caviar

Poisson gras

Fruits de mer

Cette section couvre les coquillages bivalves et les crustacés, mais les huîtres ont néanmoins leur propre chapitre (voir page 187). Moules et palourdes ont une saveur plus salée, plus forte que les crevettes, les homards et les pétoncles ou les saint-jacques. Le crabe se situe quelque part entre les deux, selon la quantité de chair brune que vous conservez – qui a une saveur plus marine – pour la mélanger avec la blanche. L'auteur culinaire Alan Davidson soutient que la chair blanche des pinces et des pattes du crabe est similaire en saveur et en texture à celle du homard. Le homard est souvent tenu en haute estime, en particulier par ceux qui donnent de l'importance à son prix élevé, mais beaucoup de gens considèrent que le crabe lui est comparable, sinon supérieur. Hugh Fearnley-Whittingstall estime que si le coût du homard est cinq fois celui du crabe, il n'est pas pour autant cinq fois meilleur.

Fruits de mer & Agneau : La moins connue des combinaisons viande et fruits de mer. Néanmoins, on a souvent cuisiné l'agneau avec des coques. Dans son livre écrit au XIXe siècle, le chef John Farley donne une recette de gigot d'agneau sans os avec de la chair de crabe et de homard déchiquetée, assaisonné avec du zeste de citron et de la noix de muscade. À son tour, Marco Pierre White a inscrit un plat d'agneau aux coques et au thym au menu du Marco, un de ses restaurants londoniens.

Fruits de mer & Ail : La riche saveur sulfurée de l'ail a un effet multiplicateur sur celle de tous les fruits de mer, mais atteint des sommets avec les palourdes cuites. Un soir, en vacances, nous nous sommes arrêtés à Porto Ercole, en Toscane, sur une péninsule montagneuse reliée au continent par trois digues étirées comme des brins de mozzarella. Après une baignade dans la mer chaude, nous avons dérivé vers le restaurant – lui-même à la dérive sur un précaire ponton captif – qui jouait la meilleure musique. Il n'y avait personne. Les Italiens étaient probablement encore en train de digérer leur déjeuner, mais nous avions fait tout le trajet depuis Rome, et la natation – ainsi qu'un premier verre de soave (vin de la Vénétie) – nous avait ouvert l'appétit. Nous étions en train d'évaluer combien de temps nous pourrions encore attendre avant de manger quand un homme énorme, avec de longs cheveux abîmés pas le soleil et une moustache assortie, vint s'asseoir à notre table. « Salut, nous dit-il dans un italo-anglais légèrement américanisé qui sonnait comme un accent suisse, que voulez-vous manger ? Je vais vous préparer quelque chose. » C'est un peu comme demander au jeune Hannibal s'il a envie de conquérir une parcelle quelconque de l'Empire romain. En général, je veux *tout*. Mais nous étions à la mer, en Italie, et cela ne peut signifier qu'une chose : *spaghetti alle vongole*. En peu de temps, nous étions assis devant une masse dorée et enchevêtrée de pâtes à l'ail, parsemée de palourdes crémeuses et moelleuses ; on aurait dit la chevelure de Vénus naissante, avant qu'elle ait eu le temps de se donner un coup de peigne. Des brins de persil plat relevaient la richesse de l'huile. J'ai un parrain magicien, et c'est un chef de la taille d'un grizzly qui vit dans un restaurant flottant.

Fruits de mer & Amande : L'arôme des crevettes bouillies est souvent décrit comme évoquant les fruits à coque ; lorsqu'elles sont rôties, il se rapproche plus spécifiquement de l'amande. Cette note a donc son importance dans les associations avec les amandes moulues dans les currys aromatiques indiens, dans les sauces à base d'amandes en Espagne et dans un sauté sino-américain, le *ding* aux crevettes et aux amandes. Ces saveurs fonctionnent à merveille avec le riz, en particulier le basmati.

Fruits de mer & Ananas : Le sucré-salé des fruits de mer combiné au sucré-acide de l'ananas se retrouve dans tous les plats asiatiques authentiques ainsi que dans tous leurs pendants aigres-doux des restaurants à emporter chinois. Dans la cuisine indienne parsie, on associe les fruits de mer et l'ananas avec du tamarin dans un curry aigre-doux appelé *kolmino patio*. En Asie du Sud-Est, on en trouve dans un nombre incalculable de currys et de soupes. Et rappelez-vous, surtout si vous avez un ananas trop vert sur les bras, que ces fruits ne deviennent pas plus sucrés une fois qu'ils sont cueillis.

Fruits de mer & Aneth : *voir Aneth & Fruits de mer, page 239.*

Fruits de mer & Anis : L'anis intensifie et rafraîchit la douceur sucrée des fruits de mer. Beurre à l'estragon avec du homard ou moules cuisinées avec du fenouil sont des combinaisons tout à fait classiques et justifiées. Un soupçon de Pernod peut même remplacer le cognac dans une bisque. La recette, simple, des blancs de poulet à l'estragon est facilement adaptable à un plat de crevettes – voir Anis & Poulet, page 233.

Fruits de mer & Artichaut : *voir Artichaut & Fruits de mer, page 160.*

Fruits de mer & Asperge : Comme les petits pois et le maïs, les asperges doivent être utilisées dès que possible après leur récolte. Une fois cueillies, elles commencent à consommer leur propre sucre – plus voracement que tout autre légume commun –, ce qui atténue leur saveur. Au moment où elle est le plus tendre, l'asperge est un paradis vert avec des crevettes ou du crabe frais. En mai ou juin, c'est le moment de ressortir son vieux réchaud de camping, de l'emballer avec quelques assiettes, des couverts, une poêle, un peu de sel, et de partir pour les côtes du Suffolk. On guette les panneaux faisant de la publicité pour l'autocueillette des asperges. On ramasse quelques bottes et on fonce sur la grève de Southwold ou d'Aldeburgh.

Tandis que l'un s'énerve au-dessus du réchaud qui ne veut pas s'allumer, l'autre peut acheter du crabe frais dans une cabane de pêcheurs recouverte de goudron noir. Vous aurez également besoin de bon pain, de beurre salé, de 2 citrons, d'une bouteille de sauvignon blanc bien frais et de quelques fraises précoces. Mettez de l'eau à bouillir et plongez-y les asperges. Ouvrez le vin, beurrez le pain et coupez les citrons en quartiers. Lorsque les asperges sont cuites, égouttez-les, ajoutez quelques noisettes de beurre, servez avec une copieuse ration de chair de crabe et regardez en frissonnant l'horizon, tandis que la marée mousse sur les galets et que les mouettes annoncent l'arrivée imminente de l'été.

Fruits de mer & Avocat : *voir Avocat & Fruits de mer, page 251.*

Fruits de mer & Basilic : Les notes d'agrumes et d'anis du basilic forment un contrepoint gracieux aux fruits de mer. Le basilic contient un composé appelé citral, qui est en partie responsable de la saveur du citron et de la citronnelle. Le chef Alain Senderens a signé une salade de homard et mangue au basilic, sans doute inspirée par la classique combinaison vietnamienne de crevettes, de papaye et de citronnelle.

Fruits de mer & Bœuf : Le plat nommé *surf'n'turf* (littéralement, surf et gazon) a vraisemblablement été créé aux États-Unis dans les années 1960. Le côté accrocheur du nom, avec le jeu sur les sons, et le prix « de luxe » de ce plat le plus cher de la carte sont probablement plus responsables de sa popularité durable que n'importe quelle affinité particulière de saveurs entre le homard et le bœuf. Ils ne vont cependant pas trop mal ensemble – la saveur du bœuf ayant tendance à être intensifiée par les partenaires marins tels que les anchois et les huîtres –, mais je trouve que la combinaison de ces deux chairs maigres et denses transforme la mastication en corvée. Je ne suis pas non plus convaincue que le bœuf fasse beaucoup pour le homard en retour. L'idée de base a, bien sûr, été réinterprétée par des chefs différents, comme les saint-jacques avec du foie gras, la pieuvre avec de la moelle osseuse et la queue de lotte (baudroie) avec de la queue de bœuf. À la fin des années 1980, l'expression *surf'n'turf* a été appliquée à la combinaison explosive d'un Big Mac et d'un Filet-O-Fish par mes collègues masculins affamés. Au passage, signalons que la viande d'alligator est décrite comme un hybride de fruits de mer et de veau. Voir aussi Huître & Bœuf, page 188.

Fruits de mer & Boudin noir : *voir Boudin noir & Fruits de mer, page 48.*
Fruits de mer & Cacahuète : *voir Cacahuète & Fruits de mer, page 28.*
Fruits de mer & Câpre : *voir Câpre & Fruits de mer, page 129.*
Fruits de mer & Céleri : *voir Céleri & Fruits de mer, page 120.*
Fruits de mer & Champignon : *voir Champignon & Fruits de mer, page 97.*
Fruits de mer & Chou : *voir Chou & Fruits de mer, page 150.*
Fruits de mer & Chou-fleur : *voir Chou-fleur & Fruits de mer, page 156.*

Fruits de mer & Citron : La pêcherie de la plage de Cadgwith Cove en Cornouailles est l'une des dernières d'Angleterre. Dans la soirée, il est encore possible de voir les bateaux blottis les uns contre les autres sur les galets. C'était un rituel des vacances d'été de mon enfance que d'aider mon père à choisir les meilleurs fruits de mer dans les bacs des pêcheurs après avoir mangé des sandwichs au crabe dans une conserverie à pilchards reconvertie. Le crabe brun qu'on attrape sur la côte cornique possède une intense saveur d'algues, et avant qu'on ne lui enlève sa carapace, il ressemble fort justement aux petits pâtés en croûte qu'on trouve en Cornouailles, avec des pattes. Frais, il n'a besoin de rien d'autre qu'un trait de jus de citron qu'on fait pénétrer dans la chair à rebrousse-poil pour faire ressortir sa saveur sucrée. Il en va de même pour tous les fruits de mer, je vous assure, qu'on les déguste crus sur un étal d'écailler ou grillés comme dans une assiette de poulpes et de langoustines. Un quartier de citron vous suffit. Enfin, du citron et un bon chablis sec.

Fruits de mer & Citron vert : Il est délicieux de servir de la conque frite avec une sauce cocktail pour fruits de mer agrémentée de citron vert. Si la saveur de la conque est entre la coquille Saint-Jacques et la palourde, sa texture est entre la saint-jacques et le tapis de gymnastique. Vous pouvez lui faire subir le traitement du *céviche* (voir Citron vert & Poisson blanc, page 379) en martelant la chair pour la rendre facile à mâcher, du moins par des humains, et en la mélangeant avec de l'oignon émincé et beaucoup de jus de citron vert (ce qui va aussi participer à la rendre plus tendre). La surpêche est un problème et la conque d'élevage est plus tendre sous la dent, même si elle est moins savoureuse que la variété sauvage.

Fruits de mer & Concombre : *voir Concombre & Fruits de mer, page 236.*
Fruits de mer & Courge : *voir Courge & Fruits de mer, page 292.*
Fruits de mer & Cresson : *voir Cresson & Fruits de mer, page 125.*

Fruits de mer & Cumin : La recette d'une sauce au cumin pour les fruits de mer est donnée dans le recueil d'Apicius, le plus ancien livre de cuisine connu. Le cumin est mélangé avec du poivre, de la livèche (ou ache des montagnes, plante herbacée de la même famille que l'ail), du persil, de la menthe séchée, du miel, du vinaigre et du bouillon. Aujourd'hui, le cumin est souvent jumelé avec les fruits de mer en Inde, au Mexique et dans tout le Sud-Ouest américain. Mélangez de l'ail écrasé, du cumin et du piment – tous deux moulus – avec de l'huile pour confectionner une marinade.

Fruits de mer & Feuilles de coriandre : Parmi les fruits de mer, les moules ont un goût particulièrement marqué – elles ont une profonde saveur de saumure et de viande parfois agrémentée de notes de beurre ou de caramel. Cela les rend particulièrement adaptées à la catégorie d'ingrédients qu'on utilise dans la cuisine thaïlandaise pour contrebalancer les saveurs tout aussi intenses du *nam pla*, la sauce de poisson fermenté locale. La coriandre, la citronnelle, le citron vert et le piment (ainsi que les combinaisons de l'ensemble) s'y accordent tous très bien. Assaisonnez des moules avec des feuilles de coriandre finement émincées et un trait de jus de citron vert après les avoir passées au barbecue sur la grille dans un plat en aluminium. Elles devraient être prêtes en 8 minutes, mais vous saurez qu'elles sont à point lorsqu'elles bâilleront à s'en décrocher la mâchoire.

Fruits de mer & Fromage à pâte pressée cuite : Une alliance controversée tout autant que poisson et fromage. Dans le homard thermidor, la chair du homard est servie avec une sauce à la crème liée avec du gruyère et de la moutarde. Le parmesan et le crabe se marient bien dans une tarte aux saveurs audacieuses, dans un soufflé ou dans un mélange d'araignée de mer, de fromage et de sauce au piment dont on remplit la carapace avant de la passer rapidement sous le gril. On associe le plus souvent les crevettes à la feta dans une salade. On peut aussi parsemer de feta un mélange de crevettes et de sauce provençale riche en tomates.

Fruits de mer & Lard : *voir Lard & Fruits de mer, page 211.*
Fruits de mer & Mangue : *voir Mangue & Fruits de mer, page 364.*
Fruits de mer & Noix : *voir Noix & Fruits de mer, page 299.*

Fruits de mer & Noix de coco : Rappelez-moi de prendre des vacances ! Une panure grossière de noix de coco déshydratée transforme des crevettes frites en de simples amuse-gueules de comptoir qui appellent la bière et beaucoup de serviettes en papier. À Bahia au Brésil, il existe un plat populaire appelé *vatapá* qui combine fruits de mer et poisson dans un ragoût au lait de coco épaissi avec du pain. En Thaïlande, on fait aussi nager des crevettes dans un bouillon au lait de coco appelé *tom yam kha kai* : la douceur des deux ingrédients principaux vous distrait, un instant seulement, de son piquant infernal.

Fruits de mer & Noix de muscade : *voir Noix de muscade & Fruits de mer, page 281.*
Fruits de mer & Œuf : *voir Œuf & Fruits de mer, page 168.*
Fruits de mer & Olive : *voir Olive & Fruits de mer, page 220.*
Fruits de mer & Panais : *voir Panais & Fruits de mer, page 284.*

Fruits de mer & Persil : À en juger par l'apparence de leur coquille sur la plage, les couteaux portent bien leur nom, mais, une fois qu'on les a ramassés et empilés sur de la glace en paillettes, la partie comestible qui pend au bout de leur coquille paraît tout aussi déloyalement irrésistible que la langue d'un chiot un jour de chaleur. Ils ont sensiblement le même goût que les palourdes, mais il y a beaucoup plus à manger. Servez-les cuits au vin blanc avec de l'ail et du persil, ou faites comme les Italiens qui les mangent crus en les aspirant bruyamment.

Fruits de mer & Piment : Le crabe au piment est très répandu à Singapour. Le crabe est frit avec des piments frais, du gingembre et de l'ail, puis enrobé dans un mélange collant de sauce au piment, de ketchup, de sauce de soja, de sucre et d'huile de sésame, auquel on ajoute souvent un œuf en remuant en fin de cuisson. Ce plat est servi avec du riz ou du pain, appelé *mantou*, bien utile pour éponger la sauce jusqu'à la dernière goutte. En Malaisie et à Singapour, le *sambal belacan* est une pâte de crevettes grillées pilées avec des piments frais que l'on détend avec du jus de citron vert. Il existe une concoction similaire en Thaïlande appelée *nam phrik kapi*.

✻ **Fruits de mer & Pois :** Des noix de saint-jacques sur une purée de pois ou un risotto aux petits pois peuvent sembler radicalement modernes, pourtant la combinaison fruit de mer / petits pois n'a rien de nouveau. La recette suivante est inspirée d'un livre de cuisine médiévale écrit par Hieatt, Hosington et Butler. Faites tremper (si nécessaire) 400 g de petits pois et faites-les cuire doucement dans 1 litre d'eau jusqu'à ce qu'ils soient tendres. Mettez de côté pour qu'ils refroidissent. Dans le bol du mixeur, broyez 50 g d'amandes grillées et 15 g de miettes de pain aussi finement que possible, puis, en laissant l'appareil tourner, ajoutez petit à petit les petits pois avec ½ cuillerée à café de sel, 4 cuillerées à soupe de vinaigre de vin blanc, ½ cuillerée à café de gingembre en poudre, ½ cuillerée à café de cardamome en poudre et une pincée de cannelle et de clous de girofle moulus. Versez le mélange dans une casserole et réchauffez pendant que vous faites rapidement sauter 500 g de grosses crevettes décortiquées. Disposez les crevettes sur la purée dans un saladier.

Fruits de mer & Poisson blanc : Dans certains pays, les scampis peuvent se référer à un type précis de crevettes, mais en France, le terme désigne une recette de crevettes ensevelies dans de la chapelure ou de la pâte, frites ou sautées. Il était courant de couper de la lotte (baudroie) en forme de crevettes, de les enrober de chapelure et de les faire passer pour des scampis. Puis quelqu'un s'est avisé que si elle pouvait passer pour un fruit de mer, elle pourrait être assez vendable sous sa propre identité, et dans les années 1990, son prix a augmenté avec sa popularité, à un tel point que la lotte est désormais sur la liste des espèces menacées. Jane Grigson note que la lotte est souvent comparée au homard, ce qui n'est, à son avis, juste pour aucun des deux, même si la lotte est un de ses poissons favoris après « les quatre grands » – la sole, le turbot, l'anguille et le homard. Homard et lotte possèdent certainement une similitude de texture (ils sont tous deux agréablement moelleux), et des tests de goût révèlent que la saveur de la lotte supporte la comparaison avec les fruits de mer, en particulier dans l'obscurité, surtout la partie gélatineuse près de la peau. Lotte mise à part, le turbot et le saint-pierre sont classiquement servis avec une sauce aux fruits de mer, et quelques moules ou palourdes avec des petits pois au beurre et du vin blanc font une magnifique sauce *brothy* qui convient à tous les poissons blancs.

Fruits de mer & Poisson fumé : Crevettes et poisson fumé sont essentiels dans la tourte aux poissons. Le poisson fumé offre une contrepartie piquante au poisson blanc et les crevettes – outre leur aspect mignon, toutes roses et enroulées qu'elles sont sur un lit moelleux de purée de pommes de terre – fournissent, elles, un contraste de texture pour les deux. Il ne faut pas trop en mettre, le poisson blanc doit prévaloir dans ce plat. Le même principe s'applique à la choucroute de la mer (voir Poisson fumé & Chou, page 207).

Fruits de mer & Poisson gras : *voir Poisson gras & Fruits de mer, page 196.*

Fruits de mer & Poivron : On trouve des lanières de poivron rouge dans les sauces aux fruits de mer pour les pâtes, dans les sautés un peu gluants, style *paella* espagnole, et dans les crevettes à l'aigre-douce. Leur dynamisme amer compense parfaitement la richesse noisetée des fruits de mer. Mais remarquons-nous jamais leur présence ? Ils sont comme Cyrano, éloquents de façon désintéressée, à l'arrière-plan.

Fruits de mer & Pomélo : *voir Pomélo & Fruits de mer, page 375.*
Fruits de mer & Pomme : *voir Pomme & Fruits de mer, page 339.*
Fruits de mer & Pomme de terre : *voir Pomme de terre & Fruits de mer, page 114.*

Fruits de mer & Porc : Au Portugal, il est difficile de passer à côté du *porco à alentejana*, du porc mijoté avec des palourdes, des poivrons et des oignons. La magie de ce plat ne se limite pas seulement aux bouchées de palourdes difficiles à mâcher, mais au précieux jus que contiennent leurs coquilles, qui, comme pour les huîtres, participe en grande partie à leur saveur. La création de cette combinaison repose sur une théorie discutable selon laquelle les porcs, qui erraient au bord de la très longue côte portugaise, mangeaient beaucoup de fruits de mer. Leur viande avait par conséquent un goût de poisson que les autochtones cherchèrent à dissimuler en la faisant cuire avec des palourdes. Il est bien possible que les choses se soient passées ainsi, car ce ne sont pas les fruits de mer et le porc qui manquent et le mélange est délicieux – à tel point qu'il a fait le voyage jusqu'à Macao, une ancienne colonie portugaise, où l'on mange de nombreuses variations de ce plat.

Fruits de mer & Poulet : Le *mar y muntanya* (mer et montagne) est un plat catalan de viande et de fruits de mer (souvent du poulet et des crevettes) combinés à des noix pilonnées et à de l'ail en une sauce tomate épaisse semblable à une *picada* – voir Noisette & Ail, page 301. Le poulet est également jumelé à des crevettes et à des moules dans la paella espagnole, le *gumbo* cajun et le *jambalaya* de Louisiane. La région Rhône-Alpes possède une spécialité de poulet aux écrevisses qui tire parti de deux ingrédients locaux, le poulet de Bresse et les écrevisses des ruisseaux alpins près de la frontière avec la Suisse. Le poulet Marengo, supposément inventé pour Napoléon après sa victoire sur les Autrichiens à la bataille éponyme, est composé de poulet dans une sauce tomate au vin et à l'ail avec une garniture d'écrevisses sautées. Au Brésil, le poulet avec une masse piquante de crevettes séchées forme le *xim-xim de galinha*, et en Asie du Sud, bien entendu, un nombre incalculable de currys et de sautés de poulet se combinent avec des fruits de mer à la fois frais et séchés. Les coquillages bivalves fonctionnent très bien aussi : les palourdes sont associées au poulet dans les plats chinois et coréens, tandis qu'en Bretagne le poulet est sauté avec des palourdes, de la salicorne ou de la criste-marine.

Fruits de mer & Safran : *voir Safran & Fruits de mer, page 227.*
Fruits de mer & Thym : *voir Thym & Fruits de mer, page 409.*
Fruits de mer & Tomate : *voir Tomate & Fruits de mer, page 327.*
Fruits de mer & Truffe : *voir Truffe & Fruits de mer, page 147.*
Fruits de mer & Vanille : *voir Vanille & Fruits de mer, page 436.*

Poisson blanc

La saveur d'un poisson d'eau salée est le résultat d'un délicat exercice d'équilibre interne. En moyenne, la salinité de l'eau de mer varie de 3 à 3,5 % de son poids. Harold McGee fait remarquer que les animaux ont besoin d'autres corps dissous non minéraux pour maintenir le niveau total de minéraux dissous dans leurs cellules à un taux proche de 1 %. Les poissons de mer doivent donc contrebalancer (régulation osmotique) la salinité de leur environnement en remplissant leurs cellules avec d'autres composés, acides aminés et notamment amines, qui ont leurs propres goûts et donc des implications sur la saveur. La glycine, un acide aminé, se contente d'être plutôt sucrée, tandis que l'acide glutamique présent dans les coquillages, le thon et les anchois salé envahit la bouche d'une ribambelle de saveurs. Beaucoup de poissons à nageoires, cependant, compensent l'eau salée qui coule à travers leur corps avec une amine relativement insipide, l'oxyde de triméthylamine, ou OTMA, ce qui explique pourquoi, contrairement aux poissons à forte saveur comme les anchois, la plupart des poissons blancs sont caractérisés par des descripteurs de saveur lénifiants comme « doux », « sucré » et « délicat ». Les poissons blancs sont si souvent ensevelis dans de la pâte ou badigeonnés de sauce qu'il est intéressant d'essayer une assiette de trois ou quatre types différents,

tout simplement frits ou cuits à la vapeur. Une fois que vos pouvoirs de perception se seront adaptés, vous commencerez à distinguer des saveurs subtilement différentes, comme le regard parvient, au bout d'un certain temps, à isoler des repères dans un paysage d'hiver de prime abord complètement blanc. Soyez attentif aux notes de gibier, de moisi, de terre et d'algues marines. La morue peut être un peu aigre et salée, avec quelque chose qui rappelle une pomme de terre cuite, ce qui explique sans doute pourquoi elle s'accorde si bien avec les frites. La lotte (baudroie) peut être douce et onctueuse, évoquant un crustacé, mais sans la saveur de pop-corn beurré des crevettes. Un bon loup, ou bar, est carné, avec une note de noix du Brésil et une légère pointe métallique s'accordant à ses veines d'un gris de fusible. Ce chapitre comprend le cabillaud, la raie, la sole, le flet, la plie ou le carrelet, la lotte, la vivaneau, le tilapia, la daurade et le turbot.

Poisson blanc & Ail : *voir Ail & Poisson blanc, page 144.*

Poisson blanc & Anchois : Hannah Glasse au XVIIIe siècle et Eliza Acton au XIXe siècle font toutes deux mention d'une sauce aux anchois servie avec du poisson blanc bouilli (surtout les poissons plats) ou avec de la morue panée et frite. Vous pouvez faire de même en ajoutant de l'essence d'anchois à du beurre fondu et du jus de citron.

❋ **Poisson blanc & Aneth :** Alors qu'il est rare dans d'autres parties de l'Asie, l'aneth figure en bonne place dans les cuisines du Laos et de certaines régions de la Thaïlande. Au Cha Ca La Vong, un restaurant à Hanoï, au Vietnam, le plat de poisson éponyme est le seul servi, à base d'une sorte de poisson-chat d'eau douce jauni avec du curcuma et sauté avec des feuilles d'aneth et des oignons de printemps (ciboule). Vous pouvez recréer à la maison quelque chose d'équivalent en utilisant du saint-pierre, du loup (bar) ou du tilapia (sorte de carpe), il suffit de ne pas être tenté de lésiner sur l'aneth. Coupez environ 500 g de filets de poisson en morceaux de la taille d'une grande bouchée et laissez mariner pendant 30 minutes dans un mélange composé de ½ cuillerée à café de curcuma, 1 cuillerée à café de sucre, un morceau de 2 cm de *galanga* (ou de gingembre) finement haché, 2 cuillerées à soupe de sauce poisson, 1 cuillerée à café de vinaigre de vin de riz et 1 cuillerée à soupe d'eau. Faites revenir le poisson dans de l'huile d'arachide pendant environ 4 minutes jusqu'à ce qu'il soit bien cuit, ajoutez des brins d'aneth et quelques oignons de printemps (ciboule) émincés, puis faites revenir durant 1 minute de plus. Servez dans des bols sur des vermicelles de riz froids et assaisonnez à votre goût avec des cacahuètes grillées, du piment, un peu plus d'aneth, de la menthe, de la coriandre et de la sauce *nuoc cham* (voir Citron vert & Anchois, page 376).

Poisson blanc & Anis : *voir Anis & Poisson blanc, page 232.*

Poisson blanc & Asperge : Quand les Italiens ont commencé à cultiver des asperges au XVIIe siècle, celles-ci étaient habituellement servies seules, alors qu'en France et en Angleterre elles étaient le plus souvent utilisées comme un accompagnement, spécialement avec la volaille et le turbot, qui ont une saveur douce et onctueuse, presque beurrée, qui s'accorde idéalement avec ces amoureuses du beurre que sont les asperges. La sauce maltaise, parfumée à l'orange, est un classique avec cette combinaison (voir Orange & Asperge, page 369).

Poisson blanc & Câpre : *voir Câpre & Poisson blanc, page 129.*

Poisson blanc & Céleri : Une paire peu courante. Ce mélange de fils et d'arêtes donne moins l'impression de manger que de participer à une thérapie par les travaux manuels. C'est là que le céleri-rave – la facette la plus douce du céleri – entre en scène. Plus sucré et plus facile à travailler, il peut être un grand partenaire de toutes sortes de fruits de mer. Le chef Tom Aikens les associe dans des plats tels que du saint-pierre avec du chou, du céleri-rave et du raifort, ou bien du loup avec des petits gnocchis au persil et du céleri-rave caramélisé, enfin du turbot poché avec des ailes de poulet pochées, du céleri écrasé, des gnocchis aux truffes et de l'oseille sauvage.

Poisson blanc & Champignon : *voir Champignon & Poisson blanc, page 99.*

Poisson blanc & Citron : On accompagne si fréquemment le poisson blanc d'un quartier de citron qu'il peut paraître un peu seul quand il n'y en a pas. Il est clair que ce fruit apporte un contrepoint acide à la douceur de la chair du poisson, qu'il en désodorise les saveurs fortes et réduit le gras de la friture. Mais le meilleur compliment que vous puissiez faire à un bon morceau de poisson frais, c'est de le servir sans rien, comme une jeune fille qui n'a besoin d'aucun maquillage tant elle est jolie.

Poisson blanc & Citron vert : *voir Citron vert & Poisson blanc, page 379.*
Poisson blanc & Concombre : *voir Concombre & Poisson blanc, page 237.*
Poisson blanc & Feuilles de coriandre : *voir Feuilles de coriandre & Poisson blanc, page 248.*

Poisson blanc & Fromage à pâte pressée cuite : Un accord culinaire très controversé, qui fait l'objet d'un véritable anathème pour les restaurateurs italiens en particulier. Il existe au moins un restaurant italien à New York où une mention avertit les clients : « Pas de fromage sur les fruits de mer et le poisson. » L'argument – essentiellement que le fromage détruirait le parfum subtil du poisson – est néanmoins relativement récent. On a découvert de nombreuses recettes avec des combinaisons d'anciens fromages italiens et de poissons, dont l'une, sicilienne, remonte à 400 av. J.-C. Poisson et fromage sont, bien sûr, jumelés dans des plats français, notamment avec les sauces au gruyère ; on retrouve ce dernier râpé au-dessus de la bouillabaisse et de la soupe de poisson. Les Britanniques râpent du cheddar sur la tourte au poisson et à la purée de pommes de terre pour lui donner un petit coup de pouce, tandis que les Américains associent thon et fromage fondu dans un sandwich grillé. Je n'aime pas beaucoup l'idée des produits de la mer avec du fromage, mais l'apprécie dans la pratique, comme dans la démodée sauce mornay – ce qui, je suppose, me rend aussi indécise que McDonald utilisant seulement la moitié d'une tranche de fromage dans son Filet-O-Fish.

Poisson blanc & Fruits de mer : *voir Fruits de mer & Poisson blanc, page 179.*
Poisson blanc & Gingembre : *voir Gingembre & Poisson blanc, page 390.*
Poisson blanc & Jambon cru : *voir Jambon cru & Poisson blanc, page 217.*

Poisson blanc & Lard : Dans *Les Aventures de Tom Sawyer*, Tom et Huck cuisent un bar qu'ils viennent de pêcher avec du lard et sont étonnés de trouver ça délicieux. Les avantages de la cuisson du poisson avec la graisse du lard ne doivent pas être sous-estimés. Il est toujours utile, en fait, d'avoir au réfrigérateur un pot de graisse de lard. C'est excellent avec le poisson, le chou, et pour préparer du pain de maïs. Je pense que la cuisine à la graisse de lard est au croisement de la cuisine au gras et de celle au bouillon, en raison de sa saveur si enrichissante. Achetez 500 g de lard très gras et découpez-le en petits lardons ou en tranches. Il y aura de la viande à récupérer, donc coupez en lardons si vous voulez utiliser celle-ci dans une salade au fromage bleu, et en tranches si vous comptez vous en servir au petit-déjeuner ou dans un club sandwich. Chauffez la graisse à feu doux dans une casserole avec 75 ml d'eau. Soyez patient, car cela prendra au moins 30 minutes. Quand toute l'eau s'est évaporée et que la graisse est bien fondue, laissez refroidir un peu et versez dans un pot en céramique ou dans un verre, avec couvercle, puis stockez au réfrigérateur.

Poisson blanc & Mangue : Le vivaneau rouge à la saveur de saumure et de noisette est excellent avec une sauce à la mangue. La mangue accompagne aussi merveilleusement bien n'importe quel poisson blanc qui ne tombe pas en miettes dans un curry à base de lait de noix de coco. Au Cambodge, on fait cuire une julienne de mangue verte avec une variété de poisson-chat (bien que le tilapia – sorte de carpe – aille très bien aussi) dans un mélange de nuoc-mâm, d'ail et de gingembre, la délicieuse âcreté du fruit jouant avec la douceur du poisson. L'auteur gastronomique Alan Davidson décrit aussi un plat hollandais peu commun de haddock avec une sauce composée de chutney à la mangue, de tranches de pomme acide, de gingembre et de jus de citron.

Poisson blanc & Noisette : *voir Noisette & Poisson blanc, page 303.*
Poisson blanc & Noix de coco : *voir Noix de coco & Poisson blanc, page 361.*

Poisson blanc & Olive : On pourrait imaginer une règle simple : olives vertes pour le délicat poisson blanc, olives noires pour le riche poisson gras. Elle n'existe pas. Vous constaterez simplement que l'onctuosité huileuse et salée des olives donne au poisson blanc un petit air de poisson gras. Une huile d'olive vierge extra de très bonne qualité – avec une trace d'amertume claire et la saveur de légumes verts haut de gamme – peut constituer l'unique sauce dont un morceau de poisson délicat ait réellement besoin.

Poisson blanc & Orange : *voir Orange & Poisson blanc, page 373.*

Poisson blanc & Panais : « Un bon cuisinier ne présentera jamais à table un poisson salé sans l'accompagner de panais », l'écrivait l'horticulteur Henry Phillips, en 1822. Ce partenariat remonte à l'époque médiévale, mais a récemment été relancé sous la forme de croquettes de poisson salé et de panais, façon *rösti*, par Hugh Fearnley-Whittingstall.

Poisson blanc & Persil : *voir Persil & Poisson blanc, page 243.*
Poisson blanc & Pois : *voir Pois & Poisson blanc, page 256.*

Poisson blanc & Pomme de terre : Quelques conseils à ceux qui cherchent à vivre l'expérience d'un authentique *fish and chips* :

1. Poisson et frites ne forment pas obligatoirement un *fish and chips*. Pour se qualifier comme la chose réelle – c'est-à-dire une entité unitaire, *fishandchips*, où les frites sont inséparables du poisson et non simplement servies avec lui –, ce plat doit provenir d'un *chippy* (un magasin spécialisé dans le *fish and chips*). Ce n'est pas seulement pour des raisons sentimentales. Pour atteindre le croustillant essentiel de la frite et faire cuire suffisamment de morceaux de poisson pané ensemble sans qu'ils perdent de chaleur ensuite ou soient détrempés, il faut posséder un type d'équipement professionnel de friture à double bac que l'on rencontre rarement en dehors des enseignes dédiées à cette activité.
2. Un *chippy* sert du poisson et des frites, de la purée de pois, des croquettes de poisson, du cervelas, des saucisses en beignet et des pickles. À la rigueur des Pukka Meat Pies (du nom d'un fabricant de tourtes et de pâtés, très populaire au Royaume-Uni, basé dans le Leicestershire). Évitez les « bars à poissons » opportunistes qui offrent des burgers, du poulet frit, des kebabs ou des pizzas.
3. Sel et vinaigre de malt sont essentiels. D'autres types de vinaigres ne sont pas acceptables.
4. Le poisson et les frites doivent être servis dans du papier *chip-shop*. Pour les non-initiés, il ressemble à du papier journal et, plus important, il sent comme lui ; c'est l'ingrédient secret pour l'authentique *fish and chips*, son assaisonnement particulier. Si on vous le sert dans une boîte en polystyrène, allez manger ailleurs.

5. Un *fish and chips* doit être consommé dans un environnement approprié. Pour être réellement authentique, vous devrez manger votre *fish and chips* en bord de mer, ou à un arrêt de bus, ou perché sur le mur extérieur d'une station-service parce que vous ne pouvez pas accepter que vos frites refroidissent.

Poisson blanc & Raifort : *voir Raifort & Poisson blanc, page 131.*

Poisson blanc & Raisin : Pour moi, la sole Véronique est le plat idéal durant une convalescence : de la sole, légèrement cuite dans du bouillon, de la crème, du vermouth et du jus de citron avec des grains de raisin coupés en deux. Elle satisfait les critères vitaux de délicatesse pour l'estomac de la *cucina bianca* (née le long des Alpes maritimes et liguriennes durant la transhumance du bétail, la « cuisine blanche » est composée de farineux, de laitages et de légumes pâles). Elle est si pâle et délicate qu'en comparaison vous vous sentirez fort et robuste (sans parler qu'elle vous permettra d'écluser tout le raisin que vous ont apporté ceux qui vous ont rendu visite à l'hôpital). La sole n'est pas le poisson *sine qua non* ; n'importe quel poisson blanc qui se tient fera l'affaire. Pour lui rendre ce qui lui revient, la sole a bel et bien une saveur unique qui se développe dans les tissus des muscles deux ou trois jours après qu'on l'a pêchée ; contrairement à la plupart des poissons, elle n'a pas beaucoup de goût quand elle descend du bateau. D'autres poissons plats comme le turbot ou le flétan de l'Atlantique subissent le même effet, mais pas de manière aussi significative.

Poisson blanc & Safran : Selon Elizabeth David dans *Italian Food*, les Italiens plissent le nez devant cette combinaison, car ils pensent que la saveur du safran domine celle du poisson. Elle déplore cette réaction, comme quiconque ayant déjà mangé une bouillabaisse. Un soir, à Antibes, un pharmacien nous a glissé le nom de *l'endroit* pour en manger une, quelque part sur la route du littoral entre Saint-Tropez et Cabasson. « Chez Joe », avait-il dit en griffonnant sur une serviette en papier froissée. Nous avons fini par arriver près d'une petite crique, et après avoir descendu une échelle rouillée, nous nous sommes retrouvés sur une plage étroite avec une douzaine de tables. « Joe » avait ouvert son restaurant dans une grotte où brûlait un feu de bois sur lequel trônait une grande marmite. Il cuisinait en marmonnant pour lui-même sous un plafond de stalactiques. On nous a apporté une bouteille de rosé bien fraîche et deux gobelets. Nous avons bu pendant un moment, face à la mer, avant de goûter la soupe présentée avec du pain frotté à l'ail : turbulente, marine et complexe. La soupe une fois terminée, le garçon nous servit le poisson qui avait cuit dedans, avec encore du pain et du vin, puis quelques confiseries à l'amande en forme de navettes que l'on appelle des calissons d'Aix, comme dessert, et un verre d'eau-de-vie pour nous faire oublier comment nous étions venus et préserver ainsi le secret.

Poisson blanc & Thym : Le chef français Marie-Antoine Carême a écrit il y a plus d'un siècle : « J'ai également supprimé de ma manière d'accommoder le poisson tous ces aromates et épices que nos ancêtres avaient l'habitude d'utiliser, car c'est une étrange illusion que de croire qu'il est préférable que le poisson ait un goût de thym, de laurier, de macis, de clou de girofle ou de poivre alors que nous avons tous les jours la preuve irréfutable que le poisson simplement cuit dans l'eau salée est excellent. » Il continue en disant qu'un court-bouillon infusé de thym (le bouillon de base que vous pourriez utiliser pour une soupe de poisson) est acceptable tant que le thym n'est pas trop envahissant. Le thym frais est une valeur plus sûre que le thym séché qui peut être trop fort avec le poisson. L'accord du thym avec le citron est évidemment excellent.

Poisson blanc & Tomate : Difficile de faire mieux qu'une daurade au four avec des tomates rôties, ou des bâtonnets de poisson pané avec du ketchup. Cependant, dans les années 1990, des chercheurs ont tenté de rendre la tomate plus résistante en lui implantant un gène de la plie arctique. Ce poisson est, on ne s'en étonnera pas, génétiquement programmé pour ne pas geler (et se rompre) dans les eaux froides – des propriétés qui, d'après ces scientifiques, pourraient favoriser la culture des tomates dans des conditions difficiles, sans parler du voyage cahoteux qu'elles doivent ensuite endurer jusqu'au marché. Mais ça n'a pas fonctionné. Assemblez les deux protagonistes comme la nature les a faits en faisant frire votre plie, panée si cela vous plaît, dans du beurre et servez-la avec des tomates au four et des pommes de terre à l'eau, ou bien encore coincez-la dans un petit pain avec du ketchup.

Huître

La saveur d'une huître reflète, plus que tout autre aliment, l'environnement où elle s'est développée. La propreté, la teneur en minéraux et la température de l'eau sont des facteurs importants, c'est pourquoi il convient d'identifier les huîtres par leur provenance plutôt que par leur espèce. Par exemple, *Ostrea edulis*, l'huître européenne plate indigène, se réfère à la colchester anglaise, la galway irlandaise et, en France, la belon, protégée, ainsi que la marennes, parée d'algues. Commandez un plateau mixte d'huîtres et éloignez le citron tandis que vous essayez de détecter les notes que les connaisseurs ont identifiées : sucre, crème, viande, beurre, fruit à coque, melon, écorce de melon, concombre, minéral, métal, cuivre et, bien entendu, saumure et océan. Pour faire l'expérience de saveur plus douces et plus complexes après le choc initial de l'eau de mer, vous devrez mâcher votre huître avant de l'avaler. Les saveurs acides comme le citron et le vinaigre amortissent le côté salé et soulignent la douceur

des huîtres. Avec le raifort ou le ketchup pimenté se forme une chaude combinaison sucrée-salée où l'huître apporte son umami inhérent. La sauce d'huître est un condiment épais, noir et salé de Chine ; les proportions – et les quantités – d'extraits d'huître, de sucre, de sodium et d'exhausteurs de goût qu'elle contient varient selon les marques

Huître & Anis : *voir Anis & Huître, page 231.*
Huître & Artichaut : *voir Artichaut & Huître, page 161.*

Huître & Bœuf : Lorsque Kit offre au petit Jacob ses premières huîtres dans *Le Magasin d'antiquités* de Charles Dickens, l'enfant y prend goût « comme s'il était né et venu au monde pour cela ; il y versait le poivre et le vinaigre avec une dextérité au-dessus de son âge, et finit par bâtir une grotte sur la table avec les écailles » (traduction de A. Des Essarts). Avant que les stocks d'huîtres ne s'effondrent, elles étaient si abondantes et bon marché qu'un serviteur comme Kit pouvait acheter trois douzaines des « plus grandes huîtres qu'on eût jamais vues » sans craindre d'être envoyé en prison pour dettes. Mais ce n'est pas uniquement pour mettre en valeur les ingrédients les plus coûteux qu'on a ajouté de l'huître au *steak and kidney pudding* (tourte de viande de bœuf et de rognons de bœuf, d'agneau ou de porc). L'huître salée renforce la saveur du bœuf. Il en va de même avec le *carpetbag steak* australien farci aux huîtres ou encore la sauce d'huître qu'on utilise dans les sautés de bœuf.

Huître & Caviar : *voir Caviar & Huître, page 192.*

✻ **Huître & Céleri :** L'huître fait du céleri un partenaire frais et presque citrique : une combinaison plutôt distinguée comme l'atteste parfaitement cette recette d'« huître et céleri de Billy l'Écailler », extraite du *Manuel de réception* du magasine *Esquire*, publié pour la première fois en 1954. « Un homme, conseille-t-il, qui peut se permettre d'inviter ses amis chez lui après le théâtre ou toute autre réception tardive […] est un homme qui va vite se retrouver en tête de liste du hit-parade de ses amis. » Faites revenir dans du beurre 3 branches de céleri émincées jusqu'à ce qu'il soit tendre, ajoutez 24 huîtres sans leur coquille, mais avec leur eau, et laissez mijoter jusqu'à ce que les huîtres se recourbent sur les bords. Arrosez d'un vin blanc liquoreux et assaisonnez modérément. Transvasez dans un plat pour garder au chaud, coupez des pointes de pain grillé, tapotez votre cigarette sur l'étui en argent gravé à vos initiales et délectez-vous de l'adoration que vous portent vos amis.

Huître & Champignon : Le pleurote le plus fréquemment présent sur les étals est le *Pleurotus ostreatus*, le pleurote en forme d'huître. Certaines personnes pensent que ces pleurotes non seulement ressemblent aux huîtres, mais ont légèrement le même goût. Ils pourraient bien être des fioritures caoutchouteuses sur le bonnet de bain d'une dame fraîchement sortie de la mer. Comme les huîtres, les pleurotes peuvent être saisis rapidement au beurre et servis avec un jus de citron.

Huître & Citron : Les puristes des huîtres refusent le vinaigre aux échalotes ou le Tabasco : une huître crue doit être mangée sans rien, même pas du citron. Je ne suis pas une puriste. Pour moi, manger des huîtres, c'est comme se débarrasser de tous ses vêtements et se jeter à l'eau du bout d'un ponton. Le jus de citron, c'est l'élan qui vous met l'eau à la bouche et qui permet le plongeon vivifiant dans la minéralité de l'huître. Le jus de citron rafraîchit aussi les huîtres recouvertes de semoule de maïs et plongées dans la friture qu'on trouve dans le sud profond des États-Unis.

Huître & Lard : Des huîtres enveloppées individuellement dans une demi-tranche de lard très fin, préalablement étirée, embrochées sur un pic et grillées. Je ne me souvenais jamais du nom : anges à cheval ? diables à cheval ? cochons à la plage ? perles aux pourceaux ? Puis, un jour, on m'a expliqué : les huîtres sont blanches comme les anges ; les pruneaux sont sombres donc diaboliques, surtout quand on les a dénoyautés et qu'on les farcit de chutney à la mangue avant de les envelopper dans le lard. Comme toujours, c'est le diable qui l'emporte : l'extrême contraste sucré-salé du pruneau et du lard gagne, pour moi, haut la main.

Huître & Noix de muscade : *voir Noix de muscade & Huître, page 281.*

Huître & Œuf : Essayez de faire un *hangtown fry*, plat inventé à Hangtown dans la sierra Nevada pendant la ruée vers l'or. Certains prétendent qu'il aurait été créé pour un prospecteur qui avait trouvé un filon, d'autres qu'il fut le dernier repas d'un condamné à mort (*hang down* signifie « pendu » en anglais). Ces deux légendes reposent sur le fait que les huîtres ne courent pas les rues dans le désert. L'histoire la plus vraisemblable est qu'il a été conçu par l'un des nombreux immigrants chinois qui se sont fait embaucher comme cuisiniers en Californie au milieu du XIXe siècle. Le *hangtown fry* est en fait une omelette brouillée aux huîtres. Certaines recettes incluent du lard, mais celle que donne le livre de M. F. K. Fisher, *Consider the Oyster*, n'en parle pas : il est conseillé de la servir avec des saucisses et des frites aussi fines que des lacets de chaussure.

Huître & Oignon : Hachez finement des échalotes, mélangez-les avec du vinaigre de vin rouge pour confectionner le classique accompagnement français de l'huître, appelé mignonette.

Huître & Pastèque : *voir Pastèque & Huître, page 316.*

Huître & Persil : Les huîtres Rockefeller furent conçues par Jules Alciatore du restaurant Antoine's à La Nouvelle-Orléans et font partie de la carte depuis 1899. Les huîtres sont cuites au four dans une demi-coquille avec une sauce verte recouverte de chapelure. Alciatore a emporté la recette dans la tombe, la version écrite en tout cas, et les successeurs d'Antoine's sont aussi fermés que des huîtres non encore écaillées. D'autres restaurants servent des imitations avec de l'épinard, mais d'après Antoine's, personne n'a jamais percé le secret de la sauce verte. Des recherches ont tout de même permis de découvrir que ses ingrédients primaires sont le persil, les câpres et l'huile d'olive. Quant à l'ingrédient secret, aucun labo n'a pu le découvrir.

Huître & Piment : Ma première huître m'a été présentée par un serveur dans une trattoria minable près de la gare de Paddington. C'était le genre où l'on y réfléchit à deux fois avant de manger les gressins, et une troisième fois avec les fruits de mer. Si cela ne m'a pas tuée, cela ne m'a pas convertie pour autant. J'ai mangé ma deuxième dans un bar du quartier français de La Nouvelle-Orléans, une étroite chambre funéraire rafraîchie par un ventilateur apathique au plafond, avec des enseignes au néon qui menaient une bataille perdue d'avance contre la morosité. Un bar de fruits de mer, exactement ce j'avais espéré. Regardant d'un œil un match de football américain en sourdine, le barman, les manches de sa chemise relevées et retenues par des pinces, prélevait avec une petite pelle des huîtres dans une bassine emplie de glace et les disposait comme un croupier le fait des jetons devant des parieurs. La scène avait le paradoxal exotisme de la routine d'une autre culture : tout le monde s'ennuyait, sauf moi. J'ai levé le doigt, le barman a poussé une huître devant moi. Elle était différente de toutes celles que j'avais vues jusqu'alors : un ovale brillant d'un gris foncé, monstrueux comme l'œil d'une baleine. Il me fixait. Je lui ai envoyé une giclée de sauce piquante, et en essayant de faire le vide dans mon esprit, je l'ai pris par en dessous, porté à mes lèvres et englouti. J'ai senti un craquement dans mon cuir chevelu. Forte concentration en zinc, sauce enflammée, ou simple sentiment de triomphe pour avoir regardé la bête en face et l'avoir battue ? J'ai commandé une bière pour célébrer cela. Après qu'elle eut refroidi ma gorge en feu, le barman a poussé quelque chose d'autre dans ma direction. Plus grosse, plus grise, plus brillante, et cette fois, il y en avait deux.

Huître & Porc : Dans le Sud américain, c'est sous la forme de saucisses qu'on sert traditionnellement du porc avec des huîtres. On les associe aussi, comme en Nouvelle-Angleterre, pour farcir la volaille ou, en Louisiane, mijotés ensemble dans un *gumbo*. Mais à mon avis, la combinaison la plus électrique, c'est quand les huîtres sont crues et bien froides, et la saucisse très épicée. Dans le Bordelais, on utilise des saucisses basques *lou ken kas*, mais des mini-chorizos feront l'affaire si vous n'en trouvez pas. Il n'y a rien de mieux que de sentir le feu cuisant de la saucisse coupé par la fraîche minéralité de l'huître. Un verre de graves blanc bien frais et le monde peut s'écrouler autour de vous comme un décor de cinéma.

Huître & Poulet : Il est superbement luxueux de farcir un poulet avec des huîtres avant de le mettre à rôtir. Sortez les huîtres de leur coquille et placez-les dans le poulet, c'est aussi simple que ça. Si l'intérieur du poulet est plus vaste que la quantité d'huîtres dont vous disposez, mélangez-les avec du beurre et de la chapelure, sans perdre leur eau. Ou utilisez des cailles, elles peuvent contenir 3 huîtres chacune.

Huître & Raifort : *voir Raifort & Huître, page 131.*

Caviar

L'osciètre (ou ossiètre) est un caviar de choix pour les connaisseurs : subtil, complexe, avec des notes de fruit à coque et (pour certains) d'herbe. Comme pour tout produit naturel, le goût peut varier énormément, surtout étant donné la nature omnivore de l'esturgeon osciètre et son habitude de se soustraire aux prédateurs en plongeant au fond de la mer, ce qui rend son régime alimentaire particulièrement étendu. Le béluga est carnivore et son alimentation riche en protéines pourrait expliquer la plus grande taille de ses œufs ; il produit un caviar crémeux et moins poissonneux. Le sévruga, noir comme du goudron, est le plus commun – enfin le moins rare. Sa saveur est moins complexe, plus salée et plus marine. D'aucuns estiment que les populations d'esturgeons de la mer Caspienne seront entièrement éteintes en 2012. Certains caviars d'élevage d'Amérique et d'Europe commencent néanmoins à recevoir des critiques très élogieuses concernant leur saveur.

Caviar & Banane : Si vous vous sentez un peu décadent parce que vous vous régalez d'œufs au lard à votre petit-déjeuner, sachez que dans la Russie prérévolutionnaire les enfants du tsar commençaient la journée avec un plat de purée de bananes et de caviar.

Caviar & Chocolat blanc : Alors qu'il enquêtait sur la capacité du sel à faire ressortir la saveur des aliments sucrés, Heston Blumenthal a tenté de jumeler le chocolat blanc au jambon, aux anchois et au pâté de canard avant de s'arrêter sur l'appariement particulièrement agréable avec le caviar. L'expert en saveurs François Benzi a noté que les deux ingrédients partagent des composés aromatiques qui pourraient expliquer leur compatibilité. Cela a conduit Blumenthal à rechercher l'harmonie des couples à partir des composés qui leur sont communs, et à en conclure que bien souvent les combinaisons réputées possèdent en partie les mêmes composés organo-chimiques de base. Il suggère inversement que pour travailler sur les couples peu probables – café et ail, par exemple, ou persil et banane –, rien ne peut remplacer l'imagination et l'intuition. Pour moi, la combinaison caviar/chocolat blanc est comme une version renforcée de l'appariement homard/vanille d'Alain Senderens. La saveur dominante du chocolat blanc est la vanille, avec une dimension de beurre et fromage crémeux qui le rend d'autant plus harmonieux avec les œufs de poisson.

Caviar & Chou-fleur : Les légumes crucifères sont formidables associés aux ingrédients salés. Si vous aimez les choux au lard, vous allez adorer le partenariat, devenu un classique, chou-fleur et caviar de Joël Robuchon. Il confectionne une gelée de caviar et la marie avec une crème au chou-fleur, il sert également des couscous de caviar osciètre avec une crème au chou-fleur et une gelée, ainsi qu'une crème au chou-fleur et caviar avec de la purée de pommes de terre. Voir aussi Anchois & Chou-fleur, page 203.

Caviar & Citron : Ils forment ensemble une excellente sauce pour les saint-jacques et les pétoncles. Il suffit de les faire cuire et d'ajouter un peu de citron et de caviar à la fin. Bien que le citron soit souvent proposé avec le caviar, il n'est pas idéal, car il étouffe les saveurs délicates des meilleurs œufs. J'ai entendu une fois une hôtesse faire l'affront de répondre à l'un de ses invités qui demandait du citron pour le caviar : « Si c'est du tarama que vous voulez, chéri, je vais voir si j'en ai… »

❋ **Caviar & Fromage à pâte molle :** L'argent et l'acier inoxydable ont une incidence sur la saveur du caviar et c'est pour cela qu'on utilise des cuillères en nacre ou en plastique à la place. En ce qui concerne les accompagnements, seuls des biscuits nature ou des blinis au sarrasin sont les bienvenus. Les fans moins formalistes vous pardonneront si vous le servez avec un œuf cuit dur coupé en morceaux. Les aliments blancs sont esthétiquement une réussite avec le caviar, si l'on prête attention aux reflets irisés que produit la lumière sur la surface tendue de l'œuf d'esturgeon, tout comme de la fourrure blanche met en valeur de hautes pommettes. Essayez ces mini-cheese-cakes au caviar. En utilisant un emporte-pièce, découpez des galets de 3 m de diamètre dans des tranches de pain de seigle de 1 cm d'épaisseur. Laissez l'emporte-pièce en place et déposez-y 1 cm de fromage frais et 1 cuillerée de caviar. Dégagez l'emporte-pièce en veillant à conserver la forme. Il est nécessaire de laver l'emporte-pièce entre chaque manipulation.

Caviar & Huître : Si vous servez du caviar avec des huîtres, on peut imaginer que vous ne vous intéressez pas seulement à la subtilité de cette combinaison de saveurs. Vous avez certainement d'autres choses en tête comme la garniture en zibeline de votre hors-bord. Harold McGee considère que le caviar osciètre a le goût de l'huître. Il est certain qu'ils partagent les couleurs d'une frégate militaire en décomposition – gris, vert, rouille et noir – et la seule proximité de saveur qu'on pourrait leur trouver se rapporterait à l'habitude qu'ils ont l'un et l'autre de se nourrir sur les fonds vaseux. Parmi les plats qu'a signés Thomas Keller, on citera ses huîtres recouvertes de caviar avec des perles de tapioca dans un sabayon de vermouth. Au Noma de Copenhague, le chef René Redzepi, qui a travaillé sous la direction de Keller au restaurant The French Laundry, fait un caviar de jus d'huître en gelée qu'il sert sur un pavé de tapioca.

Caviar & Noisette : *voir Noisette & Caviar, page 302.*

Caviar & Œuf : Frank Sinatra avait l'habitude de préparer des œufs brouillés au caviar pour Ava Gardner. Wolfgang Puck les combine dans un petit coffret de pâte feuilletée au beurre. Mordre dedans doit être divin. Mais demander à votre bien-aimé de faire de la pâte feuilletée à la première heure, c'est prendre des risques même si on ressemble à Ava Gardner. Si vous êtes à court de caviar, considérez que le chef David Rosengarten croit que le meilleur caviar a le goût de jaune d'œuf et de beurre. Vous pouvez donc toujours beurrer un blini au sarrasin que vous recouvrirez de petits morceaux de jaune d'œuf encore chaud avant de croquer dedans en fermant les yeux.

Caviar & Poisson fumé : *voir Poisson fumé & Caviar, page 206.*
Caviar & Pomme de terre : *voir Pomme de terre & Caviar, page 112.*
Caviar & Poulet : *voir Poulet & Caviar, page 34.*

Poisson gras

Les poissons gras sont plus riches et ont plus de saveur que les poissons blancs. Les affinités classiques de saveurs, tels la groseille ou le raifort avec le maquereau, le concombre avec le saumon, et le cresson avec la truite, sont celles qui réduisent les graisses. Le citron a aussi cette fonction, ainsi que d'atténuer certains arômes un peu forts ou persistants. Feuilles de coriandre et/ou jus de citron vert sont utilisés avec la même intention – et le même effet – dans la cuisine asiatique. Câpres en saumure, olives, jambon et crustacés font ressortir le côté sucré des poissons gras marins comme le maquereau, le hareng, la sardine et le rouget. Ce chapitre couvre également les poissons d'eau douce, plus terreux, et les poissons diadromes (c'est-à-dire les espèces qui vivent tantôt dans l'eau de mer, tantôt dans l'eau douce) comme le saumon, la truite, l'ombre et l'anguille ; enfin, il traite aussi de l'espadon et du thon, aux saveurs plus carnées. Voir également l'introduction du chapitre Poisson blanc, page 181.

✻ **Poisson gras & Ail :** Cette recette de Patricia Wells pourrait être l'équivalent avec du poisson de la recette du poulet avec 40 gousses d'ail (voir Ail & Poulet, page 145). Elle est prévue pour du thon, mais fonctionne tout aussi bien avec de l'espadon. En fait, des recherches ont mis en évidence des notes de « poulet rôti » dans l'espadon, ce qui suggère une compatibilité avec l'ail. Badigeonnez deux steaks de thon frais de 250 g (environ 2,5 cm d'épaisseur) avec de l'huile et poivrez-les. Faites-les griller environ 5 minutes de chaque côté, le temps qu'ils deviennent opaques à l'extérieur, mais restent roses à l'intérieur. Pendant ce temps, faites chauffer 3 cuillerées à soupe d'huile d'arachide dans une poêle, mais sans la laisser fumer, ajoutez 20 gousses d'ail émincées largement et faites-les dorer. Déglacez avec 1 cuillerée à soupe de vinaigre. Assaisonnez le thon, versez la sauce dessus et servez avec une piperade – tomates, oignons et poivrons verts cuits dans de l'huile d'olive. Incidemment, la piperade est parfois cuisinée avec des œufs, voir Poivron & Œuf, page 259.

Poisson gras & Amande : *voir Amande & Poisson gras, page 308.*

✻ **Poisson gras & Aneth :** Dans les pays scandinaves et baltes, il existe de nombreuses recettes pour combiner la solide saveur, nette et vive, de l'aneth avec des poissons gras. Le *gravadlax*, ou *gravlax*, probablement la plus célèbre, se compose de saumon mariné avec du sucre et du sel, aromatisé à l'aneth et à la moutarde, puis servi avec les mêmes, mais en sauce. La moutarde suédoise utilisée est plus douce, plus crémeuse et moins piquante que celle de Dijon. Alan Davidson donne des recettes pour le *gravad* au maquereau (pas aussi délicieux que le saumon, il note, mais toujours très bon) et pour la *makrillsopa*, une simple préparation à base de maquereau, d'aneth, d'eau, de lait et de poivre, accompagnée éventuellement de quelques pommes de terre. Aux États-Unis, l'aneth est utilisé dans les sandwichs à la salade de thon, dans lesquels l'aneth séché et congelé fonctionne très bien. Mon concept préféré du couple poisson/aneth vient de Nigel Slater, et sa réalisation n'est pas beaucoup plus compliquée ni plus laborieuse que celle d'un sandwich. Placez 2 darnes de saumon dans un petit plat allant au four et couvrez-les avec un mélange composé d'un oignon très finement haché, de 1 cuillerée à soupe de jus de citron, 1 cuillerée à soupe d'aneth haché et 100 ml de crème fraîche. Cuisez à 220 °C (thermostat 7) durant 15 à 18 minutes (juste le temps de faire bouillir quelques pommes de terre) et servez saupoudré d'aneth haché.

✻ **Poisson gras & Anis :** Il existe un nombre incalculable de façons de combiner le poisson avec les plantes, les épices ou les liqueurs qui ont un parfum d'anis, la plupart d'entre elles étant rapides et simples – un pavé de saumon poché, par exemple, avec une mayonnaise à l'estragon, fraîche et enivrante. Si, en revanche, vous appréciez les choses plus théâtrales, vous pourriez essayer cette recette extraite du livre d'Elizabeth David, *French Provincial Cooking* : du rouget grillé farci au fenouil servi sur du fenouil séché sur lequel on verse une dose de cognac flambant. Le fenouil prend alors feu et émet un nuage de fumée au parfum d'anis. C'est parfait si vous avez une cuisine dans laquelle on peut dîner, où tout le monde pourra profiter de l'arôme pendant que vous vous dépêcherez d'enlever le poisson des branches de fenouil qui brûlent lentement pour le déposer dans son plat de service. Tout aussi sensationnel, un peu moins rustique et plus fétichiste, le saumon que Heston Blumenthal sert dans un gel noir et brillant de réglisse qui épouse le poisson – une recette qu'il a mise au point en travaillant sur la combinaison asperge/réglisse.

Poisson gras & Asperge : En Angleterre, on appelle parfois les salicornes les « asperges » du pauvre ou les « asperges de la mer ». Vous pouvez alors vous imaginer l'homme des marais plein de ressentiment, debout dans l'eau marécageuse jusqu'aux genoux, ronchonnant au sujet des gens huppés de l'intérieur des terres, avec leurs napperons, leurs couverts à salade et leurs « vraies » asperges. On les sert de la même manière que celles-ci avec du beurre ou une sauce hollandaise, souvent en accompagnement des fruits de mer et surtout du saumon.

Poisson gras & Avocat : D'après David Kamp, le *California roll* fut conçu pour la première fois dans les années 1960. Comme la commercialisation du thon cru ne se faisait à Los Angeles qu'à une certaine période de l'année, Ichiro Mashita et Teruo Imaizumi, les chefs spécialistes des sushis du Tokyo Kaikan, essayèrent de combiner du crabe royal, du concombre et du gingembre avec de l'avocat, selon le principe qu'il a la texture du beurre et une densité en graisse qui rappelle le thon frais. Les avocats poussent partout en Californie, ce qui n'était pas plus mal, puisqu'il s'avéra que non seulement Mashita et Imaizumi avaient inventé un plat extrêmement populaire en tant que tel, mais que celui-ci devint un moyen de former son palais aux sushis : une fois que les clients s'étaient habitués au riz compacté froid entouré d'algues, ils pouvaient essayer le produit authentique.

Poisson gras & Betterave : *voir Betterave & Poisson gras, page 109.*
Poisson gras & Bœuf : *voir Bœuf & Poisson gras, page 58.*
Poisson gras & Câpre : *voir Câpre & Poisson gras, page 129.*
Poisson gras & Champignon : *voir Champignon & Poisson gras, page 100.*

Poisson gras & Citron : Une tranche de citron bien juteuse, c'est tout ce dont vous avez besoin avec de la friture bien chaude et croustillante, un plat populaire partout dans le monde sous différentes formes. La friture est servie en beignets en Nouvelle-Zélande ou mélangée à du piment et à du curcuma en Inde. Au temps où on trouvait du poisson à foison, on pêchait dans la Tamise la blanchaille – terme générique pour les jeunes et petits poissons –, le sprat – appelé aussi menuise ou blanquette – et même le hareng, et on les servait dans les pubs pendant l'été avec une giclée de citron. Tout cela avait un petit goût salé de revenez-y pour aider la boisson à descendre. Voir aussi Persil & Pomme de terre, page 244, et Poisson gras & Aneth, page 194.

Poisson gras & Citron vert : Il n'y a rien de mieux que le citron pour réduire la graisse des poissons gras, mais le citron vert a un côté épicé qui lui donne le dessus avec les variétés les plus riches. Un filet léger fera ressortir la saveur sucrée du maquereau frit ou des sardines au barbecue. Pour que leur saveur soit encore plus intense, coupez les citrons verts en deux et disposez-les sur la grille pulpe vers le bas pour qu'ils caramélisent d'abord un peu. Ou bien faites une sauce à base de tomates ou de mangues avec du jus de citron vert pour un plat d'accompagnement haut en couleur. Dans le golfe Persique, on fait griller des filets de poissons gras que l'on sert avec une sauce à base d'oignons, de gingembre, d'ail, d'épices et de citrons verts séchés à la saveur musquée dans un plat appelé *samak quwarmah.* Voir aussi Cumin & Poisson gras, page 106.

Poisson gras & Concombre : Les petits poissons de la famille des *Osmeridae* ressemblent au saumon et ont une odeur de concombre quand on vient de les pêcher, alors que d'autres comparent leur arôme à celui des violettes ou à de l'herbe fraîchement coupée. Elizabeth David dit que ce sont les meilleurs petits poissons pour faire de la friture. L'auteur gastronomique Hannah Glasse suggérait, au XVIIIe siècle, de les paner avant de les faire frire et de les servir avec du persil frit et du beurre fondu. En plus de ses notes sucrée, acide, métallique et beurrée, le saumon a également un arôme de concombre lorsqu'il est frais, bien que celui-ci s'estompe avec la cuisson pour être remplacé par celui de la pomme de terre à l'eau. Il est intéressant de remarquer que les accompagnements habituels du saumon poché, pommes de terre nouvelles à l'eau et concombre, ont beaucoup plus d'affinité avec ce poisson qu'on ne pourrait le penser.

Poisson gras & Cresson : *voir Cresson & Poisson gras, page 125.*
Poisson gras & Cumin : *voir Cumin & Poisson gras, page 106.*
Poisson gras & Foie : *voir Foie & Poisson gras, page 51.*

Poisson gras & Fruits de mer : Le rouget est prisé pour son parfait équilibre entre salé et sucré et pour la texture charnue qu'on attend d'un poisson gras, quelque part entre la saveur délicate du saumon et de la truite et celle plus violente et sexy du maquereau. Pline l'Ancien trouvait que le rouget avait un goût d'huître : les comparaisons avec les fruits de mer sont nombreuses et la combinaison est géniale. Essayez du rouget saisi ou grillé avec une sauce aux fruits de mer, ou bien simplement servi avec des langoustines et des petits pois qui le complètent l'un et l'autre à merveille.

Poisson gras & Gingembre : *voir Gingembre & Poisson gras, page 390.*

Poisson gras & Menthe : Dans son livre, Hannah Glasse *(cf. supra)* met un point d'honneur particulier à prescrire de la menthe, du persil ou du fenouil hachés pour farcir le maquereau avant de le faire griller. Dans la cuisine sicilienne, la saveur puissante et pure de la menthe donne un coup de frais aux plats à base de poissons gras comme l'espadon grillé ou les pâtes aux sardines. Dans la cuisine thaïe, on utilise de la menthe fraîche émincée pour garnir des salades telles que la *laab pla*, un mélange épicé et acidulé de poisson, de piment, de menthe, de riz grillé moulu et de jus de citron vert. L'utilisation de la menthe en garniture est encore plus fréquente au Vietnam où l'on trouve une herbe aromatique très répandue, lisse et en forme de cœur, appelée plante caméléon ou « menthe poisson ». Elle a en effet un petit goût aigre et une saveur de poisson ; elle est souvent servie avec du bœuf ou des viandes grillées.

Poisson gras & Œuf : Ça me déprime quand on me sert de la salade niçoise avec du thon frais. Le pavé de thon grillé a probablement la même affinité que son homologue en boîte pour les œufs, les câpres, les haricots verts et les pommes de terre, mais il lui manque la texture friable et désordonnée qui est essentielle si l'on veut que le poisson se mélange bien à la sauce et aux petits morceaux de jaune d'œuf et qu'il s'insinue partout dans la salade, plutôt que de trôner sur le dessus. Si vous cherchez à impressionner vos invités, la ventrèche de thon en boîte produite par la marque Tre Torri, qui n'utilise que la partie abdominale du thon, a un caractère crémeux et proche du beurre. David Rosengarten en fait un délice de classe internationale – rien que ça – et lui voue un tel culte qu'il conseille de la manger sans rien et d'utiliser une variété de classe inférieure pour les salades. On le comprend quand on sait que la ventrèche sicilienne est environ vingt fois plus chère que les autres marques standard des supermarchés.

Poisson gras & Oignon : Le *poke* hawaïen (prononcez quelque chose comme « poquet ») est comme un sashimi qui passerait par une phase rebelle. Contrairement aux règles strictes appliquées à la préparation de son cousin japonais, dans le *poke*, le thon est coupé en morceaux de la taille de pois chiches, marinés avec divers ingrédients, puis servis en tas sur un plateau. Les assaisonnements traditionnels sont habituellement les algues et les bancouls grillées – de grosses noix huileuses avec un goût amer –, mais désormais d'autres saveurs sont populaires, en particulier l'oignon et la ciboule. Au Japon, le thon *toro* est blanchi et mélangé à des oignons de printemps (ciboule) dans une soupe à base de bouillon *dashi* aux algues. Le côté carné du thon fait qu'il est haché et mélangé avec des oignons dans des boulettes – les *polpette* italiennes – ou des burgers. Moins exotique, mais pas moins délicieux, le thon en boîte est associé aux oignons sur des pizzas, dans des sandwichs à la mayonnaise, ou encore dans une salade britannique classique composée de haricots blancs, de thon et d'oignons.

Poisson gras & Persil : *voir Persil & Poisson gras, page 243.*

Poisson gras & Piment : Présent en Inde et en Asie du Sud-Est dans d'innombrables sauces, le piment est utilisé de manière plus parcimonieuse dans la cuisine européenne, mais le restaurant parisien Taillevent, étoilé par le *Michelin*, a fait sa réputation en servant de la ventrèche de thon frais avec du piment d'Espelette, du citron, des câpres et du jambon *serrano*. À l'autre extrémité de la gamme de prix, Les Mouettes d'Avor associent sardines et piments dans de jolies boîtes en fer-blanc. Choisissez une variante entre le piment d'Espelette, un piment rouge mais doux du Pays basque, et la version dite « piment oiseau » beaucoup plus piquante. Il est tout à l'honneur des Français de continuer de donner à la sardine en boîte la place qu'elle mérite, en accordant des millésimes aux meilleures productions avec des recommandations quant à la date de consommation. Le millésime Chancerelle de 2001, par exemple, fut prêt à la dégustation en 2007.

Poisson gras & Pois : *voir Pois & Poisson gras, page 256.*

Poisson gras & Pomme de terre : Au Royaume-Uni, on sert des frites avec tout, sauf avec du saumon et de la truite – même si Peter Coates, historien de l'environnement, prévoit que d'ici à 2050 les stocks de poisson auront tellement diminué que le seul poisson qu'on trouvera chez les vendeurs de *fish and chips* sera du saumon, une perspective qui ne me plaît pas du tout. Il y a quelque chose dans la saveur salée un peu fade du poisson de mer qui fonctionne bien avec les frites salées et croustillantes, alors que le poisson d'eau douce qui a un côté plus terreux est meilleur servi avec des pommes de terre de qualité cuites à l'eau ou des pommes de terre nouvelles. Les sardines et le maquereau vont bien avec les deux. Voir aussi Persil & Pomme de terre, page 244.

Poisson gras & Porc : *voir Porc & Poisson gras, page 45.*
Poisson gras & Raifort : *voir Raifort & Poisson gras, page 132.*
Poisson gras & Rhubarbe : *voir Rhubarbe & Poisson gras, page 322.*
Poisson gras & Romarin : *voir Romarin & Poisson gras, page 401.*

Poisson gras & Thym : L'ombre, *Thymallus thymallus*, est un poisson gras d'eau douce qui, lorsqu'il vient d'être pêché, a un arôme de thym. Son goût est à peu près celui de la truite, mais en moins bien. Dans *Good Things in England*, publié pour la première fois en 1932, Florence White signale que l'ombre est à son meilleur grillé et saupoudré de thym séché moulu.

SAUMURÉE & SALÉE

Anchois

Poisson fumé

Lard

Jambon cru

Olive

Anchois

Bien entendu, les anchois sont disponibles frais ou marinés dans du vinaigre (comme dans les tapas espagnoles, les *boquerones*), mais ce chapitre ne concerne que les anchois conservés dans l'huile ou le sel et les sauces de poisson d'Asie du Sud confectionnées avec des poissons semblables aux anchois. Il est possible que vous mettiez un peu de temps à vous habituer à l'intense saveur de poisson des anchois conservés ainsi, mais lorsqu'ils sont cuisinés, les notes légèrement rances s'effacent, laissant la place à une sapidité à la fois marine et carnée qui accentue vraiment la saveur des autres poissons, des viandes et des légumes. Beurre, crème, pâte et essence d'anchois sont moins populaires qu'ils ne l'ont été, mais sont encore assez largement disponibles. La célèbre sauce Worcestershire est faite avec des anchois, du tamarin, du vinaigre, du sucre et des assaisonnements divers.

Anchois & Agneau : *voir Agneau & Anchois, page 61.*

❋ **Anchois & Ail :** Voici deux fortes personnalités. Disons Elizabeth Taylor et Richard Burton dans *Qui a peur de Virginia Woolf ?* Anchois salés et ail piquant s'affrontent dans une belle engueulade, mais personne ne gagne. Délicieux dans une anchoïade provençale – mélange froid d'ail pilé avec des anchois puis lié à l'huile d'olive – ou dans une *bagna cauda*, un plat piémontais quelque part entre la fondue et la sauce. Pour le confectionner, mixez 100 g de beurre, 175 ml d'huile d'olive, 12 filets d'anchois et 6 gousses d'ail jusqu'à obtenir une consistance lisse. Transférez dans une casserole à fond épais et chauffez lentement durant 15 minutes, en remuant de temps en temps. Placez la casserole sur un chauffe-plat sur la table, ou versez dans le poêlon d'un service à fondue et allumez le réchaud à alcool (si vous ne possédez pas de service à fondue, bien rangé depuis des années tout au fond du placard le plus inaccessible de votre cuisine, faites un bon geste et donnez un nouveau foyer à l'un de ceux parmi les centaines qui languissent, désespérés, sur eBay). Gardez le mélange au chaud pendant que vous y plongerez des morceaux crus de chou-fleur, de fenouil, de céleri, de pain, et de tout ce qui pourrait prendre, selon vous, un savoureux « bain chaud ».

Anchois & Ananas : *voir Ananas & Anchois, page 333.*
Anchois & Betterave : *voir Betterave & Anchois, page 107.*

Anchois & Bœuf : Le *garum* est une sauce faite d'anchois – ou d'entrailles de maquereau – séchés au soleil et mis en saumure. On pense que c'est une invention grecque, mais les Romains en étaient notoirement fous, l'utilisant avec toutes les viandes et tous les poissons, comme le sont les sauces de poisson ou d'huître dans la cuisine asiatique. Quelques filets d'anchois salés dans un ragoût de bœuf, ou insérés dans des fentes pratiquées dans un rôti, vont remplir une fonction similaire d'exhausteur de goût. Ne vous inquiétez pas pour la saveur de poisson des anchois : celle-ci va disparaître à la cuisson, laissant place à une intense sapidité qui rend le bœuf plus carné et en quelque sorte plus juteux. Les cuisiniers disent des anchois qu'ils ajoutent une dimension supplémentaire, qu'on retrouve par exemple dans le bouillon de bœuf épicé vietnamien, le *pho bo*. Une préparation sophistiquée n'est pas essentielle ; un anchois et un peu de beurre d'ail suffisent à relever la saveur d'un steak. Vous pouvez confectionner une espèce de salade thaïe dite « du tigre-qui-pleure » – comme celle décrite dans Citron vert & Anchois, page 376 – en versant une sauce à base de poisson sur des tranches de bœuf poêlées.

✻ **Anchois & Brocoli :** L'anchois peut être un modèle de discrétion – par exemple, lorsqu'il renforce les saveurs d'un plat et disparaît ensuite tel un valet dévoué. Mais il est indispensable dans la recette de pâtes suivante, très populaire en Italie. Le contraste entre la forte teneur en sel des anchois et la douce amertume du brocoli donne à ce plat des allures voluptueuses – surtout si vous utilisez la variété de brocolis aux pousses violettes, dont la dentelle des fleurettes retient mieux la sauce. Dans une poêle, faites fondre 6 filets d'anchois avec 2 cuillerées à soupe d'huile d'olive chaude (mais non brûlante, si vous ne voulez pas les faire frire). Ajoutez de l'ail haché, des flocons de piment et un bouquet de fleurettes de brocoli cuites. Remuez doucement les fleurettes dans la poêle pour les napper de sauce et servez-les mélangées à des pâtes. Si vous recouvrez le tout de parmesan râpé, vous obtiendrez un plat – paysan – digne d'un roi.

Anchois & Câpre : *voir Câpre & Anchois, page 127.*

Anchois & Chou-fleur : Si vous appréciez l'idée de Joël Robuchon de marier chou-fleur et caviar (voir page 192), mais que votre conscience ou votre porte-monnaie fait un blocage sur le béluga ou le sévruga, contentez-vous de l'association moins séduisante, mais vraiment délicieuse, de chou-fleur et d'anchois. C'est une combinaison répandue en Italie où l'on fait une sauce pour les pâtes à partir d'un mélange de chou-fleur cuit avec des miettes de pain dorées, des anchois, de l'ail, des flocons de piment et du persil. Les Italiens font aussi une salade de fleurettes de chou-fleur blanchies puis refroidies, assaisonnée avec une sauce à base d'huile d'olive, de vinaigre de vin rouge, de moutarde, d'ail, d'oignon, d'anchois, de citron et de câpres.

✻ **Anchois & Citron :** Réduisez quelques anchois en une pâte avec un peu de jus de citron, puis ajoutez de l'huile d'olive et assaisonnez selon votre goût. Cela fait une excellente sauce pour les salades un peu amères comme la roquette ou la chicorée. Voir aussi Câpre & Anchois, page 127.

Anchois & Citron vert : *voir Citron vert & Anchois, page 376.*

Anchois & Cresson : Ils forment une élégante variation sur le thème « sel et poivre ». Étalez du beurre d'anchois en une couche plus fine qu'un bas de soie sur deux tranches de pain blanc, sans la croûte. Garnissez de cresson et pressez jusqu'à entendre les tiges craquer. Dégustez au bord d'une rivière, sous un chapeau de paille à larges bords. Surtout, ôtez bien la croûte du pain.

Anchois & Fromage à pâte molle : *voir Fromage à pâte molle & Anchois, page 87.*

Anchois & Fromage à pâte pressée cuite : Dans une ancienne recette anglaise, le *mock crab* (faux crabe), on mélange du fromage râpé avec quelques anchois, de la pâte d'anchois, de la moutarde, un peu de sauce béchamel froide et une pincée de poivre de cayenne. L'ensemble est tout simplement délicieux, bien plus que son nom pourrait le laisser entendre. Les anchois sont également utilisés pour parfumer du fromage coupé en bâtonnets, ou posés sur du pain, saupoudrés de parmesan râpé et de persil haché et recouverts de beurre fondu, le tout passé au four. L'anchois est un ingrédient clé de la sauce Worcestershire, et si vous avez besoin d'une preuve concluante que l'anchois et le fromage à pâte pressée cuite forment un mariage parfait, faites un test avec et sans une sombre marbrure de Worcestershire sur votre fromage posé sur du pain. Vous pouvez aussi préparer une salade cæsar – cousine éloignée du fromage sur le pain grillé – en frottant le pain d'ail et d'huile avant de le tailler en croûtons que vous grillerez. Mélangez avec des feuilles de laitue romaine grossièrement rompues à la main, des filets d'anchois, du parmesan râpé, de l'huile d'olive, le jus d'un citron et soit un œuf cru, soit un œuf mollet (pas plus de 1 minute). Assurez-vous que les ingrédients sont bien mélangés avant de servir.

Anchois & Noix de coco : *voir Noix de coco & Anchois, page 358.*
Anchois & Œuf : *voir Œuf & Anchois, page 165.*
Anchois & Oignon : *voir Oignon & Anchois, page 136.*

Anchois & Olive : Tel un couple d'individus louches traînant sur le port de Nice. Vulgaires et salés, ils enlèvent une gentille *pizza margherita* sans prétention et lui montrent de quel bois ils se chauffent. Ce sont eux qui font les croix et les points noirs sur la pissaladière, cet en-cas niçois tout simple qu'on trouve dans les kiosques de la vieille ville, là où flotte une forte odeur d'oignon les soirs d'été au fond des rues étroites. Au mieux, elle est faite d'un épais rectangle de pain élastique, un peu comme de la *focaccia*, sur lequel on étale une sauce tomate consistante que l'on recouvre d'un épais tapis d'oignons sucrés et fondus avec, çà et là, un jeu de morpion d'anchois et d'olives – vous ne les apprécierez pas s'ils sont présents chaque fois que vous mordez dedans. L'idéal est d'avoir une détonation saline toutes les deux ou trois bouchées. Voir aussi Olive & Tomate, page 221.

Anchois & Piment : *voir Piment & Anchois, page 261.*
Anchois & Poisson blanc : *voir Poisson blanc & Anchois, page 182.*

Anchois & Pomme de terre : Un couple magnifié dans le *Janssons frestelse* (la tentation de Jansson), un gratin suédois. Le chef Béatrice Ojakangas recommande l'utilisation de sprats, que les Suédois appellent souvent des *ansjovis,* bien que ce ne soient pas des anchois ; ils sont en effet plus doux et moins salés. Si vous ne pouvez pas en trouver, elle suggère le saumon fumé comme substitut acceptable. Répartissez oignons émincés et filets de poisson sur le fond beurré d'un plat allant au four et couvrez avec des lamelles de pommes de terre. Versez de la crème, juste assez pour immerger les pommes de terre, puis recouvrez de chapelure et disposez des noisettes de beurre. Protégez avec une feuille de papier d'aluminium et enfournez pour 25 minutes à 200 °C (thermostat 6-7), puis retirez le papier et laissez cuire encore 20 minutes. J'imagine Jansson en détective mélancolique de Stockholm, dont le seul réconfort – comme la vraie bière pour l'inspecteur Morse (série télévisée britannique d'après des romans) – est une assiette fumante de pommes de terre salées et crémeuses, servie par une blonde silencieuse dans une sombre taverne en bord de mer.

Anchois & Romarin : Mélangez 1 cuillerée à café de romarin très finement haché et quelques filets d'anchois dans une mayonnaise. À mettre dans un sandwich au bœuf rôti ou à servir avec des maquereaux grillés. Voir aussi Agneau & Anchois, page 61.

Anchois & Sauge : Les Italiens appellent cette combinaison *il tartufo di pescatore* – la truffe du pêcheur. Individuellement, chacun donne au plat un caractère carné ; ensemble, ils jouent dans la cour des grands et n'ont pas besoin d'ingrédients à la mode pour le prouver. Hannah Glasse les combine avec de la graisse de rognons de bœuf, de la chapelure et du persil pour en farcir des oreilles de cochon.

Anchois & Tomate : Si vous vous êtes toujours demandé ce qu'était exactement l'umami, une bouchée de tomate et d'anchois cuits ensemble devrait régler l'affaire. Ils sont associés dans la pizza, la pissaladière et les *spaghetti alla puttanesca,* mais si vous avez la chance d'avoir des tomates à revendre, coupez-les en deux, placez-les dans une lèchefrite la partie plate vers le haut, recouvrez chaque tomate de 2,5 cm de filet d'anchois bien huileux, ajoutez un tour de moulin de poivre noir et faites cuire pendant 2 à 3 heures à 120 °C (thermostat 4). Laissez refroidir un peu et servez mélangé avec des haricots blancs et une chiffonnade de salami. Si vous avez des restes, vous pouvez les ajouter à la préparation et ainsi obtenir une sauce tomate très riche pour un simple plat de pâtes ou pour la base d'une sauce bolognaise de caractère. Voir aussi Olive & Tomate, page 221.

Poisson fumé

La saveur de fumée est donnée par plusieurs composés, dont le gaïacol (ou guaiacol) – qui a un arôme sucré et un goût de saucisse fumée – et l'eugénol, principal composant du clou de girofle. Incidemment, on notera que les deux se retrouvent dans les vins élevés en barrique, ce qui explique pourquoi la tourte de poissons et le chardonnay boisé sont des compagnons si naturels. Vous pouvez également détecter dans les aliments fumés des notes de cuir, de fruit, de whisky, de cannelle, de caramel et de vanille. Les saveurs dominantes dépendent de la façon dont l'ingrédient cru a été préparé. Par exemple, les poissons non vidés, comme le hareng saur, auront au final un goût de gibier faisandé que l'on ne retrouve pas dans les poissons vidés au préalable. La nature et la durée du processus de fumage sont également des facteurs déterminants, tout comme le type de bois utilisé. Non pas, d'ailleurs, que le hareng ait vu nécessairement d'autres bois que le crayon à papier niché derrière l'oreille de votre épicier. Un ingrédient aromatique, nommé fumée liquide, est souvent utilisé à la place du lent et coûteux processus de fumage, non seulement pour les poissons, mais aussi pour la viande et le tofu. Aux États-Unis, on peut le trouver sur les gondoles des supermarchés, ce qui permet d'en arroser légèrement vos côtelettes au barbecue. Ce chapitre couvre, dans leur version fumée, le saumon, la truite, le maquereau, l'églefin ou aiglefin – c'est-à-dire, quand il est fumé, le haddock –, l'anguille et le hareng.

Poisson fumé & Aneth : On utilise des feuilles d'aneth hachées pour décorer le saumon fumé et les blinis de sarrasin à la crème aigre. On en jette aussi dans une sauce crémeuse au saumon pour les pâtes. Les auteurs culinaires Julee Rosso et Sheila Lukins les associent dans une quiche, tandis que Sybil Kapoor accommode des tagliatelles de betterave avec de la truite fumée et de l'aneth. Voir aussi Poisson gras & Aneth, page 194.

Poisson fumé & Câpre : *voir Câpre & Poisson fumé, page 129.*

Poisson fumé & Caviar : Le saumon fumé et le caviar forment une paire assez commune – si l'on peut dire, étant donné le luxe qu'elle représente. Au Caviar Kaspia à Paris, vous pouvez commander n'importe quelle combinaison entre, d'un côté, les neuf caviars proposés et, de l'autre, de la truite, de l'anguille ou de l'esturgeon, tous trois fumés. Tous ces couples sont bons, mais rien ne semble aussi frappant que la chair satinée à fines rayures jouxtant les sombres œufs brillants, surtout étendue sur des blinis avec un oreiller de crème, fraîche ou aigre. Dans son restaurant à Los Angeles, Wolfgang Puck combine saumon fumé et caviar sur une pizza de son invention. Recréez quelque chose de similaire en éparpillant des oignons émincés sur un fond de pizza frotté d'ail et d'huile pimentée. Pendant qu'il cuit au four, mélangez des échalotes finement hachées, de l'aneth et du jus de citron dans de la crème. Lorsque le fond de pizza est croustillant, sortez-le du four, laissez-le tiédir, puis couvrez-le avec votre mélange de crème, drapez-le complètement avec du saumon fumé et enfin dispersez au-dessus un peu de ciboulette et quelques cuillerées de caviar.

Poisson fumé & Cerise : *voir Cerise & Poisson fumé, page 314.*

Poisson fumé & Chou : Le poisson fumé est à la choucroute de la mer ce que le lard fumé est à la choucroute garnie : un goût omniprésent. Mis à part le chou râpé fermenté et les pommes de terre familières, la choucroute de la mer comprend généralement un assortiment de coquillages, de poissons blancs et de poissons fumés.

Poisson fumé & Citron : Il faut savoir que l'anguille est classée parmi les espèces protégées par la convention de Washington. Dans *The River Cottage Fish Book*, Hugh Fearnley-Whittingstall et Nick Fisher affirment que c'est l'un des meilleurs poissons fumés, du fait de son intense saveur terreuse, tout en ajoutant : « mais vous aurez maille à partir avec votre conscience si vous voulez manger de l'anguille fumée ». Leur manière à eux pour vous donner envie d'en consommer, je suppose. Il est peut-être préférable de garder le citron, le poivre et la crème au raifort pour d'autres mets raffinés tout aussi fumés et terreux, comme la truite. Un morceau de citron est l'accompagnement habituel du saumon fumé. Le jus d'agrume réduit les graisses du poisson et avive les saveurs de fumée.

Poisson fumé & Cresson : *voir Cresson & Poisson fumé, page 125.*
Poisson fumé & Fromage à pâte molle : *voir Fromage à pâte molle & Poisson fumé, page 89.*
Poisson fumé & Fruits de mer : *voir Fruits de mer & Poisson fumé, page 180.*

Poisson fumé & Noix de coco : En Thaïlande, le *pla grop* est composé de petits poissons qui sont lentement fumés sur des écorces de noix de coco. Ce plat a le goût du lard fumé, selon l'écrivain David Thompson, qui recommande la truite fumée à chaud comme une approximation occidentale convenable de l'original. Dans son ouvrage *Le Livre de la cuisine thaïe*, il utilise le *pla grop* dans une soupe au poisson fumé et à la noix de coco, dans une salade avec du zeste de citron asiatique *(yuzu)*, et dans un wok avec du piment et du basilic sacré, ou *tulsi (Ocimum tenuiflorum)*.

Poisson fumé & Œuf : Vous pourriez en manger toute la journée. Du *kedgeree* pour le petit-déjeuner – du haddock fumé émietté mélangé à du riz épicé de curcuma, d'un beau jaune, avec des petits pois et de l'œuf dur. Au déjeuner, un sandwich de chez H. Forman & Son à Londres – si épais qu'il faut le tenir à deux mains –, composé d'œufs mayonnaise et de très fines tranches de saumon fumé. Le saumon est légèrement fumé et conserve son goût de poisson plutôt que celui de la cheminée de fumage. Pour un thé tardif, de la purée de pommes de terre bien crémeuse recouverte d'un filet de poisson blanc fumé, sur lequel se balance un œuf poché à la manière d'un artiste de cirque. Enfin, en fin de soirée, rendez-vous au Savoy pour dîner d'une omelette Arnold Bennett au haddock fumé – un plat de leur invention –, enrichie par deux fois de sauce hollandaise et de béchamel.

Poisson fumé & Oignon : *voir Oignon & Poisson fumé, page 140.*

Poisson fumé & Persil : Le persil a le goût des rochers, de la pluie et de la végétation luxuriante : le partenaire rêvé pour les poissons fumés salés écossais ? C'est l'essence de tout un paysage dans un brin d'un vert de lutin. Hachez-le très finement et saupoudrez-le sur une montagne escarpée d'œufs brouillés au saumon, au hareng – tous les deux fumés, bien entendu – ou à l'*Arbroath smokie*, une spécialité de haddock de la ville d'Arbroath dans la région d'Angus en Écosse.

Poisson fumé & Pois : Les petits pois aiment autant le jambon que le poisson – quand les deux sont fumés –, alors pourquoi les priver du second ? Les petits pois doux arrivant tout droit du jardin animeront un *kedgeree* (voir Poisson fumé & Œuf, page 208) ou un risotto au haddock.

Poisson fumé & Pomme de terre : La pomme de terre servie avec du poisson fumé fait partie de la nourriture de base de la cuisine du nord de l'Europe. La pomme de terre donne de la consistance au repas, bien entendu, mais elle adoucissait aussi les saveurs grossières, ce qui était bienvenu avant que la réfrigération n'existe, à l'époque où les techniques de conservation étaient plus intenses, donc plus goûteuses. Cela explique sans doute pourquoi les croquettes de poisson ont survécu à ces considérations bassement matérielles pour se frayer un chemin jusqu'aux menus des restaurants les plus à la mode dans le monde entier, tout comme la soupe de poisson fumé, ou sa version écossaise appelée *cullen skink*.

Poisson fumé & Raifort : La popularité du raifort comme accompagnement du bœuf est un indice de son affinité avec d'autres saveurs, en particulier avec celle du poisson gras. Cet usage est un peu oublié en

Europe de l'Ouest, mais pas dans la partie nordique de l'Europe orientale, où l'on mange de la cuisine juive. Mélangez un peu de raifort avec du pâté de maquereau fumé et tartinez sur du pain brun grossier.

Lard

Un des meilleurs et des plus efficaces exhausteurs de goût au monde. Certaines personnes estiment même qu'il n'y a pas de saveur que le lard ne renforce pas. Sa partie grasse est à la fois plus parfumée et plus sucrée que sa partie maigre. Quant au lard fumé, il possède une saveur plus forte, plus salée, plus épicée. Pour cette raison, une simple tranche de lard fumé de poitrine dans une soupe peut donner un résultat beaucoup plus savoureux qu'un bouillon cube ne parviendra jamais à le faire. Le lard salé fait ressortir la douceur des autres aliments et prend le dessus sur leur amertume. L'arôme et la saveur du lard cuisiné sont souvent un véritable objet de tentation pour les végétariens. Afin d'y remédier, des arômes synthétiques pour cuisine végétarienne (ou casher) sont disponibles, sous forme de flocons, de sel ou de mayonnaise. Ce chapitre couvre également le jambon, fumé ou cuit. Pour en savoir plus sur les saveurs fumées, voir aussi l'introduction de Poisson fumé, page 206.

Lard & Ananas : Et la pizza hawaïenne, c'est comment ? Mieux que le surf à Naples… Mais à peine.

Lard & Anis : Je prédis un succès international au *lop yuk*, aussi connu sous le nom de lard chinois. Pour le conserver, il est traité avec de la sauce de soja, du sucre, de l'alcool de riz et de l'anis étoilé. On le mélange, entre autres, avec du navet chinois, des champignons séchés et des crevettes dans un savoureux gâteau que l'on sert à l'occasion de la nouvelle année chinoise. On peut aussi le couper en tranches et le cuisiner avec des brocolis, de l'alcool de riz, du soja et de l'ail dans un plat qui rappelle l'association fenouil, saucisse et brocoli bien connue en Italie. Son fort accent d'anis en fait un partenaire idéal des fruits de mer.

Lard & Artichaut : *voir Artichaut & Lard, page 161.*
Lard & Avocat : *voir Avocat & Lard, page 251.*
Lard & Banane : *voir Banane & Lard, page 350.*
Lard & Bœuf : *voir Bœuf & Lard, page 55.*
Lard & Boudin noir : *voir Boudin noir & Lard, page 48.*
Lard & Brocoli : *voir Brocoli & Lard, page 159.*
Lard & Cardamome : *voir Cardamome & Lard, page 394.*
Lard & Champignon : *voir Champignon & Lard, page 98.*

Lard & Chocolat : *voir Chocolat & Lard, page 19.*
Lard & Chou : *voir Chou & Lard, page 150.*

✻ **Lard & Clou de girofle :** Avant que la conservation par le froid ne devienne vraiment répandue, lard et jambon avaient une saveur beaucoup plus forte. Pour conserver la viande, on devait alors la fumer intensément, ce qui lui donnait un piquant âpre inconnu des palais modernes. Le degré de fumage reste, cependant, un des principaux traits distinctifs du lard et du jambon. L'eugénol, qui donne au clou de girofle sa saveur caractéristique, est l'un des composés transmis aux aliments par le fumage. Curieuse de voir la différence entre un plat préparé avec du lard fumé et un autre avec du lard non fumé et des clous de girofle, j'ai choisi de faire un test avec des haricots. J'ai fait tremper 500 g de haricots secs durant une nuit, puis j'ai fait mijoter la moitié des haricots avec 200 g de lardons fumés, 2 petits oignons coupés en quartiers, 1 cuillerée à soupe de mélasse et 1 cuillerée à café bien pleine de moutarde anglaise. Pour les autres 250 g, j'ai mis 200 g de lard non fumé et les mêmes ingrédients en quantité similaire auxquels j'ai ajouté 2 clous de girofle. Dans cette dernière version, tous les ingrédients ont gardé leur identité distincte, la saveur des clous de girofle traînant les autres derrière elle, exactement comme les petits vaisseaux spatiaux suivent le vaisseau mère dans *Rencontres du troisième type*. Dans l'autre version, en revanche, la saveur de fumée s'était répandue sur tout, même sous la peau des haricots. Le plat était plus dessiné, plus carné, et au final le meilleur des deux.

Lard & Courge : *voir Courge & Lard, page 292.*
Lard & Foie : *voir Foie & Lard, page 51.*
Lard & Fromage à croûte lavée : *voir Fromage à croûte lavée & Lard, page 74.*

Lard & Fromage à pâte pressée cuite : Il arrive que la fabrication du fromage et l'élevage des cochons soient en parfaite symbiose. Le jambon provenant des porcs nourris en partie des produits dérivés de la ferme a alors une saveur particulièrement riche. Ainsi, les porcs servant à fabriquer du jambon de Parme, par exemple, sont nourris avec le petit-lait extrait lors de la production du *parmigiano reggiano*. L'harmonie devient si parfaite qu'il suffit de les associer dans un sandwich pour l'apprécier. En fait, un bon sandwich jambon-fromage est souvent un indicateur fiable de la qualité des produits d'un pays. En Espagne, c'est un petit pain croustillant bourré de *manchego* salé et de *jamón iberico*, épicé et coriace ; en France, une baguette avec du jambon blanc et de l'emmental, servi avec un demi de Kronenbourg bien frais ; en Italie, enfin, c'est dans les salles d'embarquement des aéroports que l'on trouve cette sorte de *panino* au jambon cru de pays et au *pecorino* pour lequel on aurait presque envie de rater son vol.

Lard & Fromage bleu : La Rogue Creamery, à Central Point dans l'Oregon, fume le fromage bleu de l'Oregon avec des coquilles de noisettes pendant seize heures. Le produit fini contient des notes de caramel et de noisette et son caractère légèrement fumé rappelle la combinaison bien connue de lard fumé et de fromage bleu. Associez ces deux produits aux saveurs audacieuses en les mélangeant à quelques feuilles bien fraîches d'une variété de salade amère – de la chicorée ou du *radicchio* italien que vous venez de sortir du frigo. C'est la recette parfaite un jour de chaleur, quand vous avez besoin de quelque chose de rafraîchissant et de salé à la fois. Voir aussi Lard & Pomme, page 212, et Fromage à croûte lavée & Lard, page 74.

Lard & Fruits de mer : Délicieux dans les *clams casino* : des palourdes ouvertes passées au four dans leur coquille et recouvertes de lard et de chapelure. Faites revenir un mélange d'oignons finement émincés, de poivrons rouges, d'ail et de lard dans de l'huile d'olive et disposez-le sur les palourdes ouvertes crues à l'aide d'une cuillère avant de saupoudrer de chapelure et de les passer au four. Si vos palourdes sont petites, il sera nécessaire de couper les tranches de lard en allumettes afin de mieux identifier ce que vous avez en bouche. Faites attention aux quantités : le lard doit soutenir la saveur des fruits de mer sans la dominer. Ayez la même idée à l'esprit lorsque vous préparez une soupe aux moules et au lard, un club sandwich au homard ou lorsque vous serrez vos saint-jacques ou vos pétoncles dans une gaine de lard.

Lard & Huître : *voir Huître & Lard, page 189.*

Lard & Œuf : Une combinaison courante, et anglaise – les fameux œufs au bacon – par définition, que l'on retrouve dans le petit-déjeuner irlandais complet, les *spaghetti alla carbonara*, la quiche lorraine et la classique salade frisée aux lardons et à l'œuf poché. Mais aussi dans le McMuffin (nom déposé d'un hamburger de la gamme McDonald's) au lard et à l'œuf, ou dans les œufs benedict, un plat pour lequel j'avais du mal à m'enthousiasmer jusqu'à ce que j'essaie la version du chef Denis Leary au restaurant The Canteen de San Francisco. Des muffins aériens, du jambon tendre, deux œufs très fragiles parfaitement pochés et une sauce hollandaise si légère qu'on aurait dit que le chef et l'ensemble de ses commis se penchaient vers moi et me murmuraient les mots « beurre » et « citron » chaque fois que je portais la fourchette à la bouche.

Lard & Oignon : Le jambon et le poireau sont une variation aux saveurs plus élégantes que le lard et l'oignon. On en fait un pain à la graisse de bœuf cuit à la vapeur ou une tourte qui rivalise avec celle au steak et aux rognons. La combinaison est particulièrement populaire en Pennsylvanie et dans les régions environnantes, où les centres communautaires et les casernes de pompiers invitent volontiers les gens à des « dîners jambon-poireau » au printemps. Les poireaux sauvages, ou ail des bois, connus là-bas sous le nom de *ramps*, ont une saveur persistante entre l'oignon et l'ail. Voir aussi Oignon & Céleri, page 137.

Lard & Orange : *voir Orange & Lard, page 371.*

Lard & Panais : Associer des panais à du lard salé permet de mettre en valeur leur franche saveur épicée et sucrée à la fois. Laissez-les mijoter pour faire une soupe ou bien faites une purée de panais au lard que vous servirez avec du foie, ou des coquilles Saint-Jacques, ou des pétoncles. Associés à de la pancetta plutôt qu'à du lard, les panais fonctionnent très bien avec les pâtes ou le risotto. Comme le lard, on conserve la pancetta en la salant et elle est rarement fumée (sauf si elle est qualifiée d'*affumicata*). Une fois qu'elle est cuisinée, sa saveur complexe rappelle les notes florales et fruitées du jambon cru, par lequel on aime la remplacer – pour envelopper des asperges ou des fruits de mer, par exemple. Achetez-la en tranches très fines chez un détaillant et servez-la *crudo* parmi un assortiment de charcuterie.

Lard & Persil : *voir Persil & Lard, page 242.*
Lard & Piment : *voir Piment & Lard, page 263.*

Lard & Pois : Quand j'étais enfant, mes parents connaissaient un couple qui, sans exception, mangeait le même plat chaque jour de la semaine : le mercredi, c'était côtelettes d'agneau ; le jeudi, spaghettis bolognaise ; le vendredi, poisson frites – toujours pareil, de semaine en semaine, d'année en année. « Même le jour de leur anniversaire, maman ? » ai-je demandé. « Même le jour de leur anniversaire. » En Suède, les écoles, les mess des officiers, les cantines d'entreprise, les cuisines royales et les prisons servent tous les jeudis, pour le déjeuner ou le dîner, une soupe aux pois et au jambon appelée *ärtsoppa*, suivie en dessert de crêpes avec de la crème aigre et de la confiture d'airelles. Traditionnellement, on mangeait toujours la soupe ce soir-là, pour que les cultivateurs tiennent pendant tout le jeûne du vendredi. De nos jours, on la sert souvent accompagnée d'un petit verre de punch chaud, une liqueur renforcée par de l'alcool d'arak indonésien comparable à du rhum.

Lard & Poisson blanc : *voir Poisson blanc & Lard, page 184.*
Lard & Poivron : *voir Poivron & Lard, page 259.*

Lard & Pomme : La *fidget pie*, ou *fitchett pie*, est une vieille recette anglaise dans laquelle des couches de pommes en tranches, de lard, d'oignons et (parfois) de pommes de terre sont mélangées avec de l'eau, puis salées et poivrées sous un couvercle de pâte brisé. Comme avec le porc, la simple combinaison de lard et de pomme est délicieuse et n'a pas besoin d'autres agréments, même si les versions plus sophistiquées ajoutent du cidre et de la noix de muscade. Au Bubby's, dans le quartier de Tribeca à New York, ils émiettent du roquefort dans une combinaison de pommes cuites, de lard, de miel et de thym qu'ils font cuire dans une tourte avec de la pâte dessus et dessous.

Lard & Pomme de terre : *voir Pomme de terre & Lard, page 115.*
Lard & Porc : *voir Porc & Lard, page 43.*

Lard & Poulet : Un club sandwich qui se respecte ne doit avoir qu'un seul étage, et non pas deux, trois ou sept – James Beard a été tout à fait clair sur le fait que deux tranches de pain toasté sont un maximum à ne pas dépasser. Garnissez-les de lard grillé froid, de tranches de poulet ou de dinde, de rondelles de tomates, de feuilles de batavia iceberg et de mayonnaise. Et ne lésinez pas sur la mayonnaise. Servez avec des chips – on dit que le club sandwich et les patates frites furent inventés au Club House de Saratoga, dans le nord de l'État de New York – et un verre de champagne.

Lard & Raifort : *voir Raifort & Lard, page 131.*
Lard & Sauge : *voir Sauge & Lard, page 403.*

Lard & Thym : L'association lard fumé et thym est un agréable condiment salé. Essayez avec des lentilles du Puy, de la perdrix ou des choux de Bruxelles. On utilise la saveur relevée du thym pour aromatiser les bains de bouche, les dentifrices ou les médicaments pour la toux et on lui prête des propriétés antiseptiques. Le lard fumé aussi a des relents de trousse de survie, puisque le procédé de fumage lui donne un caractère médicinal et iodé. L'association ne semble pas très appétissante sur le papier, mais peut s'avérer délicieuse dans la pratique. Après tout, ne décrit-on pas les whiskies *single malt* comme le Laphroaig et le Lagavulin en disant qu'ils ont des notes d'iode, d'algue, de goudron et de pansement ?

Lard & Tomate : *voir Tomate & Lard, page 327.*
Lard & Truffe : *voir Truffe & Lard, page 147.*

Jambon cru

Si en Italie vous demandez du *prosciutto*, sans autre précision, on vous servira du jambon cru ; exactement l'inverse de la France où le terme jambon sans adjectif désigne la version cuite. Même phénomène en Espagne avec le terme *jamón*. Rien d'étonnant, car le jambon cru fait partie intégrante de la culture gastronomique de ces deux péninsules. Le jambon espagnol *serrano* est considéré par certains comme étant d'une telle délicatesse qu'il ne peut partager

son assiette avec aucun autre aliment. La pratique de servir des fruits avec le jambon cru est plus adaptée au jambon de Parme ou au San Daniele, qui sont doux et légèrement salés comme un baiser de la Vénus de Botticelli. Le *serrano* évoque plus l'étreinte fougueuse du Bacchus de Titien rentrant complètement ivre dans ses pénates sylvestres. La différence entre les deux est surtout due aux processus de fabrication. Contrairement au jambon de Parme, le développement des moisissures est favorisé sur le *serrano* au cours de son vieillissement, créant ainsi des saveurs forestières de champignons. Le jambon de Parme est frotté de graisse pour l'aider à conserver son humidité, tandis que celle du *serrano* s'évapore, concentrant ainsi les arômes. Enfin, Harold McGee note que les nitrites utilisés en Espagne pour la production du jambon sont absents du Parme et du San Daniele, ce qui leur permet de développer plus d'esters fruités.

Jambon cru & Ananas : Si on définit un intellectuel comme quelqu'un qui pense plutôt à Jacques Offenbach qu'au french cancan quand il entend le galop d'*Orphée aux Enfers*, un gourmet, lui, est quelqu'un pour qui l'association « jambon cru et ananas » n'évoque pas une pizza hawaïenne. Ce dernier se la jouera probablement un peu en vous informant que le Consorzio del Prosciutto di Parma recommande de l'ananas comme saveur complémentaire du jambon de Parme. Car il est vrai que la note caramélisée de l'ananas fait un écho particulièrement réussi aux saveurs de caramel et de fruits à coque qui se créent dans le jambon cru au cours de son processus de conservation – des saveurs que l'on ne trouve normalement que dans la viande cuite. Ce n'est pas pour cela qu'un gourmet qui ne jure que par sa fleur de sel rêverait d'enfiler des morceaux d'ananas et des tranches de jambon pliées en S sur des piques à apéritif. Moi, si !

Jambon cru & Artichaut : Un soir où j'étais arrivée tard dans un hôtel peu engageant d'Ancône, j'ai découvert en entrant dans ma chambre que quelqu'un y avait déposé une assiette de jambon cru, une corbeille de pain, une carafe de vin et des artichauts marinés faits maison, aussi verts que des dollars, mais avec énormément plus de valeur aux yeux d'une femme d'affaires en voyage, encore étourdie par son vol et à moitié affamée. Les minces tranches de jambon translucides étaient comme de la soie et sucrées-salées, contrastant avec l'artichaut ferme, sulfuré et teinté d'une amertume délicieuse.

Jambon cru & Asperge : Enveloppez des asperges dans du jambon cru salé et moelleux pendant qu'elles sont encore chaudes, et la graisse de la viande commencera à ramollir et à libérer sa saveur, produisant un contraste divin avec la douceur sulfurée des asperges. Le seul problème, c'est qu'on en prend l'habitude. On commence à entortiller un peu de jambon cru autour des pointes d'asperges, puis on continue avec des filets de lotte (baudroie) et on devient accro, en partie à l'unique plaisir de sentir les fines tranches de jambon qui se cramponnent et se moulent aux formes de la chose à envelopper. J'ai des visions d'œuvres de Christo à base de charcuterie, le Reichstag enveloppé dans du jambon fumé au genièvre de Westphalie, ou encore le Pont-Neuf dans du jambon de Bayonne. Voir aussi Jambon cru & Poisson blanc, page 217.

Jambon cru & Aubergine : Le chef américain Judy Rodgers aime servir un suave caviar d'aubergine légèrement fumé avec une garniture de poutargue râpée (œufs de poisson salés et séchés) ou de minces rubans de jambon fumé. « Les deux ont une piquante salinité sauvage qui est parfaite avec cette purée carnée et terreuse », explique-t-elle.

Jambon cru & Céleri : J'aimais l'auto-train qui allait du sud de la France à Calais durant les mois d'été. Vous déposiez votre voiture dans une gare très calme – qui n'était étrangement fréquentée que par des voitures – et vous reveniez en navette à Avignon, ou dans n'importe quelle autre ville depuis laquelle vous voyagiez, pour passer les quelques heures avant le départ du train de passagers, débarrassé des valises, des clés de voiture, des caisses de vins, des bocaux de confits de canard et des chapelets de saucissons farinés. J'étais tellement soulagée, en fait, qu'une fois j'ai dû courir, mes chaussures à la main, pour ne pas rater le train de 23 heures. Cependant, je n'étais jamais si désorganisée que je ne prenne pas la précaution d'acheter du pain, du jambon de Bayonne, une bouteille de châteauneuf-du-pape et une barquette de céleri rémoulade, crémeux, croquant et moutardé, pour le voyage. Une ambiance de dernier jour des vacances régnait invariablement au bar du train, et un en-cas tardif – et partagé – était toujours le bienvenu avant de se retirer dans sa couchette à 3 heures du matin, pour passer le reste de la nuit à rêver que vous dormiez dans un train. Voir aussi Carotte & Céleri, page 288.

Jambon cru & Châtaigne : Les porcs utilisés pour le jambon de Parme sont souvent élevés sous des châtaigniers, ce qui suggère une agréable combinaison de fin d'automne, lorsque les fruits frais qui sont les partenaires habituels de ce jambon sont hors de prix. Entaillez le haut des châtaignes et faites-les rôtir à 200 °C (thermostat 6-7) pendant 8 à 10 minutes. Servez dans un saladier préchauffé et laissez chacun peler les siennes.

Jambon cru & Figue : Dans son ouvrage *Italian Food*, Elizabeth David félicite l'intelligence de celui ou celle qui a eu l'idée de servir du jambon cru avec du melon ou, mieux encore, avec des figues. Je pense que la saveur fruitée fleurie de la figue est moins envahissante et plus douce que celle du melon et que le léger croquant des graines contrastant avec le moelleux du jambon est particulièrement heureux. Quand aucun des deux fruits n'est de saison, vous devriez essayer la pratique courante, également citée par David, qui consiste à déposer de très fines tranches de beurre entre les plis du jambon cru. Elle affirme que c'est même meilleur qu'avec des figues.

Jambon cru & Genièvre : Au cours de sa production, le jambon cru toscan est souvent frotté avec un mélange de sel, de romarin, de genièvre, de poivre et d'ail pour lui donner une saveur encore plus appétissante. Le jambon cru fabriqué de cette façon est connu sous le nom de *salato*, en opposition aux variétés *dolce* plus réputées comme celui de Parme ou de San Daniele. Le *speck*, originaire de la région culturelle (et linguistique) italo-allemande du Trentin-Haut-Adige, est une sorte de jambon cru trempé dans de la saumure avec du genièvre, du sucre et de l'ail, puis séché et fumé au bois pendant plusieurs semaines avant de le laisser vieillir.

Jambon cru & Melon : Harold McGee écrit que, lors de son processus de vieillissement, les graisses insaturées du jambon cru se décomposent, produisant une abondance de composés volatils dont certains ont un arôme caractéristique de melon. Jambon cru et melon forment, bien entendu, un duo classique et harmonieux, et si simple à préparer. Un cantaloup orange, comme le melon de Cavaillon, est le choix le plus courant, mais le galia à la chair jaune-vert, moins capiteux, peut être très bon, si ce n'est meilleur. Quel que soit le cultivar que vous utilisez, ne submergez pas le jambon avec des briquettes énormes de melon, et n'utilisez pas de melons insuffisamment mûris – la belle texture onctueuse d'un melon mûr constitue la moitié du couple. Mais il ne doit pas non plus être trop mûr au point que son arôme se fixe comme une laque dans votre gorge. Assurez-vous aussi que ni le melon ni le jambon ne sont trop froids, sans être tièdes non plus. Ne les mettez pas non plus ensemble dans le plat trop longtemps à l'avance : le sel du jambon est de nature à faire sortir tout le jus du melon, vous laissant devant l'embarras d'un jambon détrempé. Comme je disais, si simple.

Jambon cru & Œuf : *voir Œuf & Jambon cru, page 168.*

Jambon cru & Olive : Les petites olives *arbequina* peuvent être difficiles à trouver, mais sont des partenaires très adaptées pour le jambon cru. L'apparence un peu chétive de ces olives est largement compensée par leur saveur : fruits à coque et beurre, avec de délicieuses notes de tomate et de melon en arrière-fond.

Jambon cru & Pêche : Si vous êtes assez chanceux pour dégoter de bonnes nectarines blanches, essayez d'en manger avec du jambon de Parme. Judy Rodgers, propriétaire du Zuni Café, écrit que ce fruit a un peu d'amertume, une note florale et une longueur en bouche qui font ressortir des qualités du jambon qui seraient obscurcies par des fruits plus sucrés.

Jambon cru & Poire : *voir Poire & Jambon cru, page 344.*

Jambon cru & Pois : Pellegrino Artusi (1820-1911) a décrit avec beaucoup d'enthousiasme des plats à base de petits pois qu'on servait dans les restaurants romains. Il considère que ce sont les meilleurs qu'il ait jamais mangés et attribue cela au fait que les chefs utilisaient du jambon cru fumé. Il suggère de les laisser mijoter un peu avant de les servir en plat d'accompagnement, ou de les utiliser dans un risotto aux petits pois ou dans une soupe aux pois et au jambon. Mon épicerie du coin vend des chutes grossières de jambon *serrano*. Elles sont dures et difficiles à mâcher, mais géniales pour une soupe – quand j'arrive à les garder intactes jusqu'à la maison. C'est tellement facile d'en picorer dans le sachet, morceau par morceau, comme si c'était de sombres caramels salés.

Jambon cru & Poisson blanc : La mode d'envelopper la queue entière de la lotte – nom commercial de la baudroie – dans du jambon cru a largement contribué à en faire rapidement une espèce en voie de disparition. Bien entendu, le gras et la saveur salée apportés par le jambon sur la saveur légère du poisson blanc maigre a très bon goût. Néanmoins, il existe d'autres poissons, en abondance, qui supporteraient ce traitement tout aussi bien, même s'ils ne fournissent pas des tranches aussi nettes et rondes que la lotte. Une saveur similaire peut être obtenue avec seulement du poisson, sans l'aide de jambon. Écaillez un filet de loup (bar), mais laissez-lui sa peau, puis passez le tranchant d'un couteau dessus – comme le ferait un laveur de vitres avec sa raclette – pour enlever un peu d'humidité. Salez et laissez à température ambiante durant 15 minutes. Raclez à nouveau et séchez. Placez le filet, côté peau, dans de l'huile chaude, faites cuire durant quelques minutes, puis retournez pour une rapide cuisson finale. Une fois croustillante, la peau du filet est aussi salée que du lard grillé, et elle en possède la saveur et la texture, formant ainsi un délicieux contraste avec la chair tendre et crémeuse. Ce principe fonctionne aussi avec les poissons gras comme le saumon et la truite.

Jambon cru & Sauge : *voir Sauge & Jambon cru, page 403.*

Jambon cru & Tomate : Coupez un petit pain en deux dans le sens de la longueur et arrosez chaque face interne d'un filet d'huile d'olive fruitée. Garnissez de tranches de jambon cru fines comme de la soie, de mozzarella et de tomates assaisonnées, aplatissez le tout et faites griller. À déguster pendant que vous avez une dispute sans importance avec votre petit copain, assise à l'arrière de son scooter, tout en hurlant dans votre portable. Si c'est trop d'énergie pour vous, couchez juste un peu de *serrano* sur un morceau de pain frotté à l'ail et à la tomate – voir Tomate & Ail, page 324.

Olive

Les olives noires sont des olives vertes mûres et sont donc plus douces. Les olives vertes ont tendance à être aigres. Les deux sont naturellement amères, c'est pourquoi, pour être agréables au goût, elles ont besoin d'être préparées. Une préparation de bonne qualité est un processus lent. Traditionnellement, le fruit est enrobé de sel, ou séché au soleil, avant d'être plongé dans de la saumure durant plusieurs mois. En comparaison, le processus industriel par lequel les olives sont conditionnées dans une solution d'hydroxyde de sodium – autrement dit de soude caustique – prend moins d'un jour. Les deux procédés vont faire sortir de l'olive les glucosides amers, mais les méthodes industrielles lui font perdre tout son goût. Trouvez un bon fournisseur d'olives et vous pourrez apprécier la variété des cultivars disponibles, chacun avec ses propres saveurs et textures : la gaeta, une petite olive ridée d'Italie, conservée par séchage, qui a un léger goût de pruneau ; la nyons, elle aussi séchée, puis vieillie en saumure, avec une agréable saveur tannée de fruits à coque ; la picholine, une olive verte qui offre à la dent une plaisante résistance croquante et tranche dans les viandes les plus grasses tout à fait de la même manière que les cornichons ; et la lucques, une douce olive onctueuse et parfumée du sud de la France, avec une touche d'amande et d'avocat. L'huile d'olive englobe aussi un large éventail de saveurs, qui va de la douceur sucrée à l'âpreté sombre et poivrée. En règle générale, le pressage de fruits jeunes produit une huile plus verte et plus poivrée, tandis qu'elle s'adoucit quand les olives sont plus tardives et plus mûres. Cuisinez avec des huiles bon marché et gardez les plus onéreuses pour les salades ou pour en arroser les légumes chauds. Les saveurs de l'huile d'olive comprennent le floral, le melon, la pomme, le beurre, le poivre, l'artichaut, les fines herbes, les feuilles de tomate, les feuilles vertes, la banane verte, l'avocat et l'herbe, ce qui fera naturellement la transition avec la partie suivante, Verte & Herbacée (voir page 225).

Olive & Ail : Ayez pitié des olives vertes qu'on a fourrées d'une gousse d'ail entière. Ça n'a vraiment pas l'air confortable. Les meilleures sont celles qui sont préparées à la main, probablement par ce type de femme qui, par pure force de caractère, arrive à faire entrer leurs pieds dans des chaussures d'une taille inférieure quand la leur n'est pas en rayon. Est-ce que le résultat en vaut la peine ? On ne sent pas vraiment l'ail et cet assemblage lui donne une texture légèrement morbide, comme un os ramolli dans un produit chimique. Mieux vaut faire mariner les olives dans de l'ail et de l'huile.

Olive & Amande : Arôme cheddar vieux et oignons marinés au vinaigre balsamique ou champignons sauvages, ail et persil ? Ou encore mozzarella de bufflonne et basilic ? Est-ce que les fabricants de chips auraient perdu l'esprit ? C'est une de mes véritables sources de questionnement que de comprendre pourquoi la chips est devenue le point focal des excès rhétoriques de la dernière étape du capitalisme global. La paire « olives vertes et amandes » devrait entrer en lice. Si ce sont les fioritures et les falbalas qui vous manquent, alors appelons-les « olives manzanillo de Valence ramassées sur l'arbre et amandes de Marcona rôties à la poêle et salées à la main ».

Olive & Anchois : *voir Anchois & Olive, page 204.*

Olive & Anis : Une combinaison naturelle. La marque d'olives Belazu affiche que ses olives noires fripées ont une forte saveur de réglisse. L'auteur gastronomique et propriétaire d'une chaîne d'épiceries fines Ari Weinzweig trouve que les olives vertes picholines ont une nuance d'anis. Enfin, le magasine *Cook's Illustrated* a découvert que la *sambuca*, une liqueur aromatisée à la réglisse, peut être une marinade harmonieuse pour les olives. Poussez l'idée plus loin et préparez-vous un martini à l'anis, en remplaçant le vermouth par du Pernod et en le garnissant d'une olive.

Olive & Bœuf : Une bonne poignée d'olives noires dénoyautées, salées et brillantes comme des bottes de pirate, peuvent apporter une noire profondeur saumurée au bœuf en daube du marin d'eau douce. En Camargue, ils appellent ça la gardianne et utilisent des petites olives noires de Nyons, qui ont une saveur de cuir et de fruits à coque. Suivez une recette de bœuf bourguignon, mais utilisez un vin plus épicé (un syrah serait idéal) et ajoutez des olives environ dix minutes avant de servir avec du riz, des pâtes ou des pommes de terre.

✻ **Olive & Câpre :** La première fois que j'ai mangé de la tapenade, je ne savais pas trop bien si je devais l'avaler ou m'en tartiner la figure et déclarer la guerre à la maîtresse de maison. C'était dès lors enregistré dans ma base de données des saveurs comme une pâte froide et humide qui résulte des fuites d'huile qu'on trouve sous les machines agricoles hors d'usage et qu'on éponge avec de la paille. Plus de deux décennies sans tapenade plus tard, je suis descendue dans une chambre d'hôte de Rouen, où madame la patronne nous a accueillis avec le tintement d'une carafe de muscadet bien frais et une assiette de tapenade faite maison sur du pain grillé. C'était divin. L'astuce consiste à ne pas faire de la bouillie avec les ingrédients, ce qui a tendance à les rendre amers et goudronneux, mais à les pulser attentivement et à s'arrêter quand le mélange est encore assez grossier. Essayez avec 1 cuillerée à soupe de câpres pour 100 g d'olives non dénoyautées (ou 85 g sans les noyaux), une pincée de thym séché et environ 1 cuillerée à soupe d'huile d'olive, selon la consistance que vous voulez obtenir. Ajoutez un anchois ou deux et de l'ail cru, si vous aimez.

Olive & Carotte : *voir Carotte & Olive, page 290.*

Olive & Chocolat blanc : Les chocolatiers Vosges confectionnent une barre de chocolat blanc contenant des éclats d'olives de Kalamata séchées. Pas si surprenant si l'on considère les autres combinaisons chocolat/sel, comme le Latte Sal de Domori (un chocolat au lait avec des paillettes de sel). Voir aussi Caviar & Chocolat blanc, page 191.

Olive & Citron : *voir Citron & Olive, page 384.*

Olive & Fromage de chèvre : Dans la salade grecque, la feta, piquante et salée, rencontre une partenaire à sa hauteur avec l'olive de Kalamata, carnée et d'un violet d'encre. Cette olive, provenant d'une ville éponyme du Péloponnèse, a la même force de caractère que le fromage, mais aussi une juteuse saveur vineuse qui le dompte. Coupez en cubes de 2 cm un morceau de feta et quelques concombres et tomates, tous deux épépinés et pelés. Tranchez un oignon rouge en anneaux fins et bien séparés. Gardez les olives entières. Mélangez le tout avec une huile d'olive verte et herbacée, du vinaigre de vin rouge et une pincée d'origan. Comme pour le lard, une feta de qualité moyenne est agréablement grasse et salée, et l'on peut être tenté de s'en contenter. Mais – comme le lard – elle se conserve très bien, aussi n'hésitez pas à faire des provisions quand vous pouvez mettre la main sur de la marchandise de qualité supérieure, je veux dire de la feta vieillie en barrique, faite à partir de lait brebis ou de laits de brebis et de chèvre mélangés. La feta faite à partir de lait de vache est artificiellement blanchie pour masquer le carotène – qui rend le beurre jaune – et elle manque du piquant naturel et poivré de celle produite à partir des ovins laineux et des caprins robustes. Conservée en barrique, la feta développe une saveur plus forte et plus épicée que son homologue moderne en conserve métallique, et elle peut être ensuite conservée dans de la saumure pendant une année. S'il faut se rappeler que les bons fromages de type feta viennent de Grèce, prêtez donc aussi attention aux marques bulgares et roumaines.

Olive & Fruits de mer : Rien que de penser à la combinaison de fruits de mer salés-sucrés et d'olives salées amères et j'en ai l'eau à la bouche. Surtout de la manière dont l'auteur culinaire Elizabeth David en parle : « Chez Nénette, on vous apporte une montagne de petites crevettes qu'on vient de faire cuire dans un grand saladier jaune avec juste ce qu'il faut de sel et en sus une odeur de marée des plus stimulantes. À côté, un autre bol rempli d'olives vertes, du bon pain salé, un monolithe de beurre encourageant qui trône sur une planche en bois. On vous pose tout ça sur la table et tout le monde se sert, décortiquant les crevettes, croquant les olives et appréciant la première gorgée de vin. »

Olive & Genièvre : *voir Genièvre & Olive, page 406.*

❋ **Olive & Graines de coriandre :** On fend ou on « craque » souvent les olives avant de les ajouter à un liquide de manière à ce que la marinade puisse bien pénétrer dans la chair. C'est une pratique courante en Grèce et à Chypre où l'on fait mariner les olives dans des graines de coriandre et du citron. Videz la saumure de 250 g d'olives vertes non dénoyautées, rincez-les et retirez les noyaux. Dans un verre, un pot en terre ou un bol, mélangez-les avec la moitié d'un citron non traité coupé en huit dont vous aurez retiré les pépins et 1 cuillerée à café bombée de graines de coriandre écrasées. Recouvrez d'huile d'olive, pressez l'autre moitié du citron, ajoutez un tour de moulin de poivre et mélangez bien. Couvrez et conservez au frigo pendant au moins 12 heures. Cette préparation typiquement chypriote peut également inclure de l'ail et/ou de l'origan séché.

Olive & Jambon cru : *voir Jambon cru & Olive, page 216.*
Olive & Orange : *voir Orange & Olive, page 372.*
Olive & Piment : *voir Piment & Olive, page 264.*
Olive & Poisson blanc : *voir Poisson blanc & Olive, page 185.*
Olive & Poivron : *voir Poivron & Olive, page 259.*

Olive & Pomme de terre : Faites-les mijoter ensemble dans de l'huile d'olive avec des tomates, des oignons et de l'ail et servez avec du poisson. Vous pouvez aussi émincer des olives dans une salade de pommes de terre à la vinaigrette. L'auteur gastronomique Mary Contini utilise des pommes de terre et du fenouil revenus dans de l'huile d'olive aillée et parsemés d'olives noires émincées pour farcir des coquelets. D'après Heston Blumenthal, l'huile d'olive est la meilleure huile pour faire rôtir des pommes de terre, car elle transmet mieux les saveurs et peut atteindre des températures plus élevées que la graisse d'oie, par exemple. Et température plus élevée veut dire aussi des patates plus croustillantes.

Olive & Romarin : Une combinaison vigoureuse qui vous mettra dans l'esprit italien. Parsemée d'olives et de romarin, la *focaccia* devient une carte postale comestible de la Maremme, les plaines irriguées qui couvrent le sud de la Toscane et le nord du Latium. La morsure de l'olive donne la saveur salée de la brise de mer qui souffle de l'ouest, le romarin apporte une pointe de maquis, si épais dans certains endroits qu'il y a des viticulteurs locaux qui prétendent que l'on retrouve son goût dans le vin.

Olive & Thym : *voir Thym & Olive, page 409.*

❋ **Olive & Tomate :** Vous rentrez tard à la maison. Vous commandez une pizza. Elle arrive… tiède, toute molle et avec de la mozzarella bon marché. Elle passe alors à la poubelle avec le flyer « pizza à domicile » que vous gardiez dans votre porte-courrier. Voici une autre possibilité tout aussi rapide qui vous fera du bien, calmera votre appétit et ne vous obligera pas à vous battre avec une boite impossible à plier que vous essaierez de faire rentrer dans un sac-poubelle le lendemain matin. Appelez cela des « *spaghetti alla puttanesca* pour paresseux ». Pour 1 personne, faites cuire 100 g de pâtes. Dans une petite poêle, faites chauffer une gousse d'ail émincée, 3 tomates séchées au soleil coupées en petits morceaux, 6 olives noires dénoyautées et grossièrement émincées, 2 filets d'anchois, 1 cuillerée à café de câpres et quelques flocons de piment. Une fois que les pâtes sont cuites, égouttez et mélangez avec la sauce. Utilisez des pâtes cheveux d'ange et vous pourrez vous recroqueviller sur le canapé 5 minutes après avec quelque chose de délicieux dans votre assiette.

VERTE & HERBACÉE

Safran

Anis

Concombre

Aneth

Persil

Feuilles de coriandre

Avocat

Pois

Poivron

Piment

Safran

Le safran est inimitable. Le curcuma, le carthame et le rocou sont souvent utilisés à sa place, mais ils ne peuvent jamais espérer plus que transmettre une approximation de sa couleur, et peut-être un peu de son amertume. Le safran combine les saveurs de l'air marin et de l'herbe sèche sucrée, avec un soupçon de métal rouillé. C'est l'équivalent, dans l'univers des épices, du jardin de Derek Jarman sur la plage de Dungeness, un défi étrange et magnifique. Cette rare – et par conséquent coûteuse – épice est le plus souvent associée à des ingrédients doux, surtout lorsqu'ils sont pâles pour les yeux et fades au palais, pour faire éclater sa couleur et son arôme complexe. Riz, pain, poisson, pomme de terre, chou-fleur et haricots blancs sont de bons clients. Le safran se combine aussi très bien avec d'autres saveurs amères, comme les amandes ou les zestes d'agrumes, et il est très harmonieux avec d'autres saveurs florales douces-amères comme la rose.

Safran & Agneau : *voir Agneau & Safran, page 64.*

❋ **Safran & Amande :** La douceur de l'amande, stimulée par le sucre, compense l'amertume parfois trop marquée du safran, de la même manière que les fabricants de cigarettes de tabac atténuent la sèche rudesse du tabac avec du sucre, du chocolat et du miel (le tabac blond est pour moi l'arôme dominant lors de l'ouverture d'une boîte d'étamines séchées de safran). J'aime appeler la recette suivante mon « gâteau de recrutement au safran ». Préchauffez votre four à 180 °C (thermostat 6). Placez 4 ou 5 brins de safran dans un plat résistant à la chaleur et passez-le au four chaud durant 1 à 2 minutes. Émiettez les brins dans une cuillerée à soupe de lait chaud avec une pincée de sucre. Laissez infuser pendant que vous préparez la pâte du gâteau. Battez 125 g de beurre avec 150 g de sucre semoule. Votre lait au safran doit maintenant être de la belle couleur d'un lever de soleil dans le désert. Versez-le dans votre mélange et remuez bien, puis incorporez progressivement 3 œufs avec 75 g d'amandes moulues, à raison d'un œuf et 25 g d'amandes à chaque fois, puis ajoutez 3 cuillerées à soupe de farine. Transvasez dans un moule à gâteau à charnière de 18 cm de diamètre, beurré et fariné. Enfournez pour 45 minutes à 180 °C (thermostat 6). Laissez refroidir, puis coupez en 8 tranches et mangez-en une chaque jour durant une semaine. La huitième est pour partager avec un ami, et ainsi le recruter pour le culte du gâteau au safran, dont vous êtes désormais – du moins, je l'espère – un(e) fervent(e) adepte.

Safran & Anis : L'auteur gastronomique Anne Willan déconseille de combiner du safran avec des herbes ou des épices aux saveurs trop fortes. Il est meilleur sans chaperon, bien que le fenouil, concède-t-elle, soit un bon parti pour les soupes de poisson ou les ragoûts. Pour vous en donner un aperçu, placez un brin de safran sur votre langue et, une fois que la saveur médicinale est passée, vous devriez détecter des notes claires de réglisse. La prochaine fois que vous vous regarderez dans un miroir, vous remarquerez aussi que vos dents sont de la même couleur que celles des bandits sournois des romans de Dickens.

Safran & Cardamome : *voir Cardamome & Safran, page 394.*
Safran & Chocolat blanc : *voir Chocolat blanc & Safran, page 439.*

Safran & Chou-fleur : À la recherche d'une saveur rappelant la truffe blanche, l'auteur culinaire David Rosengarten a ajouté du chou-fleur à un *risotto milanese* (traditionnellement parfumé au safran) et a trouvé le résultat final superbe.

Safran & Citron : *voir Citron & Safran, page 385.*

Safran & Fruits de mer : L'auteur culinaire américain Gary Allen souligne que le safran est particulièrement bon avec des crustacés, car il possède un parfum légèrement iodé et océanique évoquant les fruits de mer juste pêchés. La prochaine fois que vous commanderez une bouillabaisse, ou des crustacés parfumés au safran, inhalez profondément au-dessus du plat avant de manger. Je vous garantis que cela vous ouvrira l'appétit autant qu'une promenade en espadrilles sur le port.

Safran & Noix de muscade : Ces deux épices parfument le traditionnel gâteau cornique au safran, plus proche d'un pain et qui était rituellement consommé le vendredi saint, tartiné de crème épaisse. Le safran était autrefois cultivé en Cornouailles, ce qui explique sa prévalence dans la cuisine de cette région de l'extrême sud-ouest de l'Angleterre. De nos jours, il est difficile de trouver un gâteau cornique au safran qui utilise l'épice véritable importée, et encore moins locale : la plupart des boulangers se contentent de colorant jaune pour des gâteaux au bronzage artificiel. C'est dommage, car la saveur astringente d'arrière-fond du safran forme un beau contraste avec le sucre des groseilles, des raisins secs et des écorces confites de citron ou d'orange. Autrefois, les boulangers mettaient les étamines de safran entières dans la pâte, ce qui, selon Elisabeth David, laisse entendre qu'ils savaient que le safran entier est plus intense que celui en poudre, et que les étamines visibles jouaient aussi le rôle d'un indicateur de la qualité de leur production.

Safran & Orange : *voir Orange & Safran, page 374.*
Safran & Poisson blanc : *voir Poisson blanc & Safran, page 186.*

Safran & Pomme de terre : L'or liquide qui s'écoule du safran rend les pommes de terre particulièrement appétissantes. Il y a probablement une partie basique de mon cerveau qui pense qu'on les a mélangés à des quantités immodérées de ce bon beurre que produisent les vaches nourries à l'herbe fraîche. On peut ajouter un peu de safran à une tortilla espagnole ou à des gnocchis de pommes de terre italiens. Au Pérou, la *causa* est une salade à base de pommes de terre écrasées dont les différentes variations se réduisent à ce que l'on étale entre les différentes couches : ça peut être un mélange piquant d'olives, de câpres, d'ail et de fines herbes, ou bien du thon, de l'œuf, de l'avocat et de l'oignon en mayonnaise. Il est préférable de préparer la *causa* plusieurs jours à l'avance pour permettre aux saveurs de se développer et à la salade de prendre forme avant de la retourner sur un plat de service. Certaines versions sont rayées de bandes de pommes de terre de différentes couleurs – bleu, blanc et jaune, ces deux dernières selon qu'on laisse la pomme de pomme de terre nature ou qu'on y ajoute du safran.

Safran & Poulet : Ils sont classiquement jumelés dans le poulet *biryani* et certaines versions de la paella, où le safran enrichit globalement le plat tout en offrant un contraste amer au poulet doux et au riz. Je remarque aussi qu'une nette saveur d'amande émerge lorsque le safran et le poulet sont cuits ensemble, ce qui suggère un trio très harmonieux. Voir aussi Agneau & Safran, page 64.

Safran & Rhubarbe : *voir Rhubarbe & Safran, page 322.*
Safran & Rose : *voir Rose & Safran, page 429.*

Anis

Ce chapitre couvre les graines d'anis, la réglisse, le fenouil, l'estragon, l'anis étoilé (badiane chinoise) et les boissons anisées comme le pastis. Graines d'anis et de fenouil ont en commun un composé primaire de saveur, l'anéthol. Elles peuvent se remplacer l'une l'autre sans inconvénient, mais leur différence est plus sensible quand vous les grignoter directement dans le pot – là où les graines d'anis sont assez douces pour plaire à un amateur de réglisse, les graines de fenouil sont moins sucrées et plus vertes, plus rustiques en quelque sorte. Un meilleur substitut aux graines d'anis est l'anis étoilé : également dominé par l'anéthol, il est plus proche en termes de saveurs. L'estragol, un composé différent, bien que chimiquement similaire, est principalement responsable de la saveur anisée de l'estragon et du cerfeuil (incidemment, il est présent dans le basilic aussi). L'anis est un arôme populaire pour les boissons alcoolisées : l'anisette en général, et le pastis provençal en particulier, l'absinthe – la fée verte

du XIXe siècle –, l'ouzo grec, le raki turc, l'arak syrien et libanais, les liqueurs italiennes *sambuca* et Galliano, ainsi que la désuète Marie Brizard partagent tous sa douceur de réglisse. C'est une saveur éminemment combinable, qui a autant de succès dans les recettes sucrées que dans les plats salés et qui se marie à merveille avec les fruits de mer, les poissons et les fruits un peu acides.

Anis & Agneau : *voir Agneau & Anis, page 61.*

Anis & Amande : L'anis est à l'amande ce qu'un spectateur peu délicat et envahissant est à un interprète fatigué de sketches comiques éculés. On les trouve l'un avec l'autre dans les *biscotti*, ces biscuits italiens qui se situent quelque part entre la gourmandise sucrée et les travaux forcés. Les biscuits friables suivants, qui auraient tout à fait leur place dans les boulangeries siciliennes, vous donneront le même plaisir sans vous faire mal à la mâchoire. Faites une crème avec 75 g de beurre ramolli et 60 g de sucre en poudre. Ajoutez un jaune d'œuf, 90 g de farine blanche, 60 g d'amandes en poudre, 1 cuillerée à café de graines d'anis et ½ cuillerée à café d'extrait d'amande. Mélangez bien et faites des boules de la taille d'une noix avec la pâte. Faites cuire au four à 160 °C (thermostat 5) pendant 25 minutes. Laissez refroidir et saupoudrez de sucre glace avec un tamis. Conseillé avec du café, mais fortement recommandé avec du thé à la menthe.

Anis & Ananas : Le chef australien Philip Searle est célèbre pour un dessert en damier composé de crèmes glacées à l'ananas, à la vanille et à l'anis étoilé. Le chef britannique Aiden Byrne note que l'ananas et le fenouil sont délicieux jumelés, aussi bien dans les plats salés – comme le foie gras poêlé au fenouil et à l'ananas caramélisé – que dans les plats sucrés comme les yaourts à l'ananas rôti avec de la mousse de fenouil. Essayez aussi un trait d'anisette dans un jus d'ananas, c'est un cocktail *long drink* rafraîchissant.

Anis & Asperge : *voir Asperge & Anis, page 163.*
Anis & Banane : *voir Banane & Anis, page 348.*
Anis & Basilic : *voir Basilic & Anis, page 270.*

Anis & Bœuf : La béarnaise est essentiellement une sauce hollandaise aromatisée à l'estragon, à l'échalote et parfois au cerfeuil. Elle est le plus souvent servie avec un steak, mais sa saveur d'herbe subtilement anisée renforce la plupart des viandes grillées, les poissons et les œufs. Voir aussi Cannelle & Anis, page 274, et Tomate & Anis, page 325.

Anis & Cannelle : *voir Cannelle & Anis, page 274.*
Anis & Carotte : *voir Carotte & Anis, page 288.*
Anis & Cassis : *voir Cassis & Anis, page 416.*
Anis & Champignon : *voir Champignon & Anis, page 95.*

Anis & Chocolat : Les graines d'anis faisaient partie des nombreuses épices utilisées par les Espagnols pour parfumer le chocolat au XVIe siècle. C'est une combinaison inhabituelle aujourd'hui, mais La Maison du Chocolat confectionne une ganache au chocolat noir infusée avec du fenouil, nommée Garrigue, d'après le genre de végétation parfumée qui lacère les chevilles des randonneurs dans le sud de la France.

Anis & Citron : Selon Harold McGee, le trans-anéthol, le composé principal de la saveur d'anis, de badiane et de fenouil, est à poids égal treize fois plus sucré que le saccharose. Il n'est pas étonnant que des graines d'anis soient utilisées comme partenaires du citron amer dans certains *biscotti*. Le pastis forme, quant à lui, un duo étrange mais réussi avec le citron dans un sorbet.

Anis & Concombre : *voir Concombre & Anis, page 235.*
Anis & Figue : *voir Figue & Anis, page 425.*

Anis & Fraise : L'anis est merveilleux avec la fraise – dans une sauce, une confiture ou simplement moulu et saupoudré avec du sucre sur les fruits. Les cerises jubilé sont cuites dans du sirop de groseille et flambées au kirsch (recette créée par Auguste Escoffier pour l'un des jubilés de la reine Victoria). Brodez sur ce thème en faisant cuire des fraises dans de la *sambuca* (liqueur italienne) et accompagnez avec de la glace à la vanille. Si vous appréciez de servir des fraises avec de la crème, mais que vous ayez des ingrédients de qualité inférieure sur les bras, le chocolatier Jean-Pierre Wybauw donne quelques conseils bien utiles : a) un peu d'anis dans de la crème fouettée lui donne une saveur fermière ; et b) des fraises un peu fades gagneront en saveur si vous les plongez environ 10 minutes dans de l'eau à laquelle vous aurez ajouté une bonne rasade de vinaigre de framboise de qualité.

Anis & Fromage à croûte lavée : *voir Fromage à croûte lavée & Anis, page 73.*
Anis & Fromage à pâte pressée cuite : *voir Fromage à pâte pressée cuite & Anis, page 80.*

Anis & Fromage de chèvre : L'anis étoilé est très à la mode, mais les véritables *anisionados* sont déjà passés au pollen de fenouil. Le chef new-yorkais Mario Batali en sert avec du fromage de chèvre et du zeste d'orange dans des tortellinis. On a beaucoup écrit sur la saveur merveilleuse du pollen de fenouil. On s'accorde à dire que ça ressemble, tout en étant beaucoup plus que cela, à du fenouil, avec une qualité sucrée, proche du miel, qui s'adapte parfaitement au fromage de chèvre. Cependant, d'autres sources moins raréfiées de la saveur d'anis font tout aussi bien l'affaire. Donna Hay combine du fromage de chèvre avec des bulbes de fenouil rasés, des graines de grenade, des feuilles de pois mange-tout et du poivron jaune dans une salade assaisonnée de jus de grenade, de vinaigre balsamique et de poivre noir.

Anis & Fruits de mer : *voir Fruits de mer & Anis, page 175.*

Anis & Huître : Une éclaboussure d'essence d'anis fait partie de la recette américaine des huîtres Rockefeller (voir aussi Huître & Persil, page 190), mais le plus souvent, le petit coup de pouce anisé est donné aux huîtres par l'estragon. Essayez ce duo soit avec des huîtres crues arrosées avec une vinaigrette à l'estragon, soit avec des huîtres passées au four avec une noisette de beurre à l'estragon.

Anis & Lard : *voir Lard & Anis, page 209.*
Anis & Melon : *voir Melon & Anis, page 351.*

Anis & Menthe : Alors que les Britanniques ont tendance à marier la réglisse avec des pâtes sucrées de coco ou d'amandes aromatisées aux fruits sous la forme de bonbons dits *liquorice allsorts*, dont la version française est le bonbon Haribat de la marque Haribo, les Hollandais et les Scandinaves l'associent à la menthe et au chlorure d'ammonium, connu aussi sous le nom de sal ammoniac (sel d'Amon), dans une confiserie d'un noir un peu sinistre qu'on appelle *zoute drop* aux Pays-Bas, *lakrisal* ou *saltlakrits* en Suède et *salmiakki* en général dans les pays nordiques. Voir aussi Anis & Noix de coco, page 231.

Anis & Noix : *voir Noix & Anis, page 297.*

Anis & Noix de coco : Comme la sauce de soja, le condiment sirupeux indonésien nommé *kecap manis* est produit avec des graines de soja fermentés, mais on y ajoute du sucre de coco, du fenouil et de l'anis étoilé. Cela lui donne un goût épicé au-delà des typiques notes salées d'umami apportées par le soja. Si vous aimez le goût d'anis des feuilles de basilic thaï dans un curry vert, vous pourriez avoir trouvé votre nouveau ketchup favori.

Anis & Œuf : L'estragon se joint au cerfeuil, au persil et à la ciboulette dans le mélange français classique nommé fines herbes. Frais, herbacé et puissant, il agrémentera une omelette pour un dîner raffiné. Voir aussi Anis & Bœuf, page 229.

Anis & Olive : *voir Olive & Anis, page 219.*

Anis & Orange : Chefs et clients sont tous dingues de l'association du fenouil finement coupé et de l'orange. Mais pensez un instant au cocktail Harvey Wallbanger, négligé et si peu à la mode avec sa combinaison de

Galliano (liqueur aromatisée à l'anis), de vodka et de jus d'orange, tout comme l'est la *piña colada* (dont les saveurs s'accordent si bien également). Préparez-en un pichet pour une fête estivale, appelez cela un Galliciano et voyez si vos invités ne sont pas renversés par son charme. On a l'impression que l'anis fait ressortir le caractère juteux et acidulé de l'orange.

Anis & Panais : *voir Panais & Anis, page 283.*
Anis & Piment : *voir Piment & Anis, page 261.*
Anis & Poire : *voir Poire & Anis, page 342.*
Anis & Pois : *voir Pois & Anis, page 253.*

✻ **Anis & Poisson blanc :** L'anis est à la fois la perte du poisson et sa rédemption. Les pêcheurs conservent parfois une bouteille d'huile d'anis dans leur boîte à appâts car les poissons, la truite en particulier, sont attirés par son odeur. Et de la même façon que le cochon, sur pied ou au four, aime les pommes, le poisson possède un attrait naturel pour l'anis. Voir la recette classique pour du poisson au fenouil dans Poisson gras & Anis (page 194), qui fonctionne tout aussi bien avec les poissons blancs tels que le bar (loup). Si vous ne réussissez pas à mettre la main sur du fenouil en branche frais, essayez de pocher votre poisson dans un bouillon chinois enrichi d'anis étoilé. Dans une grande casserole, mettez 2 litres d'eau, 250 ml de vin de Shaoxing (vin de riz fermenté), 200 ml de sauce de soja, 100 g de cassonade, 6 anis étoilés, 2 bâtons de cannelle, un morceau de 6 cm de gingembre frais coupé en tranches et 5 gousses d'ail. Portez à ébullition et laissez mijoter pendant 1 heure. Filtrez le bouillon au tamis et utilisez immédiatement, ou bien congelez. Servez-vous-en pour pocher tout type de poissons blancs, ou faites réduire jusqu'à obtenir une sauce veloutée.

Anis & Poisson gras : *voir Poisson gras & Anis, page 194.*

Anis & Pomme : Ces dernières années, l'anis étoilé a bien mérité son nom, éclipsant totalement l'anis ordinaire en dépit du fait que les huiles qui leur donnent leur saveur respective sont presque identiques. Le composé organique responsable en grande partie de sa saveur est l'anéthol, qui est parfois utilisé comme exhausteur de la saveur d'anis dans la confiserie. L'anis étoilé est obtenu à partir de l'*Illicium verum*, le fruit d'un arbre à feuilles persistantes originaire de Chine où l'épice est couramment utilisée avec le porc et le canard. Sa douceur automnale ressemblant à la cannelle est très appréciée avec les fruits, particulièrement les pommes, dans les strudels, et en infusion dans du jus de pomme chaud ou dans une sauce à la pomme pour accompagner du porc.

Anis & Porc : *voir Porc & Anis, page 41.*

* **Anis & Poulet :** Le poulet rôti à l'estragon est un classique de la cuisine française. Servie froide, la paire fonctionne bien aussi dans une salade – voir aussi Anis & Raisin, page 233. Si vous ne pouvez pas obtenir d'estragon frais, la version lyophilisée est un deuxième choix acceptable dans les plats cuisinés, et tous deux transformeront des blancs de poulet ternes en un plat luxueux, enfin autant qu'il puisse l'être en 15 minutes. Coupez 4 blancs de poulet désossés en petits morceaux et faites-les dorer dans un mélange de beurre et d'huile d'arachide, puis réservez, au chaud. Dans la même poêle, faites fondre quelques échalotes finement émincées, puis déglacez avec 200 ml de vermouth blanc sec. Laissez réduire un peu, ajoutez le poulet en morceaux avec 1 cuillerée à soupe de feuilles d'estragon hachées (ou 2 cuillerées s'il est lyophilisé) et 300 ml de crème fraîche. Réchauffez un peu, rectifiez l'assaisonnement. Servez avec du riz blanc. Si vous avez un peu de temps devant vous, massez l'intérieur d'un poulet entier vidé avec 2 cuillerées à soupe de beurre ramolli, puis saupoudrez d'estragon haché la surface et l'intérieur du poulet, avant de l'assaisonner et de le cuire comme d'habitude. Les Chinois pourraient améliorer la saveur de leurs poulets en plaçant quelques étoiles de badiane à l'intérieur de ceux-ci avant de les faire rôtir.

Anis & Raisin : On peut utiliser des graines de fenouil à la place du romarin pour parfumer la *schiacciata*, le pain aux raisins décrit dans Raisin & Romarin, page 319. Certaines recettes demandent, au lieu d'eau, de la *sambuca*, une liqueur parfumée à l'anis. Moins rustique, Delia Smith accommode une salade verte contenant du poulet, des raisins verts et des oignons de printemps (ciboule) avec un mélange de mayonnaise, de crème fraîche épaisse et d'estragon frais haché.

Anis & Rhubarbe : Prenez de l'avance sur Mark Miller, l'un des grands maîtres de la cuisine californienne, et ajoutez des graines d'anis à votre crumble à la rhubarbe. Faites d'abord griller les graines – 2 ou 3 cuillerées à café–, puis écrasez-les et mélangez-les à 100 g de sucre, 175 g de farine et 100 g de beurre. Ça marche aussi très bien pour les crumbles aux pommes ou aux prunes.

Anis & Rutabaga : *voir Rutabaga & Anis, page 153.*
Anis & Safran : *voir Safran & Anis, page 226.*
Anis & Tomate : *voir Tomate & Anis, page 325.*

Anis & Vanille : Le Galliano *(liquore Galliano L'Autentico)* est une liqueur italienne jaune et sucrée, conditionnée dans une bouteille en forme de batte de base-ball à désespérer un designer de bar ; composée de diverses plantes, elle est parfumée à l'anis et surtout à la vanille. En Espagne, la liqueur basque *patxaran* est obtenue par macération de prunelles dans de l'alcool anisé (là où les Britanniques auraient utilisé du gin, et les Français du marc de raisin) ; on lui ajoute divers composés aromatiques tels que de la vanille ou des grains de café, selon la marque que vous aurez choisie au gré de votre fantaisie. Voir aussi Anis & Orange, page 231.

Concombre

Russ Parsons, le rédacteur en chef du cahier gastronomique du *Los Angeles Times,* note que les variétés de concombres ont plus d'intérêt pour le jardinier que pour le cuisinier : ils ont en effet tous le même arôme vert et la même saveur distinctive que nous reconnaissons, assez logiquement, comme étant caractéristiques du concombre. Même le concombre citron, qui est jaune et de la taille d'un citron, est nommé ainsi d'après sa ressemblance visuelle avec ce fruit plutôt que pour n'importe quelle communauté de saveur avec lui. Toutes les différences qui existent entre les variétés se résument en général à des variations dans le niveau d'amertume et de croquant sous la dent. La texture et la netteté du concombre semblent le destiner à la fonction de garniture sur les salades, mais essayez de l'associer à des ingrédients aigres contrecarrant son amertume – fromage de chèvre, yaourt et aneth, qui le font resplendir, tout comme peut le faire le vinaigre. Concombres marinés, cornichons au vinaigre, malossols à l'aneth sont indispensables avec les pâtés gras, la charcuterie et les sandwichs pesants. La bourrache, qui est également abordée dans ce chapitre, est une herbe à saveur de concombre qui peut être utilisée dans les salades, pour parfumer les liqueurs aux fruits faiblement alcoolisées ou comme garniture dans les boissons rafraîchissantes.

Concombre & Ail : *voir Ail & Concombre, page 143.*

Concombre & Aneth : Lors de mon premier séjour aux États-Unis, j'ai été surprise par les sandwichs accompagnés d'un concombre trapu, mariné avec sa peau verte et brillant comme un dirigeable miniature. Celui-ci avait un goût d'aneth, mais comme j'étais à Minneapolis, j'ai supposé qu'il s'agissait d'une lubie scandinave, comme de dire « Oh yah » et d'aller pêcher sur la glace. Peu de temps après, en fait, j'ai commencé à rechercher systématiquement ce pickle sous mon *coleslaw* lorsque je déjeunais dehors. En effet, la combinaison de l'aneth et du concombre crée une sensation si rafraîchissante qu'elle ravive votre appétit. Juste au moment où il vous paraît tout à fait impossible d'avaler la seconde partie de votre club sandwich – qui, dégagée du bâtonnet en bois qui la maintenait en forme, se met à gonfler lentement comme de la pâte à pain en train de lever –, vous mordez sans y prêter attention dans votre concombre mariné, et hop, vous avez de nouveau faim. Les pickles et les gargantuesques portions américaines ne sont pas servis ensemble accidentellement. L'aneth et le concombre non plus. Les graines d'aneth sont connues pour leurs propriétés digestives, c'est d'ailleurs l'ingrédient principal de la *gripe water* (mélange de bicarbonate de soude et d'huile essentielle d'aneth dans un sirop aqueux). Les concombres sont connus à l'inverse pour leur caractère relativement indigeste. Et donc – en dehors de la belle combinaison de saveurs – votre digestion demeure parfaitement équilibrée, au moins jusqu'à ce qu'un demi-kilo de dinde, de bacon, d'avocat et le *monterey jack* (fromage à croûte molle à base de lait de vache pasteurisé) tombent au fond de votre estomac, préparant un rot capable de regonfler le *Hindenburg* (célèbre dirigeable zeppelin allemand, le plus grand jamais construit, détruit dans un incendie en 1937). Les *sour* pickles sont fermentés dans la saumure, pas dans le vinaigre, et des *half sour*, fermentés moins longtemps, sont également disponibles.

Concombre & Anis : Une étude réalisée en 1998 par la Smell and Taste Treatment and Research Foundation (Fondation de recherche et de traitement de l'odorat et du goût) à Chicago a conclu que, parmi les senteurs, c'est une combinaison de concombre et de confiserie à base de réglisse que les femmes trouvaient la plus émoustillante. Les séducteurs un peu malins peuvent se dispenser de bougies parfumées et simplement servir le poisson avec une salade de concombre et de fenouil. Pour découvrir la fragrance que les hommes apprécient le plus, voir Courge & Romarin, page 293.

Concombre & Avocat : *voir Avocat & Concombre, page 251.*
Concombre & Cacahuète : *voir Cacahuète & Concombre, page 28.*
Concombre & Câpre : *voir Câpre & Concombre, page 128.*

* **Concombre & Carotte :** Marinés façon pickles express, ces deux-là forment une paire fantastique pour accompagner un morceau de poulet grillé avec du riz gluant, ou encore dans un sandwich spectaculaire. Coupez une grosse carotte et un quart de concombre en larges bâtonnets égaux. Dans une passoire, saupoudrez-les avec 1 cuillerée à café de sel et laissez-les dégorger durant 10 à 15 minutes avant de les rincer et de les sécher en les pressant doucement. Dans un bol, arrosez-les ensuite avec 4 cuillerées à soupe de vinaigre de vin de riz mélangées à 1 ou 2 cuillerées à soupe de sucre. Conservez-les au réfrigérateur jusqu'au moment de les utiliser et égouttez-les avant de servir. Vous pouvez les essayer dans un *bành mì*, la spécialité maison du Nicky's Vietnamese Sandwiches à New York, un *mix* ingénieux entre des ingrédients indigènes et coloniaux français. Vous pouvez en faire un chez vous en étalant de la mayonnaise et une bonne quantité de pâté de porc (nature) à l'intérieur d'une baguette fendue, que vous passerez ensuite au four. Ça marche aussi avec des tranches de porc cuit. Une fois qu'il est tout chaud, tout beau, garnissez votre sandwich avec vos pickles concombre/carotte et une touffe de coriandre fraîche. Certaines personnes enduisent au préalable l'intérieur du pain avec un mélange d'huile et de sauces au soja et au poisson. Ne lésinez pas sur les pickles, qui

donnent au sandwich un croquant profondément satisfaisant et allègent la lourdeur de la viande d'une rafraîchissante vivacité aigre-douce. Voir aussi Cannelle & Porc, page 277.

Concombre & Cumin : *voir Cumin & Concombre, page 105.*
Concombre & Fraise : *voir Fraise & Concombre, page 330.*

Concombre & Fromage de chèvre : Rue Armand Carrel dans le XIXe arrondissement de Paris, se tient une brasserie modeste appelée Le Napoléon III. C'est le genre d'endroit qu'on trouve partout en France – ni rudimentaire, ni haute cuisine, mais le type d'établissement de catégorie moyenne qui laisse souvent à désirer en Angleterre. On m'y a servi une salade de concombre et de fromage de chèvre en entrée. Rien de plus qu'un arrangement de tranches translucides de concombre recouvertes de 4 tranches de fromage et d'une garniture de persil plat, mais le parfum floral et la nature alcaline du concombre faisaient ressortir le piquant de l'acide lactique du fromage à la perfection.

* **Concombre & Fruits de mer :** Les fruits de mer frais ont un léger goût salé qui contrebalance la minéralité vivifiante du concombre. Exagérez ce contraste avec ces sandwichs toastés, d'inspiration chinoise, aux crevettes et au sésame, servis chauds avec une garniture de concombre rapide à faire. Pelez 10 cm d'un concombre, coupez en deux dans le sens de la longueur, puis tranchez en fines demi-lunes. Mélangez avec 2 cuillerées à café de vinaigre de vin de riz et quelques pincées de sel et de sucre. Réservez au réfrigérateur le temps de confectionner les sandwichs. Faites revenir deux tranches de lard fumé, laissez-les refroidir, puis hachez-les finement au robot de cuisine. Ajoutez 200 g de crevettes cuites décortiquées, 1 cuillerée à café d'huile de sésame, 1 cuillerée à café de sauce de soja et enfin 1 cuillerée à soupe de graines de sésame. Mixez en deux ou trois impulsions, jusqu'à ce que le mélange ait l'allure de la chair blanche de crabe. Badigeonnez d'huile végétale une des faces de 8 tranches de pain blanc, croûte enlevée, et faites-en 2 sandwichs en plaçant votre mixture de crevette sur le côté *sans huile*. Saupoudrez de graines de sésame sur les côtés huilés et toastez dans un grille-pain adapté – ou au four – jusqu'à ce qu'ils soient bien dorés. Servez chaud, avec un peu de votre concombre froid à côté.

Concombre & Melon : *voir Melon & Concombre, page 351.*

Concombre & Menthe : Plus glacials qu'un couple de tueurs à gage. Ajoutez du yaourt, bien connu également pour ses propriétés rafraîchissantes, et vous vous retrouvez avec une sorte de climatisation gastronomique que l'on trouve d'est en ouest et du nord au sud de la « ceinture du tzatziki », qui s'étend de l'Inde à la Grèce. Ça s'appelle du *cacik* en Turquie, du *raïta* dans le sud de l'Asie, du *talatouri* à Chypre. Chaque cuisine nationale a imposé une variation subtile – le *cacik* comprend souvent du jus de citron vert, le *raïta* de l'oignon –, mais la base reste la même. On peut utiliser de la menthe fraîche ou séchée. Les Britanniques utilisent la menthe et le concombre pour donner aux boissons une fraîcheur estivale de jardin (anglais), dont la plus célèbre est composée de citronnade et de Pimm's (un alcool contenant du gin que l'on consomme dilué dans de la limonade avec des quartiers de fruits). La combinaison est si réussie que cela vaut la peine d'en ajouter à d'autres concoctions sucrées à base de fruits un jour de chaleur.

Concombre & Oignon : *voir Oignon & Concombre, page 138.*
Concombre & Pastèque : *voir Pastèque & Concombre, page 315.*

Concombre & Poisson blanc : Pour prendre la défense du Dr Johnson qui expliquait que le concombre devrait être « soigneusement coupé en tranches et assaisonné de vinaigre et de poivre avant de s'en débarrasser comme quelque chose sans intérêt », je dirais qu'il ne faisait qu'exprimer l'opinion médicale et courante de l'époque. Quoi qu'il en soit, il aurait dû essayer le concombre avec du poisson. Conservé dans du vinaigre ou utilisé dans des sauces, le concombre fait un contrepoint croquant et frais aux plats frits, épicés et gras comme les goujons, le pâté de saumon fumé, les croquettes de poisson ou le kebab au poisson. Les cornichons émincés, tout comme les câpres, donnent du mordant à la sauce tartare. Certains disent que la cuisson intensifie la saveur du concombre tout en conservant un peu de son croquant, et recommandent de le couper en lanières avant de le faire sauter avec du poisson blanc assez ferme.

Concombre & Poisson gras : *voir Poisson gras & Concombre, page 196.*

Concombre & Porc : Les rillettes françaises viennent à la rescousse des amoureux du pâté qui défendent la nourriture riche. De la chair d'oie, de canard et de porc que l'on fait cuire doucement dans de la graisse et que l'on hache avant de la laisser refroidir en conservant assez de gras pour donner du liant à la viande et obtenir ainsi une pâte tantôt brune, tantôt blanche qui vous tapisse la bouche. On étale habituellement les rillettes sur du pain grillé servi chaud avec un ramequin de minuscules cornichons au vinaigre, dont l'acidité réduit le gras et vous enlève de la tête cette sensation que vos artères sont en train de se boucher à la vitesse de la neige artificielle projetée sur les branches d'un sapin de Noël.

Concombre & Rhubarbe : *voir Rhubarbe & Concombre, page 321.*

Concombre & Rose : Ils partagent des propriétés propres aux plantes et à l'été. Cette affinité naturelle a été reprise et développée dans le gin Hendrick's, fabriqué manuellement en petites quantités par William

Grant & Sons dans le comté d'Ayrshire en Écosse. Curieusement pour un produit écossais, l'ajout de rose bulgare et de purée de concombre fut en partie inspiré par la notion anglaise désuète qu'on doit manger les sandwichs au concombre dans une roseraie. Aucun des deux n'est distillé, contrairement aux autres plantes : ils sont ajoutés pendant la dernière phase de brassage pour conserver leur saveur, tout comme vous le feriez avec des plantes aromatiques délicates dans un curry ou un ragoût. Le concombre est ce qui donne au gin Hendrick's sa fraîcheur si distinctive, la rose lui procurant son semblant de douceur.

Concombre & Tomate : *voir Tomate & Concombre, page 326.*

Aneth

En français, l'aneth tire son nom du latin *anethum*, lui-même issu du grec *anêthon*, le fenouil. Mais dans les langues nordiques et anglo-saxonnes, son étymologie remonte au terme nordique *dilla*, qui signifie « s'endormir », parce que ses graines auraient un effet relaxant sur les muscles. Elles sont néanmoins tout sauf reposantes pour le palais, car elles ont une saveur considérablement plus forte, plus dessinée que les feuilles fraîches. Les feuilles d'aneth (qui, dans ce chapitre, sont, sauf mention contraire, désignées par le terme aneth tout court) m'ont toujours frappée par la conformité qui existe entre leur forme barbelée et leur goût nerveux. Elles semblent tout d'abord douces, avant qu'une nette acidité ne prenne le dessus, ce qui est tout au profit des poissons gras, des viandes riches et des plats crémeux. Elles se frottent aussi très bien aux autres ingrédients acides comme le citron et le vinaigre. En d'autres mots, ce n'est pas tout à fait une saveur pour un dimanche après-midi qu'on passe affalé devant la télévision. L'aneth est complexe, exigeant et opiniâtre. Pensez à Véra dans le dessin animé *Scooby-Doo* (le basilic étant Daphné).

Aneth & Agneau : En Finlande, le *tilliliha* (viande à l'aneth) est un simple ragoût d'agneau ou de bœuf mijoté assez longtemps auquel on ajoute du vinaigre, du sucre, de la crème et de l'aneth en fin de cuisson. En Grèce, on mélange les abats d'agneau qu'on vient de tuer avec de l'aneth pour faire une soupe appelée *mageiritsa* qu'on mange à Pâques pour mettre fin au jeûne du carême. En Iran, on alterne des couches de riz mélangé à beaucoup d'aneth, de fèves sans peau et d'agneau cuisiné (du jarret ou des côtelettes), en ajoutant parfois du curcuma ou du safran ou les deux, dans un plat appelé *baghali polo*.

Aneth & Avocat : Herbacés l'un comme l'autre, mais de manière différente. La saveur de l'aneth ressemble à une pelouse soignée bleu-vert, entretenue avec une assiduité qui frise l'obsession. L'avocat serait plutôt une prairie verdoyante dont l'élasticité accélère les descentes dans les promenades sur la lande. Mélangez la chair onctueuse d'un avocat hass (un de ceux dont on dirait qu'ils ont été recouverts de copeaux de bois, puis peints au pistolet entre le violet et le vert) avec de l'aneth ciselé et un peu de vinaigrette. Étalez-en généreusement dans un sandwich au thon, à l'écrevisse ou au poulet.

Aneth & Betterave : *voir Betterave & Aneth, page 108.*

* **Aneth & Bœuf :** L'essence d'un Big Mac. Bizarre que le Big Mac soit si populaire, en particulier parmi les adolescents, qui ne sont pas connus pour leur amour des cornichons à l'aneth ou simplement de l'aneth. (Certes, à en juger par la chaussée dans mon quartier, beaucoup d'entre eux se débarrassent des cornichons, mais la mystérieuse sauce orange conserve une trace prégnante de la saveur de l'aneth.) Voici ce que mon mari appelle une tourte Big Mac. Essayez-la avec vos amis pour voir s'ils font le lien. Le choix du corned-beef (morceaux agglomérés de bœuf maigre, additionnés d'un mélange salant et mis en conserve) peut sembler étrange, mais j'ai essayé avec de la viande de bœuf fraîche hachée et ça ne fonctionne pas aussi bien. Foncez un moule à tarte de 21 cm de diamètre avec de la pâte brisée. Épépinez 2 tomates et coupez-les en tranches que vous répartirez dans le moule. Mixez une boîte de 400 g de corned-beef avec 4 cuillerées à soupe d'aneth frais, 1 cuillerée à soupe d'aneth séché et 1 cuillerée à soupe de moutarde. Répartissez ce mélange sur les tomates, recouvrez de pâte brisée, badigeonnez avec du lait ou de l'œuf battu, puis saupoudrez de graines de sésame. Enfournez pour 35 à 40 minutes à 190 °C (thermostat 6-7). Servez chaud ou froid.

Aneth & Champignon : *voir Champignon & Aneth, page 94.*
Aneth & Citron : *voir Citron & Aneth, page 381.*
Aneth & Concombre : *voir Concombre & Aneth, page 234.*

Aneth & Fruits de mer : En Suède, au mois d'août, on associe aneth et écrevisses au cours d'une grande fête en extérieur qu'on appelle une *kräftskiva*, un festin d'écrevisses. Les écrevisses sont cuites à l'eau (ou parfois dans de la bière) et aromatisées avec de l'aneth en couronne, qui n'est rien d'autre que de l'aneth ordinaire qu'on ne ramasse qu'une fois que la plante a fleuri, ce qui lui donne, suppose-t-on, une saveur plus forte. On suce les écrevisses directement dans leur coquille, accompagnées simplement de pain, de bière, d'aquavit ou encore de *västerbotten*, un fromage à pâte pressée cuite assez fort, criblé de petits trous.

Aneth & Menthe : La menthe verte et l'aneth contiennent un même composé naturel de saveur, la carvone. Dans les deux plantes, la molécule de carvone a la même forme, mais la molécule contenue dans la menthe est l'image inversée de celle contenue dans l'aneth ; elle est donc perçue différemment par nos récepteurs de saveurs dans le nez et dans la bouche. Nous en avons des centaines, chacun conçu pour recevoir différentes molécules selon leur structure, un peu comme une version très complexe de ces jeux pour jeunes enfants dans lesquels il faut associer des trous avec des formes. La menthe verte contient la molécule lévogyre, dont la forme est orientée vers la gauche (L-carvone), l'aneth la dextrogyre, orientée vers la droite (D-carvone). D'un point de vue aromatique, elles sont très distinctes et il n'est donc pas envisageable de substituer l'une à l'autre, à moins que vous ne soyez capable de préparer toute la recette de façon inversée.

Aneth & Noix de coco : Une association courante dans les currys de poisson ou de légumes indiens et surtout laotiens. Au Laos, l'aneth est plutôt considéré comme un légume et c'est la plante tout entière, la tige et tout le reste, qu'on jette dans la marmite avec le poisson et les autres légumes. Il arrive que des notes d'aneth et de noix de coco surgissent, de manière inattendue, dans certains vins rouges américains vieillis en fûts de chêne. La saveur de noix de coco provient des lactones du bois alors que l'aneth est une des notes herbacées naturellement présentes dans le bois de chêne. Cela peut valoir le coup d'essayer d'en détecter dans un rouge de chez Ridge à Lytton Springs, une valeur sûre, tout en sachant que si vous ne sentez rien d'autre que le vin, ça restera une excellente bouteille de zinfandel californien. Pour les autres saveurs de chêne dans le vin, voir Vanille & Clou de girofle, page 435.

Aneth & Œuf : *voir Œuf & Aneth, page 166.*

❋ **Aneth & Pois :** Autrefois utilisés pour créer du liant entre les pommes de terre en dés et les carottes dans une macédoine de légumes froide (ou salade russe), mais c'est aujourd'hui une recette aussi rare que de voir des chaussettes dans des sandales en plein été. On n'en trouve plus que dans les hôtels-restaurants et les bars à tapas passés de mode. Néanmoins, les qualités lumineuses de l'aneth sont une raison suffisante pour remettre la recette au goût du jour. Pelez 500 g de pommes de terre et coupez-les en cubes. Laissez cuire doucement jusqu'à ce qu'elles soient tendres. Faites la même chose avec 250 g de carottes. Faites cuire 100 g de petits pois. Laissez le tout refroidir et mélangez avec une mayonnaise à l'aneth. Vous pouvez ajouter des tiges d'aneth au vinaigre, égouttées et coupées en dés pour mettre un peu de croquant. Servez en assiette anglaise, avec de la charcuterie, des viandes froides, voire du fromage, et surtout avec de la laitue croquante.

Aneth & Poisson blanc : *voir Poisson blanc & Aneth, page 182.*
Aneth & Poisson fumé : *voir Poisson fumé & Aneth, page 206.*
Aneth & Poisson gras : *voir Poisson gras & Aneth, page 194.*

Aneth & Pomme de terre : En Pologne, une salade de pommes de terre sans aneth, c'est comme un dirigeant syndical sans moustache fournie. En Inde, on fait revenir des pommes de terre en cubes avec de l'ail, du curcuma et du piment, puis on les mélange avec des quantités abondantes d'aneth. Cette plante (appelée *sowa* or *shepu*) est très répandue naturellement en Inde, mais c'est une variété qui a une saveur plus légère que sa cousine européenne.

❋ **Aneth & Porc :** Chou, poireau et ciboulette sont souvent mélangés au porc dans les raviolis chinois, comme un contrepoint rafraîchissant à sa densité carnée. C'est aussi le cas avec l'aneth, même si c'est moins fréquent, hormis dans les plats originaires du nord-est de la Chine. Dans ces régions, l'aneth, comme la betterave et le persil, a été cultivé par la population indigène pour le très grand nombre d'immigrants russes venus travailler à la construction du chemin de fer de l'Est chinois. Vous pouvez confectionner des raviolis chinois en quelques minutes si vous arrivez à mettre la main sur des feuilles de pâte à *wonton* de blé ou de riz. On en trouve dans les supérettes asiatiques, au rayon frais, et elles se conservent très bien au congélateur. Pour 15 raviolis environ, mixez 250 g de viande de porc hachée, une gousse d'ail écrasée, 1 cuillerée à soupe d'aneth haché, 1 cuillerée à soupe de sauce de soja, 1 cuillerée à soupe de vin de Shaoxing (vin de riz fermenté), un trait d'huile de sésame et un peu de sel. Placez le contenu d'environ 1 cuillerée à soupe de votre farce au centre de chaque carré de pâte, mouillez les bords à l'eau, puis enveloppez la farce et pressez les bords pour les sceller. Cuisez dans l'eau bouillante, ou dans un bouillon bien goûteux, durant 5 à 8 minutes. Servez avec de la sauce de soja.

Persil

Les notes fraîches, vertes et boisées du persil sont décrites comme « génériques » par Harold McGee, ce qui, selon lui, explique pourquoi cette herbe est le complément de tant d'aliments. Il est à son apogée avec des ingrédients salés, particulièrement le jambon, et tous les types de poissons, auxquels il apporte une fraîcheur bienvenue et une légère amertume qui contrebalancent la douceur salée de leur chair. Sa saveur générique végétale lui permet aussi de se mélanger facilement avec d'autres herbes. La variété à feuilles plates a généralement une saveur plus forte – et des feuilles plus tendres – que le persil frisé.

Persil & Ail : De réputation, le persil est l'*Ave Maria* qui vous délivre du péché de l'haleine chargée d'ail. Gardez-en un peu quand vous le hachez avec de l'ail pour faire une persillade qui, mélangée avec de la chapelure, servira à assaisonner de l'agneau. Ou bien mélangez-les avec des pommes de terre sautées juste avant la fin de la cuisson pour conserver la minéralité brillante du persil et supprimer le côté relevé de l'ail. Si vous ajoutez le jus et le zeste d'un citron à un hachis d'ail et de persil, vous obtiendrez une *gremolata* que vous utiliserez comme un assaisonnement de dernière minute, classique dans l'osso buco. Ajoutez de l'huile d'olive à cette dernière préparation pour faire une simple sauce *chimichurri* qu'on sert avec les viandes rôties en Argentine (voir Bœuf & Persil, page 57, pour en savoir plus). Essayez de trouver la variété d'ail espagnol *rojo* qui est apprécié pour sa saveur, même cru.

Persil & Bœuf : *voir Bœuf & Persil, page 57.*

✻ **Persil & Câpre :** Une paire de justiciers en vert, luttant contre l'ennui des palais engourdis par les aliments frits. Confrontez-les, éventuellement sous la forme d'une *salsa verde*, à des aubergines frites en tranches et à des préparations panées, poissons ou escalopes. Ils seront grandioses également avec des saveurs grasses plus prononcées : hachez-les grossièrement et farcissez-en des sardines dont vous ferez cloquer la peau au barbecue.

Persil & Carotte : *voir Carotte & Persil, page 290.*
Persil & Champignon : *voir Champignon & Persil, page 99.*
Persil & Citron : *voir Citron & Persil, page 384.*
Persil & Feuilles de coriandre : *voir Feuilles de coriandre & Persil, page 248.*
Persil & Fruits de mer : *voir Fruits de mer & Persil, page 178.*
Persil & Huître : *voir Huître & Persil, page 190.*

Persil & Lard : Le *gammon*, ce jambon typiquement britannique coupé en tranches assez épaisses, est traditionnellement servi chaud avec une sauce au persil préparée à partir d'un roux (mélange de beurre et de farine qui sert de base à une sauce). Certaines recettes font appel à un fond de porc et à un peu de crème, mais le lait utilisé seul permet une expression plus pure de la saveur du persil et de son contrepoint subtil. En France, il existe une espèce de terrine de jambon en gelée avec beaucoup de persil, appelée jambon persillé. C'est celui que l'on trouve en Bourgogne qui a la meilleure réputation. La saveur fraîche et verte du persil crée un contraste net et léger avec le salé de la viande.

Persil & Menthe : J'adore le taboulé. Il existe un endroit super à Londres, dans Cleveland Street, qui s'appelle Istanbul Meze et le sert comme il faut – regorgeant de persil. Il faut environ cinq portions de persil pour une portion de menthe et bien moins de blé concassé qu'il y en a dans celui que vous trouvez en supermarché (on doit tomber dessus comme par surprise – tiens, du blé ! –, ce qui suppose qu'il ne soit pas l'ingrédient dominant). Quant au persil, hachez-en jusqu'à ce que vous ne supportiez plus d'en hacher. Puis hachez-en encore. Ayez la main aussi légère avec la tomate qu'avec le blé. Arrosez abondamment de jus de citron et d'un peu d'huile avec une touche d'ail écrasé. Si le résultat est aussi juteusement vert qu'une bouchée de prairie, vous avez tout fait dans le bon sens. Le truc qu'on vend en magasin, chargé en blé et trop léger en herbes, est fait à l'envers : ça devrait s'appeler de l'*éluobat*.

Persil & Noix : *voir Noix & Persil, page 300.*

Persil & Œuf : L'auteur gastronomique américaine Fannie Farmer recommande expressément de servir des œufs pochés avec du persil s'ils sont destinés à un ou une malade. Je vous le recommande aussi si vous en cuisinez pour un géologue. Le croquant sec et métallique du persil fait écho à la minéralité que contient son nom scientifique, *petroselinum*, ou « céleri de rocher ». Je trouve que le blanc d'œuf cuit a la même minéralité que le Perrier en canette et je vous recommande de faire attention lorsque vous y ajoutez du persil – surtout une omelette de blancs d'œufs –, à moins que ce ne soit votre truc de lécher des cailloux.

Persil & Poisson blanc : Il y eut un temps où l'on s'attendait à voir un morceau de persil un peu flétri sur n'importe quel plat salé. C'était comme une sorte de spam gastronomique : un truc que nous étions habitués à jeter. Mais comme partenaire du poisson blanc, le persil est indispensable. La salinité du poisson est compensée par la fraîcheur herbacée et feuillue de la plante. Pour faire une sauce au persil à servir avec du poisson blanc ferme comme du cabillaud ou du haddock, ajoutez une bonne quantité de persil haché à une béchamel et assaisonnez avec un zeste et un peu de jus de citron. Ou, pour faire plus rapide et plus léger, passez vos filets de poisson dans la farine et assaisonnez-les avant de les faire frire dans de l'huile d'olive. Ajoutez un peu de vin blanc et un bouillon de poisson (ou de l'eau). Faites réduire légèrement, et une fois que le poisson est cuit de part en part, parsemez de persil haché. Voir aussi Citron & Persil, page 384.

Persil & Poisson fumé : *voir Poisson fumé & Persil, page 208.*

✻ **Persil & Poisson gras :** Pour faire une sauce froide au persil à servir avec des maquereaux ou des harengs grillés, incorporez 75 g de persil finement haché dans 300 ml de crème fraîche fouettée avec 1 cuillerée à café de Tabasco.

Persil & Pomme de terre : Ne laissons pas tomber dans l'oubli les vieilles patates. N'aimez-vous pas les pommes de terre un peu farineuses de la grosseur d'un poing, pelées, coupées en quartiers, mijotées dans du beurre jusqu'à devenir tendres et d'un jaune pâle. À Lisbonne, on les trouve partout, dans les ragoûts, dans les soupes non passées, à côté des côtelettes de porc à l'ail et des robustes saucisses. Toute tentative de dissimuler leurs rustiques origines rurales autrement que par un désinvolte jeté de persil haché est vouée à l'échec. Demandez-les au Patio 13, un de ces petits restaurants familiaux qui se matérialisent sous vos yeux aussi simplement qu'un chat ou une corde chargée de linge humide lorsque vous explorez les ruelles labyrinthiques de l'Alfama, le plus vieux quartier de la ville. L'Alfama est traditionnellement renommé pour le fado, un genre de musique folklorique caractérisé par la saudade, un de ces intraduisibles concepts ibériques correspondant approximativement à nos notions de nostalgie et de perte. Asseyez-vous à une terrasse desséchée pour boire du *vinho verde* aigrelet et piquant et regardez l'aubergiste retourner les sardines sur un gril de la taille d'un orgue d'église. Un plateau d'acier inoxydable recouvert de pommes de terre bouillies parsemées de persil offre un fond parfait pour ce poisson grillé à la saveur carnée. Vous ne pouvez pas m'empêcher de ressentir quelque chose comme de la saudade à l'idée de la simple pomme de terre bouillie, ici primordiale mais méconnue ailleurs, éclipsée par la purée ou les frites omniprésentes.

Feuilles de coriandre

Comme son sosie, le persil à feuilles plates, la coriandre en feuille (appelée parfois persil arabe ou persil chinois) est caractérisée par des notes fraîches, vertes et boisées. Mais tandis que la saveur du persil évoque la pluie froide, la feuille de coriandre est chargée de relents de mousson, avec des notes chaudes, terreuses et fruitées d'écorces d'agrumes. Elle possède un goût doux-amer et elle est souvent utilisée comme garniture, d'une part parce que sa saveur n'est pas stable à la chaleur et qu'elle doit être ajoutée en fin de cuisson, d'autre part parce qu'elle possède d'utiles qualités modératrices. Les feuilles de coriandre tempèrent la salinité excessive, éteignent les saveurs trop marines, réduisent les graisses et rafraîchissent les plats épicés.

* **Feuilles de coriandre & Agneau :** Le plat libanais *yaknit zahra* se traduit par « ragoût de chou-fleur », bien que l'agneau et la grande quantité de feuilles de coriandre utilisés dominent sa saveur. La galette indienne *keema naan* est souvent farcie d'agneau et de feuilles de coriandre, mais les drogués de la coriandre peuvent préférer cette version du *saag gosht*, un plat d'agneau et d'épinards. La coriandre a tendance à perdre de sa saveur à la cuisson, mais l'énorme quantité – tiges incluses – utilisée dans cette

recette assure la survie de sa fraîcheur verdoyante qui se mêle aux épinards, au jus d'agneau et au yaourt pour composer un curry succulent sans être le moins du monde trop riche ou écœurant. Dans un plat allant au four, faites fondre un oignon haché dans un peu de beurre et d'huile. Ajoutez une gousse d'ail écrasée, 1 cuillerée à café de sel, 2,5 cm de gingembre frais haché finement, 1 cuillerée à soupe de coriandre moulue, ½ cuillerée à café de curcuma et quelques piments frais hachés, selon votre goût. Remuez et laissez cuire quelques minutes, puis ajoutez 1 kg d'agneau coupé en dés. Faites dorer la viande et ajoutez 250 g d'épinards en branche congelés (décongelés) et un gros bouquet de coriandre dont vous aurez haché les feuilles grossièrement et les tiges finement. Versez graduellement 300 g de yaourt. Couvrez et enfournez à 160 °C (thermostat 5) pendant 2 heures. Avant de servir, incorporez quelques feuilles de coriandre que vous aurez mises de côté, pour restaurer une partie des notes de tête perdues durant la cuisson. Servez avec du riz.

✻ **Feuilles de coriandre & Ail :** En Espagne, le *sofrito* est un mélange d'oignon, d'ail, de tomate et parfois de poivron, revenus lentement dans l'huile. Dans d'autres cuisines hispaniques, le terme peut désigner un mélange similaire qui est ajouté cru à des plats. À Porto Rico, on y inclut de la coriandre – qu'en Amérique latine on nomme par son nom espagnol, *cilantro* – et du *culantro*, la feuille d'une plante apparentée à l'*Eryngium foetidum*, appelée en français coriandre longue, coriandre chinoise ou panicaut fétide. Il ne faut pas confondre les deux, ce qui est simple, car le *culantro* a de longues feuilles en dents de scie et ressemble plus à une salade qu'à une herbe aromatique. Vous pouvez en trouver dans les épiceries caribéennes ou asiatiques. Les Portoricains préparent à l'avance du *sofrito* en quantité énorme et l'utilisent dans les soupes, les ragoûts, les plats de riz, et tout ce qui peut profiter de sa vivacité parfumée. Hachez grossièrement 2 gros oignons espagnols, 1 poivron vert, les gousses épluchées d'une demi-tête d'ail et une poignée de coriandre (ou moitié coriandre et moitié *culantro*). Hachez quelques piments frais, la quantité que vous pouvez tolérer – traditionnellement, on choisit le modéré *aji dulce*, qui renvoie à un caractère fruité et enfumé, plutôt qu'à une chaleur intensément épicée. Versez quelques cuillerées à soupe d'huile d'olive et une tomate, pelée et hachée. Mixez à l'aide d'un robot jusqu'à obtenir une consistance uniforme. Gardez la mixture un peu liquide en ajoutant si nécessaire 1 ou 2 cuillerées d'eau. Le mélange peut être conservé quelques jours au réfrigérateur, ou congelé dans des bacs à glaçons pour une utilisation ultérieure.

Feuilles de coriandre & Ananas : *voir Ananas & Feuilles de coriandre, page 334.*

Feuilles de coriandre & Avocat : Une association appréciée dans les sauces et dans le guacamole. Les deux possèdent des saveurs herbacées communes assez harmonieuses. En revanche, la fraîcheur des feuilles de coriandre réduit le gras de l'avocat, surtout si on suit l'astuce qu'utilisait Ferran Adrià à l'El Bulli pour cette association où l'avocat est frit dans une pâte à beignets pour tempura. L'avocat cuit ne plaît pas à tout le monde – les tanins présents dans sa chair peuvent devenir extrêmement amers une fois cuits –, mais je n'ai jamais senti quoi que ce soit de désagréable avec l'avocat gratiné, recette qui fut assez populaire, ou bien, d'après ce que j'en ai goûté, avec de la pâte à tempura. Manque de bol, l'avocat préparé ainsi est deux fois plus gras ! Même avec le truchement de la coriandre, saurez-vous y faire face ? C'est une autre question.

❋ **Feuilles de coriandre & Cacahuète :** Remplacez le basilic et les pignons de pin par de la coriandre et des cacahuètes et vous obtiendrez une délicieuse version de pesto vietnamien. Émincez grossièrement une poignée de feuilles de coriandre et une demi-poignée de cacahuètes grillées. Gardez-en un peu de côté pour la garniture. Mélangez avec des nouilles aux œufs cuites (et encore chaudes), 1 cuillerée à café d'huile d'arachide et un trait de nuoc-mâm, éventuellement une tombée de flocons de piment et un peu de jus de citron vert. Garnissez et servez immédiatement.

Feuilles de coriandre & Citron : *voir Citron & Feuilles de coriandre, page 383.*

Feuilles de coriandre & Citron vert : La première fois que j'ai commandé une soupe de pâtes vietnamienne au bœuf et à la coriandre, elle arriva avec un morceau de citron vert. Je le mis de côté et le laissai me faire des sourires pendant qu'il répandait le bouillon de bœuf acidulé dont il était recouvert sur une serviette en papier. Je pensais que le citron vert était sucré. N'oubliez pas que j'ai été élevée au sirop de citron vert Rose's (marque de sirop de fruit anglais) et à la marmelade ressemblant à du plasma d'alien qui va avec : sucré, et j'en passe. Pourtant, plus je mangeais de plats vietnamiens et thaïlandais, plus le citron vert faisait son apparition dans les plats salés, la plupart du temps accompagné de coriandre. Il n'a pas fallu longtemps avant que je ne commande ces plats uniquement parce qu'ils comportaient du citron vert et de la coriandre, un peu comme on achète une chanson uniquement parce qu'on aime les chœurs, ce qui n'est pas un mauvais travers pour autant. La coriandre et le citron vert sont les *wooh wooh* dans *Sympathy for the Devil* des Rolling Stones : complètement et absolument indispensables.

Feuilles de coriandre & Cumin : C'est en faisant griller le cumin que l'on révèle la note amère enfouie dans son goût de terre chaude. Les feuilles de coriandre partagent ces qualités bien que, là où l'amertume terreuse du cumin est un peu sombre, la coriandre fraîche donne du peps. Associés au piment, ils se retrouvent l'un et l'autre dans les currys, les *dhal* et les chutneys indiens, et parfois dans les ragoûts mexicains de viande et de haricots. Vous pouvez ajouter du cumin grillé moulu et de la coriandre hachée à un guacamole, surtout si les avocats sont un peu fades. Essayez aussi d'ajouter du cumin grillé à des œufs brouillés avec de la coriandre hachée. C'est tellement simple que vous aurez le temps de faire vous-même les galettes qui vous serviront de cuillère – voir Feuilles de coriandre & Noix de coco, page 247.

Feuilles de coriandre & Fromage de chèvre : *voir Fromage de chèvre & Feuilles de coriandre, page 70.*
Feuilles de coriandre & Fruits de mer : *voir Fruits de mer & Feuilles de coriandre, page 177.*
Feuilles de coriandre & Graines de coriandre : *voir Graines de coriandre & Feuilles de coriandre, page 432.*
Feuilles de coriandre & Mangue : *voir Mangue & Feuilles de coriandre, page 363.*
Feuilles de coriandre & Menthe : *voir Menthe & Feuilles de coriandre, page 414.*

* **Feuilles de coriandre & Noix de coco :** On peut avoir de l'affection pour les feuilles de coriandre naviguant sur une mer de lait de coco, mais il ne faut pas se limiter à cette façon de les utiliser ensemble. Dans cette galette, la douce et juteuse noix de coco est une partenaire naturelle pour la coriandre fraîche et piquante. Mettez 225 g de farine dans le bol d'un robot de cuisine avec ½ cuillerée à café de levure chimique, ½ cuillerée à café de sel, 1 cuillerée à café de sucre et 25 g de beurre ramolli et mixez jusqu'à ce que le mélange ressemble à de la chapelure en grumeaux. Tout en laissant tourner le robot, versez lentement par la cheminée 125 ml de lait ou d'eau, tiède ; votre mélange va se transformer en pâte. Retirez-la du bol, pétrissez-la durant 5 minutes, puis couvrez-la d'un linge humide et laissez reposer pendant 20 minutes. Divisez la pâte en quatre et roulez chaque morceau en un rectangle d'environ 20 x 15 cm. Divisez mentalement chacun d'eux en deux parties égales dans le sens de la longueur, recouvrez celle de droite avec de la noix de coco râpée et quelques feuilles de coriandre et repliez au-dessus le côté gauche; enfin, abaissez aussi fin que vous le pourrez. Réglez le gril de votre four sur fort et couvrez la lèchefrite de papier sulfurisé. Faites griller vos galettes juste en dessous de la source de chaleur, 90 secondes d'un côté, puis 60 de l'autre, juste le temps qu'elles se marbrent de doré. Badigeonnez de beurre et servez.

Feuilles de coriandre & Orange : Lorsque les gens disent que la feuille de coriandre ajoute un zeste à la nourriture, ils sont plus proches de la vérité littérale qu'ils ne l'imaginent. Harold McGee écrit que la principale composante de l'arôme de la coriandre est un aldéhyde gras appelé décénal, qui est également responsable de la note cireuse du zeste d'orange. Le décénal est très instable et la feuille de coriandre perd rapidement son arôme caractéristique lorsqu'elle est chauffée, elle est donc surtout utilisée crue, comme garniture. Je vous conseille une salade d'oranges en tranches, d'oignons doux et de radis, parsemée de feuilles de coriandre ciselées. Certaines pâtes d'épices thaïlandaises comprennent de la racine de coriandre, qui ne contient pas de décénal et apporte à la place des notes vertes et boisées assez semblables au persil. La feuille de coriandre est souvent utilisée pour redynamiser orange, mandarine et autres notes d'agrumes dans les arômes industriels. La saveur d'orange de la coriandre est nettement plus marquée dans ses fruits – voir Orange & Graines de coriandre, page 371.

Feuilles de coriandre & Pastèque : *voir Pastèque & Feuilles de coriandre, page 315.*

Feuilles de coriandre & Persil : Pauvre persil ! La coriandre était autrefois une herbe aromatique de choix en Amérique du Sud, en Asie et dans les Caraïbes alors que l'Europe et l'Amérique du Nord restaient sous le contrôle du persil. Lentement mais sûrement, la coriandre est en train de faire au persil ce que l'écureuil gris a fait à l'écureuil roux en Angleterre, au pays de Galles et en Italie. C'est l'herbe la plus consommée dans le monde. Si le persil ne peut pas se mesurer à la coriandre, il peut en revanche s'y associer. Il partage avec elle un côté herbacé bien vert et peut donc être utilisé pour la diluer dans un plat sans lésiner pour autant sur les quantités. Et quoi qu'il en soit, ne vous apitoyez pas trop sur le persil. Il lui restera toujours le jambon.

Feuilles de coriandre & Piment : *voir Piment & Feuilles de coriandre, page 263.*

Feuilles de coriandre & Poisson blanc : Les qualités citriques des feuilles de coriandre en font de bonnes partenaires pour le poisson. Comme le citron, elles en complètent la saveur délicate tout en contrebalançant les notes trop marines. Dans la cuisine de l'Asie du Sud, compte tenu de l'utilisation intensive de la sauce de poisson, de la pâte de crevettes et du poisson séché, les feuilles de coriandre sont un élément essentiel pour l'équilibre des recettes. Voir aussi Citron & Feuilles de coriandre, page 383.

❋ **Feuilles de coriandre & Pomme de terre :** Les amateurs comme les ennemis de la coriandre citent souvent son goût terreux qui, je pense, en fait une partenaire gagnante pour la pomme de terre, car il vient maintenir ce que le tubercule peut perdre en saveur lorsqu'il est bouilli ou réduit en purée. Le *caldo de papa* est une soupe de pommes de terre consommée dans de nombreux pays d'Amérique latine, et surtout en Colombie. Confectionné avec de généreuses quantités de coriandre et avec soit du bœuf, soit du bouillon de bœuf, il est reconnu comme un remède à la gueule de bois. Je n'ai pas d'avis à ce sujet, même si je pourrais facilement m'en forger un. Un bouillon de bœuf ou de veau fait maison serait certainement céleste, mais on peut se débrouiller avec du concentré ou du cube. Faites revenir un gros oignon espagnol haché dans de l'huile, puis ajoutez 500 g de pommes de terre farineuses coupées en petits dés. Couvrez avec 500 ml de bouillon et laissez mijoter jusqu'au moment où les pommes de terre commencent à se déliter. Incorporez alors 2 généreuses poignées de feuilles de coriandre hachées et quelques lanières de piment vert frais.

Feuilles de coriandre & Porc : *voir Porc & Feuilles de coriandre, page 43.*
Feuilles de coriandre & Poulet : *voir Poulet & Feuilles de coriandre, page 35.*

Feuilles de coriandre & Tomate : Ce sont les meilleures partenaires pour la *salsa* (sauce). Si populaires que les ventes de *salsa* préparée ont dépassé celles du ketchup en Amérique du Nord, et c'est compter sans les énormes quantités préparées à la maison. Le basilic devrait surveiller ses arrières. Quelque part dans le quartier des entrepôts à Minneapolis, au milieu des rafales de vent glacé venant du Mississippi, se dresse le Monte-Carlo, un club où l'on peut souper datant de 1906, quand le commerce du bois était à son apogée. L'endroit n'est pas rétro, c'est juste vous qui n'êtes pas à la page. Il a un plafond en étain et un bar en cuivre, et on y sert le genre de martinis à vous faire comprendre le point de vue des ligues anti-alcool. Une fois vos yeux revenus en face des trous, vous allez vous retrouver avec l'appétit d'un magnat du bois, facilement satisfait par une de ces galettes en forme de pizzas qui sont la marque de fabrique du Monte-Carlo : garnies de tomates, de pesto de coriandre et d'*havarti* (fromage onctueux et doux, semi-ferme, parsemé de petits trous irréguliers, fondant rapidement). Chaque fois que j'en ai mangé, j'ai pensé qu'on devrait mettre plus souvent de la coriandre sur la pizza.

Avocat

Comment ne pas être accro à l'avocat ? Il a le goût de l'herbe et la texture du beurre. Délicat, il s'accorde très bien avec les autres ingrédients subtilement parfumés, comme la mozzarella et les crustacés, ces derniers appréciant particulièrement la note lumineuse d'anis de sa chair. Souvent enfouie sous des saveurs marquées comme le citron vert et l'ail, celle de l'avocat se révèle dans un second temps grâce à sa belle texture onctueuse et aux rafraîchissantes qualités grasses qu'il apporte aux sandwichs, aux salades et aux sauces. L'huile d'avocat est encore plus délicatement parfumée que la chair,

mais il lui manque la note herbacée, que vous pouvez retrouver en ajoutant un peu d'huile d'olive.

Avocat & Ananas : *voir Ananas & Avocat, page 333.*
Avocat & Aneth : *voir Aneth & Avocat, page 239.*

Avocat & Café : Un mélange improbable pour les goûts occidentaux, mais l'avocat est bien un fruit et il est traité comme tel au Vietnam, en Indonésie et aux Philippines. Il est réduit en purée, mixé avec du lait et du sucre ou du lait concentré et parfois aromatisé avec du sirop de café ou de chocolat. Au Mexique, les avocats sont saupoudrés de sucre ou arrosés de rhum pour faire un dessert simple.

Avocat & Chocolat : Les adeptes du mouvement de la nourriture crue font une mousse au chocolat soyeuse avec ces deux ingrédients, parfois complétés par dè la banane ou des dattes, en utilisant de la poudre de cacao pour fournir la saveur chocolatée, l'avocat apportant pour sa part la texture. Le but des crudivores est de manger, autant que possible, les aliments vivants. Si cela semble extrême, ce n'est rien pas rapport à l'instinctonutrition, où l'on ne consomme qu'un seul aliment par repas, sélectionné selon son odeur agréable. Cela peut être un fruit, un légume, de l'œuf, du poisson, du blaireau ou des lombrics, tant que c'est cru, non préparé, non raffiné, non transformé, ni même assaisonné. La méthode est simple : le sujet renifle une gamme d'aliments jusqu'à ce qu'il repère celui qui instinctivement lui convient à ce moment précis (les partisans sont assez faciles à repérer au buffet à salades d'un Pizza Hut), puis il se régale jusqu'à qu'il ne puisse plus rien avaler (à ce moment-là, ils sont moins faciles à distinguer des autres clients au même buffet à salades). Un repas typiquement « instincto » pourrait donc se composer de 52 jaunes d'œufs en une seule fois ou de 210 fruits de la Passion en un jour. Avec le temps, les disciples de l'instinctonutrition atteignent un état de réceptivité instinctive qui leur permet de repérer, lorsqu'ils sont au volant, un lapin fraîchement percuté par une automobile et d'aller le soustraire impulsivement à son repos éternel sur le bord herbeux de la chaussée.

Avocat & Citron vert : Lee Hazlewood (auteur-compositeur-interprète de country) et Nancy Sinatra chantant en duo *Some Velvet Morning* (tube psychédélique de 1967). Lee avec sa voix de baryton est la note veloutée d'avocat, Nancy avec son timbre aigu secoue toute cette douceur juste au moment où elle devient trop confortable. Beaux à la fois ensemble et séparément. Cette image s'impose peut-être à moi pour avoir écouté sans relâche cette chanson en conduisant sur les nationales californiennes durant mon voyage de noces. Alors que d'autres trinquent à leur avenir commun avec des flûtes de champagne accompagnant du poisson légèrement grillé servi sur un ponton dans le clapotis de l'océan Indien, nous nous sommes arrêtés dans une *taqueria* éclairé au néon pour manger des *burritos* de la taille du bras d'un lanceur de poids. De tendres lanières de viande de bœuf grillée roulées dans une tortilla farineuse légèrement croustillante entourée de riz, de haricots rouges, de crème fraîche et d'un alléchant guacamole au citron vert, sans oublier une sauce ardente à serrer convulsivement les poings autour de la première chose à portée de la main, le temps que vos larmes cessent de couler. Au sujet du guacamole, certains disent qu'il faut y laisser le noyau des avocats pour empêcher la décoloration. Mon opinion est que si le guacamole a le temps de changer de couleur, c'est qu'il ne vous donnait pas satisfaction.

* **Avocat & Concombre :** Je fais une soupe froide avec ces deux-là. Mixez la chair d'un avocat avec un concombre pelé épépiné et un trait de jus de citron, puis assaisonnez selon votre goût. L'avocat domine, mais les fraîches notes vertes du concombre ne sont pas loin derrière. Épais, soyeux, mais rafraîchissant. Comme un guacamole, mais allégé.

Avocat & Feuilles de coriandre : *voir Feuilles de coriandre & Avocat, page 245.*
Avocat & Fraise : *voir Fraise & Avocat, page 329.*

Avocat & Fromage à pâte molle : Parmi les fromages, la mozzarella est l'appariement classique pour l'avocat. Si le fromage est de bonne qualité – plutôt, donc, une production artisanale –, ces deux-là partagent une douce aigreur lactée qui se combine avec la molle élasticité de la mozzarella et la profondeur veloutée de l'avocat pour créer un plat très agréable en été. Ajoutez des tranches de tomates pour obtenir le drapeau italien.

Avocat & Fromage bleu : *voir Fromage bleu & Avocat, page 76.*

* **Avocat & Fruits de mer :** Si Dieu n'avait pas voulu que nous remplissions avec des fruits de mer en sauce Marie-Rose le creux du noyau dans les avocats, il ne l'aurait pas fait aussi gros. Simon Hopkinson et Lindsey Bareham suggèrent de mélanger de la mayonnaise maison avec du ketchup et de la sauce piquante. Pour environ 200 g de crevettes décortiquées, mélangez 4 à 5 cuillerées à soupe de mayonnaise avec quelques gouttes de Tabasco, 1 cuillerée à soupe de ketchup, un filet de jus de citron et 1 cuillerée à café de cognac.

Avocat & Lard : Aussi riches que Jonathan et Jennifer Hart et tout aussi magnifiques (couple de milliardaires détectives amateurs de la série télévisée *Pour l'amour du risque*, 1979-1984). Quand ils se rencontrent, ce n'est pas tout à fait un meurtre, mais vérifiez quand même si le numéro de votre cardiologue est bien dans les favoris de votre téléphone cellulaire. La saveur verte de l'avocat – bien qu'il soit tout aussi gras – constitue un contrepoint frais à la lourde saveur carnée et salée du lard. Obtenez le maximum de ces deux-là dans une salade de jeunes pousses d'épinards ou dans un sandwich roboratif au pain complet avec de la mayonnaise.

❋ **Avocat & Mangue :** Délicieux ensemble, mais il faut être précis dans la gestion du temps. Les avocats ne mûrissent pas sur l'arbre – ses feuilles produisent une hormone qui inhibe la production d'éthylène, le composé « mûrisseur » des fruits. C'est pour cette raison qu'il faut les acheter verts et pincer leur nez chaque jour jusqu'à ce qu'il cède sous la pression. Bien que les mangues puissent, elles, mûrir sur l'arbre, la plupart de celles disponibles dans le commerce sont à peu près dures comme le noyau qu'elles renferment. Il faut donc les laisser à température ambiante le temps qu'elles ramollissent et libèrent leur complexe parfum épicé. Si vous n'avez pas réussi à synchroniser votre avocat et votre mangue, placez celui qui est mûr au réfrigérateur, où le froid va arrêter le processus de maturation. Récompensez votre patience en achetant un peu de crabe frais. Mélangez de la chair de crabe avec de la mayonnaise et tassez au fond d'un ramequin, mettez une couche de mangue coupée en morceaux, puis une d'avocat, en purée ou haché, mélangé avec du jus de citron vert. Démoulez comme un pâté de sable sur une assiette avec quelques feuilles de cresson tendre et servez avec des beignets de crabe fraîchement frits.

❋ **Avocat & Menthe :** Pour une sauce de salade, mixez un avocat, 4 cuillerées à soupe de yaourt, 1 cuillerée à soupe d'huile d'olive, une poignée de feuilles de menthe et une pincée de sel.

Avocat & Noisette : Selon la spécialiste de la cuisine mexicaine Diana Kennedy, les avocats peuvent contenir des notes de noisette et d'anis. Le fuerte, un hybride guatemalo-mexicain dont le nom signifie « fort », est particulièrement prisé pour son goût de noisette. Les feuilles d'avocatier sont séchées et utilisées pour l'assaisonnement des ragoûts, soupes et plats de haricots au Mexique. Elles possèdent aussi une saveur anisée, et l'auteur culinaire Rick Bayless recommande, comme substitut, une combinaison de graines d'anis et de feuilles de laurier.

Avocat & Noix de muscade : *voir Noix de muscade & Avocat, page 280.*

❋ **Avocat & Piment :** L'avocat gwen est une variété qu'on a dérivée du cultivar hass en 1982 et il est intéressant de l'utiliser pour son léger côté fumé dont la magasine *Saveur* dit qu'il fait penser au piment *chipotle* (piment séché généralement de la variété *jalapeño*). Si vous ne trouvez pas de gwen, vous pouvez toujours faire une soupe à l'avocat et au piment *chipotle* avec la variété d'avocat mûr qui vous tombe sous la main. Pour 2 personnes, mélangez la chair de 2 avocats avec le jus d'un citron vert, 100 ml de yaourt ou de crème aigre, 150 ml d'eau, 1 cuillerée à café de pâte de piment *chipotle* et du sel. Vérifiez le goût et la texture (ajoutez un peu d'eau pour détendre si nécessaire) et conservez au frais pendant un moment avant de saupoudrer d'une petite pincée de poivre de Cayenne.

Avocat & Poisson gras : *voir Poisson gras & Avocat, page 195.*
Avocat & Pomélo : *voir Pomélo & Avocat, page 374.*
Avocat & Poulet : *voir Poulet & Avocat, page 34.*
Avocat & Raisin : *voir Raisin & Avocat, page 318.*

Avocat & Tomate : Rupture de sotck dans la mozzarella ? Contentez-vous du drapeau biélorusse. Ou associez-les dans un sandwich avec de la mayonnaise au *jalapeño* (variété mexicaine de piment). Voir aussi Noix & Piment, page 300, et Avocat & Fromage à pâte molle, page 251.

Pois

Une petite boule de douceur et de saveur, car sous le simple sucre herbacé du pois de jardin, ou petit pois, se trouve une riche source d'umami. Les petits pois s'accordent harmonieusement avec les ingrédients salés – fruits de mer, lard et parmesan – et les saveurs herbacées de la menthe et de l'estragon. Le pois vert cultivé en plein champ, le plus souvent consommé sec sous forme de pois cassé, est le cousin du pois de jardin. Son goût est moins frais, en partie à cause de la texture farineuse de sa chair qui gonfle et fait éclater sa peau lorsqu'il cuit. Les pois secs à grains verts ridés (populaires sous le nom de *marrowfat* au Royaume-Uni) sont également une variété de pois des champs. Pois verts et poivrons verts partagent des composés herbacés dominants.

Pois & Agneau : *voir Agneau & Pois, page 64.*
Pois & Aneth : *voir Aneth & Pois, page 240.*

❋ **Pois & Anis :** La saveur d'anis sucrée de l'estragon a un côté légèrement amer qui convient très bien aux petits pois, déjà assez sucrés par eux-mêmes. Essayez ces beignets de petits pois légers avec une sauce à l'estragon acidulé et à la crème. Faites décongeler 500 g de petits pois et épongez l'excédent d'eau. Passez-les grossièrement au robot avec un œuf, 1 cuillerée à soupe d'huile d'olive, 4 cuillerées à soupe de farine, du sel et du poivre. En utilisant une cuillère à dessert, moulez 12 à 15 quenelles avec le mélange. Faites-les frire dans un fond d'huile végétale pendant quelques minutes en les tournant deux fois pour qu'elles cuisent sur les trois côtés. Servez-les par trois sur une assiette avec une cuillérée de sauce composée de feuilles fraîches d'estragon émincées et de crème fraîche assaisonnée. Voir aussi Pois & Poulet, page 257, et Pois & Fromage à pâte pressée cuite, page 255.

✻ **Pois & Artichaut :** Dans son livre de cuisine de 1891, Pellegrino Artusi admet que sa recette de tourte à l'artichaut et aux petits pois est étrange, mais assure qu'elle charmera néanmoins beaucoup de monde. Ce fut mon cas. Blanchissez 12 fonds d'artichaut et 150 g de petits pois écossés, égouttez et coupez les fonds d'artichaut en huit. Faites cuire lentement les deux légumes, assaisonnés, dans 50 g de beurre. Dans une autre casserole, faites une sauce avec 1 cuillerée à soupe de beurre, 1 cuillerée à soupe de farine et 125 ml de bouillon de viande, puis versez-la sur les légumes. Dans un plat allant au four, disposez ce mélange en couches en saupoudrant entre chacune du fromage râpé – parmesan ou *pecorino* –, puis couvrez avec une abaisse de pâte brisée. Badigeonnez avec le jaune d'un œuf battu et cuisez au four à 220 °C (thermostat 7) pendant 10 minutes, puis à 180 °C (thermostat 6) durant 20 minutes ou jusqu'à ce que la croûte brunisse. Si vous avez envie d'un plat plus léger qu'une tourte, une autre recette italienne classique consiste à faire mijoter des fèves avec des cœurs d'artichaut hachés, des oignons émincés et de la pancetta durant 15 minutes avant d'ajouter des petits pois et de poursuivre la cuisson de 10 à 15 minutes, en maintenant le mélange humide avec quelques cuillerées à soupe de vin blanc et/ou de l'eau autant que nécessaire.

Pois & Asperge : L'asperge crue a le même goût que les petits pois qu'on vient d'écosser alors qu'une fois cuite elle prend une saveur de fruit à coque plus salée. Par contraste, les petits pois cuits conservent leur côté sucré sans perdre leur propre caractère salé assez affirmé. La combinaison de l'asperge et du petit pois peut paraître un peu légère, mais elle est remarquablement riche en saveurs et convient très bien aux risottos ou aux plats à base d'œufs. Certains prétendent que le tropical pois carré, ou haricot ailé, que les Britanniques appellent *asparagus pea* (le pois asperge), possède les délicieuses subtilités de l'asperge. Malheureusement, ce n'est pas le cas.

Pois & Bœuf : Voici un extrait de *The Horticulturist and Journal of Rural Art and Rural Taste* (1851, Andrew Jackson Downing) : « Tout le monde sait faire cuire les petits pois, ou du moins pense savoir le faire, donc tout le monde les fait bouillir. C'est excellent, mais ce n'est en aucun cas la seule manière de déguster ce légume dans toute sa perfection. Un vieux jardinier comme moi n'est pas censé en savoir beaucoup en matière de cuisine, mais si on y réfléchit bien, il n'y a de lieu plus voisin de la cuisine que le potager, et c'est un bien triste jardinier que celui qui n'a pas une petite idée ce que le cuisinier confectionne avec le panier apporté du jardin chaque matin. Je vais donc vous confier qu'un des meilleurs petits plats qui puissent être envoyés sur une table est composé de petits morceaux d'agneau ou de veau, ou bien d'une paire d'ailes de poulet, cuits lentement à petit feu dans une cocotte ou un pot fermé en grès durant deux à trois heures avec des petits pois, et bien entendu du beurre, du poivre et du sel. Le jus de la viande pénètre dans les petits pois, qui diffusent leur saveur dans tout le plat, de sorte que je doute qu'il y ait eu en Égypte des plats de viande plus savoureux que ce ragoût. » (Référence biblique : Exode, 16,3 ; il s'agit du moment où le peuple d'Israël, perdu et affamé dans le désert, regrette sa fuite d'Égypte et le temps où il avait du pain et des plats de viande à satiété.)

Pois & Carotte : Cette combinaison est tellement familière, presque ennuyeuse, qu'il est facile d'oublier comment la saveur simple et herbeuse du pois vient taquiner les qualités relativement complexes, herbacées et résineuses de la carotte. Pour une garniture classique, ajoutez des carottes à la recette donnée dans Pois & Oignon (voir page 255). En compensant leur douceur avec une cuillerée à soupe de crème fraîche et un peu de cerfeuil ciselé pour libérer leur amertume. Vous ne regarderez plus jamais ce duo comme banal.

Pois & Fromage à pâte pressée cuite : Le jour de la Saint-Marc, le 25 avril, on présentait au grand doge de Venise un *risi e bisi*, un plat composé des légumes nouveaux qu'on avait trouvés sur le marché du Rialto. C'est en fait une soupe qu'on peut manger avec une fourchette. Dans la version classique, on ajoute aux petits pois – préalablement cuits avec un riz à grains (très) courts appelé *vialone nano* et des oignons – un bouillon confectionné avec leurs cosses et on termine avec beaucoup de parmesan râpé. La cuisine vénitienne regorge de combinaisons aigres-douces, représentées dans le cas présent par le contraste entre les petits pois sucrés et le fromage acide et piquant. Du lard, du persil et (moins fréquemment) du fenouil peuvent être ajoutés à ce plat.

Pois & Fruits de mer : *voir Fruits de mer & Pois, page 179.*
Pois & Jambon cru : *voir Jambon cru & Pois, page 217.*
Pois & Lard : *voir Lard & Pois, page 212.*
Pois & Menthe : *voir Menthe & Pois, page 415.*
Pois & Œuf : *voir Œuf & Pois, page 170.*

* **Pois & Oignon :** Émincez une botte d'oignons de printemps (ou la partie blanche de trois poireaux) et faites-les ramollir dans 30 g de beurre, puis ajoutez une belle poignée de feuilles de laitue découpées en lanières (ou 2 sucrines coupées en quartiers), 100 ml de bouillon ou d'eau, du sel et ½ cuillerée à café de sucre. Lorsque la laitue est fripée, ajoutez 450 g de petits pois – frais ou surgelés – et laissez mijoter pendant environ 10 minutes sans trop remuer pour ne pas endommager les petits pois. Rectifiez l'assaisonnement et ajoutez un peu de beurre frais avant de servir.

Pois & Panais : *voir Panais & Pois, page 284.*

Pois & Poisson blanc : Le *surf'n'turf* – un plat de résistance qui combine fruits de mer et viande, populaire dans les pubs britanniques et les grills américains –, c'est bien beau, mais le poisson est meilleur avec des ingrédients qui ont le goût du gazon, plutôt qu'avec ceux qui le broutent – et il n'y a rien de plus herbacé que les petits pois du jardin. (D'autres saveurs herbacées, telles que le persil, le fenouil ou l'estragon, forment aussi de bonnes associations.) Le côté naturellement sucré des petits pois met en valeur la saveur salée du poisson, que ce soit dans la soupe de pois sans prétention qu'on présente dans des gobelets en polystyrène avec un *fish and chips*, ou dans le turbot qu'on trouve au Gidleigh Park dans le Devon, l'établissement étoilé au *Michelin* de Michael Caines, servi avec des noix de saint-jacques, de la poitrine de porc et de la purée de pois. Et comme les petits pois adorent les ingrédients salés, ils s'associent de manière exceptionnelle avec le *bacalhau*, autrement dit la morue.

Pois & Poisson fumé : *voir Poisson fumé & Pois, page 208.*

Pois & Poisson gras : Parmi les coutumes de la Nouvelle-Angleterre, les jardiniers s'assurent de planter leurs petits pois le *Patriot's Day* (19 avril) dans l'espoir qu'ils seront mûrs pour l'*Independence Day* (4 juillet), où l'on sert une recette traditionnelle à base de saumon poché, de petits pois frais et de pommes de terre nouvelles. On présente en dessert un *strawberry shortcake*, gâteau ressemblant au fraisier français.

Pois & Pomme de terre : *voir Pomme de terre & Pois, page 116.*

Pois & Porc : Ces deux-là s'entendent comme cul et chemise, ou comme jambes et pantalons, comme le dit Ibsen dans *Peer Gynt*. Jugé digne de figurer dans l'édition de 1850 de l'*Oxford English Dictionary*, le plat de porc et de pois le plus célèbre en Grande-Bretagne est le *faggots and peas* (en particulier au pays de Galles et dans le Black Country, région minière et industrielle près de Birmingham). Les *faggots* sont essentiellement des abats de cochon mélangés avec de la poitrine de porc, de l'oignon, de la sauge et du macis (ou fleur de muscade), puis roulés en boules et, enfin, soit enveloppés dans une crépine, soit panés et cuits au four. L'opinion est aujourd'hui divisée quant à savoir si les pois doivent être frais ou secs pour former le meilleur accompagnement, même si la tradition favorisait les pois secs, étant donné que la récolte des pois est terminée depuis longtemps au moment de l'abattage des porcs. L'équivalent français seraient les crépinettes, bien qu'elles soient plutôt confectionnées avec de la chair à saucisse assaisonnée avec des épices douces et de la sauge, du thym ou du persil. L'ajout de châtaignes, de truffe ou de pistaches est fréquent.

✻ **Pois & Poulet :** Associer petits pois et poulet peut sembler à peu près aussi intéressant que d'écouter quelqu'un vous parler du lien entre le soleil et la chaleur. Mais il arrive que la combinaison puisse ne pas être aussi ennuyeuse qu'elle en a l'air. Le poulet à la Clamart est un plat qui séduira les palais aventureux comme ceux plus conservateurs. Clamart a longtemps été célèbre pour la qualité de ses petits pois et a donné son nom à une recette où il en est fait un usage intensif, le mariage rebattu du poulet et des petits pois se faisant sous l'influence rafraîchissante de l'estragon gaiement parfumé à l'anis. Dans une cocotte allant au four, faites dorer 8 morceaux de poulet dans un mélange de beurre et d'huile d'olive. Ajoutez 50 g de lard fumé coupé en allumettes, une douzaine d'oignons de printemps (ciboule) hachés, 2 cuillerées à soupe de feuilles d'estragon hachées et la moitié d'un verre de vin blanc, puis secouez la cocotte. Assaisonnez, placez le couvercle et enfournez pour 30 minutes à 160 °C (thermostat 5). Ajoutez 450 g de petits pois, 2 cuillerées à café de sucre et remettez au four pour 30 nouvelles minutes. Placez la cocotte sur un feu de cuisson et réservez le poulet dans un plat chaud. Ajoutez une laitue romaine tranchée en lanières dans la cocotte, remuez bien, couvrez et laissez sur feu doux durant 10 minutes. Pour finir, incorporez 300 ml de crème épaisse et réchauffez doucement. Goûtez, rectifiez l'assaisonnement et servez avec une garniture de persil.

Pois & Raifort : Existe-t-il un gouffre culturel plus profond que la différence dans l'utilisation que font les Anglais et les Japonais des gros pois verts secs et ridés ? Les Anglais – qui les appellent *marrowfat* – les font bouillir pour les réduire en une espèce de soupe verte qu'ils servent à la louche dans des gobelets en polystyrène, à la surface desquels des fragments de la peau des pois refont surface comme des paupières de crocodiles. Les Japonais les transforment en de petites sphères propres et fragiles qu'ils font frire, recouvrent d'un casque pâle de wasabi et emballent sous vide dans des sachets aluminium qui ressemblent à ces prétentieux magazines de design à plus de 25 €.

❋ **Pois & Romarin :** On pense au pois cultivé en champ, qui est séché et fendu pour être, de nos jours, utilisé principalement en soupe, comme à un parent proche du dynamique pois de jardin ou petit pois ; mais, tandis que le petit pois est sucré, avec une fraîche saveur herbacée attribuable au composé qui donne au poivron vert son arôme caractéristique, le pois des champs est plus près d'un autre membre de la famille des légumineuses, la lentille. Ce dernier a une saveur plus carnée et il est souvent cuisiné avec du jambon ou du lard, mais la note boisée d'eucalyptus du romarin lui convient très bien aussi. Ce qui suit est une recette pour une soupe, mais cuisiné avec moins d'eau, cela peut faire un plat d'accompagnement pour de l'agneau ou du porc. Faites fondre un oignon dans de l'huile d'olive, puis ajoutez 250 g de pois cassés verts secs, un brin de romarin et 1,5 litre de bouillon. Portez à ébullition, baissez le feu et laissez mijoter entre 1 heure et 1 h 30, jusqu'à ce que les pois soient tendres ; assaisonnez en fin de cuisson si nécessaire. Ajoutez de l'eau durant la cuisson si le mélange devient trop sec. Le temps de cuisson peut être réduit en faisant auparavant tremper les pois durant quelques heures. Vous pouvez aussi utiliser des pois cassés jaunes, mais il faut noter qu'ils ont tendance à être plus doux et plus sucrés que les verts et qu'ils ont un goût moins terreux.

Poivron

Les poivrons verts sont des poivrons rouges qui ne sont pas encore parvenus à maturité. Leurs saveurs diffèrent considérablement, mais pour des raisons de concision, ils partagent ici un seul chapitre. La saveur du poivron jaune ou orange est plus proche de celle du rouge que de celle du vert. Comme vous pouvez l'imaginer à partir du cas des fruits, le poivron vert est plus amer, avec une fraîche dominante herbacée, que le rouge qui, lui, est doux et fruité. Ils peuvent parfois être substitués l'un à l'autre, mais pas toujours ; par exemple, vous ne farciriez pas une olive verte avec du poivron vert, et les poivrons rouges n'ont pas ces qualités rafraîchissantes qui rendent les verts si agréables dans un sauté.

Poivron & Aubergine : *voir Aubergine & Poivron, page 103.*

Poivron & Bœuf : Il faut affronter la réalité en face : on ne va pas à un barbecue pour bien manger. Même les bons cuisiniers ne réussissent qu'à produire de la viande cendreuse et caoutchouteuse tout juste bonne pour les chiens et des plateaux de poulet à la salmonelle. Je n'ai dans mes expériences qu'un seul repas de cuisine en plein air dont le souvenir fait gronder mon estomac comme la charge des chevaux dans un film de cow-boys, et c'était dans les années 1970, au milieu de la New Forest (parc national dans le sud de l'Angleterre). Il faisait très chaud en ce mois d'août et je devais avoir huit ou neuf ans. Nous étions avec les meilleurs amis de mes parents, un chef d'origine italienne et son épouse. Ayant trouvé un endroit ombragé près d'un ruisseau, Piero a construit un foyer pendant que mon père confectionnait une balançoire avec une corde. J'étais occupée à faire des figures sur ma corde jusqu'à ce que je sois attirée par une odeur de viande chaude arrivant pas bouffées depuis l'endroit où les adultes tenaient au-dessus du feu des baguettes – de vraies baguettes en bois de la forêt – où étaient enfilés des morceaux de bœuf et de poivron. Cela avait un goût qui ne ressemblait à rien de ce que j'avais pu manger jusqu'alors. Peut-être parce que le bœuf était du rumsteck bien vieilli, coupé en morceaux assez gros pour rester tendres et juteux à l'intérieur tandis que l'extérieur était craquant, salé et grillé à souhait. Peut-être parce que les poivrons étaient découpés en quartiers creux, formant ainsi des tasses qui recueillaient le jus de la viande. Peut-être aussi parce qu'un feu de vrai bois – et tout à fait illégal – donnera toujours plus de saveur à la nourriture qu'un barbecue en briquettes.

Poivron & Fromage à pâte molle : *voir Fromage à pâte molle & Poivron, page 89.*

Poivron & Fruits de mer : *voir Fruits de mer & Poivron, page 180.*

Poivron & Lard : La combinaison du lard salé et du poivron rouge huileux confère aux plats une douce saveur fumée sans avoir à gérer les tracas de la mise en place d'un barbecue. Elle pourrait aussi vous rappeler celle du chorizo. Même une faible quantité fera son effet : avec juste 2 tranches fines de lard et un vieux poivron rouge piqueté et ridé, vous pouvez assaisonner un plat copieux de riz ou de pois chiches.

Poivron & Œuf : Je rends tout le monde perplexe lorsque je demande pourquoi un des albums rassemblant des morceaux musicaux figurant dans la série *Les Soprano* s'appelle *Peppers and Eggs* alors qu'il ne contient aucune chanson portant ce titre. Je cite alors un article publié par le Pr Maria-Grazia Inventato, titulaire d'une chaire d'études culturelles à l'université du Wisconsin-Eau Claire : « Poivrons et œufs : mâles vigoureux *(red-blooded)* et culte de la déesse mère dans la culture criminelle italo-américaine ». Comme elle le dit si bien : « Pour de nombreux mafiosi, le poivron rouge, avec son pédoncule dressé, son jus rouge sang, sa consanguinité avec la fougue violente du piment, se présente comme un puissant symbole de la masculinité latine, à la fois contredite et confirmée par le fort attachement maternel représenté par l'œuf. Toutefois, il convient de noter que la recette nécessite à la fois le *ramollissement* du poivron et le *brouillage* du symbole maternel, un double traumatisme dont l'importance n'échappera pas à quiconque est familier avec la dynamique mère-fils, même dans une communauté de deuxième ou troisième génération d'immigrants. » Faites revenir quelques tranches de poivron rouge (ou vert) jusqu'à ce qu'elles soient molles et juteuses, brouillez dedans 4 gros œufs, puis assaisonnez avant d'en garnir 4 petites *ciabatte* ou petits pains blancs, bien croustillants. Cette recette était traditionnellement servie pendant le carême, quand la viande était interdite, mais elle m'évoque plus la fête que la privation. La piperade, plat basque, combine pareillement poivrons hachés, oignons et tomates avec des œufs brouillés. Voir aussi Piment & Œuf, page 264.

Poivron & Oignon : *voir Oignon & Poivron, page 140.*

Poivron & Olive : Une olive verte farcie avec une fine tranche de poivron rouge est l'accompagnement habituel du martini gin, bien que l'anchois ou le gorgonzola soient des solutions de remplacement assez goûteuses, mais moins attrayantes. Certains experts disent que la qualité charnue d'une olive non dénoyautée convient mieux à la saveur dominante de genièvre du gin. Ils marquent un point si l'on pense combien le genièvre va bien avec le gibier, mais l'olive fourrée l'emporte quand il s'agit d'épargner à ceux qui boivent la désagréable sensation de ressembler à un perroquet qui décortique des graines, alors qu'ils sont assis au bar en essayant de déborder de séduction ou de disserter sur la politique internationale des États-Unis. Et en plus, cette petite cible rouge, percée dans le mille par le pic à cocktail, est une métaphore visuelle bien pratique pour décrire l'effet que fait un martini gin correctement préparé sur le cerveau.

Poivron & Piment : *voir Piment & Poivron, page 264.*
Poivron & Poulet : *voir Poulet & Poivron, page 38.*
Poivron & Tomate : *voir Tomate & Poivron, page 328.*

Piment

Le piquant et l'ardeur du piment font qu'il peut être difficile de discerner les diverses caractéristiques de ses saveurs. Comme les poivrons, ses proches parents, les piments verts possèdent une fraîche saveur de petit pois ou de haricot vert. Les piments rouges sont plus doux et plus difficiles à caractériser. Les piments séchés sont encore plus doux et tendent même à acquérir des saveurs riches et fruitées, parfois fumées ou tannées, qui sont celles des olives et des tomates séchées au soleil. Les amateurs de piments pourraient apprécier de se familiariser avec les différentes saveurs et intensités de chaleur de toute la gamme des cultivars, ainsi qu'avec les préparations pimentées comme les pâtes en tube, mais aussi les huiles, les sauces, les vodkas.

✻ **Piment & Ail :** Découvrir que la nourriture n'est pas toujours bonne en Italie a été aussi décevant que d'apprendre que le père Noël n'existait pas. Et c'est ainsi que, après nos premiers jours de vacances dans la région des lacs italiens, ma sœur et moi avions épuisé nos options en termes de restaurant. Pour le quatrième jour, nous avons élaboré un plan B : ne rien commander d'autres qu'*aglio, olio e peperoncino*. Les spaghettis à l'ail, à l'huile et au piment ne figurent pas toujours à la carte des restaurants, mais soyez assuré que leur cuisine contient toujours ces ingrédients et que le patron, réjoui à la perspective du supplément qu'il va pouvoir facturer, accédera toujours à votre demande. *Aglio e olio* est le genre de plats pour lesquels les Italiens sont prêts à frapper à la porte de leur voisin, même tard dans la nuit, et si vous essayez vous-même, vous comprendrez pourquoi – il est mystérieusement meilleur et plus agréable que la somme de ses composantes. Et certes assez délicieux pour en manger quatre nuits consécutives. Tandis que les spaghettis cuisent, faites chauffer dans une poêle la quantité d'huile d'olive nécessaire pour les napper sans les submerger. Tranchez finement l'ail (à titre indicatif, une gousse par personne) et faites-le revenir dans l'huile jusqu'à ce qu'il soit doré, mais pas au-delà – il ne doit surtout pas brûler. Vous pouvez aussi faire revenir l'ail soit entier, soit écrasé, selon l'intensité en ail que vous souhaitez donner à votre plat – les tranches fines représentent la *via media*. Retirez l'ail de l'huile – ou pas (une fois encore, cela dépend de votre niveau de tolérance à l'ail) – et incorporez 1 cuillerée à café de piment séché en flocons, puis mélangez dans cette huile aromatisée vos spaghettis cuits *al dente*. Servez avec du persil haché et du parmesan râpé.

Piment & Amande : La sauce *romesco* est une sauce épicée avec une saveur de fruits à coque, originaire de Tarragone, une ville côtière à environ 110 km au sud-ouest de Barcelone. Elle est composée de poudre d'amandes (et/ou de noisettes), de tomate, d'ail et d'un petit piment doux dont la sauce porte le nom, qu'on appelle aussi la nyore. Les nyores sont toujours séchées, elles sont rouge-brun et ont une saveur fumée. C'est une des espèces de piments rouges séchés que l'on moud pour faire le *pimentón* où paprika espagnol. Si vous ne trouvez pas de nyores, essayez les *anchos*. La sauce *romesco* est traditionnellement servie avec des calçots cuits au feu de bois, un légume qui ressemble au poireau, et des fruits de mer. Mais pourquoi priver les côtelettes d'agneau ou le poulet au barbecue de sa compagnie ?

Piment & Ananas : *voir Ananas & Piment, page 335.*

Piment & Anchois : Le *phrick nâam pla* est un simple mélange de piments frais et de nuoc-mâm qu'on trouve sur la plupart des tables en Thaïlande. L'association est moins étrange qu'il n'y paraît d'emblée, fonctionnant sur le même principe que le sel et le poivre, mais plusieurs crans au-dessus. Le sel de mer est rarement employé comme assaisonnement en Thaïlande, car il est considéré comme un ingrédient plutôt grossier. Les grains de poivre, bien que toujours utilisés dans les sauces et les pâtes thaïes, ont perdu du terrain au profit du piment qui est devenu le principal moyen de relever les plats depuis qu'il est arrivé du Nouveau Monde au XVIe siècle.

Piment & Anis : Lorsque des saucisses italiennes épicées sont requises dans une recette, mais que vous ne pouvez pas vous en procurer, essayez d'ajouter quelques pincées de graines de fenouil et de piments séchés broyés à une saucisse de porc – sans herbes – de bonne qualité. Voir aussi Porc & Brocoli, page 42.

Piment & Aubergine : *voir Aubergine & Piment, page 103.*
Piment & Avocat : *voir Avocat & Piment, page 252.*
Piment & Bœuf : *voir Bœuf & Piment, page 57.*
Piment & Brocoli : *voir Brocoli & Piment, page 159.*

Piment & Cacahuète : La cacahuète a-t-elle pour mission de neutraliser le piment ? La capsaïcine, ce composé chimique tristement dénué de saveur et d'odeur qui donne leur piquant aux piments, est grasse, non soluble dans l'eau et donc, disent certains, contrecarrée par la cacahuète huileuse. La cacahuète est aussi armée du tryptophane, un acide aminé qui incite au sommeil et altère les endorphines produites par le corps pour contrer la douleur que provoque le piquant du piment (qui fait, par ailleurs, prétendre à certains, quand ils mangent un *vindaloo* aux crevettes, qu'ils ont l'impression agréable et inattendue d'avoir le sommet du crâne à vif comme si on les scalpait). Ou bien fonctionnent-ils ensemble ? Le piment et la cacahuète combinés forment une garniture complexe pour les soupes ou les nouilles, on les pile pour faire une pâte qu'on mange avec les *satay* et ils occupent le devant de la scène dans le *mole de cacahuate* mexicain, une sauce fumée composée de beaucoup de piments séchés et de cacahuètes.

Piment & Chocolat : *voir Chocolat & Piment, page 21.*

Piment & Chou : Le *kimchi* est un plat d'accompagnement coréen composé de légumes macérés, souvent à base de chou et de piments que l'on fait fermenter dans une saumure. Avant que les piments n'arrivent du Nouveau Monde, ce sont le gingembre et l'ail qui procuraient le piquant. Aujourd'hui, ce sont des piments très piquants et sucrés à la fois appelés *koch'u* qui ont pris leur place, qu'ils soient frais ou grossièrement pilés. Le chou est habituellement une variété chinoise, que l'on garde entier dans les meilleurs *kimchi*, mais on le coupe parfois pour faire entrer les morceaux dans des bocaux. De nombreux autres légumes, dont le concombre et l'aubergine, subissent le traitement du *kimchi* et différents types de *kimchi* peuvent être servis au cours du même repas. Achetez-en dans une épicerie asiatique si vous sentez le besoin d'y goûter avant de faire le vôtre et de l'enterrer au fond du jardin pour qu'il gagne en maturité.

Piment & Chou-fleur : *voir Chou-fleur & Piment, page 155.*

Piment & Citron : Le piquant du piment peut camoufler ses qualités fruitées. Le feu du piment *habanero*, par exemple, est si intense que vous passerez fort probablement à côté de ses délicieuses notes d'agrumes, qui vont si bien avec le citron, à la fois dans les sauces salées et sucrées. Comme son nom le suggère, le *lemon drop* est une autre variété de piment aux saveurs d'agrumes, haut placé dans l'échelle de Scoville qui gradue la force des piments. Aux États-Unis, la marque Toad Sweat commercialise une gamme de coulis pour dessert à base de piment, dont un coulis citron-vanille qui contient une touche de piment *habanero*, délicieux avec de la crème glacée et les salades de fruits.

Piment & Citron vert : *voir Citron vert & Piment, page 379.*

Piment & Courge musquée : *voir Courge & Piment, page 292.*

Piment & Feuilles de coriandre : Ils sont fréquemment utilisés ensemble. Les piments verts ont une affinité particulièrement agréable pour la coriandre, prêtant une fraîcheur plus nette à sa luxuriante et tropicale qualité herbacée. Mélangez-les avec un peu de jus de citron et servez-les comme condiment.

Piment & Foie : *voir Foie & Piment, page 51.*
Piment & Fromage à pâte pressée cuite : *voir Fromage à pâte pressée cuite & Piment, page 84.*
Piment & Fromage de chèvre : *voir Fromage de chèvre & Piment, page 72.*
Piment & Fruits de mer : *voir Fruits de mer & Piment, page 179.*
Piment & Gingembre : *voir Gingembre & Piment, page 390.*
Piment & Huître : *voir Huître & Piment, page 190.*

* **Piment & Lard :** Le doux et friable pain de maïs fait penser à un gâteau jusqu'au moment où vous lui apportez la sapidité du lard. Cette recette est assez facile pour être réalisée rapidement et réchauffer ainsi votre petit-déjeuner. Fouettez 2 œufs dans un saladier, ajoutez 450 g de yaourt nature et 50 g de beurre fondu, puis fouettez de nouveau. Tamisez ensemble 65 g de farine, 2 cuillerées à café de sel et 1 cuillerée à café de bicarbonate de sodium (bicarbonate de soude) que vous incorporerez dans le mélange fouetté. Ajoutez 275 g de farine de maïs, 1 cuillère à café de piment séché broyé et enfin 4 tranches de lard que vous aurez fait bien revenir coupées en allumettes. Ces deux derniers ingrédients fourniront un arôme fumé et légèrement piquant, mais si ce n'est pas assez pour vous, vous pouvez utiliser la même quantité de piment *jalapeño* vert haché finement. Graissez une plaque à muffins (utilisez la graisse du lard cuit) en remplissant environ à moitié les cavités et enfournez pour à peu près 20 minutes à 200 °C (thermostat 6-7), jusqu'à ce que vos gâteaux soient gonflés et dorés. Vous pouvez aussi tout verser dans un moule carré de 23 cm de côté ; laissez alors cuire de 25 à 30 minutes. Sous une forme ou sous une autre, c'est délicieux tartiné de fromage frais crémeux et de marmelade ou de gelée au piment.

Piment & Mangue : *voir Mangue & Piment, page 364.*

Piment & Menthe : Le *vada pav*, un en-cas populaire originaire de Bombay, est essentiellement composé d'une galette de purée de pommes de terre mélangée à des oignons et à des épices, plongée dans une pâte à beignets à base de pois chiches avant d'être frite à grande huile. On la recouvre ensuite d'un chutney décoiffant composé de feuilles de menthe broyées avec des piments verts frais, du jus de citron et du sel. Le tout est servi dans un petit pain mou. La gelée piment-menthe est délicieuse et facile à faire chez soi : ajoutez simplement 1 ou 2 piments *jalapeños* émincés à une recette ordinaire de gelée de menthe.

Piment & Noix : *voir Noix & Piment, page 300.*

Piment & Noix de coco : Le lait de coco enveloppe les ingrédients thaïlandais dans une douce étreinte indulgente. Il émousse le tranchant du citron vert, met en veilleuse les sauces de poisson trop envahissantes et apaise la chaleur du piment, dont le composant actif, la capsaïcine, est soluble dans la graisse, mais pas dans l'eau. Le piment moyennement piquant *phrik chii faa*, (piment pointant vers le ciel), connu ailleurs sous le nom de piment japonais, est souvent utilisé dans les currys, le plus souvent sous sa forme séchée, mais parfois frais.

Piment & Œuf : L'expérience et l'innocence réunies : incongruité tout aussi embarrassante qu'un bébé avec des piercings. Jusqu'à ce que le *pad thaï* fasse son apparition, c'est-à-dire des œufs brouillés aux saveurs douces garnis de rondelles de piment rouge frais. Ou bien encore les *huevos mexicanos*, le petit-déjeuner patriotique composé d'œufs brouillés aux couleurs du drapeau national : des piments verts, des tomates rouges et de l'oignon blanc. Ceux qui prennent tout au pied de la lettre, ou les carnivores engagés, voudront peut-être y ajouter de l'aigle et du serpent en morceaux.

Piment & Olive : L'impression plaisante de contrepoint que donnent des piments – pas trop forts – servis avec des olives est confortée scientifiquement par des recherches menées à l'université Davis de Californie. La capsaïcine, le composé responsable du piquant des piments, supprime également notre capacité à détecter l'amertume, modérant ainsi l'âcreté et le mordant des olives.

Piment & Orange : *voir Orange & Piment, page 372.*
Piment & Pastèque : *voir Pastèque & Piment, page 316.*
Piment & Poisson gras : *voir Poisson gras & Piment, page 198.*

✻ **Piment & Poivron :** Bien qu'ils soient tous les deux membres de la famille *Capsicum*, les poivrons sont dépourvus de la capsaïcine qui donne aux piments leur piquant. La chaleur d'un piment se mesure sur l'échelle de Scoville. Les piments *habaneros* et *scotch bonnet* titrent entre 80 000 et 150 000, et les *jalapeños* entre 2 500 et 8 000, tandis que les poivrons affichent eux un beau zéro. Mais retirez les graines et les côtes d'un *jalapeño* et, avec son piquant réduit, il va révéler une saveur très similaire à celle du poivron vert. Ils partagent en effet un composé de saveur dominant, le 2-méthoxy-3-isobutylpyrazine, qui est également présent dans le cabernet sauvignon et le sauvignon blanc. De même, les piments rouges ont le même goût que les poivrons rouges, bien qu'il leur manque d'avoir en commun un composé impactant unique (c'est-à-dire un composé qui peut évoquer à lui seul un ingrédient). Néanmoins, verts ou rouges, petits ou grands, piments et poivrons sont éminemment combinables. Essayez de farcir des poivrons verts avec une purée de pommes de terre aux piments indiens. Mixez de la purée de pommes de terre (à la fourchette) avec des oignons frits dans un mélange indien d'épices pimentées, remplissez-en des moitiés de poivrons épépinés, coiffez chacun d'une noisette de beurre et enfournez pour 30 à 40 minutes à 180° C (thermostat 6). Vous pouvez réduire le temps de cuisson en blanchissant les poivrons auparavant.

Piment & Pomme de terre : *voir Pomme de terre & Piment, page 116.*

Piment & Porc : Les piments doux séchés rencontrent le porc dans la saucisse nommée chorizo ; encore presque exotique il y a une dizaine d'années, elle connaît désormais son heure de gloire et a repeint en rouge les menus du monde entier. Selon la force du *pimentón* utilisé pour le parfumer, le chorizo existe en *dulce* (doux) ou *picante*, bien que cette épice soit aussi disponible dans la version *agridulce* (douce-amère). Le *pimentón* est confectionné à partir d'un mélange de piments, qui comprend du *nora* et du *choricero*, mais sa composition varie selon les régions et les techniques de production. Dans la vallée de la Vera en Estrémadure, les piments mûrs sont accrochés dans des fumoirs dans les champs durant deux semaines pour développer cette profondeur caractéristique et cette qualité riche, sensiblement différentes de la saveur des piments laissés à sécher au soleil. Il y aurait beaucoup à dire pour évoquer toute la gamme des variétés de *pimentón* et comprendre vraiment comment ils se distinguent les uns des autres au-delà des diverses boîtes dans lesquelles ils sont conditionnés, toutes ravissantes. Le paprika de Hongrie est également préparé avec des piments rouges séchés et il est disponible dans une gamme similaire de styles, mais il est réputé plus fruité que le *pimentón*. Il est utilisé à peu près de la même manière que le *pimentón* en Espagne, c'est-à-dire partout.

Piment & Poulet : *voir Poulet & Piment, page 37.*

Piment & Tomate : Dans le début des années 1990, un bar à tapas s'est ouvert près de là où je travaillais à Londres, un lieu un peu riquiqui, avec une salle pour vingt à trente clients, mais la nourriture était excellente. Je dis la nourriture, mais il s'agissait en fait des *patatas bravas* (les pommes de terre courageuses), qui sont, tous les amateurs de tapas le savent, des pommes de terre frites nappées d'une sauce tomate relevée par un *pimentón* ardent. Dans ce bar, on les servait aussi dans le style barcelonais, avec de l'aïoli. Bien entendu, nous avions essayé les palourdes au manzanilla, les *albondigas* (boulettes de viande) épicées, la tortilla et les *gambas al pil pil* (à l'ail et au piment), mais visite après visite, nous revenions toujours aux *bravas*. *Bravas, bravas, bravas.* Avec le temps, les foules seraient peut-être venues en pèlerinage à Soho comme elles le font à Las Bravas (restaurant à tapas célèbre) à Madrid. Seraient, car l'endroit a brusquement cessé son activité. Je me demande rétrospectivement si les propriétaires, rêvant de convertir les palais britanniques engourdis aux gloires de la cuisine espagnole, ne se sont pas fatigués de servir des frites à des femmes fortes éclusant du rioja tout en écrasant les mégots de leur Marlboro Light dans des restes de mayonnaise à l'ail.

ÉPICÉE

Basilic

Cannelle

Clou de girofle

Noix de muscade

Panais

Basilic

Le basilic doux est la plus chaleureuse, la plus parfumée, la plus belle, la plus fraîche et la plus aimablement irritante des herbes. Il possède des notes puissantes d'épices – clou de girofle, cannelle, anis et estragon – combinées à une saveur herbeuse et mentholée qui est particulièrement perceptible lorsqu'il est haché en quantité pour confectionner du pesto. Le basilic existe dans de nombreuses variantes de saveurs – citron, citron vert, cannelle ou la variété thaïe avec une pointe de réglisse –, qui partagent toutes une richesse piquante et une fraîcheur vivifiante. Sans être un substitut au basilic frais, le basilic séché n'est pas à dédaigner pour autant. Bien entendu, les notes de tête disparaissent avec le séchage, mais lorsque l'opération est réalisée avec soin, il développe des caractéristiques épicées et mentholées avec des notes de réglisse qui s'accordent bien avec les ragoûts de poisson ou l'agneau au four.

Basilic & Ail : *voir Ail & Basilic, page 142.*

Basilic & Anis : Si vous aimez le basilic et l'anis étoilé, c'est à genoux que vous irez chercher du basilic thaï. Identifiable à sa tige pourpre, il possède une saveur de réglisse avec une pointe de cannelle. À moins d'habiter près d'un supermarché thaïlandais ou chinois, il est probablement plus facile de le cultiver soi-même que d'en acheter, et cela en vaut la peine, surtout si on cuisine beaucoup de currys ou de sautés thaïs.

Basilic & Citron : *voir Citron & Basilic, page 381.*
Basilic & Citron vert : *voir Citron vert & Basilic, page 377.*

⁕ **Basilic & Clou de girofle :** Certaines des qualités épicées du basilic doux proviennent de l'eugénol, qui donne au clou de girofle sa saveur distinctive. J'ai entendu dire que les ménagères italiennes ajoutent une pincée de clou de girofle dans leur pesto quand elles n'ont pas de basilic en quantité suffisante. La saveur du basilic sacré, utilisé dans la cuisine thaïe, est dominée par l'eugénol, et lorsqu'il est frais, il partage certains des effets anesthésiants du clou de girofle sur les muqueuses buccales. C'est sans doute ce qui explique pourquoi cette herbe est souvent jumelée avec le piment dans les plats sautés comme le *bai kaprow* : le basilic émousse l'ardeur du piment. Broyez 3 clous de girofle, du piment rouge selon votre goût et un peu de sel pour former une pâte. Faites chauffer 2 cuillerées à soupe d'huile d'arachide sur un feu vif et faites cuire cette pâte durant 30 secondes. Ajoutez 2 blancs de poulet émincés ou tranchés finement et faites sauter jusqu'à cuisson complète. Arrosez avec une sauce composée de 3 cuillerées à soupe d'eau, 2 cuillerées à soupe de sauce de soja, ¼ de cuillerée à café de poivre, 1 cuillerée à café de sucre et une poignée de feuilles de basilic sacré. Servez avec du riz blanc. Assaisonnez à votre convenance avec la sauce décrite dans Citron vert & Anchois, page 376.

Basilic & Framboise : *voir Framboise & Basilic, page 423.*

Basilic & Fromage à pâte molle : Le basilic pourrait être la plante aromatique la plus comparable au mélange quatre-épices, associant des saveurs de clou de girofle, de cannelle, de menthe et d'anis. Il peut sembler étrange d'utiliser des épices dans un sandwich, pourtant le basilic s'imprime telle une décalcomanie sur le pain dans lequel on ajoute des tranches de mozzarella, du jambon cru et de la tomate. En plus des superbes saveurs que libèrent ses huiles essentielles, il donnera un petit côté craquant sous la dent pas désagréable – c'est finalement la seule plante au monde qui procure le même plaisir que celui de mordre dans une saucisse.

Basilic & Fromage à pâte pressée cuite : *voir Fromage à pâte pressée cuite & Basilic, page 81.*

❋ **Basilic & Fromage de chèvre :** Dans la salade de tomates et mozzarella, le basilic apporte son excitante fraîcheur lumineuse, mais dans une compagnie plus rustique, il peut devenir assez torride, comme dans le pesto. Couplez-le à un vigoureux fromage de chèvre – de préférence un qui soit piquant, bien frais et suffisamment souple pour être tartiné sur ces scones au pesto. Mettez 375 g de farine, une pincée de sel et 1 cuillerée à café de levure chimique dans un robot de cuisine. Ajoutez 75 g de beurre coupé en dés et mélangez par à-coups jusqu'à ce que le mélange prenne la texture de la chapelure. Diluez 4 cuillerées à soupe de pesto dans 125 ml de lait froid, et versez par la cheminée du robot. Mixez jusqu'à obtention d'une pâte, vous pouvez ajouter un peu de lait ou de farine si elle est respectivement trop sèche ou trop humide. Sortez la pâte du robot, pétrissez-la brièvement sur une surface farinée jusqu'à obtenir une consistance lisse, puis abaissez à 1,5 cm d'épaisseur. Découpez environ 12 disques de 6 cm de diamètre que vous placerez sur une feuille sulfurisée graissée et enfournez pour 12 à 15 minutes à 220 °C (thermostat 7).

Basilic & Fruits de mer : *voir Fruits de mer & Basilic, page 176.*

❋ **Basilic & Menthe :** On détecte souvent des caractéristiques de menthe dans le basilic, surtout s'il est séché, même si cette note n'est pas toujours la bienvenue. Le basilic de Ligurie est la variété la plus prisée pour faire le pesto parce qu'il est dépourvu de cette pointe mentholée. Tirez le meilleur parti de ces deux herbes, qu'on trouve en abondance en été, en préparant ces pâtes à la courgette. Découpez 4 courgettes en rondelles de 2 cm d'épaisseur et placez-les dans une lèchefrite bien huilée. Recouvrez-les d'un filet d'huile et faites-les rôtir à 180°C (thermostat 6) pendant environ 30 minutes.

Pendant ce temps-là, faites cuire 200 g de pâtes (*conchiglie* ou *farfalle*) *al dente*. Sortez les courgettes quand elles sont bien dorées de chaque côté et un peu aplaties. Égouttez les pâtes et mélangez-les avec les courgettes et l'huile de la lèchefrite. Incorporez une ou deux poignées de parmesan râpé, du basilic et de la menthe finement hachés. Ajoutez des gousses d'ail pelées qui auront rôti avec les courgettes, vous verrez, c'est très bon !

Basilic & Noix : Les noix et le basilic se mêlent agréablement aux haricots verts cuits. Mélangez des haricots verts égouttés et encore chauds dans un peu d'huile de noix et parsemez de basilic ciselé, en ajoutant peut-être quelques noix hachées. Si vous n'appréciez pas la saveur résineuse des pignons dans le pesto, vous trouverez sûrement que les noix constituent un substitut subtil et moins affirmé.

Basilic & Noix de coco : Des feuilles de basilic fraîchement ciselées forment un contrepoint idéal à la riche et grasse noix de coco. Parsemer de basilic doux un curry thaï crémeux fonctionne à merveille, pas seulement pour la saveur : les jolies feuilles vertes lui donnent aussi ce soupçon d'élégance qui rend les soupes thaïes si appétissantes à la vue. C'est encore mieux si vous pouvez trouver du basilic thaï qui possède une douceur et une saveur similaires, mais avec des notes anisées plus fortes.

Basilic & Œuf :

Si vous voulez préparer des œufs verts
(Je ne veux pas dire, à cœur ouvert,
Verts « écolos », comme la Toyota Prius,
mais verts comme les petits hommes de Vénus),
Dans votre casserole mentale, vous devez
Seulement ce qui a bon goût envisager.
Oubliez aussitôt la pelouse du stade
Et le gilet du petit lutin qui gambade.
L'encre verte vous rendra seulement malade
comme un billet d'un dollar en marmelade.
L'avocat est un véritable gaspillage :
Avec des œufs brouillés, son goût part en voyage.
Le thé vert – une lubie très actuelle –
serait vraiment tout à fait criminel.
Poireaux et laitues manquent de puissance
et perdent à la cuisson leur luminescence.
Les petits pois et les poivrons ont du goût,
Mais leur couleur ne se répand pas partout.
Le brocoli à la rigueur, mais dans les ténèbres
Car son vert est un peu trop funèbre.
Céleri, gombo, courgette et chou
Échouent dans la teinte comme dans le goût.
Parmi les ingrédients verts que j'ai mis sur la table,

Le basilic est tout simplement imbattable.
Pour des œufs brouillés, préférez du pesto,
Remuez bien et vous aurez *presto*
Des œufs verts. Avec du jambon servez,
Sans oublier de bien assaisonner.

Basilic & Poulet : Une combinaison qu'on souhaite ardemment concrétiser, mais au final, les deux compères possèdent moins de charme ensemble que séparément. La mayonnaise au basilic est bonne dans un sandwich baguette/poulet, et les feuilles de basilic doux sont un substitut adéquat au basilic thaï pour un sauté dans le style thaï, mais par pitié, épargnez-nous le poulet au pesto sur les pâtes.

Basilic & Tomate : La chair aigre-douce de la tomate adore les saveurs amères et épicées du basilic frais. Quand on a les deux sous la main, même le cuisinier le moins expérimenté est capable de préparer quelque chose de délicieux – considérez donc ces ingrédients comme des assistants culinaires. Combinez-les dans une sauce épaisse pour les pâtes ou la pizza (voir Ail & Basilic, page 142), dans une soupe, un risotto, une omelette ou une tarte. Si vous estimez que c'est trop de travail pour un jour de chaleur estivale, il vous faudra moins de 10 minutes pour les émincer et en mettre une bonne couche sur du pain de campagne grillé façon *bruschetta*, ou pour faire une salade avec de la mozzarella ou encore une salade *panzanella* avec le pain de la veille. Essayez aussi de mélanger des tomates émincées et des feuilles de basilic grossièrement coupées avec des pâtes cheveux d'ange, un peu d'huile d'olive, de sel et de poivre : que de satisfaction pour aussi peu d'effort ! Les bocaux de sauce tomate au basilic que vous avez achetés dans le commerce devraient en rougir de honte. Voir aussi Tomate & Clou de girofle, page 326.

Cannelle

À la fois traditionnelle et exotique, douce, chaleureuse et légèrement amère, la cannelle parfume les tartes aux pommes, les confiseries de Noël, les salades et tajines marocains, les *moles* mexicains et les *dhal* indiens. Le cannelier de Chine *(Cinnamomum cassia)*, son cousin rustique, se présente en éclats d'écorce, contrairement aux rouleaux bien soignés de la cannelle. Il est beaucoup moins cher, donc parfois vendu mixé avec l'original. Sentez, et si vous détectez une pointe d'anis étoilé, c'est qu'on tente de vous arnaquer. Il évoque pour moi si fort le soda pétillant au cola que je ressentirais presque les bulles sur ma langue.

Cannelle & Abricot : Un bâtonnet de cannelle est comme une baguette magique, il transforme tout en confiserie. Pochez des abricots avec un rouleau de cannelle dans un peu d'eau sucrée : un délice !

Cannelle & Agneau : Lorsque la nuit tombe sur la place Jamaâ El Fna à Marrakech, l'air se remplit d'arômes de viande épicée cuite sur des grils au charbon de bois, attirant autochtones et touristes qui se faufilent, tel un gros serpent docile, entre des piles de têtes de moutons pour aller s'asseoir à des étals enfumés éclairés par des lanternes au gaz. Les parents stressés qui aimeraient que leurs enfants viennent à table avec plaisir devraient essayer cette astuce : passez simplement au gril des côtelettes d'agneau saupoudrées de cannelle. C'est génial aussi dans un tajine d'agneau cuit lentement, ou incorporé à la viande d'agneau des kebabs, hachée avec des oignons très finement émincés. Essayez avec 1 cuillerée à café de cannelle pour 500 g de viande.

Cannelle & Amande : *voir Amande & Cannelle, page 305.*
Cannelle & Ananas : *voir Ananas & Cannelle, page 334.*

Cannelle & Anis : La poudre cinq-épices chinoise (ou cinq-parfums) est une combinaison de cannelle, d'anis étoilé, de graines de fenouil, de clous de girofle et de poivre du Sichuan. Si vous êtes à court d'épices, un simple bâton de cannelle et un carpelle d'anis étoilé peuvent procurer à un bouillon de bœuf une riche profondeur orientale. Ajoutez-y un reste de rôti de bœuf tranché en lamelles, des vermicelles ou des nouilles de riz, de l'oignon de printemps (ciboule), de la menthe et du piment pour obtenir un *pho* vietnamien un peu fantaisiste, mais délicieux.

Cannelle & Banane : *voir Banane & Cannelle, page 349.*
Cannelle & Bœuf : *voir Bœuf & Cannelle, page 53.*
Cannelle & Cacahuète : *voir Cacahuète & Cannelle, page 27.*
Cannelle & Café : *voir Café & Cannelle, page 23.*
Cannelle & Cardamome : *voir Cardamome & Cannelle, page 393.*

Cannelle & Carotte : La carotte possède un caractère boisé avec des notes de pin et la cannelle est l'écorce interne séchée d'un arbre tropical. Les réunir dans un gâteau est un classique et plantera un jardin botanique dans votre mémoire gustative.

* **Cannelle & Cerise :** Elles tournoient ensemble comme des danseurs folkloriques dans la soupe hongroise à la cerise. Dénoyautez 500 g de griottes. Placez les noyaux dans un sac plastique à congélation que vous frapperez avec un rouleau à pâtisserie jusqu'à ce que certains soient fissurés. Transvasez dans une casserole avec 500 ml de vin (riesling, bordeaux et rosés fruités sont les vins communément utilisés dans ce type de soupe),

un bâtonnet de cannelle de 6 cm, 50 g de sucre, un zeste et le jus d'un demi-citron, une pincée de sel. Portez à ébullition, couvrez et laissez cuire durant 15 minutes. Filtrez le mélange dans une casserole propre que vous placerez sur un feu moyen. Prélevez quelques cuillerées à soupe et mélangez avec 1 cuillerée à café de maïzena pour former une pâte. Incorporez-la au reste de votre soupe et remuez jusqu'à ce que celle-ci épaississe un peu. Ajoutez les cerises et laissez mijoter environ 10 minutes jusqu'à ce qu'elles ramollissent. Laissez refroidir un peu, incorporez 150 ml de crème fraîche liquide, puis passez au mixeur. Servez très frais en apéritif ou en dessert, peut-être en sucrant un peu plus dans ce dernier cas. Si vous ne trouvez que des cerises douces, utilisez seulement 25 g de sucre et un peu plus de jus de citron. Adaptez en goûtant pour trouver l'équilibre qui vous convient.

Cannelle & Chocolat : Une combinaison populaire au Mexique où les gens en sont toqués, que ce soit dans les boissons ou dans les barres chocolatées. On la retrouve aussi dans la célèbre sauce *mole* pour la viande – voir Chocolat & Piment, page 21. Partout ailleurs dans le monde, la vanille a remplacé la cannelle comme choix aromatique pour le chocolat, bien que Nestlé ait récemment lancé au Canada une édition limitée de Kit Kat à la cannelle.

Cannelle & Citron vert : *voir Citron vert & Cannelle, page 377.*

Cannelle & Clou de girofle : Bottez le houx et le gui en touche. Dans une casserole frémissante de vin chaud ou dans une tourte à la viande, une combinaison si magnifique ne doit pas être cantonnée à la période des fêtes de fin d'année. Lâchez un bâtonnet de 6 cm de cannelle et 3 clous de girofle dans la casserole où cuit du riz basmati et vous obtiendrez toute l'année un accompagnement festif pour un curry. Ajoutez ½ cuillerée à café de curcuma si vous aimez le riz jaune.

Cannelle & Courge : Plus doux qu'un panier de chatons se partageant une sucrerie. Délicieux rôtis ensemble, ou jumelés dans une soupe. Voir aussi Gingembre & Courge, page 388.

✻ **Cannelle & Figue :** Il existe un type de xérès appelé Pedro Ximénez, qui est aussi sirupeux et sombre que le sirop contre la toux à l'ancienne, et doux comme un Figolu. Faites mijoter 15 figues séchées hachées dans 100 ml d'eau chaude, 100 ml de xérès Pedro Ximénez et ½ cuillerée à café de cannelle moulue jusqu'à ce que le liquide soit épais et gluant. Laissez refroidir un peu et servez avec de la crème glacée à la vanille.

Cannelle & Fraise : *voir Fraise & Cannelle, page 330.*

Cannelle & Fromage à pâte molle : Même la craie semblerait une meilleure partenaire que la cannelle pour le fromage, mais les Américains ne sont pas de cet avis et c'est un jumelage courant outre-Atlantique. Rappelez-vous que tout se sert avec de la cannelle aux États-Unis. Bien entendu, les Européens l'apprécient dans les gâteaux et les pâtisseries, mais pas nécessairement dans les chewing-gums, les confiseries, les céréales du petit-déjeuner, le soda pétillant au cola, le café, le thé et l'alcool. Dans tous les aéroports et centres commerciaux aux États-Unis, toutes les trente minutes, la chaîne de boulangerie Cinnabon sort du four un plateau de petits pains et les recouvre d'un riche glaçage de fromage crémeux. Ce sont à la base de robustes pâtisseries danoises, mais la version Cinnabon est plus massive, collante et exhale une forte senteur de cannelle – peut-être parce qu'aux États-Unis (comme en Chine, au Vietnam et en Indonésie) la saveur de la cannelle provient du cannelier chinois *(Cinnamomum aromaticum)*. Cet arbre pousse en Chine et en Indonésie et il est plus dur, plus sombre que la véritable cannelle en provenance du Sri Lanka (autrefois Ceylan) qui est consommée en France. Il est également plus fort, plus chaleureux, plus simple et plus intense en bouche que la véritable cannelle aux saveurs douces et complexes. En bref, c'est du costaud, ce qui pourrait expliquer pourquoi les Américains y sont accros.

Cannelle & Gingembre : *voir Gingembre & Cannelle, page 387.*

Cannelle & Menthe : Un mélange déjà chaleureux, mais encore herbacé, qui fonctionne bien avec la viande rouge. On peut aussi ajouter quelques bâtonnets de cannelle à la menthe dans la recette donnée dans Menthe & Pastèque, page 414, pour réaliser une variante cannelle mentholée. Diluez avec de l'eau gazeuse pour obtenir une boisson rafraîchissante.

Cannelle & Myrtille : *voir Myrtille & Cannelle, page 429.*
Cannelle & Noix : *voir Noix & Cannelle, page 298.*
Cannelle & Noix de coco : *voir Noix de coco & Cannelle, page 359.*

Cannelle & Orange : D'après Tony Hill, un expert en épices, si vous gardez un morceau de cannelle en bouche quelques secondes, ses saveurs deviennent alors plus complexes, car les huiles essentielles qu'elle contient se réhydratent. Les essences d'orange et de cèdre apparaissent d'abord, suivies d'un côté piquant qui rappelle le clou de girofle et le poivre doux. La cannelle se marie parfaitement avec l'orange, et sa douceur vient contrebalancer l'acidité du fruit. Des tranches d'orange saupoudrées d'une ou deux pincées de cannelle moulue et d'une ou deux gouttes d'eau de fleur d'oranger sont une combinaison bien connue. Essayez aussi d'ajouter de la cannelle au gâteau Orange & Amande, page 368.

Cannelle & Pastèque : *voir Pastèque & Cannelle, page 315.*

Cannelle & Poire : *voir Poire & Cannelle, page 343.*

✻ **Cannelle & Pomélo :** Un demi-pomélo saupoudré de cannelle signe une association remarquable. Que dire alors de cette recette de cheese-cake au pomélo sur un fond de biscuit enrichi à la cannelle et au miel ? Faites fondre 75 g de beurre et incorporez-y 10 biscuits Digestive en miettes (biscuits anglais à la farine de blé dur complet très friables que l'on peut remplacer par des spéculoos ou des sablés), 2 cuillerées à café de cannelle en poudre et 2 cuillerées à soupe de miel. En appuyant bien, tapissez-en le fond amovible d'un moule profond de 20 cm de diamètre. Amalgamez 3 cuillerées à soupe de sucre glace dans 500 g de mascarpone, puis incorporez délicatement le jus et le zeste de 2 pomélos ainsi que la chair d'un troisième finement hachée. Transférez à la cuillère dans le moule et laissez au frais pendant plusieurs heures avant de servir. Vous pouvez aussi fixer le mélange avec de la gélatine, mais j'apprécie l'onctuosité crémeuse et molle de cette recette très simple.

Cannelle & Pomme : *voir Pomme & Cannelle, page 337.*

✻ **Cannelle & Porc :** Au Vietnam, on trouve ce duo dans une sorte de charcuterie appelée *chaque*. Mixez 500 g de jarret de porc maigre avec 3 cuillerées à soupe de nuoc-mâm, 3 cuillerées à soupe d'eau, 2 cuillerées à soupe d'huile d'arachide, 1 cuillerée à soupe de maïzena, 1 cuillerée à café de cannelle moulue, 1 cuillerée à café de levure chimique, ½ cuillerée à café de sel et un peu de poivre blanc. Déposez sur une feuille de papier sulfurisé recouverte de papier d'aluminium et modelez pour former un cylindre grossier de 6 cm de diamètre. Mouillez-vous la paume des mains et lissez la surface du cylindre avant de le piquer sur toute sa surface avec un pic à cocktail, en enfonçant bien le pic de part en part jusqu'au papier d'aluminium de l'autre côté. Faites cuire au four à 190 °C (thermostat 6-7) pendant 25-30 minutes jusqu'à ce que le cylindre soit légèrement doré sur le dessus et que le pic ressorte propre. Une fois qu'il est refroidi, coupez le cylindre en tranches de 5 cm d'épaisseur. Vous pourrez les étaler dans des sandwichs *bành mì* on ne peut plus authentiques – voir Concombre & Carotte, page 235.

✻ **Cannelle & Thym :** La recette du mélange unique de onze herbes et épices du colonel Sanders est conservée dans un coffre au siège de KFC à Louiseville dans le Kentucky. En ce qui me concerne, je ne fais aucun mystère de cette croûte à s'en lécher les doigts que j'utilise avec le poulet *fitzrovia* cuit au four. Mélangez bien 4 cuillerées à soupe de farine, 1 cuillerée à café de cannelle et 1 cuillerée à café de thym et saupoudrez-en 6 cuisses de poulet sans peau. Trempez ensuite les cuisses dans de l'œuf battu, puis enrobez-les de chapelure. Faites cuire sur la grille du four à 200 °C (thermostat 6-7) pendant 30 minutes en les retournant à mi-cuisson.

Ajoutez une pincée ou deux de piment de Cayenne à la farine si vous avez envie de piquant. Servez dans un saladier.

Cannelle & Tomate : La cannelle ajoute une chaude note de basse à celle, stridente, de la tomate. Essayez avec une pincée de cannelle moulue à la place du sucre pour adoucir des tomates en conserve. Une sauce tomate subtilement épicée fait des merveilles pour les boulettes de viande, les épaules et les gigots d'agneau, les crevettes et les aubergines. Voir aussi Bœuf & Cannelle, page 53.

Clou de girofle

Même sans la ressemblance visuelle, le terme « clou » convient parfaitement à la saveur dure et directe de cette épice plutôt forte tête. Sa forme est toutefois bien pratique pour fixer une feuille de laurier sur la moitié d'un oignon afin d'assaisonner des soupes, des ragoûts et des sauces. La saveur singulière du clou de girofle est souvent jumelée avec d'autres saveurs pour les modifier ou les compléter. En Indonésie, la plupart des cigarettes sont aromatisées avec des clous de girofle. Lorsqu'il est frais, le basilic sacré thaï possède une saveur similaire et produit le même effet anesthésiant sur les lèvres.

Clou de girofle & Basilic : *voir Basilic & Clou de girofle, page 270.*

Clou de girofle & Bœuf : Utilisez un clou de girofle ou deux dans un ragoût de bœuf (comme la plupart des recettes de pot-au-feu le préconisent) ou une pincée de clous de girofle moulus dans la sauce. La saveur du clou de girofle sera à peine perceptible, mais sa chaleur douce-amère améliorera le bœuf en le rendant plus sombre et plus concentré. Il faut juste ne pas oublier de retirer les clous de girofle avant de servir.

Clou de girofle & Café : À l'instar des graines de cardamome et de coriandre, le clou de girofle est parfois moulu avec du café, spécialement en Éthiopie, pour une double charge d'amertume. Toutefois, si vous préférez une boisson plus douce et plus lactée, faites chauffez un bol de lait avec 2 clous de girofle, puis jetez-lez avant d'ajouter du café. Voir aussi Cardamome & Cannelle, page 393.

Clou de girofle & Cannelle : *voir Cannelle & Clou de girofle, page 275.*

Clou de girofle & Fromage à pâte pressée cuite : *voir Fromage à pâte pressée cuite & Clou de girofle, page 83.*

Clou de girofle & Gingembre : Le clou de girofle a besoin de compagnie. Il est rare de le trouver seul dans une recette, probablement parce que la majeure partie de ses saveurs ne provient que d'un seul composé aromatique – l'eugénol – et qu'il a besoin de saveurs complémentaires pour arrondir ses angles et lui donner de la subtilité. Le mélange d'épices appelé quatre-épices associe du clou de girofle, du gingembre (ou de la cannelle), de la noix de muscade et du poivre blanc ; il possède un caractère piquant, sucré et fruité à la fois, qui lui donne une profondeur convenant bien aux plats de viande, surtout au porc. Voir aussi Chou & Porc, page 151. À ce propos, le mélange cinq-épices n'a rien à voir avec un quatre-épices enrichi d'une composante supplémentaire – pour en savoir plus, voir Cannelle & Anis, page 274.

Clou de girofle & Lard : *voir Lard & Clou de girofle, page* 210.
Clou de girofle & Oignon : *voir Oignon & Clou de girofle, page 138.*
Clou de girofle & Orange : *voir Orange & Clou de girofle, page 370.*

Clou de girofle & Pêche : Quelques rares fruits contiennent de l'eugénol, composé identifiant de saveur du clou de girofle, et la pêche est l'un d'eux. C'est peut-être ce qui explique pourquoi la recette de pêches cloutées marinées est très populaire dans le sud des États-Unis. Il faut peler les pêches avant d'y planter les clous de girofle. Heureusement ! Qui aurait le cœur de transpercer cette délicate peau duveteuse ?

Clou de girofle & Pomme : *voir Pomme & Clou de girofle, page 338.*

Clou de girofle & Porc : Les clous de girofle s'associent très bien avec le porc, non seulement pour des raisons de goût, mais aussi parce qu'ils agissent comme des conservateurs naturels. L'eugénol et l'acide gallique présents dans le clou de girofle ont un effet antioxydant puissant même à de faibles concentrations. Les entreprises alimentaires cherchant des réponses au malaise croissant des consommateurs face aux additifs de synthèse, nous pourrions voir bientôt plus souvent ce partenariat. Ce qui ne serait pas une mauvaise chose.

Clou de girofle & Tomate : *voir Tomate & Clou de girofle, page 326.*
Clou de girofle & Vanille : *voir Vanille & Clou de girofle, page 435.*

Noix de muscade

Le nom botanique de la noix de muscade est *Myristica fragrens* et sonne comme le nom d'une *James Bond girl*, de façon assez appropriée pour ce magnifique agent double exotique, apte à rendre les desserts doux et crémeux moins écœurants et à casser l'amertume

des légumes crucifères (chou, navet, rutabaga). L'arille, l'enveloppe de la noix de muscade que l'on appelle le macis, contient les mêmes composés qu'elle, mais dans des proportions différentes et avec moins d'huiles essentielles. Les deux sont interchangeables, mais il faut toujours préférer les présentations fraîches aux versions déjà moulues. La noix est plus facile à râper que la dentelle du macis et elle est un peu moins onéreuse.

Noix de muscade & Agneau : Bien avant que j'apprenne à cuisiner, j'ai mangé des spaghettis bolognaise dans une taverne à Corfou. Ils étaient délicieux, quoique un peu différents pour une raison qui ne m'est apparue que récemment en préparant un plat grec dans lequel l'agneau émincé est aromatisé avec la douce noix de muscade poivrée : ils avaient utilisé de la moussaka pour confectionner la sauce des pâtes. Pour faire des spaghettis corfiotes, hachez la moitié d'un petit oignon et faites-le fondre dans 3 cuillerées à soupe de beurre ou de saindoux. Ajoutez 450 g d'agneau émincé et faites cuire jusqu'à ce que la viande soit bien dorée. Incorporez 250 ml de sauce tomate, 250 ml de vin blanc, 250 ml d'eau, 2 cuillerées à soupe de persil haché, ¼ de noix de muscade fraîchement râpée et une bonne pincée de sucre. Assaisonnez, portez à ébullition et laissez mijoter doucement durant environ 1 heure en remuant de temps en temps, jusqu'à ce que la plus grande part du liquide se soit évaporée. Ajoutez encore un peu de muscade râpée, vérifiez l'assaisonnement et versez sur les pâtes. Dans cette taverne, c'étaient des *bucatini*, de longues pâtes fines semblables à des spaghettis, mais creuses, comme de minuscules tuyaux d'arrosage. Notez que certaines recettes de moussaka remplacent la muscade par de la cannelle, dans une veine similaire au plat grec nommé *pastitsio* – voir Bœuf & Cannelle, page 53.

Noix de muscade & Aubergine : *voir Aubergine & Noix de muscade, page 102.*

Noix de muscade & Avocat : On dit que l'avocat mélangé à de la noix de muscade a un effet aphrodisiaque sur les hommes. L'avocat contient de la vitamine B6, qui stimulerait la production de testostérone ; la muscade allume *tout le monde* ! Ensemble, ils transforment le plus maniéré des garçons, pas encore sorti des jupes de sa mère, en Javier Bardem. Saupoudrez un peu de muscade sur une soupe d'avocats froide ou sur des avocats farcis de fruits de mer, puis planquez-vous.

Noix de muscade & Céleri : De nombreuses recettes du XIXe siècle utilisent la noix de muscade – ou son inséparable jumeau, le macis – pour assaisonner la sauce au céleri. Dans *The American Sportsman* (1855), Elisha Jarrett Lewis dément. Soit elle trouve qu'il n'y a rien de plus vulgaire, soit elle souffre d'une incapacité de décision : « Si vous aimez les épices, mettez un peu de macis et un clou de girofle ou deux ; cependant, nous ne le recommandons pas. Certains de nos amis pourront aussi défendre l'utilisation d'échalote, de feuille de laurier, de jus de citron et d'un peu de persil. » Voir aussi Céleri & Poulet, page 121.

Noix de muscade & Chocolat : *voir Chocolat & Noix de muscade, page 20.*

Noix de muscade & Chou : La noix de muscade peut avoir un effet vivifiant sur les légumes verts un peu mornes. Déposez des pointes de beurre sur des choux de Bruxelles, puis parez-les de mouchetures de noix de muscade râpée, comme des arbres en hiver dépouillés et décorés de lampions.

Noix de muscade & Chou-fleur : *voir Chou-fleur & Noix de muscade, page 156.*

Noix de muscade & Courge : La courge musquée est délicieuse toute seule, mais peut vite vous endormir le palais. C'est là que la noix de muscade fait son entrée. Les Italiens l'utilisent dans un mélange de courge et de ricotta pour en farcir les pâtes. En Amérique du Nord, elle fait partie d'un mélange d'épices que l'on utilise dans les tartes à la courge et dans le flan de courge cuit au four. Mais pas besoin de choisir un produit laitier trop lourd pour lui donner vie : essayez de la râper fraîche sur de la courge musquée qu'on vient de faire rôtir avec un mélange de $^2/_3$ d'huile d'olive pour $^1/_3$ de vinaigre balsamique.

Noix de muscade & Fromage à pâte pressée cuite : La noix de muscade a un côté net et vivifiant qui se prête bien aux aliments gras. Les macaronis au fromage sont un bon exemple. La saveur de la noix de muscade est un mélange complexe de pin, de fleurs, d'agrumes avec de chaudes notes poivrées qui proviennent d'un composé appelé la myristicine qui, dit-on, donne à la noix de muscade des qualités hallucinogènes. Lorsqu'on ajoute de la noix de muscade à des aliments fades, comme des pâtes au fromage, des crèmes cuites ou de la pomme de terre, cette complexité est particulièrement perceptible – surtout si vous en mettez assez pour commencer à halluciner.

Noix de muscade & Fruits de mer : La muscade, ou une combinaison de muscade et de macis, est traditionnellement utilisée pour assaisonner les crevettes en pot. Les deux possèdent une clarté acidulée de poivre frais qui en fait des partenaires naturels et équivalents pour les plats onctueux à base de homards ou de crevettes.

✻ **Noix de muscade & Huître :** La noix de muscade est une bonne partenaire des huîtres dans les plats chauds, surtout s'il y a de la crème. C'est l'assaisonnement qu'on utilise dans les pains d'huîtres, dont on dit qu'ils sont nés au Massachusetts à la fin du XVIIIe siècle. Coupez les bouts de petits pains ronds croustillants pour en faire des couvercles, videz-les de leur mie tendre et recouvrez les parois de la cavité ainsi formée de beurre fondu. Placez les petits pains évidés et leur couvercle au four à 200 °C (thermostat 6-7) pendant 10 minutes, pas plus, pendant que vous faites cuire la garniture. Prenez suffisamment d'huîtres pour remplir les petits pains et faites-les mijoter dans du beurre avec leur eau et la mie coupée en petits morceaux pendant 5 minutes. Ajoutez un peu de crème et de noix de muscade fraîchement moulue et laissez cuire pendant encore 1 minute. Remplissez les petits pains du mélange d'huîtres cuites, refermez les couvercles et servez.

Noix de muscade & Noix : Quelques pincées de noix de muscade râpée peuvent rehausser la saveur des gâteaux et des biscuits aux noix de la même manière que le goût des friandises à base de noisettes est renforcé par 1 cuillerée à café de cacao en poudre.

Noix de muscade & Œuf : *voir Œuf & Noix de muscade, page 169.*
Noix de muscade & Oignon : *voir Oignon & Noix de muscade, page 139.*

Noix de muscade & Panais : Certains chefs ont noté que le goût du panais rappelle en partie celui de la muscade. C'est parce que le panais contient de la myristicine, un élément clé de la saveur des noix de muscade, qui est particulièrement perceptible lorsque le légume est cuit. C'est pour cette raison que je préfère préparer des poires à la noix de muscade : ce *panais-gyrique* à la muscade est trop outré pour être agréable.

Noix de muscade & Pomme : J'aime utiliser de la noix de muscade, en partie à cause de la mignonne petite râpe qui va avec, mais aussi parce qu'elle est à la fois riche et fraîche, et merveilleuse pour rehausser la compote de pommes tiède. Râpez-en au-dessus et servez avec de la crème glacée à la vanille. C'est comme tomber amoureux en automne.

Noix de muscade & Pomme de terre : *voir Pomme de terre & Noix de muscade, page 115.*
Noix de muscade & Rutabaga : *voir Rutabaga & Noix de muscade, page 153.*
Noix de muscade & Safran : *voir Safran & Noix de muscade, page 227.*

Noix de muscade & Tomate : À Bologne, la noix de muscade est utilisée pour corriger la trop forte acidité que la tomate peut apporter au *ragù*. Pour une sauce encore plus soyeuse, essayez d'ajouter du lait à la viande une fois qu'elle est dorée, à la place d'une partie du bouillon ou des tomates, et votre bolognaise sera ronde et lisse comme une sculpture de Brancusi. Voir aussi Noix de muscade & Agneau, page 280.

Noix de muscade & Vanille : *voir Vanille & Noix de muscade, page 436.*

Panais

Le panais cuit possède une saveur sucrée et légèrement terreuse, généralement associée aux légumes-racines, mais avec des pointes bien marquées de noix de muscade et de persil. Lorsqu'il est cru, son goût est plutôt décourageant, surtout si on considère sa texture fibreuse et boisée ; autant croquer dans votre sac de plage en macramé. Rôti, en purée ou en lamelles, bien salé et avec une bonne quantité de matière grasse, le panais prend une superbe et douce saveur sucrée qui rappelle la noix de coco ou la banane.

Panais & Anis : Il y a dans le panais une trace herbacée d'anis. Grignotez-en un cru et vous la découvrirez. C'est subtil – ne vous attendez pas au pastis sur le terrain de pétanque à Saint-Paul-de-Vence – mais indéniable. Par rapport à l'usage habituel – et un peu lassant – du panais en curry, un traitement en soupe avec de l'estragon est un changement bienvenu.

Panais & Banane : Pendant la Seconde Guerre mondiale, à l'époque où l'on ne trouvait pas de bananes en Angleterre, on fabriquait de fausses bananes avec des panais. En plus de leur chair couleur ivoire, le panais et la banane partagent une même douceur épicée. Goûtez un morceau de panais rôti, fermez les yeux et pensez à de la banane – c'est encore plus convaincant que les carottes qui se prennent pour des abricots, une autre substitution en temps de guerre. Ajouter à la paire panais-banane un peu de clou de girofle moulu et du rhum en fait un couple parfait Maintenant que les bananes ne sont plus menacées par les sous-marins, de faux panais faits avec de la banane pourraient donner à votre rôti du dimanche un petit côté antillais, mais il est préférable de les associer dans un gâteau moelleux – autrefois, les panais étaient un ingrédient tout aussi courant dans les gâteaux que la carotte aujourd'hui dans les *carrot cakes*.

Panais & Bœuf : La carotte et le panais sont tous les deux sucrés, mais la grande complexité de saveurs du panais en fait un partenaire plus intéressant pour le bœuf. Servez du bœuf rôti avec des panais eux-mêmes rôtis dans le jus, ou bien un simple ragoût de bœuf avec des panais coupés en morceaux, ou encore de la queue de bœuf cuite au vin rouge avec une purée de panais et de pommes de terre. Pour sortir du cadre de la cuisine familiale, Charlie Trotter fait une terrine de joue de bœuf, de salsifis et d'endives qu'il sert avec une purée de panais. Et comme le panais s'accorde très bien avec les saveurs salées, j'ai associé des tranches de bœuf salé et séché à l'air libre – que les Italiens appellent *bresaola* – avec des tranches de panais et du pain au parmesan, selon la recette de Delia Smith.

Panais & Cresson : Du cresson et des panais rôtis, voilà une bonne base pour une salade d'hiver. Ils ont tous les deux quelque chose d'épicé et d'amer à la fois, compensé chez le cresson par sa clarté d'eau douce et chez le panais par son côté sucré. Mélangez des cubes chauds de panais cuits avec des feuilles de cresson, des croûtons et du fromage bleu émietté, puis assaisonnez avec une vinaigrette bien relevée. Si vous faites pousser vos propres panais, les feuilles de la variété white gem sont comestibles lorsqu'elles sont jeunes et ont une saveur de panais bien reconnaissable avec un arrière-goût amer pas déplaisant, ce qui en fait un ingrédient supplémentaire plutôt intéressant pour cette salade.

Panais & Fromage à pâte pressée cuite : *voir Fromage à pâte pressée cuite & Panais, page 84.*

Panais & Fruits de mer : Les coquilles Saint-Jacques et les pétoncles peuvent se poser sur presque n'importe quoi, tant qu'il s'agit de bouillie. Le panais ne fait pas exception. Perchez vos saint-jacques ou vos pétoncles au sommet d'une petite colline de panais en purée et profitez de leur douceur complémentaire de fruits à coque.

Panais & Lard : *voir Lard & Panais, page 212.*
Panais & Noix : *voir Noix & Panais, page 299.*
Panais & Noix de muscade : *voir Noix de muscade & Panais, page 282.*

❋ **Panais & Pois :** Il est généralement admis que les composés les plus impliqués dans la saveur caractéristique du panais sont le terpinolène (également présent dans certaines huiles essentielles extraites des pins), la myristicine (présente dans la noix de muscade et, dans une moindre mesure, dans le persil et l'aneth) et le 3-sec-butyl-2-méthoxypyrazine, qui possède une qualité de petit pois légèrement moisi. Ce dernier composé se retrouve à des niveaux plus élevés dans le panais que dans tout autre légume, ce qui explique l'affinité très particulière des panais pour les petits pois. Essayez-les ensemble dans une soupe hivernale. Le panais agit comme un épaississant, en apportant aussi une saveur légèrement épicée, comme une journée ensoleillée en plein hiver. Pelez et hachez 3 panais, puis faites-les revenir dans de l'huile d'olive avec un oignon émincé jusqu'à ce qu'ils ramollissent. Ajoutez 750 ml de bouillon de légumes ou de poulet, portez à ébullition et laissez mijoter pendant 10 minutes. Ajoutez alors 500 g de petits pois surgelés et assaisonnez. Ramenez à ébullition, faites mijoter pendant

5 minutes, puis laissez refroidir un peu. Passez au mixer pour obtenir une consistance très liquide, réchauffez et servez.

Panais & Poisson blanc : *voir Poisson blanc & Panais, page 185.*

Panais & Pomme de terre : L'avènement de la pomme de terre en Europe au XVIe siècle fut responsable de la chute de popularité du panais et de la disparition du chervis qui a une saveur à mi-chemin entre les deux. Le salsifis, une autre racine pâle, est parfois appelé « plante huître » parce qu'il a, dit-on, un goût d'huître, mais je dirais plutôt qu'il possède une saveur plus proche de celle du panais, délicate et savoureuse. Le genre botanique *Scorzonera*, parfois appelé salsifis noir, a le même goût que le salsifis ordinaire et lui ressemble, avec une peau noire, comme son nom le laisse penser.

Panais & Porc : Le panais a récemment acquis un statut « exotique » aux yeux des gourmets français qui l'ont longtemps considéré comme juste bon pour nourrir le bétail. Pourtant, les panais ne sont pas seulement excellents pour engraisser les bovins : ils ont la réputation de rehausser la saveur de la viande de porc et on en donne souvent à manger aux cochons avec lesquels on fera du jambon cru. Réciproquement, au XIXe siècle, on améliorait souvent le goût des panais en les faisant cuire avec du porc salé. On les réduisait ensuite en purée pour les faire frire au beurre – ce qui n'a pas l'air mal, mais doit probablement accentuer leur saveur de coton hydrophile.

Panais & Poulet : *voir Poulet & Panais, page 37.*

BOISÉE

Carotte

Courge

Châtaigne

Noix

Noisette

Amande

Carotte

Les carottes présentent de telles variations, tant dans leur teneur en sucre que dans leur saveur de pin et de persil, qu'elles peuvent arriver à posséder une qualité boisée. Elles ont de fortes affinités avec les autres ombellifères (panais, céleri, fenouil), mais leur douceur et leur pointe boisée forment aussi un accord harmonieux avec les ingrédients exprimant des notes de fruits à coque. Les carottes de Nantes sont réputées pour leur excellente saveur.

Carotte & Anis : Guy Savoy propose une soupe de carottes à l'anis étoilé en amuse-bouche et utilise la même combinaison de saveurs pour agrémenter du homard légèrement grillé. L'alliance est parfaite : l'anis étoilé flatte les qualités fraîches et boisées de la carotte, ce qui tombe bien puisqu'elle s'épanouit justement lorsqu'on l'encense à l'excès. Le chef John Tovey prépare un plat d'accompagnement sans prétention à base de carottes et d'anis en réduisant en purée 450 g de carottes cuites avec 20 g de beurre et 1 cuillerée à soupe de Pernod. À essayer avec du confit de canard.

Carotte & Bœuf : *voir Bœuf & Carotte, page 53.*
Carotte & Cacahuète : *voir Cacahuète & Carotte, page 27.*
Carotte & Cannelle : *voir Cannelle & Carotte, page 274.*

Carotte & Cardamome : Combinées dans un dessert indien populaire, la *gajar halva*, que l'on sert lors des fêtes de mariage et pour *Diwali*, une fête célébrée à l'automne. Il existe de nombreuses façons de préparer du *gajar halva*, mais il s'agit principalement de carottes finement râpées qu'on fait cuire lentement dans du lait jusqu'à ce que la plupart du liquide soit absorbé, et auxquelles on ajoute du sucre, des graines de cardamome écrasées et du *ghî* (beurre clarifié indien), ou bien du beurre doux, ou encore une huile sans saveur. Les garnitures peuvent varier, même si ce sont habituellement des amandes, des pistaches et des fruits secs. À manger froid ou à température ambiante. Certains disent que la glace à la vanille est un bon accompagnement, mais je pense que l'acidité de la crème fraîche ou d'un yaourt épais contraste mieux avec ce dessert déjà sucré.

Carotte & Céleri : Quand il s'agit de faire un petit régime, préférez-vous la carotte ou le bâton ? Aucun des deux ? Ou les deux, imbibés de mayonnaise enrichie à la moutarde. Dans un jeu d'association d'idées, ma réponse au mot « France » ne serait pas « Paris » ou « terroir », mais « céleri rémoulade ». Pour un pique-nique parfait, il me faut du céleri rémoulade, des carottes râpées, quelques fines tranches de jambon de Bayonne, un camembert à point, une baguette et une bouteille de côtes-du-rhône. Inévitablement, j'oublie d'emporter des couverts et je dois me débrouiller pour manger mes légumes avec le pain. Pour confectionner de bonnes carottes râpées, il faut les râper finement (de préférence avec un robot de cuisine, ce qui rend les brins plus soyeux) et les mélanger avec une sauce faite avec une huile un peu neutre au goût, du jus de citron, une touche de moutarde de Dijon et une pincée de sucre, de sel et de poivre. Pour le céleri rémoulade, râpez le céleri (pas trop fin, ou il ressemblera à de la noix de coco), mélangez-le avec du jus de citron pour éviter qu'il ne brunisse, puis avec de la mayonnaise assortie de petits grains de moutarde ; rectifiez l'assaisonnement à votre goût.

Carotte & Chou : Tous les deux croquants, frais et sucrés-épicés quand ils sont crus. La carotte apporte un côté fruité au mélange. C'est une base fiable pour un *coleslaw* avec des pommes, du céleri, des noix, du carvi ou du fromage bleu (ou tout en même temps). Mais ça me va déjà très bien s'il n'y a que du chou, de la carotte et de l'oignon. Sauf si vous comptez en manger juste après l'avoir préparé, vous pouvez d'abord saler le chou émincé, puis le laisser de côté pendant environ 1 heure avant de le rincer, de l'égoutter et de l'essuyer. Ainsi dégorgé, cela évitera que le *coleslaw* ne ressemble à de la soupe. Cela donnera également à cette salade une qualité salée plus complexe, plutôt qu'un aspect fruité et sucré plus innocent.

Carotte & Concombre : *voir Concombre & Carotte, page 235.*

Carotte & Cumin : Il est rare de s'asseoir à la table d'une fête marocaine sans que l'on vous propose une assiette de carottes sucrées assaisonnées avec une sauce corsée au cumin. Coupées en disques gaufrés et crantés, elles me rappellent, malgré tous les efforts du cumin, les minables rondelles de substance orange qu'on trouve en boîte. Alors que les carottes du jardin, arrachées du sol quand elles sont longues, fines et pointues, sont parfaites pour cette association. Passez-les, une fois lavées et avec leur peau, dans de l'huile d'olive et saupoudrez-les de cumin avant de les faire rôtir. Cela accentuera leur côté à la fois terreux et sucré, attirant les sucres à la surface où ils caramélisent et se mélangent savoureusement à l'épice.

Carotte & Noisette : *voir Noisette & Carotte, page 302.*

Carotte & Noix : Le jus de carotte a une saveur douce et fruitée dont le goût peut s'apparenter à celui d'un milk-shake de régime. Les noix, lorsqu'elles sont fraîches, possèdent aussi cette douceur laiteuse. Les dernières carottes de l'été avec les premières noix de l'année feront une belle salade à accompagner de pain et de fromage. Plus âgées, et donc plus boisées, elles s'entendront mieux dans un gâteau sucré qui les adoucira.

Carotte & Noix de coco : Les œufs au plat *sunny side up* (le jaune apparent, ce qui n'est pas courant aux États-Unis où les œufs sont habituellement retournés durant la cuisson) à la carotte et à la noix de coco qu'on sert au wd~50 de New York portent la griffe de son chef, Wylie Dufresne. Le jaune (si facile à percer) a des saveurs de carotte et d'érable, alors que le blanc a le goût de noix de coco et de cardamome. Ceux d'entre nous qui ne possèdent pas l'équipement professionnel nécessaire (ou le savoir-faire) pour en faire rapidement à la maison peuvent se limiter à un glaçage à la noix de coco sur un *carrot cake*.

❋ **Carotte & Oignon :** Pour faire des carottes à la nivernaise, blanchissez tout d'abord des carottes nouvelles entières et pelées (ou des plus vieilles en morceaux) pendant 1 minute avant de les égoutter. Faites-les mijoter dans du beurre et assez de bouillon pour les recouvrir jusqu'à ce que le liquide réduit ne soit plus qu'un fond de sirop épais. Pendant ce temps, faites cuire des petits oignons pelés selon le même procédé, sans les faire blanchir. Mélangez les oignons et les carottes avec l'assaisonnement et un peu de sucre. Juste un peu : souvenez-vous combien carottes et oignons ont déjà tendance à caraméliser.

Carotte & Olive : J'adore ces restaurants bon marché – souvent turcs ou grecs – où on vous apporte une soucoupe d'olives noires ridées et des bâtons de carotte crue à grignoter pendant que vous lisez le menu, une délicate attention pour le client. La combinaison des olives huileuses et salées avec la carotte fraîche et sucrée stimule les papilles tandis que vous faites tranquillement votre choix.

Carotte & Orange : Il y a plus de quatre-vingts ans, l'homme d'esprit Paul Reboux écrivait qu'une compote d'araignées, un salmis de chauves-souris ou un gratin d'orvets ne l'intéressaient pas. Son intention était de casser, en cuisine, la tradition d'associations de certains ingrédients. Sa mission était d'allier l'inattendu avec le délectable. Après avoir ainsi fixé les fondements de sa démarche, il continuait en donnant une recette de salade verte et de pommes de terre avec une sauce crémeuse et garnie de zestes d'orange et de carotte, tous deux coupés en filaments de 2 à 3 cm de longueur « aussi fins que des aiguilles de pin ». Reboux garantissait que cela attirait l'attention des gourmands. « Orange ? Carotte ? Comment se fait-il que l'orange a le goût de la carotte et la carotte celui de l'orange ? » Un petit jeu pour le palais.

Carotte & Persil : La saveur de la carotte peut être accentuée par l'ajout d'un de ses parents ombellifères, comme le persil, le panais, le cumin, la coriandre ou l'aneth. On a souvent recours à une fine dispersion de persil pour donner la dernière touche à une soupe de carottes ou à des carottes Vichy (des carottes nouvelles cuites à feu doux dans un mélange de beurre, de sucre, de sel et d'eau de Vichy, non calcaire).

❋ **Carotte & Pomme :** Les enfants, en général, apprécient cette salade aigre-douce. Râpez pommes et carottes et assaisonnez avec une huile au goût neutre et du jus de citron. Pour une texture encore plus croquante, parsemez au-dessus et au petit bonheur une poignée d'un mélange de graines, de cerneaux de noix et de raisins secs.

Carotte & Rutabaga : *voir Rutabaga & Carotte, page 153.*

Courge

La courge musquée *(Cucurbita moschata)*, la citrouille *(Cucurbita pepo)* et le potiron *(Cucurbita maxima)* partagent un même chapitre puisqu'ils ont les mêmes affinités de saveurs et sont souvent utilisés indifféremment l'un pour l'autre. Botaniquement, les trois sont des courges (genre *Cucurbita*). Gardez cependant à l'esprit que la courge musquée est naturellement plus douce et aura besoin de moins de sucre dans les recettes qui en contiennent. Il existe aussi une différence de texture : la chair dense de la courge musquée est soyeuse, avec un grain fin, tandis que la citrouille peut être fibreuse. La douceur prononcée de la courge musquée fonctionne bien avec les ingrédients salés. Vous pouvez aussi la contrebalancer avec des pointes acides, ou utiliser la densité de sa chair comme support pour les herbes puissantes tels le romarin ou la sauge.

Courge & Amande : Dans le nord de l'Italie, les *tortelli*, pâtes farçies en forme d'oreillers, sont fourrés d'*amaretti* (biscuits secs aux amandes) et de *zucca* (potiron ou citrouille). Les biscuits amers rehaussent la douceur sucrée de la courge. Nadia Santini, chef du Dal Pescatore à Mantoue, confectionne des *tortelli* légendaires qui contiennent également de la *mostarda di Cremona* (fruits confits dans un sirop épais de moutarde), de la muscade, de la cannelle, du clou de girofle et du parmesan.

Courge & Cannelle : *voir Cannelle & Courge, page 275.*
Courge & Champignon : *voir Champignon & Courge, page 96.*

Courge & Châtaigne : Un peu comme un couple de poneys shetlands grassouillets. Voilà pourtant une très bonne association pour l'hiver. Essayez de les combiner dans un pilaf de riz sauvage. Ou tentez de retrouver les deux saveurs avec un potimarron, une variété de courge qui fait partie de l'héritage français, dont le nom est dérivé de potiron et de marron. De couleur orange éclatante, il présente la forme extérieure d'une figue, et sa délicieuse saveur aromatique de châtaigne est très largement appréciée, ce qui permet de le trouver facilement un peu partout. Au Japon, il est connu sous de nom de potiron d'Hokkaido et il est souvent utilisé dans le miso.

Courge & Citron vert : *voir Citron vert & Courge, page 378.*

Courge & Fromage bleu : *voir Fromage bleu & Courge, page 76.*

Courge & Fromage de chèvre : La betterave sucrée est une partenaire habituelle du fromage de chèvre salé, mais la courge musquée lui convient encore mieux. Faites rôtir des cubes de courge dont les bords caraméliseront et prendront une saveur de miel – et nous savons tous combien ce bon vieux fromage de chèvre apprécie d'être recouvert d'une nappe de miel doré. Certains associent la courge au fromage de chèvre dans un gratin, mais je trouve ça un peu trop lourd. Selon moi, il est préférable de les mélanger dans une sauce de salade piquante avec de jeunes pousses d'épinards ou dans un couscous avec des pois chiches, des pignons toastés, de l'oignon rouge finement émincé et beaucoup de persil et de menthe hachés.

Courge & Fruits de mer : « Avec nous, vous pouvez avoir le beurre et l'argent du beurre », déclarent les homards, qui l'aiment plus que tout. On peut donc simplement les pocher dedans. La courge est un très bon accompagnement, apportant une harmonie de fruits à coque ainsi que sa texture luxueuse, diversement décrite comme veloutée, soyeuse ou satinée.

Courge & Gingembre : *voir Gingembre & Courge, page 388.*

❋ **Courge & Lard :** La saveur sucrée salée de cette combinaison me rappelle la chair de crabe, ce qui m'a inspiré cette version « marin d'eau douce » de croquettes de « crabe » à la courge musquée et au lard avec une mayonnaise au citron vert. Râpez 200 g de courge musquée. Mélangez 4 tranches de lard tranchées en allumettes, une bonne poignée de chapelure et une pincée de sel. Liez le tout avec 1 cuillerée à soupe de mayonnaise. Formez des croquettes d'environ 4 cm de diamètre et 1 cm d'épaisseur, puis laissez-les prendre consistance au réfrigérateur pendant 30 minutes avant de les faire frire dans de l'huile végétale. Recouvrez les croquettes cuites d'un peu de mayonnaise mélangée à du jus et du zeste de citron vert. Dispersez au-dessus un peu de zeste supplémentaire pour la touche finale.

Courge & Noix de muscade : *voir Noix de muscade & Courge, page 281.*

❋ **Courge & Piment :** Les courges font d'excellents appareils pour les tartes et les pâtes parce qu'elles ne contiennent pas (trop) d'eau et que leur saveur sucrée n'empêche pas les autres ingrédients de s'exprimer. Une *quesadilla* est une préparation parfaite pour marier la courge musquée avec le piment. Prenez une tortilla qui rentre dans votre poêle à frire. Tartinez-la d'une couche de 1 à 2 cm de purée de courge musquée que vous saupoudrerez d'un mélange aigre et piquant de piments *jalapeños* au vinaigre et de piments frais émincés. Recouvrez enfin d'une couche de cheddar râpé et d'une autre tortilla. Faites cuire à feu moyen de chaque côté jusqu'à ce que l'ensemble soit chaud et que le fromage ait fondu. Coupez en quatre avant de servir.

Courge & Pomme : Lors d'un déjeuner automnal au Beacon (restaurant sur la West 56th Street à New York), j'ai commandé une soupe de potiron et de pommes. Le serveur l'a apportée dans un pichet, l'a versée dans un bol et a posé un nuage de barbe à papa épicée au-dessus. Il s'est dissous instantanément dans la soupe, laissant derrière lui une douce trace de cannelle et un léger coup de chaud. De retour chez moi une semaine plus tard, j'ai tenté de reproduire le même phénomène dans ma cuisine. J'ai laissé ma soupe refroidir dans le réfrigérateur tandis que je surfais sur eBay à la recherche d'une machine à barbe à papa. Puis je suis revenue à la raison. Qui a besoin dans sa cuisine d'un autre appareil électroménager encombrant seulement pour confectionner une soupe qui soit un peu meilleure quand, faute de place, les torchons s'empilent sur la machine à crème glacée ? Le temps que je me décide, la saveur de la pomme s'était intensifiée dans le frigo, au point qu'au moment de manger ma soupe elle n'avait plus besoin d'une bouffée épicée de barbe à papa.

Courge & Porc : La courge s'accorde gentiment avec toutes sortes de ragoûts. Du côté occidental, avec du cidre, des pommes, du lard et de l'oignon, ou pour le versant oriental, avec du bouillon de poulet, du soja du vin de riz de Shaoxing, du cinq-épices et du sucre brun. Pour aider à épaissir la sauce, farinez le porc – idéalement de l'épaule coupée en dés de 3 cm de côté – avant de le faire dorer. Ajoutez la courge entre 20 et 30 minutes avant la fin de la cuisson ; lorsqu'elle cuit trop longtemps, elle finit par se désintégrer.

✻ **Courge & Romarin :** Faire rôtir ensemble courge musquée et romarin, c'est se rappeler combien tous les deux sont si intensément sucrés et parfumés qu'ils peuvent porter un plat à eux seuls, comme dans ce ragoût de courge musquée, de *cannellini* (haricots blancs) et de romarin. Hachez un oignon et faites-le fondre dans de l'huile d'olive. Ajoutez 3 gousses d'ail finement hachées, 500 g de courge musquée coupée en dés de 2 cm d'arête, 2 bocaux de *cannellini* égouttés, 1 boîte de tomates cerises, les feuilles très finement hachées d'une branche de romarin, 250 ml de vin blanc et 250 ml d'eau. Assaisonnez, remuez, portez à ébullition, puis couvrez et laissez mijoter environ 20 minutes. Retirez le couvercle et continuez la cuisson jusqu'à ce que la courge soit tendre et que la plupart du liquide se soit évaporé. Servez tel quel ou en saupoudrant de chapelure grillée mélangée à du parmesan. Si l'odeur de ce plat vous émoustille plus que d'habitude, cela peut vous intéresser de savoir que la courge musquée et le romarin sont de très proches parents respectivement de la citrouille et de la lavande. Dans une étude d'une gamme de parfums réalisée par le Dr Alan Hirsch de la Smell and Taste Treatment and Research Foundation de Chicago, les Américains de sexe mâle déclarent que l'odeur la plus excitante est celle de la tarte à la citrouille aromatisée à la lavande ; elle arrive en deuxième pour les femmes américaines – voir aussi Concombre & Anis, page 235.

Courge & Sauge : *voir Sauge & Courge, page 402.*

Châtaigne

Comme le pignon de pin ou la noix de cajou, la châtaigne figure parmi les fruits à coque les plus sucrés, mais sa faible teneur en graisse la rend unique. Néanmoins, de même que ses cousins huileux, c'est lorsqu'elle est rôtie – sur un feu ouvert, naturellement – que ressortent toute sa saveur et toute sa douceur. Ses qualités terreuses en font une bonne partenaire pour d'autres saveurs d'automne, comme le gibier, les champignons et les pommes. Les châtaignes peuvent être moulues en une farine qui permet de donner un caractère rustique aux pains, aux pâtes et aux gâteaux. Elles peuvent aussi être combinées intimement au sucre dans les marrons glacés et la crème de marrons ; on les trouve aussi en liqueur sous le nom de crème de châtaignes.

Châtaigne & Agneau : Pour ceux qui trouvent que les abricots et les prunes sont trop sucrés, les châtaignes représentent un excellent substitut dans les ragoûts nord-africains ou les tajines. N'ajoutez les châtaignes – sous vide – que 10 minutes avant la fin de la cuisson pour qu'elles restent entières.

Châtaigne & Céleri : Une brunoise de céleri – c'est-à-dire que le légume est coupé en très petits dés – est, dans la soupe, un partenaire recommandé pour les châtaignes, non seulement en raison de la compatibilité de leur saveur, mais aussi parce qu'ils ont des temps de cuisson identiques, selon l'auteur culinaire Mme E. Saint-Ange.

Châtaigne & Champignon : *voir Champignon & Châtaigne, page 95.*
Châtaigne & Chocolat : *voir Chocolat & Châtaigne, page 18.*

Châtaigne & Chou : Après que vous aurez ouvert en croix vos choux de Bruxelles et taillé une encoche dans vos châtaignes, on dira de vous que vous savez réellement jouer du couteau. Inciser l'écorce des châtaignes est essentiel pour les empêcher d'exploser dans le four. Vous pouvez vous économiser sur les choux de Bruxelles, le seul risque étant qu'ils soient un peu trop cuits, d'autant plus que vous aurez besoin de toute votre énergie pour peler les châtaignes à chaud et retenir vos cris d'agonie quand un éclat d'écorce brûlant s'insinuera sous un de vos ongles. Si vous avez pris la peine de ramasser vous-même vos châtaignes, ne les gâchez pas en les mangeant trop tôt. Elles ont besoin de sécher quelques jours pour que leur amidon se transforme en sucre, ce qui intensifie leur saveur. Le chou de Bruxelles et la châtaigne forment une paire délicieuse, bien entendu, mais vous pouvez aussi essayer de braiser des châtaignes avec des pommes et du chou rouge, ou – si vos mains sont cicatrisées – tenter d'en farcir un chou en adaptant la recette de Chou & Porc (page 151), avec du lard au lieu de la viande de porc.

Châtaigne & Courge : *voir Courge & Châtaigne, page 291.*
Châtaigne & Jambon cru : *voir Jambon cru & Châtaigne, page 215.*

Châtaigne & Poire : Mettez de côté quelques châtaignes parmi celles achetées pour vos farces de Noël et servez-les le lendemain dans une salade de poires, avec quelques morceaux émincés de la dinde de la veille et quelques feuilles de salade.

Châtaigne & Porc : Alexandre Dumas convient que les châtaignes sont très bonnes avec toutes les viandes. Dans le *Grand Dictionnaire de cuisine*, il donne une recette de purée de châtaignes pour accompagner des saucisses de porc. Pelez des châtaignes rôties en enlevant bien la fine pellicule intérieure. Faites-les fondre dans du beurre, du vin blanc et un peu de bouillon avant de les réduire en purée, dans laquelle vous mélangerez le jus de cuisson des saucisses avant de servir. La châtaigne a un taux anormalement élevé d'hydrate de carbone pour un fruit à coque, ce qui explique qu'on l'utilise habituellement comme substitut de la pomme de terre ou bien encore moulue en farine en pâtisserie-boulangerie. Ce sont ces qualités farineuses qui ont valu au châtaignier d'être surnommé, en Corse, l'« arbre à pain ». La châtaigne est aussi utilisée dans la fermentation de la Pietra, la première bière d'origine corse, qui a des saveurs rôties et fumées.

Châtaigne & Poulet : Voici ce qu'écrivait Edward A. Bunyard : « C'est à l'intérieur d'un oiseau que la châtaigne trouve sa meilleure fin – un oiseau mort de préférence. Sa pâte moelleuse y trouve un terrain parfait où des saveurs plus relevées peuvent s'exposer, une toile de fond plus attrayante que la pomme de terre qui a (presque) conquis tout le monde. » Bunyard pensait fort probablement à la manière qu'ont les châtaignes de s'accorder avec le gibier à plumes bien gras aux saveurs marquées, comme l'oie ou le canard, bien que l'association soit tout aussi courante dans les farces utilisées avec le poulet ou la dinde.

* **Châtaigne & Romarin :** Le *castagnaccio* est un gâteau toscan qui n'était composé à l'origine que de farine de châtaigne, d'huile d'olive, d'eau et de sel. Avec la prospérité de la région, il s'est progressivement enrichi de romarin, de pignons de pin, de fruits secs, de noix et d'écorces d'agrumes confites. La farine de châtaigne a un arôme étrange, quelque part entre

le cacao et l'ensilage (produits agricoles, spécialement le fourrage vert, conservés en silo pour nourrir le bétail l'hiver), donc plutôt rustique. Et je veux bien dire rustique : elle a en gros le goût du plancher d'une bergerie. Tout le monde ne l'appréciera donc pas. Si vous souhaitez vous faire votre propre opinion, mélangez 250 g de farine de châtaigne tamisée avec 350 ml d'eau pour obtenir une pâte lisse, sans oublier une pincée de sel. Incorporez des feuilles de romarin finement ciselées et versez dans un moule de 23 cm de diamètre ; c'est un gâteau qui ne gonfle pas. Badigeonnez généreusement d'huile d'olive, parsemez de pignons de pin et enfournez à 190 °C (thermostat 6-7) pour 30 à 45 minutes, jusqu'à ce que le dessus soit brun foncé et fissuré comme un vernis ancien. Vous aurez noté que cette recette ne contient pas d'agent levant et que tout le sucre qu'elle contient provient des châtaignes. Si vous avez des invités, il faut donc vous attendre à devoir recadrer toutes les espérances que le mot « gâteau » suscite habituellement.

Châtaigne & Vanille : Elles sont le plus couramment associées dans les marrons glacés, une confiserie si sucrée que tous les cabinets dentaires devraient placarder une affiche de mise en garde. Ils sont confectionnés avec de grosses châtaignes, particulièrement sucrées, que l'on fait macérer pendant plusieurs jours dans un sirop aromatisé à la vanille avant de les recouvrir d'un glaçage de finition encore plus concentré en sucre. Clément Faugier fabrique de la crème de marrons qui a le goût d'un caramel mou à la saveur subtile de fruits à coque et cette qualité granuleuse très agréable qu'on apprécie dans la châtaigne. On la sert simplement avec de la crème fouettée ou étalée sur des crêpes fines.

Noix

La noix est le deuxième fruit à coque le plus populaire dans le monde, après l'amande. Les noix sont gratifiantes à utiliser dans les gâteaux et les confiseries, où leurs lobes ridés sont souvent plus intéressants que leur saveur modérée. La torréfaction fait ressortir leur caractère dans son entier – des notes fortes avec des pointes amères de nicotine. Les noix s'accordent particulièrement bien avec les autres saveurs « brunes » comme la cannelle, la muscade, le sirop d'érable, le miel et les poires. On peut les acheter marinées ou confites en sirop ; on en trouve aussi en liqueur, le *nocico*, et en vin de noix (obtenu par macération). L'huile de noix est très bonne sur les légumes et fait d'excellentes vinaigrettes pour les salades.

❋ **Noix & Ail :** Au début du XVIIIe siècle, Jacob Le Duchat, dans son édition de Rabelais, décrit dans une note l'aillade du Languedoc comme « un manger que les pauvres gens se font avec de l'ail et des noix pilées ensemble, et qui leur ouvre l'appétit pour de certains mets indigestes et dégoûtans, comme cette tripaille, dont Pantagruel avoit trop mangé. L'aillade, au reste, est si fort au goût de quelques personnes de distinction, même en Italie, que l'historien Platine n'a pu se taire d'un de ses frères, qui, comme le Marsaut de Joachim du Bellai, se mettoit souvent tout en eau à se préparer ce ragout ». Pauvres ou pas, vous pouvez réaliser cette mixture au robot de cuisine, même si sa saveur est meilleure si vous la pilez dans un mortier. Broyez 100 g de noix et 4 gousses d'ail. Assaisonnez, puis versez lentement 150 ml d'huile d'olive (ou un mélange d'huiles d'olive et de noix) jusqu'à obtenir la consistance d'une sauce. Pour une variante turque nommée *tarator*, ajoutez, avant de verser l'huile, 3 tranches de mie de pain blanc en morceaux, 2 cuillerées à soupe de jus de citron, 1 cuillerée à café de vinaigre de vin rouge et 100 ml de bouillon. Cette sauce est traditionnellement servie avec de la viande rôtie, mais fonctionne bien avec une sorte de paella aux épinards, aux poivrons rouges et aux pois chiches.

Noix & Anis : Je vous encourage à ajouter ½ cuillerée à café de graines d'anis ou de fenouil moulues à une tarte aux noix ou aux pacanes (les noix de pécan ou les noix ordinaires sont presque toujours interchangeables, bien que les pacanes soient plus sucrées et moins amères). Incorporez simplement votre épice au mélange avant de l'étaler sur votre fond de tarte. Cela apporte un petit quelque chose qui rompt avec la monotonie du sucre. Si vous préférez le salé, essayez de faire une sauce de salade avec de l'huile de noix et du vinaigre à l'estragon.

Noix & Aubergine : Elles sont fréquemment associées dans les plats russes et turcs et aussi en Géorgie où l'on fait frire des aubergines coupées en deux, farcies d'une combinaison de noix, d'ail et de feuilles de coriandre mélangés avec des oignons émincés, du céleri, du vinaigre à l'estragon et du paprika. Elles sont servies à température ambiante, parsemées de graines de grenade. Au Liban, on ouvre presque complètement de jeunes aubergines dans le sens de la longueur pour les farcir de noix et d'ail avant de les conserver dans de l'huile. Le chef italien Giorgio Locatelli farcit des pâtes avec un mélange de noix, d'aubergine, de ricotta, de noix de muscade, d'œuf et de parmesan. Il conseille d'acheter les noix avec leur coquille quand elles sont de saison (de décembre à février), pour leur fraîcheur et l'intensité de leur saveur.

❋ **Noix & Banane :** Voici une idée originale pour les bananes. Originale parce qu'elle utilise des bananes qui ne sont pas trop mûres. Pelez une banane immaculée et découpez-la en rondelles. Recouvrez chaque rondelle d'un demi-cerneau en utilisant la dose qu'il faut de confiture de lait comme mastic. Tout l'art réside ici dans la difficulté de mettre de la confiture de lait sur la banane sans qu'elle colle à la cuillère et fasse une bavure. Ça vaut la peine d'essayer cependant. Ça donne même deux fois plus de satisfaction que de faire du carpaccio avec une barre Mars réfrigérée. Si les bananes sont trop mûres, l'association la plus courante consiste à faire un pain à la banane avec des noix qui apparaissent, tels des morceaux de puzzle isolés, à chaque nouvelle tranche.

Noix & Basilic : *voir Basilic & Noix, page 272.*

Noix & Betterave : Ridées et rougeaudes comme les visages tannés d'un couple de paysans. Offrez-leur un nouveau départ en mélangeant des cerneaux de noix brisés avec des morceaux de betterave rôtie et de patates douces dans du quinoa rouge cuit (qui est croquant et possède lui-même quelque chose de la saveur des noix grillées). Assaisonnez avec une vinaigrette au sirop d'érable ou au miel.

Noix & Bœuf : *voir Bœuf & Noix, page 55.*

Noix & Brocoli : Combinez-les dans un plat de pâtes ou un sauté. Le brocoli représente un ajout incongru mais sain à la provocation cardiovasculaire que constitue le plat décrit dans Noix & Fruits de mer, page 299.

Noix & Café : *voir Café & Noix, page 25.*

Noix & Cannelle : Les noix ont une affinité avec les saveurs d'automne sucrées et collantes comme la cannelle, le caramel mou, le sirop d'érable et la pomme. Il existe même un cultivar de noix, appelé Poe, dont on dit qu'il a le goût des bonbons au caramel. La noix commune *(Juglans regia)* est parfois appelée noix anglaise aux États-Unis parce qu'elle fut importée du Royaume-Uni (sans y être nécessairement cultivée) et devait être distinguée de la noix noire locale *(Juglans nigra)*. Les Britanniques aimaient l'appeler noix de Madère puisque c'est de là qu'ils l'avaient importée, mais j'aime à penser que cela a à voir avec le contraste qui existe entre la douceur de la noix et le côté astringent de sa peau, tout comme les vins de Madère (corsés avec des notes de caramel, de fruits à coque, de fruits secs, de marmelade d'orange et de caramel mou) trouvent leur équilibre dans leur acidité prononcée.

Noix & Carotte : *voir Carotte & Noix, page 289.*

✻ **Noix & Céleri :** Le céleri et les noix partagent des composés aromatiques caractéristiques appelés phthalides, que l'on trouve aussi dans la livèche ou ache des montagnes (plante ombellifère de la même famille que le céleri). Mâchez une noix et vous ferez le rapprochement sans difficulté. Ce chevauchement de saveurs nous garantit qu'ils se combinent parfaitement dans les farces ou dans la salade Waldorf. Comme le céleri a aussi un effet magique sur le bouillon de poule (voir Céleri & Poulet, page 121), essayez cette recette de soupe qui les réunit tous les trois. Dans un peu de beurre ou d'huile, faites revenir doucement un oignon émincé, une grosse pomme de terre pelée et coupée en dés ainsi que 4 ou 5 branches de céleri émincées. Lorsque les oignons sont tendres, ajoutez 750 ml de bouillon de poule, portez à ébullition, puis baissez le feu et laissez mijoter jusqu'à ce que les pommes de terre et le céleri soient cuits. Enfin, broyez 50 g de noix que vous ajouterez à la soupe que vous aurez préalablement liquéfiée au mixeur. Faites chauffer en remuant jusqu'à ce que la soupe ait épaissi. Servez avec un pain de campagne complet adapté.

Noix & Cerise : *voir Cerise & Noix, page 313.*
Noix & Champignon : *voir Champignon & Noix, page 98.*
Noix & Chocolat : *voir Chocolat & Noix, page 20.*
Noix & Chou-fleur : *voir Chou-fleur & Noix, page 156.*
Noix & Cresson : *voir Cresson & Noix, page 125.*
Noix & Figue : *voir Figue & Noix, page 426.*
Noix & Fromage à croûte lavée : *voir Fromage à croûte lavée & Noix, page 74.*
Noix & Fromage à pâte molle : *voir Fromage à pâte molle & Noix, page 89.*

Noix & Fromage à pâte pressée cuite : La spécialiste en fromages Patricia Michelson écrit que les noix fraîches renforcent les fromages aux saveurs fortement marquées comme le parmesan et le *pecorino*. Les noix fraîches possèdent cette saveur lactée que le fromage perd durant son processus de vieillissement. Cela ne signifie pas que les noix sèches ne sont pas de bonnes partenaires aussi. Elles sont particulièrement bien adaptées au vieux gouda, évoquant le beurre et le scotch, aussi bien dans sa couleur que dans sa saveur, toutes deux profondes.

Noix & Fromage bleu : *voir Fromage bleu & Noix, page 77.*
Noix & Fromage de chèvre : *voir Fromage de chèvre & Noix, page 71.*

Noix & Fruits de mer : Il existe un plat servi dans les restaurants chinois aux États-Unis qui aurait tendance à répartir l'humanité en deux tribus de taille égale : il s'agit de crevettes sautées jetées dans une mayonnaise au citron et au miel agrémentée de noix confites. La tribu A voit le potentiel des crustacés salés et consistants mélangés aux noix craquantes de sucre et doucement épicées. La tribu B est prise instantanément de nausées à la double idée du nombre de calories de cette association et de son caractère parfaitement inauthentique. J'appartiens à la tribu A.

Noix & Noix de muscade : *voir Noix de muscade & Noix, page 282.*
Noix & Orange : *voir Orange & Noix, page 372.*

Noix & Panais : C'est comme ronger la jambe de Pinocchio. Contrecarrez l'excès boisé en retirant le cœur dur des panais les plus vieux.

Noix & Persil : Le persil ajoute une fraîcheur bienvenue à l'astringence boisée de la noix. Ils sont souvent associés dans une sauce proche du célèbre pesto. Faites chauffer 3 cuillerées à soupe d'huile d'olive dans une poêle et ajoutez 2 gousses d'ail hachées, 75 g de noix finement broyées et une poignée de persil plat grossièrement ciselé. Assaisonnez et laissez chauffer quelques minutes. Vous pouvez jeter cette sauce sur des pâtes, ou l'utiliser avec des gnocchis ou un soufflé au fromage.

Noix & Piment : Les *chiles en nogada* sont des piments verts farcis servis avec une sauce aux noix et parsemés de graines de grenade. Spécialité de l'État de Puebla au Mexique, ils ont été créés pour commémorer l'indépendance du pays, les piments verts, la sauce aux noix blanches et la grenade rouge correspondant aux couleurs du drapeau national (voir aussi Piment & Œuf, page 264, et Avocat & Tomate, page 253). Dans le roman *Chocolat amer* de Laura Esquivel, c'est au moment crucial du mariage d'Esperanza, la nièce de Tita, et d'Alex, le fils du Dr Brown, que le plat est servi. Il a tellement d'effet sur la libido des uns et des autres que Pedro (attention ! Révélation sur l'intrigue) rend l'âme après un débordement de rapports sexuels post-prandiaux, soit après un bon repas (même Mrs Beeton savait qu'il est toujours conseillé d'attendre vingt minutes pour laisser le repas descendre).

Noix & Poire : *voir Poire & Noix, page 344.*
Noix & Pomme : *voir Pomme & Noix, page 340.*
Noix & Poulet : *voir Poulet & Noix, page 36.*
Noix & Raisin : *voir Raisin & Noix, page 319.*

Noix & Vanille : La noix noire *(Juglans nigra)* aux saveurs tumultueuses peut remplacer la variété persane habituelle, bien que plus fruitée, avec une saveur de moisissure. Il lui manque ces notes de peinture qui, dans la noix commune *(Juglans regia)*, vous rappellent l'odeur qui vous envahit lorsque vous ouvrez un vieux pot de vernis. La noix commune a également tendance à être plus boisée et plus astringente. Originaire du nord-est de l'Amérique, la noix noire est prisée pour le bois de son arbre qu'on utilise dans la fabrication de mobilier ou pour la crosse des fusils haut de gamme. Sa coquille a la réputation d'être très dure et on doit soit la casser avec un marteau, soit rouler dessus avec un break, soit l'apporter à l'usine de concassage du coin. Une fois ouvertes, les noix noires sont souvent associées à de la vanille dans des gâteaux légendaires, de la crème glacée ou une confiserie appelée *divinity candy* faite avec du sucre, des blancs d'œufs et du sirop de maïs. Le résultat est à mi-chemin entre la meringue et le nougat.

Noisette

Les noisettes ont une saveur douce et onctueuse, avec des notes de cacao qui en font des partenaires sensationnelles pour le chocolat. Celles qui sont cultivées dans la région du Piémont en Italie sont particulièrement renommées pour leur qualité. Les variétés moins courues peuvent être boisées, avec une trace métallique, un peu comme des copeaux de crayon. Comme tous les fruits à coque, les noisettes deviennent plus savoureuses lorsqu'elles sont chauffées : la recherche a montré que le composé à l'origine de leur saveur décuple lorsqu'elles sont grillées. La richesse douce-amère des noisettes fait des merveilles avec les fruits de mer onctueux et délicats, ou comme base pour une sauce de luxe. Crème de noisettes et Frangelico sont des liqueurs à base de noisettes. Les magasins d'aliments naturels vendent une purée de noisettes dont le goût ressemble à celui de l'intérieur d'une truffe pralinée.

❋ **Noisette & Ail :** La *picada* espagnole est, dans sa formule la plus basique, une sauce composée de fruits à coque pilés, d'ail, de pain et d'huile. On utilise parfois des noisettes, des amandes ou un mélange des deux. Les variations sont infinies et peuvent comprendre du safran, de la tomate, du persil ou des pignons. Ce n'est pas comme l'aillade française ou le *tarator* turc que je décris dans Noix & Ail, page 296. Utilisez-la pour épaissir les ragoûts (voir Amande & Poulet, page 308), mélangez-la à des boulettes de viande avant de les rouler ou servez-la en sauce pour accompagner de la viande ou des fruits de mer. Prenez 15 noisettes, 15 amandes (les unes comme les autres grillées à sec et pelées) et une tranche d'un bon pain blanc sans croûte que vous aurez d'abord fait frire dans de l'huile d'olive. Pilez le tout dans un mortier avec 2 gousses d'ail. Une fois que le mélange est devenu pâteux, ajoutez 1 cuillerée à soupe d'huile d'olive et assaisonnez selon votre goût.

Noisette & Amande : Gâteau pour cas d'urgence. L'un des paradoxes de la vie, c'est que l'envie de gâteau se manifeste souvent quand les conditions ne vous permettent pas d'en faire ou de sortir pour en acheter. Idéalement, il faudrait conserver les ingrédients suivants sous verre avec un petit marteau pendu au-dessus, mais c'est par une improvisation désespérée que je suis arrivée la première fois à cette combinaison. J'ai déniché une *ciabatta* au fond du congélateur, l'ai fait dégivrer au grille-pain, l'ai recouverte d'un filet d'huile de noisette, y ai parsemé quelques amandes et raisins secs que j'ai piqués dans le muesli de mon mari, ai aplati tout ça et l'ai mangée encore chaude. Le goût était fantastique, quelque part entre le cake aux fruits et le pain au chocolat, sans le côté écœurant de l'un ou de l'autre. Par bonheur, les trous dans la mie du pain s'étaient transformés en cavités parfaites pour les fruits et les amandes, accentuant encore la similitude avec le cake.

Noisette & Avocat : *voir Avocat & Noisette, page 252.*

Noisette & Banane : La purée de noisettes est une version huppée du beurre de cacahuètes. Elle a le goût d'un Ferrero Rocher dépourvu de sa coquille en chocolat, mais sans le sucre, bien qu'ayant toujours une douceur suave qui fait ressortir le côté fruité de la banane. Étalez-en directement sur un pain blanc de qualité avant de couper une tranche (pour éviter que le pain ne se déchire) et faites des sandwichs avec de fines tranches de banane. Ou bien diluez-en avec du lait et du sirop d'érable pour faire une sauce à déguster avec des *pancakes* ou des crêpes à la banane parsemés de différentes noix grillées.

Noisette & Café : *voir Café & Noisette, page 25.*

Noisette & Carotte : Les recettes de *carrot cake* préconisent souvent de l'huile végétale plutôt que du beurre ou de la margarine, vous pouvez donc donner de la profondeur à ses saveurs en utilisant de l'huile de noisette. Elle n'est pas donnée, mais comme c'est une huile qui ne se conserve pas très longtemps, cette recette rendra parfaitement hommage à la mémoire d'une bouteille qui approche de sa date limite de consommation. Si vous trouvez que la saveur de noisette est trop forte, diluez-la avec de l'huile de tournesol qui a elle-même une légère saveur de noisette. Vous pouvez aussi utiliser des noisettes moulues pour donner du goût à vos pâtisseries – vous devrez alors remplacer entre un tiers et un quart de la farine nécessaire pour la recette du gâteau. Mais s'il vous plaît, veillez absolument à les broyer vous-même dans un mixeur. Faites-les d'abord dorer au four pour activer les composés aromatiques et enlevez les peaux amères – sauf si vous voulez faire un gâteau plus rustique. Dans ce cas-là, laisser les peaux peut être une bonne idée.

Noisette & Caviar : Se pourrait-il que la noisette soit la saveur le plus fine au monde ? Elle est détectable dans les vieux bourgognes blancs, le champagne, les huîtres, le jambon de Jabugo en Andalousie, le sauternes, le beaufort et le comté, le beurre fermier traditionnel, la mâche, les graines de sésame grillées, le riz sauvage, les cultivars de pommes de terre les plus appréciés et le caviar osciètre (ou ossiètre).

Noisette & Cerise : *voir Cerise & Noisette, page 313.*
Noisette & Chocolat : *voir Chocolat & Noisette, page 19.*

✻ **Noisette & Figue :** La frangipane, l'onctueuse et délicieuse pâte qu'on utilise surtout en France dans les tartes aux fruits et les galettes des rois, est habituellement faite avec des amandes, mais ce n'est pas une obligation. La noisette la remplace très bien, surtout si vous faites une tarte avec des figues veloutées à la peau noire. Incorporez au fouet 100 g de noisettes mondées, grillées et moulues à 100 g de beurre doux ramolli avec 100 g de sucre en poudre, 20 g de farine blanche, 2 œufs et ½ cuillerée à café d'extrait de vanille. Versez la préparation dans un fond de pâte à tarte sucrée de 22 cm de diamètre que vous aurez préalablement cuit à blanc. Placez les figues sur le dessus en appuyant légèrement et faites cuire au four pendant 25 minutes à 180 °C (thermostat 6). Certains aiment disposer les figues de façon que leur chair intérieure rouge et luxuriante s'ouvre vers le haut, mais je préfère voir leurs croupes qui dépassent de la pâte blonde comme de jeunes éléphants de mer qui roupilleraient gentiment sur la plage.

Noisette & Fraise : *voir Fraise & Noisette, page 331.*
Noisette & Framboise : *voir Framboise & Noisette, page 424.*

Noisette & Poire : Son goût se dissipant un peu à la cuisson, l'huile de noisette est plus savoureuse en arrosage sur les légumes cuits à la vapeur ou mélangée avec du vinaigre dans les sauces de salade. Elle se combine particulièrement bien avec le vinaigre de framboise pour accommoder une salade de fromage de chèvre, de poires et de mâche, qui possède elle-même des traces de saveur noisettée.

Noisette & Poisson blanc : On sert le beurre noisette le plus souvent avec du poisson ou des légumes, mais il va bien aussi avec la volaille. On fait chauffer du beurre dans une casserole, et quand les protéines du lait et les sucres du petit-lait caramélisent, il brunit, prenant une couleur et une saveur de noisette. Si on le laisse foncer davantage, cela devient du beurre noir qu'on sert traditionnellement avec de la raie, de la cervelle ou des œufs. On ajoute parfois quelques noisettes au beurre noisette pour en faire du beurre de noisette.

Noisette & Pomme : *voir Pomme & Noisette, page 340.*

Noisette & Poulet : La filbertone est un composé clé de la saveur de la noisette. Elle a un goût de fruits à coque, de cacao, avec des notes carnées et terreuses qui pourraient rappeler le *mole* mexicain (voir Chocolat & Piment, page 21). La saveur de la noisette est plus intense si on la fait rôtir ou frire à sec. La *picada*, dont je parle dans Noisette & Ail, page 301, se marie bien au poulet. Vous pouvez aussi en utiliser pour faire épaissir un ragoût aromatique comme celui que je propose dans Amande & Poulet, page 308, et comme c'est la pratique en Turquie où la plupart des noisettes de la production mondiale sont cultivées. Ou bien encore, combinez simplement du poulet rôti froid, des noisettes grillées et de la roquette avec des figues fraîches dans une salade d'automne.

Noisette & Romarin : Heston Blumenthal a un jour donné une recette de couscous aux noisettes et au romarin dans lequel il faisait griller la semoule à la poêle dans de l'huile d'arachide avant d'ajouter l'eau. Mais pas n'importe quelle eau. Il la faisait chauffer avec des brins de romarin en infusion avant de les jeter et de la refaire chauffer. Après avoir incorporé l'eau à la semoule, il répartissait des noisettes grillées à sec et pelées, du romarin finement ciselé, du beurre et beaucoup de sel et de poivre dans le couscous cuit pour terminer la préparation du plat. Vous pouvez aussi combiner noisettes et romarin dans des biscuits sucrés ou dans une glace, à condition que les noisettes aient été grillées à sec pour faire ressortir leur caractère sucré et chocolaté.

Noisette & Vanille : La liqueur de noisette Frangelico, de la région du Piémont en Italie, est faite avec des noisettes sauvages grillées, de la vanille, du cacao et, comme d'habitude, un certain nombre d'ingrédients secrets. Elle possède une saveur douce et onctueuse de noisette, avec une touche finale de vanille assez marquée. Elle peut produire un grand effet dans la crème fouettée (crème Chantilly) – disons 2 cuillerées à soupe de Frangelico et 2 cuillerées à soupe de sucre glace pour 250 ml de crème. Servez avec des poires au chocolat ou un dessert à la framboise.

Amande

Il existe deux types distincts de saveurs pour les amandes : l'une est amère, et l'autre sucrée. L'amande amère est celle de la pâte d'amandes, ou massepain, que l'on retrouve dans l'extrait et l'essence d'amande, et dans l'*amaretto* (liqueur italienne). L'extrait est tiré du noyau des amandes amères ou d'autres fruits à noyau, tels l'abricot ou la pêche ; il doit être traité pour en éliminer le cyanure avant d'être propre à la consommation humaine. Le principal composé responsable de la saveur de l'amande amère est le benzaldéhyde. Synthétisé pour la première fois en 1870 c'est le deuxième arôme le plus utilisé au monde. Outre les amandes amères, il est aussi naturellement présent dans un certain nombre d'aliments, notamment dans un champignon, l'agaric auguste ou agaric impérial, et un parent de la cannelle, le cannelier de Chine. L'amande amère se marie particulièrement bien avec les autres membres de la famille de la rose : fruits à noyau, baies, pomme, poire et la rose elle-même. On peut aussi l'utiliser pour stimuler la saveur d'autres fruits à coque ; une pointe d'amande amère est d'ailleurs détectable dans la crème glacée à la pistache (souvent colorée en vert dans les crèmes industrielles). L'amande sucrée est le fruit à coque le plus populaire au monde. Elle possède des notes d'amande amère, mais

est douce, lactée et légèrement herbacée. Lorsqu'elle est grillée, elle s'enrichit d'un goût de pop-corn caramélisé. La saveur ronde et modérée de l'amande sucrée la rend hautement compatible. Le lait et le beurre d'amande sont disponibles dans les magasins diététiques.

Amande & Abricot : Dans le roman d'Iris Murdoch *La Mer, la mer*, Charles Arrowby s'extasie sur le fait que tout ce qui contient des amandes va bien avec l'abricot, faisant au passage un pied de nez à la pêche. À un moment, il prépare un repas composé d'une soupe de lentilles, de chipolatas accompagnées d'oignons cuits à l'eau et de pommes mijotées dans du thé, servies avec un beaujolais léger et suivies de biscuits aux amandes et d'abricots secs. Visiblement, les aliments en boîtes ou en paquets ne lui sont pas étrangers, mais il a raison en ce qui concerne les amandes et les abricots. Pour faire des biscuits aux amandes tout simples qui accompagneront des abricots secs pochés ou un *apricot fool* (dessert anglais généralement réalisé en mélangeant des fruits en purée, de la crème fouettée et du sucre), suivez la recette que je donne dans Anis & Amande, page 229, sans l'anis.

Amande & Agneau : *voir Agneau & Amande, page 60.*
Amande & Ail : *voir Ail & Amande, page 142.*
Amande & Anis : *voir Anis & Amande, page 229.*

✻ **Amande & Asperge :** La saveur de l'asperge est souvent décrite comme évoquant les fruits à coque. Il n'est donc pas étonnant qu'elle s'accorde si bien avec les amandes, grillées particulièrement, dont les qualités onctueuses complètent sa base sulfurée. Faites dorer une poignée d'amandes effilées dans une noix de beurre à feu doux durant 6 à 7 minutes, puis retirez du feu et ajoutez 1 cuillerée à café de jus de citron et ½ cuillerée à café de sel. Versez sur vos asperges cuites.

Amande & Banane : *voir Banane & Amande, page 348.*
Amande & Café : *voir Café & Amande, page 23.*

Amande & Cannelle : Une paire qui fonctionne très bien dans les gâteaux, les pâtes et les biscuits. Ils se retrouvent aussi à l'un des étages de la légendaire pastilla marocaine : des couches de viande de pigeon pochée et épicée, d'œufs légèrement brouillés et d'un mélange d'amandes moulues, de cannelle en poudre et de sucre entre de très fines tranches de pâte *warka*. Soyez prévenu, préparer une pastilla demande de la minutie et du temps. Il est plus rapide de faire un aller-retour à Fès en avion que d'essayer d'en faire une à la maison – ce qui signifie, bien entendu, que c'est absolument exquis. Toute comme la *keneffa*, la version sucrée moins connue, souvent servie pour les mariages. C'est la même délicate pâte *warka*, entrecoupée de cannelle et d'amandes. Je réalise une version européanisée de ce délice en remplissant des cônes de pâte feuilletée avec une crème pâtissière à l'amande et à la cannelle.

Amande & Cardamome : *voir Cardamome & Amande, page 393.*
Amande & Cassis : *voir Cassis & Amande, page 415.*
Amande & Cerise : *voir Cerise & Amande, page 312.*
Amande & Chocolat : *voir Chocolat & Amande, page 16.*
Amande & Chocolat blanc : *voir Chocolat blanc & Amande, page 438.*
Amande & Chou-fleur : *voir Chou-fleur & Amande, page 154.*

Amande & Citron : Les amandes moulues atténuent la vivacité acide des gâteaux et des tartes au citron. À Kew, au sud-ouest de Londres, dans un lieu nommé The Original Maids of Honour Shop, on cuisine et on vend des tartelettes appelées « demoiselles d'honneur ». On prétend là-bas qu'elles remontent à Henri VIII. Dans le roman d'Hilary Mantel, *Wolf Hall* (2009), Thomas Cromwell fait envoyer un panier de ces tartelettes pour consoler les dames de compagnie d'Anne Boleyn. Leur recette est un secret, mais il s'agit en gros de pâte feuilletée fourrée avec une espèce de cheese-cake au citron et aux amandes. Plus au nord, la tarte au citron de Lancaster est une variation sur la tarte Bakewell (voir Framboise & Amande, page 422), qui fait disparaître la confiture au profit d'une bonne couche de crème au citron sous le mélange d'amandes cuites et d'œufs. En Italie, la *torta della nonna* est habituellement faite avec des citrons et des pignons de pin, ou parfois des amandes – peut-être quand la *nonna* (la grand-mère) a utilisé toute sa pension de retraite pour acheter du vin doux. En Italie et en Espagne, les amandes moulues sont combinées au citron dans un gâteau humide que les Espagnols appellent la *torta de almendros* de Santiago. En France, c'est dans les financiers au citron que l'on retrouve cette alliance de saveurs vives et suaves. Vous pouvez essayer d'utiliser le fruit entier (le zeste, le jus, la pulpe) comme dans Orange & Amande, page 368, en augmentant la quantité de sucre pour compenser la plus grande acidité du citron, mais attendez-vous à quelque chose de plus âpre de toute façon ; mieux vaut peut-être ne pas utiliser la pulpe.

Amande & Courge : *voir Courge & Amande, page 291.*
Amande & Figue : *voir Figue & Amande, page 425.*
Amande & Fraise : *voir Fraise & Amande, page 329.*
Amande & Framboise : *voir Framboise & Amande, page 422.*
Amande & Fromage à pâte pressée cuite : *voir Fromage à pâte pressée cuite & Amande, page 80.*
Amande & Fruits de mer : *voir Fruits de mer & Amande, page 175.*

Amande & Gingembre : Pain d'épices au gingembre et pâte d'amandes dans l'air froid d'un soir d'hiver, voilà des odeurs de marché de Noël. Ajoutez des notes chaudes de cannelle, de clou de girofle et de citron qui se prélassent dans du vin rouge frémissant, des châtaignes et des saucisses grillées à la braise, et vous pourrez profiter de votre propre marché de Noël miniature au chaud, à la maison. On découpe habituellement le pain d'épices au gingembre en forme de bâtiments ou de personnages et la pâte d'amandes en animaux. En 1993, Roland Mesnier, le chef pâtissier des Clinton, a fait du pain d'épices au gingembre en forme de Maison Blanche et pas moins de vingt et un massepains à l'effigie de Socks, le chat du couple présidentiel.

Amande & Melon : Le raisin est peut-être la garniture standard pour la soupe espagnole froide *ajo blanco* (voir Ail & Amande, page 142), mais on a recours parfois à du melon. Même si vous réussissez à le présenter en petites sphères parfaites, elles n'éclateront pas dans la bouche de manière aussi satisfaisante que les grains glacés de raisin.

✻ **Amande & Mûre :** Un crumble gratuit, ça n'existe pas. Et s'il y a un prix à payer pour les délicieuses mûres, noires comme de l'encre, qu'on trouve en abondance à la fin de l'été, ce sont les accrocs dans votre pull et les taches sur votre jupe. La douceur des amandes tempère une partie du côté épicé des mûres sauvages dans ce crumble aux mûres et aux amandes. Beurrez un plat profond de 21 cm et remplissez-le de 3 à 4 cm d'épaisseur de mûres. Saupoudrez de 2 cuillerées à soupe de sucre. Dans un saladier, mélangez à la main 175 g de farine blanche avec 75 g de beurre jusqu'à que vous obteniez des espèces de miettes. Incorporez-y 75 g de sucre en poudre blond et environ 50 g d'amandes effilées grillées grossièrement émincées. Répartissez le mélange sur les mûres et enfournez à 200 °C (thermostat 6-7) pour environ 30 minutes.

Amande & Myrtille : Elles ne vous dérangent pas dans le muesli, mais vous n'aimeriez pas tomber sur elles au cours d'une réception, hein ? L'amande est pâle, timide et sans caractère, à moins que vous ne la fassiez griller. La myrtille est en général tout simplement insipide. Les cultivars de myrtilles spartan, ivanhoé et chandler valent la peine qu'on parte à leur recherche, méfiez-vous quand même de la duke qu'on comble d'éloges à tort, souvent décrite comme étant douce et de saveur modérée. Les choses s'améliorent considérablement si vous ajoutez de l'extrait d'amande – ou mieux encore de l'*amaretto* – à de la crème fraîche, que vous fouetterez jusqu'à ce qu'elle tienne. Incorporez-y une poignée de myrtilles et quelques morceaux d'amandes effilées grillées. Conservez une partie des amandes que vous saupoudrerez pour finir sur le dessus.

Amande & Noisette : *voir Noisette & Amande, page 301.*

Amande & Noix de coco : Quand une recette de gâteaux ou de biscuits à la noix de coco requiert de la vanille, remplacez-en la moitié par de l'extrait d'amande. Vous obtiendrez le même renforcement de saveur, mais avec un côté fruits à coque des plus sympathiques.

Amande & Olive : *voir Olive & Amande, page 218.*
Amande & Orange : *voir Orange & Amande, page 368.*

Amande & Pêche : Il se dégage une symétrie plaisante dans ce dessert italien classique constitué de pêches au four et d'*amaretti*. L'emplacement du noyau dans les demi-pêches est rempli avec des *amaretti*, ces biscuits secs broyés qui partagent avec elles une saveur d'amande. Comme les noyaux, les feuilles du pêcher ont une double saveur de pêche et d'amande. On peut les faire macérer dans de l'eau sucrée pour confectionner un sirop délicieux, utilisable dans les boissons, les sorbets et les salades de fruits.

Amande & Piment : *voir Piment & Amande, page 261.*
Amande & Poire : *voir Poire & Amande, page 342.*

Amande & Poisson gras : D'après Elizabeth David, l'écrivain Jean Giono décriait la truite aux amandes, estimant que c'était de l'habillage et non de la cuisine. De son côté, Alice Waters est plus positive. Ainsi, après un repas dans un restaurant en Bretagne où on lui avait servi une assiette de jambon cru et de melon suivie d'une truite aux amandes et en dessert une tarte aux framboises, elle se montra enchantée de ce menu.

Amande & Pomme : *voir Pomme & Amande, page 336.*

❋ **Amande & Poulet :** En Espagne, l'influence mauresque se retrouve particulièrement dans des recettes riches en amandes, comme cette *gallina en pepitoria*, un plat courant dans les fiestas. Faites revenir 1,5 kg de pilons de poulet dans de l'huile d'olive jusqu'à ce qu'ils soient dorés et réservez. Faites fondre un gros oignon finement émincé dans un peu d'huile avec 2 gousses d'ail écrasées et une feuille de laurier. Mettez le poulet dans la casserole avec 150 ml de xérès *fino* et juste la quantité de bouillon de poulet (ou d'eau) nécessaire pour recouvrir la viande. Portez à ébullition, couvrez et laissez mijoter pendant que vous réalisez la *picada* décrite dans Noisette & Ail (page 301), sauf que vous utiliserez 30 amandes à la place des noisettes et que vous ajouterez une pincée de safran, quelques pincées de clou de girofle moulu et 1 cuillerée à soupe de persil. Quand vous aurez obtenu une pâte, ajoutez-la au poulet et laissez mijoter jusqu'à ce qu'il soit complètement cuit (de 45 à 60 minutes à partir de la première ébullition). Juste avant de servir, vous pouvez avoir besoin de retirer le poulet et de le garder au chaud pendant que vous faites réduire et épaissir la sauce. Pour obtenir ce résultat, de nombreuses recettes suggèrent d'ajouter à la fin quelques jaunes d'œufs durs finement hachés. Servez avec du riz créole.

Amande & Raisin : *voir Raisin & Amande, page 317.*
Amande & Rhubarbe : *voir Rhubarbe & Amande, page 321.*

Amande & Romarin : Les amandes jetées dans l'huile et ensuite légèrement salées ont une surprenante saveur de lard fumé qui peut être renforcée par un soupçon de romarin haché. Servez avant le dîner avec du xérès *fino* bien frais. Vous pouvez aussi faire revenir les amandes dans de l'huile d'olive pour obtenir une saveur extragrillée – utilisez 250 g d'amandes pour 1 cuillerée à soupe de romarin ciselé très finement.

Amande & Rose : L'orgeat est un sirop d'amande et de rose, qui a le goût d'un *amaretto* qui se préparerait pour un rendez-vous amoureux. On le mélange à de l'eau pour faire une boisson d'été rafraîchissante, ou à du rhum, du citron vert, du curaçao orange et de la menthe dans le Mai Tai (cocktail inventé en 1944 à Oakland), ou bien encore à du pastis pour faire une mauresque. En Iran, on sert des amandes effilées recouvertes de sucre aromatisé à la rose lors des grandes occasions. Si vous appréciez la soupe andalouse appelée *ajo blanco* (voir Ail & Amande, page 142), vous devriez goûter la version sucrée dans laquelle l'eau de rose et un peu de miel remplacent l'ail. C'est sensiblement le même principe dans le *sharbat*, composé de lait, d'amandes et de pétales de rose, que la famille de la mariée offre au marié lors des mariages musulmans à Bangalore.

Amande & Safran : *voir Safran & Amande, page 226.*

FRUITÉE FRAÎCHE

Cerise

Pastèque

Raisin

Rhubarbe

Tomate

Fraise

Ananas

Pomme

Poire

Cerise

Tout comme la pomme, un autre membre de la famille des *Rosaceæ*, la cerise existe sous forme acide ou sucrée, et également dans une zone intermédiaire entre les deux. Elle possède elle aussi un caractère où prédominent le frais, le vert et le fruité, avec un noyau parfumé à l'amande, mais bien plus fortement que les pépins de pomme – tant et si bien que le composé essentiel de saveur des amandes amères, le benzaldéhyde, forme la base de la synthèse de l'arôme de cerise. Dans les cerises naturelles, la saveur d'amande est plus facilement détectable lorsque les fruits sont cuits avec leur noyau. Les cerises développent aussi des notes florales et épicées, avec une qualité tannique qui est notablement perceptible dans la forme sèche du fruit. Les cerises sont particulièrement séduisantes avec des épices comme la vanille et la cannelle, et leur sont souvent associées dans des liqueurs. Le kirsch et le marasquin, transparents, sont, eux, des spiritueux distillés dont la saveur nette et pure de cerise s'accorde très bien avec les salades de fruits ou les fruits flambés.

Cerise & Agneau : *voir Agneau & Cerise, page 62.*

✻ **Cerise & Amande :** Les noyaux de cerises et les amandes amères contiennent une huile volatile qui peut être utilisée pour produire un composé appelé benzaldéhyde. Après la vanilline, cette molécule, qui sert à synthétiser les saveurs d'amande et de cerise, est la plus populaire dans l'industrie américaine de la parfumerie et des arômes artificiels. Sirotez un soda pétillant au cola aromatisé à la cerise en pensant à de l'*amaretto* et vous percevrez la proximité des deux. C'est le noyau de la cerise, et non sa chair, qui a le même goût que la plupart des amandes, sauf s'il s'agit de cerises au marasquin. Mises à mariner encore vertes, ce sont initialement des cerises acides trempées dans une liqueur à l'enivrante saveur de pâte d'amandes, le marasquin. Elle est obtenue à partir du jus et du noyau de griottes ou de marasques (variété de cerises acides des régions méditerranéennes), mais aussi des feuilles de l'arbre qui les produit. De nos jours, les cerises au marasquin sont le plus souvent simplement macérées dans du sirop de sucre, ce qui est loin de leur procurer une saveur aussi agréable. Si vous voulez le meilleur pour garnir votre Manhattan, vous devrez partir vous-même en quête d'un griottier ou trouver un producteur artisanal. Préparez votre Manhattan en mélangeant sur de la glace 60 ml de *rye* (whisky à base de seigle) ou de bourbon (whisky à base de maïs), 30 ml de vermouth et un trait d'*angostura* (un amer de Trinidad dans les Caraïbes). Décorez avec une cerise à l'eau-de-vie ou au marasquin.

Cerise & Banane : *voir Banane & Cerise, page 349.*
Cerise & Café : *voir Café & Cerise, page 24.*

Cerise & Cannelle : *voir Cannelle & Cerise, page 274.*

Cerise & Chocolat : Une combinaison gagnante. Même si vous faites la grimace devant une forêt-noire ou une crème glacée Cherry Garcia de Ben & Jerry's, vous ne pouvez pas nier que la cerise, avec ses saveurs de fruit et de fruit à coque, est une partenaire naturelle du chocolat. Les cerises acides morello, cultivées dans les vergers de la Forêt-Noire dans le sud-ouest de l'Allemagne, sont les griottes habituellement retenues pour être associées au chocolat. Delia Smith les utilise dans une roulade, tandis que Nigella Lawson mélange de la confiture de griottes à la pâte de ses muffins au chocolat. Si vous n'avez pas envie de cuisiner, vous pouvez toujours vous procurer chez un bon chocolatier une demi-livre de cerises ivres de kirsch lovées dans une coque en chocolat.

Cerise & Fromage de chèvre : Les cerises sucrées fonctionnent très bien avec le fromage de chèvre frais, car ils sont tous deux herbacés. Pensez à eux en plein été, et si vous aimez les longues promenades ponctuées par un pique-nique, mais ne supportez pas de trimballer un panier ou une glacière, voici un déjeuner idéal. Enveloppez des cerises fraîches et des petits fromages de chèvre ronds dans un sac en papier, avec quelques tranches de pain croustillant à la saveur de fruits à coque, puis concentrez-vous sur votre destination de pique-nique. J'aime manger d'abord une partie du fromage étalé sur le pain, puis finir ce qui reste avec quelques cerises, et enfin terminer mon repas uniquement avec les dernières cerises. Edward Bunyard a écrit que, pour profiter du meilleur des cerises, vous devez arpenter un verger juste après qu'elles ont été récoltées et ramasser celles, très mûres, qui restent. Une façon comme une autre de planifier l'itinéraire d'une balade.

Cerise & Noisette : Avec une poignée de noisettes et quelques griottes séchées, le muesli fait penser à un bol de thé au lait accompagné d'une cigarette. Les griottes séchées possèdent une saveur piquante à la fois acide et sucrée, avec de fortes notes de tabac et une claire saveur tannique de thé, qui se marie très bien avec la douceur lactée des noisettes.

Cerise & Noix : Le genre de partenariat qui rend Alan Bennett mélancolique. Les pauvres noix sont en danger d'être évincées par d'autres fruits à coque plus à la mode – macadamia, pécan, pignon de pin –, et les cerises confites par des baies surestimées en raison de leur teneur en sucre plus réduite, comme les myrtilles et les canneberges. Faites un gâteau aux noix et aux cerises, juste en souvenir du bon vieux temps.

Cerise & Noix de coco : *voir Noix de coco & Cerise, page 360.*
Cerise & Pêche : *voir Pêche & Cerise, page 356.*

Cerise & Poisson fumé : Hugh Fearnley-Whittingstall suggère une combinaison saisonnière de truite de mer fumée à chaud avec une tarte à la compote de griottes, faite avec des cerises fraîches non dénoyautées mijotées dans un peu de cassonade. Servez les deux plats chauds avec une salade de cresson et des tranches de pain aux noix.

❋ **Cerise & Vanille :** Les qualités anisées de la pure vanille de Tahiti sont particulièrement complémentaires de la saveur de la cerise, ce qui vous rappellera sans aucun doute les cerises jubilé. Créée en 1887 par Escoffier pour le jubilé d'or de la reine Victoria, cette recette se composait initialement de cerises cuites dans une sauce épaisse et sucrée dans laquelle était ajouté du kirsch ou du cognac pour la faire flamber. Dans les versions ultérieures, Escoffier déposait à la louche les cerises enflammées sur de la crème glacée à la vanille, et c'est encore certainement la façon dont vous pouvez déguster ce dessert aujourd'hui. Les cuisiniers qui tiennent à leurs sourcils peuvent se contenter d'un clafoutis où les cerises sont cuites dans une pâte sucrée parfois parfumée à l'amande, même si la vanille est plus fréquente. Les cerises sont laissées entières et leurs noyaux rééquilibrent la recette avec un peu d'amertume. Placez 500 g de cerises dans un plat beurré de 23 cm de diamètre. Ouvrez une gousse de vanille et détachez les graines au-dessus d'une casserole contenant 250 ml de lait. Mettez-y aussi la gousse une fois vidée, chauffez le lait, puis laissez-le refroidir. Battez 2 œufs plus un jaune avec 125 g de sucre. Une fois que le mélange est homogène, ajoutez 75 g de beurre fondu et continuez à battre. Tamisez au-dessus 50 g de farine et mélangez bien jusqu'à obtenir une consistance lisse. Retirez la gousse de vanille et incorporez le lait dans la pâte. Versez sur les cerises et enfournez à 200 °C (thermostat 6-7) pour environ 30 minutes, le temps que la pâte prenne et que le dessus soit bien doré.

Pastèque

Une bouchée de pastèque froide ressemble à un jus de cerise et de concombre mêlé à un soupçon d'herbe et glacé comme un granité. Dans *La Tragédie de Pudd'nhead Wilson*, Mark Twain a dit de la pastèque qu'elle était le summum des luxes de ce monde, et si vous mettez la main sur une pastèque mûre à point, vous n'aurez aucun mal à être d'accord. Cherchez une pastèque qui soit lourde comme une *medecine ball* et qui résonne faiblement en *si* bémol quand vous la frappez. En règle générale, les variétés avec pépins ont meilleur goût que celles qui en sont dépourvues. Le jus de la pastèque est de couleur rouge et possède une agréable saveur sucrée avec un arrière-plan de légume, comme le jus de carotte. La compatibilité de la pastèque avec d'autres ingrédients est limitée par sa fâcheuse

tendance à les détremper, mais les saveurs herbacées et acides forment avec elle de fines associations.

Pastèque & Cannelle : On dit que la mangue baptiste d'Haïti a un parfum de pin et de citron vert et une saveur qui rappelle la pastèque fraîche avec un léger arrière-goût de cannelle. Elle n'est certes pas facile à trouver chez l'épicier du coin. Mais vous pouvez faire le sorbet de pastèque du *Fruit Book* de Jane Grigson, dans lequel elle enrichit le sirop de sucre avec de la cannelle envoûtante d'Haïti. Essayez aussi le sirop de sucre aromatisé à la cannelle que je donne dans Citron vert & Cannelle, page 377, en utilisant du sirop naturel. Une fois qu'il est refroidi, ajoutez-le à du jus de pastèque passé avec un trait de jus de citron jusqu'à ce que le goût vous convienne. Servez très frais.

Pastèque & Chocolat : Le plat sicilien *gelo di melone* est une soupe sucrée de pastèque épaissie à la maïzena, épicée avec de la cannelle et aromatisée avec des pistaches écrasées, du chocolat râpé ou des écorces confites, ou bien encore un mélange des trois.

Pastèque & Citron vert : Servez des quartiers de pastèque avec du jus et des zestes de citron vert, en saupoudrant d'un peu de sucre, si nécessaire. Ou alors, combinez-les comme au Mexique dans une boisson rafraîchissante. La chair croquante de la pastèque retient très bien le froid, et le bruit qu'elle fait lorsqu'on la coupe en morceaux pour la passer au mixeur évoque celui du crissement des bottes sur la neige.

Pastèque & Concombre : La pastèque possède des similitudes avec le concombre et partage nombre de ses caractéristiques de saveur. Il n'est donc alors pas surprenant qu'elle s'accorde avec les partenaires habituels du concombre, particulièrement la feta et la menthe. Elle peut même le remplacer par exemple dans un gaspacho, où son fruité apporte un peu plus que de l'eau et prête à cette recette délicieuse les qualités d'une sucette glacée.

Pastèque & Feuilles de coriandre : Sentez une tranche de pastèque : elle pourrait bien vous rappeler une chaude journée à la plage – le piquant d'une brise humide et salée, chargée d'arômes de fruits confits provenant d'une lointaine fête foraine. Combinez-la avec des feuilles de coriandre dans une sauce, avec un petit oignon rouge et un peu de piment vert frais, pour une ambiance encore plus exotique que la jungle après un orage.

Pastèque & Fromage de chèvre : *voir Fromage de chèvre & Pastèque, page 71.*

Pastèque & Huître : Les notes de concombre de la pastèque vont bien avec l'huître qui, en retour, fait ressortir la saveur sucrée et juteuse du fruit. Plutôt que de se laisser envahir par cette vague aqueuse, l'huître s'y complaît favorablement. Au O Ya de Boston, le chef Tim Cushman combine des huîtres kumamoto avec des perles de pastèque et une sauce mignonnette au concombre. Dans le même ordre d'idée, un menu d'El Bulli de 2006 comprenait une sélection d'algues arrangées en guirlande autour d'un morceau de pastèque recouvert d'une mousse aux saveurs marines intenses. Les algues se dégustaient dans l'ordre de leur intensité saline et la pastèque apportait un réconfort sucré en fin de dégustation.

Pastèque & Melon : Bien qu'elle fasse partie de la même famille que le cantaloup, le melon courant, le melon d'eau ou le melon galia, et tous les croisements qui existent entre les précédents, la pastèque est d'un genre différent. Il lui manque les esters odorants qui sont caractéristiques de ses cousins. Je ne dis pas pour autant que les cantaloups et autres petits melons sucrés n'ont pas une sorte d'odeur végétale déplaisante assez courante dans la famille des courges. Leur ventre plein de graines possède une note d'arrière-plan de compost qui nous surprend souvent de manière désagréable, comme d'entendre une femme, par ailleurs délicate, parler avec une voix de baryton tonitruante.

Pastèque & Menthe : *voir Menthe & Pastèque, page 414.*

Pastèque & Piment : Une combinaison à succès dans la confiserie mexicaine. On donne une sucette à la pastèque comme cuillère pour déguster un sorbet au piment. On trouve aussi des boules de gomme à la pastèque roulées dans du sucre pimenté ou bien des bonbons pleins à la pastèque, en sucre durci, avec un cœur de piment en poudre.

Pastèque & Porc : En 2006, le restaurant malaisien de Zakary Pelaccio dans le West Village de New York, The Fatty Crab, a reçu, pour ses amuse-bouches de porc croustillant et de pastèque au vinaigre, le prix de « la plus délicieuse des salades non diététiques » par l'édition new-yorkaise du magazine *Time Out*. La poitrine de porc est marinée dans du *kecap manis* (une sorte de ketchup satanique noir comme le soja), du vinaigre de riz, du nuoc-mâm et du jus de citron vert, puis rôtie, découpée en cubes et frite à grande huile. Les cubes de porc sont mélangés à des cubes de pastèque agrémentés de sucre assaisonné de citron vert, de vinaigre et de petits morceaux de zeste de pastèque blanche au vinaigre. Pour finir, on recouvre tout ça d'un tapis d'oignons nouveaux, de coriandre, de basilic et d'une volée de graines de sésame.

Pastèque & Romarin : *voir Romarin & Pastèque, page 401.*

Pastèque & Tomate : Elles sont délicieuses appariées dans les salades et les sauces. Au Shake Shack à New York, elles sont associées dans une espèce de crème anglaise glacée, très chic. C'est l'une de leurs combinaisons renommées, comme café et beignets, concombre et menthe ou framboise et piment *jalapeño*.

Raisin

Impossible d'écrire sur le raisin sans parler du vin. La variété des raisins de cuve et des saveurs obtenues par leur vinification est simplement stupéfiante. Malheureusement, on ne peut pas en dire autant du raisin de table disponible dans le commerce. De manière générale, la différence entre le raisin de table et le raisin de cuve, c'est que le premier est élevé pour sa peau fine et son absence de pépins, pour être plus facile à manger, en somme. C'est pourtant dans la peau du raisin que résident un grand nombre de saveurs, et c'est elle qui donne leur couleur aux vins rouges ou rosés. La fracture entre raisin de table et raisin de cuve n'est cependant pas absolue et certaines variétés remplissent les deux usages. Le vin muscat, par exemple, a le goût du raisin dont il est issu, et c'est une qualité rare si l'on considère le nombre de fois où le vin a davantage le goût de la pomme, du pomélo, de la groseille, de l'abricot, du melon ou du cassis. Avec ses qualités de miel floral et ses notes de rose et de graines de coriandre, le raisin muscat est également délicieux picoré sur la grappe. Les autres raisins blancs de table ont des saveurs similaires, tandis que les raisins noirs peuvent avoir des notes de fraise ou de cassis, du moins si on leur laisse le temps de se développer sur le cep. C'est malheureusement rare, et trop souvent nous sommes tristement confrontés à des variétés sans pépins, pas assez mûres, dont la saveur peut au mieux être génériquement décrite comme fruitée. Le caractère discrètement aigre-doux du raisin fonctionne bien avec d'autres fruits ou comme contrepoint rafraîchissant à la viande, mais vous choisirez peut-être de déguster les meilleurs grains sans accompagnement.

Raisin & Amande : Il est nécessaire de faire vivre des choses un peu extrêmes au raisin insipide et à l'amande pour qu'ils attirent notre attention. La congélation du raisin rend ses saveurs plus concentrées et lui donne une texture entre le sorbet et les oursons en gomme. Vous pouvez aussi souligner la saveur des amandes en les faisant griller pour faire du caramel croquant aux amandes. Servez le caramel aux amandes et le raisin congelé dans des verres séparés ou dans des bols en argent, en réduisant le caramel en fragments collants. Une autre version de cette association est présente dans les *cantuccini* italiens, ces croquants aux amandes qu'on trempe dans du *vino santo* fort en raisin et rustique, un vin toscan (habituellement) liquoreux qu'on fabrique avec des raisins secs. Voir aussi Ail & Amande, page 142.

Raisin & Ananas : Par un après-midi d'été brûlant, des raisins sans pépins et des morceaux d'ananas bien mûr dans un bol d'eau très froide vous rafraîchiront, au moins jusqu'à ce que vous ayez le courage d'aller vous acheter une glace.

Raisin & Anis : *voir Anis & Raisin, page 233.*

Raisin & Avocat : La California Table Grape Commission suggère utilement que les raisins peuvent, dans la plupart des cas, être utilisés à la place des tomates. Souvenez-vous-en la prochaine fois que les tomates sont hors saison et qu'il vous faut quelque chose à servir avec votre mozzarella et son avocat. Il n'est pas certain que ça marche aussi dans l'autre sens, même dans le cas de ce cultivar de petites tomates cerises vertes et ovales qui se présentent en grappes comme des raisins verts, avec une peau translucide et une saveur piquante.

✻ **Raisin & Cacahuète :** Le raisin est un parfum de choix pour le classique sandwich américain au beurre de cacahuètes et à la gelée de raisin (voir aussi Cassis & Cacahuète, page 416.). La gelée de raisin se fait avec la variété concord *(Vitis labrusca)*, qui n'est connue en Europe que sous la forme importée de jus et, parfois, de bonbons. J'ai finalement essayé du raisin concord sur un étal du marché d'Union Square à New York et j'ai trouvé qu'il avait un goût simultanément bon marché et luxueux, comme un bonbon à un sou dans une dentelle de jasmin. Pour faire un sorbet parfumé, mixez 500 ml de jus de raisin non sucré avec 250 ml de sirop de sucre, laissez refroidir, puis congelez de la manière habituelle. Servez une boule de sorbet et une de crème glacée à la cacahuète de chez Picard.

Raisin & Fraise : Le raisin connu en Italie sous le nom de *fragola uva*, le raisin fraise, est une importation américaine appelée dans son pays d'origine isabella. Son jus a une saveur prononcée de fraise et peut être mélangé à du *prosecco*, à la façon du cocktail Bellini, pour faire un Titien (je n'y connais pas grand-chose en art, mais je sais ce que j'aime boire). On a croisé l'isabella avec une souche de raisin plus sauvage originaire d'Amérique du Nord pour créer le concord, un cépage plus couramment cultivé (voir Raisin & Cacahuète, page 318), avec lequel ils partagent des notes évidentes de bonbon.

Raisin & Fromage à pâte molle : *voir Fromage à pâte molle & Raisin, page 90.*

Raisin & Fromage à pâte pressée cuite : *voir Fromage à pâte pressée cuite & Raisin, page 85.*

Raisin & Fromage bleu : Il va sans dire que le porto et le stilton forment un des accords fromage/vin les plus superbes. Ils sont tous les deux riches à bien des égards, cependant, c'est surtout le contraste entre le vin sucré et le fromage salé qui donne autant de plaisir. L'alliance sauternes et roquefort fonctionne sur le même principe. De la même façon, du raisin noir, qui remplit la bouche d'un épais jus sucré et épicé, fera un bon partenaire du stilton, pas uniquement sur un plateau de fromages, mais aussi dans une salade de mâche avec quelques noix.

Raisin & Melon : *voir Melon & Raisin, page 352.*

Raisin & Noix : Jeremy Round a écrit sur l'excellente paire automnale formée par des noix fraîches et crémeuses accompagnées de raisin muscat. Il recommande la variété italia, un raisin sucré qui est le plus souvent utilisé pour la vinification.

Raisin & Pêche : *voir Pêche & Raisin, page 357.*
Raisin & Poisson blanc : *voir Poisson blanc & Raisin, page 186.*

Raisin & Porc : Pellegrino Artusi suggère de servir des saucisses avec des raisins, en faisant l'hypothèse que le fruit aigre-doux s'associera agréablement avec le porc. Il suffit de faire cuire les saucisses (au porc italien, si vous pouvez en trouver), et quand elles sont presque cuites, d'ajouter les raisins entiers dans la poêle et de poursuivre la cuisson jusqu'à ce qu'ils s'écrasent. Voir aussi Piment & Anis, page 261.

Raisin & Poulet : Le raisin est un bon complément des viandes blanches comme le poulet ou encore – c'est bien connu – la caille, aux saveurs si délicates. La caille aux raisins, cet incontournable des beaux livres de cuisine, appelle les feuilles de vigne et le vin. Dans le temps, on vous aurait demandé de blanchir, de peler et d'épépiner des raisins verts avant de les ajouter à la caille. De nos jours, vous pouvez vous épargner la peine d'épépiner le raisin vert, grâce au centennial, une variété française sans pépins, tous comme le thompson, mis au point en Californie au milieu du XIXe siècle par le viticulteur anglais William Thompson. Ils ont une peau moyennement épaisse, mais il sera tout de même nécessaire de les peler pour votre recette de caille ou de poulet. Comme avec les tomates, ça sera plus facile si vous les faites tout d'abord blanchir, surtout s'ils ne sont pas tout à fait mûrs.

Raisin & Romarin : Ne mélangez jamais raisin et céréales, à moins que vous ne fassiez une *schiacciata con l'uva*, une sorte de pain que les Toscans recouvrent d'un pulpeux raisin écrasé au moment des vendanges. Le pain en lui-même est peu différent de la *focaccia*, mais il est cuit plus longtemps, ce qui le rend plus croustillant. Les variétés de raisin choisies sont des cultivars utilisés pour le vin, soit à moitié séchés, soit frais directement récupérés dans le vin, avec les pépins. On peut saupoudrer le pain de romarin ou de fenouil avant de le faire cuire. Il faut le manger chaud quand il sort du four tout en regardant *Conte d'automne* d'Éric Rohmer, un film qui donne à la viniculture un côté beaucoup plus romantique qu'on ne le supposerait.

Rhubarbe

La rhubarbe est un légume originaire de Sibérie. Les feuilles sont toxiques, et ce sont leurs pétioles roses, ou tiges, que nous mangeons. Une fois que son intense acidité a été atténuée grâce à une quantité suffisante de sucre, son goût devient fascinant – une combinaison, avec des touches aromatiques fruitées, de fraises confites et de pommes cuites, ainsi qu'une note solide et épaisse évoquant une serre de tomates à pleine maturation. Les saveurs fruitées sont capables de résister à la cuisson et de conserver leur fraîcheur, même après l'ajout de sucre. La rhubarbe s'associe magnifiquement avec des ingrédients ouvertement sucrés, tels que le sirop d'érable, le miel ou l'anis, mais peut être adoucie par un supplément de sucre sous forme de vanille, d'amandes, de crème ou de beurre. Certains profitent de son acidité de groseilles à maquereau et de pommes cuites pour la coupler avec des viandes riches ou des poissons gras.

❋ **Rhubarbe & Agneau :** Découvrez comment la rhubarbe s'accorde avec les tajines un peu gras et gentiment épicés d'Afrique du Nord, ou dans ce *khoresh* iranien. Faites ramollir un gros oignon dans un mélange d'huile d'arachide et de beurre, puis ajoutez 500 g d'agneau coupé en dés et laissez dorer. Incorporez une pincée de safran et 1 cuillerée à café de sirop de grenade, puis versez assez d'eau pour recouvrir la viande. Laissez mijoter à couvert durant 1 h 30. Au bout de ½ heure, faites revenir dans du beurre un gros bouquet finement haché de persil (sous ses deux formes, plat et frisé) et de menthe, puis ajoutez au *khoresh*. Environ 5 à 10 minutes avant que le ragoût ne soit prêt, ajoutez 3 tiges de rhubarbe coupées en morceaux de 3 cm, remuez une fois, couvrez et laissez revenir jusqu'à ce que la rhubarbe soit cuite, mais garde sa forme. Le principe d'ajouter des herbes frites au *khoresh* est répandu, même si les herbes fraîches perdent leur saveur lorsqu'elles sont cuites ; dans ce cas, elles sont présentes en quantité suffisante pour que survive un peu de saveur, et le volume qu'elles offrent permet également à la sauce de prendre de la consistance. Servez avec du riz basmati.

✻ **Rhubarbe & Amande :** Le *cranachan*, un dessert écossais, se composait à l'origine de crème, de fromage à la crème, de miel et de farine d'avoine grillée – le genre de recette inventée avant que l'adoption d'un régime sain pour préserver son cœur ne devienne un impératif. Plus récemment, on lui a ajouté du whisky et des framboises. Un soir de janvier où les framboises vendues à cette époque de l'année ressemblent à des petites grenades acides sans aucun goût, j'ai imaginé cette variante en les remplaçant par de la rhubarbe. Les deux possèdent la même agréable netteté tranchante, et j'ai utilisé de l'*amaretto* au lieu de whisky – en partie parce que l'amande est une partenaire naturelle de la rhubarbe, mais aussi parce que sa douceur et sa moindre teneur en alcool font qu'il cogne moins fort que le scotch. Faites griller 50 g de flocons d'avoine jusqu'à ce qu'ils soient dorés et laissez-les refroidir. Coupez 6 tiges de rhubarbe en morceaux de 2 cm, placez-les dans un plat beurré allant au four, saupoudrez de 150 g de sucre, couvrez avec du papier sulfurisé et cuisez à 180 °C (thermostat 6) pendant environ 30 minutes. Sortez du four et laissez refroidir. Fouettez 200 ml de crème fraîche jusqu'à ce qu'elle monte, puis incorporez-y les $4/5$ de l'avoine grillée, la rhubarbe cuite, 2 cuillerées à soupe d'*amaretto* et 2 cuillerées à soupe de miel liquide. Répartissez dans 4 assiettes et dispersez au-dessus le reste de l'avoine grillée avec quelques amandes effilées, grillées elles aussi.

Rhubarbe & Anis : *voir Anis & Rhubarbe, page 233.*
Rhubarbe & Boudin noir : *voir Boudin noir & Rhubarbe, page 50.*

Rhubarbe & Concombre : Plus jeune, j'avais l'habitude de tremper dans le sucre des tiges de rhubarbe crue que je croquais à belles dents, redoutant – tout en la désirant – l'acidité qui à chaque bouchée me crispait le visage. Le secret était de ne pas lésiner sur le sucre, comme nous y invite la forme en cuillère des tiges de rhubarbe, semblable aux branches de céleri. L'effet produit était une version sensiblement meilleure pour la santé que celui des gommes et lanières acidulées qu'on trouve dans les confiseries : une décharge d'acide citrique qui appelle la salive, immédiatement soulagée et accentuée par l'intensité du sucre croustillant. Avant que je ne lise Paula Wolfert, je n'aurais jamais pensé tremper de la rhubarbe dans du sel, ce qui se fait en Turquie d'après une de ses amies. Des investigations plus poussées m'ont livré une recette iranienne de concombre et de rhubarbe finement tranchés que l'on mélange avec du sel, puis qu'on laisse reposer avant de les ajouter à de la roquette, du jus de citron et un peu de menthe, et que Wolfert propose de servir avec du saumon poché.

Rhubarbe & Fraise : Une association courante et standardisée aux États-Unis, où il est difficile de trouver une tarte à la rhubarbe qui ne contienne pas de fraises. La rhubarbe mûre possède une juteuse saveur florale de fraise, et toutes deux partagent des notes fraîches et vertes prononcées. Un petit truc, donné par Edmund & Ellen Dixon en 1868, consiste à ajouter quelques cuillerées à soupe de confiture de fraises à votre tarte à la rhubarbe, ce qui, affirment-ils, produira une saveur d'ananas.

Rhubarbe & Genièvre : Au restaurant Alinea, à Chicago, Grant Achatz propose un plat avec de la rhubarbe cuite de sept manières – l'associant, par exemple, à de la gelée de lait de chèvre, à une mousse de thé vert ou à du gin. Plutôt que de la masquer avec du sucre, Achatz s'amuse à mettre en valeur l'acidité inhérente de la rhubarbe en créant des rivalités avec d'autres saveurs fortes comme la lavande ou le laurier. C'est au genièvre que je l'associe dans un sorbet à la rhubarbe et au gin ; comme la vodka, il apporte à ce dessert une onctuosité bien agréable.

Rhubarbe & Gingembre : *voir Gingembre & Rhubarbe, page 391.*

Rhubarbe & Mangue : Le chef Richard Corrigan a brodé librement sur une combinaison de rhubarbe et de mangue alphonso originaire d'Inde, dont les saisons, a-t-il noté, se chevauchent. Il poche la rhubarbe dans un sirop aromatisé au romarin avec un trait de grenadine, puis il la sert dans un bol avec des tranches de mangue alphonso, de la crème glacée à la vanille mouchetée de noix de muscade et un biscuit sablé au gingembre.

Rhubarbe & Orange : *voir Orange & Rhubarbe, page 373.*

✻ **Rhubarbe & Poisson gras :** La groseille à maquereau tire son nom du fait qu'elle est probablement, en raison de son acidité, la compagne la plus connue de ce poisson. De fait, la rhubarbe est tout aussi impitoyable quand il s'agit de s'attaquer à la nature grasse du maquereau, et leur combinaison est pareillement délicieuse. Faites fondre 2 ou 3 échalotes finement coupées dans de l'huile végétale. Ajoutez 3 tiges de rhubarbe émincées et laissez cuire à couvert et à feu moyen jusqu'à ce que la rhubarbe ait bien perdu de sa consistance. Incorporez 2 ou 3 cuillerées à café de vinaigre de vin rouge, 2 cuillerées à café de sucre roux et laissez cuire quelques minutes jusqu'à évaporation presque complète du vinaigre. Goûtez, assaisonnez et servez avec des maquereaux chauds et croustillants.

Rhubarbe & Porc : *voir Porc & Rhubarbe, page 46.*
Rhubarbe & Romarin : *voir Romarin & Rhubarbe, page 402.*

Rhubarbe & Safran : La rhubarbe invite à expérimenter. Auteur gastronomique au *New York Times*, Mark Bittman a décrit ses essais avec un certain nombre d'autres saveurs. Il a rejeté l'estragon, la menthe, le cumin et la coriandre avant de s'arrêter sur le safran, dans lequel il a détecté une « insaisissable profondeur de saveur fumée » qui s'accorde parfaitement avec la rhubarbe. Il recommande de les servir avec un poisson cuit simplement. Voir aussi Rhubarbe & Genièvre, page 322.

Rhubarbe & Vanille : La rhubarbe est facile à cultiver. On la trouve aujourd'hui dans une majorité de jardins. À la fin du XIXe siècle, la plupart des gens en Angleterre en avait un massif ou deux dans leur jardin. Dans *Plenty and Want* (*Profusion et pénurie. Une histoire sociale de l'alimentation en Angleterre de 1815 à nos jours* ; 1966), John Burnett cite une semaine de menus pour une famille typique anglaise en 1901 et la rhubarbe fait partie de six repas. Une telle omniprésence et une telle facilité de culture ont été une bénédiction pendant les guerres, mais dans la seconde moitié du XXe siècle, toute la nation s'est dégoûtée de la rhubarbe bouillie en pulpe baignant dans une crème anglaise grumeleuse, d'autant plus que tant de nouveaux aliments étaient disponibles. Un peu passée de mode dans la cuisine de tous les jours, elle aurait pu complètement disparaître, si elle n'avait reçu le soutien de la vanille qui est l'une de ses meilleures amies. Le contraste entre la luxueuse et florale qualité crémeuse de l'une et l'alléchante acidité fruitée de l'autre – quelque peu semblable aux fruits de la Passion, mais sans le côté lourdement musqué – est totalement paradisiaque. La rhubarbe s'est ainsi accrochée au bord de l'obsolescence, entre les crumbles servis avec une boule de glace à la vanille et les tartes à la crème anglaise épaisse (incidemment, si vous cuisez rhubarbe et crème ensemble, ça devient une chose tout à fait hors de ce monde). Désormais, bien entendu, la rhubarbe est de nouveau populaire, grâce à un regain d'intérêt pour les aliments de saison. Et comment récompensera-t-elle la vanille d'être restée à ses côtés durant les moments difficiles ? Par la recherche de nouveaux partenaires plus exotiques. Voir Rhubarbe & Safran, page 322, ainsi que Rhubarbe & Mangue, page 322.

Tomate

Acheter des tomates en boîte est une affaire souvent moins risquée que d'en trouver des fraîches qui soient savoureuses. En conserve, recherchez les tomates italiennes – si l'étiquette mentionne San Marzano DOP, c'est un gage de qualité. Le cultivar original de la San Marzano a été plus ou moins éliminé dans les années 1970 par le virus de la mosaïque du concombre, mais la variété disponible aujourd'hui a été agréée comme remplacement et sa texture charnue est difficile à battre en cuisine. Les tomates en conserve sont désormais moins cuites (c'est courant pour les produits en boîte) et ont une saveur plus sulfurée, plus épicée et plus confite que les tomates fraîches. Les tomates crues sont acides, sucrées et salées, et possèdent des saveurs feuillues, fruitées et florales. Elles

sont meilleures lorsqu'on les a laissées mûrir correctement sur pied, pour qu'elles développent pleinement leur douceur grasse et acide. Si vous ne pouvez pas en faire pousser, les tomates cerises achetées en magasin sont souvent l'option la plus sûre pour la saveur. Vous pouvez aussi investir l'argent gaspillé en tomates coûteuses, mais sans goût, dans une bouteille de vinaigre balsamique de qualité, qui fournira le sucré et l'acidité dont manquent les tomates. (Sachez que la saveur des fraises, qu'on juge parfois interchangeables avec les tomates, est également intensifiée par le vinaigre balsamique, voir Tomate & Fraise, page 326). La tomate a également un goût d'umami. Heston Blumenthal, avec l'intuition que les graines de tomates pourraient contenir plus de saveur que la chair, a travaillé avec des scientifiques de l'université de Reading pour confirmer qu'elles sont en réalité plus riches en acide glutamique, qui non seulement les rend particulièrement savoureuses, mais stimule également la saveur des autres ingrédients.

✻ **Tomate & Agneau :** Comme la noix de coco, la tomate peut ajouter instantanément à un plat un petit air d'été et de vacances. Elle allège aussi l'agneau rôti. En Grèce, l'agneau, gigot ou épaule, est cuit avec des tomates et de petites pâtes en forme de grains de riz, appelées *orzo*, qui sont ajoutées à la fin. Elles absorbent les saveurs de l'agneau et de la tomate. Une simple salade d'épinards suffira à accompagner ce plat. Notez combien de temps, en fonction du poids de la viande, il faut à votre agneau pour être cuit à votre goût, faites-y des fentes pour y insérer de l'ail en lamelles et assaisonnez. Transférez l'agneau dans un plat à rôti et placez-le au centre du four préchauffé à 190 °C (thermostat 6-7). Hachez grossièrement le contenu de 2 boîtes de 400 g de tomates, ajoutez un peu d'origan, une feuille de laurier, ½ cuillerée à café de sucre, puis assaisonnez. Lorsqu'il reste 1 heure avant que la viande soit cuite, sortez votre plat du four, puis l'agneau du plat et videz la graisse. Versez les tomates et remettez l'agneau dessus. Lorsque l'agneau est cuit, retirez-le du plat et enveloppez-le pour qu'il reste chaud. Incorporez 250 g d'*orzo* et 100 ml d'eau bouillante dans les tomates et remettez au four pour 15 minutes. Découpez la viande que vous servirez en tranches posées sur les pâtes, après avoir vérifié leur cuisson. Voir aussi Agneau & Anis, page 61.

Tomate & Ail : *Pa amb tomàquet* : la seule manière de commencer la journée en Catalogne (ce n'est pas une mauvaise façon de la terminer non plus). Il est aussi servi en accompagnement avec la plupart des repas. Prenez tout simplement du pain toasté, ou de la veille pour qu'il soit suffisamment résistant, que vous frottez d'abord avec de l'ail, puis avec un morceau de tomate dont la chair, le jus et les pépins se prennent dans les aspérités et développent sa saveur. Recouvrez d'un filet d'huile d'olive et saupoudrez de sel. Ce pain se mange habituellement tout seul ou parfois pour accompagner des anchois ou du *jamón de Jabugo*. Dans sa *Teoria i pràctica del pa amb tomàquet*, qui ne fait pas moins de 200 pages, Leopold Pomés raconte l'histoire d'un célèbre musicien qui aimait mordre alternativement dans le pain à la tomate et dans le chocolat. Voir aussi Chocolat & Tomate, page 22.

Tomate & Anchois : *voir Anchois & Tomate, page 205.*

Tomate & Anis : Ajoutez quelques cuillerées à soupe de concentré de tomate à une sauce béarnaise à l'estragon et cela devient une sauce rosée appelée sauce Choron, du nom du grand chef français Alexandre Étienne Choron (1837-1924). Le siège de Paris par les Prussiens en 1870 ayant coupé les vivres à son restaurant, il se tourna vers le zoo du bois de Boulogne et conçut un menu qui comprenait du consommé d'éléphant, des côtes d'ours sauce poivrade et du chat flanqué de rats. Considérant que les voies d'approvisionnement fonctionnent correctement à l'heure où vous lisez ceci, vous feriez mieux de servir la sauce Choron avec du saumon, des croquettes de poisson ou de la viande rouge. Pour ce qui est du concentré de tomate, Giorgio Locatelli écrit qu'un concentré de tomate de qualité doit avoir bon goût dès qu'il sort du tube, avec une saveur qui rappelle les tomates séchées naturellement au soleil.

Tomate & Aubergine : Elles font toutes deux partie de la même famille que la belladone et peuvent être mortelles pour la réputation du cuisinier imprudent. Vous devez gérer l'acidité de la tomate et l'amertume de l'aubergine sans négliger la cuisson de l'aubergine et sans qu'elle sue l'huile, tant vous en avez utilisé. Il n'est pas étonnant que de si nombreux *imam bayildi* ressemblent à des semelles bouillies. Traité avec bon sens, ce plat turc d'aubergines farcies d'ail et de tomates, entre autres choses, peut cependant être sublime. Tout comme peut l'être la *parmigiana di melanzane* (aubergines cuites au four dans une sauce tomate enrichie de fromage), la *pasta alla Norma* (le célèbre plat de pâtes sicilien avec des aubergines, de la tomate, du basilic et de la ricotta) et la *caponata* (un plat d'aubergines et de tomates, froid aigre-doux, également de Sicile).

Tomate & Avocat : *voir Avocat & Tomate, page 253.*
Tomate & Basilic : *voir Basilic & Tomate, page 273.*
Tomate & Bœuf : *voir Bœuf & Tomate, page 59.*
Tomate & Cacahuète : *voir Cacahuète & Tomate, page 30.*
Tomate & Cannelle : *voir Cannelle & Tomate, page 278.*

Tomate & Câpre : Le sol volcanique de l'île grecque de Santorin est réputé pour donner aux câpres que l'on y cultive une saveur d'une intensité unique. Quantité d'entre elles sont séchées au soleil jusqu'à devenir pâles et très dures, puis cuites dans une sauce tomate pour accompagner des pois cassés jaunes très prisés sur l'île. Voir aussi Pomme de terre & Tomate, page 117, et Olive & Tomate, page 221.

Tomate & Champignon : *voir Champignon & Tomate, page 101.*
Tomate & Chocolat : *voir Chocolat & Tomate, page 22.*

Tomate & Citron : Un petit filet de jus de citron fera disparaître le goût métallique des tomates en conserve. C'est bon à savoir, surtout si vous venez d'exhumer des profondeurs du placard de votre cuisine une boîte abandonnée là depuis des lustres, car la saveur de fer se développe avec le temps.

Tomate & Citron vert : *voir Citron vert & Tomate, page 380.*

Tomate & Clou de girofle : L'eugénol est le composé de saveur prédominant dans les sombres et épicés clous de girofle. Il est également à l'origine de certaines des saveurs du basilic et existe naturellement dans les tomates. On ajoute souvent des clous de girofle, avec d'autres épices, pour servir d'exhausteur de goût dans les plats cuisinés et les sauces tomates, tel le ketchup. Voir aussi Basilic & Clou de girofle, page 270.

Tomate & Concombre : Même si la tomate et le concombre semblent être les ingrédients de base du gaspacho, la vérité est que le plat existait bien avant que ceux-ci n'arrivent du Nouveau Monde. À l'origine, le gaspacho était fait de pain, d'ail, d'huile d'olive, de vinaigre et d'eau – une version bien moins sophistiquée de l'*ajo blanco*. La première fois que j'ai fait du gaspacho – ou plutôt que je m'y suis essayée –, c'était au Portugal, un jour où j'ai frôlé la mort par deux fois (glissement de terrain et noyade). Il a fallu qu'on s'y mette à douze pour le préparer, chacun étant désigné à peler, râper, émincer, mélanger, passer, etc. : un orchestre de cuisine dirigé par une maîtresse de maison plutôt brusque par souci d'efficacité. Même à douze, ça nous a pris une heure. Mais ce fut le meilleur gaspacho que j'aie jamais mangé, acidulé et semblant contenir toutes les saveurs d'une salade fraîche sous le soleil de Cascais.

Tomate & Feuilles de coriandre : *voir Feuilles de coriandre & Tomate, page 249.*

Tomate & Fraise : D'après certains chefs à l'esprit scientifique, ces deux-là sont interchangeables puisqu'elles partagent de nombreux composés aromatiques. Au milieu des années 1990, Ron G. Buttery et son équipe ont découvert que les tomates contenaient ce qu'on appelle du furanéol. Il y en a dans les fraises, mais aussi dans les framboises, l'ananas, le bœuf, les noisettes grillées et le pop-corn. Des recherches plus récentes ont permis de découvrir que ses concentrations les plus élevées se trouvaient dans les tomates du jardin du milieu de l'été. Essayez d'utiliser l'une pour l'autre dans vos plats favoris à la fraise ou à la tomate. Une salade de fraises, d'avocats et de mozzarella me semble aller de soi. Et pourquoi pas de la fraise dans votre hamburger et des tomates dans votre tarte aux fruits ?

Tomate & Fromage à pâte molle : *voir Fromage à pâte molle & Tomate, page 91.*
Tomate & Fromage à pâte pressée cuite : *voir Fromage à pâte pressée cuite & Tomate, page 86.*

Tomate & Fruits de mer : Les *linguine alle vongole* sont servies *in rosso* ou *in bianco* – avec ou sans tomates. Je suis fermement dans le camp *bianco*, mais si vous préférez le *rosso*, vous pouvez peut-être vous sentir plus à l'aise que moi avec le concept du *clamato*, une sorte de liquéfaction des *vongole in rosso* (moins les pâtes), comme le gaspacho serait la liquéfaction d'une salade. Mélange de jus de tomate, de bouillon de palourdes et d'épices inspiré en fait par la chaudrée de palourdes de Manhattan, le *clamato* peut susciter le même étonnement qu'une location saisonnière durant les vacances. J'ai sorti ma bouteille de *clamato* du réfrigérateur et je l'ai retournée plusieurs fois, cherchant à déceler dans le trajet de la petite bulle d'air les morceaux de palourdes. Je me suis motivée pour faire sauter le couvercle en me disant pour me rassurer que j'aimais l'accord des tomates avec les fruits de mer dans les crevettes à la provençale, le homard à l'américaine, le ragoût catalan nommé *zarzuela*, et l'influence italienne sur le *cioppino*, un ragoût de fruits de mer de San Francisco. Et je suis tombée amoureuse. Le *clamato* est du pur umami liquide, pas plus difficile à affronter pour le palais qu'un très savoureux jus de tomate salé, et idéal pour le bloody mary. Au Mexique, il est mélangé à de la bière pour faire une *michelada*.

Tomate & Gingembre : *voir Gingembre & Tomate, page 391.*
Tomate & Jambon cru : *voir Jambon cru & Tomate, page 217.*

Tomate & Lard : Quel contraste ! Lard salé et tomate acide-sucrée. Une paire renommée avec de la laitue croquante dans le BLT (*Bacon, Lettuce and Tomato*, sandwich très populaire aux États-Unis et au Royaume-Uni). Moins réussie dans le premier dîner que j'ai cuisiné pour celui qui n'était pas encore mon mari : *pasta all'amatriciana*. Un choix sans risque, pensez-vous. J'ai fait revenir une douzaine de tranches de pancetta dans de l'huile d'olive jusqu'à ce qu'elles soient croustillantes, je les retirées de la poêle et je les ai mises de côté. Après avoir fait fondre un oignon dans la graisse du lard, j'y ai vidé une boîte de tomates entières, je les ai brisées avec une cuillère en bois et j'ai ajouté 1 cuillerée à café de piment séché en flocons et 1 cuillerée à café de sucre. Pendant que ça mijotait lentement, je me suis glissée dans la chambre à coucher et j'ai entassé dans l'armoire toutes mes chaussures qui traînaient, mes livres de recettes, mes appareils de gymnastique et les emballages vides de bonbons, avant de revenir nonchalamment dans la cuisine pour donner un petit tour de cuillère à ma sauce et ajouter un petit peu plus de sucre pour, ai-je pensé, compenser le mordant de la tomate, d'une acidité inquiétante qui s'attardait sur mon palais tandis que je me retirais dans la salle de bains. Qui s'attardait si bien qu'une fois appliqué mon eye-liner j'ai fait un saut dans la cuisine pour rajouter 1 cuillerée à café de sucre. Et ainsi de suite, cuillère après cuillère, jusqu'à ce que la sauce prenne une allure de glaçage confit. J'aurais pu tout aussi bien appeler mon plat *pasta alla diabetica*. J'ai mis le lard dans la sauce que j'ai fait réchauffer, j'ai fait cuire les pâtes, je les ai égouttées, je les ai mélangées dans la sauce et j'ai servi le tout avec du *pecorino romano*. Il a mangé, mais je suis certaine de l'avoir vu grimacer. Les hôtes nerveux doivent se souvenir que le stress et l'anxiété peuvent altérer les capacités gustatives. Des recherches menées sur des personnes souffrant de troubles affectifs saisonniers ont montré une différence marquée dans les seuils de perception du goût durant les mois d'hiver.

Tomate & Noix de muscade : *voir Noix de muscade & Tomate, page 282.*
Tomate & Œuf : *voir Œuf & Tomate, page 171.*

Tomate & Oignon : Entre le goût idéal des tomates et la saveur qu'elles ont aujourd'hui, l'écart est large, peut-être le plus important qu'on puisse trouver. Elisabeth David, au sujet de la salade de tomates et d'oignons qu'elle a mangée chaque jour pendant un été en Espagne, a noté que les deux ingrédients étaient si délicieux qu'ils n'auraient pu être que gâtés par l'ajout de concombres, d'olives ou de laitue. Elle poursuit en déplorant que ce plaisir se fasse de plus en plus rare. Il est presque inexistant aujourd'hui. Les seules tomates à avoir représenté l'idéal pour moi ont été celles que j'ai mangées dans un restaurant de plage à El Puerto de Santa María, entre Jerez et Cadix sur la Costa de la Luz. Les tables étaient habillées de nappes criardes en plastique recouvertes d'un papier rugueux, maintenu en place par de pinces vertes fluorescentes. Les tomates étaient bordées de vert, les oignons étaient simplement des oignons, mais les deux ensembles étaient exquis. Les tomates avaient une profonde saveur chlorophyllienne, comme l'intérieur d'une serre, et les oignons étaient si doux qu'une personne les yeux bandés aurait été persuadée que c'étaient des fruits en tranches.

Tomate & Olive : *voir Olive & Tomate, page 221.*
Tomate & Pastèque : *voir Pastèque & Tomate, page 317.*
Tomate & Piment : *voir Piment & Tomate, page 265.*
Tomate & Poisson blanc : *voir Poisson blanc & Tomate, page 187.*

Tomate & Poivron : En 1993 est sorti *Summer Collection*, un livre de Delia Smith, et si cet été pouvait avoir une saveur, ce serait celle des poivrons rouges coupés en deux farcis avec une demi-tomate pelée, un filet d'anchois, un peu d'ail et d'huile d'olive et qu'on a fait rôtir avant de les parsemer de basilic coupé à la main. Voir aussi Poivron & Œuf, page 259.

Tomate & Pomme de terre : *voir Pomme de terre & Tomate, page 117.*
Tomate & Porc : *voir Porc & Tomate, page 46.*
Tomate & Poulet : *voir Poulet & Tomate, page 39.*

✻ **Tomate & Raifort :** Mélangez du ketchup avec du raifort et obtenez une sauce simple pour les huîtres crues ou les crevettes cuites. Un trait léger de sauce au piment donnera un petit coup de chaud si le raifort est trop fade pour y parvenir tout seul. Voir aussi Céleri & Raifort, page 121.

Tomate & Sauge : *voir Sauge & Tomate, page 404.*
Tomate & Thym : *voir Thym & Tomate, page 411.*
Tomate & Vanille : *voir Vanille & Tomate, page 437.*

Fraise

La baie la plus populaire au monde, et l'une des plus sucrées et des plus goûteuses. Lorsqu'elles sont mûres, les fraises fraîches contiennent une combinaison de notes caramélisées de fruits, d'épices, avec des pointes vertes. Certains cultivars possèdent de fortes saveurs d'ananas. Les fraises sauvages ont des notes aromatiques en commun avec les raisins sauvages et peuvent posséder un caractère épicé de clou de girofle qui leur est spécifique. La fraise crée des combinaisons harmonieuses avec les épices chaudes et sucrées ainsi qu'avec les autres fruits, et ses qualités naturelles pour la confiserie se révèlent lorsqu'elle est accompagnée de sucre et de produits laitiers (bien entendu, la crème, mais aussi le yaourt, les fromages frais et les pâtes contenant du beurre).

✻ **Fraise & Amande :** Mixez 250 g de fraises mûres avec 2 cuillerées à soupe de sucre glace, 3 cuillerées à soupe d'*amaretto* et 3 cuillerées à soupe d'eau pour un nappage à utiliser sur de la crème glacée ou une génoise. Un contrepoint sucré, mais mordant.

Fraise & Ananas : *voir Ananas & Fraise, page 334.*
Fraise & Anis : *voir Anis & Fraise, page 230.*

✻ **Fraise & Avocat :** Prue Leith reconnaît que la combinaison d'une sauce de salade à la fraise avec de l'avocat peut paraître bizarre, mais elle fait remarquer qu'en mélangeant de l'huile avec de la fraise on obtient une espèce de vinaigrette, la fraise prenant la place du vinaigre de vin habituel.

Réduisez 250 g de fraises en purée avec 100 ml d'huile d'olive et 100 ml d'huile de tournesol mélangées, en ajoutant les huiles petit à petit jusqu'à obtenir un équilibre harmonieux. Assaisonnez avec une pincée de sel, du poivre et du sucre à votre convenance. Cela devrait suffire pour 3 avocats, pelés, débarrassés de leur noyau, coupés en deux et proprement découpés en tranches (recette pour 6 personnes). Recouvrez d'amandes effilées grillées.

Fraise & Cannelle : Les fraises possèdent un soupçon de saveur de barbe à papa, et la cannelle aime le sucre et les fruits. Lorsqu'elles sont chauffées ensemble, le couple dégage les senteurs lourdes mais séduisantes d'une fête foraine un peu miteuse. Pour une irrésistible collation sucrée, exhumez votre toasteur à sandwich ou votre moule à gaufre, beurrez 2 tranches de pain de mie et, généreusement, tartinez l'une avec de la confiture de fraises tandis que vous saupoudrez l'autre de cannelle moulue (sur les côtés non beurrés). Assemblez, avec les côtés beurrés à l'extérieur, et pressez dans le toasteur ou le gaufrier jusqu'à ce que le pain soit bien croustillant, plus frit que grillé, comme un beignet à la confiture du temps jadis. Attendez un peu que la confiture ait quitté le stade de lave en fusion avant de mordre dans votre sandwich, ou vous ne pourrez plus jamais dire à personne combien c'était bon. Vous pouvez également essayer cette combinaison dans un sorbet, un milk-shake ou avec une génoise fourrée de couches de confiture de fraises et de crème fraîche fouettée, surmontée d'une poignée de sucre à la cannelle.

Fraise & Chocolat : *voir Chocolat & Fraise, page 18.*

Fraise & Chocolat blanc : Dans les boutiques de luxe qui vendent du chocolat, je vois parfois des plaques de chocolat blanc éclaboussé par des caillots de fraises lyophilisées, comme du stuc aspergé de sang après une fusillade. Avec son côté un peu lacté, le chocolat blanc se combine mieux à la fraise que le chocolat au lait ou noir, mais inutile de relancer la guerre des gangs pour s'en procurer.

Fraise & Concombre : Dans la France rurale d'autrefois, on servait paraît-il aux jeunes mariés, pour le petit-déjeuner de leur mariage, une soupe composée de fraises, de bourrache (une plante aromatique à la saveur de concombre), de crème aigre allégée et de sucre. On plantait souvent la bourrache à côté des fraises dans les jardins puisqu'on pensait qu'elles avaient un effet stimulant sur leur croissance respective, et c'est sans doute de là qu'est venue l'idée d'en servir pour les mariages. Comme dans toute relation de longue date, la saveur de l'une améliore celle de l'autre. Découpez des fraises en tranches aussi fines que la chemise de nuit de la mariée, que vous disposerez en couches alternées avec des feuilles de bourrache entre 2 tranches de pain de mie, sans croûte, tartinées de fromage frais.

Fraise & Framboise : C'est un peu comme porter du noir avec du bleu marine : cela ne va pas très bien ensemble. La framboise, c'est le noir : classique, élégante, sophistiquée. Elle s'entend bien avec d'autres saveurs classiques comme le chocolat ou la vanille. La fraise, c'est le bleu marine : simple d'apparence, sorte de valeur sûre, mais qui n'est pas si facile que ça à accorder. Si vous combinez fraise et framboise, vous devrez vous demander si vous ne feriez pas mieux d'opter pour l'une ou pour l'autre. Remarquez que lorsqu'elles sont associées, c'est souvent à des fins décoratives – sur les tartes, les cheese-cakes ou les pavlovas –, mais que dès qu'on utilise l'une et l'autre dans des mélanges ou des jus où l'on ne peut plus les individualiser, elles ont tendance à être préférées seules, que ce soit dans les confitures, les glaces, les boissons ou les gelées ; cela en dit assez long sur la combinaison de leur saveur.

Fraise & Fromage à pâte molle : Les fraises ont à la fois des notes de beurre et de crème et c'est pour cette raison qu'elles vont si bien avec la crème, caillée ou non. Elles possèdent également des notes de fromage bien distinctes, ce qui pourrait expliquer la raison pour laquelle elles recouvrent magnifiquement et de façon quasi systématique les cheese-cakes sous forme de coulis. Donc, pour changer du raisin, pourquoi ne pas en ajouter à votre plateau de fromages estival ? Idéales avec un jeune brie ou du brillat-savarin, un triple crème somptueux avec de si jolis fruits.

Fraise & Melon : *voir Melon & Fraise, page 351.*

Fraise & Menthe : De la menthe fraîchement ciselée, un filet de jus de citron et quelques pincées de sucre peuvent vraiment exalter la douceur de la fraise. Heston Blumenthal décrit la menthe comme un partenaire classique pour la fraise, et un de ceux qu'il avait pris en considération – avec la noix de coco, le poivre noir, l'huile d'olive et le vin – lors de l'élaboration de son plat de fraises macérées avec des olives noires et du cuir de fruit (compote ou purée déshydratée), accompagné d'œufs brouillés aux pistaches.

❋ **Fraise & Noisette :** La saveur des noisettes grillées est profonde sans être écrasante. Elle s'accorde magnifiquement avec les fraises, permettant au parfum du fruit de briller d'une manière que le chocolat n'autorise que rarement. C'est encore mieux quand la douceur de la fraise est soulignée par le sucre – par exemple, dans une roulade de meringue aux noisettes remplie de fraises et de crème fouettée. Pour la meringue aux noisettes, battez en neige les blancs de 4 gros œufs. Lorsqu'ils commencent à prendre, continuez à monter en ajoutant progressivement 225 g de sucre glace. Incorporez 100 g de noisettes grillées moulues, puis étalez le mélange sur une feuille de papier sulfurisé dans une tôle à roulés de 25 x 35 cm, avec des bordures. Enfournez pour 20 minutes à 190 °C (thermostat 6-7). Sortez du four, laissez refroidir, puis démoulez en détachant le papier s'il adhère encore à la meringue. Couvrez avec de la crème fouettée et des fraises hachées. Pendant que la meringue est encore souple, roulez avec soin. Votre roulé n'est pas censé avoir une apparence parfaite. Si toutefois il est vraiment raté, vous pouvez toujours le transformer en *Eton mess*, un dessert traditionnel anglais composé d'un mélange de fraises, de morceaux de meringue et de crème. Les noisettes partagent l'affection des fraises pour les saveurs caramélisées : y ajouter un trait de caramel liquide est donc une excellente idée.

Fraise & Noix de coco : Le chef Michel Bras réalise une élégante terrine en enfouissant dans une crème à la noix de coco des fraises fraîches coupées en tranches ; elles se détachent sur le fond d'un blanc pur, formant un motif délicat comme celui d'un éventail japonais. C'est l'approche pleine de retenue d'un partenariat qui peut prendre des formes plus tapageuses : *cupcakes*, biscuits glacés et expérimentations variées à base de gelée.

Fraise & Orange : *voir Orange & Fraise, page 371.*
Fraise & Pêche : *voir Pêche & Fraise, page 332.*
Fraise & Raisin : *voir Raisin & Fraise, page 318.*
Fraise & Rhubarbe : *voir Rhubarbe & Fraise, page 321.*
Fraise & Tomate : *voir Tomate & Fraise, page 326.*

Fraise & Vanille : Un beau partenariat. Elles sont jumelées dans certains millefeuilles, avec une crème pâtissière à la vanille, ou dans des tartes brillantes bien rangées dans les vitrines des pâtisseries. Mais – faites-moi confiance sur ce coup-là – la fraise ne se sent-elle pas mieux avec de simples produits laitiers ? Avec de la crème fouettée jaune pâle dans un *Eton mess*, ce dessert traditionnel anglais composé d'un mélange de fraises, de morceaux de meringue et de crème ? Sur une pavlova ? Installée sur un joli cheesecake dense ? Ou, meilleur que tout, avec de la crème épaisse sur un scone ? Pour moi, la combinaison de la fraise (avec sa forte saveur de bonbon) et de la vanille parfumée est *too much* – comme un goût presque synthétique. D'une façon plus positive, nous dirons que, des trois permutations possibles dans la tranche napolitaine classique, vanille-fraise est la moins mauvaise. Les fabricants pourraient également proposer de la pistache à la place du chocolat, ce qui serait un retour aux sources, car ce dessert était à l'origine une combinaison de trois parfums parmi plein d'autres, dont pistache, framboise et café. Signalons enfin que l'association de la rhubarbe avec la fraise et la vanille est un vrai délice.

Ananas

Un cocktail à lui tout seul. Lorsqu'il est mûr à souhait, l'ananas combine un éventail de saveurs de fruits juteux avec un caractère de confiserie épicée et alcoolisée évoquant les partenaires classiques des fruits : vanille, rhum, noix de coco et caramel. Comme leur processus de maturation s'interrompt une fois qu'ils sont cueillis, les ananas disponibles dans le commerce sont souvent insuffisamment mûrs, et n'ont pas atteint leur pleine saveur et l'équilibre idéal entre l'acidité et le sucré. Pour vérifier la maturité d'un ananas, sentez sa base : les plus mûrs sont les plus fruités, et donc sucrés et très parfumés.

Ananas & Anchois : Le nuoc-mâm est une sauce de poisson vietnamienne (habituellement confectionnée avec des anchois fermentés) contenant du jus de citron vert, du piment et du sucre. Une sauce similaire, mais encore plus piquante, le *man nem*, est faite en mixant une sauce de poisson épaisse avec de l'ananas pulvérisé, du piment, du sucre, de l'ail et du jus de citron vert. Elle est utilisée pour y tremper des morceaux de bœuf ou de poisson frits.

Ananas & Anis : *voir Anis & Ananas, page 229.*

Ananas & Avocat : En 1557, un prêtre brésilien écrivit que l'ananas était si « immensément béni par Dieu » qu'il devait « être coupé seulement par les mains pures de la déesse Vénus ». Au même siècle, l'historien espagnol Fernández de Oviedo note que l'ananas est similaire à la pêche, au coing et à un melon très fin, et possède un goût « si appétissant et sucré que, dans ce cas, les mots [lui] manquent pour en bien faire l'éloge ». Avec une retenue typiquement britannique, l'aventurier Edward Terry, qui a voyagé en Inde en 1616, décrit la saveur de l'ananas comme un « composé agréable de fraises, de vin de Bordeaux, d'eau de rose et de sucre ». Au XVIIIe siècle, le philosophe et poète allemand Heinrich Heine a parlé de l'ananas avec le même souffle lyrique que du caviar frais et des truffes de Bourgogne. Avec des critiques comme ça, pas étonnant que l'ananas se comporte comme une diva. Il ne permet pas aux gelées ni aux crèmes de prendre, et il réduit les autres ingrédients en pulpe si l'on n'y fait pas attention. Il est donc préférable et moins problématique de le servir comme une vraie *star*, c'est-à-dire seul. Jane Grigson partage la même opinion sur l'avocat, à l'exception d'une poignée de « partenariats magnifiques » incluant, incidemment, l'ananas. Coupez-les tous deux en dés pour faire une sauce, ou en tranches fines pour garnir un sandwich au poisson frit.

Ananas & Banane : Le fruit nommé chérimole, ou anone, ressemble à un hybride de pomme granny smith et de tatou, et son goût est comme un croisement entre l'ananas, la banane et la fraise.

Ananas & Cannelle : L'ananas, comme la fraise, se combine avec le sucre et la cannelle pour créer une saveur qui serait un peu comme une version naturelle de la barbe à papa. Un effet similaire, agréablement caramélisé, peut se retrouver dans une tarte Tatin à la cannelle et à l'ananas.

Ananas & Chocolat : Le chef québécois David Biron, passionné par la nourriture japonaise, sert un club sandwich au chocolat avec des « frites » d'ananas. Des fraises et du basilic prennent la place de la tomate et de la laitue.

Ananas & Chocolat blanc : *voir Chocolat blanc & Ananas, page 438.*

✻ **Ananas & Feuilles de coriandre :** L'auteur Leanne Kitchen note l'affinité de l'ananas pour les plats asiatiques et les ingrédients comme le curry et les feuilles de coriandre. Ananas et feuilles de coriandre forment un appariement courant au Mexique, où ils sont cultivés tous les deux. Voir Ananas & Porc, page 335, ou essayez cette soupe de haricots noirs si vous avez un peu de bouillon de jambon fumé (et si vous n'en avez pas, vous pouvez toujours faire revenir un oignon et du lard fumé dans la casserole avant d'y verser les haricots et 1 litre d'eau). Faites tremper 250 g de haricots noirs dans l'eau durant une nuit, égouttez-les et rincez-les, puis mettez-les dans 1 litre de bouillon de jambon fumé. Couvrez et laissez mijoter entre 45 et 60 minutes, jusqu'au moment où les haricots sont tendres. Retirez-en environ un quart que vous mixerez au robot de cuisine avant de les réintégrer dans la soupe pour l'épaissir. Avant de servir, incorporez quelques feuilles de coriandre et de l'ananas frais râpé (coupez un ananas pelé en huit tranches et râpez sur la section pour obtenir des copeaux courts). Vous pouvez ajouter du jambon haché si vous en avez envie.

Ananas & Fraise : En raison de son niveau d'acidité, Richard Olney considère que la fraise est un des fruits qui se marie bien avec l'ananas, tout comme les framboises et le jus d'orange. Les saveurs ne peuvent pas se masquer les unes les autres et certains estiment qu'on peut distinguer une pointe d'ananas dans les très bonnes fraises. Si vous voulez vous-même faire pousser des fraises à la saveur d'ananas, essayez de trouver les variétés cleveland et burr's new pine qu'Edward James décrit dans son livre *Hooper's Western Fruit Book*, publié en 1857.

Ananas & Framboise : *voir Framboise & Ananas, page 423.*
Ananas & Fromage à pâte pressée cuite : *voir Fromage à pâte pressée cuite & Ananas, page 80.*
Ananas & Fromage bleu : *voir Fromage bleu & Ananas, page 75.*
Ananas & Fruits de mer : *voir Fruits de mer & Ananas, page 175.*
Ananas & Jambon cru : *voir Jambon cru & Ananas, page 214.*
Ananas & Lard : *voir Lard & Ananas, page 209.*

Ananas & Mangue : *voir Mangue & Ananas, page 363.*
Ananas & Noix de coco : *voir Noix de coco & Ananas, page 358.*
Ananas & Orange : *voir Orange & Ananas, page 369.*

Ananas & Piment : Essayer d'acheter un ananas mûr, c'est un peu comme jouer à la loterie. Les feuilles qui s'enlèvent facilement comme indicateur de maturité, ce sont des histoires de bonne femme. Reniflez-lui plutôt la base : le jus dans cette partie du fruit a tendance à être plus sucré, et quand il est mûr, le parfum pénètre la peau qui lui tient lieu d'armure. S'il a l'odeur d'un fruit qui aurait passé toute l'après-midi dans un bar, abstenez-vous. Avec l'expérience, je trouve que les fruits de taille moyenne ont tendance à être plus sucrés et à avoir plus de parfum que les variétés plus grosses. De plus, vous prendrez moins de risques, en Europe en tout cas, si vous en achetez en hiver ou au printemps. Si vous vous retrouvez avec un ananas acide, essayez de tremper des morceaux dans du piment et dans du sel, comme c'est la pratique avec la mangue trop verte dans le sud-est de l'Asie et au Mexique. Mélanger de l'ananas sucré avec des piments rouges fonctionne très bien aussi, surtout dans une sauce pour accompagner du poisson, ou bien finement émincés et servis avec du sorbet à la mangue.

Ananas & Pomélo : Avec une gorgée de jus d'ananas et de pomélo, comment ne pas se sentir transporté sous les tropiques, installé dans un hamac. Ou bien sur la Lune ? En 1969, l'équipage d'*Apollo 11* a arrosé son premier repas lunaire – des carrés de lard, des pêches, des cubes de biscuit sucré – avec une boisson à l'ananas et au pomélo. On soupçonne l'absence de gravité d'avoir des effets négatifs sur la perception des saveurs, car les particules dont nous détectons les arômes rejoignent moins facilement nos bulbes olfactifs. Les ingrédients avec des saveurs intenses sont moins affectés, et c'est le cas de l'ananas et du pomélo. Pour en savoir plus sur la puissance particulière de la saveur du pomélo, voir Pomélo & Fruits de mer, page 375.

Ananas & Pomme : Le mot ananas vient du tupi-guarani *naná naná*, qui signifie « parfum des parfums », et parmi ceux-ci, on peut détecter celui d'une fraîche pomme verte. Réciproquement, il existe des cultivars de pommes avec un goût profond d'ananas, comme la reinette allington, la claygate permain et la pitmaston pine apple.

Ananas & Porc : Cela vaut le coup d'aller au Mexique, rien que pour déguster des *tacos al pastor*, un plat à emporter composé de porc épicé recouvert d'ananas frais et rôti sur une broche. Pendant la cuisson, le jus de l'ananas coule sur la viande, créant une croûte caramélisée brun foncé tout en l'attendrissant grâce à une enzyme protéolytique, appelée broméline, qui fait fondre son collagène. Le porc est servi avec des tacos de maïs chauds garnis d'oignons doux, d'ananas, de jus de citron vert et de coriandre à profusion.

Ananas & Raisin : *voir Raisin & Ananas, page 318.*

Ananas & Sauge : La sauge élégante ou sauge ananas *(Salvia elegans)*, à longue floraison tardive, est d'un rouge écarlate et elle est utilisée pour aromatiser les boissons ou les salades de fruits. Dolf De Rovira Senior a écrit qu'elle a un goût d'ananas ou de *piña colada*.

Ananas & Vanille : Les producteurs d'ananas Dole ont publié la recette du gâteau renversé à l'ananas dans le cadre d'une campagne de publicité dans les années 1920. Ce fut un succès instantané, et à juste titre : ce couplage de l'ananas légèrement caramélisé sur une génoise crémeuse à la vanille est délicieux. D'autres gâteaux renversés sont venus dans son sillage (canneberge et pêche, sirop d'érable et poire, orange et cardamome), mais aucun n'a jamais atteint le parfum magique de l'original.

Pomme

Les pommes affichent une rafraîchissante saveur verte et fruitée qui n'a d'égal que leur équilibre décisif entre acide et sucré. Imaginez un continuum allant des variétés les plus douces telles que la fuji et la gala, en passant par la golden, la braeburn, la pink lady et la granny smith, pour arriver à la pomme à cuire bramley et son acidité extrême. Le cultivar dicte également la présence de goûts propres à chaque variété, comme les pointes florales (rose) ou les notes fruitées (quetsche, poire, ananas, fraise et rhubarbe). Les pommes peuvent aussi déployer des notes épicées (noix de muscade et anis), des notes lactées (beurre, crème et fromage), des notes de fruits à coque – surtout au centre, à proximité des pépins qui possèdent une saveur d'amande – et enfin des notes de miel, de vin et de… Malabar. La pomme est le fruit le plus cultivé sous les climats tempérés, non seulement en raison de sa saveur superbe, mais parce qu'elle est polyvalente. Hormis, bien sûr, leur consommation crue, les pommes sont excellentes cuites dans les gâteaux, les tartes et les puddings, ou transformées en confiture, sauce piquante, jus, cidre et eau-de-vie.

Pomme & Amande : Coupez en deux, comme un papillon, un croissant aux amandes. Étalez généreusement du fromage frais crémeux sur une face et de la compote de pommes sur l'autre. Refermez les ailes de votre papillon. Plus savoureux que le strudel…

Pomme & Ananas : *voir Ananas & Pomme, page 335.*
Pomme & Anis : *voir Anis & Pomme, page 232.*

Pomme & Betterave : J'adore la betterave pour sa chaleur terreuse qui me rappelle l'odeur des jardineries. Si ce n'est pas votre truc, vous pouvez tempérer cette richesse de saveur par de la pomme acidulée. Essayez avec un tiers de pommes braeburn et deux tiers de betterave cuite, le tout coupé en dés. N'oubliez pas de conserver la peau des pommes pour le contraste de texture. Avec le temps, la betterave déteint et donne au mélange une couleur rouge uniforme psychologiquement déroutante : quand on s'attend à mordre dans de la betterave tendre, on croque dans un morceau de pomme sucré. Les deux saveurs fonctionnent bien avec du raifort, donc pourquoi ne pas en mélanger un peu à de la mayonnaise pour une sauce de salade ? Ou avec des noix, un autre mariage réussi. Une salade pommes et betterave avec une sauce à l'huile de noix sera délicieuse avec un poisson gras grillé.

* **Pomme & Boudin noir :** La première fois que j'ai goûté cette combinaison, c'était Aux Charpentiers, une simple brasserie de Saint-Germain-des-Prés. Une fois franchie la lourde porte, il faut encore écarter un lourd rideau de velours fané avant de pouvoir pénétrer dans la salle à manger. J'avais l'impression d'être Edmund passant à travers l'armoire dans *Le Monde de Narnia*, sauf que, au lieu d'arriver dans un pays magique de neige et de glace et d'être séduite par un loukoum, j'entrai dans un café d'ouvriers parisiens des années 1930, et je fus séduite pas le boudin noir. Faites cette recette délicieuse et réalisable en un tour de main par une froide nuit d'automne, quand vous avez envie d'un plat vite fait mais satisfaisant. Choisissez une variété de pommes de table qui gardent de la tenue à la cuisson, et de préférence un peu acides pour compenser la richesse épicée du boudin. Pelez et épépinez les pommes et coupez-les en 8 morceaux que vous ferez revenir dans 1 cuillerée à soupe de beurre et 1 cuillerée à soupe d'huile d'arachide jusqu'à ce qu'elles ramollissent et deviennent légèrement brunes. Le boudin est déjà cuit, contentez-vous donc de le réchauffer quelques minutes directement dans la poêle où les pommes terminent leur cuisson. Ne servez avec rien d'autre, sauf un verre bien frais de viognier aux arômes de pêche.

Pomme & Cacahuète : *voir Cacahuète & Pomme, page 29.*

Pomme & Cannelle : Un classique. L'épice adoucit le tranchant de la pomme par une douce chaleur légèrement boisée. Comme du sitar sur un morceau des Rolling Stones. Il ne faut pas pour autant en abuser.

Pomme & Carotte : *voir Carotte & Pomme, page 290.*

Pomme & Cassis : Dans *Confitures traditionnelles et exotiques*, Jean-Yves Cannepin donne une recette pour un mélange pomme-cassis. Un classique certifié et utile si vous manquez de cassis, notamment parce que, sans diluer sa grisante saveur herbacée, la pomme va donner du volume. Si vous êtes plus porté sur l'exotisme que le traditionalisme, vous préférerez sans doute d'autres combinaisons de Cannepin telle qu'ananas-ginseng, litchi-raisins secs, et la très inhabituelle citron-noisettes.

Pomme & Céleri : *voir Céleri & Pomme, page 120.*

Pomme & Chou : Alors qu'il est éventuellement possible d'associer de l'ananas ou de l'orange à du chou cru épicé dans un *coleslaw*, seule la pomme s'accommode bien avec du chou cuit lentement. Cela dit, difficile d'imaginer mieux que du chou rouge braisé avec de la pomme et de l'oignon (en ajoutant au choix du lard et/ou de la châtaigne) pour accompagner du porc. Veillez toutefois à ajouter quelque chose d'acide au liquide de braisage, comme du jus de citron ou du vinaigre de vin rouge, pour éviter que le chou ne devienne bleu.

Pomme & Clou de girofle : De l'avis de Robert Carrier, aucune tarte aux pommes n'est complète sans un soupçon de clou de girofle. Pour Elizabeth David, au contraire, une tarte aux pommes n'est pas comestible avec le moindre clou de girofle planté dedans. Une pomme qui a beaucoup de caractère et d'acidité, comme la plupart des variétés à cuire, formera un contraste irrésistible avec la pâte molle beurrée d'un crumble ou d'une génoise, sans avoir besoin du renfort d'une arrière-garde sur le front de la saveur. Certaines pommes de table sont tout aussi valeureuses. Simon Hopkinson recommande la golden pour la tarte aux pommes. La plupart des pommes de dessert, cependant, n'ont pas suffisamment d'acidité pour que leur frais et superbe fruité survive à la cuisson et sont meilleures consommées crues. Néanmoins, s'il le faut, la saveur des pommes cuites peut être améliorée par un filet de jus de citron et une épice modérée comme le clou de girofle ou la cannelle. Si vous cultivez vos propres pommes, ou si vous les conservez au frais après les avoir achetées sur un marché, vous remarquerez qu'avec le temps elles deviennent moins acides et plus sucrées.

Pomme & Courge : *voir Courge & Pomme, page 293.*
Pomme & Foie : *voir Foie & Pomme, page 52.*
Pomme & Fromage à croûte lavée : *voir Fromage à croûte lavée & Pomme, page 74.*
Pomme & Fromage à pâte molle : *voir Fromage à pâte molle & Pomme, page 90.*

Pomme & Fromage à pâte pressée cuite : Glorieux. Un ami m'a dit une fois, plutôt dédaigneusement, que le déjeuner du laboureur – pain, fromage et pomme – était une invention publicitaire. Mais il est difficile que je me détourne d'une combinaison vieille de plusieurs siècles sous prétexte que quelqu'un lui a donné un nom légèrement ringard. Un morceau de cheddar ou de stilton, mature et piquant, triangulaire comme un panneau routier indiquant que la route de la prochaine colline est escarpée, une pomme entière et une demi-miche de pain brun friable, quelques oignons marinés et du chutney. L'acidité tranchante de la pomme traverse l'onctuosité du fromage, ce phénomène s'observe aussi avec du cidre. Vous pouvez également essayer ce genre de fromage avec une tarte aux pommes, comme c'est la coutume dans le Yorkshire et dans plusieurs régions des États-Unis. Certains prennent le fromage à côté, d'autres le font cuire sous la croûte de la tarte. Dans le Wisconsin, une loi a existé, interdisant la consommation de la tarte aux pommes sans fromage. Eugène Field (1850-1895) a écrit un poème sur cette paire, et dans *Taxi Driver* Travis Bickle commande dans un bar de la tarte aux pommes avec du fromage fondu, en référence, disent certains, à une demande similaire faite par le psychopathe Ed Gein (le boucher de Plainfield, 1906-1984) en échange d'aveux complets.

Pomme & Fruits de mer : Râpez une pomme froide et acide dans une douce mayonnaise au crabe pour la rafraîchir et lui donner un peu de mordant.

Pomme & Graines de coriandre : *voir Graines de coriandre & Pomme, page 432.*

Pomme & Lard : *voir Lard & Pomme, page 212.*

Pomme & Mangue : *voir Mangue & Pomme, page 365.*

✳ **Pomme & Mûre :** Comparables à Simon & Garfunkel : des carrières solos tout à fait respectables, mais ensemble ils remplissent le Stade de France et jouent à guichets fermés. Et soit dit en passant, Simon, c'est la pomme, le partenaire dominant, tandis que la mûre produit les notes aiguës. Les mûres ont un caractère épicé, sans qu'on puisse y distinguer une épice en particulier. Ramassez un sac de mûres sur la haie la plus proche. Mélangez-les dans une casserole avec 4 pommes à cuire pelées, évidées et coupées en morceaux et 4 cuillerées à soupe de sucre. Faites cuire à feu doux pendant environ 20 minutes jusqu'à ce que les pommes soient tendres et que les mûres aient déteint et donné au mélange une couleur pourpre brillante. Vérifiez s'il y a assez de sucre et rajoutez-en si nécessaire. Dans le temps, on appelait ça des fruits cuits. Aujourd'hui, les supermarchés insistent pour nommer cela de la compote. C'est plus élégant pour l'oreille, mais cela n'évoque plus cette douceur brute et rustique. Un peu de crème suffira pour apporter plus de douceur.

Pomme & Myrtille : Il n'y a aucun doute sur celle qui fait tout le travail dans ce partenariat. Une petite pomme va donner une impulsion fruitée à la timide myrtille. Essayez-les dans une tarte ou un crumble, que vous ferez avec ces myrtilles que vous avez très raisonnablement achetées au lieu d'un sachet de cacahuètes enrobées de chocolat, et qui attendent depuis dans le bas de votre réfrigérateur que vous concrétisiez vos bonnes intentions.

✻ **Pomme & Noisette :** La combinaison des pommes et des noisettes est si irrésistible que vous pourriez en arriver à souhaiter que l'été se termine enfin. Utilisez-la pour farcir une longe de porc. Vous pouvez aussi mettre des noisettes en poudre dans la pâte de votre fond de tarte aux pommes, ou bien encore essayer mon gâteau d'automne. Il contient *beaucoup* de pommes. Vous pouvez penser que cela ne va pas fonctionner, mais je vous demande d'avoir la foi. Dans un grand saladier, mélangez 100 g de noisettes grillées (ou blanchies) pelées et moulues, 125 g de farine, 100 g de beurre très mou, 100 g de sucre, 2 cuillerées à café de levure chimique, un œuf, 1 cuillerée à soupe d'huile de noisette et 1 cuillerée à café de cacao en poudre. Pelez et évidez 3 pommes à cuire de taille moyenne, coupez-les en quartiers que vous recouperez en quatre. Incorporez-les dans votre pâte et transférez dans un moule à gâteau beurré de 20 cm de diamètre, de préférence un modèle à charnière et fond amovible. Enfournez pour 45 minutes à 180 °C (thermostat 6). Vous pouvez servir ce dessert rustique seul, ou avec une sauce au caramel ou de la crème glacée. La saveur de noisette sera plus prononcée une fois le gâteau refroidi. Gardez à l'esprit qu'avec toutes ces pommes dedans, c'est un gâteau humide et qu'il est donc préférable de le consommer dans les deux jours.

Pomme & Noix : Ces deux-là possèdent en commun de robustes saveurs d'automne. Mélangez-les avec de la betterave, de l'orange et du cresson et vous aurez une idée de la Nouvelle-Angleterre en octobre.

Pomme & Noix de muscade : *voir Noix de muscade & Pomme, page 282.*

✻ **Pomme & Orange :** Incomparables, probablement, mais pas incompatibles. Nigel Slater propose de faire cuire 2 ou 3 pommes à dessert pelées et coupées en huit dans 50 g de beurre pendant 6 à 7 minutes. Transvasez dans un plat à dessert chaud. Ajoutez 2 cuillerées à soupe de sucre dans la casserole de cuisson et mélangez pendant 2 à 3 minutes jusqu'à ce que le beurre aromatisé à la pomme caramélise. Ajoutez le zeste et le jus d'une grosse orange, puis 150 ml de crème épaisse. Dès que le mélange commence à bouillonner et à épaissir, versez sur les pommes et partagez dans 2 assiettes.

✻ **Pomme & Poire :** Sara Paston-Williams fait remarquer que cette association doit être très ancienne, étant donné que pommes et poires font partie des premiers fruits cultivés en Europe. Elle donne une recette de poires en chemise de nuit, dans laquelle des poires entières sont pochées dans du cidre, mises sur un lit de compote de pommes épicée, couvertes de meringue et enfin cuites au four jusqu'à que l'ensemble soit croustillant et doré.

Vous pourriez remplacer la compote de pommes par une purée de coings qui, comme les pommes et les poires, sont des fruits à pépins. Le coing est célèbre pour son lourd parfum sensuel qui, sur les marchés de producteurs en automne, se répand en nappe épaisse dans l'air comme *Poison* de Dior sur les quais du métro en 1987-1988. L'arôme du coing est une combinaison de pomme, de poire, de rose et de miel, avec une profondeur tropicale et musquée. Jane Grigson pensait qu'il était imbattable pour parfumer les tartes aux pommes ou aux poires. Râpez finement un coing et incorporez-le à votre tarte aux pommes, classique ou Tatin. N'oubliez pas d'inclure la peau, où la plupart des composés aromatiques sont concentrés.

✻ **Pomme & Porc :** Laisser courir les cochons dans les vergers clos avait de nombreux avantages, dont celui d'obtenir de la viande de porc nourri avec des pommes. Du même coup, ils fertilisaient le sol et, pendant qu'ils atteignaient leur poids de forme en bâfrant des aliments sains, éliminaient les fruits tombés qui attirent les nuisibles. Dans l'assiette, ces deux-là sont faits pour s'entendre. Avec une belle tranche de rôti de porc à la peau bien craquante, les pommes vont ouvrir les rideaux et les fenêtres de votre palais. Faites plus de compote de pommes que nécessaire. Beaucoup plus. Personne n'en a jamais assez, elle est tellement polyvalente. Placez 1 kg de pommes bramley – ou d'une autre variété très acide – pelées, évidées et hachées avec 75 g de sucre et 1 ou 2 cuillerées à soupe d'eau dans une casserole. Portez à ébullition sur un feu moyen, couvrez et laissez cuire environ 5 minutes, en surveillant et en remuant de temps en temps, jusqu'à obtenir la texture que vous souhaitez. Goûtez pour rectifier la quantité de sucre, si nécessaire. Voir Pomme & Amande, page 336, ainsi que Noix de muscade & Pomme, page 282.

✻ **Pomme & Raifort :** Râpez une pomme verte à cuire et mélangez avec 1 cuillerée à soupe et demie de raifort frais râpé. Ajoutez 3 cuillerées à soupe de crème fraîche, une pincée de sel et de poivre et enfin ¾ de cuillerée à café de jus de citron et ¾ de cuillerée à café de cognac. Servez avec des viandes froides, particulièrement le bœuf et le canard.

Pomme & Rose : *voir Rose & Pomme, page 429.*
Pomme & Sauge : *voir Sauge & Pomme, page 404.*
Pomme & Vanille : *voir Vanille & Pomme, page 437.*

Poire

La poire est moins acide que sa parente, la pomme, et moins robuste, mais elle n'est pas aussi délicate que vous pourriez le penser. La saveur caractéristique de la poire survit au processus de mise en conserve et, encore plus impressionnant, à la distillation en eau-de-vie. La williams est la variété la plus couramment utilisée dans les conserves et eaux-de-vie, ainsi que dans de nombreuses productions aromatisées à la poire. La doyenné du comice est une poire à manger crue très appréciée. Obtenue en 1949 à Angers, elle est chérie pour ses qualités depuis cette date. C'est une poire onctueuse, comme le sont les variétés bosc et anjou, tout aussi prisées pour leur saveur riche et aromatique. Le caractère sucré et vineux de la poire en fait une partenaire idéale pour les fromages piquants ou les aliments avec un côté tannique, comme les noix et le vin rouge. Le nashi est un arbre du genre *Pyrus*, comme le poirier. Son fruit est aussi appelé « pomme poire », « poire asiatique », « poire japonaise », « poire cristal » ou « poire des sables ». Son craquant juteux autorise les mêmes possibilités de combinaison que la poire, même s'il possède aussi un caractère de melon.

Poire & Amande : Un couple naturel : classe et retenue. Épargnez-leur un excès de bon goût dans leur association et confectionnez plutôt un onctueux pudding à la poire et aux croissants aux amandes. Parfait s'il vous reste 3 croissants aux amandes – et comme c'est *a priori* fort improbable, achetez-en 3 de plus que nécessaire. Coupez-les en bandes de 2 cm d'épaisseur, disposez-les dans un plat peu profond, que vous aurez préalablement beurré, avec 1 ou 2 poires pelées, évidées et coupées en tranches. Faites chauffer sans bouillir 500 ml de lait et la même quantité de crème épaisse dans une casserole. Battez un œuf et 4 blancs d'œufs avec 1 cuillerée à café d'extrait d'amande, 3 cuillerées à soupe de sucre et ajoutez-y le mélange lait-crème. Versez sur les poires et laissez reposer 10 minutes avant de mettre au four à 180 °C (thermostat 6) pendant 45 minutes.

Poire & Anis : Le nashi possède le goût de la poire, mais la texture croquante de la pomme. Cela le rend particulièrement agréable dans les salades avec un bulbe de fenouil, subtilement parfumé, qui fera un partenaire parfait. On peut jouer sur l'origine de cette « poire asiatique » en la pelant, en l'évidant et en la pochant entière dans un sirop aromatisé avec de l'anis étoilé. C'est excellent avec de la crème glacée à la prune, mais la vanille conviendra aussi. Voir aussi Bœuf & Poire, page 57.

Poire & Banane : L'éthanoate de 3-méthylbutyle (ou acétate d'isoamyle) est un ester avec une odeur fruitée de banane ou de poire très caractéristique. Il est assez fréquemment utilisé dans la fabrication des confiseries industrielles. C'est aussi la phéromone d'alarme de l'abeille, qui lui permet d'indiquer à ses copines la présence de quelque chose, ou de quelqu'un, qu'il serait bienvenu de piquer. Moralité, choisissez avec soin les bonbons que vous trimballez dans vos poches si vous devez passer près d'un rucher.

Poire & Bœuf : *voir Bœuf & Poire, page 57.*

Poire & Cannelle : Faites cuire des poires dans un sirop de sucre non parfumé, et vous comprendrez pourquoi elles sont habituellement pochées dans du vin additionné de cannelle. Sans saveurs fortes pour les soutenir, les poires cuites peuvent facilement prendre le goût des navets trop bouillis. Pour la même raison, la cannelle est toujours la bienvenue dans les chaleureux puddings aux poires, comme dans les tartes Tatin, les gâteaux renversés et les clafoutis. Dépourvue des traditionnels abricots, dattes ou pruneaux, j'ai utilisé une fois des poires séchées dans le couscous sucré à la cannelle marocain connu sous le nom de *seffa*. Faites griller une poignée d'amandes effilées jusqu'à ce qu'elles soient dorées et réservez. Coupez en morceaux de la taille d'un petit pois 4 poires séchées. Placez 200 g de couscous dans un saladier et mélangez avec 4 cuillerées à soupe de sucre brun. Versez 250 ml d'eau bouillante, ajoutez 25 g de beurre, couvrez et laissez reposer durant 5 minutes. Séparez les grains du couscous avec une fourchette. Ajoutez la plus grande partie des amandes et des poires, 2 cuillerées à café d'eau de fleur d'oranger et ½ cuillerée à café de cannelle moulue, puis mélangez bien. Servez tassé dans de petits bols, avec au-dessus le reste des poires et des amandes. Au Maroc, le *seffa* est souvent accompagné d'un verre de lait ou de babeurre. Un lassi froid au sirop d'érable, servi dans les petits verres à thé marocains, me convient très bien également.

Poire & Cardamome : On peut les combiner dans un gâteau renversé ou une tarte tatin, mais ils sont particulièrement bons ensemble lorsque la saveur de la poire conserve un peu de son fruité frais et croquant, comme une revanche sur l'adorable caractère floral de la cardamome, dans un sorbet, par exemple. Ou alors un simple sirop aromatisé à la cardamome sur une compote de poires. Un trait d'eau-de-vie de poire donnera un peu d'entrain à l'ensemble.

Poire & Châtaigne : *voir Châtaigne & Poire, page 295.*
Poire & Chocolat : *voir Chocolat & Poire, page 22.*
Poire & Fromage à croûte lavée : *voir Fromage à croûte lavée & Poire, page 74.*

Poire & Fromage à pâte pressée cuite : Peter Graham cite un vieux proverbe : « Oncque Dieu ne fit tel mariage / Comme de poires et de fromage. » Les Italiens sont plus agressifs : *Al contadino non far sapere quant'è buono il cacio con le pere* – « Ce n'est pas au paysan qu'on apprendra combien le fromage et la poire vont bien ensemble. » Un jour où je traversais à pied une vallée des Apennins, j'ai pourtant essayé en voulant montrer que j'en savais plus que les autres. « Venez par ici, mon bon monsieur, hélai-je un homme qui passait par là. Savez-vous combien la poire williams va bien avec la *fontina* ? » Sur quoi il me chassa de ses terres avec un bâton. Ça marche où que vous soyez : essayez une poire bosc avec du cheddar affiné ou une comice avec du brie. Vous ne pouvez pas vous tromper.

Poire & Fromage bleu : *voir Fromage bleu & Poire, page 78.*
Poire & Fromage de chèvre : *voir Fromage de chèvre & Poire, page 72.*

Poire & Jambon cru : Je les ai vus combinés sur une pizza, dans des paninis et un grand nombre de salades chics genre *grand hôtel*, mais en réalité, ils ne demandent rien de plus que d'être laissés seuls ensemble. Ils sont parfaits ainsi.

Poire & Noisette : *voir Noisette & Poire, page 303.*

❋ **Poire & Noix :** Un accord automnal mélodieux habituellement relevé par du fromage bleu dans une salade. Commencez par croquer dans l'une de vos poires pour voir si elles ont besoin d'être pelées. Si la peau n'est pas trop dure, gardez-la pour sa saveur et sa texture. Évidez 2 poires, coupez-les en quatre puis en tranches et plongez-les dans 500 ml d'eau acidulée (c'est-à-dire de l'eau avec 1 cuillerée à soupe de jus de citron). Lavez, égouttez et, si nécessaire, coupez vos feuilles de salade : du cresson, du radicchio ou de la chicorée conviennent le mieux. Émiettez ou coupez 125 g de fromage bleu. Émincez grossièrement une grosse poignée de noix après les avoir fait griller à sec pour plus de saveur, ou crues, ce qui va bien aussi. Préparez une sauce avec 3 cuillerées à soupe d'huile de noix, 1 cuillerée à soupe d'huile d'olive, 2 cuillerées à soupe de vinaigre de xérès et un peu d'assaisonnement. Mélangez les feuilles de salade, les noix, la moitié du fromage bleu et les poires égouttées avec la sauce. Parsemez au-dessus le reste du fromage et servez. Les poires et les noix font également de riches tartes et gâteaux.

Poire & Pomme : *voir Pomme & Poire, page 340.*

Poire & Porc : Les pommes sont des partenaires si populaires du porc qu'il est difficile pour les poires d'obtenir qu'on les prenne en considération. Néanmoins, elles se marient bien avec les notes sucrées de la viande. Une des raisons pour lesquelles les pommes fonctionnent si bien avec le porc, c'est que leur acidité s'oppose à son gras. Les poires iront donc mieux rôties avec des morceaux plus maigres tels que le filet. À Londres, les boulangers Konditor & Cook font une tarte garnie de poires en compote et de chorizo en tranches grasses : magnifique !

Poire & Poulet : *voir Poulet & Poire, page 37.*

Poire & Vanille : Il faut une poire onctueuse, riche et aromatique pour affronter le caractère fruité et épicé de la vanille. Dans les poires Charpini, telles qu'on les sert à La Tour d'Argent, elles sont épluchées, coupées en deux, épépinées et pochées 20 minutes dans un sirop de sucre. On les plonge ensuite dans une crème sultane – un mélange de crème pâtissière et de crème Chantilly – saupoudrée d'un peu de sucre cristallisé que l'on fait caraméliser au four (position gril) durant 1 ou 2 minutes. Si le timing de cette recette est trop contraignant pour vous, rabattez-vous sur des poires pochées longuement dans du vin rouge pas trop sucré mais très vanillé, avec quelques épices chaudes comme le clou de girofle. La veille, placez les poires épluchées, avec leur queue, dans le vin frémissant et faites bouillonner doucement le temps que le vin réduise et épaississe. Laissez refroidir dans la casserole, puis placez au réfrigérateur. Servez froid avec une boule de crème glacée à la vanille.

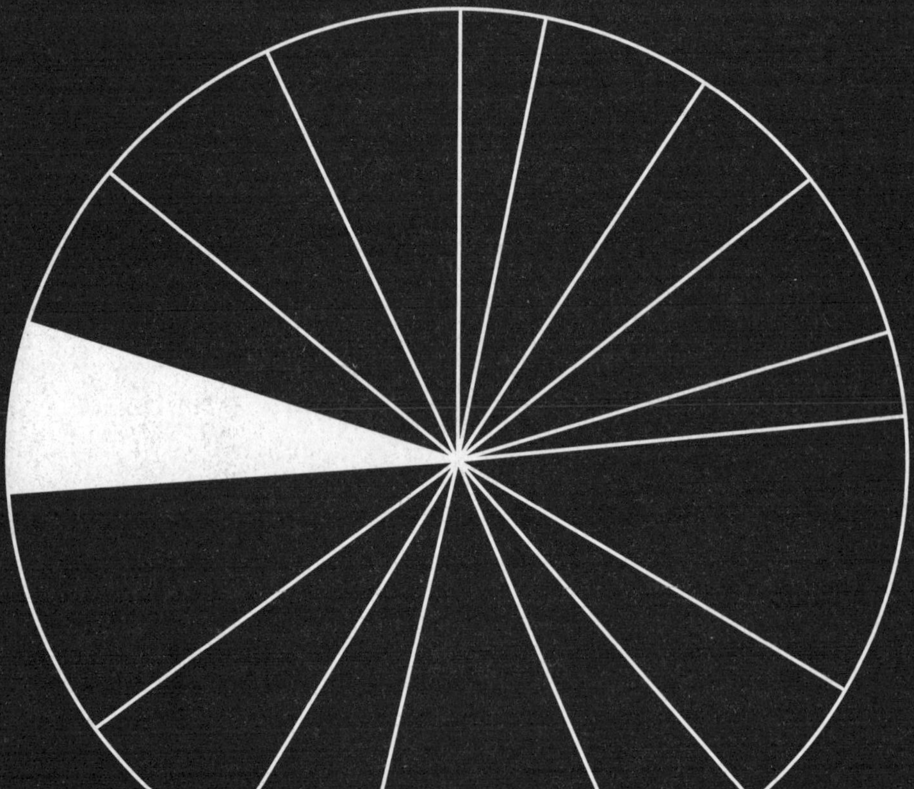

FRUITÉE
CRÉMEUSE

Banane

Melon

Abricot

Pêche

Noix de coco

Mangue

Banane

Les bananes fraîches, quand elles ont encore des stries vertes sur la peau, possèdent une notable astringence au cœur de leur fade et légère saveur herbacée. C'est en mûrissant qu'elles développent ce goût frais et fruité qui nous est familier, avec sa note distincte de clou de girofle. Au moment où leur peau est tachetée de brun, leur saveur n'est pas sans rappeler la vanille, le miel et le rhum, comme si elles anticipaient leur transformation en pain de bananes ou leur flambage dans une casserole. La banane possède une grande affinité pour les saveurs torréfiées comme le café, les noix et le chocolat, ainsi que pour les produits très épicés comme le rhum.

Banane & Amande : Un banana split sans une pluie d'amandes grillées effilées, c'est comme un membre des Bee Gees sans sa chemise déboutonnée et ouverte jusqu'au nombril.

Banane & Ananas : *voir Ananas & Banane, page 333.*

Banane & Anis : Giorgio Locatelli associe le tiramisu à de la banane et à de la réglisse. Une alliance qui me semble plutôt réussie. La réglisse possède des notes salées et épicées qui se marient bien avec la banane. Les sceptiques peuvent, dans un premier temps, essayer de goûter une banane avec un bonbon à la réglisse.

Banane & Cacahuète : Du beurre de cacahuètes frit avec des bananes sur du pain blanc était le sandwich préféré d'Elvis Presley. Certains disent qu'il y avait aussi du lard, mais mon contact aux archives de la Fondation Elvis Presley m'a confirmé que ce n'était pas le cas. L'erreur, m'a-t-il révélé, vient de la confusion avec un autre sandwich dont Elvis raffolait, maintenant devenu un mythe. Un soir à Graceland, saisi de nostalgie maladive, il embarqua quelques amis dans son jet privé, les emmena jusqu'à Denver, dans le Colorado, où ils firent la fête en dégustant la spécialité locale : un pain entier vidé de sa mie et rempli à ras bord de beurre de cacahuètes, de gelée de raisin et de lard frit.

Banane & Café : Avant Brangelina (terme désignant le couple Brad Pitt et Angelina Jolie), il y eut le *banoffee*, le plus écœurant et le plus tenace de tous les super-couples, banane et caramel mou. La *banoffee pie* est constituée d'un fond de pâte ou de biscuit recouvert de caramel, de tranches de banane et d'une crème aromatisée au café – on peut donc dire que l'étymologie d'*offee* est double (*toffee* pour caramel et *coffee* pour café). Je préfère habituellement les biscuits Digestive à de la pâte pour tapisser le fond de ce gâteau, leur saveur salée et maltée faisant mieux ressortir les notes vertes et fraîches de la banane à peine mûre. Les grains de café contiennent des aldéhydes très volatils et des esters qui donnent au café des notes florales odorantes avec des pointes d'épices douces comme le clou de girofle. La banane contient également des composés floraux et de clou de girofle, la combinaison des deux saveurs est donc assez agréable. Remarquez que café et bananes ne se contentent pas de se prêter des saveurs : ils contribuent à en créer de nouvelles, amères et acides, qui luttent contre la propension du *banoffee pie* à lasser et à donner la nausée tant il est sucré.

✻ **Banane & Cannelle :** Dans la banane, la proportion d'eugénol – composé aromatique à la saveur de clou de girofle – augmente avec le mûrissement. Pensez à la façon dont les bananes tachetées sont épicées. Par conséquent, l'accord avec d'autres épices est particulièrement harmonieux – par exemple, de la cannelle ou de la vanille dans un pain de bananes, le grand rédempteur des bananes immangeables. Si vous n'avez qu'une seule banane, pelez-la et coupez-la en deux dans le sens de la longueur. Saupoudrez-la de 1 cuillerée à soupe de farine et de ½ cuillerée à café de cannelle moulue. Faites frire dans 2 cuillerées à café de beurre et 2 cuillerées à café d'huile d'arachide. C'est plus joli dans l'assiette avec une boule de crème glacée, mais c'est déjà bien assez sucré comme ça.

Banane & Cardamome : *voir Cardamome & Banane, page 393.*
Banane & Caviar : *voir Caviar & Banane, page 191.*

✻ **Banane & Cerise :** Le kirsch, l'alcool limpide distillé à partir de noyaux de cerises, présente des notes prononcées d'amande amère qui trahissent le lien de famille de saveurs existant entre elles (amande est aussi le nom de la graine des fruits à noyau, également appelés drupes, ce qui crée un rapport étroit avec les prunes, les pêches, les cerises et les abricots). Répandu sur des fruits, le kirsch apporte une troisième saveur délicieusement amère au couple aigre-doux déjà présent. La vieille recette des bananes Baronnet, malgré son nom un peu snob, n'est pas compliquée à réaliser. Pour chaque convive, découpez une banane en rondelles et recouvrez d'un jus de citron avant d'ajouter un peu de sucre, 2 cuillerées à café de kirsch et, pour finir, 1 cuillerée à soupe de crème fraîche épaisse (non fouettée). Mélangez bien et servez.

✻ **Banane & Chocolat :** Fendez la peau d'une banane entière sur presque toute la longueur sans endommager le fruit. Pratiquez des fentes de 2 ou 3 cm dans la chair et poussez-y un carreau de chocolat. Refermez la peau, enveloppez la banane dans du papier sulfurisé et placez-la sur les braises d'un barbecue durant 5 minutes. Ouvrez et mangez le chocolat chaud dans la banane gluante avec une petite cuillère.

Banane & Fromage à pâte pressée cuite : *voir Fromage à pâte pressée cuite & Banane, page 81.*

✻ **Banane & Lard :** Enroulez de minces tranches de lard autour de bananes pelées, fixez avec un bâtonnet à cocktail ou un cure-dent (en bois) et passez au gril pour 8 à 10 minutes en retournant fréquemment. Vous n'arriverez pas à imaginer ça en bouche ! La puissante salinité du lard est freinée par la douceur de la banane. Pas vraiment sophistiqué, mais rigolo.

Banane & Noisette : *voir Noisette & Banane, page 302.*
Banane & Noix : *voir Noix & Banane, page 297.*
Banane & Noix de coco : *voir Noix de coco & Banane, page 359.*
Banane & Œuf : *voir Œuf & Banane, page 166.*
Banane & Panais : *voir Panais & Banane, page 283.*
Banane & Poire : *voir Poire & Banane, page 342.*

Banane & Poulet : Les bananes ont rendez-vous avec la volaille dans le poulet Maryland qui est habituellement composé de poulet pané frit, de bananes frites et de pain de maïs (ou de beignets) servis avec une sauce crémeuse au jus de viande. C'est le dernier plat qu'on associerait aux personnes qui fréquentent la Côte d'Azur et pourtant, dans *Tendre est la nuit* de F. Scott Fitzgerald, on découvre Nicole Diver en train de feuilleter un livre de cuisine pour en trouver la recette. Et il fut servi dans le restaurant première classe du *Titanic* la nuit où il sombra. Jamie Oliver suggère une version de cette combinaison cuite au four : il enveloppe de lard des blancs de poulets farcis à la banane qu'il fait cuire sur des grains de maïs frais et des haricots blancs (variété italienne *cannellini*) dans du vin blanc, de la crème épaisse et du beurre.

Banane & Vanille : Nous nous sommes arrêtés à Benson, une ancienne ville minière à 40 km au nord de Tombstone, en Arizona. Effleurant du doigt le bord de son stetson pour s'excuser, mon cow-boy est sorti du véhicule avant de revenir avec un bidon de l'huile qui préserve des fissures les sabots des chevaux, un gâteau d'anniversaire qui avait l'air d'être confectionné en mousse à raser et un bouquet acheté chez un de ces fleuristes qui conservent les fleurs comme des cadavres, dans des armoires réfrigérées. Étouffant dans le camion, je me sentais comme un animal de compagnie abandonné. Remarquant combien j'étais exténuée de chaleur et de fatigue, il a ouvert la porte du camion et, avec toute la courtoisie solennelle du Vieil Ouest, il m'a escorté au Dairy Queen pour m'offrir une coupe de crème glacée à la banane et à la vanille. Les deux possèdent des saveurs florales et des notes épicées, et l'acidité presque citrique de la banane est magnifiquement émoussée par la douce vanille crémeuse. J'ai savouré chacune des minuscules cuillérées froides, cognant mes talons sur le bord de la chaussée poussiéreuse tandis que passait sur la voie ferrée un interminable train de marchandises et que mon cow-boy terminait ses improbables travaux.

Melon

Ce chapitre couvre les variétés cantaloup, galia, charentais et honeydew, cette dernière étant aussi appelée « melon miel ». La pastèque, apparentée aux cultivars de melons, possède son propre chapitre (voir page 314.). Si on les laisse mûrir, les melons de toutes les variétés deviennent sucrés et partagent une note basique identique, à laquelle s'ajoutent quelques variations, notamment dans la profondeur de la saveur et la présence de notes fruitées (poire et banane), florales ou sulfurées. Le cantaloup développe un goût particulièrement floral et persistant. Le galia est connu pour sa douceur et sa pointe de concombre, avec parfois un soupçon de colle. Les melons se mélangent facilement avec d'autres fruits, mais la grande quantité d'eau qu'ils contiennent est l'une des raisons de leur nombre limité d'affinités de saveurs.

Melon & Amande : *voir Amande & Melon, page 307.*

Melon & Anis : Les chefs ne savent souvent pas quoi faire des melons, ils ont donc l'habitude de les couper en deux et de verser toutes sortes de boissons alcoolisées dans la coupe ainsi obtenue. Porto, crème de cassis et champagne ont ainsi connu leur heure de gloire. Au Petersham Nurseries, à Richmond, dans le comté anglais du Surrey, Skye Gyngell sert des tranches de melon charentais avec des graines de fenouil grillées écrasées et une touche de *sambuca* (liqueur italienne à base d'anis).

Melon & Concombre : Ils appartiennent à la même famille. Les melons, surtout la variété galia, possèdent les vertes notes herbacées du concombre. Harold McGee écrit que le galia contient également des composés soufrés qui lui donnent une dimension savoureuse et plus profonde. Combinez-les dans une sauce, une soupe froide ou une salade avec de la menthe.

Melon & Fraise : D'après l'un de mes fidèles livres de référence, les beignets de melon avec une sauce à la fraise seraient une combinaison populaire. Le jour où j'ai essayé de faire des beignets avec un melon charentais, ma cuisine embauma la plus exquise odeur de *donut* à la confiture qu'on puisse imaginer, mais le goût fut très décevant. La saveur du melon arrivait – tout juste – à survivre au traitement à l'huile bouillante, mais surtout la texture était assez désagréable. Il est peut-être préférable de s'en tenir à une association simple et crue, comme du melon cantaloup avec des fraises des bois, ainsi qu'Elizabeth David le suggère. En revanche, Anna Del Conte maintient que melon et fraises ne vont pas ensemble, mais fait remarquer combien ils sont délicieux individuellement saupoudrés de sucre et aspergés de vinaigre balsamique. Certains disent que le kiwi combine les saveurs du melon et de la fraise : faites le test pour voir si vous arrivez à les détecter.

Melon & gingembre : Un mariage de convenance. Le gingembre était traditionnellement associé au melon parce qu'on pensait que sa chaleur et ses qualités apaisantes pour l'estomac compensaient le manque de force du melon et la difficulté qu'on avait à le digérer. Avec une commission de goûteurs, j'ai essayé le gingembre moulu, en conserve, frais, confit et en liqueur avec cinq variétés différentes de melons, et toutes les combinaisons se sont avérées bien pires que le melon sans gingembre du tout. Même le melon d'eau (ou melon d'hiver) avait moins bon goût avec du gingembre, ce qui est peu dire, cette variété de melon m'ayant toujours rappelé ces chewing-gums européens à l'emballage attractif qui perdent leur saveur après qu'on les a mâchés une fois. Ce mariage est donc nul et non avenu. Selon moi en tout cas.

Melon & Jambon cru : *voir Jambon cru & Melon, page 216.*

✻ **Melon & Menthe :** Oubliez le gingembre. La menthe est réellement la meilleure amie du melon. En Syrie, ils sont combinés dans une boisson avec du lait, du yaourt et un peu de sucre. Vous pouvez aussi les mettre à l'essai dans une soupe, en utilisant différents types de melons. Coupez-en une partie en morceaux soignés (ou en billes) et laissez-les flotter dans le jus légèrement sucré de la chair restante – liquéfiée au mixeur – en les parsemant de feuilles de menthe ciselées.

Melon & Orange : La Confrérie du melon de Cavaillon suggère de flamber les melons charentais avec de la liqueur d'orange et de les servir sur un nid de tagliatelles en chocolat. Vous pouvez aussi les présenter avec un simple filet de Cointreau ou de triple sec, mais – une fois encore – la saveur de chèvrefeuille des melons de Cavaillon, si fruitée, est divine au point que vous préférerez probablement les manger sans rien d'autre. Ils sont tellement prisés depuis des siècles que, lorsque le maire de Cavaillon demanda à Alexandre Dumas s'il était prêt à faire une donation de quelques-uns de ses livres à la bibliothèque de la ville, il s'engagea à envoyer la totalité de son œuvre s'il recevait en retour douze melons de Cavaillon par an, à vie. C'est en Provence, au milieu de l'été, qu'ils sont les meilleurs, mais on en trouve sur tous les marchés et chez tous les primeurs. Hors saison, souvenez-vous qu'une bouteille de sirop de melon de Cavaillon fabriqué par le Domaine Eyguebelle vous donnera un aperçu, d'un bout à l'autre de l'année, de l'intense beauté de cette saveur.

Melon & Pastèque : *voir Pastèque & Melon, page 316.*

Melon & Raisin : Le melon passe bien dans une salade de fruits mélangés, mais il a une relation particulièrement heureuse avec le raisin. Lorsqu'ils sont simplement servis l'un avec l'autre, la saveur plutôt entière et croquante du raisin contraste bien avec le fruité particulier, alcalin et légèrement tropical, du melon. Le contraste des textures – la douce granulosité du melon opposée à la gélatine explosante du raisin – ne fait que procurer un plaisir de plus. En passant, on discerne souvent des notes de melon dans les chardonnays, y compris dans le champagne blanc de blancs, composé à 100 % de cépage chardonnay. Si vous avez l'intention de faire du jus de melon pour un cocktail, goûtez-le d'abord avant de l'ajouter au vin pétillant : il lui arrive de devenir trop « concombre » une fois liquide.

* **Melon & Rose :** Pour une variation fruitée du *gulab jamun,* un dessert indien classique, coupez en deux et épépinez le plus musqué et le plus floral cantaloup que vous pourrez trouver. Avec une cuillère parisienne, faites autant de sphères que possible et drapez-les dans un sirop glacé aromatisé à la rose. Laissez les saveurs infuser avant de servir. Voir aussi Rose & Cardamome, page 428.

Abricot

Les abricots sont acidulés et sucrés, avec un caractère crémeux et floral et un mélange de notes de fruits frais et tropicaux. Séchés, ils perdent de leur parfum et prennent une saveur sucrée plus banale. Lorsqu'ils sont déshydratés avec du dioxyde de soufre, ils deviennent particulièrement piquants ; sinon, ils tendent vers le caramel fruité. Les abricots ont une grande affinité avec les produits laitiers et les autres fruits floraux.

Abricot & Agneau : *voir Agneau & Abricot, page 60.*
Abricot & Amande : *voir Amande & Abricot, page 305.*
Abricot & Cannelle : *voir Cannelle & Abricot, page 274.*
Abricot & Cardamome : *voir Cardamome & Abricot, page 392.*
Abricot & Champignon : *voir Champignon & Abricot, page 94.*

Abricot & Chocolat : Tout en étant sucrés, les abricots apportent aussi leur côté acidulé et fruité au chocolat noir amer. Qu'ils aillent ensemble va de soi, mais la manière de les associer est plus discutable. Prenez la *Sachertorte*, par exemple, ce gâteau au chocolat parfumé à l'abricot. L'hôtel Sacher et la pâtisserie Demel de Vienne ont dû se crêper le chignon dans les grandes largeurs pour savoir qui possédait la recette originale. Le point de désaccord principal semble porter sur la manière de déployer correctement la confiture d'abricots. Chez Demel, on l'étale uniquement sous le glaçage au chocolat qui recouvre la génoise au chocolat alors que, dans la version de l'hôtel, qui a gagné le droit de l'appeler *Sachertorte* original, la confiture d'abricots est prise en sandwich entre deux couches de génoise.

Abricot & Cumin : *voir Cumin & Abricot, page 104.*
Abricot & Framboise : *voir Framboise & Abricot, page 422.*

Abricot & Fromage à pâte pressée cuite : Tomás Graves explique qu'on mangeait traditionnellement le *maó* – un fromage de vache non pasteurisé importé à Majorque depuis Minorque – avec des fruits ; toutes sortes de fruits de saison qu'on pouvait trouver pendant l'affinage du fromage en créant ainsi des compléments parfaits à chaque étape de sa maturation. Il y avait d'abord les nèfles (un fruit orange comparable à la pomme en termes de saveur), puis les abricots, le raisin et les figues. Les fromages jeunes et doux convenaient bien à l'acidité des premiers fruits alors que la teneur en sucre plus importante des fruits plus tardifs, comme les abricots secs, les pruneaux et le raisin, s'accordait mieux avec le fromage affiné riche en saveurs.

Abricot & Fromage de chèvre : *voir Fromage de chèvre & Abricot, page 68.*

Abricot & Gingembre : L'abricot sucré et le gingembre piquant s'accordent parfaitement dans les chutneys épicés, dans les sauces pour le porc et dans la farce du canard. On peut également les utiliser dans des recettes sucrées, comme les soufflés, les gâteaux ou les biscuits. Le salon de thé parisien Ladurée propose des macarons à l'abricot et au gingembre au milieu d'autres associations, fraise/pavot, orange/safran ou mangue/jasmin. Mais je trouve que les macarons sont un peu comme Brad Pitt : indiscutablement très beaux, ils ont un petit côté brut très séduisant, et pourtant je n'éprouve pour eux aucun désir.

Abricot & Mangue : *voir Mangue & Abricot, page 362.*

Abricot & Orange : L'omelette Rothschild a été au menu du restaurant Le Gavroche, à Londres, durant trente-cinq ans. Il s'agit d'un soufflé à l'abricot et au Cointreau, sucré, velouté, et pas aussi riche que son nom le suggère.

Abricot & Pêche : Ils s'entendent bien, mais sont sans doute trop semblables pour former une combinaison saisissante. Les deux sont onctueux, floraux et fruités, avec une arrière-note d'amande. La pêche est néanmoins plus crémeuse et fruitée avec une saveur plus complexe, tandis que l'abricot comporte de plus fortes notes de fleurs et de lavande.

Abricot & Porc : Mon enthousiasme pour cette association s'est manifesté au cours du « parcours de la saucisse » durant le festival gastronomique annuel de Ludlow dans le comté anglais du Shropshire. Pour quelques pièces, vous pouvez goûter aux essais d'une demi-douzaine de charcutiers locaux et leur mettre une note sur une feuille qu'il est difficile de protéger de la moutarde et de la graisse. La ville est envahie par des odeurs de camp scout, et ses rues sont bondées de testeurs improvisés sur le visage desquels on peut lire des expressions abstraites pendant qu'ils mâchent et évaluent les mérites de chaque saucisse. Pour finir, c'est la porcinité grasse et salée d'une saucisse contrastée par l'acidité sucrée de l'abricot et adoucie par les touches d'eucalyptus de la sauge qui a eu l'avantage sur une autre plus friable, pourtant fabriquée avec la viande de la meilleure race de porcs qui soit, la gloucester old spot.

Abricot & Romarin : *voir Romarin & Abricot, page 398.*

Abricot & Rose : Elizabeth David recommande la cuisson au four plutôt que le mijotage pour obtenir le maximum de la saveur des abricots secs. Faites-les tremper si nécessaire, puis cuisez-les au four dans un plat à couvercle, avec juste assez d'eau pour les recouvrir, pendant 1 heure à 180 °C (thermostat 6). Elle explique que cela leur donne une saveur fumée de rôti. Essayez en ajoutant dans l'eau quelques gouttes d'eau de rose musquée, ce qui produit une combinaison franchement érotique. À déguster sur les rives du Nil.

Abricot & Vanille : La plupart des abricots deviennent plus sucrés et acides une fois séchés, ce qui les rend si délicieux à grignoter entre les repas – le produit de remplacement diététiquement correct des bonbons acidulés Haribo. Mais l'acide et le pétillant, c'est au dioxyde de soufre utilisé pour conserver leur couleur orange vif qu'on les doit. Il arrête le processus d'oxydation naturel du fruit qui, s'il était livré à lui-même, serait beaucoup plus sucré et foncé, comme le fameux abricot hunza. On ne peut pas éviter de faire tremper ces derniers et de les faire cuire, car leur saveur caramélisée forte en miel vaut le déplacement. Ils sont délicieux avec de la vanille, aussi servez-les donc avec une bonne crème anglaise épaisse faite maison ou de la crème glacée à la vanille de qualité. Vous ne savez pas où trouver des abricots hunza ! Vous n'avez pas la tête à faire une crème anglaise ! On dit que le kaki a une saveur sucrée d'abricot et de vanille…

Pêche

L'affinité de la pêche pour les produits laitiers s'étend au-delà de la crème jusqu'aux saveurs grasses des fromages bleus. La pêche fonctionne également bien avec la richesse huileuse des fruits à coque, en particulier la noix de coco et l'amande avec lesquelles se créent des associations harmonieuses. Sa saveur fruitée est sophistiquée, combinant une gamme de fruits tropicaux, de fruits à noyau et de drupes composées, comme la framboise. La nectarine, une parente

à peau lisse, n'est pas spécialement différente en termes de goût ou de saveur.

Pêche & Abricot : *voir Abricot & Pêche, page 354.*
Pêche & Amande : *voir Amande & Pêche, page 308.*

Pêche & Cerise : C'est tout ce qui reste, hormis une miche de pain croustillante, au moment où on commence à s'amuser dans *Le Déjeuner sur l'herbe*. Ce que Manet a voulu représenter a déjà été largement commenté, mais je devine que la femme nue sur la gauche était en pleine conversation avec les deux hommes au moment où l'artiste affamé les a interrompus pour leur demander s'il ne restait pas du fromage, du jambon ou du céleri rémoulade. Cela expliquerait alors sa stupeur légèrement agressive – stupeur feinte qui cache son embarras d'avoir boulotté les meilleurs morceaux et de devoir affronter un Manet qui s'est, de toute évidence, pointé un peu tard. L'homme du milieu, lui, reste en dehors de tout ça. Quant à la femme en arrière-plan, elle cherche la bouteille de rosé qu'ils avaient mise à refroidir dans la rivière.

Pêche & Clou de girofle : *voir Clou de girofle & Pêche, page 279.*

Pêche & Fraise : Qui, de la pêche ou de la fraise, est la meilleure amie de la crème ? Les deux contiennent des saveurs de produits laitiers qui leur donnent une affinité naturelle pour elle. Chacune des deux, mélangée à de la chantilly, formera donc un dessert simple, mais délicieux. Pêches et fraises font aussi de merveilleux vacherins (voir Café & Cassis, page 24) si on utilise des fruits frais à la place de la glace.

Pêche & Framboise : *voir Framboise & Pêche, page 424.*
Pêche & Fromage bleu : *voir Fromage bleu & Pêche, page 78.*
Pêche & Jambon cru : *voir Jambon cru & Pêche, page 216.*
Pêche & Mangue : *voir Mangue & Pêche, page 364.*

✻ **Pêche & Mûre :** Une fois cuites, à la fin de l'été, les pêches sont assez riches pour répondre aux plus lourdes et aux plus épicées saveurs de l'automne, comme les mûres. Combinez-les dans un *cobbler*, un dessert d'origine nord-américaine (*Cuisinez !*, éditions Marabout, 2002) où des biscuits ressemblant à des scones sont disposés en pavés sur un lit de fruits. Un crumble qui aurait de l'ambition, en d'autres mots. Pelez, dénoyautez et coupez en tranches 4 pêches, puis répartissez-les avec une poignée de mûres dans un plat allant au four. Saupoudrez avec 3 cuillerées à soupe de sucre et disposez quelques noisettes de beurre. Dans votre robot de cuisine, mettez 200 g de farine, 4 cuillerées à café de sucre, 1 cuillerée à café de levure chimique et 60 g de beurre. Mélangez pour réaliser une sorte de chapelure. Versez par la cheminée 60 ml de lait et un œuf légèrement battu. Mélangez par impulsions, jusqu'à l'obtention d'une pâte. Sortez-la du robot et pétrissez brièvement. Abaissez à 1 cm, découpez autant de cercles entre 4 et 5 cm de diamètre que vous pourrez et posez-les sur les fruits. Enfournez à 200 °C (thermostat 6-7) pour environ 30 minutes. Les mûres apporteront leur propre saveur épicée, mais incorporer à la pâte 1 cuillerée à café de poivre de la Jamaïque, appelé aussi tout-épice, apportera de la profondeur au plat.

Pêche & Myrtille : Plus américain que la simple tarte aux pommes. Vous pouvez les jumeler dans un *cobbler* (voir Pêche & Mûre, page 356) ou une tarte. Les pêches blanches ont tendance à être plus sucrées et moins acides que les jaunes. Elles sont aussi souvent plus parfumées, avec des pointes délicates de jasmin et de thé, qui établissent une correspondance sublime avec les myrtilles, florales et astringentes.

Pêche & Orange : Un peu d'orange rendra plus vive la saveur des pêches, comme dans le Fuzzy Navel, un cocktail qui mixe jus d'orange et liqueur de pêche.

Pêche & Raisin : Il arrive que vous tombiez sur une pêche ou une nectarine qui a une saveur vineuse bien distincte. Inversement, la saveur de la pêche est une note qu'on distingue fréquemment dans les vins, surtout les chardonnays, les rieslings, les sémillons et le *prosecco*, un vin blanc pétillant italien. La plus célèbre combinaison du couple se trouve dans le Bellini, un cocktail signé du Harry's Bar de Venise. Au passage, ailleurs dans Venise, dans un bar du campo Santa Margherita, vous devriez essayer de boire un Spritz al Bitter, qui combine dans sa version classique du *prosecco*, de l'eau minérale et du Campari. Après les deux premières gorgées, au moment où vous vous demandez si ce n'est pas trop amer pour vous, on vous apporte une soucoupe d'olives vertes qui vous fait revenir sur votre première impression.

Pêche & Vanille : En tant que femme du monde à la fin du XIXe siècle, vous n'étiez personne tant qu'un dessert à base de pêches portant votre nom n'avait pas été créé. Pour l'actrice Sarah Bernhardt, Escoffier a créé les pêches Aiglon, pochées dans un sirop de vanille, servies sur de la crème glacée à la vanille et surmontées de violettes cristallisées et de sucre filé. L'actrice et chanteuse Blanche d'Antigny – le modèle de Nana de Zola – a eu sa coupe d'Antigny, une moitié de pêche pochée au sirop de vanille avec de la crème glacée à la fraise des bois et garnie de crème fraîche épaisse. La princesse Alexandra, épouse d'Édouard VII, a été immortalisée par des pêches pelées au kirsch avec des cerises au marasquin, dessert qui n'est pas sans rappeler celui nommé d'après l'impératrice Eugénie, contenant en plus des fraises des bois et servi avec un sabayon au champagne. Qui a inspiré la coupe Vénus – un dessert tout simple composé de moitiés de pêches suggestivement surmontées d'une cerise ? L'histoire ne le dit pas. Pour les pêches Melba, voir Framboise & Pêche, page 424.

Noix de coco

Comme les autres fruits à coque, la noix de coco possède, lorsqu'elle est fraîche, une saveur modérée, laiteuse et fruitée, qui devient plus résolue lorsqu'elle est grillée ou séchée au four, acquérant une douceur crémeuse. Comme l'amande douce, sa saveur s'accorde facilement avec celle des autres ingrédients, qu'ils soient sucrés ou salés. Le lait de coco est tout simplement fabriqué à partir de la chair de la noix de coco râpée et de l'eau, mais les marques en boîtes connaissent d'étonnantes variations, en particulier pour la teneur en sucre. La marque thaïlandaise Chaokoh a une bonne réputation, autant pour sa saveur que pour sa faible teneur en sucre, et elle est particulièrement adaptée pour les plats salés. La noix de coco est aussi disponible sous forme de crème (séparée du lait), de lait en poudre, de farine, d'extrait, d'essence ou d'eau. On la trouve aussi déshydratée ou en flocons (les deux en version sucrée ou non sucrée). Sans oublier le rhum aromatisé à la noix de coco, le Malibu.

Noix de coco & Amande : *voir Amande & Noix de coco, page 307.*

Noix de coco & Ananas : Ne tapez pas sur la *piña colada.* Dites qu'elle est ringarde si vous voulez, mais l'affinité de saveurs qui la compose est bien réelle. Coupez une banane en deux, rapprochez votre nez de la chair, inspirez et vous détecterez de fortes notes de rhum et de noix de coco. Les *piña coladas* sont délicieuses, surtout si vous les faites avec du jus d'ananas, du rhum blanc, de la glace, de l'eau fraîche et de la gelée de noix de coco verte. La gelée de coco, avec sa viscosité et sa saveur de crème cuite au coco, remplace avantageusement la crème ou le lait de coco qu'on utilise habituellement.

Noix de coco & Anchois : Dans la cuisine d'Asie du Sud, c'est en ajoutant de la sauce de poisson au lait de coco qu'on dynamise les ragoûts ou les currys. Un des plats préférés des Malais, le *nasi lemak*, est constitué de riz au lait de coco servi avec des *ikan bilis* (petits anchois séchés), du concombre, des cacahuètes, des œufs durs et une sauce épicée. Comme le *kedgeree* (plat de la cuisine anglo-indienne), son cousin plus léger et plus pâle, il est le plus souvent consommé au petit-déjeuner.

Noix de coco & Aneth : *voir Aneth & Noix de coco, page 240.*
Noix de coco & Anis : *voir Anis & Noix de coco, page 231.*

✻ **Noix de coco & Banane :** Le *kluay buat chii*, dessert de bananes cuites au lait de coco, est très répandu en Thaïlande. Son nom signifie « les bananes ordonnées religieuses ». Les religieuses thaïes portent des robes blanches, et on leur rase la tête et les sourcils lors de leur ordination. Faites fondre 100 g de sucre dans 400 ml de lait de coco, ajoutez une pincée de sel et 4 bananes coupées en petits morceaux, puis laissez mijoter jusqu'à ce le mélange soit bien chaud.

Noix de coco & Basilic : *voir Basilic & Noix de coco, page 272.*

Noix de coco & Betterave : Et si vous donniez à la betterave les vacances dont elle a tant besoin, loin des saveurs habituelles du nord de l'Europe, en l'associant à un ingrédient des pays chauds comme la noix de coco ! Comme pour de nombreux autres tubercules, il est possible de combiner betteraves et lait de coco dans une soupe. Une autre idée encore plus appétissante vient du chef restaurateur Cyrus Todiwala qui farcit des samoussas avec de la betterave en cubes et de la noix de coco fraîche râpée, assaisonnée de graines de moutarde, de feuilles de curry, de cumin et de piment, avec un peu de pomme de terre pour le liant.

Noix de coco & Bœuf : *voir Bœuf & Noix de coco, page 272.*
Noix de coco & Cacahuète : *voir Cacahuète & Noix de coco, page 28.*

✻ **Noix de coco & Cannelle :** Une combinaison répandue à Cuba où on les trouve associées dans une espèce de riz au lait appelé *arroz con coco* et dans le *coco quemado*, une crème cuite au four très populaire en Espagne, qui ressemble à un flan. Pour préparer du *coco quemado*, placez 2 bâtonnets de cannelle, 2 clous de girofle, 125 ml d'eau et 150 ml de crème épaisse dans une casserole et faites chauffer sans faire bouillir. Mettez de côté et laissez infuser 5 minutes, puis ajoutez 150 ml de lait de coco et 3 cuillerées à soupe de sucre roux. Mélangez à feu doux jusqu'à ce que le sucre ait fondu. Battez 2 œufs entiers et un jaune supplémentaire et incorporez petit à petit au fouet le mélange. Passez au travers d'un tamis serré et versez dans 4 ramequins. Placez-les dans la lèchefrite du four remplie d'eau et faites cuire à 160 °C (thermostat 5) pendant 45 minutes. Mangez chaud ou froid.

Noix de coco & Cardamome : Ne leur faites pas confiance. Dans les puddings de riz indiens et le *barfi* – un dessert indien –, la saveur de la cardamome, avec ses notes d'agrumes et d'eucalyptus, pose un voile de complexité sur la douceur enfantine de la noix de coco. Vous mangez, le plat est vide, et vous prenez soudain conscience, les yeux ronds, de la quantité incroyable de sucre, de matière grasse et d'hydrates de carbone que vous venez d'avaler en dégustant cette délicieuse combinaison.

Noix de coco & Carotte : *voir Carotte & Noix de coco, page 289.*

Noix de coco & Cerise : Le fruit du cocotier (dont nous ne consommons que la noix), comme la cerise et l'amande, est une drupe (ou fruit à noyau), et parmi sa dominante crémeuse avec des notes de fruits à coque, on peut détecter un certain fruité. La cerise, également fruitée avec une pointe de fruit à coque, est une partenaire particulièrement adaptée, et les deux fonctionnent très bien avec le chocolat. Jugez-en par vous-même dans cette reconstitution de mon cru, inspirée de la barre chocolatée Cabana, très populaire au Royaume-Uni dans les années 1980. Je la réalise dans un moule en silicone divisé en compartiments de 8 x 3 x 2 cm. Battez bien ferme un œuf avec 50 g de sucre, puis incorporez 125 g de noix de coco déshydratée et environ 15 cerises confites coupées en quartiers. Tassez ce mélangé dans 10 compartiments de votre moule et enfournez pour 15 minutes à 180 °C (thermostat 6). Laissez refroidir pendant que vous confectionnez un caramel en faisant fondre à feu doux 30 g de sucre, 30 g de beurre et 2 cuillerées à soupe de miel liquide dans 100 ml de lait condensé. Augmentez la flamme, portez à ébullition et laissez cuire durant 4 à 5 minutes, jusqu'au moment où le mélange aura pris une couleur caramel. Laissez refroidir 1 minute et étalez sur les barres pendant qu'elles sont encore dans leur moule. Une fois froides, vous pouvez les recouvrir de chocolat blanc si vous voulez retrouver la version originale.

Noix de coco & Chocolat : *voir Chocolat & Noix de coco, page 20.*
Noix de coco & Chocolat blanc : *voir Chocolat blanc & Noix de coco, page 439.*

Noix de coco & Citron : La noix de coco se refait une beauté rafraîchissante avec l'aide de la citronnelle. Même si elle n'est pas aussi acide que le citron, son caractère d'agrume floral permet à la citronnelle d'alléger le côté gras un peu pesant de la noix de la coco. La saveur citronnée provient de la combinaison de deux composés qui sont discrètement présents dans l'huile de citron, mais dominent dans la citronnelle. La verveine odorante (verveine citronnelle ou verveine du Pérou) et le myrte citronné (*Backhousia citriodora*, arbre australien) contiennent également des niveaux élevés de citral et sont parfois utilisés comme substituts de la citronnelle. Le combava, originaire de l'Asie du Sud, possède une saveur et un arôme plus proches du citron que le citron vert, en raison du puissant caractère d'agrume herbacé de son composé de saveur, le citronellal. Vous pouvez aussi y détecter une légère saveur de poire et une qualité de cuir cireux en accord avec son feuillage brillant. Le zeste de combava, possédant une saveur similaire, est parfois ajouté aux pâtes de curry, de même qu'un peu de son jus piquant, parfumé et acide. La mélisse peut être utilisée comme substitut du combava, car elle contient un niveau comparable de citronellal. La citronnelle comme le combava peuvent être des partenaires de la noix de coco dans les currys, les bouillons de fruits de mer et le poulet délicatement épicé. Ne négligez pas leur utilisation dans les desserts, ils font d'excellentes *panna cotta* et crèmes glacées. Vous pouvez aussi faire infuser de la citronnelle dans du lait de coco et l'utiliser pour la recette donnée dans Mangue & Noix de coco, page 364.

Noix de coco & Citron vert : *voir Citron vert & Noix de coco, page 379.*
Noix de coco & Feuilles de coriandre : *voir Feuilles de coriandre & Noix de coco, page 247.*
Noix de coco & Fraise : *voir Fraise & Noix de coco, page 332.*

Noix de coco & Framboise : La madeleine de mon enfance, c'est une génoise en forme de pot de fleur à l'envers, recouverte de confiture de framboises, roulée dans de la noix de coco râpée et surmontée d'une cerise confite. Essayez de faire fondre ça dans une tasse de tilleul. C'est une idée à garder pour des *cupcakes* à la vanille tout simples. Faites chauffer de la confiture de framboises sans pépin et étalez-la sur le dessus des gâteaux avec une petite cuillère en vous arrêtant presque au bord – c'est facile de faire un cercle bien propre si vos gâteaux n'ont pas trop levé. Saupoudrez de noix de coco déshydratée.

Noix de coco & Fruits de mer : *voir Fruits de mer & Noix de coco, page 379.*
Noix de coco & Mangue : *voir Mangue & Noix de coco, page 364.*
Noix de coco & Œuf : *voir Œuf & Noix de coco, page 169.*
Noix de coco & Piment : *voir Piment & Noix de coco, page 264.*

Noix de coco & Poisson blanc : Poisson blanc et noix de coco sont associés dans les célèbres currys de Thaïlande et dans les plats *laksa* de Malaisie. Moins connus sont l'*amok*, un des plats nationaux cambodgiens, constitué de poisson cuit dans du lait de coco et enveloppé dans des feuilles de bananier, et le *mole*, une spécialité chrétienne du Kerala dans lequel le poisson est frotté avec du curcuma et du sel avant d'être cuit dans une sauce de viande à la noix de coco avec des feuilles de curry, de l'ail, du piment et des oignons qu'on a préalablement fait frire dans de l'huile de coco.

Noix de coco & Poisson fumé : *voir Poisson fumé & Noix de coco, page 207.*
Noix de coco & Porc : *voir Porc & Noix de coco, page 44.*

Noix de coco & Poulet : Quand le compositeur canadien Colin McPhee est allé à Bali en 1940 pour écrire sur la musique de l'île, il prit des notes sur la vie au quotidien et porta un intérêt tout particulier aux repas qui étaient préparés par une femme appelée Madé qui lui faisait régulièrement la cuisine. Après avoir fait cuire du poulet au barbecue, elle le découpait en lambeaux qu'elle pilait avec de la noix de coco râpée pour que les huiles de coco se mêlent bien à la viande. Elle ajoutait à cela un autre mélange pilé d'oignons, de gingembre, de poivre rouge, d'épices et de pâte de poisson qu'elle faisait cuire dans de l'huile de coco avant d'y verser du lait de coco épais et du jus de citron vert. Madé insistait pour que le repas, servi avec du riz, soit mangé avec les mains, car elles participent à la saveur des aliments. Des couverts, avec leur teinte métallique froide, ne feraient que gâcher le plaisir.

Noix de coco & Vanille : Imaginez-vous en train de marcher sur un sentier côtier, le long du South West Coast Path dans le Devon (le plus long chemin de grande randonnée d'Angleterre), les cheveux dans le vent, revigoré par l'impression que lorsque l'air sent aussi bon on pourrait en vivre, quand vous êtes soudain frappé par l'odeur d'une tarte à la crème à la noix de coco. Vous reniflez l'air avec méfiance. Ce ne sont que les ajoncs. Si peu avenant que soit l'arbuste épineux aux fleurs jaunes, il dégage des effluves intenses de crème cuite à la noix de coco et à la vanille. J'aime bien que ma tarte à la noix de coco soit recouverte de crème fouettée à la vanille et de copeaux de noix de coco toastés qui ont la même odeur que le pop-corn au beurre chaud et sucré.

Mangue

Les mangues, fruits d'un arbre tropical à feuilles persistantes, possèdent généralement un goût sucré et fruité, déployant des arômes crémeux et floraux, avec souvent un soupçon de résine. Il existe, cependant, de nombreux cultivars et pays producteurs, si bien que, en fonction de ses origines et de son niveau de maturité, le goût de votre mangue peut évoquer autant la pêche en conserve filandreuse marinée dans de la térébenthine qu'un fruit élégant imprégné de gewurztraminer et de crème à la vanille. Les mangues s'accordent harmonieusement avec les autres fruits et les ingrédients crémeux et épicés, mais il faut prendre des précautions pour que sa saveur ne soit pas trop dominante. Son partenaire classique est le citron vert aux saveurs fruitées et épicées intenses. L'*amchoor* est une poudre de mangue prisée dans la cuisine indienne pour l'acidité qu'elle apporte aux plats.

Mangue & Abricot : Ce sont les notes caractéristiques du vin de glace fabriqué à Niagara-on-the-Lake dans l'Ontario. La manière dont il est produit est incroyablement romantique (ça l'est sans doute beaucoup moins pour les vendangeurs). On laisse le raisin sur la vigne pendant tout l'automne jusqu'au beau milieu de l'hiver pour le vendanger à des températures en dessous de zéro, souvent au clair de lune. Le raisin gelé est alors pressé et, parce que son sucre et les composés qui transmettent la saveur gèlent à une température inférieure de celle de l'eau, il est possible de séparer le jus très concentré de l'eau glacée et des peaux. Le vin que cela produit est à la fois sucré avec un tintement acide, bien que fort en fruit.

Il arrive que les rieslings atteints de pourriture noble aient également des notes de mangue et d'abricot. Pour le côté romantique, eux sont cultivés dans la brume des vignes escarpées des bords du Rhin.

Mangue & Ananas : Le couple préside une bibliothèque de saveurs fruitées. Dans sa gamme complète de cultivars, la mangue peut présenter des notes de pêche, ananas, mandarine, banane, pastèque, poire, cassis, goyave, abricot, pomme verte, cerise, figue, pomélo doux, raisin rouge, melon mûr, prune, zeste de citron ou fruit de la Passion. La saveur d'ananas peut, elle, rappeler la fraise, l'orange, la pêche, la pomme, la banane, la framboise, le fruit du jacquier et la poire.

Mangue & Avocat : *voir Avocat & Mangue, page 252.*
Mangue & Cardamome : *voir Cardamome & Mangue, page 394.*

Mangue & Citron vert : Du jus de citron vert fraîchement pressé sur de la mangue mûre est l'un des plus grands couples culinaires. Ils possèdent tous les deux des saveurs pugnaces, même si celle du citron vert est plus rude, avec un aspect médicinal qui est compensé par les notes florales qu'il partage avec celles de la mangue. Le citron, plus modéré et plus doux, avec ses notes sucrées de rose et de fruit, ne parvient pas à se maintenir à la hauteur de la mangue.

Mangue & Cumin : Comme mangue et coriandre, il s'agit d'une combinaison commune en Inde et au Mexique (voir la paire suivante). En Inde, on met de la mangue verte dans les *dhal* parfumés au cumin. Une sauce mexicaine de haricots noirs, d'oignons rouges et de mangues bénéficie d'une pincée de cumin terreux. La carte du Rasoi Vineet Bhatia – un restaurant haut de gamme indien de Chelsea, à Londres – comprend parfois un lassi à la mangue, à la noix de coco et au cumin avec de la crème glacée au caramel, pour lequel il pourrait être intéressant d'inverser l'ordre de votre repas.

Mangue & Feuilles de coriandre : Les mangues possèdent une grande affinité pour les feuilles de coriandre, avec qui elles partagent des notes de pin, d'agrumes et de fleurs, et les deux sont souvent jumelées dans les plats asiatiques et mexicains. Il est frappant, étant donné l'orientation assez extrême de leur saveur, de constater la manière dont la mangue et la coriandre sont devenues populaires au cours des dix dernières années. Néanmoins, beaucoup de personnes estiment que la coriandre a une saveur savonneuse, d'autres lui trouvent un goût de Nylon. L'auteur et chef, Julia Child y a même décelé un goût de mort. La mangue, quant à elle, peut avoir un goût de térébenthine résineuse et, en fait, contient naturellement des traces de kérosène. Voir aussi Cumin & Poisson gras, page 106.

Mangue & Fruits de mer : Un partenariat délicieusement naturel. La mangue apporte ses notes d'agrumes rafraîchissantes qui vont si bien avec les fruits de mer, mais aussi des notes de noix de coco qui s'harmonisent avec les saveurs de fruits à coque des crevettes et des pétoncles. Faites passer des brochettes de crevettes marinées sur le gril ou le barbecue le temps qu'elles deviennent rose orangé, en ne les retournant qu'une seule fois. Servez avec une sauce à la mangue. Voir aussi Avocat & Mangue, page 252.

Mangue & Gingembre : *voir Gingembre & Mangue, page 389.*
Mangue & Menthe : *voir Menthe & Mangue, page 414.*

✻ **Mangue & Noix de coco :** Une partie importante de la saveur des mangues mûres provient de délicieuses lactones qui sont également présentes dans la noix de coco. Le riz gluant à la noix de coco et à la mangue est vendu dans toute la Thaïlande, sur les étals des marchés ou dans des cabanes au bord de la route. Pour faire le vôtre à la maison, faites tremper 175 g de riz gluant pour au moins quelques heures, si ce n'est toute une nuit. (Il s'agit d'une variété spécifique de riz originaire du Laos et de la Thaïlande, mais répandue dans toute l'Asie, appelée aussi riz glutineux, riz collant ou riz doux.) Égouttez et faites cuire à la vapeur durant 20 à 25 minutes. Pendant ce temps, faites fondre à feu doux le sucre dans le lait de coco, en comptant 2 cuillerées à soupe de sucre et deux pincées de sel pour 250 ml de lait de coco. Mettez le riz cuit dans un saladier, laissez-le refroidir et imbibez-le progressivement du lait de coco jusqu'à ce qu'il ne puisse plus en absorber. Pelez et émincez une mangue, en prenant soin de ne pas la réduire en bouillie, et servez-la à côté du riz ; en guise de finition, parsemez les assiettes de quelques graines de sésame noir jetées en pluie, si vous en avez sous la main.

Mangue & Orange : Elles possèdent toutes deux un caractère d'agrumes floraux, mais qui, lorsqu'elles sont mélangées, se retrouve subordonné au mélange complexe de fruits verts et résineux de la mangue, et c'est comme si l'orange n'avait jamais été là.

Mangue & Pêche : Il arrive qu'on mentionne l'une et l'autre dans les descripteurs sensoriels du chardonnay, en Europe et en Amérique du Nord en tout cas. Jeannie Cho Lee, maître sommelier coréen, apporte un éclairage intéressant sur les difficultés interculturelles quand on parle de saveur et sur la possibilité qu'il puisse y avoir d'autres manières d'en parler. En Asie, les points de référence du chardonnay sont le pamplemousse, la mangue séchée, la crème aux œufs et aussi l'algue *wakame*, une saveur utilisée pour décrire des vins plus austères et minéraux.

Mangue & Piment : Dans la cuisine de l'Asie du Sud-Est et celle du Mexique, la mangue verte est servie accompagnée un mélange de sucre semoule et de sel – à parts égales – pilé avec du piment rouge, dans lequel on plonge les tranches avant de les croquer, parfois après les avoir trempées dans du jus de citron vert. Vous allez adorer si vous appréciez les préparations qui font saliver, comme certains sorbets. Vous pouvez essayer aussi avec de la pomme, de l'ananas ou de la goyave, tous les trois acidulés comme la mangue verte.

Mangue & Poisson blanc : *voir Poisson blanc & Mangue, page 184.*

✻ **Mangue & Pomme :** Les pommes vertes, acides et croquantes, rappellent la mangue quand elle est encore loin d'être à maturité. Râpées encore vertes, les papayes et les mangues apportent au *som tam*, une salade thaïe épicée, un croquant tout à fait agréable ; si vous n'arrivez pas à vous procurer l'un ou l'autre de ces fruits tropicaux, utilisez des pommes granny smith à la place. Elles sont un peu plus poreuses que la mangue verte, et une fois râpées, vous devrez rapidement les arroser d'un peu de jus de citron vert pour qu'elles ne brunissent pas. Mais elles constituent un substitut suffisamment bon pour ne pas vous priver d'un régal qui, en dehors de son croquant frais, présente – dans un équilibre parfait – les quatre éléments de la cuisine thaïe : la chaleur du piment, la douceur sucrée, l'acidité du citron vert et le salé apporté par une sauce de poisson à l'odeur forte. Lorsque j'ai découvert comment le *som tam* était simple à réaliser, j'ai descendu une fiole de sauce de poisson plus vite qu'un enfant sans surveillance vide un flacon de ketchup. Coupez en deux, blanchissez et laissez refroidir une poignée de haricots verts. Faites une sauce selon la recette donnée dans Citron vert & Anchois, page 376. Écrasez quelques cuillerées à soupe de cacahuètes. Évidez et râpez 2 pommes granny smith. Divisez en deux environ 10 tomates cerises. Mettez les pommes râpées dans un saladier et mélangez avec le jus d'un citron vert. Ajoutez les autres ingrédients, versez la sauce, mélangez et servez immédiatement. La mangue mûre et la pomme, pour leur part, s'entendent à merveille. La mangue est sans conteste l'aînée du couple, et elle domine la pomme si on n'y prend pas garde, mais lorsque l'équilibre est maintenu, elles forment un jus doux acide qui fait saliver, avec la fraîcheur de la pomme enveloppée par la profonde et grisante onctuosité de la mangue.

Mangue & Rhubarbe : *voir Rhubarbe & Mangue, page 329.*

AGRUME

Orange

Pomélo

Citron vert

Citron

Gingembre

Cardamome

Orange

Tous les agrumes mènent une double vie, la saveur de leur jus étant très différente de celle de leur zeste. Ainsi, une fois que le jus d'orange a été extrait du fruit mûr, la peau est pressée séparément pour en tirer une huile aromatique contenue dans ses glandes. Une autre huile, d'un caractère différent, est distillée en tant que sous-produit lorsque le jus est concentré. Ces huiles sont utilisées dans les boissons gazeuses, ou mixées dans le jus d'orange pour en améliorer la saveur sans avoir recours à des additifs de synthèse. Tous les jus de fruits fraîchement pressés se détériorent assez rapidement, il est donc toujours préférable de les faire à la demande. De tous les agrumes, l'orange est de loin le plus populaire, surtout lorsqu'on englobe dans une même famille non seulement l'orange douce, mais aussi les oranges sanguines ou amères et les mandarines. Une riche palette de saveurs assure à l'orange une large compatibilité avec d'autres produits. L'orange douce possède la saveur fruitée de tous les agrumes et contient des notes de mangue et d'ananas, ainsi que de légères pointes herbacées et épicées. La mandarine partage l'acidité sucrée de l'orange douce, bien que son zeste dénote un accent herbacé plus marqué. L'orange sanguine affiche généralement une note de baie – plus précisément de framboise – en complément de sa douceur. Le zeste des oranges amères – dites aussi bigarades ou oranges de Séville – présente une saveur plus forte, cireuse, avec un soupçon de lavande. Elles apportent de l'acidité et une grande amertume aux marmelades, que l'on sucre beaucoup pour compenser, ce qui les rend si parfumées et si intéressantes. Les bigarades sont aussi utilisées dans la plupart des liqueurs aromatisées à l'orange, dont le Cointreau, le Grand Marnier, le triple sec et le curaçao. L'eau de fleur d'oranger, quant à elle, est confectionnée avec les fleurs de l'arbre, le bigaradier. On trouve dans les supermarchés asiatiques des peaux d'orange séchées utilisables pour parfumer les plats.

Orange & Abricot : *voir Abricot & Orange, page 354.*

❋ **Orange & Amande :** Ce gâteau de Claudia Roden est inhabituel en ce sens qu'il utilise à peu près toutes les parties de l'orange à l'exception des pépins : le zeste, avec toutes ses glandes huileuses, la peau, les membranes séparant les quartiers et les vésicules – ces merveilleuses structures contenant du jus et ressemblant à de minuscules compte-gouttes. C'est cet épuisement complet des possibilités du fruit qui donne à ce gâteau sa profondeur musquée, son caractère épicé, évoquant la marmelade, mais sans sa douceur collante. L'amande contribue à cette texture dense qui rend le gâteau aussi à l'aise sur le chariot à desserts en fin de repas que sur la soucoupe d'un thé d'après-midi, surtout s'il est servi avec une crème ou une compote. En un mot, faites bouillir 2 oranges dans de l'eau pendant environ 2 heures, jusqu'à ce qu'elles soient complètement molles. Une fois qu'elles ont refroidi, coupez-les en quartiers, ôtez les pépins et réduisez-les en pulpe avec un robot de cuisine. Battez 6 œufs dans un grand saladier, incorporez 250 g d'amandes en poudre, 250 g de sucre, 1 cuillerée à café de levure chimique et votre pulpe d'orange. Versez dans un moule beurré et chemisé de 23 cm de diamètre et enfournez pour 1 heure à 190 °C (thermostat 6-7). Si vous disposez de peu de temps, mais d'un four à micro-ondes, les oranges peuvent être prêtes en quelques minutes...

Orange & Ananas : Toute la joie de vivre d'une chemise hawaïenne sans avoir à en porter une. L'ananas peut masquer le côté obscur de l'orange – l'amertume, la complexité et une insoupçonnable bouffée sulfurée. Ils partagent des saveurs fruitées et vertes de mandarine. On ajoute donc parfois du jus d'ananas au jus d'orange pour lui donner une saveur plus naturelle.

Orange & Anis : *voir Anis & Orange, page 231.*

* **Orange & Asperge :** Les asperges longilignes peuvent sembler des partenaires peu probables pour les voluptueuses oranges, mais la paire fonctionne bien. La sauce maltaise, une sauce hollandaise aromatisée à l'orange sanguine, a été créée spécialement pour les asperges. Faites bouillir 100 ml de jus d'oranges sanguines jusqu'à réduction à environ 2 cuillerées à soupe, puis ajoutez le zeste d'une orange douce et laissez mijoter 1 minute. Mélangez dans une sauce hollandaise faite avec 4 jaunes d'œufs et servez immédiatement.

Orange & Betterave : Le Berkshire – un comté du sud de l'Angleterre à l'ouest de Londres – abrite Windsor, résidence royale d'Élisabeth II, mais aussi, à Bray, The Fat Duck, le restaurant où Heston Blumenthal taquine les convives avec une gelée orange qui a la saveur de la betterave et une gelée rouge avec une saveur d'orange. La gelée de betterave est faite avec une variété jaune, et celle d'orange avec des oranges sanguines particulièrement foncées. Les serveurs facétieux vous suggèrent de commencer par l'orange.

Orange & Bœuf : Un bouquet garni avec du zeste d'orange, du laurier, du thym et du persil est souvent recommandé pour les plats de bœuf cuits lentement, comme le ragoût de bœuf au vin avec des olives noires d'Elisabeth David. Au cas où vous auriez besoin de *deux* bonnes raisons pour essayer cette recette, Fiona Beckett rappelle qu'utilisée de cette façon l'écorce d'orange séchée augmente la richesse des vins rouges manquant un peu de corps.

Orange & Café : *voir Café & Orange, page 25.*

Orange & Cannelle : *voir Cannelle & Orange, page 276.*
Orange & Carotte : *voir Carotte & Orange, page 290.*

Orange & Chocolat : Le zeste d'orange et l'eau de fleur d'oranger sont utilisés pour aromatiser le chocolat au moins depuis le XVIIe siècle. La combinaison de l'orange et du chocolat a perduré alors que d'autres aromatisations autrefois courantes, comme le poivre noir et l'anis, sont passées aux oubliettes. Il est donc surprenant que la célèbre Chocolate Orange de la marque Terry's (boule de chocolat aromatisé à l'huile d'orange fabriquée par Kraft Foods, découpée en 20 segments et enveloppée dans du papier argenté de couleur orange) ait été au départ une pomme. Commercialisée en 1926, la pomme remporta un si vif succès que la version en forme d'orange fut lancée quatre ans plus tard. Lorsque la production reprit après la guerre, la popularité de l'orange dépassa rapidement celle de la pomme et la production de cette dernière fut arrêtée en 1954. Enfin, c'est en 1975 que la Chocolate Orange devint grande avec la création de la version au chocolat noir dont l'astringente amertume complète bien mieux la douceur musquée de l'huile d'orange que celle au chocolat au lait, facétieuse et négligée.

Orange & Citron : Le Saint Clément est un cocktail sans alcool mélangeant du jus d'orange et du tonic au citron. L'amertume du tonic au citron ne vient pas simplement du citron, mais aussi de la quinine, cet alcaloïde sans couleur et sans goût qui donne au tonic cette saveur désagréable si plaisante. Le palais des adultes se lasse en général assez rapidement des sodas sucrés. C'est moins un problème avec les boissons alcoolisées qui sont généralement équilibrées en amertume. Le zeste d'orange et de citron (ou la partie la plus dure de la peau) est souvent utilisé pour contrebalancer le sucre dans les desserts et les gâteaux. La variété de citron meyer est un hybride de citron et d'orange avec des odeurs et des saveurs de fleurs prononcées. Il a un faible taux d'acidité et c'est pour cela qu'on considère que c'est un citron sucré, tout comme les bigarades sont des oranges amères – voir Orange & Poisson blanc, page 373.

Orange & Citron vert : *voir Citron vert & Orange, page 379.*

Orange & Clou de girofle : Dans *La Taille des pensées*, Nicholson Baker commente le plaisir sensuel d'écrire sur une gomme à effacer avec un stylo à bille. Je me réjouis de la même façon lorsque je pique une orange avec des clous de girofle. Certains s'en servent comme diffuseur de parfum, mais je laisse la mienne divaguer comme une mine flottante dans une mer de vin chaud. Les agrumes frais et les épices fumées peuvent donner des étincelles au grog le plus terne.

Orange & Cresson : Sur la liste, cochez les cases « sucré », « acide » et « amer ». Ajoutez quelque chose de salé (des olives, peut-être) pour obtenir une salade parfaite, très bonne avec le canard. Voir aussi Pomme & Noix, page 340.

Orange & Feuilles de coriandre : *voir Feuilles de coriandre & Orange, page 247.*
Orange & Figue : *voir Figue & Orange, page 426.*

Orange & Fraise : Les fraises Romanoff ont été créées pour le tsar Alexandre Ier par le légendaire chef Marie-Antoine Carême. Elles forment une combinaison pleine d'entrain. Nettoyez quelques fraises, laissez-les mariner dans un mélange, à parts égales, de jus d'orange et de liqueur d'orange, puis incorporez-les à de la crème Chantilly – voir Vanille & Framboise, page 435.

Orange & Fromage à pâte pressée cuite : Tout le monde s'accorde à dire que le fromage va bien avec tous les fruits – raisin, pomme, poire, coin. Même chose pour les agrumes avec le cheese-cake. Et pourtant, cheddar et marmelade d'oranges en font tiquer plus d'un. Pensez tout de même à la manière dont l'amertume doucereuse de la marmelade pourrait trancher avec la richesse salée d'un cheddar affiné : n'y a-t-il pas là un véritable équilibre de saveurs ? Dans un sandwich, essayez de râper le fromage et d'utiliser une marmelade d'oranges finement coupées. Des morceaux trop épais pourraient s'avérer trop prégnants. Avec du pain aux noix, ce sera parfait. Sinon, faites une tarte à la confiture en utilisant de la marmelade d'oranges mélangée à du cheddar râpé. Remplissez des petits fonds de tarte et faites cuire au four à 200 °C (thermostat 7) pendant environ 15 minutes, en prenant soin de ne pas les faire brûler.

Orange & Genièvre : *voir Genièvre & Orange, page 406.*
Orange & Gingembre : *voir Gingembre & Orange, page 389.*

Orange & Graines de coriandre : Regardez une graine de coriandre de très près. On dirait une mandarine pelée sur la table de cuisine d'une maison de poupée. Croquez-en une et vous verrez qu'elle a aussi une saveur d'orange, comme de la marmelade ou de la pelure d'orange amère, avec un fond de cèdre. Servez des quartiers d'orange dans un sirop aromatisé à la graine de coriandre pour ajouter une couche de saveur d'orange supplémentaire (une version plus *in* des habituelles oranges au caramel), ou bien partez à la découverte du caractère d'orange épicée de la coriandre en l'associant à d'autres saveurs habituellement mariées avec l'orange, comme la cannelle, le canard, le citron ou la canneberge.

Orange & Lard : Un jambon glacé à la marmelade d'oranges est une merveille. Utilisez une marmelade faite avec des oranges amères. La marmelade d'oranges amères possède une amertume profonde qui va contrer le salé du jambon. Manger n'est qu'une partie du plaisir. Étaler un pot entier de confiture sur un large jambon est un plaisir sensuel rare.

Orange & Mangue : *voir Mangue & Orange, page 364.*
Orange & Melon : *voir Melon & Orange, page 352.*
Orange & Menthe : *voir Menthe & Orange, page 414.*

Orange & Noix : Utilisez les noix et les clémentines trouvées dans vos chaussures le soir de Noël pour confectionner un chutney avec des canneberges ou une salade, de préférence avec des feuilles au goût amer, ou bien encore mélangez-les à du yaourt épais avec un trait de sirop d'érable pour le petit-déjeuner du lendemain.

Orange & Oignon : *voir Oignon & Orange, page 139.*

Orange & Olive : La *Cucina Futurista* fut publiée en 1932 par le poète Marinetti après qu'il eut passé plusieurs années à voyager à travers l'Europe en organisant des banquets dans lesquels figuraient des associations de saveurs et des recettes délirantes, comme le porexcité, le gâteau élastique, le poulet d'acier et l'aéroport piquant. Mon préféré s'appelle l'aéroplat : pendant qu'arrive en vacarme de la cuisine un bruit de moteur d'avion mêlé à une pièce de Bach, on sert à droite des convives une assiette de kumquats, d'olives noires et de fenouil. Et alors que des rectangles de soie, de papier de verre et de velours sont disposés sur leur gauche, les convives doivent manger avec leur main droite tout en caressant les rectangles de la main gauche. Pendant ce temps-là, le serveur fait gicler du parfum d'œillet sur leur nuque. Les œillets ont un parfum de rose et de girofle – essayez le parfum *Garofano* de Santa Maria Novella. Pour l'avion, ça risque d'être plus délicat à trouver.

Orange & Pêche : *voir Pêche & Orange, page 357.*

* **Orange & Piment :** Rick Bayless décrit le piment *habanero* orange et mûr en disant qu'il a un arôme de fruit de la Passion, d'abricot, de fleur d'oranger et d'herbe aromatique avec un piquant bien remarquable. La saveur est identique à l'arôme avec des notes supplémentaires de mandarine sucrée et acidulée. Il est possible que vous retrouviez ces notes dans la tasse de larmes que vous aurez versées en goûtant à ce piment le plus effroyablement brûlant qui soit. Cependant, il n'est pas rare de détecter aussi des saveurs de fruits dans les piments séchés, pruneau et raisin étant les plus couramment cités. Si le *habanero* est trop fort pour vous, faites infuser à feu doux un morceau de peau d'orange et 1 ou 2 piments séchés dans de l'huile d'olive pendant ½ heure. Enlevez la peau et les piments et versez en filet sur du poisson.

✻ **Orange & Poisson blanc :** Jusqu'au XVIIIe siècle, l'orange était utilisée beaucoup plus fréquemment que le citron ne l'est aujourd'hui. À cette époque, la plupart des oranges étaient amères, par opposition aux variétés douces qui ont dominé le marché plus récemment. Pour une authentique expérience du XVIIIe siècle, les oranges amères sont difficiles à trouver, aussi le mélange de deux oranges douces et d'un citron est un substitut efficace, même si la qualité aromatique n'est pas tout à fait la même. Dans une veine similaire, Mark Hix ajoute un peu de curaçao à la saveur d'orange amère sur sa sole Véronique. Alan Davidson note la grande affinité des oranges douces avec le mérou, un poisson ferme à la forte saveur, et donne une recette de sauce faite avec 40 g de beurre et 40 g de farine mélangés avec 280 ml de bouillon de viande, 140 ml de jus d'orange et une pincée de sel. La sauce maltaise, parfumée à l'orange sanguine, est souvent associée à des poissons blancs fermes – voir Orange & Asperge, page 369.

Orange & Pomélo : *voir Pomélo & Orange, page 375.*
Orange & Pomme : *voir Pomme & Orange, page 340.*

Orange & Rhubarbe : On associe souvent zeste d'orange et rhubarbe, surtout dans le crumble, mais pas chez moi. Je trouve que le dénuement de la rhubarbe très acide et le caractère belliqueux du zeste d'orange tirent à hue et à dia : c'est la combinaison de saveurs qui correspond à essayer de se taper sur la tête tout en se frottant le ventre. Même quand la rhubarbe est cuite dans un jus d'orange plus doux qui n'a pas l'amertume agressive du zeste, mon palais ne détecte aucune harmonie ou contraste agréable.

Orange & Romarin : *voir Romarin & Orange, page 400.*

Orange & Rose : L'eau de fleur d'oranger et l'eau de rose peuvent souvent être utilisées l'une pour l'autre dans les recettes. Comme on pouvait s'y attendre, les notes florales sont dominantes dans chacune d'elles, mais on trouve une pointe d'agrume dans l'eau de fleur d'oranger extraite des fleurs de l'oranger amer, le bigaradier. Les eaux de fleurs de qualité sont fabriquées en Iran, mais il existe au Liban une société artisanale appelée Mymouné qui utilise des méthodes de distillation traditionnelles sans ingrédient artificiel. Pour chacune d'entre elles, le secret est de les utiliser au goutte-à-goutte et non à la cuillerée à café afin qu'elles apportent une note de fond mystérieuse à votre plat, évoquant le chatoiement d'une cithare plutôt que le bruit sourd d'un tambour. La cuisine nord-africaine les utilise traditionnellement dans les tajines d'agneau ou de poulet et dans toutes sortes de desserts et de gâteaux, tout comme elles parfument les madeleines françaises. Elles ajoutent aussi une note florale aux jus de fruits (surtout au jus d'orange) et aux salades de carottes râpées. Voir aussi Cannelle & Orange, page 276.

Orange & Safran : Les saveurs d'agrumes se marient bien avec le safran. Orange et safran se retrouvent dans les ragoûts et les tajines de poisson méditerranéens d'Afrique du Nord, mais forment aussi un beau couple dans les gâteaux et les biscuits. Trempez une pincée de safran dans 1 cuillerée à soupe de lait chaud et versez-la dans la pâte d'une génoise. Lorsqu'elle est cuite, tranchez-la en deux dans le sens de l'épaisseur, tartinez de confiture d'oranges et refermez. Très mauresque.

Orange & Thym : *voir Thym & Orange, page 409.*
Orange & Vanille : *voir Vanille & Orange, page 437.*

Pomélo

C'est un peu le vieil oncle mal dégrossi de la famille. Le pomélo détient les saveurs génériques des agrumes et le fruité tropical de l'orange, aux côtés de saveurs boisées et herbacées plus prononcées, mais il se distingue surtout par son caractère musqué et sulfuré. Il fonctionne très bien avec les habituels partenaires des agrumes, comme les poissons et les fruits de mer. Il possède néanmoins des affinités particulières pour les ingrédients qui partagent son fond d'amertume, comme les fromages persillés et certaines salades. Les variétés à chair rose, ruby red et star ruby, ont tendance à être plus sucrées que celles à chair jaune ou blanche. On désigne régulièrement cet agrume *(Citrus paradisi)* sous le nom de pamplemousse – notamment quand il est en jus –, mais ce terme devrait être réservé à l'espèce *Citrus maxima* dont le pomélo est un hybride avec l'orange douce. Le pomélo a une peau fine et pousse en grappes, d'où son nom anglais de grapefruit. Le pamplemousse possède, lui, une écorce épaisse et nombre de pépins.

Pomélo & Ananas : *voir Ananas & Pomélo, page 335.*

Pomélo & Avocat : Cette combinaison est aujourd'hui très courante dans une salade avec du homard, des crevettes charnues ou du crabe frais. Un café de Montpellier l'appelle « salade fraîcheur » et la sert avec un petit verre de gaspacho. Un après-midi de chaleur cinglante, ce fut suffisant pour me rafraîchir le corps et l'esprit. L'éclat des saveurs est une chose, mais on ressent aussi le plaisir de sentir la tendre texture de l'avocat, comparable à du beurre, sur les quartiers de pomélo, tendus et ridés comme le sable mouillé après la descente de la marée.

Pomélo & Cannelle : *voir Cannelle & Pomélo, page 277.*

Pomélo & Cresson : Ils partagent une forte minéralité et une amertume qui peuvent contrôler le trop-plein de saveur des protéines grasses. Les fromages bleus seraient un choix évident – surtout s'il s'agit du roquefort, à la fois doux et salé, avec ses qualités minérales sous-jacentes. Ôtez toutes les tiges surdimensionnées du cresson avant d'en mélanger les feuilles avec des quartiers de pomélos pelés et bien débarrassés de toute membrane blanche. Vous pouvez aussi ajouter quelques cerneaux de noix. Le canard serait excellent à la place du fromage.

Pomélo & Fromage bleu : *voir Fromage bleu & Pomélo, page 78.*

Pomélo & Fruits de mer : Les principaux composés identifiants de saveur du pomélo sont le nootkatone, le mercaptan (ou thiol) et la naringine, dont les noms sonnent comme les pseudonymes des membres d'un forum Internet sur les mérites comparés de *Star Trek* et de *Star Wars*. De façon assez appropriée, peut-être, étant donné que, de tous les agrumes, c'est le pomélo qui possède la saveur la plus étrange. Le nootkatone dénote un chaud caractère boisé, qui est présent dans les autres agrumes, mais réprimé par leurs autres composés plus dominants. Le mercaptan, qui est le principal responsable de l'odeur du pomélo et lui donne cette note musquée et tropicale, possède un des seuils de perception d'arôme les plus bas. Autrement dit, il est si puissant qu'il peut être détecté dans des quantités extrêmement réduites – 0,0001 partie pour un milliard, pour être exact. La saveur singulière et discrète du pomélo lui a gagné une place spéciale dans la haute cuisine. Au restaurant des frères Gillaizeau à Paris, Les Jumeaux, les noix de saint-jacques sont servies avec une purée de pois cassés et une sauce au pomélo rose ; Chez Jean, toujours à Paris, elles sont sautées avec des chanterelles, des nouilles chinoises et des quartiers de pomélos roses. Plus récemment, la vogue du pomélo a été concurrencée par le *yuzu*, un petit agrume ridé très apprécié au Japon. Le *yuzu* a une saveur entre le citron et le citron vert, avec des pointes de mandarine, de pomélo et de pin ; c'est surtout sa peau, très aromatique, qui est prisée, mais son jus est également utilisé. On peut en obtenir un substitut approximatif en mélangeant à parts égales du jus de citron vert et du jus de pomélo. Au Jean Georges, à New York, le serveur peut presser un *yuzu* au-dessus de votre assiette de saint-jacques. N'en faites pas un drame.

Pomélo & Genièvre : *voir Genièvre & Pomélo, page 406.*

Pomélo & Orange : Le pomélo est un hybride de l'orange sucrée et du pamplemousse, ce gros agrume jaune-vert qui ressemble à une poire enflée. Il possède, bien évidemment, des saveurs beaucoup plus proches de celles du pamplemousse, mais il partage, entre autres choses, la même affinité que l'orange avec le Campari. En associant l'un ou l'autre au Campari, on peut faire des sorbets rafraîchissants (plus ou moins amers), mais il est plus facile de comprendre les effets qu'ils ont chacun sur l'alcool si on utilise un grand verre droit : le jus d'orange ouvre la voie et crée de la stabilité sur le territoire du Campari, contribuant à éliminer les notes florales bizarres et une amertume si implacable que votre cerveau, au moins lors des premiers essais, sonne l'alerte dès qu'il reçoit l'afflux toxique ; le pomélo, lui, étant déjà bien amer avec ses propres notes herbeuses et florales si extraordinaires une fois mélangées au Campari, le résultat est d'une complexité merveilleuse.

Pomélo & Porc : *voir Porc & Pomélo, page 45.*

Citron vert

Le plus raide, le plus tranchant de la famille des agrumes. L'huile faite à partir de la peau de citron vert est forte et épicée, avec des notes de pin, de lilas et d'eucalyptus. La majeure partie de la production de cette huile sert à aromatiser les sodas de type cola. Le jus de citron vert est notablement acide, ce qui explique ses qualités d'agent de nettoyage du palais, et le fait paraître presque salé quand on l'ajoute à une sauce. Son acidité et son amertume fonctionnent à merveille sur des ingrédients qui lui correspondent en termes d'intensité dans leur caractère sucré – le caramel, la courge musquée ou le lait concentré. Le cultivar le plus largement disponible en Europe est dit « de Perse » et on pense qu'il est parent du citron et du cédrat, son ancêtre. Les cédrats sont plus petits que les citrons verts, ils ont la peau plus épaisse et, contrairement au citron vert de Perse, ils contiennent des pépins. Leur saveur est prétendument distincte, mais pour en avoir transporté un sac depuis les États-Unis dans l'intention de confectionner une authentique tarte aux cédrats, je peux dire que je n'ai détecté aucune différence. La saveur du citron vert se retrouve également dans sa version séchée (entier ou en poudre) qui est plus musquée, en saumure épicée genre pickle, en confiture et en sirop. Pour le combava, voir Noix de coco & Citron, page 360.

Citron vert & Anchois : Ils se retrouvent dans la sauce de salade thaïe au citron vert et à la sauce de poisson – ou dans le nuoc-mâm, la sauce vietnamienne dans laquelle on trempe les rouleaux de printemps. Tout ce que vous aimez dans le poisson et le citron vert, à la puissance trois. Même si la sauce de poisson est légère, le citron vert sera toujours l'opprimé, essayant de faire briller une petite lumière dans les pensées noires de la sauce de poisson et échouant dans les grandes largeurs. Après, pour les proportions, tout dépend de vos goûts et de l'équilibre à créer avec les autres saveurs de votre recette. Personnellement, je pile 2 gousses d'ail avec un piment, puis j'ajoute 2 cuillerées à soupe de jus de citron vert, 2 cuillerées à soupe de sauce de poisson et une pincée de sel. Très efficace sur un *som tam* maison – voir Mangue & Pomme, page 365. Les végétariens peuvent acheter de la « sauce de poisson » faite avec des graines de soja. Voir aussi Ananas & Anchois, page 333.

Citron vert & Avocat : *voir Avocat & Citron vert, page 250.*

Citron vert & Basilic : Parmi les 150 espèces de basilic, il en existe une, nommée parfois basilic tropical ou encore basilic lime *(Ocimum americanum)*, dont les graines sont assez facilement disponibles. Faites-en pousser et vous obtiendrez la combinaison basilic et citron vert en une seule plante. En Thaïlande, où les variétés de basilic sont nombreuses, celle-ci est fréquemment utilisée avec les poissons.

Citron vert & Bœuf : Le citron vert est acide, sucré, un peu amer, il est utilisé comme un substitut du sel dans certaines cultures et il est surtout très intense en saveur avec une forte présence de fruit tropical. Le bœuf tient sa place dans l'assiette en répondant à l'acidité du citron vert par sa propre aigreur métallique. La sauce que vous trouverez à Citron vert & Anchois (page 376) est souvent servie avec du bœuf saisi sur une salade avec beaucoup de piment, dans un plat qu'on appelle « le tigre-qui-pleure ». Au Vietnam, on sert des morceaux de citron vert avec le *pho* (plat national vietnamien), et il fait partie d'une sauce dans laquelle on trempe le bœuf *bò lúc lac*, mariné dans de l'ail et du soja et servi sur des feuilles de salade verte.

Citron vert & Cacahuète : *voir Cacahuète & Citron vert, page 28.*

✻ **Citron vert & Cannelle :** Ce sont les pierres angulaires de la saveur cola, dans laquelle il est assez courant que la cannelle apparaisse sous la forme de l'écorce du cannelier de Chine, plus fortement parfumé et qui tient donc correctement tête au pugnace citron vert. La vanille est un des autres ingrédients typiques du cola dans les sodas, aux côtés du caramel, de la noix de muscade, de l'orange, du citron, de la coriandre, de l'extrait de feuilles de coca. Je combine le citron vert et la cannelle dans un sorbet. Réalisez un sirop simple en faisant chauffer doucement 200 g de sucre vanillé et quelques éclats d'écorce de cannelier de chine (ou quelques rouleaux de cannelle) dans 250 ml d'eau jusqu'à ce que le sucre soit complètement dissous. Portez à ébullition, puis laissez refroidir. Conservez au réfrigérateur jusqu'à ce que la cannelle ait conféré sa saveur au sirop, puis filtrez. Pressez 3 citrons verts et ajoutez-les au sirop avec 2 cuillerées à café de jus de citron et 125 ml d'eau. Réfrigérez jusqu'à ce que le mélange soit très froid, puis faites votre sorbet selon votre méthode habituelle. Servez dans un panier de caramel, pour prolonger le thème du soda au cola déconstruit.

Citron vert & Chocolat : *voir Chocolat & Citron vert, page 18.*
Citron vert & Citron : *voir Citron & Citron vert, page 382.*

Citron vert & Courge : La haute teneur en sucre de la courge fait un bon accueil aux interférences acides et épicées du citron vert. Associez-les dans une soupe de poisson, ou bien faites rôtir des morceaux de courge dans un mélange d'huile d'olive et de citron vert, ou encore essayez des tempuras de potiron que vous tremperez dans une sauce au soja, au citron vert et au sésame. Pour une version thaïe, faites mijoter des morceaux de potiron ou de courge dans du lait de coco épicé. Une fois qu'ils sont cuits, ajoutez-y un mélange de jus de citron vert, de nuoc-mâm et de sucre de palme. Voir aussi Courge & Lard, page 292.

Citron vert & Cumin : Une vraie lutte de pouvoir. Faites-les s'affronter sur de la viande au barbecue, du maïs grillé ou dans de la sauce tomate. Vous pouvez aussi ajouter de la menthe pour confectionner un *jal jeera*, une boisson rafraîchissante populaire en Inde, dans laquelle des graines de cumin grillées et broyées sont mélangées avec de la menthe pilée, du sel, du jus de citron vert et de l'eau.

Citron vert & Feuilles de coriandre : *voir Feuilles de coriandre & Citron vert, page 246.*
Citron vert & Fruits de mer : *voir Fruits de mer & Citron vert, page 177.*
Citron vert & Gingembre : *voir Gingembre & Citron vert, page 388.*
Citron vert & Mangue : *voir Mangue & Citron vert, page 363.*

✻ **Citron vert & Menthe :** Les Cubains ont pris de la menthe et du citron et les ont ajoutés au rhum pour créer le mojito, le cocktail omniprésent de la dernière décennie. Quel est le secret de son succès ? Ma théorie est que le citron vert acide et la menthe rafraîchissante s'associent au dynamisme du rhum et à la traînée de sucre pour donner naissance à quelque chose qui se trouve au carrefour de l'amphétamine et de l'aromathérapie. Mettez 1 cuillerée à soupe de sucre en poudre dans un verre à whisky avec 2 ou 3 cuillerées à soupe de jus de citron vert. Ajoutez un brin de menthe et remplissez avec un bon tiers d'eau gazeuse. Remuez pour dissoudre le sucre et libérer les huiles essentielles de la menthe. Ajoutez 50 ml de rhum Havana Club et une poignée de glaçons ; écoutez leurs craquements sismiques. Agitez, puis garnissez avec un peu plus de menthe et une paille. S'il est suffisamment fort, le mojito peut altérer votre perception visuelle de façon à la fois plaisante et douloureuse, un peu comme quand vous mettez vos lunettes alors que vous portez déjà vos lentilles de contact. Vous pouvez aussi essayer de servir un sorbet au citron vert avec un verre de rhum garni de feuilles de menthe.

Citron vert & Noix de coco : Si vous le combinez à la somnolence tropicale de la noix de coco, le citron vert vous intimera avec agacement de sortir du hamac et de faire des efforts. Il est nécessaire que le glaçage au citron vert qui recouvre un gâteau à la noix de coco soit d'une intensité tranchante pour faire réagir sa douceur endormante. De la noix de coco fraîche râpée et un filet de jus de citron vert sur de l'ananas donneront l'impression qu'il est plus sucré et plus juteux – même chose avec du poisson, cru ou cuit, comme dans le traditionnel *céviche* (voir Citron vert & Poisson blanc, page 379.). En Inde, avec le curry, on sert un mélange fait de lanières de noix de coco fraîche, de jus de citron vert, d'ail écrasé et de piments.

Citron vert & Orange : Ces deux-ci s'entrelacent pour donner à la tequila un fil bien tendu dans le numéro de funambule qu'est la Margarita, le cocktail le plus populaire des États-Unis : une bonne Margarita doit maintenir en équilibre des extrêmes de douceur, d'acidité et d'amertume. Elle doit vous couper le souffle et vous faire écarquiller les yeux. Pour certains, le sel n'est pas indispensable, car ils trouvent qu'une bonne tequila a sa propre saveur salée, mais j'ai du mal à m'en passer. Le sel met l'accent sur le feu du sucré acide et produit l'effet stimulant de vous donner soif alors que vous êtes en train de boire.

Citron vert & Pastèque : *voir Pastèque & Citron vert, page 315.*

Citron vert & Piment : Diego Rivera et Frida Kahlo (couple d'artistes mexicains de la première moitié du XXe siècle dont la relation fut assez orageuse). Ce duo turbulent apporte de la ferveur à une vaste gamme de plats mexicains, y compris les *chapulines* – sauterelles frites dans du jus de citron vert et du piment en poudre, que l'on mange sur le pouce. Pour ceux qui n'ont pas la patience d'attraper des sauterelles – ou qui n'en raffolent pas –, on peut servir de la même façon des cacahuètes avec leur peau, mais aussi des bananes plantains frites, du maïs en épi, de la pastèque, des gambas grillées et des Doritos. Fort heureusement pour les drogués du mélange citron vert et piment, on peut l'acheter préparé, en boîte, si bien que vous pouvez même en mettre sur vos *corn flakes* si ça vous chante. En Inde, citron vert et piment sont associés dans des pickles (la meilleure chose à part la confiture dans un sandwich au fromage, voir Orange & Fromage à pâte pressée cuite, page 371). Enfin, si vous trouvez le sucré de la sauce au piment en bouteille un peu écœurante, vous pouvez la dynamiser avec un filet de citron vert, qui en fera une sauce polyvalente pour y tremper toutes sortes d'ingrédients.

Citron vert & Poisson blanc : La meilleure manière de prouver à tout le monde que vous êtes en très bons termes avec votre poissonnier est de servir du *céviche*. On fait macérer des lanières de poisson cru dans du jus de citron vert (ou de citron) et on les mélange habituellement à des oignons, des poivrons, des piments émincés et de la coriandre. Une fois que le poisson a eu le temps de « cuire » dans le jus de citron vert, on y ajoute du lait de coco pour que le résultat soit plus crémeux. En Équateur, on sert le *céviche* avec des grains de maïs rôtis ou du pop-corn, alors qu'au Pérou l'accompagnement le plus courant est la patate douce. On dit que le *céviche* a été créé quand les Espagnols ont transmis aux Arabes la technique de cuisson avec des fruits qu'ils avaient rapportés d'Amérique du Sud. Cette version culinaire du téléphone arabe ne pouvait pas espérer un résultat plus surprenant.

Citron vert & Poisson gras : *voir Poisson gras & Citron vert, page 196.*
Citron vert & Poulet : *voir Poulet & Citron vert, page 35.*

* **Citron vert & Tomate :** La *sangrita*, une boisson populaire au Mexique, est composée de tomates, de citron vert et de jus d'orange avec une pincée de piment. On la boit par petites gorgées en alternance avec de la tequila. Certains ont supprimé le jus d'orange lui donnant la consistance liquide de ma sauce de base préférée. Tomates émincées et jus de citron vert déploient une saveur suffisamment complexe pour qu'on en fasse une sauce à eux seuls. Essayez de presser un demi-citron vert sur 2 tomates coupées en dés et vous verrez combien c'est à la fois salé et riche en bouche. Ajoutez quelques gouttes de sauce au piment et un peu d'oignon émincé pour augmenter le piquant. Servez avec une poignée de chips tortillas.

Citron

Le zeste de citron contient un composé appelé citral qui est immédiatement identifiable comme « citronné ». Des notes aromatiques de rose, de lavande et de pin sont également présentes, comme une légère pointe herbacée ; et toutes sont libérées lorsque vous râpez le zeste d'un citron. Le jus possède une saveur nette et fraîche, dominée par l'acide citrique. Utilisé de façon modérée, il va rehausser la saveur d'un plat sans se faire sentir, et ce n'est qu'en plus grande quantité qu'il va lui communiquer une claire saveur de citron. Le citron est très combinable et, de l'apéritif aux petits-fours, il s'adapte à tous les plats, tant salés que sucrés, que ce soit comme un assaisonnement ou comme ingrédient principal. Poussez-le dans ses retranchements avec une tarte sucrée, des confiseries acides, des boissons amères, ou encore avec les citrons conservés dans le sel du Moyen-Orient. La saveur du citron domine également dans le *limoncello*, une liqueur italienne, la *lemon curd*, une crème au citron typiquement britannique, et dans le myrte citronné (*Backhousia*

citriodora, un arbre australien). Pour en savoir plus sur les herbes aux arômes de citron, voir Noix de coco & Citron, page 360.

✻ **Citron & Agneau :** Au Maroc, on fait du tajine d'agneau cuit lentement avec de succulents citrons conservés dans la saumure. En Grèce, c'est avec du citron très acide que l'agneau bien gras est cuisiné. Faites dorer un rôti de 1,5 kg dans de l'huile d'olive et de l'ail et faites-le ensuite braiser dans un faitout hermétique avec le jus de 2 citrons et de l'origan. Si cela devient trop sec, ajoutez un peu d'eau, mais pas trop : l'intérêt est de servir l'agneau en tranches avec ses sucs concentrés et corsés en citron. Traditionnellement, l'agneau est servi bien cuit plutôt que saignant avec des pommes de terre rôties, du riz ou des haricots blancs.

Citron & Amande : *voir Amande & Citron, page 306.*
Citron & Anchois : *voir Anchois & Citron, page 203.*

Citron & Aneth : Le caractère citronné de l'aneth est donné par le D-limonène, un composé chimique qu'il partage avec le citron. On y détecte aussi de l'orange et plus généralement des notes d'agrumes. La réaction réflexe est de recourir au citron avec de l'aneth principalement sur du poisson, mais en Grèce, où l'association des deux est extrêmement courante, le citron et l'aneth sont utilisés un peu partout : avec de l'agneau, des légumes, ou mélangés à du riz avec des oignons et des pignons et servis avec de la feta. La combinaison est appréciée pour son effet très rafraîchissant et sa capacité à révéler le côté sucré des autres ingrédients.

Citron & Anis : *voir Anis & Citron, page 230.*
Citron & Artichaut : *voir Artichaut & Citron, page 160.*

Citron & Asperge : Dans leur livre *Urban Italian*, Andrew Carmellini et Gwen Hyman s'enthousiasment pour cette association, faisant remarquer combien dans un risotto « le citron tranche avec la richesse du plat, libère la saveur de l'asperge et conserve la fraîcheur de l'ensemble ». Ce que j'adore dans cette recette ce sont ses bonnes pratiques ménagères. Rien n'est gaspillé : les quelques centimètres trop durs des tiges des asperges sont utilisés pour donner de la saveur au bouillon, la partie intermédiaire est cuite, réduite en purée, puis ajoutée au riz dès qu'il est cuit, alors que les pointes sont juste blanchies et ajoutées pour la touche finale. Ça me rappelle le *risi e bisi* – voir Petit pois & Fromage à pâte pressée cuite, page 381.

✻ **Citron & Basilic :** Aussi évocateurs de l'été qu'un sac de plage et un paréo. Combinez leurs réjouissantes saveurs d'agrume et de réglisse dans un simple plat de pâtes. Cela semble relativement simple, pourtant j'ai été un jour témoin d'une dispute entre quatre Italiens qui, une heure durant, ont débattu de la meilleure manière de préparer ce plat. Pour 2 personnes, faites cuire 200 g de spaghettis jusqu'à ce qu'ils soient *al dente*. Pendant ce temps-là, faites chauffer 2 cuillerées à soupe d'huile d'olive dans une petite casserole avec une échalote finement émincée que vous laisserez fondre. Ajoutez 2 cuillerées à soupe de vin blanc et laissez mijoter quelques minutes avant d'ajouter le jus et le zeste d'un citron non traité. Assaisonnez et baissez le feu. Quand les pâtes sont prêtes, égouttez-les et incorporez la sauce au citron avec une ou deux poignées de parmesan râpé, une petite poignée de feuilles de basilic ciselées et 2 cuillerées à café de beurre.

Citron & Bœuf : Un succès en Italie, avec ses citrons légendaires. On les presse sur la *bresaola*, du filet de bœuf séché à l'air libre et conservé au sel pour être servi en tranches fines et translucides. La *bresaola* est soyeuse et a une saveur de gibier et de moisi. Le bœuf cru coupé en tranches un peu plus épaisses que la *bresaola* devient du carpaccio et subit le même traitement au citron. À Florence, il n'est pas rare qu'on serve du *bistecca alla fiorentina* – un imposant pavé de T-bone steak saisi au feu de bois ou au charbon de bois – avec un morceau de citron qui joue les arbitres en rehaussant les saveurs du bœuf vis-à-vis de celles du chianti local. On dit que le citron rend un chianti de qualité inférieure plus fruité et disons, euh, moins âpre.

Citron & Brocoli : *voir Brocoli & Citron, page 158.*
Citron & Câpre : *voir Câpre & Citron, page 128.*
Citron & Caviar : *voir Caviar & Citron, page 192.*

Citron & Chocolat : Ce n'est pas une combinaison facile à réussir, mais quand elle l'est, ça peut être sublime. Je rêve de plonger une longue cuillère dans un verre alternant des couches de crème acidulée au citron aromatique et de ganache au chocolat noir. Joël Robuchon s'est emparé de cette paire pour un dessert composé de madeleines parfumées au citron servies avec de petits pots de chocolat.

Citron & Chocolat blanc : *voir Chocolat blanc & Citron, page 439.*

Citron & Citron vert : Le citron vert castagnera le citron à mort si ce dernier lui en laisse la possibilité. Le citron et le citron vert sont bien sûr de la même famille et leurs jus ont beaucoup de composés de saveurs en commun, mais le citron vert a un caractère de pin et de lilas épicé très écrasant – ce qui signifie que le jus de citron est utile pour diluer le jus de citron vert, mais ne vous attendez pas à pouvoir discerner les deux fruits, à moins que vous n'utilisiez les zestes. Les notes citronnées et herbacées sont bien plus manifestes dans la peau.

Citron & Cumin : *voir Cumin & Citron, page 105.*

Citron & Feuilles de coriandre : Cette recette se répand plus rapidement que les cancans. J'en sais quelque chose parce que je l'ai donnée à quelqu'un qui l'a donnée à quelqu'un d'autre qui l'a préparée pour moi et m'a demandé si je voulais la recette. « Quel toupet ! » me suis-je dit, avant de me souvenir que je l'avais lue sur une de ces fiches recettes qu'on trouve dans les supermarchés. Elle prévoit normalement du cabillaud, mais je ne connais pas de poisson blanc qui ne serait pas réveillé par la combinaison citron/coriandre. Mélangez 100 g de chapelure avec le zeste d'un citron, une poignée de feuilles de coriandre finement hachées (utilisez également la partie fine de la tige), 50 g de beurre fondu, une pincée de flocons de piment, du sel et du poivre. Tapissez-en 4 filets de poisson blanc alignés sur une plaque du four graissée. Faites cuire au four pendant 20 à 25 minutes à 200 °C (thermostat 6-7) si vous utilisez un poisson qui a la texture du cabillaud, sinon ajustez en fonction.

Citron & Fromage de chèvre : Un peu d'acidité est inhérente à de nombreux fromages de chèvre. Juliet Harbutt écrit que le joli *innes button*, du Staffordshire, un fromage frais au lait de chèvre léger, fondant et mousseux, « se dissout sur le palais, laissant une traînée d'amandes, de miel sauvage, de citron, de vin blanc et de mandarine ».

Citron & Fruits de mer : *voir Fruits de mer & Citron, page 177.*
Citron & Genièvre : *voir Genièvre & Citron, page 405.*

Citron & Gingembre : Le gingembre frais est couramment décrit comme piquant ou citronné et il forme une paire très harmonieuse avec le citron. La sauce au citron est une partenaire régulière des puddings au gingembre, un glaçage au citron est le bienvenu sur un gâteau au gingembre, et les deux se combinent délicieusement dans un grog, même si malheureusement c'est au moment où on en a vraiment besoin qu'on se trouve le moins à même d'en apprécier les arômes. Avoir les fosses nasales bouchées est une excellente – quoique fâcheuse – démonstration de l'importance de la contribution du nez dans la reconnaissance des saveurs. Les récepteurs du goût sur la langue identifient le sucré, le salé, l'amertume, l'acidité et l'umami, mais ce sont les terminaisons nerveuses olfactives qui permettent de détecter les différences subtiles entre la saveur citronnée du gingembre et la saveur citronnée du citron. Il faut donc essayer ce grog lorsque votre bulbe olfactif est en état de marche. Mettez un morceau de 5 mm de gingembre frais dans un verre avec le jus d'un quart de citron, 1 ou 2 cuillerées à café de miel et 1 cuillerée à soupe de whisky, de rhum ou d'eau-de-vie. Complétez avec de l'eau bouillante, remuez et laissez infuser jusqu'à ce que mélange ait suffisamment refroidi pour pouvoir être bu sans se brûler.

Citron & Graines de coriandre : *voir Graines de coriandre & Citron, page 431.*

Citron & Huître : *voir Huître & Citron, page 189.*
Citron & Menthe : *voir Menthe & Citron, page 413.*

Citron & Myrtille : Pauvres myrtilles ! Ses jolies notes florales sont masquées par l'acidité du citron, acidité qui porte même atteinte au propre parfum de fleurs du citron. Mais un problème partagé est un problème à moitié résolu, et avec la douceur rédemptrice du sucre ou de miel, les saveurs de ces deux ingrédients ont une chance de briller et de former une capiteuse combinaison parfumée dans les gâteaux.

Citron & Noix de coco : *voir Noix de coco & Citron, page 360.*
Citron & Œuf : *voir Œuf & Citron, page 167.*

Citron & Olive : Au Maroc, une intéressante recette de poulet combine de soyeuses tranches épaisses de citron confit dans le sel et des olives vert kaki. À la fois amer, gras et piquant, ce plat apporte une variation bienvenue à la douceur des tajines ou au fruité des couscous. Le couple peut également figurer dans une sauce à servir avec du fromage de chèvre, ou pour assaisonner une salade accompagnant un poisson gras.

Citron & Orange : *voir Orange & Citron, page 370.*

Citron & Persil : Un couple discret, simple et rafraîchissant, toujours disposé à prêter main-forte dans la cuisine professionnelle, soit sous la forme d'un beurre maître d'hôtel (un composé de beurre, de persil et de jus de citron) ou dans la préparation connue sous le nom de meunière, où le poisson, généralement une sole, est plongé dans la farine, frit dans du beurre clarifié et servi avec du beurre noisette, du jus de citron et du persil haché.

Citron & Piment : *voir Piment & Citron, page 262.*
Citron & Poisson blanc : *voir Poisson blanc & Citron, page 183.*
Citron & Poisson fumé : *voir Poisson fumé & Citron, page 207.*
Citron & Poisson gras : *voir Poisson gras & Citron, page 195.*

Citron & Pomme de terre : J'ai vu un jour un chef admonester un candidat dans une émission culinaire pour avoir osé les associer. La manière dont ils étaient combinés n'était probablement pas très appétissante, mais prétendre que pomme de terre et citron ne vont pas ensemble désarçonnerait plus d'un Grec, eux qui utilisent souvent des pommes de terre dans les plats en sauce au citron. En Inde, on mélange des pommes de terre grossièrement écrasées avec du jus de citron, de la chapelure, de la coriandre et du piment pour former des galettes qu'on cuit à grande friture et qu'on sert comme en-cas avec du chutney et du yaourt. Il est possible d'assaisonner des pommes de terre nouvelles avec de l'huile d'olive dans laquelle on a fait infuser du citron ou avec une vinaigrette liée au jus de citron. La purée de pommes de terre au citron et au poivre noir va très bien avec du poisson. Mme Hilda Leyel, phytothérapeute, a donné une recette de tourte à la crème au citron qu'elle faisait en mélangeant de la pomme de terre râpée, le zeste et le jus d'un citron, une tasse de sucre et une tasse d'eau, avant de faire cuire le tout dans une pâte brisée dessous et dessus.

Citron & Poulet : Si le monde était organisé comme il devrait l'être, on devrait pouvoir évaluer si un plat est riche en saveur citron-poulet grâce à l'échelle de Citroulet. Un délicat bouillon de poulet thaï obtiendrait un 2. À 4, on trouverait du poulet frotté et farci au citron. Un sandwich baguette au poulet rôti avec une mayonnaise au citron : 5. Un épais tajine marocain de cuisses de poulet et de citrons confits cuit longuement et épicé : 9. Un 10 pour les beignets de poulet frits, servis avec une sauce d'un jaune éclatant, que j'ai honte de commander dans les restaurants chinois occidentaux.

❋ **Citron & Romarin :** La tarte au citron est classiquement servie surmontée d'une meringue à l'italienne, dont la légèreté sucrée allège le lourd appareil acide formant le cœur onctueux et citronné de ce dessert. Mais le meilleur partenaire que j'aie jamais goûté pour une tarte au citron très vivace a été une crème glacée au romarin. Après beaucoup d'expérimentations à base d'infusion ou de décoction de romarin dans du lait ou de la crème, j'utilise maintenant de l'essence de romarin. Battez 2 jaunes d'œufs avec 50 g de sucre en poudre et 2 cuillerées à café de maïzena jusqu'à obtenir une texture lisse. Chauffez 275 ml de crème liquide à fouetter, retirez du feu et incorporez 2 cuillerées à café de glucose liquide. Ajoutez graduellement le mélange de crème au mélange d'œufs et fouettez ensemble avant de remettre le tout dans la casserole pour chauffer tout en remuant constamment. Laissez épaissir jusqu'à obtenir la consistance d'une crème anglaise. Versez dans un saladier propre et couvrez la surface avec du film alimentaire. Laissez tiédir avant d'ajouter environ 20 gouttes d'essence de romarin, puis faites refroidir au réfrigérateur avant de congeler.

Citron & Rose : *voir Rose & Citron, page 428.*

Citron & Safran : Ils fonctionnent un peu comme un couple de *gentils organisateurs* dans un club de vacances, qui veilleraient à ce que l'orgie d'ingrédients disparates qu'on trouve dans la paella reste décente : poulet, lapin, escargots, haricots blancs, poivrons, moules, crevettes, haricots de Lima, artichauts, riz. Le safran se répand dans le riz pour faire entendre une note de fond faible, mais régulière. Avec un geste bref du poignet méprisant, tel un danseur de flamenco, pressez du citron sur tout le plat avant de servir. De cette manière, certaines bouchées auront l'intérêt vivifiant du citron, d'autres une douceur plus calme et apaisante. Par rapport à d'autres plats plus monotones, c'est cet équilibre des goûts qui rend la paella si dangereusement facile à manger en grande quantité.

Citron & Thym : Si populaire qu'il en existe au moins trois versions, de force différente. Pour un impact maximal, combinez du thym haché avec le zeste et le jus d'un citron – c'est excellent avec du poisson, de l'agneau ou du poulet, ou encore comme sauce d'assaisonnement sur des artichauts frits. Puis il y a le thym citron *(Thymus citriodorus)* aux feuilles tendres, qui apporte une note dominante de citron, pleine et merveilleusement subtile à la fois, avec une sorte de murmure herbacé sous-jacent : délicieux sans hésitation partout où l'on a besoin du citron et du thym de manière discrète. Le plus subtil de tous est le citron meyer, dont on pense qu'il est une forme hybride de citron et de mandarine, avec une légère trace de thym et une fraîcheur plus sucrée et moins acide que le véritable *Citrus limon*. L'association du citron et du thym est en train de devenir assez courante dans la nourriture sucrée : j'ai pu voir récemment qu'on les combinait dans un gâteau avec un glaçage au citron, du cheese-cake ou de la crème glacée. Voir aussi Orange & Citron, page 370.

Citron & Tomate : *voir Tomate & Citron, page 326.*

Gingembre

Originaire d'Asie du Sud mais désormais largement répandu, le gingembre varie considérablement en saveur selon l'endroit où il est cultivé. Le gingembre frais est en général citronné, boisé et terreux, avec une certaine chaleur piquante. Le gingembre jamaïcain qui pousse vraiment en Jamaïque est connu pour son excellente qualité, et celui cultivé au Nigeria et en Sierra Leone est caractérisé par sa richesse, sa saveur et une note camphrée qui le distingue particulièrement des autres variétés plus citronnées et trahit sa relation à la cardamome. Le gingembre australien est le plus citronné, car de toutes les variétés, c'est celui qui contient le plus de citral dans son huile. Apprécié dans le monde entier à la fois comme une confiserie et comme une épice savoureuse, le gingembre est disponible frais, séché, broyé, glacé (comme les marrons), mariné, conservé dans du sirop, en jus et en boissons alcoolisées ou non.

Gingembre & Abricot : *voir Abricot & Gingembre, page 354.*
Gingembre & Ail : *voir Ail & Gingembre, page 144.*
Gingembre & Amande : *voir Amande & Gingembre, page 306.*
Gingembre & Aubergine : *voir Aubergine & Gingembre, page 102.*

Gingembre & Bœuf : Le bœuf aime les saveurs acidulées, et vous le trouverez jumelé au gingembre dans les sautés thaïs et chinois. Une recette de beignet de bœuf au gingembre croquant créée par deux sœurs chinoises à Calgary est devenue une sorte de spécialité locale. Un usage plus insolite de cette paire se trouve dans des boulettes de bœuf ou des escalopes panées avec des biscuits au gingembre écrasés.

Gingembre & Café : *voir Café & Gingembre, page 25.*

Gingembre & Cannelle : Le cœur et l'âme des petits bonshommes en pain d'épices. Historiquement, la pâte contenait du miel et du poivre ; aujourd'hui, on y trouve plus facilement de la mélasse et une pincée de clou de girofle. Vous confectionnerez un sirop parfumé au pain d'épices pour sucrer votre café en ajoutant 2 bâtonnets de cannelle et 1 cuillerée à café d'extrait de vanille à la recette du sirop dans Gingembre & Cardamome, page 387.

❋ **Gingembre & Cardamome :** La cardamome est un membre de la famille du gingembre, une parenté qui est plus repérable par l'odeur que par le goût ou l'aspect. Les deux sont piquants avec une distincte note citrique. En Inde, ils sont réputés pour leurs effets bénéfiques sur la digestion et sont couramment associés dans une boisson appelée *panakam*, obtenue en faisant fondre du *jaggery* (sucre non raffiné) dans de l'eau chaude avec du gingembre séché et de la cardamome moulue, le mélange étant ensuite filtré et laissé à refroidir. J'utilise cette combinaison pour confectionner des *inji jamun*, une variation sur les classiques *gulab jamun* – voir Rose & Cardamome, page 428 –, en parfumant mes boulettes à la cardamome – les *jamun* – avec mon propre sirop de gingembre plutôt qu'avec un sirop à la rose. Faites les *jamun* en mettant 125 g de lait en poudre, 6 cuillerées à soupe de farine, 1 cuillerée à café de levure chimique, 1 cuillerée à café de cardamome moulue et 20 g de beurre, coupé en morceaux, dans un robot de cuisine. Mixez pour mélanger, puis ajoutez de l'eau cuillère par cuillère jusqu'à obtenir une pâte soyeuse. Façonnez environ 18 boules de la taille d'un litchi. Pour le sirop, faites fondre, en chauffant lentement, 400 g de sucre dans 650 ml d'eau avec 4 ou 5 tranches de gingembre frais, écrasées. Faites frire les *jamun* dans l'huile chaude, en réduisant le feu de fort à moyen pour leur permettre de dorer lentement. Faites-les égoutter sur du papier absorbant avant de les plonger dans le sirop de gingembre. Laissez-les refroidir et macérer dans le sirop toute une nuit si possible. Retirez les tranches de gingembre et servez frais ou à température ambiante.

❋ **Gingembre & Chocolat :** La complexité amère du chocolat noir et sa fraîcheur presque mentholée fournissent le parfait contraste avec la douce chaleur du gingembre. Je les associe dans des biscuits genre florentins. Faites fondre à feu doux 15 g de beurre doux dans une casserole, ajoutez 40g de sucre en poudre, 2 cuillerées à café de farine et 2 cuillerées à soupe de crème épaisse, puis portez doucement à ébullition. Laissez mijoter pendant 1 minute, puis ajoutez 50 g de gingembre glacé haché et 50 g d'amandes effilées avant de retirer du feu. Lorsque le mélange a refroidi à température ambiante, disposez le contenu de 1 cuillerée à café en tas espacés sur une plaque recouverte de papier sulfurisé, aplatissez les tas et façonnez-les en disques soignés. Veillez à laisser suffisamment d'espace entre vos tas pour éviter qu'ils ne fusionnent en une seule masse collante dans le four. Cuisez à 190 °C (thermostat 6-7) pendant environ 12 minutes. Donnez-leur quelques minutes pour durcir, puis transférez-les sur une grille pour qu'ils refroidissent. Faites fondre 75 g de chocolat noir et enduisez la face lisse des florentins, en dessinant des lignes ondulées dans le chocolat chaud à l'aide d'une fourchette.

Gingembre & Chou : Dans le sauté de chou, le gingembre frais compense le croquant et le piquant que le chou perd durant la cuisson. Les choux verts de printemps sont particulièrement bons cuits de cette façon car ils ont des feuilles denses qui ne perdent pas trop leur forme et ne se ramollissent pas trop, sans compter leur robuste saveur douce-amère un peu piquante.

Gingembre & Citron : *voir Citron & Gingembre, page 383.*

Gingembre & Citron vert : Un cocktail appelé Moscow Mule (mule de Moscou) associe vodka, citron vert et *ginger beer* (boisson gazeuse sans alcool d'origine britannique aromatisée au gingembre). Vous passeriez pour un âne bâté si vous utilisiez un *ginger ale* comme le Canada Dry. Quelques gouttes d'Angostura enfoncent le clou de l'amertume métallique et lui donnent encore plus de punch. La *ginger beer* est trouble, plus piquante et plus riche en saveur que le *ginger ale* de couleur ambre translucide, avec une saveur plus subtile qui se mélange bien avec les alcools plus sombres comme le rhum ou le *whiskey* (le whisky qui prend un *e*, irlandais ou américain).

Gingembre & Clou de girofle : *voir Clou de girofle & Gingembre, page 278.*

Gingembre & Courge : Dans la plupart des recettes, la courge musquée et la citrouille peuvent être substituées l'une à l'autre – par exemple, dans la tarte à la citrouille, où, une fois les épices et le sucre ajoutés, peu de gens sont capables de repérer la différence. La tarte épicée à la citrouille contient un mélange de gingembre, de cannelle, de clou de girofle, de muscade et du tout-épice. On peut parfois trouver ce mélange, tout fait et séché, dans les épiceries fines. Au passage, le tout-épice n'est pas un mélange d'épices, mais une seule, appelée aussi piment ou poivre de la Jamaïque, qui ressemble à un grain de poivre noir et possède une saveur dominée par l'eugénol, ce composé qui donne sa saveur de clou de girofle. Le nom de tout-épice lui vient du fait qu'il présente également des notes de cannelle et de muscade. Voir aussi Courge & Romarin, page 293.

Gingembre & Mangue : Le gingembre mangue *(Curcuma amada)*, aussi appelé la zédoaire, n'a aucun lien de parenté avec l'une ou l'autre de ces deux plantes, même si, comme pour le gingembre, c'est le rhizome qu'on consomme. Originaire d'Inde et d'Indonésie, cette plante a un goût tout d'abord amer, puis sucré, puis acide, avec une saveur aromatique musquée qui rappelle la mangue verte. On l'utilise en majorité dans les sauces aux condiments et les currys. Quant au gingembre et à la mangue, ils se combinent très bien dans une crème brûlée, tout comme avec des fruits de mer. Le chef Jean-Georges Vongerichten les marie également avec du foie gras dans une de ses spécialités.

Gingembre & Melon : *voir Melon & Gingembre, page 352.*

Gingembre & Menthe : La menthe gingembre a une saveur semblable à celle de la menthe poivrée, avec une légère pointe de gingembre. Les bonbons et les boissons au gingembre et à la menthe sont très populaires aux États-Unis. En été, un brin ou un bouchon de sirop de menthe peuvent donner un peu d'entrain à un *ginger ale*, un soda au gingembre comme le Canada Dry.

Gingembre & Œuf : En Chine, on prépare des « œufs de cent ans » en enduisant des œufs de poule ou de canard d'un mélange boueux composé de chaux, de sel, de cendre de pin et d'eau, puis en les conservant pendant plusieurs semaines (ou plus longtemps) dans des pots en terre ou enterrés. Quand on enlève la coquille, le blanc s'est transformé en une espèce de gelée de thé froid couleur ambre et le jaune est devenu vert-de-gris foncé. Ils ont alors une odeur sulfurée et une saveur d'ammoniaque très forte, et on les sert sur des tranches de gingembre au vinaigre en guise d'en-cas. Les œufs au vinaigre anglais sont cuits durs, écalés et conservés dans du vinaigre. Ils sont vendus dans les restaurants de *fish and chips* et dans les pubs où la tradition d'enfouir l'œuf dans un paquet de chips réduites en miettes persiste (un bon barman fera ça pour vous). On utilise habituellement des chips assaisonnées au sel et au vinaigre, mais celles à la sauce Worcestershire, épicée et aigre-douce, sont un bien meilleur choix.

Gingembre & Oignon : *voir Oignon & Gingembre, page 138.*

✻ **Gingembre & Orange :** Saveurs d'épices et d'agrumes pour chacun des deux. En Finlande, on utilise un mélange d'épices à base de poudre d'orange amère, de cannelle, de clou de girofle et de gingembre pour faire du pain d'épices. Essayez plutôt ce gâteau gluant au gingembre et à l'orange. Battez 170 g de beurre avec 150 g de sucre *muscovado* (sucre de canne complet, non raffiné, en provenance de l'île Maurice) jusqu'à former une crème pâle et mousseuse ; de la vergeoise brune ou de la cassonade conviennent également Incorporez 2 œufs l'un après l'autre. Ajoutez le zeste râpé d'une grosse orange, 170 g de farine à gâteau tamisée (avec poudre levante incorporée), 1 cuillerée à café de levure chimique et une pincée de sel et incorporez le tout méticuleusement. Ajoutez ensuite 3 cuillerées à soupe de lait et 4 petits morceaux de gingembre en conserve finement émincés. Versez la préparation dans un moule à gâteau de 18 cm de diamètre que vous aurez préalablement graissé et dont vous aurez chemisé les bords avec du papier sulfurisé. Lissez le dessus et faites cuire à four chaud (180 °C / thermostat 6) pendant 40 à 50 minutes. Glacez-le avec de la marmelade d'oranges fondue – 125 ml devraient être suffisants – et laissez refroidir.

Gingembre & Piment : Le piment montre au gingembre ce que le mot chaleur veut dire, et pour cette raison les fabricants en ajoutent parfois un peu pour donner au gingembre plus de mordant. Le piment et le gingembre sont jumelés dans une sauce servie avec le poulet au riz de Hainan, originaire de la province éponyme, une île au large de la côte sud de la Chine, et très populaire en Malaisie, à Taiwan et à Singapour, où plusieurs chaînes de restaurants lui sont dédiées, les habitants l'ayant adopté à peu près comme une espèce de plat national. La sauce est tout simplement faite de piment frais pilé avec du gingembre frais et de l'ail, parfois étendue avec un peu de vinaigre, de jus de citron vert ou de bouillon. Le poulet est poché entier dans de l'eau salée avec du gingembre et des oignons de printemps. Le riz doit être cuit dans le bouillon parfumé du poulet, où ce dernier a relâché ses graisses. La volaille est servie en morceaux, à température ambiante, arrosée de soja et d'huile de sésame, avec la sauce au piment et au gingembre à part, pour y tremper les morceaux. Cela semble facile, mais la difficulté réside dans la présentation parfaite du poulet sans peau sur le plat de service, avec les morceaux entiers comme s'il n'avait jamais été découpé.

Gingembre & Poisson blanc : Les notes d'agrumes du gingembre frais en font un partenaire évident pour le poisson. Donna Hay recommande de tapisser le fond d'un panier en bambou avec des tranches de gingembre pour qu'il transmette son goût au poisson cuit à la vapeur. En garniture pour d'autres plats, elle suggère un enchevêtrement de gingembre râpé et frit. Voir aussi Oignon & Gingembre, page 138.

Gingembre & Poisson gras : Le gingembre mariné, ou *gari*, qui est servi avec les *nigiri sushi* et les sashimis est là pour rafraîchir le palais, vous permettant ainsi d'apprécier les saveurs fines de chacun des différents poissons crus. Pour la même raison, les puristes préfèrent manger leurs sushis avec des baguettes et non avec les doigts (ce qui est parfaitement acceptable) car ils pourraient transférer la saveur d'un poisson à un autre. Quand vous plongez votre *nigiri* dans la sauce de soja, faites-le très légèrement – l'assaisonnement doit rester discret – avec la tranche de poisson vers le bas, puis portez-le dans le même sens à votre bouche, de façon que ce soit le poisson qui se pose sur votre langue et que vous profitiez au maximum de son goût. Tremper votre *nigiri* dans la sauce avec le riz en bas, c'est presque à coup sûr le voir se désagréger avant qu'il n'atteigne votre bouche. Dans les grands restaurants de sushis, le chef vous épargnera d'avoir à choisir entre la sauce de soja et le wasabi, car chaque nigiri sera déjà assaisonné comme il l'entend, lui. Rectifier cet assaisonnement est un comportement désapprouvé. Il est également considéré comme mal élevé de manger le gingembre mariné *avec* un sushi, ou comme amuse-gueule, alors faites-le uniquement lorsque vous êtes sûr que personne ne vous regarde.

❊ **Gingembre & Porc :** On les trouve ensemble dans un plat japonais tout simple, le *shogayaki* (gingembre frit). Il est aussi possible de le préparer avec du bœuf ou du calamar (pour n'en citer que deux), mais la version de loin la plus courante est celle avec du porc et c'est ce qu'on vous servira si le menu ne donne pas d'autres indications. Faites mariner 200 g de filet de porc finement tranché dans 2 cuillerées à soupe de gingembre frais finement râpé, 2 cuillerées à soupe de sauce de soja et 2 cuillerées à soupe de *mirin* (alcool de riz sucré) pendant 15 minutes. Faites revenir rapidement le porc égoutté dans de l'huile végétale et répartissez dans 2 assiettes. Versez la marinade dans la poêle et faites-la chauffer avant de la verser sur le porc. Servez avec du riz ou avec un bol de soupe miso.

Gingembre & Rhubarbe : La combinaison du gingembre et de la rhubarbe existe parce qu'on considérait que c'était bon pour les intestins. Cela expliquerait en partie la raison pour laquelle on continue de les associer alors qu'à mon avis les deux saveurs ne sont pas très à l'aise l'une avec l'autre. Le chef Jason Atherton les sert au vinaigre dans une terrine pressée de foie gras et d'anguille avec une brioche au gingembre. Delia Smith combine de la rhubarbe cuite avec de la gelée d'orange qu'elle prépare avec de la *ginger beer* plutôt qu'avec de l'eau. Et Andrew Pern, patron et chef du Star Inn, près de Helmsley dans le Yorkshire du Nord, donne une recette de crème glacée moirée à la rhubarbe avec un *parkin* au gingembre (gâteau moelleux brun foncé plutôt épais à base d'avoine et de mélasse) que vous pouvez déguster dans son auberge si vous ne voulez pas vous embêter à en faire à la maison.

❊ **Gingembre & Tomate :** Pour obtenir une sauce tomate piquante au gingembre, Mrs Beeton suggère de cuire au four environ 1 kg de tomates bien mûres dans une terrine, à 120 °C (thermostat 4) durant 4 à 5 heures. Laissez-les refroidir à température ambiante, enlevez la peau et mélangez avec le reste d'un jus de rôti quelconque. Ajoutez 2 cuillerées à café de gingembre en poudre, 2 cuillerées à café de sel, les gousses finement hachées d'une tête d'ail entière, 2 cuillerées à soupe de vinaigre et une pincée de poivre de Cayenne. Versez dans des bouteilles et stockez dans un endroit frais. Cette sauce peut être consommée immédiatement, mais les saveurs s'amélioreront sensiblement après quelques semaines. Elle aura encore meilleur goût si vous avez utilisé votre propre poudre de gingembre : il suffit d'en râper quelques morceaux frais sur une plaque à pâtisserie et de laisser sécher pendant 3 à 4 jours, ou moins si vous pouvez le placer à l'extérieur durant des journées ensoleillées. Conservez vos rognures séchées dans un bocal et broyez-les avec un moulin à épices quand vous en avez besoin. Vous pouvez laisser la peau du gingembre pour une saveur de fruits à coque plus terreuse, ou le peler si vous l'aimez plus légère.

Gingembre & Vanille : Placez une boule de glace à la vanille dans un verre de *ginger ale* comme le Canada Dry et vous obtiendrez un Boston Cooler. Voir aussi Gingembre & Cannelle, page 387.

Cardamome

Ouvrez un bocal de cosses de cardamome et vous penserez peut-être aux pommades contre la toux ou aux bâtonnets inhalateurs pour lutter contre la congestion des sinus. Comme les feuilles de laurier et de romarin, la cardamome contient des notes claires de camphre et d'eucalyptus. En tant que membre de la famille du gingembre, elle possède également des qualités d'agrumes et de fleurs. En fonction de son origine, la cardamome sera plus forte en saveur d'eucalyptus ou en saveurs florales d'agrumes. Quelles que soient celles qui dominent, ces notes fraîches sont efficaces pour contraster avec les ingrédients gras, surtout ceux qui laissent s'exprimer la complexité des saveurs épicées, c'est-à-dire la crème, le chocolat, les fruits à coque, le riz avec du beurre.

❋ **Cardamome & Abricot :** On trouve cardamome et abricot dans des gâteaux comme les viennoiseries aux abricots, les crumbles et dans les confitures. Au Cachemire, une des spécialités est de pocher des abricots séchés dans un sirop à la cardamome. Essayez cette tarte aux abricots et sa somptueuse crème pâtissière à la cardamome. Fouettez 50 g de sucre en poudre avec 3 jaunes d'œufs. Continuez de fouetter tout en ajoutant 20 g de farine blanche et 20 g de maïzena. Faites chauffer sans bouillir 300 ml de lait avec 3 cardamomes écrasées avec le plat d'un couteau et ½ cuillerée à café d'extrait de vanille. Retirez les capsules de cardamome et incorporez petit à petit le lait à la préparation à l'œuf. Transvasez le tout dans la casserole et faites bouillir jusqu'à ce que de grosses bulles éclatent à la surface. Baissez le feu et laissez cuire pendant 5 minutes, le temps que la crème soit très épaisse. Laissez refroidir et remplissez-en un fond de tarte sucré. Recouvrez d'environ 15 abricots pelés et pochés que vous aurez coupés en deux, puis glacez à la confiture d'abricots.

Cardamome & Agneau : Au Cachemire, la cardamome est utilisée pour enrichir les boulettes de viande d'agneau dans un plat appelé *goshtaba*, pour lequel de petits morceaux de viande sont soigneusement pilés avec de la graisse de rognon. Il en résulte un mélange très doux comparable à la texture du cachemire. Il faut moins de temps pour préparer un *elaichi gosht*, de l'agneau avec une quantité inhabituellement élevée de cardamome. Voici la recette de Madhur Jaffrey, une actrice indienne connue également pour ses recettes qu'elle présente sur la BBC. Faites chauffer 3 cuillerées à soupe d'huile dans une grande casserole et ajoutez 2 cuillerées à soupe de cardamome finement moulue (vous pouvez moudre les cosses avec les graines si vous ne voulez pas vous embêter à les enlever, elles ajouteront un peu de fibres à la sauce). Remuez une fois et mettez 900 g d'épaule d'agneau coupée en cubes. Continuez de remuer à feu vif, puis ajoutez 2 tomates coupées en morceaux et un petit oignon rouge finement haché. Remuez durant 3 minutes, puis versez 1 cuillerée à café et demie de *garam masala* (mélange d'épices torréfiées et réduites en poudre originaire du nord de l'Inde), 1 cuillerée à soupe de concentré de tomate, 1 cuillerée à café et demie de sel et 625 ml d'eau. Laissez mijoter à couvert durant 1 heure à 1 h 30 et saupoudrez d'une généreuse quantité de poivre noir broyé avant de servir avec du pain ou du riz.

Cardamome & Amande : Les pays nordiques s'approprient une partie disproportionnée de la production mondiale de cardamome et en saupoudrent généreusement leurs gâteaux, petits pains et pâtisseries. La *pulla* finlandaise est un pain tressé sucré et épicé avec de la cardamome. Le *goro* norvégien est une fine gaufrette croustillante aromatisée à la cardamome qui fait penser à la couverture d'une vieille bible. Le *fattigman* est fait avec la même pâte découpée avec un emporte-pièce spécial, puis frite à grande huile. Pour le Mardi gras suédois, on confectionne des *semlas*, petites brioches parfumées à la cardamome, dont on découpe le dessus puis qu'on évide pour les remplir de pâte d'amandes et d'un coussinet de crème. On replace alors le chapeau des brioches qui sont ensuite saupoudrées de sucre glace. Pour ceux qui n'aiment pas cuisiner, vous les trouverez facilement chez Ikea à la bonne saison.

Cardamome & Banane : Banane et cardamome se combinent dans une *raïta* (salade au yaourt) apaisante. Certains tranchent les bananes, mais je préfère en écraser deux, pas trop mûres, et les mélanger avec ¼ de cuillerée à café de cardamome en poudre, une pincée de piment séché et 150 à 250 g de yaourt, selon la consistance du plat principal (un robuste curry d'agneau, piquant et épicé, fait un excellent partenaire).

Cardamome & Café : *voir Café & Cardamome, page 23.*

Cardamome & Cannelle : Tout comme Krishna et sa mortelle conjointe Râdhâ, ces deux-là sont des amants légendaires. Associées, elles ajoutent une note sucrée et aromatique aux desserts indiens et pakistanais à base de lait. Je les utilise ensemble dans une boisson chaude façon *chai*, en regard de laquelle le chocolat chaud peut toujours s'aligner. Versez une grande tasse de lait dans une casserole avec un bâton de cannelle et 2 ou 3 capsules de cardamome écrasées et portez à ébullition. Retirez du feu, transvasez dans la tasse au travers d'un chinois et sucrez à volonté. Vous pouvez aussi laisser refroidir et utiliser cette préparation pour un milk-shake à la banane, parfumé.

Cardamome & Carotte : *voir Carotte & Cardamome, page 288.*
Cardamome & Chocolat : *voir Chocolat & Cardamome, page 17.*
Cardamome & Chocolat blanc : *voir Chocolat blanc & Cardamome, page 439.*
Cardamome & Gingembre : *voir Gingembre & Cardamome, page 387.*

Cardamome & Graines de coriandre : Chacune de ces épices possède des notes d'agrumes distinctes. Si vous trouvez la cardamome trop camphrée pour une recette sucrée, vous pouvez la « diluer » en l'écrasant avec quelques graines de coriandre. La coriandre, mignonne et florale, accompagnera harmonieusement le versant doux de la cardamome.

Cardamome & Lard : La cardamome noire est très proche de la verte. Comme celle-ci, elle possède une chaude saveur aromatique, mais plus forte et plus amère. Elle est grillée à la flamme, ce qui lui procure une saveur de fumée. En ajouter quelques cosses à un ragoût ou à une soupe leur donnera une saveur rappelant subtilement le lard fumé.

✻ **Cardamome & Mangue :** Un couple très populaire en Inde. La luminosité de la cardamome combinée à l'acidité du yaourt peut sauver une mangue trop mûre dans un lassi. Mixez la chair d'une mangue avec 250 g de yaourt, 125 ml de lait, une pincée de cardamome moulue et un cube de glace. Goûtez pour tester le niveau en cardamome et sucrez avec du sucre, du miel ou du sirop d'érable – complètement inauthentique, mais qui possède une plaisante affinité pour l'odeur de résine de la mangue.

Cardamome & Noix de coco : *voir Noix de coco & Cardamome, page 359.*
Cardamome & Poire : *voir Poire & Cardamome, page 343.*
Cardamome & Rose : *voir Rose & Cardamome, page 428.*

Cardamome & Safran : Le safran partage l'appétence de la cardamome pour les ingrédients luxuriants et crémeux et complète bien son caractère citronné. Associez-les dans les crèmes glacées, les crèmes pâtissières et, en ayant la main légère, pour obtenir un riz savoureux.

Cardamome & Vanille : *voir Vanille & Cardamome, page 434.*

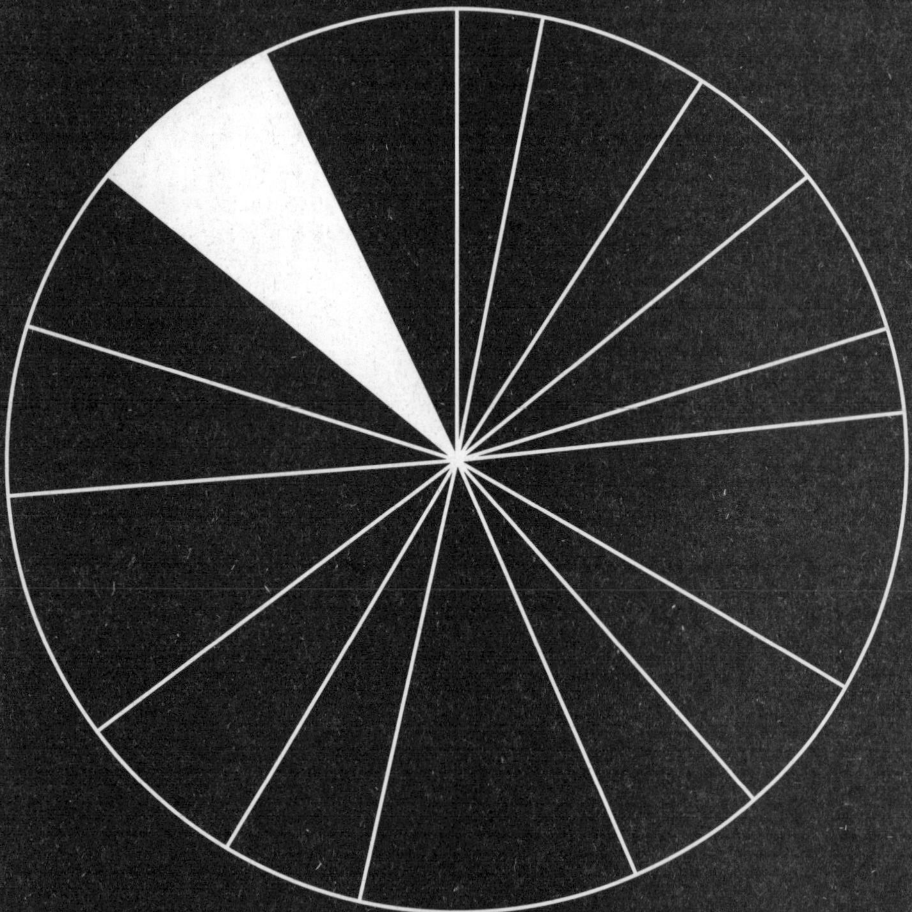

RONCE & HAIE

Romarin

Sauge

Genièvre

Thym

Menthe

Cassis

Mûre

Romarin

Le romarin possède un caractère d'eucalyptus proche de la sauge, tout en étant plus doux avec davantage de notes de pin et de fleurs. Il existe beaucoup de variétés de romarin. Parmi ceux particulièrement recommandés pour leur saveur figurent le tuscan blue, avec un doux arôme de pin citronné, le spice island, qui a des notes de clou de girofle et de noix de muscade, l'arp, à l'odeur citronnée, le gorizia, avec une saveur légèrement épicée rappelant le gingembre ; le cultivar sissinghurst blue a, lui, un caractère prononcé de fumée, ce qui en fait un excellent partenaire de barbecue. Quand il est séché avec soin, le romarin a bon goût, même s'il acquiert cette saveur de foin typique des herbes sèches et perd la complexité de la version fraîche. C'est un partenaire classique pour l'agneau et le fromage de chèvre, mais il produit également quelques partenariats excellents dans les plats sucrés avec du chocolat, de l'orange ou du citron.

❋ **Romarin & Abricot :** Le *ma'mool*, gourmandise potelée et farcie que l'on trouve partout au Moyen-Orient et en Afrique du Nord, contient généralement un mélange de dattes et de noix épicé à la cannelle. Sa pâte friable contraste agréablement avec son cœur riche et moelleux, qui peut être réalisé avec toutes sortes de combinaisons de fruits secs et de fruits à coque. Quand il est séché, l'abricot perd une partie de ses arômes fruités de lavande et peut devenir assez acide. Le romarin, avec ses réminiscences de lavande, restaure une partie de ce subtil parfum. Mettez 225 g de farine dans un robot de cuisine, ajoutez 110 g de beurre doux coupé en cubes de 1 cm et mixez jusqu'à obtenir un mélange sablé. Peu à peu, versez 1 cuillerée à soupe d'eau de rose et 3 à 4 cuillerées à soupe de lait pour faire une pâte. Réservez au réfrigérateur. Placez 120 g d'abricots secs dans une casserole avec 100 g d'un mélange de fruits à coque hachés, 1 cuillerée à soupe de romarin finement haché, 50 g de sucre et 4 cuillerées à soupe d'eau. Cuisez à feu moyen jusqu'à évaporation complète de l'eau, puis incorporez 75 g d'amandes moulues, en vous assurant que le mélange est bien homogène. Lorsqu'il a refroidi, divisez votre pâte en 20 parties et roulez chacune d'entre elles en boulette. Creusez chaque boulette avec votre pouce pour former une cavité, remplissez-la de votre mélange sucré et refermez la pâte pour qu'il ne soit plus visible. Placez vos boulettes farcies sur une plaque graissée, aplatissez-les un peu avec une fourchette. Enfournez pour 20 minutes à 160 °C (thermostat 5). Une fois qu'elles ont refroidi, saupoudrez-les de sucre glace.

Romarin & Agneau : La saveur douce-amère de sève verte du romarin allège le côté gras de l'agneau, tandis que les notes de pin rafraîchissantes et d'eucalyptus ravivent les saveurs de gibier. Cela pourrait expliquer pourquoi le romarin est toujours utilisé avec les morceaux d'agneau les plus gras ou les plus avancés. Les Italiens associent cependant le romarin à de l'agneau très jeune, y compris l'*abbacchio*, l'agneau de lait âgé de quelques semaines qu'on fait rôtir en entier pour Pâques. De l'agneau haché assaisonné au romarin peut faire d'excellentes saucisses ou une sauce consistante qu'on servira avec des pâtes larges et plates. Le chef américain Douglas Rodriguez était connu pour servir de l'agneau haché et du filet d'agneau revenus au romarin sur du pain plat avec des raisins secs, des pignons et du fromage de chèvre.

Romarin & Ail : *voir Ail & Romarin, page 145.*
Romarin & Amande : *voir Amande & Romarin, page 309.*
Romarin & Anchois : *voir Anchois & Romarin, page 205.*

Romarin & Champignon : Au restaurant Alinea, à Chicago, Grant Achatz fait un cake aux *matsutake* et un caramel aux *matsutake*, servis avec un cube de gelée de romarin et un autre de vinaigre de xérès, parsemé de sel de pignons avec une crème au mastic. C'est une combinaison automnale avec de fortes notes de résineux. Le romarin est un arbuste à feuilles persistantes, tout comme le lentisque *(Pistacia lentiscus)*, un arbuste méditerranéen dont le mastic est la résine aromatique qu'on utilise en Grèce, entre autres choses, comme un parfum courant du chewing-gum. L'utilisation des pignons semble donc évidente. Le très précieux *matsutake* n'a pas une saveur de résineux, mais il pousse sous les pins et son nom se traduit d'ailleurs par « champignon des pins ». Il a un arôme très fort avec une note de cannelle bien distincte, moins perceptible dans son goût. Au Japon, les champignons sont ramassés puis grillés en plein air sur des feux de bois de pin avant d'être dégustés avec de la sauce de soja. Voir aussi Bœuf & Champignon, page 54.

Romarin & Châtaigne : *voir Châtaigne & Romarin, page 295.*

✻ **Romarin & Chocolat :** Un arrière-plan de chocolat noir permet au romarin d'exhiber la fraîcheur de ses saveurs de résineux. Si cette combinaison rappelle celle, très agréable, du chocolat et de la cardamome (voir page 17), c'est parce que le composé de saveur dominant du romarin et de la cardamome est le cinéole, que l'on retrouve également dans la feuille de laurier (pensez un peu à la façon dont ces trois-là font de grands desserts lactés). Le cinéole possède des notes boisées d'eucalyptus, légèrement mentholées. Dans le romarin, elles sont rejointes par des caractéristiques poivrées et camphrées, tandis que la cardamome les entraîne dans une direction plus citronnée et plus florale. Chocolat et romarin pourraient donc être la version hivernale de la paire chocolat-cardamome. Cette recette de petits pots de crème au chocolat et au romarin a été conçue par le chef David Wilson. Dans une casserole à fond épais, mélangez 250 g de sucre en poudre avec 250 ml de vin blanc sec et le jus d'un demi-citron. Chauffez doucement jusqu'à ce que le sucre soit dissous, en remuant occasionnellement. Incorporez 600 ml de crème épaisse et cuisez doucement en remuant constamment, jusqu'à ce que le mélange prenne de la consistance. Ajoutez une tige de romarin (ou 1 cuillerée à café de feuilles de romarin séché) et 165 g de chocolat noir râpé. Portez à ébullition, en remuant jusqu'à ce que le chocolat soit complètement fondu, puis baissez le feu et laissez mijoter durant 20 minutes, le temps que le mélange devienne sombre et épais. Laissez refroidir un peu, puis répartissez dans 8 à 10 petits pots, couvrez et réfrigérez avant de servir.

Romarin & Citron : *voir Citron & Romarin, page 385.*
Romarin & Courge : *voir Courge & Romarin, page 293.*
Romarin & Fromage de chèvre : *voir Fromage de chèvre & Romarin, page 72.*
Romarin & Noisette : *voir Noisette & Romarin, page 304.*

✻ **Romarin & Oignon :** La *socca*, une galette grillée de farine de pois chiches vendue sur le vieux marché de Nice, devient la *farinata* en Ligurie, une fois franchie la frontière avec l'Italie, où elle est servie saupoudrée de romarin haché et d'oignons. L'une comme l'autre sont cuites dans des moules spéciaux, et il est assez difficile d'obtenir le même résultat à la maison. Peu importe, ça reste un régal. Mélangez 200 g de farine de pois chiches, 300 ml d'eau tiède, 2 cuillerées à café de sel et 3 cuillerées à soupe d'huile d'olive, puis laissez reposer quelques heures. Huilez une plaque de cuisson, de préférence épaisse, ronde (25 cm de diamètre) ou carrée (20 à 23 cm de côté), avec une bonne quantité d'huile d'olive. Faites chauffer la plaque dans le four à 220 °C (thermostat 7), puis sortez-la et recouvrez-la avec la moitié de votre pâte, finement abaissée. Remettez au four pour 10 à 15 minutes, en conservant un œil dessus pour le cas où la galette commencerait à brûler. Retirez et saupoudrez de romarin finement haché et d'oignons. Mangez la première galette quand elle est chaude, pendant que la seconde cuit.

Romarin & Olive : *voir Olive & Romarin, page 221.*

Romarin & Orange : Les fleurs d'oranger devinrent un symbole populaire du mariage au XIXe siècle. On les utilisait dans les bouquets, pour décorer les gâteaux, et on brodait des fleurs semblables sur le voile de la mariée. Elles étaient synonymes de chance, d'innocence, de bonheur et de fertilité. Le romarin est associé au mariage depuis bien plus longtemps. Anne de Clèves en portait dans les cheveux pour son mariage avec Henri VIII, et d'autres unions de rang moins élevé en arboraient comme un emblème de fidélité et de souvenir. Les fleurs d'oranger et le romarin forment eux aussi un couple heureux. Le chef Allegra McEvedy donne une recette de gâteau de noix de cajou moulues et de semoule de blé parfumée à l'orange, humecté (une fois cuit) d'eau de fleur d'oranger et recouvert d'un sirop aromatisé au romarin. Un gâteau à faire pour une amie qui revient de voyage de noces pour lui signifier qu'elle n'a plus besoin de se priver pour entrer dans sa robe de mariée.

✻ **Romarin & Pastèque :** Le romarin est le meilleur allié des amateurs de barbecue. Retirez les aiguilles en tirant sur les tiges à rebrousse-poil et vous obtiendrez une brochette en bois naturelle et pleine de saveurs pour la viande en cubes. Ou bien jetez quelques brindilles sur les braises lorsque votre viande ou vos légumes sont presque cuits et sentez le parfum. L'auteur culinaire américain Mark Bittman suggère de faire griller des « steaks » de pastèque avec du romarin. Coupez des « steaks » de 5 cm d'épaisseur (peau comprise) dans une petite pastèque. Avec les dents d'une fourchette, faites sortir un maximum de pépins sans trop abîmer la chair. Frottez les « steaks » avec un mélange de 4 cuillerées à soupe d'huile d'olive, 1 cuillerée à soupe de romarin finement haché, de sel et de poivre et passez-les au barbecue pendant 5 minutes de chaque côté. Servez avec des morceaux de citron. C'est un excellent accompagnement du porc au barbecue.

Romarin & Pois : *voir Pois & Romarin, page 257.*

✻ **Romarin & Poisson gras :** Quand le romarin insistant rencontre un poisson gras exubérant comme la sardine ou le maquereau, leurs saveurs marquées s'affrontent pour produire un couple enchanteur, à défaut d'être raffiné. Hachez finement du romarin et du persil, mélangez avec de la chapelure et un peu de parmesan râpé. Farcissez les poissons éviscérés avec 1 cuillerée de cette farce, faites-les griller et servez avec du citron.

Romarin & Pomme de terre : *voir Pomme de terre & Romarin, page 117.*

Romarin & Porc : Il existe à Florence une petite *osteria* appelée Il Cinghiale Bianco. Traversez le ponte Vecchio depuis le côté nord de l'Arno, évitez les vendeurs de sacs à la sauvette, tournez immédiatement à droite, et c'est là, au bas du Borgo San Jacopo. On y sert une *arista al forno con patate*, du porc rôti magiquement tendre dans sa sauce piquante et caramélisée, avec des pommes de terre au romarin. Le romarin imprègne la viande d'une ivresse florentine à vous communiquer le syndrome de Stendhal avant même d'entrer dans un musée. De là, vous passerez au syndrome de Stockholm, et vous souhaiterez rester pour toujours l'otage de ce lieu. Plus au sud, dans le Latium, la *porchetta* est du porc désossé farci de romarin et d'ail, parfois de fenouil, rôti à la broche. Elle est particulièrement associée aux foires et aux manifestations festives, où les tranches sont vendues en sandwichs dans du pain blanc moelleux, parfois avec des brocolis.

Romarin & Raisin : *voir Raisin & Romarin, page 319.*

Romarin & Rhubarbe : Recréer un plat de restaurant à la maison, explique Helen Rennie sur culinate.com, c'est comme assembler un puzzle. Au Rendezvous, le restaurant de Steve Johnson, dans le Massachusetts, elle a mangé une compote de rhubarbe crue, d'abricots secs et de canneberges sèches, mais séchait, elle aussi, sur la façon de la reconstruire. Il lui est finalement apparu que la clé était de laisser mariner les fruits deux ou trois jours dans du miel et du romarin. La saveur du romarin fonctionne bien avec les saveurs nettes et fruitées de l'orange et du citron, et on voit donc bien comment cela peut marcher aussi avec la rhubarbe.

Sauge

Une herbe robuste que tout le monde n'apprécie pas : certains la trouvent trop forte, trop amère, ou sont rebutés par le côté médicinal de la combinaison de ses saveurs de camphre et d'eucalyptus. La sauge fraîche possède des notes plus légères et plus citronnées, mais les perd quand elle sèche, acquérant un fort caractère de foin moisi. Fraîche ou séchée, la sauge a une affinité particulière pour les aliments sucrés-salés, qui tirent parti de sa saveur prononcée et de sa finition amère – la courge musquée, les haricots blancs, les oignons cuits, le porc et le poulet.

Sauge & Ananas : *voir Ananas & Sauge, page 336.*
Sauge & Anchois : *voir Anchois & Sauge, page 205.*

Sauge & Courge : Essayez de manger de la courge crue. C'est un peu comme rouler une pelle à un épouvantail : de la paille et des légumes moites. La cuisson souligne sa nature plus douce et sucrée, à moins qu'elle n'ait la sauge pour partenaire. La saveur de la sauge transmet à la courge son assurance et révèle son côté carné et viril – à tel point qu'un carnivore pur et dur se laisserait avoir par cette association. Au café Chez Panisse (Berkeley, Californie), elles sont combinées sur une pizza avec de l'*asiago*, et Russ Parsons donne une recette de risotto de courge garni aux feuilles de sauge et aux noix grillées.

Sauge & Foie : Une affiliation de saveurs légendaire. Le foie rend justice aux notes de pin frais et de cèdre de la sauge, qui apaisent les saveurs de sang portées par chacun des deux ingrédients. Mais prenez le temps de penser à leur texture. Je ne peux pas m'empêcher, quand je fais des *bruschette* au foie de volaille et à la sauge, de frotter les feuilles contre mes joues pour éprouver leur toucher de peau de taupe. Le foie cuit peut aussi parfois avoir la texture du daim. Associés l'un à l'autre, ces deux ingrédients me font penser aux vêtements résistants qu'on porte à la campagne, à des vallées humides, ou à la dégustation de quelques vers du poète Ted Hughes.

Sauge & Fromage à pâte pressée cuite : *voir Fromage à pâte pressée cuite & Sauge, page 85.*
Sauge & Fromage bleu : *voir Fromage bleu & Sauge, page 79.*
Sauge & Genièvre : *voir Genièvre & Sauge, page 407.*

Sauge & Jambon cru : Le jambon cru salé est l'un des rares ingrédients capables d'apporter un peu de badinage à la sauge si sérieuse. Dans le *saltimboca* italien (ce qui veut dire « saute en bouche »), on passe dans la farine une escalope de veau, de dinde, de porc ou de poulet, ou encore un filet de poisson plat comme du carrelet, que l'on roule dans une tranche de jambon cru. On les recouvre alors d'une feuille de sauge et on maintient le tout en fichant une pique en bois de part en part. Faites cuire rapidement de chaque côté – le côté de la sauge en premier pour parfumer le beurre. Conservez au chaud pendant que vous déglacez la poêle avec quelque chose qui s'accorde à la viande – du marsala avec le veau ou le poulet, un bouillon de poisson ou du vin blanc avec le carrelet, etc.

✻ **Sauge & Lard :** Une amie avait organisé un concours culinaire amical. Dans la soirée, tous les concurrents se sont retrouvés dans sa cuisine, et nous avons vaillamment haché, mélangé, blanchi, tranché et découpé. Un peu plus tard, un homme pressé nous a rejoints, a déplissé une recette griffonnée, s'est affairé durant environ 5 minutes, a glissé un plat dans le four avant de disparaître dans la foule des invités, un verre de vin à la main. Bien entendu, c'est lui qui a gagné. J'ai récupéré le bout de papier avec sa recette sur le plan de travail comme lot de consolation. Elle s'est révélée être une version adaptée du risotto au four à la pancetta, au poireau et à la sauge de Delia Smith. La méthode de cuisson au four ne permet pas d'arriver à la texture authentique, mais peu importe si le résultat est bon. Voici comment il a procédé. Trouvez un plat qui soit suffisamment grand pour contenir tous les ingrédients et qui puisse aller directement de la table de cuisson au four. Faites revenir 200 g de lardons fumés dans de l'huile d'olive, en y faisant également fondre un oignon finement haché. Ajoutez 175 g de riz pour risotto et remuez pour bien enrober les grains d'huile, puis versez 75 ml de vin blanc et 500 ml de bouillon. Complétez avec 2 cuillerées à café de sauge hachée et un peu d'assaisonnement. Portez à ébullition, puis enfournez à 150 °C (thermostat 5) pour 20 minutes. Retirez du four, incorporez 2 cuillerées à soupe de parmesan râpé et remettez au four pour 15 minutes. Saupoudrez de 50 g de parmesan râpé et servez.

✻ **Sauge & Œuf :** La sauge est heureuse en compagnie de tous les ingrédients du petit-déjeuner anglais, mais cette recette d'inspiration turque du chef australien Neil Perry ajoute un soupçon de folie à la paire œuf et sauge.

Écrasez une gousse d'ail avec 1 cuillerée à soupe de sel et ajoutez-y 90 g de yaourt grec avec du poivre fraîchement moulu. Mettez de côté et faites pocher 4 œufs. Pendant que les œufs cuisent, faites chauffer 100 g de beurre doux dans une casserole, auquel vous ajouterez 16 feuilles de sauge que vous laisserez cuire jusqu'à ce qu'elles soient croustillantes et que le beurre ait doré. Disposez 1 cuillerée de yaourt dans chaque assiette, recouvrez d'un œuf poché, ajoutez du sel, du poivre et une pincée de piment en poudre et finissez en recouvrant d'un filet de beurre. Perry suggère de servir à côté des piments frais émincés. Vous pouvez toujours faire cette recette avec des œufs au plat si vous préférez.

Sauge & Oignon : *voir Oignon & Sauge, page 141.*

✻ **Sauge & Pomme :** La sauge est puissante et dominatrice, elle tape du poing sur la table et réclame de consistants plats de viande. On pourrait penser que la pomme, vive et fruitée, conférerait au partenariat un peu de fraîcheur, mais il n'en est rien. La sauge reste obstinément elle-même, et malgré tous les efforts de la pomme, c'est une saveur sombre et humide qui prévaut. Néanmoins, c'est une jolie combinaison par temps froid : utilisez-la pour farcir une volaille dodue ou pour réaliser un ragoût de porc avec des boulettes de pommes à la sauge. Pour ces dernières, mettez 175 g de farine avec poudre levante incorporée dans un saladier, ajoutez 75 g de graisse de rognon de bœuf, 8 à 10 feuilles de sauge finement hachées et une pomme à cuire de petite taille, pelée, épépinée et coupée en petits dés. Incorporez graduellement de l'eau froide pour obtenir une pâte collante, mais maniable. Façonnez en boulettes avec une paire de cuillères de service, comme vous le feriez pour des quenelles. Déposez-les dans le ragoût, couvrez et laissez mijoter durant 15 à 20 minutes. Mangez ce plat dans une salle à manger humide et silencieuse, hormis le tic-tac d'une horloge ancestrale.

Sauge & Porc : De nos jours, on a tendance à associer la saveur de la sauge avec le porc, puisqu'elle est souvent utilisée dans les saucisses. En Italie, il arrive qu'on fasse cuire lentement du filet de porc dans du lait parfumé à la sauge et au citron. J'en ai fait à la maison, mais loin du souvenir que j'avais de la saveur qui m'avait transportée jusque sur les toits aux teintes rouille et sur les sommets des portiques mystérieux de Bologne, l'association indéracinable avec la saucisse m'a ramenée d'un seul coup à la déprimante salle de petit-déjeuner d'un *Bed and Breakfast* du bord d'un *loch* écossais où je raclais mon assiette dans un silence de mort.

Sauge & Poulet : *voir Poulet & Sauge, page 39.*

Sauge & Tomate : En Italie, la sauge est utilisée dans des plats à base de tomates comme les *fagiolis all'uccelletto* (haricots façon petit oiseau) – des haricots blancs *cannellini* simplement cuits avec de la tomate et de la sauge. D'après Pellegrino Artusi, on utilisait traditionnellement les mêmes ingrédients pour faire cuire les petits oiseaux qui ont donné leur nom au plat. Le Zuni Café de San Francisco réalise un pesto à base de sauge en faisant revenir l'herbe aromatique dans de l'huile d'olive chaude, puis en la pilant avec encore plus d'huile d'olive, de l'ail, des noix et du parmesan. Ils recommandent vivement d'en servir avec les plats de tomates cuites au four ou grillées.

Genièvre

Le genièvre a les saveurs d'un domaine à la campagne. Il fournit l'arôme principal du gin et il est souvent jumelé avec le gibier. Bien que les ingrédients amers soient communément mis en relation avec leurs opposés sucrés, le genièvre est, lui, souvent associé à d'autres saveurs amères, comme le cassis, la quinine dans des boissons de type tonic, les pomélos et la viande saignante. Les baies de genièvre ont besoin d'être écrasées pour libérer leur saveur épaisse d'arbuste résineux.

Genièvre & Bœuf : *voir Bœuf & Genièvre, page 55.*
Genièvre & Cassis : *voir Cassis & Genièvre, page 417.*

Genièvre & Chou : Le plat le plus célèbre dans lequel on trouve ces deux compères est la choucroute garnie, une sorte de tombola pour carnivores où les lots sont de délicieux et copieux morceaux de viande : des bouts gélatineux de poitrine de porc, des saucisses de Francfort toutes droites, un pâle et sinistre boudin blanc, du lard fumé, du jarret au vinaigre, du jambon en saumure, bref le porc dans tous ses avatars charcutiers. Et quoi qu'on en dise, la choucroute, c'est autre chose que du foin en plastique. J'adore ces rubans pâles et effilés de choux fermentés en fût, imprégnés du parfum balsamique du genièvre. C'est son acidité qui empêche le gras douceâtre de la viande de dominer le plat : un cynique dans une assemblée de raseurs corpulents.

Genièvre & Citron : Le genièvre regarde de haut les autres aromates qui donnent au gin ce mélange si caractéristique de saveurs – coriandre, angélique, anis, graines de fenouil, cardamome-orange… Le citron peut être l'une des saveurs secondaires qu'on distingue facilement, mais c'est parce que le genièvre a lui aussi des notes d'agrumes citronnés. Ce qui explique, en retour, la raison pour laquelle le citron est un partenaire habituel du gin – en tranche dans le gin tonic, en jus dans le Tom Collins ou dans son cousin, le gin-fizz classique (avec du sucre, de l'eau gazeuse et de la glace).

Genièvre & Fromage à pâte pressée cuite : Le *pecorino ginepro*, populaire en Italie, est un fromage au lait de brebis demi-dur imprégné de vinaigre balsamique et de genièvre. Il est piquant, avec des notes de fruits à coque, comme on l'attend d'un *pecorino*, et la saveur du genièvre fonctionne bien avec celle de gibier contenue dans ce fromage.

Genièvre & Jambon cru : *voir Jambon cru & Genièvre, page 216.*

Genièvre & Olive : Prendre l'avion est éprouvant pour le corps. Après beaucoup de biscuits apéritif, une poignée d'olives, un bloody mary, un tout petit sandwich, deux boîtes d'amuse-gueules croustillants d'origine inconnue, une coupe de champagne, un pâté étrangement lisse dans un petit pain, un verre de vin rouge, un salade de dures tomates cerises explosives, un bœuf bourguignon, dont l'accompagnement de carottes bouillies et de purée de pommes de terre ne fait que souligner l'inconsistance bizarre de la viande, comme si elle provenait du fantôme d'une vache, un autre verre de rouge, une mousse au chocolat horrible, un Bailey's, une sélection de crackers pour maison de poupée avec du fromage en silicone, un porto (très bon), deux cafés (pas bons), deux Pim's en sachet, une tasse de thé vraiment honteuse, un scone avec de la confiture de framboises et de la crème, un chewing-gum rescapé du fond de mon sac pour me déboucher les oreilles durant la descente… je me sens souvent un peu nauséeuse en débarquant à l'aéroport JFK à New York. À cela, il n'y a pas de meilleur remède qu'un dirty martini. C'est la même recette que le dry martini (1 dose de vermouth blanc sec pour 5 doses de gin, un zeste de citron ou une olive verte) sauf qu'on y ajoute un peu de la saumure liquide du pot d'olives ; la saumure salée et onctueuse trouble le gin, magnifie ses arômes… et ouvre l'appétit !

Genièvre & Orange : Gin et orange sont peut-être silencieusement passés de mode, mais ce couple vigoureux et hivernal peut encore faire beaucoup d'effet dans une assiette. Ils sont souvent utilisés pour assaisonner les viandes à saveurs fortes comme la venaison et le canard, mais ils ont aussi une affinité pour les ingrédients francs et amers, comme le chou, la chicorée, le chocolat noir. La Sambresse, de la brasserie Brootcoorens en Belgique, est une bière aromatisée avec des écorces d'oranges amères et des baies de genévrier.

Genièvre & Pomélo : L'écrivain Kingsley Amis se souvient avoir apprécié un cocktail appelé Salty Dog lors d'un voyage à Nashville dans le Tennessee. Plongez le bord d'un verre dans de l'eau, puis dans du sel ; versez délicatement 1 dose de gin pour 2 doses de jus de pomélo ; ajoutez de la glace et remuez. Amis trouve que le gin tonic est suspect, « une boisson indigne et mièvre qu'il vaut mieux laisser aux femmes, aux jeunes et aux distillateurs de whisky ». Il estime que la combinaison gin et eau est bien supérieure, surtout parce que l'absence de glace et l'unique rasade d'eau de Malvern –

eau de source naturelle issue des Malvern Hills en Angleterre – vous donnent l'occasion de goûter à toutes les saveurs botaniques du gin sans qu'elles soient altérées et d'apprécier les différences entre les marques. Il a aussi une bonne opinion du mélange gin et *ginger beer* avec beaucoup de glace, « un des meilleurs *long drinks* de notre époque ».

Genièvre & Porc : La fraîcheur intrépide du genièvre tranche avec le gras. Il est donc associé au porc dans les pâtés et les terrines. Vous pouvez aussi profiter de cette combinaison dans une recette d'Elizabeth David où elle recommande de mélanger des baies de genévrier avec un bulbe de fenouil haché, du sel, de l'huile d'olive et de l'ail, puis d'en assaisonner des côtelettes de porc.

Genièvre & Rhubarbe : *voir Rhubarbe & Genièvre, page 322.*

* **Genièvre & Sauge :** Le genièvre possède un soupçon d'arôme de résineux, huileux, mais frais, celui qui vous dégage les sinus quand vous faites une balade dans une forêt de conifères. La baie de genièvre est en fait la seule épice de conifère comestible. La sauge développe aussi des notes de pin, de cèdre, de poivre et d'eucalyptus, et quand vous l'associez au genièvre, l'ensemble forme une excellente farce pour le canard. Mélangez 125 g de chapelure fraîche avec 2 cuillerées à soupe de sauge hachée, 10 baies de genièvre écrasées et de l'oignon émincé cuit. Assaisonnez et ajoutez un peu de zeste de citron ou d'orange.

Thym

Bien que portant principalement sur le thym commun, *Thymus vulgaris*, ce chapitre couvre aussi certains autres cultivars comme le thym citron et le thym orange. Le thym commun est celui que vous frôlez en vous promenant sur les sentiers de montagne et les chemins côtiers de la Méditerranée, fort, avec une douce chaleur herbacée qui peut basculer vers le fumé ou le médicinal. Pour moi, le thym représente l'essence même de l'expression « fines herbes », une base formant l'épine dorsale d'un bouquet garni ou de cet assemblage nommé « herbes de Provence ». Sa saveur aromatique douce-amère fleurit dans les sauces tomates mijotées, les plats de viande braisée et les ragoûts de haricots. Elle apporte aussi aux produits laitiers une pointe alléchante de senteurs venues des prés et des pâturages, et elle relève incroyablement les desserts.

Thym & Agneau : Une combinaison classique, même si l'agneau est plus communément associé avec le romarin et la menthe. Dans *Papilles et*

Molécules, le sommelier québécois François Chartier analyse les aliments au niveau de leurs molécules afin de créer des associations mets/vins. Il remarque que le thymol est déterminant dans la saveur du thym, tout comme il fait partie des saveurs de l'agneau, et qu'on peut déceler des notes de thym dans certains vins rouges du sud du Languedoc français. C'est pour cette raison que leur association est aussi exceptionnelle.

Thym & Ail : *voir Ail & Thym, page 145.*

Thym & Bœuf : Delia Smith dit qu'elle ajoute toujours un peu de thym à ses ragoûts de bœuf. Ne vous inquiétez pas si vous n'en avez pas du frais à portée de main, car le thym sec peut encore mieux fonctionner. Le thym fait partie de ces herbes dont la saveur s'intensifie une fois séchées. Dans le meilleur des cas, il prend un caractère distinctement épicé et fumé qui vient compléter son parfum herbacé, pour apporter de nouvelles dimensions de saveurs à un riche plat de viande. Le thym orange et le thym corse, dit aussi thym cumin, sont aussi délicieux avec le rôti de bœuf.

Thym & Cannelle : *voir Cannelle & Thym, page 277.*
Thym & Champignon : *voir Champignon & Thym, page 100.*

✻ **Thym & Chocolat :** Ce sont les nouveaux meilleurs amis. Thomas Keller les a mis à la carte de ses deux restaurants, The French Laundry à Napa Valley en Californie et le Per Se à New York, où, sous vos yeux, on saupoudre de sel de Maldon de fines tuiles de chocolat, avant de les enduire d'huile d'olive chaude, ce qui va les faire fondre et révéler un cœur de crème glacée au thym. Chez Taillevent, le restaurant parisien où Keller a œuvré, on sert un moelleux au chocolat avec de la crème glacée au thym, ce qui est un peu plus facile à reproduire à la maison. Goûtez votre préparation avant de la chauffer une seconde fois, et je pense que vous comprendrez pourquoi cette paire fonctionne si bien. Le thym rend à la crème le goût qu'elle avait au moment où elle a été barattée, une saveur crue et non pasteurisée qui évoque les pâturages. L'orsqu'il est associé au chocolat noir, celui-ci prend alors le goût du chocolat au lait frais. Pour la crème glacée au thym, mettez environ 10 brins de thym bien feuillus dans une casserole avec 275 ml de lait entier, faites chauffer, puis laissez refroidir. Couvrez et laissez infuser toute une nuit au réfrigérateur. Le lendemain, faites bouillir le lait à nouveau, puis filtrez-le. Dans un saladier, battez 4 jaunes d'œufs avec 90 g de sucre en poudre, puis versez lentement le lait infusé en remuant en continu. Transférez dans une casserole propre et chauffez à feu doux en remuant, sans laisser bouillir, jusqu'à ce que le mélange nappe le dos de la cuillère. Passez à travers un chinois et incorporez 300 ml de crème fraîche, puis mettez à glacer selon votre technique habituelle, en vous consacrant à la fabrication du moelleux. Des recettes traînent par dizaines sur Internet, il ne sera pas difficile de trouver celle qui vous convient.

Thym & Citron : *voir Citron & Thym, page 386.*

Thym & Fromage de chèvre : Aromatiser du fromage avec du thym remonte à l'Antiquité. La saveur naturelle du thym qu'on trouve dans le lait des animaux qui en ont brouté est certainement ce qui a donné l'idée d'en servir avec le fromage. Le rove des garrigues, fabriqué à partir du lait des chèvres du Rove en Provence, a une saveur de thym, comme certaines fetas grecques et le fleur du maquis, un fromage de brebis corse (les noms garrigue et maquis donnent une idée de tous les trucs épineux et parfumés que les chèvres ont broutés). Les abeilles sont folles du thym et le miel de thym est très prisé en Grèce pour sa saveur affirmée unique. On imagine combien il serait délicieux d'en verser un filet sur ces fromages.

❋ **Thym & Fruits de mer :** Le thym peut s'avérer un peu impétueux pour les fruits de mer délicats, qui sont plus à l'aise en compagnie du basilic et de l'estragon. Dans des ragoûts de fruits de mer consistants, il apporte cependant une délicieuse note d'arrière-plan épicée et de menthe herbacée. Le plat suivant vous en donnera un avant-goût. Faites dorer un demi-oignon émincé dans de l'huile d'olive, puis ajoutez une boîte de haricots blancs égouttés et rincés et une branche de thym frais. Assaisonnez et laissez mijoter très doucement pendant que vous faites frire les crevettes dans du beurre et de l'ail. Retirez le thym des haricots, servez-les en un tas régulier avec les crevettes sur le dessus.

Thym & Lard : *voir Lard & Thym, page 213.*

❋ **Thym & Oignon :** Le thym ajoute de la profondeur et de la fraîcheur à une soupe à l'oignon onctueuse. Émincez grossièrement 3 ou 4 oignons et faites-les suer dans un peu de beurre et d'huile avec quelques branches de thym, jusqu'à ce qu'ils aient fondu sans changer de couleur. Ajoutez 500 ml de bouillon de légumes ou de poulet et 250 ml de lait. Assaisonnez, portez à ébullition et laissez mijoter pendant 15 minutes. Laissez légèrement refroidir, retirez le thym, passez au mixeur et faites à nouveau chauffer avant de servir. Ajoutez un tourbillon de crème et de minuscules feuilles de thym si le cœur vous en dit.

Thym & Olive : Ces deux-là survivent au jour le jour sur les sols pierreux et arides du bassin méditerranéen. Le parfum sauvage du thym contraste joliment avec l'olive, lourde et complexe, dont la saveur sombre est comme la cloche d'une église grecque à midi.

Thym & Orange : Le thymol, composé aromatique responsable de la saveur si particulière du thym, est aussi ce qui distingue la mandarine des autres membres de la famille des agrumes. Respirez ces petites projections que fait la peau quand vous épluchez une mandarine et vous détecterez un merveilleux parfum d'herbe aromatique derrière l'acidité tonique. Orange et thym sont plus rarement associés que citron et thym, mais lorsque c'est le cas, on les marie souvent avec de la volaille forte en goût comme de la pintade ou de la dinde. Leurs saveurs combinées se dégagent naturellement du thym orange. Il n'est pas facile à trouver, mais il a une saveur musquée de pelure d'orange très parfumée. Très courant dans la cuisine des Antilles, il était utilisé habituellement pour assaisonner le bœuf. Je renvoie les lecteurs qui auraient sous la main du thym orange, une tortue de mer de 45 kg, des truffes et une marmite aussi grande qu'un canot de sauvetage à une note de bas de page gargantuesque de *Robinson Crusoé* de Daniel Defoe, qui vous éclairera sur la manière de cuisiner tout ça.

Thym & Poisson blanc : *voir Poisson blanc & Thym, page 187.*
Thym & Poisson gras : *voir Poisson gras & Thym, page 198.*

Thym & Porc : Résistants aux intempéries, heureusement ! Lors d'un séjour en Dordogne, il pleuvait à verse tous les matins, la plupart des après-midi, et de façon torrentielle la plus grande partie des nuits. Lorsque cela s'interrompait, ce n'était que pour laisser la place à de gros nuages menaçants qui relâchaient leur cargaison de grosses gouttes chaque fois que nous faisions mine d'approcher un orteil du barbecue, sur lequel j'avais prévu, de façon très optimiste, de faire cuire des saucisses de porc à l'ail avec du thym et des oignons pour en garnir une baguette tartinée de moutarde. Mise hors jeu par l'averse, j'ai déclenché mon plan B. Emmaillotée dans plusieurs couches informes de vêtements de randonnée, j'ai bravé le froid de la cuisine humide, relié la bouteille de gaz à la cuisinière et utilisé la moitié d'une boîte d'allumettes détrempées pour réussir à allumer cette antiquité. J'ai ensuite déniché une cocotte en fonte, je l'ai débarrassée des araignées qui y avaient élu domicile et j'y ai mis de l'huile, les saucisses, quelques oignons grossièrement émincés et un pot de haricots blancs à la mine peu engageante. Dans le jardin à l'abandon mais luxuriant, j'ai cueilli un brin de thym vert vif de pluie et je l'ai jeté dans la marmite avec du sel, du poivre et un grand trait de vin rouge. J'ai tout mis dans le four, après une prière aux esprits du butane. Je suis allée m'asseoir près du feu que mon mari avait fait à partir d'une pile de livres de poche défraîchis qui racontaient des histoires d'Anglais idéalistes faisant un voyage tout à fait enrichissant en France ou en Toscane. J'ai ôté quelques couches de Gore-Tex et de laine polaire. Peu à peu, le parfum du porc, du thym et de l'ail a remplacé l'odeur de moisi de cette maison de vacances trop souvent vide. Les haricots ont un effet amplificateur sur l'arôme et les saveurs des aliments. Nous avons commencé à nous sentir un peu chez nous. Bien sûr, il serait présomptueux de considérer mon plat comme un cassoulet dans les règles de l'art, mais il serait finalement tout aussi exagéré d'appeler ces cinq jours en France des vacances.

Thym & Poulet : *voir Poulet & Thym, page 39.*

Thym & Tomate : Le couple thym et tomate est une version allégée de tomate et origan. La saveur du thym provient d'un composé phénolique appelé le thymol qui a le même goût que le carvacrol, le principal composé de saveur de l'origan, en plus doux et plus amical. Le composé aromatique secondaire de l'origan est le thymol, le carvacrol du thym, ce qui leur donne beaucoup de points communs. Il est donc clair qu'on peut les associer aux mêmes saveurs : l'agneau, le fromage de chèvre et l'ail, bien qu'on trouve l'origan plus rarement dans les mets sucrés (cela dit, le chef Claude Bosi sert une soupe froide d'oranges de Jaffa au yaourt avec une crème glacée à l'origan). On raconte que ce sont les militaires américains qui, après avoir pris goût à la pizza à l'origan pendant la Seconde Guerre mondiale, lancèrent la consommation courante de cette plante quand ils revinrent au bercail – jusqu'au milieu du xxe siècle, elle n'était cultivée qu'à petite échelle aux États-Unis.

Menthe

La menthe est d'humeur changeante : elle est capable de virer au noir lorsqu'on la hache au couteau. On peut associer avantageusement la menthe verte aux produits de l'été comme les pommes de terre et les carottes nouvelles, les fruits à chair tendre et les petits pois. Mais si on n'y prend pas garde, leurs saveurs délicates peuvent vite être submergées par sa mélancolie douceâtre. La menthe est plus enjouée quand elle est associée à des saveurs fortes comme dans un *pho* vietnamien riche en bœuf, dans les kebabs d'agneau grillé au feu de bois, ou encore avec de la feta ou du chocolat noir. Au Moyen-Orient, on combine parfois menthe poivrée et verveine citronnelle pour faire une tisane calmante. Remplie de menthol rafraîchissant à l'origine de ses multiples saveurs, la menthe poivrée est surtout cultivée pour son huile essentielle utilisée en confiserie, dans les crèmes glacées, les produits dentaires ainsi que dans le Get 27 et la crème de menthe.

Menthe & Agneau : *voir Agneau & Menthe, page 63.*

✻ **Menthe & Ail :** Ennemis mortels dans la guerre de l'haleine. Les chefs français les tiennent à l'écart l'un de l'autre alors que leurs homologues turcs mélangent de la menthe séchée et de l'ail dans un épais yaourt salé qu'ils servent avec des légumes rôtis. Menthe et ail font également partie de la distribution dans ce *dahl* inhabituel aux lentilles rouges du chef Madhur Jaffrey. Faites cuire 2 gousses d'ail écrasées dans 2 cuillerées à soupe d'huile végétale ou de *ghî* (beurre clarifié indien) avec ½ cuillerée à café de poivre de Cayenne. Lorsque l'ail commence à grésiller, ajoutez 185 g de lentilles rouges, ½ cuillerée à café de curcuma et 750 ml d'eau. Mélangez, portez à ébullition puis laissez mijoter jusqu'à ce que les lentilles soient tendres. Ajoutez 3 ou 4 cuillerées à soupe de menthe hachée, 3 ou 4 piments verts coupés en tranches et 1 cuillerée à café de sel. Laissez cuire gentiment pendant que vous faites frire 2 autres gousses d'ail coupées en tranches dans 2 cuillerées à café d'huile végétale jusqu'à ce qu'il dore. Ajoutez aux lentilles, mélangez et laissez cuire à couvert pendant encore une minute ou deux. Voir aussi Artichaut & Menthe, page 162.

Menthe & Anis : *voir Anis & Menthe, page 231.*
Menthe & Artichaut : *voir Artichaut & Menthe, page 162.*
Menthe & Asperge : *voir Asperge & Menthe, page 164.*
Menthe & Avocat : *voir Avocat & Menthe, page 252.*
Menthe & Basilic : *voir Basilic & Menthe, page 271.*

Menthe & Bœuf : Un journaliste du *Parisien* a écrit récemment des Britanniques qu'une nation qui sert du bœuf bouilli avec de la menthe ne devrait pas avoir voix au chapitre en matière de politique agricole. Il se servait de la métaphore d'un voyage scolaire en autocar pour parler de cuisine internationale et insinuer que les *Britishs* que nous sommes étions ces pauvres enfants dont les mères les avaient affublés de sandwichs aux œufs pendant que les autres enfants européens ricanaient derrière leur cartable. En passant sur le fait que nous ne mangeons pas notre menthe avec du bœuf, mais avec de l'agneau, il a probablement dû remarquer que les Vietnamiens mangent de la menthe avec le bœuf dans leurs soupes, salades et rouleaux de printemps parfumés et qu'au cours du festival du Saint-Esprit les Portugais partagent un repas collectif composé d'un bouillon de bœuf épicé cuit très lentement que l'on verse sur une épaisse tranche de pain avec un morceau de bœuf et de chou garni d'une branche de menthe.

Menthe & Boudin noir : *voir Boudin noir & Menthe, page 48.*

Menthe & Cacahuète : Les Anglo-Saxons associent parfois de la gelée de menthe ou des feuilles de menthe ciselées dans un sandwich au beurre de cacahuètes. Essayez avant de condamner. Si vous avez l'habitude de la garniture de menthe ciselée et de cacahuètes grillées servie avec les plats vietnamiens, vous devriez pouvoir imaginer que le résultat est réussi. Le chef du Kiwi, Peter Gordon, les combine dans une salade de concombres marinés au citron vert qui, une fois bien égouttée, devrait être excellente avec du beurre de cacahuètes dans un sandwich à la baguette, à la manière d'un *bàhn-mí*. Voir Concombre & Carotte, page 235, pour en savoir plus sur ce merveilleux en-cas vietnamien.

Menthe & Cannelle : *voir Cannelle & Menthe, page 276.*

Menthe & Cassis : Profonde, sombre et herbacée, cette combinaison a les relents d'un de ces médicaments contre la toux que vous trouvez assez bons. Combinez-les dans un chausson au cassis et à la menthe. Placez 1 cuillerée à soupe bombée de confiture de cassis avec quelques feuilles de menthe déchirées au centre d'un carré de 10 cm de côté de pâte feuilletée. Humectez les bords avec du lait, pliez la pâte en deux dans le sens de la diagonale et appuyez sur les bords pour les sceller. Faites deux ou trois petites incisions au couteau sur le dessus avant de badigeonner de lait et de saupoudrer de sucre si ça vous plaît. Faites cuire à four chaud (220 °C / thermostat 7) pendant 12 à 15 minutes. N'essayez pas de mettre plus de confiture : elle s'échapperait simplement du chausson et brûlerait.

Menthe & Champignon : *voir Champignon & Menthe, page 98.*

Menthe & Chocolat : Pour moi, le chocolat au lait à la menthe est une image de l'enfer. Le genre de confiserie parfumée au dentifrice… J'ai trouvé dans le filtre de mon lave-vaisselle des choses plus appétissantes. Mais le chocolat noir à la menthe, lui, je peux en manger jusqu'à en avoir des caries plein les dents. C'est autour de Noël 1978 que j'ai découvert la puissance de l'After Eight à la menthe comme symbole de l'infini. Il y a ce subtil, sinon occulte, indice caché dans le nom : Après 8… Après ∞. Qu'est-ce qui vient après ∞ ? Rien. La couche craquante de chocolat noir, amère comme la peau d'un pruneau, puis la fine tranche à la menthe. Cette douceur qui se glace, la menthe poivrée qui envahit vos sinus et laisse votre palais comme nettoyé, puis votre langue qui explore votre bouche à la recherche de la dernière plus petite trace de fondant, alors que, fébrile, vous réclamez déjà le suivant. Tout est pensé pour déclencher l'addiction, même l'étui d'emballage qui sent si bon et dont on extrait si facilement sa dose.

Menthe & Citron : Dépourvue du caractère glacé du menthol de la menthe poivrée, la menthe verte est plus chaude et plus sucrée, surtout si elle contraste avec des saveurs amères ou acides. Essayez d'en utiliser dans cette limonade maison. Prélevez les zestes d'au moins 2 citrons sur 4 en découpant de longues lanières et en évitant le plus possible de toucher à la peau blanche d'en dessous. Mettez-les dans une casserole avec 200 g de sucre et 200 ml d'eau et faites frémir en remuant jusqu'à dissolution du sucre. Retirez du feu et écrasez les morceaux de zeste pour en libérer les huiles. Pressez les 4 citrons dans un broc. Quand le sirop de sucre a complètement refroidi, passez-le et mélangez-le au jus de citron. Versez de l'eau (gazeuse ou plate) à volonté. Ajoutez enfin des tiges de menthe et laissez-les infuser un peu avant de servir.

Menthe & Citron vert : *voir Citron vert & Menthe, page 378.*

Menthe & Concombre : *voir Concombre & Menthe, page 236.*
Menthe & Cumin : *voir Cumin & Menthe, page 106.*

Menthe & Feuilles de coriandre : Comme la coriandre peut parfois avoir un léger goût de savonnette, son association avec la menthe « pour un maximum de fraîcheur » qu'on croirait sortie tout droit d'un dentifrice devrait se savourer dans la salle de bains plutôt que dans la cuisine. Contrez cela en leur ajoutant un mélange pilé d'échalotes et de piment pour faire un *sambal* aux couleurs éclatantes du jardin. Détendez le mélange avec du jus de citron vert et du lait de coco. Un *sambal* est essentiellement un condiment populaire en Asie du Sud-Est qu'on utilise comme accompagnement des plats à base de riz ou de nouilles, des viandes et des poissons cuits simplement, ou tartiné dans des sandwichs. Dans certains *sambal*, les ingrédients sont pilés pour faire une pâte ; à d'autres on ajoute des fruits ou des légumes râpés, surtout de l'ananas, de la carotte ou du concombre.

Menthe & Fraise : *voir Fraise & Menthe, page 331.*
Menthe & Framboise : *voir Framboise & Menthe, page 424.*
Menthe & Fromage de chèvre : *voir Fromage de chèvre & Menthe, page 71.*
Menthe & Gingembre : *voir Gingembre & Menthe, page 389.*

Menthe & Mangue : Elles se combinent dans une *raïta* fruitée, préparation indienne à base de yaourt que l'on sert avec un curry aux pois chiches, un couscous ou avec du crabe émietté dans une salade d'inspiration vietnamienne. Mais quand il s'agit de l'associer à la mangue, la menthe n'arrive pas à la cheville du citron vert – à moins que vous ne vous trouviez dans un restaurant indien avec une pile de *papadum* (galettes de farine de lentilles frites) chauds et un plateau tournant de condiments. Un fragment de *papadum* avec une petite dose de chutney à la mangue et de *raïta* à la menthe est, dans ce rare cas, une combinaison bien supérieure à celle du chutney à la mangue et du pickle au citron vert.

Menthe & Melon : *voir Melon & Menthe, page 352.*
Menthe & Oignon : *voir Oignon & Menthe, page 139.*

Menthe & Orange : Comment peut-on apprécier cette combinaison ? C'est comme boire un jus d'orange juste après s'être lavé les dents.

✻ **Menthe & Pastèque :** Pour une variation magnifique sur le mojito, confectionnez un sirop de menthe en faisant fondre 200 g de sucre dans 250 ml d'eau à feu doux. Ajoutez environ 20 feuilles de menthe déchirées (il faut les déchirer pour libérer leur huile) et faites macérer jusqu'à ce que le sirop ait une saveur agréable, puis ôtez les feuilles et laissez refroidir. Au mixeur, réduisez un peu de chair de pastèque à l'état de jus, passez au chinois et versez dans un verre avec quelques cuillerées du sirop de menthe, un trait de rhum blanc et 2 ou 3 glaçons.

Menthe & Persil : *voir Persil & Menthe, page 242.*
Menthe & Piment : *voir Piment & Menthe, page 263.*

Menthe & Pois : Les petits pois à la menthe ont le goût de la campagne en juin. La saveur du petit pois est simple et brillante comme un lever de soleil que la menthe recouvre de ses ombres profondes et humides.

Menthe & Poisson gras : *voir Poisson gras & Menthe, page 197.*

Menthe & Pomme de terre : On peut les trouver dans des raviolis à Rome. Les en-cas à base de pommes de terre aromatisées à la menthe sont populaires en Inde également, mais sont plus sucrés et plus doux comparés aux nombreuses saveurs des chips britanniques. Plus près de chez nous, le chef irlandais Darina Allen ajoute de la menthe hachée à une soupe de pommes de terre avant de mélanger et d'ajouter un peu de crème et davantage de menthe. Mais il est difficile de concurrencer les pommes de terre nouvelles cuites lentement avec de la menthe et sautées au beurre, comme l'a fait remarquer George Orwell dans son essai *Pour la défense de la cuisine anglaise*, dans lequel il proclame qu'elles sont bien supérieures aux recettes de pommes de terre frites traditionnelles de la plupart des autres pays.

Cassis

Le cassis développe tout un bouquet évocateur de saveurs fruitées, herbacées et musquées, avec un goût acidulé, régulièrement détecté dans le sauvignon blanc. On peut dire qu'il possède un arôme sensible de bocage, le magnifique parfum capiteux des chemins de campagne en soirée à la fin de l'été. Pour le rendre agréable au palais, il faut lui ajouter progressivement du sucre ou du miel, en cherchant à atteindre le dosage optimal. Comme toutes les baies sombres, le cassis aime la pomme, mais pour découvrir combien sa saveur peut être surprenante, il faut essayer de le combiner audacieusement, par exemple avec le genièvre, la cacahuète ou le café.

* **Cassis & Amande :** Sarah Raven donne une recette de gâteau au cassis et aux amandes qui est aussi délicieux en dessert que pour le thé de l'après-midi. Si vous trouvez que la quantité de cassis est un peu chiche, c'est parce que sa saveur est très intense – ce serait contre-productif d'en utiliser plus. On fournira un peu plus de tonus aux amandes en ajoutant de l'extrait d'amande, ce qui donne au gâteau une saveur de massepain. Faites

une crème avec 200 g de beurre et la même quantité de sucre en poudre. Une fois que le mélange a blanchi, ajoutez 3 œufs, l'un après l'autre, en fouettant bien. Incorporez 200 g de poudre d'amandes et 1 cuillerée à café d'extrait d'amande. Versez la préparation dans un moule graissé de 25 cm de diamètre à fond amovible dont vous aurez doublé les bords de papier sulfurisé. Répartissez alors les cassis sur le dessus et faites cuire pendant 30 minutes à 180 °C (thermostat 6) jusqu'à ce que le gâteau soit doré et ferme au toucher. Saupoudrez de sucre glace tamisé avant de servir avec de la crème liquide ou épaisse, ou bien encore du yaourt.

✳ **Cassis & Anis :** À l'époque où l'industrie des boissons n'avait pas encore imaginé de fourguer aux adolescents des mélanges d'alcools forts et de sirops sucrés, nous devions faire nous-mêmes le travail. Si la question est aujourd'hui réglée pour le citron et l'orange, rien n'a été fait pour le cassis, que l'on cantonne au kir, royal ou non, au cardinal et au communard, ses variantes, respectivement au vin de rouge de Bordeaux et de Bourgogne, une association loin d'être illogique si l'on pense aux notes de cassis du pinot noir et du cabernet sauvignon. Crème de cassis de Dijon et pastis pourraient pourtant constituer un mélange tout préparé très porteur au moins outre-Manche où le cocktail est connu sous le nom de Perno and Black. En attendant, je vous propose cet attelage de crème glacée et de sorbet. Pour la glace au pastis, mélangez 250 ml de crème épaisse, 250 ml de lait, 4 jaunes d'œufs et 150 g de sucre semoule dans une casserole à fond épais. Faites cuire à feu doux en remuant constamment, jusqu'à ce que la crème épaississe. Transvasez dans un saladier et remuez durant 1 ou 2 minutes. Une fois qu'il est tiède, placez le mélange au réfrigérateur. Lorsqu'il est bien froid, ajoutez 3 cuillerées à soupe de pastis, et faites prendre votre crème glacée selon votre technique habituelle. Pour le sorbet, versez 325 ml d'eau avec 200 g de sucre semoule dans une casserole et faites chauffer doucement en remuant de temps en temps, jusqu'à ce que le sucre ait complètement fondu. Ajoutez 450 g de cassis et laissez cuire à couvert durant environ 5 minutes. Retirez du feu, laissez refroidir, filtrez au chinois et placez au réfrigérateur. Lorsque c'est bien froid, faites prendre votre sorbet selon votre technique habituelle.

Cassis & Cacahuète : Une paire inconnue en Europe, mais aussi aux États-Unis, où pourtant l'association de beurre de cacahuètes et de gelée de fraise ou de raisin est très populaire dans les sandwichs. Le beurre d'arachide, d'abord utilisé comme produit de substitution au beurre laitier durant la Seconde Guerre mondiale, s'est ensuite imposé comme un ingrédient à part entière. Gras et salé, il a tout pour que le cassis, complexe et tranchant, lui convienne à merveille. Il se trouve simplement que le cassissier *Ribes nigrum* a été identifié au tournant du XXe siècle comme le vecteur, sur le continent nord-américain, d'une maladie qui touchait le pin blanc et mettait en péril l'industrie de la construction alors en plein essor. Sa culture a été déclarée crime fédéral. Même si, depuis, l'application de l'interdiction a été transférée à la juridiction des États, très peu l'ont levée. Aucun risque donc que le FBI débarque chez vous si vous décidez de tester cette combinaison.

Cassis & Café : *voir Café & Cassis, page 24.*
Cassis & Chocolat : *voir Chocolat & Cassis, page 18.*
Cassis & Fromage à pâte molle : *voir Fromage à pâte molle & Cassis, page 88.*

Cassis & Genièvre : Cassis et genièvre sont les baies les plus puissamment parfumées de l'Europe du Nord, et elles sont généralement jumelées dans les sauces pour le gibier à viande brune. Elles donnent également une très bonne gelée parfumée à servir avec les viandes maturées et les vieux fromages à pâte pressée cuite. Vous pouvez confectionner une liqueur forte en laissant macérer du cassis dans du gin.

Cassis & Menthe : *voir Menthe & Cassis, page 413.*
Cassis & Pomme : *voir Pomme & Cassis, page 337.*

Mûre

Gonflées comme des coiffures « choucroutes » des années 1960, brillantes comme des ongles vernis, les mûres achetées en boutique ou cultivées peuvent parfois être agréablement sucrées, mais n'ont jamais l'intensité tranchante et la profondeur épicée, mâtinée de moisi, des mûres sauvages. Il existe des centaines de souches de mûres sauvages, et un fruit peut avoir un goût différent d'un autre ramassé quelques mètres plus loin. Cherchez les notes de rose, de menthe, de cèdre et de clou de girofle, au-delà des saveurs génériques de baies. Certaines possèdent même un chatoiement de fruits tropicaux. Cueillez-les en août, quand il y a l'embarras du choix : considérez les haies comme des présentoirs d'échantillons de dégustation, et une fois que vous avez trouvé une souche juteuse et pleine de saveurs, pillez la ronce jusqu'à ce que votre récipient soit plein. Les fruits d'un noir brillant ne seront pas aussi sucrés que ceux que la maturité complète a rendus d'un noir bleuté et mat. Mais ayant conservé leur résistance bulbeuse, ils sont moins susceptibles de s'écraser entre vos doigts quant vous les ramassez. Bien que les mûres puissent ajouter une saveur épicée et fruitée aux gâteaux à la vanille et aux sauces pour le gibier, elles possèdent une affinité primordiale pour les pommes – tant et si bien qu'on pourrait les considérer comme pratiquement monogames.

Mûre & Amande : *voir Amande & Mûre, page 307.*

Mûre & Bœuf : Une sauce aux mûres est souvent servie avec le canard et le chevreuil, mais on peut également associer ces baies au bœuf. En plus de fournir une acidité agréable, leur saveur légèrement épicée et herbacée complète le goût naturellement sucré de la viande rouge.

Mûre & Chocolat blanc : Mettez une petite barre de chocolat blanc au fond de votre poche la prochaine fois que vous irez cueillir des mûres par un après-midi ensoleillé de fin d'été. Quand un jus cramoisi commence à dégouliner de votre sac plastique, asseyez-vous sur une touffe d'herbe plus épaisse et dépliez précautionneusement le chocolat qui a certainement dû fondre depuis. Sélectionnez une poignée de vos plus belles mûres, vérifiez qu'il n'y a pas d'insectes et trempez-les dans le chocolat, sans mauvaise conscience : si vous épuisez vos réserves, vous pouvez toujours en cueillir d'autres.

Mûre & Framboise : Appartenant au même genre botanique *(Rubus)*, ces deux cousines partagent certaines caractéristiques de goût, bien que la mûre soit plus clairement musquée et tende vers de délicieuses notes de cèdre. Pour compliquer la situation, il existe des framboises noires et des mûres rouges. Un moyen infaillible de reconnaître à laquelle vous avez affaire est d'observer le cœur du fruit : les framboises présentent une cavité caractéristique, que j'aimais scruter quand j'étais enfant, tandis que les mûres conservent leur base ligneuse. On rencontre également de nombreux hybrides, dont le plus ancien est la mûroise ou mûre de Logan, accidentellement créée dans les années 1880 – mais ensuite développée – par l'horticulteur et avocat James Harvey Logan qui essaya de croiser deux variétés américaines de mûres plantées près d'un cultivar européen de framboise. Cette progéniture inattendue a parfois des crises d'identité et peut devenir très acide, mais elle est plus adaptée à la cuisson que la framboise. D'autres hybrides plus récents sont aussi victimes d'inextricables complexes de filiation et présentent même des notes indubitables de fraise.

Mûre & Fromage de chèvre : *voir Fromage de chèvre & Mûre, page 71.*
Mûre & Pêche : *voir Pêche & Mûre, page 356.*
Mûre & Pomme : *voir Pomme & Mûre, page 339.*
Mûre & Vanille : *voir Vanille & Mûre, page 436.*

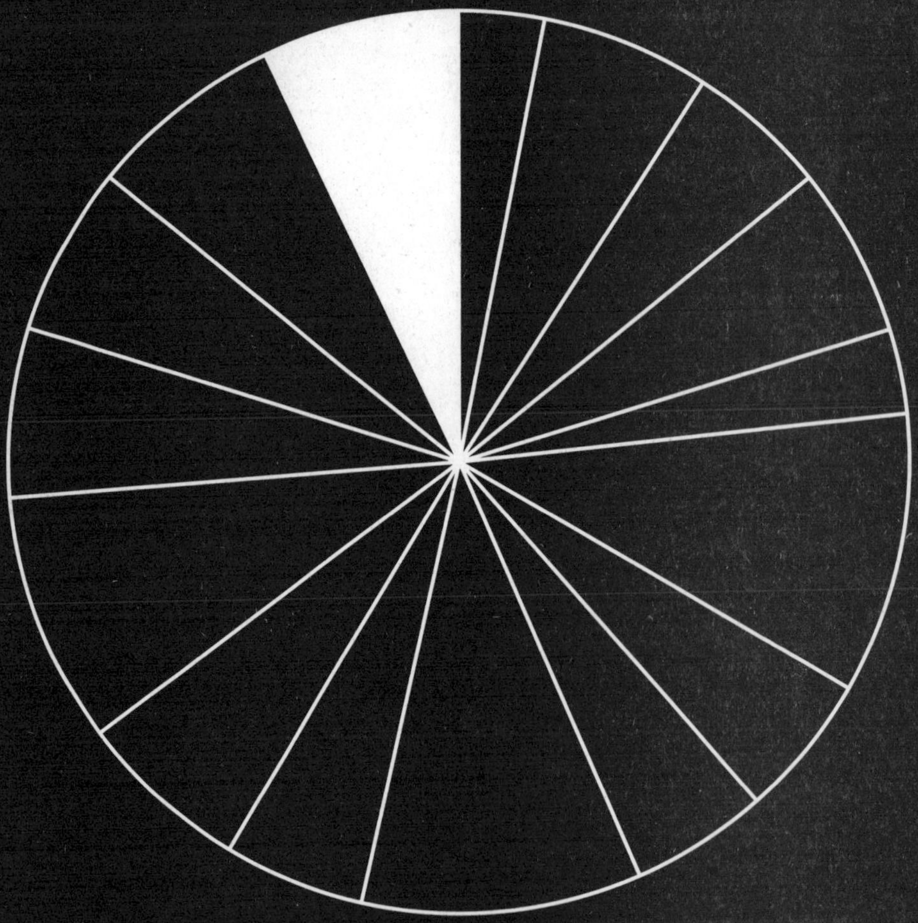

FRUITÉE FLORALE

Framboise

Figue

Rose

Myrtille

Graines de coriandre

Vanille

Chocolat blanc

Framboise

Les framboises ont un goût sucré et acidulé et une saveur fruitée, florale (violette en particulier) et feuillue. Leurs pépins apportent une note boisée et chaleureuse. À maturité, elles développent une intense qualité parfumée et une grande douceur, particulièrement lorsqu'on les prépare en confiture. L'omniprésence de l'arôme de la framboise peut masquer sa délicatesse, mais il existe peu de façons plus délicieuses de commencer la journée qu'en étalant de la bonne confiture de framboises sur des toasts beurrés. La saveur de la framboise se mêle harmonieusement à d'autres fruits sucrés et acidulés, comme l'abricot, la mûre et l'ananas, ainsi qu'à ceux dotés d'une saveur plus légère à base d'herbes. Comme les fraises, les framboises possèdent des notes laitières qui les rendent particulièrement savoureuses avec le yaourt, le fromage et les fromages doux.

❋ **Framboise & Abricot :** Ces deux membres de la grande famille des *Rosaceæ* sont les plus réputés pour leurs saveurs finement parfumées qui hésitent entre sucrées et acidulées. L'abricot est une drupe, c'est-à-dire un fruit charnu avec un noyau central. La framboise est une polydrupe, c'est-à-dire une agrégation de drupéoles, chaque minuscule sphère étant en fait un fruit qui contient sa propre graine. Si vous pouvez avoir en même temps, en saison, des framboises et des abricots à leur sommet de douceur parfumée, je ne peux rien recommander de mieux que de les servir ensemble dans un saladier, à température ambiante. Des fruits de qualité moyenne peuvent être améliorés en les faisant cuire : ajoutez les framboises 5 minutes avant la fin de la cuisson des abricots. Cette jolie tarte rustique est une autre solution. Abaissez une pâte feuilletée à environ 5 mm, découpez un disque de 23 cm de diamètre et déposez-le sur une plaque de cuisson recouverte d'une feuille de papier sulfurisé. Répartissez des tranches de 1 cm d'abricot sur la pâte, en laissant une marge de 1 cm sur le bord. Disposez les framboises dans les interstices et saupoudrez avec 1 ou 2 cuillerées à café de sucre en poudre. Enfournez à 200 °C (thermostat 6-7) pour environ 25 minutes, jusqu'à ce que la pâte soit bien dorée. Sortez du four et glacez avec un peu de confiture d'abricots réchauffée et passée au chinois. Laissez refroidir et servez avec un peu de crème fraîche ou de la crème glacée à la vanille.

❋ **Framboise & Amande :** La framboise tire vraiment parti d'un partenariat avec la saveur douce et sucrée de l'amande. Ce fruit à coque arrondit les angles un peu vifs de cette baie, mais sans jamais barrer la voie à sa sublime saveur. Essayez-les ensemble dans une *panna cotta* aux amandes avec du coulis de framboise ou dans une tarte Bakewell dont voici la recette. Foncez un plat à tarte de 20 cm de diamètre avec une pâte sablée et étalez dessus 3 cuillerées à soupe de confiture de framboises. Mélangez en crème 100 g de beurre et 125 g de sucre semoule, puis incorporez peu à peu 3 œufs battus.

Ajoutez 1 cuillerée à café d'extrait d'amande et 150 g de poudre d'amande. Répartissez soigneusement ce mélange par-dessus la confiture et enfournez pour environ 35 minutes à 200 °C (thermostat 6-7). Un quart d'heure avant la fin de la cuisson, saupoudrez avec 1 cuillerée à soupe d'amandes effilées. Essayez de choisir une confiture dont la teneur en sucre est moindre et qui révélera plus la saveur du fruit. Les confitures sans pépins vous privent de la contribution boisée des graines, qui s'associe si bien avec les amandes.

✻ **Framboise & Ananas :** James Beard a écrit sur l'affinité remarquable qui existe entre ces deux fruits. On retrouve la combinaison au cœur du French martini, un cocktail composé de Chambord, une liqueur qui contient des framboises bleues et des mûres, des herbes et du miel. Versez 40 ml de vodka, 20 ml de Chambord et 30 ml de jus d'ananas dans un shaker à cocktail avec de la glace, secouez et filtrez dans un verre à martini réfrigéré.

Framboise & Basilic : Sophie Grigson recommande l'association du basilic et de la framboise. Elle les combine dans une crème glacée et suggère également de laisser macérer quelques feuilles de basilic déchirées avec des framboises et du sucre dans un peu de gin ou une giclée de jus de citron, jaune ou vert.

Framboise & Chocolat : *voir Chocolat & Framboise, page 19.*

Framboise & Chocolat blanc : Les framboises acidulées s'accordent naturellement à la saveur sucrée et lactée du chocolat blanc. La recette des « baies glacées de Scandinavie avec leur sauce chaude au chocolat blanc » du restaurant Ivy associe des petits fruits rouges, à peine sortis du congélateur, avec du chocolat blanc chaud qu'on a fait fondre avec de la crème épaisse. Les contrastes de goût et de température sont géniaux et le chocolat blanc, dont la douceur est modérée par la crème, met en valeur l'acidité et la saveur parfumée des fruits rouges plutôt que d'en faire de la bouillie, comme c'est souvent le cas dans ce type d'association.

Framboise & Figue : La framboise et la figue forment une combinaison harmonieuse et l'expression « confiture de fruits rouges » est l'un des descripteurs sensoriels les plus utilisés pour décrire des figues de qualité (surtout le cultivar violette de Bordeaux), tout comme le miel qui a donné son nom à des figues appelées « miel du Portugal ». Judy Rodgers du Zuni Café écrit que son dessert favori, ce sont des figues trempées dans du babeurre (lait battu au gout aigrelet, comme le lait ribot breton), puis dans de la farine, frites dans un bain d'huile d'arachide et servies avec de la crème fouettée, des framboises et du miel de lavande.

Framboise & Fraise : *voir Fraise & Framboise, page 331.*

Framboise & Fromage de chèvre : *voir Fromage de chèvre & Framboise, page 70.*

✻ **Framboise & Menthe :** Michel Roux recommande de servir les baies avec une crème anglaise aromatisée à la menthe. Framboise et menthe donneront aussi une vinaigrette subtile, en particulier sur la salade au fromage de chèvre – utilisez 1 cuillerée à soupe de vinaigre de framboise et 1 cuillerée à soupe de jus de citron frais pour 4 cuillerées à soupe d'huile d'olive vierge extra. Mélangez vigoureusement avec du sel, du poivre et 1 cuillerée à soupe de menthe hachée.

Framboise & Mûre : *voir Mûre & Framboise, page 418.*

Framboise & Noisette : Allez marcher dans les Dolomites, les Préalpes italiennes, en septembre, et vous serez en mesure de ramasser assez des deux pour confectionner un gâteau aux noisettes et le fourrer de framboises. La *Linzertorte* autrichienne, l'une des plus anciennes recettes de gâteaux connues (1696), combine une pâte aux noisettes – parfois aux amandes – avec une épaisse garniture de confiture, le plus souvent de framboises, mais abricots et prunes sont aussi utilisés.

Framboise & Noix de coco : *voir Noix de coco & Framboise, page 361.*

Framboise & Pêche : Le célèbre chef français Auguste Escoffier a créé la pêche Melba pour Mme Nellie Melba, une cantatrice australienne. L'idée lui est apparemment venue alors qu'il écrivait la recette des pêches cardinal au coulis de framboise que la grande diva lui avait réclamée. La pêche Melba est sensiblement la même chose – des pêches avec un coulis de framboise et quelques amandes fraîches, si elles sont de saison –, avec de la crème glacée à la vanille en plus. Voir aussi Pêche & Vanille, page 357.

Framboise & Vanille : *voir Vanille & Framboise, page 435.*

Figue

Les figues fraîches sont sucrées, avec une légère saveur de baies, éclipsée par le parfum enivrant qui se développe quand elles sont mûres à point. Elles deviennent alors très difficiles à transporter ; vous devez donc soit vivre près d'une source fiable, soit les cultiver vous-même. Les figues sèches acquièrent une personnalité beaucoup plus énergique, avec un équilibre dynamique entre douceur et acidité semblable à celui de l'abricot sec. Certaines figues sèches démontrent un somptueux caractère sucré et fermenté similaire à

celui de grands vins, d'autres se rapprochent des fruits à coque. Je trouve que les figues sèches à peau épaisse ont une présence presque médicinale. Sèches ou fraîches, les figues sont éminemment compatibles avec les épices sucrées et les aliments gras et salés comme les fromages bleus et les jambons crus.

Figue & Amande : Même si les guêpes sont trop impatientes pour attendre qu'elle apparaisse, la goutte de nectar mielleux qui finit par s'écouler de l'œil d'une figue indique qu'elle est mûre et prête à être dégustée. C'est aussi un moyen de se souvenir que la saveur de miel des figues va bien avec les amandes, avec lesquelles elles créent une combinaison légère au parfum de nougat. Si vous ne pouvez pas vous procurer de figues fraîches, ou si les guêpes les ont toutes saccagées, achetez-les séchées et préparez un légitimement célèbre *pan de higo* espagnol, une espèce de gâteau dense dans lequel les figues sont pilées avec des épices, des graines et des amandes. On le sert en tranches avec du *manchego*, un fromage de brebis.

✻ **Figue & Anis :** Les graines d'anis sont autant de petits feux d'artifice lorsqu'elles sont associées à des ingrédients sucrés et poisseux comme les figues sèches. Hachez grossièrement 4 ou 5 figues sèches et foncées, mélangez-les à du fromage crémeux avec 1 cuillerée à café de graines d'anis et une pincée de sel. Tartinez sur des crackers au blé complet ou du pain croquant suédois *knäckebröd*.

Figue & Cannelle : *voir Cannelle & Figue, page 275.*

Figue & Chocolat : Certains fans de figues séchées prétendent qu'elles ont le goût du chocolat. Pour moi, cela sonne un peu comme un vœu pieux. Si la meilleure des figues sèches peut présenter une gamme alléchante et impressionnante de saveurs sucrées – la mélasse, le sirop d'érable, des miels de plusieurs types, peut-être même un peu de caramel salé –, aucune ne rappelle celles que l'on peut rencontrer dans le chocolat. Les notes que je peux percevoir en commun sont les fortes saveurs de fruits rouges identifiables dans les figues mûres et dans certains chocolats noirs riches en cacao. On peut consommer en Italie des figues sèches calabraises de la variété dottato, connues pour leur saveur et leur faible quantité de pépins, enrobées de chocolat, tandis que la contribution espagnole est le *rabitos royale*, une confiserie faite d'une petite figue à l'alcool fourrée de ganache et recouverte de chocolat. À Seatle, on peut goûter une glace figue-chocolat de la marque The Greek Gods.

Figue & Foie : Le précurseur du foie gras dans la Rome antique s'appelait *jecur ficatum*, de *jecur* qui signifie « foie » et de *ficatum*, dérivé de *ficus*, faisant référence aux figues sèches avec lesquelles on gavait les oies. De nombreuses langues européennes modernes ont donc à tort pris *ficatum* pour créer la racine des mots désignant le « foie » en français – *fegato* en italien, *higado* en espagnol, *figueado* en portugais. De nos jours, les oies à foie gras sont nourries avec une préparation à base de maïs et de graisse et les figues ne font leur apparition qu'en bout de chaîne sous la forme d'une compote ou d'un chutney d'accompagnement.

Figue & Framboise : *voir Framboise & Figue, page 423.*
Figue & Fromage à pâte molle : *voir Fromage à pâte molle & Figue, page 88.*
Figue & Fromage à pâte pressée cuite : *voir Fromage à pâte pressée cuite & Figue, page 83.*
Figue & Fromage bleu : *voir Fromage bleu & Figue, page 77.*

❋ **Figue & Fromage de chèvre :** Ouvrez des figues vineuses bien mûres, remplissez-les avec 1 cuillerée à café de fromage de chèvre, refermez-les et enfournez à 180 °C (thermostat 6) durant 10 à 15 minutes. Mangez avec vos doigts dès que c'est possible sans vous brûler. Certains apprécient de les envelopper dans une tranche fine de jambon cru. Le chef Éric Ripert s'est emparé de ce trio avec un parfait au fromage de chèvre et de la crème glacée au lard fumé, servis avec des figues rôties et des noisettes dans un caramel au vin rouge.

Figue & Jambon cru : *voir Jambon cru & Figue, page 215.*

Figue & Menthe : Giorgio Locatelli recommande de servir les figues avec un sorbet à la menthe et quelques feuilles de menthe hachée. Si vous êtes en Grèce ou en Turquie, en fin d'été, quand vous vous lassez de bronzer, cueillez des figues mûres et aspirez leur contenu par le bas, comme des huîtres molles, ou servez-les en tranches avec votre meilleur vinaigre balsamique et un peu de menthe fraîche, ou bien encore combinez-les avec de la feta ou du *halloumi* grillés dans une salade.

Figue & Noisette : *voir Noisette & Figue, page 302.*

Figue & Noix : Les figues sèches et les noix sont combinées dans un grand nombre de pâtisseries, mais je trouve beaucoup plus romantique l'idée d'origine provençale d'ouvrir une figue fraîche et de la fourrer de deux cerneaux de noix avant de la refermer pour la laisser sécher au soleil. On appelle cette gourmandise le nougat du pauvre.

❋ **Figue & Orange :** Le pomologiste – branche de l'arboriculture fruitière qui traite de la connaissance (description, identification, classification…) des fruits – Edward Bunyard décrit les figues sèches comme âcres et écœurantes de douceur, les rejetant comme ne pouvant convenir qu'à de jeunes palais. On ne peut nier qu'elles soient incroyablement sucrées, mais, pour leur défense, elles possèdent une complexité qui leur garantit une douceur jamais monotone. L'orange est souvent jumelée à la figue, car l'acidité de l'une tempère la douceur de l'autre, sans compter qu'elles sont également des partenaires de saison. Avant Noël, je confectionne ces barres de figues et d'oranges, à servir avec un vin chaud. Faites mijoter 250 g de figues sèches hachées dans du jus d'orange avec le zeste d'une orange pendant environ 20 minutes, jusqu'à ce que le mélange soit bien mou. Incorporez 1 cuillerée à soupe de beurre, éteignez le feu et réservez. Dans un robot de cuisine, mélangez 75 g de farine avec poudre levante incorporée, 75 g de sucre, ¼ d'une cuillerée à café de bicarbonate de soude et une pincée de sel. Ajoutez 100 g de beurre froid coupé en dés de 1 cm et mélangez par impulsions jusqu'à ce que le mélange prenne une texture de chapelure. Incorporez 100 g de flocons d'avoine. Avec la moitié du mélange, garnissez un moule de 20 cm de diamètre, répartissez au-dessus les figues hachées, puis couvrez avec le reste de pâte. Faites cuire au four à 190 °C (thermostat 6-7) pendant 30 minutes jusqu'à ce que le dessus devienne brun clair, puis découpez en barres.

Figue & Vanille : Le temps passe vite. Un jour, nous aurons tous un dentier, et pour nous tous, ce duo criblé de petits grains, malgré son parfum floral et enivrant, sera aussi attrayant qu'un doigt dans l'œil. Alors, profitez-en tant que vous le pouvez, en confiture, en crème glacée ou dans un *ma'mool* friable – préparez la recette de Romarin & Abricot (page 398), en utilisant de la vanille dans la pâte au lieu d'eau de rose et une garniture de fruits à base de figues, sans le romarin.

Rose

Mignonne, allons voir si la rose… **Il faut tellement de sucre pour équilibrer son astringence naturelle que cela entraîne souvent une douceur écœurante. Par ailleurs, son versant musqué floral peut, si vous n'y prenez pas garde, évoquer plus le corsage de votre grand-tante qu'un dessert subtil. La rose a besoin d'être équilibrée par des ingrédients ou des épices amers, comme le chocolat, le café, le zeste d'agrumes ou le clou de girofle. Sinon il vaut mieux utiliser l'eau de rose dans des proportions très réduites pour créer une note de fond insondable, comme vous le feriez avec de l'extrait de vanille. En cuisine, la rose est le plus souvent utilisée sous forme d'eau, mais elle est disponible aussi en pétales séchés et en confiture que l'on peut trouver sur les marchés du Moyen-Orient. Les pétales de rose cristallisés, qui décorent les gâteaux, sont vendus dans les épiceries fines et chics. Les pétales des roses de votre jardin peuvent être**

utilisés comme ingrédient si elles n'ont pas été aspergées de produits chimiques peu ragoûtants.

Rose & Abricot : *voir Abricot & Rose, page 355.*
Rose & Amande : *voir Amande & Rose, page 309.*
Rose & Café : *voir Café & Rose, page 26.*

Rose & Cardamome : Le *gulab jamun* indien est en compétition avec d'autres douceurs qui baignent dans le sirop comme le baklava, les *loukades* et le baba au rhum pour gagner le titre du dessert le plus sucré du monde. Il s'agit de boulettes de pâte, de la taille d'un fruit appelé *jamun*, faites à la base avec du lait et cuites dans de l'huile. Elles sont habituellement parfumées à la cardamome : soit quelques graines placées au centre des boulettes, soit en poudre intégrée à la pâte. *Gulab* signifie « rose », qui est la saveur du sirop dans lequel les boulettes sont trempées. Vous trouverez une recette de ma version du sirop au gingembre à Gingembre & Cardamome, page 387.

* **Rose & Chocolat :** L'amertume du chocolat noir est une meilleure partenaire pour la rose que la douceur du chocolat au lait, mais j'aime cette dernière combinaison, comme le montre la recette suivante de crème glacée à la rose avec des morceaux de chocolat au lait. Dans une casserole à fond épais, faites chauffer 250 ml de crème épaisse et 250 ml de lait avec 4 jaunes d'œufs et 150 g de sucre. Remuez jusqu'à ce que le mélange épaississe, puis versez dans un saladier et continuez à remuer durant environ 2 minutes. Laissez tiédir, puis faites refroidir au réfrigérateur et ajoutez enfin 2 cuillerées à café d'eau de rose. Vérifiez le dosage et ajoutez éventuellement quelques gouttes, en gardant à l'esprit que le processus de congélation a tendance à éteindre un peu les saveurs. Faites prendre dans une sorbetière, en ajoutant une poignée de pépites de chocolat au lait après que la crème a été barattée, mais quand elle est encore molle, avant de placer au congélateur.

Rose & Citron : Blottis les uns contre les autres dans les boîtes de loukoums, si bien recouverts d'une poussière d'amidon et de sucre qu'il est nécessaire de les tenir dans la lumière pour les distinguer. En bouche, ils semblent avoir des origines bien différentes dans le spectre des saveurs, même s'ils contiennent tous les deux des huiles essentielles de géraniol, de nérol et de citronellol. Essayez d'imaginer du citron sans sa crispation acide et vous pourrez détecter ses notes florales délicatement parfumées. La rose et le citron sont également associés dans un plat perse appelé *faludeh*, l'un des plus anciens desserts glacés, remontant au moins à 400 ans avant Jésus-Christ. On faisait descendre la glace des montagnes pour l'ajouter à de très fines nouilles, généralement aromatisées au sirop de rose et au jus de citron.

Rose & Concombre : *voir Concombre & Rose, page 238.*
Rose & Melon : *voir Melon & Rose, page 353.*

Rose & Orange : *voir Orange & Rose, page 373.*

* **Rose & Pomme :** Quelques gouttes d'eau de rose donnent au jus de pomme un côté exotique. Ajoutez deux doigts de vodka à la vanille pour confectionner un cocktail qui sera dorénavant connu comme un Shéhérazade.

Rose & Poulet : *voir Poulet & Rose, page 38.*

Rose & Safran : Mashti Malone's est une boutique légendaire de Los Angeles, dont les propriétaires sont deux frères iraniens. Pratiquement toutes leurs glaces sont faites avec de l'eau de rose. Proposition commerciale plutôt réduite, pourriez-vous penser, mais dans la gastronomie de nombreux pays moyen-orientaux, la rose est omniprésente et a des usages multiples, autant que la vanille. Bien qu'on y déguste une crème glacée magique au safran et à l'eau de rose incrustée de pistaches, la glace emblématique de Mashti Malone associe rose et copeaux de crème – des morceaux entiers de crème fraîche glacée. Vous pouvez créer un effet similaire en congelant pendant 2 heures 150 ml de crème épaisse étalée en une fine couche que vous casserez en minuscules morceaux avant de les mélanger à de la glace maison.

Myrtille

Les myrtilles me courent sur le haricot. Ce n'est pas entièrement leur faute. C'est juste que tous ces discours sur les antioxydants et phytochimiques leur donnent un parfum de sainteté, renforcé par leur petit air de sainte nitouche sous leur minuscule couronne évasée. Sans compter que le voile velouté d'un blanc laiteux qui les recouvre m'évoque la pâleur lépreuse d'un vieux et triste chocolat abandonné depuis trop longtemps (même si c'est censé être un signe que les baies n'ont pas été trop manipulées). La saveur des myrtilles réside principalement dans leur peau, donc plus elles sont petites, mieux c'est. Si elles sont un peu ternes, menez-les sur le chemin de la vertu en les faisant cuire avec du sucre pour libérer leur potentiel aromatique.

Myrtille & Amande : *voir Amande & Myrtille, page 307.*

Myrtille & Cannelle : La cuisson des myrtilles révèle leur saveur qui se bonifie lorsqu'on ajoute un peu de cannelle. Marion Cunningham suggère de tremper des muffins aux myrtilles, chauds, dans du beurre fondu, puis dans du sucre à la cannelle.

Myrtille & Champignon : Dans le nord de l'Italie, fruits et champignons forment une paire courante et appréciée. Le chef Marc Vetri associe cèpes et myrtilles dans des lasagnes, et c'est un choix judicieux car la saveur de fruit contraste avec le côté carné des champignons. Le convive doit tomber sur un petit éclat bleu foncé seulement de-ci, de-là. Un autre plat populaire est le risotto aux myrtilles et aux champignons, habituellement fait avec du bouillon de bœuf.

Myrtille & Citron : *voir Citron & Myrtille, page 384.*

Myrtille & Fromage bleu : Les myrtilles possèdent une acuité qui les rend particulièrement bonnes jumelées avec le fromage bleu dans les salades. Warren Geraghty, le chef du West à Vancouver, propose une brioche ronde à la cannelle, beurrée et toastée, sous un fromage bleu passé au four et surmonté de myrtilles mijotées dans du porto vanillé avec du sucre brun.

Myrtille & Graines de coriandre : *voir Graines de coriandre & Myrtille, page 432.*
Myrtille & Pêche : *voir Pêche & Myrtille, page 357.*
Myrtille & Pomme : *voir Pomme & Myrtille, page 339.*

❋ **Myrtille & Vanille :** Une saveur de myrtille de qualité doit avoir une note florale principale avec une fin fruitée et crémeuse. Cette bonne vieille vanille, amie avec tous, réagit à ces caractéristiques et se combine avec la saveur de la myrtille dans la recette la plus rédemptrice de ce fruit, un gâteau aux myrtilles et à la vanille. Dans un saladier, battez au fouet électrique les ingrédients suivants pendant 2 à 3 minutes jusqu'à qu'ils soient bien amalgamés : 175 g de beurre ramolli, 175 g de sucre en poudre, 3 gros œufs, 225 g de farine à gâteau avec poudre levante incorporée, 1 cuillerée à café de levure chimique, 3 cuillerées à soupe de lait et 2 cuillerées à café d'extrait de vanille. Versez la préparation dans un moule à gâteau profond de 23 cm de diamètre que vous aurez préalablement graissé et doublé de papier sulfurisé. Faites cuire à 180 °C (thermostat 6) pendant 45 minutes jusqu'à ce qu'il ait bien levé et soit brun doré. Laissez reposer pendant 10 minutes, puis retirez-le du moule avant de le laisser refroidir complètement. Fouettez 200 g de fromage frais avec 100 g de sucre glace et 5 cuillerées à soupe de crème liquide. Étalez sur le gâteau et parsemez de 125 g de myrtilles sur le dessus.

Graines de coriandre

Les graines de coriandre possèdent de délicieuses caractéristiques de vinaigre balsamique et d'agrumes, pas très éloignées de ces billes en bois parfumées que certains conservent au fond de leur tiroir de sous-vêtements. Elles apportent une touche bien agréable, assez surprenante quand on les utilise comme le seul élément aromatique dans des gâteaux sucrés ou pour contrebalancer l'amertume du vin chaud – après tout, leur saveur rappelle les ingrédients habituels de ce dernier : orange, cannelle et clou de girofle. Les graines de coriandre apportent une odorante touche féminine aux mélanges d'épices et de pâtes qu'on utilise dans les currys ainsi qu'aux mélanges d'épices pour les saumures. Elles sont l'un des ingrédients botaniques déterminants du gin. Vous pourriez vite devenir accro si vous ajoutiez quelques graines de coriandre grillées dans votre moulin à poivre.

✻ **Graines de coriandre & Ail :** La Belle et la Bête. La graine de coriandre a une saveur si douce et agréable qu'à la voir mélangée avec beaucoup d'ail, sans autre assaisonnement que du sel et de l'huile dans laquelle on l'aura fait fondre, c'est un peu comme croiser une écolière modèle chez le tatoueur. Quoi qu'il en soit, ce mélange pour assaisonnement est populaire en Égypte et en Turquie. Faites fondre 3 gousses d'ail coupées en tranches dans de l'huile d'olive ou du beurre et pilez-les dans un mortier avec 1 cuillerée à café de graines de coriandre, quelques pincées de sel et (en option) une pincée de piment de Cayenne. Utilisez-en dans une soupe d'épinards ou de lentilles, ou encore pour aromatiser du fromage frais.

Graines de coriandre & Café : Le Maroc est à la fois un producteur et un consommateur de coriandre. Les graines sont utilisées pour parfumer les expressos, leur conférant une qualité florale (rose, lavande) et d'agrumes. Vous pouvez essayer en ajoutant 1 cuillerée à café de graines de coriandre pour 6 cuillerées à soupe de grains de café à moudre.

Graines de coriandre & Cardamome : *voir Cardamome & Graines de coriandre, page 394.*

✻ **Graines de coriandre & Citron :** Harold McGee dit de la graine de coriandre qu'elle est citronnée et florale. D'autres y trouvent une note d'agrume qui rappelle davantage l'orange. Quoi que vous en pensiez, cette graine s'accorde effectivement avec le citron. On les utilise souvent ensemble pour faire mariner des olives et ça fonctionne aussi très bien avec du poisson. Au XIXe siècle, on y ajoutait de la cannelle pour aromatiser le lait d'amande ou les desserts à base de crème. Voici la recette d'une boisson appelée ratafia à la citronnelle. Mélangez 2 litres d'eau-de-vie avec les zestes d'une douzaine de citrons, 28 g de graines de coriandre, 10 g de bâtons de cannelle écrasés et un sirop de sucre composé de 900 g de sucre dissous dans 700 ml d'eau. Laissez macérer pendant un mois, dans un endroit sombre de préférence, puis filtrez et conditionnez en bouteilles.

Graines de coriandre & Cumin : *voir Cumin & Graines de coriandre, page 106.*

Graines de coriandre & Feuilles de coriandre : Concentrez-vous bien et vous pourrez détecter une trace de saveur de feuilles de coriandre dans des graines de bonne qualité. Dans l'ensemble, elles sont de fait très différentes, et substituables l'une à l'autre à peu près comme des morceaux de tiges de menthe à la place de Tic Tac.

Graines de coriandre & Fromage de chèvre : Les experts en épices détectent de notables différences entre les graines de coriandre rondes et épicées – la variété commune en Europe et au Maroc – et les indiennes en forme d'œufs qui sont plus sucrées, avec des caractéristiques crémeuses. Les deux développent des qualités florales et d'agrumes qui s'accordent bien avec le fromage de chèvre.

Graines de coriandre & Myrtille : Les graines de coriandre peuvent contenir jusqu'à 85 % de linalol, un composé aromatique qui a des caractéristiques boisées, florales et d'agrumes – c'est un composant clé de la saveur de myrtille synthétique. Si elles sont moulues, elles peuvent donner à vos muffins aux myrtilles une note de fond très parfumée. Ou bien alors, soyez plus audacieux, à la façon du traiteur Ottolenghi de Londres, et faites une salade de couscous avec des poivrons, des oignons rouges, des myrtilles sauvages, des grains de poivre rose et des graines de coriandre.

Graines de coriandre & Olive : *voir Olive & Graines de coriandre, page 221.*
Graines de coriandre & Orange : *voir Orange & Graines de coriandre, page 371.*

* **Graines de coriandre & Pomme :** Lorsqu'on mélange le parfum floral de la graine de coriandre à de la pomme fruitée et acidulée, le résultat abricoté est particulièrement délicieux. Essayez de les marier dans une crème glacée : pelez, évidez et coupez en morceaux 500 g de pommes acidulées (par exemple des granny smith) et faites-les cuire doucement dans une casserole avec 2 cuillerées à soupe de jus de citron et 75 g de sucre jusqu'à ce qu'elles soient tendres. Incorporez alors 2 cuillerées à café de gelée de lavande et 1 cuillerée à café de graines de coriandre légèrement grillées et fraîchement moulues, puis laissez refroidir. Fouettez 300 ml de crème liquide jusqu'à ce qu'elle soit assez ferme et incorporez le mélange

aux pommes. Faites congeler de la façon habituelle. Utilisez de la gelée de groseille si vous n'avez pas de gelée de lavande, mais sachez que lavande et graines de coriandre ont des saveurs très harmonieuses.

✻ **Graines de coriandre & Porc :** Les graines de coriandre sont les héros anonymes de l'univers des saveurs. On les combine avec d'autres aromates dans les currys, le ketchup et les sauces aux condiments, dans les produits à base de porc comme les saucisses de Francfort, la mortadelle, les saucissons français et le boudin noir, et il arrive qu'elles aient le premier rôle dans l'*afelia*, un ragoût de porc populaire à Chypre et en Grèce. Préparer un *afelia* est un moyen idéal de bien connaître cette épice. Faites mariner, entre 4 et 24 heures, 1 kg de filet de porc découpé en cubes dans 250 ml de vin rouge, 2 cuillerées à soupe de graines de coriandre écrasées, du sel et du poivre. Égouttez la viande, réservez la marinade et essuyez bien les morceaux avant de les saupoudrer abondamment de farine. Faites-les dorer dans de l'huile d'olive, puis ajoutez la marinade dans la casserole avec assez d'eau pour recouvrir la viande. Couvrez et laissez cuire pendant 45 à 60 minutes, en retirant le couvercle en fin de cuisson si la sauce a besoin de réduire. Préparez-vous à respirer une odeur de viande cuite dans du vin chaud.

Vanille

Une saveur et un parfum universellement populaires. La vanille est une orchidée dont les gousses emplies de graines sont mises à fermenter puis préparées pour faire apparaître leur saveur. Originaire du Mexique, elle est cultivée désormais à Tahiti, à Madagascar et en Indonésie. La vanille de Tahiti est très prisée pour son caractère fruité et épicé, décrit par certains comme évoquant spécifiquement la cerise et l'anis, la vanille malgache nous est plus familière, et la mexicaine est épicée, riche et terreuse. Les Incas utilisaient la vanille pour parfumer le chocolat, et ce fut son rôle culinaire exclusif jusqu'à ce que Hugh Morgan, apothicaire d'Elizabeth Ire, commence à plaider pour une utilisation plus généralisée. Elle est encore indispensable à la fabrication de la plupart des chocolats, mais elle est aussi, dans le monde entier, le parfum favori de crèmes glacées. Son utilisation dans la cuisine des plats salés se répand, mais son terrain de prédilection reste l'arrière-plan des desserts et de certaines liqueurs. Les gousses délivrent généralement la saveur la plus pure, mais l'extrait, la poudre et la pâte de vanille – avec des grains – fournissent une qualité très acceptable. La vanille naturelle est chère, en raison du travail que nécessite sa production, notamment pour répondre à l'énorme demande engendrée par

l'industrie des gâteaux, biscuits et crèmes glacées, ainsi que par celle de la confiserie et des boissons alcoolisées ou non. Une version de synthèse est produite en quantité beaucoup plus importante que la vanille naturelle – en fait, 97 % des arômes de vanille consommés sont synthétiques. La vanilline, le principal constituant de l'essence et de l'extrait de vanille, et composé principal de saveur pour la vanille, a été isolée en 1858. En 1874, elle est devenue l'une des premières saveurs à être synthétisées, en utilisant comme matière de base des conifères. Aujourd'hui, la vanilline est extraite de l'huile de girofle, des déchets de l'industrie du papier et de la pâte à bois, ainsi que des produits pétrochimiques. Nombreux sont ceux qui préfèrent ne pas utiliser d'essence de vanille, et pourtant les tests en aveugle menés par le magazine américain *Cook's Illustrated* ont donné des résultats surprenants : un panel de cuisiniers et d'experts culinaires a goûté des crèmes et des génoises faites avec une gamme d'extraits (vanille naturelle) et une gamme d'essences (vanille de synthèse). Les crèmes faites avec l'essence de vanille ont été jugées légèrement inférieures, mais les experts ont préféré les gâteaux confectionnés avec la vanille de synthèse, au goût plus intense. Cela pourrait s'expliquer par la proportion plus élevée de vanilline par millilitre qu'il y a dans l'essence que dans l'extrait naturel.

Vanille & Abricot : *voir Abricot & Vanille, page 355.*
Vanille & Ananas : *voir Ananas & Vanille, page 336.*
Vanille & Anis : *voir Anis & Vanille, page 233.*
Vanille & Banane : *voir Banane & Vanille, page 350.*
Vanille & Cacahuète : *voir Cacahuète & Vanille, page 30.*

Vanille & Café : Versez un expresso sur une boule de crème glacée à la vanille et vous obtiendrez ce que les Italiens appellent un *affogato*. Cette combinaison fonctionne très bien. Les protéines contenues dans les produits laitiers se lient aux tanins du café, le rendant moins amer et plus agréable au palais, bien que cela amortisse aussi un peu son goût.

Vanille & Cardamome : À la deuxième et troisième place après le safran dans la gamme de prix des épices. Fabuleux dans la crème pâtissière d'une tarte aux fruits (voir Cardamome & Abricot, page 392) ou dans la crème glacée, où leurs saveurs sucrées, épicées et florales s'accorderont à merveille. De nombreux chefs préfèrent la vanille tahitienne pour ce type de recette, car elle est plus sucrée et fruitée que les variétés malgache et mexicaine. Le composé aromatique dominant, la vanilline, y est également moins présent, au profit des notes florales.

Vanille & Cerise : *voir Cerise & Vanille, page 314.*
Vanille & Châtaigne : *voir Châtaigne & Vanille, page 296.*

Vanille & Chocolat : Tous les deux originaires du Mexique où la pratique d'aromatiser le chocolat avec de la vanille remonte au temps des Aztèques. Aujourd'hui, la plupart des tablettes de chocolat sont aromatisées avec de la vanille d'une manière ou d'une autre. Les chocolatiers californiens Scharffen Berger broient des gousses de vanille entières avec leurs fèves de cacao pour respecter la pratique du fondateur de la société, John Scharffenberger, qui croyait que le chocolat était de meilleure qualité avec de la vanille. À l'autre bout de la gamme des prix, le chocolat bon marché est souvent parfumé avec une quantité massive d'essence de vanille pour compenser le manque de saveur du cacao. Si vous êtes curieux et voulez connaître le goût du chocolat sans la vanille, essayez les tablettes du chocolatier Bonnat. Voir aussi Chocolat blanc & Chocolat, page 439.

Vanille & Clou de girofle : Les saveurs de la vanille et du clou de girofle sont fréquemment transférées au vin à partir de la vanilline et de l'eugénol naturellement présents dans le bois des fûts utilisés pour le vieillissement du vin. Le chêne français, avec son grain serré, est réputé contenir ces saveurs subtiles, là où le chêne américain et son gros grain, spécialement lorsqu'il est chauffé, possède des notes plus prononcées de noix de coco ou d'herbes – voir Aneth & Noix de coco, page 240. En 2009, une barrique neuve en chêne français d'une contenance de 300 bouteilles coûtait deux fois plus cher que celle en chêne américain. Pour réduire les coûts, les vignerons placent parfois des douelles neuves – ces planches qui servent à la fabrication des tonneaux – dans des fûts âgés, dont la saveur est usée, sans parler de la pratique, plus économique encore, qui consiste à faire infuser des filets remplis de copeaux, comme des sachets de thé géants, dans les cuves en acier dans lesquelles de nombreux vins modernes sont stockés. Beaucoup d'amateurs de vin disent que cette pratique explique le caractère unidimensionnellement vanillé de certains chardonnays maladifs, mais on sait que même des producteurs de vins haut de gamme ont recours, au moins partiellement, à cette mesure d'optimisation des coûts.

Vanille & Figue : *voir Figue & Vanille, page 427.*
Vanille & Fraise : *voir Fraise & Vanille, page 332.*

Vanille & Framboise : Vers mes six ans, je harcelais constamment ma mère pour qu'elle m'achète des Arctic Roll, ce dessert britannique inventé dans les années 1950 par un avocat tchèque émigré en Angleterre. La façon dont la glace à la vanille était enclose dans un gâteau sans jointure apparente m'apparaissait comme aussi mystérieuse que la mise en bouteilles des maquettes de bateaux. Je me figurais qu'il s'agissait d'une petite section d'un gigantesque pipeline arrivant tout droit de l'Oural, le lent écoulement de la crème glacé étant facilité par la fine couche de confiture à la framboise recouvrant la paroi interne du tube de génoise. Aujourd'hui, j'ai dépassé mon attirance de jeunesse pour les pâtisseries élaborées au profit de simples ingrédients, souvent très chers et préparés sans chichis. C'est vrai pour les framboises, avec leur élégante senteur de violette que va venir rehausser une crème Chantilly préparée avec du sucre glace et de l'extrait de vanille. Néanmoins, mon époux m'a invitée une fois à La Cuisine, le restaurant de Joël Robuchon à Covent Garden, et j'ai commandé « Le Sucre » pour le dessert. Il s'agit d'une boule de Noël demi-transparente et irisée faite en sucre filé, exactement comme un souffleur le ferait avec du verre. Elle est remplie d'une mousse au mascarpone et aux framboises, et repose sur un anneau de meringue rose mouchetée de feuille d'or flottant au milieu d'un coulis de baies rouges saupoudré d'une poussière de pistache ; à ses côtés, une parfaite quenelle de crème glacée à la vanille. « Quelle simplicité ! » ai-je pensé en brisant ma boule avec le dos de ma cuillère. Puis j'ai compris ce que déguster veut dire.

Vanille & Fruits de mer : Une combinaison à aborder avec beaucoup d'appréhension. C'est sans aucun doute merveilleux entre les mains du pionnier de la nouvelle cuisine française, Alain Senderens, à qui on attribue l'idée de les avoir associés pour la première fois. On dit qu'il a mis au point sa recette de homard au beurre blanc pour aller avec les excellents bourgognes blancs qui se trouvaient dans la cave du restaurant où il cuisinait à l'époque : la vanille de la sauce s'accorde aux saveurs de beurre et de caramel sucré et toasté que révèle le vin vieilli en fût de chêne.

Vanille & Gingembre : *voir Gingembre & Vanille, page 392.*

Vanille & Mûre : Passez une fin d'après-midi d'été à cueillir des mûres. Rentrez à la maison pendant qu'il fait encore jour, lavez vos baies et faites-les mijoter avec du sucre, jusqu'à ce qu'elles soient bien douces. Laissez refroidir, égouttez, et tandis que le soir tombe, servez avec une crème glacée à la vanille. Un palet breton émietté au-dessus fera une excellente garniture.

Vanille & Myrtille : *voir Myrtille & Vanille, page 430.*
Vanille & Noisette : *voir Noisette & Vanille, page 304.*
Vanille & Noix : *voir Noix & Vanille, page 300.*
Vanille & Noix de coco : *voir Noix de coco & Vanille, page 362.*

Vanille & Noix de muscade : Elizabeth David dit que la saveur du laurier rappelle celles de la noix de muscade et de la vanille, et fait remarquer combien elles vont bien ensemble dans les crèmes sucrées. De nos jours, il n'est pas rare de trouver de la *panna cotta* au laurier sur la carte des restaurants chics. La noix de muscade et la vanille s'assemblent pour créer une douceur entêtante et hyperparfumée qui est particulièrement irrésistible dans le flan pâtissier maison. Oubliez les macarons extravagants ou les petits-fours affriolants : le flan pâtissier, c'est intense, sincère et enivrant.

Vanille & Œuf : *voir Œuf & Vanille, page 171.*

Vanille & Orange : La vanille et l'orange se retrouvent sous la forme d'un Solero, une marque d'esquimaux associant sorbet et crème glacée allégée. Vous préférerez peut-être essayer une version plus chic de cette paire sous forme d'une *panna cotta* à la vanille avec des segments d'orange réfrigérés, ou partir à la recherche d'une bouteille d'essence de Fiori di Sicilia, qui ajoute un caractère floral d'orange et de vanille prononcé aux meringues et aux gâteaux, comme le panettone italien.

Vanille & Pêche : *voir Pêche & Vanille, page 357.*
Vanille & Poire : *voir Poire & Vanille, page 345.*

✻ **Vanille & Pomme :** Il est bien connu que la glace à la vanille – ou la bonne crème anglaise à la vanille – est un délice avec de la tarte aux pommes ou un crumble. Et si vous saupoudriez des beignets aux pommes chauds et croustillants de sucre vanillé que vous aurez préalablement réduit en une fine poudre ? Tamisez 100 g de farine blanche avec une pincée de sel et faites un puits au centre pour y déposer un œuf. Battez bien et ajoutez petit à petit 100 ml de lait et 3 cuillerées à soupe d'eau glacée pour faire une pâte bien lisse, mais pas trop liquide. Conservez au frigo pendant que vous pelez et évidez 3 ou 4 pommes que vous découperez ensuite en rondelles de 1 cm d'épaisseur. Trempez-les dans la pâte en vous assurant qu'elles sont entièrement recouvertes, puis faites-les frire dans 3-4 cm d'huile pendant 1 minute de chaque côté. Servez saupoudré de sucre vanillé moulu. Il est possible d'utiliser du cidre à la place du lait.

Vanille & Rhubarbe : *voir Rhubarbe & Vanille, page 323.*

Vanille & Tomate : Lorsqu'elle est utilisée avec modération, la vanille mexicaine possède une qualité épicée qui rappelle celle des plats à base de tomates, mais sans le versant acide. Certains recommandent une touche de vanille mexicaine dans le chili con carne, mais un cuisinier audacieux pourrait aussi les jumeler dans une soupe. C'est avec des éclats glacés de framboises que Claude Bosi les met en valeur dans un de ses plats de l'Hibiscus à Londres.

Chocolat blanc

Le chocolat blanc est fait avec du beurre de cacao, du lait, du sucre et de la vanille, et ce sont les variations de la quantité et de la qualité de ces quatre ingrédients qui importent dans les différences existant entre les diverses plaquettes que vous pouvez acheter. La vanille

est presque toujours de loin la saveur la plus forte. Un chocolatier éminent m'a dit que les possibilités pour faire varier la saveur du chocolat blanc sont si limitées qu'aucune marque de qualité n'offre plus d'une variété dans sa gamme de produits. Le beurre de cacao a un goût fort, mais qui n'est pas nécessairement plaisant, et presque tous les fabricants de chocolat réduisent l'odeur du beurre de cacao dans leurs produits, même si certains processus, comme la pasteurisation, suppriment également des saveurs. La torréfaction légère des fèves peut contourner le problème. Cela dit, le fabricant de chocolat vénézuélien El Rey n'intervient pas sur l'odeur du beurre de cacao, et on dit souvent que leur chocolat blanc fait avec 34 % de beurre de cacao est l'un des meilleurs du marché. De fait, il fait partie des moins sucrés et son goût est puissant. Le chocolat blanc naturel de Green & Black's est criblé de graines de vanille Bourbon et possède un goût onctueux de crème glacée à la vanille, avec des notes de fraise et de cognac abricoté qui rappellent que le chocolat blanc peut tirer parti d'un rééquilibrage par des saveurs acidulées.

✻ **Chocolat blanc & Amande :** Le chocolat blanc est très doux, car il lui manque la robustesse du cacao qui donne au chocolat au lait, mais surtout au noir, son amertume équilibrée. Les amandes, surtout grillées, peuvent contribuer à diluer cette douceur excessive, et c'est certainement ce qu'a pensé Nestlé en lançant dans les années 1940 la première barre de chocolat blanc. Vous pouvez les combiner vous-même. Faites griller au four à 180 °C (thermostat 6) 150 g d'amandes blanchies, durant 10 minutes, jusqu'à ce qu'elles soient légèrement dorées et réservez. Tapissez une plaque à pâtisserie de papier sulfurisé. Mettez 200 g de chocolat blanc à chauffer au bain-marie. Lorsqu'il est complètement fondu, incorporez les amandes, puis étalez le mélange sur la plaque. Gardez à l'esprit que vous devrez le casser en morceaux, donc faites en sorte que votre mélange conserve un peu d'épaisseur. Laissez refroidir, puis placez au réfrigérateur pour qu'il retrouve une consistance ferme. Vous pouvez ajouter quelques griottes séchées, cela lui donnera un peu de mordant.

Chocolat blanc & Ananas : Le chocolat blanc est un ami proche des fruits rouges, mais il fonctionne également bien avec les fruits tropicaux. Pensez aux notes d'ananas et de fruit de la Passion qui complètent celle de vanille dans le chardonnay vieilli en fût de chêne.

Chocolat blanc & Café : D'après moi, combiner du café avec l'intense saveur lactée du chocolat blanc pourrait rappeler un peu trop le café au lait qui sent le caramel comme celui qu'on vous sert parfois avec du lait UHT. Le lait UHT est stérilisé à très haute température, ce qui provoque une réaction de Maillard qui donne au lait des caractéristiques de caramel sucré, absentes dans le lait frais. Je pense que la meilleure combinaison chocolat blanc et café se trouve dans les tablettes Blanc Café de la marque Café-Tasse : elles contiennent des grains de café moulus qui créent un intense contraste amer avec le chocolat blanc.

Chocolat blanc & Cardamome : Rococo Chocolates, à Londres, vend des tablettes de chocolat blanc infusé à la cardamome. Cette combinaison me rappelle les desserts indiens lactés et épicés comme le *kheer* ou le *kulfi*, magnifiques mais presque étouffants.

Chocolat blanc & Caviar : *voir Caviar & Chocolat blanc, page 191.*

Chocolat blanc & Chocolat : Presque toutes les tablettes de chocolat, qu'il soit noir, au lait ou blanc, sont aromatisées avec de la vanille sous une forme ou une autre, et le chocolat bon marché encore plus que les autres pour compenser principalement l'absence de chocolat. La vanille est la saveur principale du chocolat blanc. Ce qui laisse penser que lorsqu'on combine un chocolat respectable, noir ou au lait, avec du chocolat blanc (des truffes au chocolat noir enrobées de chocolat blanc, par exemple), augmentant ainsi la quantité de vanille tout en diluant la proportion de cacao, on réduit considérablement la qualité du chocolat noir. C'est un peu comme ajouter du whisky ordinaire à un pur malt.

Chocolat blanc & Citron : Le bon chocolat blanc (comme celui de Pierre Marcolini ou de Venchi) présente souvent un caractère naturellement citronné. Associez-les à la manière de Rose Levy Beranbaum dans son gâteau au chocolat blanc fourré de crème au citron.

Chocolat blanc & Fraise : *voir Fraise & Chocolat blanc, page 330.*
Chocolat blanc & Framboise : *voir Framboise & Chocolat blanc, page 423.*
Chocolat blanc & Mûre : *voir Mûre & Chocolat blanc, page 418.*

Chocolat blanc & Noix de coco : Allez-y, faites un gâteau à la noix de coco recouvert d'un glaçage de chocolat blanc épais. Mais attention, c'est comme être enterré vivant dans un glacier. Les framboises pourraient être votre Saint-Bernard.

Chocolat blanc & Olive : *voir Olive & Chocolat blanc, page 220.*

Chocolat blanc & Safran : Artisan du Chocolat, à Londres, produit une élégante tablette – rose mordoré – de chocolat blanc au safran. Le fabricant affirme que le chocolat blanc fait ressortir la saveur de foin du safran. J'ajouterai que la saveur vanille miellée du chocolat blanc brille sous la lumineuse complexité florale du safran.

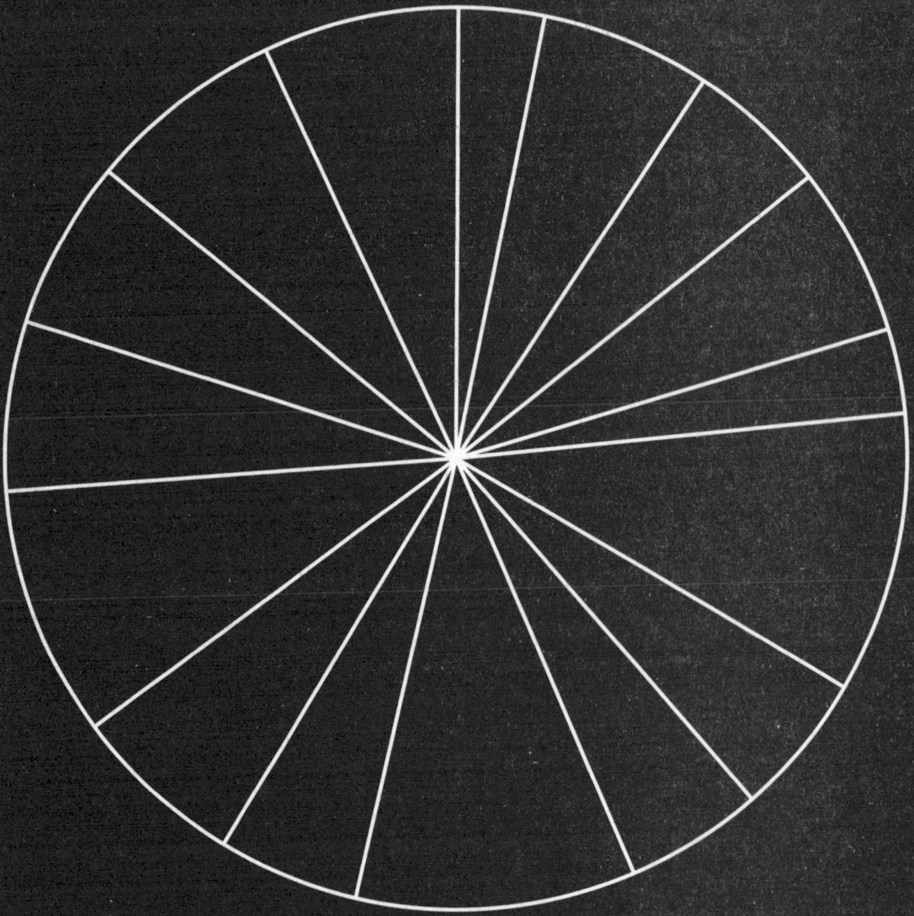

ANNEXES

Bibliographie

Livres en français

Apicius, *L'art culinaire*, traduit du latin par Jacques André, Éd. Belles lettres, Paris, 1974. Voir pages 144, 177.

Audot, Louis Eustache, *La cuisinière de la campagne et de la ville ou Nouvelle cuisine économique*, Audot éditeur, Paris, 1853, réédité par Nabu Press, février 2010. Voir pages 109, 110.

Baljekar, Mridula, *Cuisiner comme en Inde*, Parragon, 2010. Voir page 51.

Brillat-Savarin, Jean Anthelme, *Physiologie du goût*, Flammarion, 2009 (1re éd. 1869). Voir pages 37, 38, 87, 91, 146, 331.

Carême, Marie-Antoine, *L'art de la cuisine française au XIXe siècle*, Payot, 1994 (1re éd. 1833). Voir pages 187, 371.

Carluccio, Antonio, *Champignons : cueillettes et recettes d'un grand chef*, Gründ, 2004. Voir page 100.

Chartier, François, *Cuisine pour tous : cuisine arômatique d'hiver 200 recettes*, La Presse, Montréal, 2011. Voir page 408.

Davidson, Alan & Jane, *Poissons de la méditerranée*, Solar, 1983. Voir pages 168, 174, 184, 194, 373.

Del Conte, Anna, *Cuisine italienne : 80 recettes de chef*, Hachette Pratique, 2011. voir page 351.

Gringoire, Théodore, Saulnier, Louis, *Le répertoire de la cuisine*, Flammarion, 2009.

Lawson, Nigella, *Kitchen : mes meilleures recettes home made*, Hachette Pratique, 2011. Voir pages 27, 28, 87.

Lawson, Nigella, *Péché de gourmandise : plus de 130 recettes sucrées pour succomber à la tentation*, Hachette Pratique, 2003. Voir page 313.

Marinetti, Filippo Tommaso, *La cuisine futuriste*, Métailié, 1982. Voir page 372.

Olney, Richard, Gantié, Richard, *Saveurs des terroirs français*, Robert Laffont, 1993. Voir pages 35, 145, 334.

Plath, Sylvia, *La cloche de détresse*, Gallimard, L'imaginaire/Denoël, 1972. Voir page 34.

Robuchon Joël, *Tout Robuchon vol. 1 / vol. 2*, Marabout, 2011. Voir pages 192, 203, 382, 435.

Roden, Claudia, *Le livre de la cuisine juive*, Flammarion, 2003. Voir pages 62, 368.

Roux, Michel, *Les œufs*, Gründ, 2005. Voir pages 88, 424.

Saint-Ange, E., *La bonne cuisine de Madame E. Saint-Ange*, Larousse, 2005. Voir page 294.

Smith Delia, *La cuisine facile d'aujourd'hui : 150 recettes indispensables pour apprendre à cuisiner*, Hachette Pratique, 2002. Voir pages 233, 313, 329, 391, 403, 408.

Thompson, David, *Le livre de la cuisine thaïe*, Rouergue, 2004. Voir pages 27, 94, 207.

Toussaint-Samat, Maguelonne, *Histoire naturelle et morale de la nourriture*, Bordas, 1987. Voir page 147.

Wells, Patricia, *Les 200 meilleures recettes de bistrot*, J.-C. Lattès, 1991. Voir page 25.

Wells, Patricia, *Ma cuisine en Provence*, J.-C. Lattès, 1997. Voir page 196.

Willan, Anne, *Tout réussir en cuisine : des centaines de conseils et de recettes pour une cuisson parfaite*, Sélection du Reader's Digest, 1997. Voir page 226.

Wybauw, Jean-Pierre, *Petits chocolats grande expérience*, Lannoo (Belgique), 2005. Voir page 230.

Livres en anglais

Achatz, Grant. *Alinea*. Ten Speed Press, 2008. Voir pages 7, 322, 399.

Acton, Eliza. *Modern Cookery for Private Families*. Longman, Brown, Green & Longmans, 1845. Voir page 182, 240, 364.

Allen, Darina. *Darina Allen's Ballymaloe Cookery Course*. Kyle Cathie, 2001. Voir page 415.

Allen, Gary. *The Herbalist in the Kitchen*. University of Illinois, 2007. Voir page 227.

Amis, Kingsley. *Everyday Drinking*. Bloomsbury, 2008. Voir page 406.

Ansel, David. *The Soup Peddler's Slow and Difficult Soups : Recipes and Reveries*. Ten Speed Press, 2005. Voir page 104.

Arndt, Alice. *Seasoning Savvy*. Haworth Herbal Press, 1999. Voir page 22.

Artusi, Pellegrino. *The Art of Eating Well* (1891). Translated by Kyle M. Phillips III. Random House, 1996. Voir pages 108, 217, 254, 319, 405.

Bayless, Rick. *Rick Bayless's Mexican Kitchen*. Scribner, 1996. Voir pages 21, 70, 252, 372.

Beard, James. *Theory & Practice of Good Cooking*. Knopf, 1977. Voir pages 213, 423.

Beeton, Isabella. *Mrs Beeton's Book of Household Management*. S. O. Beeton, 1861. Voir pages 150, 300, 391.

Beranbaum, Rose. *Rose's Heavenly Cakes*. Wiley, 2009. Voir page 439.

Bittman, Mark. *How to Cook Everything Vegetarian*. Wiley, 2007. Voir pages 84, 322, 401.

Blumenthal, Heston. *The Big Fat Duck Cookbook*. Bloomsbury, 2008. Voir pages 7, 155, 191, 195, 221, 304, 324, 331, 369.

Boswell, James. *A Journey to the Western Islands of Scotland*. J. Pope, 1775. Voir page 237.

Bunyard, Edward A. *The Anatomy of Dessert*. Dulau & Co., 1929. Voir pages 295, 313.

Burbidge, F. W. *The Gardens of the Sun*. John Murray, 1880. Voir page 78.

Burnett, John. *Plenty and Want : A Social History of Food in England from 1815 to the Present Day*. Nelson, 1966. Voir page 323.

Byrne, Aiden. *Made in Great Britain*. New Holland, 2008. Voir page 329.

Campion, Charles. *Fifty Recipes to Stake Your Life On*. Timewell Press, 2004. Voir page 136.

Cannas, Pulina & Francesconi. *Dairy Goats Feeding & Nutrition*. CABI, 2008. Voir page 68.

Carmellini, Andrew, & Hyman, Gwen. *Urban Italian*. Bloomsbury, 2008. Voir page 381.

Castelvetro, Giacomo. *The Fruit, Herbs and Vegetables of Italy* (1614). Translated by Gillian Riley. Viking, 1989. Voir page 161.

Chiba, Machiko. *Japanese Dishes for Wine Lovers*. Kodansha International, 2005. Voir page 155.

Christian, Glynn. *How to Cook Without Recipes*. Portico, 2008. Voir page 106.

Clark, Sam & Sam. *The Moro Cookbook*. Ebury, 2001. Voir page 48.

Clifford, Sue, & King, Angela. *The Pomme Source Book : Particular Uses for Diverse Pommes*. Hodder & Stoughton, 2007. Voir page 338.

Coates, Peter. *Salmon*. Reaktion, 2006. Voir page 198.

Cook's Illustrated (www. cooksillustrated. com). Voir pages 219, 434.

Corrigan, Richard. *The Clatter of Forks and Spoons*. Fourth Estate, 2008. Voir pages 132, 322.

Cunningham, Marion. *The Breakfast Book*. Knopf, 1987. Voir page 429.

David, Elizabeth. *A Book of Mediterranean Food*. Lehmann, 1950. Voir page 118.

David, Elizabeth. *An Omelette and a Glass of Wine*. Penguin, 1986. Voir pages 328, 355

David, Elizabeth. *French Provincial Cooking.* Michael Joseph, 1960. Voir pages 195, 196, 220, 308, 369.
David, Elizabeth. *Italian Food.* Macdonald, 1954. Voir pages 53, 58, 102, 186, 215, 436.
David, Elizabeth. *Spices, Salt and Aromatics in the English Kitchen.* Penguin, 1970. Voir pages 338, 407.
Davidson, Alan & Jane. *Dumas on Food.* Folio Society, 1978. Voir pages 17, 295, 352.
Davidson, Alan. *North Atlantic Seafood.* Macmillan, 1979. Voir pages 184, 194.
Davidson, Alan. *The Oxford Companion to Food.* OUP, 1999. Voir page 168.
de Rovira Sr, Dolf. *Dictionary of Flavors.* Wiley Blackwell, 2008. Voir page 336.
Dolby, Richard. *The Cook's Dictionary and Housekeeper's Directory.* H. Colburn & R. Bentley, 1830. Voir page 147.
Douglas, Norman. *Venus in the Kitchen.* Heinemann, 1952. Voir page 45.
Dumas, Alexandre. Voir Davidson, Alan & Jane. Voir pages 17, 295, 352.
Dunlop, Fuchsia. *Shark's Fin and Sichuan Pepper.* Ebury, 2008. Voir pages 63, 138.
Esquire Handbook for Hosts. Edited by P. Howarth. Thorsons, 1999. Voir page 188.
Farley, John. *The London Art of Cookery.* Fielding, 1783. Voir page 174.
Fearnley-Whittingstall, Hugh. *River Cottage Every Day.* Bloomsbury, 2009. Voir page 166.
Fearnley-Whittingstall, Hugh, & Fisher, Nick. *The River Cottage Fish Book.* Bloomsbury, 2007. Voir pages 174, 185, 207, 314.
Fearnley-Whittingstall, Hugh. *The River Cottage Meat Book.* Hodder & Stoughton, 2004. Voir pages 153.
Field, Eugene. *The Writings in Prose and Verse of Eugene Field.* C. Scribner's Sons, 1896. Voir page 339.
Fisher, M. F. K. *Consider the Huître.* Duell, Sloan & Poirece, 1941. Voir page 189.
Floyd, Keith. *Floyd on Britain and Ireland.* BBC, 1988. Voir page 127.
Gill, A. A. *The Ivy : The Restaurant and its Recipes.* Hodder & Stoughton, 1997. Voir pages 149.
Gladwin, Peter. *The City of London Cook Book.* Accent, 2006. Voir page 39.
Glass, Leonie. *Fine Cheese.* Duncan Petersen, 2005. Voir page 80.
Glasse, Hannah. *The Art of Cookery Made Plain and Easy.* 1747. Voir pages 63, 121, 182, 196, 197, 205.
Graham, Peter. *Classic Cheese Cookery.* Penguin, 1988. Voir page 343.
Graves, Tomás. *Bread and Oil : Majorcan Culture's Last Stand.* Prospect, 2001. Voir page 354.
Grigson, Jane. *English Food.* Macmillan, 1974.
Grigson, Jane. *Fish Cookery.* Penguin, 1975. Voir page 179.
Grigson, Jane. *Jane Grigson's Fruit Book.* Michael Joseph, 1982. Voir pages 315, 341.
Grigson, Jane. *Jane Grigson's Vegetable Book.* Michael Joseph, 1978. Voir pages 164, 333.
Grigson, Sophie. *Sophie Grigson's Herbs.* BBC, 1999. Voir page 423.
Harbutt, Juliet. *Cheese : A Complete Guide to over 300 Cheeses of Distinction.* Mitchell Beazley, 1999. Voir page 383.
Hay, Donna. *Flavours.* Murdoch, 2000. Voir page 390.
Hay, Donna. *Marie Claire Cooking.* Murdoch, 1997. Voir page 230.
Henderson, Fergus, & Gellatly, Justin Piers. *Beyond Nose to Tail.* Bloomsbury, 2007. Voir pages 50, 55.
Henderson, Fergus. *Nose to Tail Eating.* Macmillan, 1999. Voir page 167.
Hieatt, Constance B., Hosington, Brenda, & Butler, Sharon. *Pleyn Delit : Medieval Cookery for Modern Cooks.* University of Toronto, 1996. Voir page 179.
Hill, Tony. *The Spice Lover's Guide to Herbs and Spices.* Wiley, 2005. Voir page 276.
Hirsch, Dr Alan. *Scentsational Sex.* Element, 1998. Voir pages 293.

Hollingworth, H. L., & Poffenberger, A. D. *The Sense of Taste*. Moffat Yard & Co., 1917. Voir page 39.
Hom, Ken. *A Taste of China*. Pavilion, 1990. Voir page 143.
Hooper, Edward James. *Western Fruit Book*. Moore, Wilstach, Keys & Co., 1857. Voir page 334.
Hopkinson, Simon, & Bareham, Lindsey. *Roast Poulet and Other Stories*. Ebury, 1994. Voir page 112.
Hopkinson, Simon, & Bareham, Lindsey. *The Prawn Cocktail Years*. Macmillan, 1997. Voir page 251.
Jaffrey, Madhur. *Madhur Jaffrey's Quick and Easy Indian Cookery*. BBC, 1993. Voir page 393.
Jaffrey, Madhur. *Madhur Jaffrey's Ultimate Curry Bible*. Ebury, 2003. Voir page 412.
James, Kenneth. *Escoffier : The King of Chefs*. Continuum, 2002. Voir page 357.
Kamp, David. *The United States of Arugula*. Broadway, 2006. Voir page 195.
Kapoor, Sybil. *Taste : A New Way to Cook*. Mitchell Beazley, 2003. Voir pages 105, 206.
Katzen, Mollie. *Still Life with Menu Cookbook*. Ten Speed Press, 1994. Voir page 170.
Kaufelt, Rob, & Thorpe, Liz. *The Murray's Cheese Handbook*. Broadway, 2006. Voir page 72.
Keller, Thomas. *The French Laundry Cookbook*. Workman, 1999. Voir pages 23, 193, 408.
Kennedy, Diana. *Recipes from the Regional Cooks of Mexico*. Harper & Row, 1978. Voir page 252.
Kitchen, Leanne. *Grower's Market : Cooking with Seasonal Produce*. Murdoch, 2006. Voir page 334.
Lanchester, John. *The Debt to Pleasure*. Picador, 1996. Voir page 6.
Lang, Jenifer Harvey. *Tastings*. Crown, 1986. Voir page 79.
Larkcom, Joy. *Oriental Vegetables*. John Murray, 1991. Voir page 157.
Lawson, Nigella. *Forever Summer*. Chatto & Windus, 2002. Voir pages 27, 28.
Lawson, Nigella. *How to Eat*. Chatto & Windus, 1998. Voir page 87.
Levene, Peter. *Aphrodisiacs*. Blandford, 1985. Voir page 165.
Lewis, Elisha Jarrett. *The American Sportsman*. Lippincott, Grambo & Co., 1855. Voir page 280.
Leyel, Mrs C. F., & Hartley, Miss O. *The Gentle Art of Cookery*. Chatto & Windus, 1925. Voir page 385.
Locatelli, Giorgio. *Made in Italy*. Fourth Estate, 2006. Voir pages 99, 118, 297, 325, 348, 426.
Luard, Elisabeth. *Truffes*. Frances Lincoln, 2006. Voir page 146.
Maarse, H. *Volatile Compounds in Foods and Beverages*. CRC Press, 1991.
Mabey, Richard. *The Full English Cassoulet*. Chatto & Windus, 2008. Voir page 95.
Marsili, Ray. *Sensory-Directed Flavor Analysis*. CRC Press, 2006. Voir page 58.
McGee, Harold. *McGee on Food and Cooking*. Hodder & Stoughton, 2004. Voir pages 39,112, 132, 181, 192, 214, 216, 230, 241, 248, 351, 431.
Michelson, Patricia. *The Cheese Room*. Michael Joseph, 2001. Voir page 299.
Miller, Mark, with McLauchlan, Andrew. *Flavored Breads*. Ten Speed Press, 1996. Voir page 125.
Miller, Mark. *Coyote Café*. Ten Speed Press, 2002. Voir page 233.
Ojakangas, Beatrice A. *Scandinavian Feasts*. University of Minnesota, 2001. Voir page 205.
Oliver, Jamie. *Jamie's Dinners*. Michael Joseph, 2004. Voir page 350.
Olney, Richard *How to Pick a Peach*. Houghton Mifflin Harcourt, 2007.
Voir pages 35, 145, 334.
Paston-Williams, Sara. *The National Trust Book of Traditional Puddings*. David & Charles, 1983. Voir page 340.

Pern, Andrew. *Boudin noir and Foie Gras.* Face, 2008. Voir pages 47, 48, 391.
Perry, Neil. *The Food I Love*. Murdoch, 2005. Voir pages 403, 404.
Phillips, Henry. *History of Cultivated Vegetables*. Henry Colburn & Co., 1822. Voir page 185.
Pomés, Leopold. *Teoria i pràctica del pa amb tomàquet*. Tusquets, 1985. Voir page 325.
Puck, Wolfgang (www. wolfgangpuck. com). Voir page 207.
Puck, Wolfgang. *Wolfgang Puck's Modern French Cooking for the American Kitchen*. Houghton Mifflin, 1981. Voir pages 193, 207.
Purner, John F. *The $100 Hamburger : A Guide to Pilots' Favorite Fly-in Restaurants.* McGraw-Hill, 1998. Voir page 82.
Raven, Sarah. *Sarah Raven's Garden Cookbook*. Bloomsbury, 2007. Voir page 415.
Reboux, Paul. *Book of New French Cooking*. Translated by Elizabeth Lucas Thornton. Butterworth, 1927. Voir page 290.
Renowden, Gareth. *The Truffe Book*. Citron vertstone Hills, 2005. Voir page 147.
Roden, Claudia. *A New Book of Middle Eastern Food*. Penguin, 1985. Voir pages 62, 368.
Rodgers, Judy. *The Zuni Café Cookbook*. Norton, 2002. Voir pages 215, 216, 423.
Rose, Evelyn. *The New Complete International Jewish Cookbook*. Robson, 2004. Voir page 102.
Rosengarten, David. *Taste*. Random House, 1998. Voir pages 157, 193, 197, 227.
Round, Jeremy. *The Independent Cook*. Barrie & Jenkins, 1988. Voir page 319.
Saveur Editors. *Saveur Cooks Authentic Italian*. Chronicle, 2008. Voir page 252.
Schehr, Lawrence R., & Weiss, Allen S. *French Food : on the table, on the page, and in French Culture*. Routledge, 2001. Voir page 187.
The Silver Spoon. Phaidon, 2005. Voir page 162.
Slater, Nigel. *Real Fast Food*. Michael Joseph, 1992. Voir pages 22, 194, 340.
Smith, Delia (www. deliaonline. com). Voir pages 391, 403, 408.
Smith, Delia. *Delia's How to Cook Book One*. BBC, 1998. Voir page 284.
Smith, Delia. *Delia Smith's Complete Cookery Course*. BBC, 1982. Voir page 233.
Smith, Delia. *Delia Smith's Summer Collection*. BBC, 1993. Voir page 328.
Smith, Delia. *Delia Smith's Winter Collection*. BBC, 1995. Voir page 313.
Tan, Christopher. *Slurp : Soups to Lap Up and Love*. Marshall Cavendish, 2007. Voir page 16.
Uhlemann, Karl. *Uhlemann's Chef's Companion*. Eyre & Spottiswoode, 1953. Voir page 107.
Vetri, Marc, & Joachim, David. *Il Viaggio di Vetri : A Culinary Journey*. Ten Speed Press, 2008. Voir page 430.
Waltuck, David, & Friedman, Andrew. *Chanterelle : The Story and Recipes of a Restaurant Classic*. Taunton, 2008. Voir page 164.
Weinzweig, Ari. *Zingerman's Guide to Good Eating*. Houghton Mifflin Harcourt, 2003. Voir page 219.
Weiss, E. A. *Spice Crops*. CABI, 2002. Voir page 69.
White, Florence. *Good Things in England*. Jonathan Cape, 1932. Voir page 198.
Wolfert, Paula. *The Slow Mediterranean Kitchen*. Wiley, 2003. Voir page 321.
Wright, John. *Flavor Creation*. Allured, 2004.
Wright, John. *Champignons : River Cottage Handbook No. 1*. Bloomsbury, 2007. Voir page 99.
Zieglar, Herta. *Flavourings : Production, composition, applications*. Wiley-VCH, 2007.

Autres

Buttery, Ron G. ;Takeoka, Gary R. ; Naim, Michael ; Rabinowich, Haim ; & Nam, Youngla. *Analysis of Furaneol in Tomate Using Dynamic Headspace Sampling with Sodium Sulfate*. J. Agric. Food Chem., 2001, 49 (9) pp. 4349–51. Voir page 326.

Claps, S. ; Sepe, L. ; Morone, G. ; & Fedele, V. *Differenziazione sensoriale del latte e della caciotta caprina in rapporto al contenuto d'erba della razione*. In : *Proceedings of I formaggi d'alpœufio e loro tracciabilità*. Agenzia Lucana per lo Sviluppo-Associazione Nazionale Formaggi Sotto il Cielo, 2001, pp. 191–9. Voir page 68.

Kurobayashi, Yoshiko ; Katsumi, Yuko ; Fujita, Akira ; Morimitsu ; Yasujiro ; & Kubota, Kikue. *Flavor Enhancement of Poulet Broth from Boiled Céleri Constituents*. J. Agric. Food. Chem., 2008, 56 (2) pp. 512–16. Voir page 121.

Simons, Christopher T. ; O'Mahony, Michael ; & Carstens E. UC Davis. *Taste Suppression Following Lingual Capsaicin Pre-treatment in Humans*. Chemical Senses, 2002, 27 (4) pp. 353–365. Voir page 260.

Index biographique des personnalités citées

Ajout de l'édition française

Acton, Eliza (1799-1859) : Poète anglaise du XIXe siècle, auteur d'un livre de cuisine célèbre au Royaume-Uni, *Modern Cookery for Private Families*.

Aikens, Tom (1970) : Chef britannique né en 1970. Il gagne ses premières étoiles au *Michelin* en 1996.

Alciatore, Jules : Cuisinier américain, inventeur en 1899 de la recette des huîtres Rockefeller dans son restaurant à La Nouvelle-Orléans.

Allen, Gary J. : Auteur culinaire américain, enseignant au Culinary Institute of America à New York.

Amis, Kingsley (1922-1995) : Écrivain britannique qui, sous le nom de Robert Markham, fut le premier continuateur des aventures de James Bond après le décès de Ian Fleming.

Ansel, David (1973) : Cuisinier autodidacte qui s'est spécialisé dans la conception et la confection de soupes qui sont livrées à domicile, à Austin (Texas).

Apicius : Surnom de trois personnalités romaines d'époques différentes, passées à la postérité pour leur gloutonnerie ou bien leur suprême raffinement dans l'art gastronomique. Le premier était contemporain de Sylla, le deuxième de Tibère et le dernier de Trajan. Enfin, Cœlius Apicius est le nom de l'auteur porté sur une compilation de sauces et de recettes du Ier siècle classés par ingrédients, *De re coquinaria*, dont le contenu a été continuellement retouché, enrichi et remanié jusqu'au IVe siècle, jusqu'à être complété de prescriptions médicales. De nombreuses copies manuscrites sont rédigées du IXe siècle jusqu'au XVe siècle. Dès l'invention de l'imprimerie, bénéficiant d'un prestige exceptionnel, il est imprimé pour la première fois en 1498 à Venise, connaît une diffusion sans précédent et continue d'être publié jusqu'au XXe siècle, sous le titre de *L'art culinaire d'Apicius*.

Artusi, Pellegrino (1820-1911) : Considéré comme le père de la cuisine nationale italienne, ce critique littéraire, écrivain et gastronome est célèbre pour avoir écrit un ouvrage culinaire intitulé *La Scienza in cucina e l'arte di mangiar bene*.

Atherton, Jason (1971) : Chef anglais.

Bareham, Lindsey : Auteur et journaliste culinaire britannique, adepte d'une cuisine simple et détendue qui n'exclut pas la curiosité.

Bayless, Rick (1953) : Chef américain, spécialisé dans les interprétations modernes de la cuisine mexicaine traditionnelle.

Beard, James Andrew (1903-1985) : Chef et auteur culinaire, figure centrale dans la constitution d'une identité gastronomique américaine, il fit également découvrir la cuisine française aux classes aisées des années 1950.

Beckett, Fiona : Auteur et journaliste anglaise, spécialiste des accords vins et mets. Plusieurs de ses livres ont été traduits en français.

Beeton, Isabella Mary (1836-1865) : Connue sous le nom de Mrs Beeton, c'est la plus célèbre écrivaine culinaire de l'histoire britannique.

Benzi, François : Travaille pour Firmenich S.A., société privée suisse dans le domaine des parfums et arômes. Avec le chef Heston Blumenthal, il est le créateur en 2007 de la théorie pratique du « *foodpairing* », sur l'hypothèse vérifiée scientifiquement que différents ingrédients se combinent bien quand ils partagent des composants majeurs de saveur.

Bittman, Mark (1950) : Auteur et chroniqueur culinaire américain, adepte d'une cuisine minimaliste basée sur les saveurs et plutôt végétarienne, il écrit également à propos de l'impact qu'ont nos habitudes alimentaires sur l'environnement et la santé.

Blackiston, Galton (1964) : Chef anglais autodidacte. Une étoile au *Michelin* pour le restaurant de son hôtel, le Morston Hall, à Blakeney sur la côte nord du Norfolk.

Blumenthal, Heston (1966) : Chef britannique (The Fat Duck, à Bray dans le Berkshire, trois étoiles) réputé pour son approche scientifique de la cuisine, chef de file du *« foodpairing »*.

Bosi, Claude (1988) : Chef lyonnais devenu londonien, formé chez Alain Passard et Alain Ducasse ; son restaurant, l'Hibiscus, à Mayfair a obtenu très rapidement ses deux étoiles au Michelin et figure également sur la liste *The S. Pellegrino World's 50 Best Restaurants*.

Brillat-Savarin, Jean Anthelme (1755-1826) : Gastronome français et magistrat de profession, la publication en 1825 de *Physiologie du goût* lui vaut encore aujourd'hui une notoriété internationale. Succession d'essais à la manière de Montaigne, ces *Méditations de gastronomie transcendante* – sous-titre de l'ouvrage – abordent les plaisirs de la table comme une science, développant dans un style dix-huitièmiste une philosophie hédoniste et épicurienne très personnelle, souvent impertinente et humoristique.

Bunyard, Edward Ashdown (1878-1939) : Fameux pomologiste britannique – branche de l'arboriculture fruitière qui traite de la connaissance (description, identification, classification, etc.) des fruits – mais aussi gastronome et épicurien des années 1920 et 1930.

Buttery, Ron G. : Scientifique américain d'origine australienne, il a considérablement contribué au développement de méthodes instrumentales pour l'analyse des composés responsables de la saveur.

Byrne, Aiden : Chef britannique dont les divers restaurants ont été étoilés au *Michelin*.

Capaldi, Raymond (*circa* 1966) : Chef d'origine écossaise exerçant à Melbourne, connu pour son approche scientifique de la cuisine.

Carême, Marie-Antoine (dit Antonin, 1784-1833) : Cuisinier français, considéré comme le premier chef au sens moderne du terme.

Carluccio, Antonio (1937) : Cuisinier et restaurateur italien installé au Royaume-Uni, où il a fondé une chaîne de restaurants italiens avec magasin d'alimentation intégré, les Caffè Carluccio. De son enfance dans le Piémont, il a conservé le goût et la connaissance des champignons et leur a consacré plusieurs titres dans ses ouvrages sur la cuisine italienne.

Carrier, Robert (1923-2006) : Chef américain, restaurateur et auteur culinaire ayant principalement exercé en Angleterre.

Chiba, Machiko : Créatrice culinaire basée à Tokyo et à New York, elle est l'auteur d'une technique de cuisine au four à micro-ondes basée sur un ustensile breveté, le Cook-Zen®.

Conran, Terence (1931) : Homme d'affaires britannique, fondateur de la chaîne Habitat dans les années 1960. Outre son implication dans l'architecture et le design d'intérieur ainsi que les arts de la table à travers ses chaînes de magasins, dont les plus récents sont les Conran Shop, il a créé ou eu des participations dans plusieurs restaurants. Il est également éditeur.

Conte, Anna del (1925) : Auteur culinaire née en Italie et installée en Angleterre à partir des années 1950, elle contribua à la découverte et à la diffusion de la cuisine méditerranéenne dans ce pays.

Corrigan, Richard (1964) : Chef irlandais (une étoile au *Michelin* en 1998), anime des émissions culinaires à la télévision.

Cunningham, Marion (1922) : Journaliste et auteur culinaire américaine renommée.

David, Elizabeth (1913-1992) : Auteur culinaire qui, au milieu du XXe siècle, a fortement influencé la revitalisation de l'art de la cuisine à la maison avec des articles et des livres sur la cuisine européenne et les plats britanniques traditionnels.

Davidson, Alan Eaton (1924-2003) : Auteur gastronomique également diplomate britannique et historien.

De Rovira, Dolf A. : Chimiste américain, auteur d'un remarqué *Dictionary of Flavors*, plusieurs fois réédité et augmenté depuis 1999.

Dixon, Edmund Saul and Ellen J. (Delamere) : Couple d'auteurs d'un traité d'hygiène alimentaire en 1868, *Wholesome Fare, or The Doctor and the Cook*.

Ducasse, Alain (1956) : Monégasque depuis 2008, mais de naissance française, ce chef talentueux, avisé et multi-étoilé, a créé ou dirigé plusieurs restaurants qui ont rapidement acquis une renommée internationale. Bien loin de ses débuts dans la cuisine provençale, il dirige désormais un véritable empire d'hôtellerie-restauration ; il ne possède aucun des restaurants estampillés de son nom, mais y exerce une fonction de conseil en échange d'une redevance. Son activité d'auteur montre qu'il possède toujours le culte du produit et le souci de la perfection.

Dunlop, Fuchsia : Chef anglaise, auteur et journaliste culinaire, spécialiste de la cuisine chinoise.

Ébrard, Evelyn : voir Saint-Ange, E.

Escoffier, Georges Auguste (1846-1935) : Chef cuisinier, restaurateur et auteur culinaire français, surnommé le « roi des cuisiniers » et le « cuisinier des rois ». Dans des établissements de prestige, il modernise et codifie la cuisine raffinée de Marie-Antoine Carême, et développe également le concept de brigade de cuisine, en rationalisant la répartition des tâches dans l'équipe. Il sera le premier cuisinier à devenir officier de la Légion d'honneur.

Farley, John : Chef de la London's Tavern qui écrivit *The London Art of Cookery* en 1811.

Fearnley-Whittingstall, Hugh (1965) : Célèbre chef britannique, personnalité de la télévision, journaliste, auteur culinaire et militant des « vrais aliments ».

Fisher, M. F. K. (1908-1992) : Auteur américaine prolifique et respectée, ayant principalement écrit sur l'alimentation comme un art de vivre.

Fisher, Nick : Journaliste et auteur culinaire britannique.

Floyd, Keith (1943-2009) : Cuisinier britannique, restaurateur, auteur culinaire et personnalité de la télévision. Ses ouvrages associent cuisine et voyage, et son style un peu excentrique a fait apprécier ses émissions par de nombreux téléspectateurs au-delà du Royaume-Uni. Il a créé et dirigé plusieurs restaurants, dont un en France à L'Isle-sur-la-Sorgue.

Gagnaire, Pierre (1950) : Ce chef français, fils de restaurateur, commence à travailler comme pâtissier avant sa rencontre avec Paul Bocuse qui réorientera sa carrière, dans un parcours qui le mènera à obtenir trois étoiles au *Michelin* en 1993 et à diriger aujourd'hui plusieurs restaurants répartis sur l'ensemble du globe. Sa cuisine, parfois jugée iconoclaste, est le plus souvent ludique et imprévisible, proposant des expériences inédites de perception du goût, de la couleur et de la texture, qui ne sont pas sans rapport avec les avancées de la gastronomie moléculaire. La sélection des ingrédients est rigoureuse, réhabilitant parfois des produits d'une grande simplicité, et Gagnaire revendique volontiers la dimension affective de ses créations.

Glasse, Hannah (1708-1770) : Auteur culinaire anglaise du XVIIIe siècle. Son ouvrage le plus connu, *The Art of Cookery*, publié pour la première fois en 1747, a été plusieurs fois réédité jusqu'en 1843.

Graham, Peter : Auteur et journaliste culinaire écossais, mais français d'adoption.

Graves, Tomás (1953) : Graphiste, imprimeur, musicien et écrivain, auteur de plusieurs livres sur la culture et l'art de vivre à Majorque où il est né et réside.

Grigson, Jane (1928-1990) : Auteur et journaliste culinaire britannique.

Harbutt, Juliet : Auteur culinaire spécialisée dans les fromages.

Hay, Donna (1981) : Cette jeune auteur culinaire australienne a connu le succès avec de nombreux ouvrages et un magazine grâce une approche simple, rapide et efficace, mais néanmoins très stylée de la cuisine.

Hazan, Marcella (1924) : Auteur culinaire née en Italie, installée aux États-Unis après son mariage en 1956. Docteur en biologie, mais autodidacte en cuisine, ses ouvrages publiés directement en anglais – depuis *The Classic Italian Cook Book* en 1973 à *Essentials of Classic Italian Cooking* en 1992 – ont eu une grande importance dans la diffusion des techniques de la cuisine italienne traditionnelle aux États-Unis et en Grande-Bretagne.

Heathcote, Paul (1951) : Chef britannique, propriétaire de nombreux restaurants et consultant culinaire, notamment à la télévision.

Henderson, Fergus (1963) : Chef britannique autodidacte spécialisé dans la cuisine des abats.

Hirsch, Alan : Neurologue et psychiatre américain travaillant sur le traitement de l'odorat et la perte de goût.

Hix, Mark : Chef anglais et restaurateur, également auteur culinaire. Ses ouvrages reflètent son intérêt particulier pour les produits traditionnels, locaux et durables.

Hom, Ken (1949) : Chef américain et auteur culinaire, présentateur d'une émission télévisuelle britannique qui contribua à populariser la cuisine chinoise au Royaume-Uni.

Hopkinson, Simon Charles (1954) : Chef et auteur culinaire britannique, adepte d'une cuisine simple. Son livre *Roast Chicken and Other Stories* (1994) a remporté plusieurs distinctions.

Johnson, Samuel (dit aussi Docteur Johnson, 1709-1784) : Auteur important de la littérature anglaise.

Kamp, David : Écrivain et journaliste, notamment pour *Vanity Fair.*

Kapoor, Sybil : Chef et auteur culinaire britannique

Katzen, Mollie (1950) : Chef américaine, auteur de livres de cuisine, surtout végétarienne.

Keller, Thomas (1955) : Chef et auteur gastronomique américain, ses deux restaurants ont trois étoiles.

Kennedy, Diana (1922) : Auteur culinaire originaire du Royaume-Uni installée au Mexique, faisant autorité sur les techniques et l'histoire de la cuisine de ce pays.

Kitchen, Leanne : Chef et auteur culinaire prolifique australienne.

Larkcom, Joy (1936) : Jardinière et auteur britannique très respectée.

Le Duchat, Jacob (1658-1735) : Érudit et philologue français, avocat de profession et protestant, il vit sa carrière brisée par la révocation de l'édit de Nantes. Il s'adonna alors à des recherches littéraires, et parmi ses nombreuses publications, on compte une importante édition critique de Rabelais.

Leyel, Hilda (1880-1957) : Experte en phytothérapie ayant écrit un livre de cuisine, *The gentle Art of Cookery.*

Lersch, Martin : Docteur en chimie norvégien vivant à Oslo, auteur d'un blog de référence sur la gastronomie moléculaire, http://khymos.org (en anglais).

Lawson, Nigella (1960) : Cuisinière britannique, auteur de plusieurs livres de recettes qui se sont vendus à trois millions d'exemplaires dans le monde, et animatrice d'émissions culinaires à la télévision.

Leith, Prue (Prudence Margaret, 1940) : Restauratrice, cuisinière, auteur culinaire née en Afrique du Sud, mais ayant travaillé principalement à Londres.

Locatelli, Giorgio : Chef ayant grandi en Italie, qui a fait ses armes à Paris et exerce désormais à Londres où il connaît la notoriété. Sa cuisine vise à souligner les saveurs naturelles de produits de qualité, dont il importe directement une grande partie d'Italie.

Luard, Elisabeth (1941) : Auteur et journaliste britannique spécialisée dans la cuisine traditionnelle de l'Europe et l'Amérique latine.

Lukins, Sheila (1942-2009) : Cuisinière américaine, auteur en autres d'une série de guides très populaires sur la cuisine française, d'Europe du Sud et d'Europe de l'Est, dont les recettes riches et savoureuses contrastaient avec les préceptes des mouvements d'hygiène alimentaire des années 1970.

Matsuhisa, Nobu (1949) : Chef et restaurateur japonais. Son installation au Pérou en 1973 lui permet de développer un style de cuisine fusion incorporant des ingrédients sud-américains dans des plats japonais. Devenue sa signature, cette approche originale et créative lui permit d'ouvrir un premier restaurant à Los Angeles, puis une quinzaine à travers le monde. Celui de Las Vegas, dans lequel il exerce personnellement, détient une étoile au *Michelin*.

McEvedy, Allegra (1970) : Chef et auteur britannique.

McGee, Harold : Auteur américain qui écrit sur la chimie, la technique et l'histoire de l'alimentation. Son approche scientifique a eu une grande influence sur une partie de la gastronomie contemporaine.

McLauchlan, Andrew : Pâtissier et boulanger au Coyote Café, à Sante Fé (Nouveau Mexique), connu pour ses pains aromatisés, dont il a fourni les recettes et les techniques dans plusieurs ouvrages.

Michelson, Patricia : Cuisinière et auteur, spécialisée dans le fromage.

Ojakangas, Beatrice : Chef et auteur, spécialiste de la cuisine scandinave.

Olney, Richard : Peintre américain, cuisinier, journaliste gastronomique, rédacteur en chef, et mémorialiste, connu pour ses livres de cuisine du terroir français.

Paston-Williams, Sara : Prolifique auteur britannique.

Puck, Wolfgang (1949) : Chef américain d'origine autrichienne, propriétaire d'une centaine de restaurants, cuisinier du Tout-Hollywood.

Raven, Sarah Clare (1963) : Jardinière et auteur britannique.

Reboux, Paul (1877-1963) : Nom de plume d'André Amillet, écrivain français, qui fut également peintre, critique littéraire, critique gastronomique, romancier, auteur de livres d'histoire naturelle, de biographies, de récits de voyages, de livres pour enfants et de pastiches.

Reid, Robert (1967) : Chef né en Afrique du Sud mais exerçant au Royaume-Uni. Il a travaillé avec Marco Pierre White, mais est médiatiquement très discret.

Ripert, Éric (1965) : Chef cuisinier français, patron depuis 1994 du restaurant Le Bernardin à Manhattan (New York), reconnu par *Relais & Châteaux* et 3 étoiles au *Michelin*.

Roden, Claudia (1963) : Auteur culinaire, surtout connue pour ses ouvrages sur la cuisine du Moyen-Orient.

Rodgers, Judy (1957) : Formée dans les année 1970 chez les frères Troisgros à Roanne, elle prépare depuis 1987 au Zuni Café – l'établissement qu'elle a fondé à San Francisco – une cuisine bio aux accents français et italiens avec des produits de saison de haute qualité.

Rose, Evelyn (19??-2003) : Auteur et journaliste culinaire britannique, autorité mondiale sur la cuisine juive.

Rosengarten, David (1950) : Chef cuisinier autodidacte américain, auteur et personnalité de la télévision.

Rosso, Julee (*circa* 1940) : Cuisinière américaine, chroniqueuse et auteur culinaire à succès.

Round, Jeremy : (1957-1989) : Écrivain et journaliste culinaire qui s'intéressait non seulement aux restaurants, mais également à toutes les problématiques de la chaîne alimentaire, souhaitant amener les consommateurs à être beaucoup plus critiques et exigeants.

Roux, Albert (1935), Michel (1941) et Michel Jr (1960) : Dynastie de cuisiniers et pâtissiers français exerçant au Royaume-Uni ; ils œuvrent au Gavroche, dans le quartier de Mayfair à Londres, premier restaurant britannique à obtenir 3 étoiles au *Michelin*.

Saint-Ange, Camille : Les sources sont contradictoires pour savoir si le patronyme de Madame Étienne Saint-Ange est le nom de jeune fille ou de mariage d'Évelyne Ébrard, mais toujours est-il que son unique ouvrage – *Le livre de cuisine de Madame E. Saint-Ange,* avec ses plus de 1 300 pages, publié en 1927 – est considéré comme une somme indépassable sur la cuisine domestique. Reconnu non seulement en France mais surtout dans les pays anglo-saxons où plusieurs chefs ont déclaré que cet ouvrage avait exercé sur eux une influence significative par son exploration systématique et méthodique de tous les classiques de la cuisine française traditionnelle et bourgeoise du début du xxe siècle.

Savoy, Guy (1953) : Chef cuisinier français, avec trois étoiles au *Michelin* depuis 2002 pour son restaurant dans le 17e arrondissement de Paris.

Searle, Philip : Chef australien autodidacte aujourd'hui retiré, il fut le pionnier d'une cuisine créative dans son pays, privilégiant les saveurs et les techniques de cuisson lentes. Il est également célèbre pour ses desserts à base de crème glacée.

Senderens, Alain (1939) : Chef français très créatif et esthète. Après une formation classique auprès des plus grands et un parcours sans faute - première étoile en 1968, troisième en 1978 - il créé la surprise en 2005 en renonçant à ces dernières pour gérer un restaurant plus abordable.

Slater, Nigel (1958) : Auteur gastronomique britannique, auteur, journaliste et personnalité de la télévision.

Smith, Delia (1941) : Cuisinière britannique et animatrice d'émissions culinaires plutôt décoiffantes sur les basiques de la cuisine. Aujourd'hui retirée, elle demeure, par son caractère un peu excentrique doublé d'un très bon sens des affaires, une personnalité populaire au Royaume-Uni, qui a vendu plus de vingt millions de livres.

Tan, Christopher : Auteur et consultant culinaire, spécialiste de cuisine fusion sur une base asiatique (Singapour) et de la *slow food.* (principe d'une alimentation refusant la standardisation du goût, associant plaisir et responsabilité tant vis-à-vis des producteurs que de l'environnement).

Thompson, David : Écrivain gastronomique australien, cuisinier et restaurateur, connu pour ses compétences et son expertise sur la cuisine thaïlandaise.

Toussaint-Samat, Maguelonne (1926) : Ecrivain française qui après des débuts prometteurs en littérature dans les années 1950 se consacre à partir de 1970 à l'écriture d'ouvrages culinaires et gastronomiques qui seront traduits en plusieurs langues.

Tovey, John (1953) : Chef britannique autodidacte très médiatisé dans les années 1980-1990, adepte d'une cuisine imaginative dans une ambiance théâtralisée. Également auteur culinaire et présentateur à la télévision.

Trotter, Charlie (1959) : Chef et restaurateur américain. Formé en Europe, notamment auprès de Fernand Point qui eut sur lui une influence déterminante. Son restaurant à Chicago a obtenu deux étoiles au *Michelin* en 2010 et figure régulièrement dans les classements des meilleures tables du continent nord-américain. Il refuse depuis 2005, pour des raisons éthiques, d'utiliser du foie gras.

Waters, Alice (1944) : Chef américaine fondatrice du restaurant Chez Panisse à Berkeley (Californie). Pionnière américaine d'une philosophie gastronomique qui affirme que la cuisine devrait être basée sur les ingrédients de saison, les plus frais possible et produits durablement et localement. À ce titre, elle est une des figures du mouvement *slow food* (ou écogastronomie) et auteur de plusieurs ouvrages sur le sujet.

Wells, Patricia (1946) : Auteur américaine de livres culinaires, journaliste, critique gastronomique et enseignante qui partage son temps entre Paris et la Provence.

Vetri, Marc : Chef autodidacte américain d'origine sicilienne. Son restaurant italien de Philadelphie est l'un des plus renommés des États-Unis.

White, Florence (1863-1940) : Auteur culinaire britannique décédée en 1940, fondatrice de l'English Folk Cookery Association.

White, Marco Pierre (1961) : Chef anglais, formé chez Albert Roux, il obtient deux étoiles au *Michelin* à 26 ans.

Willan, Anne (1938) : Enseignante, auteur et journaliste gastronomique anglaise, spécialiste de la cuisine française. Elle enseigne tout d'abord les arts culinaires à Londres et à Paris, avant de partir pour les États-Unis où elle devient rédactrice en chef adjointe de *Gourmet Magazine*. En 1975, elle s'installe à Paris et fonde une école de cuisine, La Varenne.

Wilson, David : Chef gérant sur l'île de Skye, au large de l'Écosse, du Creelers, un petit restaurant pourtant mondialement connu. On y sert une cuisine d'inspiration française à base d'ingrédients frais, produits le plus souvent localement.

Wolfert, Paula (1940) : Auteur culinaire américaine spécialiste de la cuisine méditerranéenne.

Wybauw, Jean-Pierre : Confiseur et maître chocolatier belge né dans les années 1950, auteur de plusieurs ouvrages sur le chocolat et mondialement reconnu comme un expert sur le sujet.

Index des recettes

Index général

D

Index des paires

Remerciements

Merci à mon mari, Nat, pour le temps qu'il a consacré à ce livre, alors qu'il devait s'occuper du sien.
Je suis très reconnaissante à mon éditeur Richard Atkinson pour son aide précieuse dans la rédaction du manuscrit et la conception de l'ouvrage.
Pour leur enthousiasme et le soin qu'ils ont pris à la réalisation de ce projet, merci aussi à Peter Dawson, Polly Napper, Natalie Hunt, Xa Shaw Stewart, Katie Bond, Emma O'Bryen, Penelope Beech, David Foy et tous les gens adorables que j'ai rencontrés chez Bloomsbury.
Ma reconnaissance va de même à mon agent Zoe Waldie chez Rogers, Coleridge & White, car sans ses encouragements et sa force de conviction, ce livre ne serait probablement resté qu'une idée.
Merci également à James Lever, William Fiennes, Joanna Bamford, Todd Bridge à La Cave à Fromage, Lucy Thomas chez Innocent Drinks, Nicola Franklin chez O. W. Loeb & Co. Wines, Carol Brys et Marie Wright chez International Flavors and Fragrances Inc., Pete Brown, Kate Johns, John Lowery, et chaque parent, ami, chef, traiteur, fanatique de cuisine et chauffeur de taxi qui a partagé avec moi ses connaissances et ses opinions au sujet de l'association des saveurs au cours des trois dernières années.

Mais qui est Niki Segnit ?

Niki Segnit n'avait pas fait grand-chose d'autre que peler des patates avant de découvrir, à vingt ans passés et presque par hasard, qu'elle aimait cuisiner. Elle apprécie la haute cuisine certes, mais elle ne se risque pas à tenter de la reproduire chez elle, préférant se faire la main avec des recettes plus familiales venues du monde entier. Avant d'être auteur, Niki Segnit travaillait dans le marketing alimentaire ; elle a conseillé de nombreuses marques célèbres dans le domaine de la confiserie, des biscuits, de la nourriture pour bébé, des produits laitiers, des spiritueux et des boissons non alcoolisées. Elle vit dans le centre de Londres avec son mari.

Publié en Grande-Bretagne pour la première fois en 2010
par Bloomsbury Publishing sous le titre *The Flavour Thesaurus*.

Édition originale
Graphisme de Peter Dawson, www.gradedesign.com
Index général de Hilary Bird

Édition française
Le traducteur remercie Elisabeth Quinty et Marc Gagnepain pour
leur aide et leurs conseils.
L'éditeur remercie Isabelle Yafil, Elisabeth Privat, Sophie Schang et Jeanne Aléos.
Mise en page : Gérard Lamarche.
Couverture : Bénédicte Beaujouan, le bureau des affaires graphiques.

Édité par Hachette Livre – 43, quai de Grenelle - 75905 Paris Cedex 15
Achevé d'imprimer en décembre 2012 sur les presses de Rodesa, Espagne
ISBN : 978-2-501-07505-3
Code article : 4102505
Dépôt légal : septembre 2012

RÉPERTOIRE DES *saveurs*